Nickert/Lamberti (Hrsg.)

Überschuldungs- und Zahlungsunfähigkeitsprüfung im Insolvenzrecht

3., überarbeitete Auflage

Überschuldungs- und Zahlungsunfähigkeitsprüfung im Insolvenzrecht

Erläuterungen · Arbeitshilfen · Prüfungsstandards

Herausgegeben von

RA Cornelius Nickert und Udo H. Lamberti

Bearbeiter:

Udo H. Lamberti,
Geschäftsführender Gesellschafter

Steffen Naujoks,
Dipl. Immobilienwirt (DIA), Projektleiter

Ralf Schwarz,
Niederlassungsleiter

André Maxeiner,
Ressort Maschinen und Anlagen

Thomas Schlieker,
Ressort Maschinen und Anlagen

Sebastian Wels,
Assistent der Geschäftsleitung

Oliver Trost,
Ressort Maschinen und Anlagen

Dirk Schröder,
Ressort Immobilien

Matthias Kühne,
Rechtsanwalt, Betriebswirt (IWW)Fachanwalt für Insolvenzrecht, CVA (Certified Valuation Analyst, verliehen durch www.eacva.de)

Bettina Kriegel,
Rechtsanwältin, Fachanwältin für Bank- und Kapitalmarktrecht, Fachanwältin für Insolvenzrecht

Birgit Müller,
Dipl. Finanzwirtin (FH)/Steuerberaterin

Cornelius Nickert,
Rechtsanwalt/Steuerberater, Fachanwalt für Insolvenz- und Steuerrecht, CVA (Certified Valuation Analyst, verliehen durch www.eacva.de)

Frank Lienhard,
Rechtsanwalt, Fachanwalt für Steuerrecht, CVA (Certified Valuation Analyst, verliehen durch www.eacva.de)

Patrick Schreiber,
Wirtschaftskriminalist, Dipl.-Betriebswirt (BA), MBA

3., überarbeitete Auflage

Carl Heymanns Verlag 2016

Zitiervorschlag: Bearbeiter, in: Nickert/Lamberti, Überschuldungs- und Zahlungsunfähigkeitprüfung, Rn.

Bibliografische Information der Deutschen Nationalbibliothek

Die Deutsche Nationalbibliothek verzeichnet diese Publikation in der Deutschen Nationalbibliografie; detaillierte bibliografische Daten sind im Internet über http://dnb.d-nb.de abrufbar.

ISBN: 978-3-452-28258-3

www.wolterskluwer.de
www.carl-heymanns.de

Umschlagkonzeption: Martina Busch, Grafikdesign, Homburg Kirrberg
Druck und Weiterverarbeitung: Williams Lea & tag GmbH, München

Gedruckt auf säurefreiem, alterungsbeständigem und chlorfreiem Papier.

Vorwort

Die Insolvenzordnung ist ein sich dynamisches veränderndes Rechtsgebiet. Die wohl deutlichste Änderung hat die Insolvenzordnung durch das ESUG erfahren. Insbesondere wenn man das Schutzschirmverfahren nach § 270 b InsO nutzen will, kommt der Begründung der Insolvenzgründe einerseits und dem Ausschluss der Zahlungsunfähigkeit anderseits immense Bedeutung zu.

Darüber hinaus rückt die Bewertung von Handlungsoptionen in der Insolvenz zunehmend in den Fokus der Insolvenzplanerstellung. Dort ist eine Vergleichsrechnung erforderlich, ob die Insolvenzgläubiger durch den Insolvenzplan nicht schlechter gestellt werden. Dies wiederum setzt eine Bewertung analog der Statuserstellung im Rahmen der Überschuldungsprüfung voraus. Die Bedeutung der Bewertung geht also über die einfache Frage der Insolvenzantragsvoraussetzungen hinaus. In der Zwischenzeit hat das IDW einen einheitlichen Standard zur Beurteilung von Insolvenzgründen herausgebracht, IDW S 11. Auch die Rechtsprechung hat zu Klarstellungen in einigen kritischen Fragen gesorgt. Die Veränderungen in der Gesamtschau waren für uns Anlass, die bestehende 2. Auflage zu überarbeiten und auf den aktuellen Stand zu bringen.

Unseren Bearbeitungsstichtag haben wir auf den April 2015 festgelegt. Spätere Änderungen konnten im Rahmen der Korrekturen zum Teil eingearbeitet werden.

Der Schwerpunkt der Überarbeitung liegt bei der Prüfung der Zahlungsunfähigkeit, der drohenden Zahlungsunfähigkeit und der Fortbestehensprognose im Sinne der Überschuldung. Die übrigen Teile wurden gründlich überarbeitet.

Das Buch bleibt ein Arbeitshandbuch vom Praktiker für den Praktiker. Anregungen nehmen wir gerne entgegen (insolvenz@kanzlei-nickert.de).

Dem Verlag sind wir zu großem Dank verpflichtet. Er ist dem Umstand, dass ausschließlich Praktiker Schreiben, mit viel Geduld entgegengetreten und hat gleichzeitig aber das Projekt stringent weiterverfolgt.

Offenburg/Hamburg, im Oktober 2015

Cornelius Nickert
Rechtsanwalt, Steuerberater,
Fachanwalt für Insolvenz- und Steuerrecht

Udo Lamberti
Geschäftsführer Industrierat GmbH

Vorwort zur zweiten Auflage

Die Insolvenzordnung wurde durch das MoMiG und das FinanzmarktStbG maßgeblich verändert. Hinzu kommen neuere Entscheidungen, Fachbeiträge und Berufsstandards. Die Immobilienbewertung wurde durch die ImmoWertV zum 01.07.2010 verändert. Auch das Steuerrecht macht vor den bewertungstechnischen Veränderungen keinen Halt.

All dies hat es erforderlich gemacht, das Werk zu überarbeiten, zu ergänzen und teilweise neu zu schreiben.

Alle Autoren sind Praktiker. Wir hoffen, mit der vorliegenden 2. Auflage unsere Erkenntnisse aus dem Alltag verständlich wiedergegeben zu haben. Für Kritik und Verbesserungsvorschläge sind wir jederzeit dankbar (insolvenz@kanzlei-nickert.de).

Abschließend danken wir dem Verlag für seine tatkräftige Unterstützung.

Offenburg/Hamburg, im Juli 2011

Cornelius Nickert
Rechtsanwalt, Steuerberater,
Fachanwalt für Insolvenz- und Steuerrecht

Udo H. Lamberti
Geschäftsführer Industrierat GmbH

Vorwort zur ersten Auflage

Das Angebot an insolvenzrechtlicher Literatur wächst weiter – selbst in Zeiten rückläufiger Unternehmensinsolvenzen. Nachdem bereits hervorragende Kommentare und Lehrbücher erschienen sind, stellt sich die berechtigte Frage, weshalb es zu den Insolvenzgründen eines weiteren Werkes bedarf. Die Antwort folgt aus den zahlreichen praktischen Problemen, die sich im Rahmen der Insolvenzreifeprüfung ergeben. Die gängigen Kommentare und Handbücher geben insoweit häufig keine hinreichenden Hilfestellungen, einen Sachverhalt in seiner Gesamtheit nicht nur juristisch, sondern auch betriebswirtschaftlich fundiert und umfassend zu würdigen.

Das vorliegende Werk soll ein Arbeitsmittel für all diejenigen sein, die in der Praxis das Vorliegen von Insolvenzgründen zu überprüfen haben und problemorientierte, konkrete Lösungen benötigen. Deshalb wurden zur Abrundung die maßgeblichen gesetzlichen Vorschriften und jene Schreiben des Instituts der Wirtschaftsprüfer (IDW) in den Anhang aufgenommen, die für die tägliche Arbeit hilfreich sein können. Die rasche Beurteilung der unterschiedlichsten Problemstellungen wird in diesem Buch zudem durch praxiserprobte Checklisten und Berechnungsbeispiele ermöglicht.

Somit besteht der praktische Mehrwert dieser Veröffentlichung nicht nur in einer kompakten theoretischen Diskussion, sondern auch in der Darlegung von konkreten Lösungen für Fragen, mit denen sich »Insolvenzrechtler« bei der Beurteilung der Insolvenzgründe konfrontiert sehen. Zur Einschätzung des Insolvenzrechtlers gehört immer häufiger auch die Immobilie eines Unternehmens, der hinsichtlich Bewertung und Vermarktung, der Thematik der Beurteilung von Rechten am Grundstück sowie der Zwangsversteigerung ein ausführlicher Abschnitt in diesem Werk gewidmet wurde.

Das Buch ist von Praktikern für Praktiker geschrieben. Der Adressatenkreis beschränkt sich nicht allein auf Insolvenzverwalter. Vielmehr ist das Werk ebenso für Wirtschaftsprüfer, Steuerberater und Unternehmensberater interessant, die ihre Mandanten in der Krise beraten und dabei stets die Auslöser von Insolvenztatbeständen im Auge behalten müssen. Es richtet sich ferner an Sachverständige, die in gerichtlichen Verfahren entsprechende Gutachtenaufträge erhalten. Zuletzt dürfte es für all diejenigen von Interesse sein, die sich an Unternehmensfinanzierungen beteiligen.

Der Autorenkreis garantiert einen interdisziplinären Ansatz und stellt sicher, dass betriebswirtschaftliche, handelsbilanzielle und juristische Aspekte ebenso berücksichtigt werden wie die praktische Tätigkeit von Bewertungssachverständigen und Auktionshäusern. Dem Leser wird ein Einblick in den Arbeitsalltag von mit der Be- und Verwertung der Vermögenswerte befassten Unternehmen gegeben und hilft so, die Leistungen und das Ergebnis der Gutachten dieser Unternehmen besser in den eigenen Entscheidungsprozess zu integrieren.

Rechtsstand des Werks ist August 2007. Die grundlegende Entscheidung des Bundesgerichtshofes (BGH) zur Zahlungsunfähigkeit vom 19. Juli 2007 wurde selbstverständlich noch eingearbeitet. Weiterhin wurden die maßgeblichen gesetzlichen Vorschriften und jene Schreiben und Standards des Instituts der Wirtschaftsprüfer (IDW) in den Anhang aufgenommen, die für die tägliche Arbeit hilfreich sein können. In den Erläuterungsteil eingearbeitet sind die wesentlichen Vorgaben des Prüfungsstandards IDW PS 800 n. F., der zum Zeitpunkt des Redaktionsschlusses leider noch nicht in der endgültig verabschiedeten Fassung vorlag und somit im Anhang noch in der aktuellen Fassung abgebildet ist. Insoweit gilt unser Dank dem IDW für die freundliche Zurverfügungstellung der Materialien.

Auf der beigefügten CD-ROM finden Sie schließlich alle wichtigen Arbeitshilfen zur direkten Übernahme in Ihre Textverarbeitung bzw. zum Ausdruck für Ihre Unterlagen.

Wir hoffen, dass das Werk von der Leserschaft angenommen wird und sind für Kritik und Verbesserungsvorschläge jederzeit dankbar (insolvenz@kanzleinickert.de).

Offenburg/Hamburg, im November 2007

Cornelius Nickert
Rechtsanwalt, Steuerberater,
Fachanwalt für Insolvenz- und Steuerrecht

Udo H. Lamberti
Geschäftsführer Industrierat GmbH

Inhaltsverzeichnis

Abkürzungsverzeichnis

A	
a. A.	anderer Ansicht
a. a. O.	am angegebenen Ort
a. E.	am Ende
abl.	ablehnend
Abs.	Absatz
abzgl.	abzüglich
AG	Amtsgericht/Aktiengesellschaft
AGB	Allgemeine Geschäftsbedingungen
AgrarR	Zeitschrift für Agrarrecht (Zs.)
ähnl.	ähnlich
AktG	Aktiengesetz
allg.	allgemein
allg. Mg.	allgemeine Meinung
Alt.	Alternative
amtl.	amtlich
Anm.	Anmerkung
AO	Abgabenordnung
ARAP	Aktive Rechnungsabzugsposten
Art.	Artikel
Aufl.	Auflage
ausführl.	ausführlich
Ausn.	Ausnahme
AVN	Allgemeine Vermessungs-Nachrichten (Zs.)
Az.	Aktenzeichen
B	
BAKred	Bundesaufsichtsamt für das Kreditwesen
BauGB	Baugesetzbuch
BauNVO	Baunutzungsverordnung
BauR	Baurecht (Zs.)
BayVBl.	Bayerische Verwaltungsblätter (Zs.)
BB	BetriebsBerater (Zs.)
Bd.	Band
Begr.	Begründung
Beschl.	Beschluss
BetrKV	Verordnung über die Aufstellung von Betriebskosten
BetrVG	Betriebsverfassungsgesetz
BGBl.	Bundesgesetzblatt
BGH	Bundesgerichtshof
BGHZ	Sammlung der Entscheidungen des BGH in Zivilsachen
BilMoG	Bilanzrechtsmodernisierungsgesetz
bspw.	beispielsweise
BStBl.	Bundessteuerblatt
BV	Berechnungsverordnung
BVerfG	Bundesverfassungsgericht
bzgl.	bezüglich

bzw.	beziehungsweise

C

ca.	circa

D

d. h.	das heißt
DB	Der Betrieb (Zs.)
DÖV	Die öffentliche Verwaltung (Zs.)
DRS	Deutscher Rechnungslegungsstandard
DStR	Deutsches Steuerrecht (Zs.)
DVFA	Deutsche Vereinigung für Aktienanalyse und Asset Management
DZWIR	Deutsche Zeitschrift für Wirtschafts- und Insolvenzrecht (Zs.)

E

EGHGB	Einführungsgesetz zum Handelsgesetzbuch
ehem.	ehemalig
ErbbauVO	Erbbauverordnung
EStG	Einkommensteuergesetz
etc.	et cetera
evtl.	eventuell
EwiR	Entscheidungen zum Wirtschaftsrecht (Zs.)

F

f.	folgende
FAS 95	Financial Accounting Standards
ff.	fortfolgende
FK	Frankfurter Kommentar
Fn.	Fußnote
FS	Festschrift

G

GbR	Gesellschaft bürgerlichen Rechts
gem.	gemäß
GewO	Gewerbeordnung
ggf.	gegebenenfalls
ggü.	gegenüber
GmbH	Gesellschaft mit beschränkter Haftung
GmbHG	Gesetz betreffend die Gesellschaften mit beschränkter Haftung
GOÄ	Gebührenordnung für Ärzte
grds.	grundsätzlich
GSG	Gerätesicherheitsgesetz

H

h.L.	herrschende Lehre
h. M.	herrschende Meinung
Halbs.	Halbsatz
HBG	Hypothekenbankengesetz
HGB	Handelsgesetzbuch

hinsichtl.	hinsichtlich
HK	Heidelberger Kommentar
HmbKomm	Hamburger Kommentar
HOAI	Honorarordnung für Architekten und Ingenieure
Hrsg.	Herausgeber
HwO	Handwerksordnung

I

i. d. F.	in der Fassung
i. d. R.	in der Regel
i. E.	im Einzelnen
i.H.	in Höhe
i. H. d.	in Höhe der
i. H. e.	in Höhe eines/einer
i. H. v.	in Höhe von
i.L.	in Liquidation
i. R. d.	im Rahmen des/der
i.R.e.	im Rahmen eines
i. S. d.	im Sinne des/der
i. S. e.	im Sinne eines/r
i. S. v.	im Sinne von
i. Ü.	im Übrigen
i. V.	in Vertretung
i. V. m.	in Verbindung mit
IDW	Institut der Wirtschaftsprüfer
ImmoWertV	Immobilienwertermittlungsverordnung
INDat	Insolvenzdatenbank
inkl.	inklusive
insbes.	insbesondere
InsbürO	Zeitschrift für das Insolvenzbüro (Zs.)
InsO	Insolvenzordnung
IVD	Immobilien Verband Deutschland

J

JZ	Juristenzeitung (Zs.)

K

Kap.	Kapitel
Kfz	Kraftfahrzeug
KG	Kammergericht/Kommanditgesellschaft
KGaA	Kommanditgesellschaft auf Aktien
KO	Konkursordnung
KP	Kübler/Prütting
KStG	Körperschaftsteuergesetz
kurzfr.	kurzfristig
KWG	Kreditwesengesetz

L	
langfr.	langfristig
lfd.	laufend/e
Lfg.	Lieferung
LG	Landgericht
Ls.	Leitsatz
LT-Drucks.	Landtagsdrucksache
M	
m.	Anm. mit Anmerkung
m. E.	meines Erachtens
m. w. N.	mit weiteren Nachweisen
max.	maximal
MDR	Monatsschrift des deutschen Rechts (Zs.)
Mio.	Millionen
MK	Münchener Kommentar
MoMiG	Gesetz zur Modernisierung des GmbH-Rechts und zur Bekämpfung von Missbräuchen
N	
n. F.	neue Fassung
n.rkr.	nicht rechtskräftig
n. v.	nicht veröffentlicht
NJW	Neue Juristische Wochenschrift (Zs.)
NR	Nerlich/Römermann
Nr.	Nummer
NZG	Neue Zeitschrift für Gesellschaftsrecht (Zs.)
O	
o.	oder
o. a.	oben angeführt
o. Ä.	oder Ähnliches
o. g.	oben genannte/r
OLG	Oberlandesgericht
OPOS	Offene Posten Buchhaltung
OVG	Oberverwaltungsgericht
P	
p. a.	per anno
PLZ	Postleitzahl
PSVaG	Pensions-Sicherungs-Verein auf Gegenseitigkeit
R	
rd.	rund
RDM	Ring Deutscher Makler
RefE	Referentenentwurf
RegE	Regierungsentwurf
rgm.	regelmäßig
RL	Richtlinie

Rn.	Randnummer
Rspr.	Rechtsprechung

S

S.	Seite
s.	siehe
s. a.	siehe auch
s. o.	siehe oben
s. u.	siehe unten
SG	Schmalenbach-Gesellschaft
sog.	sogenannte (r, s)
st. Rspr.	ständige Rechtsprechung
StGB	Strafgesetzbuch
str.	streitig
SVO	Sachverständigenordnung

U

u.	und
u. a.	unter anderem/und andere
u. Ä.	und Ähnliches
u. U.	unter Umständen
u. v. m.	und vieles mehr
Überbl.	Überblick
Unterabs.	Unterabsatz
Urt.	Urteil
UStG	Umsatzsteuergesetz
usw.	und so weiter
UWG	Gesetz gegen den unlauteren Wettbewerb

V

v.	vom/vor
v. a.	vor allem
vgl.	vergleiche
VglO	Vergleichsordnung
VO	Verordnung
VOB/B	Vergabe- und Vertragsordnung für Bauleistungen
Vorbem.	Vorbemerkung
vorl.	vorläufig/er
vWP	vereidigte Wirtschaftsprüfer

W

WertV	Wertermittlungsverordnung
wg.	wegen
Wistra	Zeitschrift für Wirtschafts- und Steuerstrafrecht (Zs.)
WM	Wertpapiermitteilungen (Zs.)
WP	Wirtschaftsprüfer
WPg	Die Wirtschaftsprüfung (Zs.)
WPO	Wirtschaftsprüferordnung
WRP	Wettbewerb in Recht und Praxis (Zs.)

Z	
z. B.	zum Beispiel
z. T.	zum Teil
z. Zt.	zur Zeit
ZGR	Zeitschrift für Unternehmens- und Gesellschaftsrecht (Zs.)
Ziff.	Ziffer
ZInsO	Zeitschrift für das gesamte Insolvenzrecht (Zs.)
ZIP	Zeitschrift für Wirtschaftsrecht (Zs.)
ZPO	Zivilprozessordnung
ZSEG	Zeugen- und Sachverständigenentschädigungsgesetz
zust.	zustimmend
zzgl.	zuzüglich

Literaturverzeichnis

Achenbach/Ransiek (Hrsg.), Handbuch Wirtschaftsstrafrecht, 3. Aufl., Heidelberg 2011 (zit.: Bearbeiter, in Achenbach/Ransiek, Handbuch Wirtschaftsstrafrecht, Kap. Rn.)

Adler/Düring/Schmaltz, Rechnungslegung und Prüfung der Unternehmen, 7. Aufl., Stuttgart 2011 (zit.: Adler/Düring/Schmaltz, Rechnungslegung, § Rn.)

Arbeitskreis für Insolvenz- und Schiedsgerichtswesen (Hrsg.), Kölner Schrift zur Insolvenzordnung, 3. Aufl. 2009, Münster 2000 (zit.: Bearbeiter, in: Kölner Schrift, S.)

Baetge/Kirsch (Hrsg.), Besonderheiten der Bewertung von Unternehmensteilen sowie von kleinen und mittleren Unternehmen, Düsseldorf 2006

Baetge/Kirsch/Thiele, Bilanzen, 13. Aufl., Düsseldorf 2015 (zit.: Baetge/Kirsch/Thiele, Bilanzen, S.)

dies., Bilanzanalyse, 2. Aufl., Düsseldorf 2004 (zit.: Baetge/Kirsch/Thiele, Bilanzanalyse, S.)

Ballwieser/Hachmeister, Unternehmensbewertung, 4. Aufl., Freiburg 2013

Balz/Landfermann, Die neuen Insolvenzgesetze, 2. Aufl., Düsseldorf 1999

Bassenge u. a. (Hrsg.), Palandt, Bürgerliches Gesetzbuch (BGB), 74. Aufl. 2015 (zit.: Bearbeiter, in: Palandt, BGB, § Rn.)

Baumbach/Hueck (Hrsg.), GmbH-Gesetz, 20. Aufl. 2013 (zit.: Bearbeiter, in: Baumbach/Hueck, GmbHG, § Rn.)

Beck'scher Bilanzkommentar, 9. Aufl. 2014 (zit.: Bearbeiter, in: BeBiKo, § Rn.)

Bischoff, Grundstückswertermittlung, 2. Aufl., Berlin 1996

Bittmann, Insolvenzstrafrecht, 2004 (zit.: Bearbeiter in Bittmann, Insolvenzstrafrecht, § Rn.)

Blersch/Goetsch/Haas (Hrsg.), Berliner Kommentar Insolvenzrecht, Stand: 41. Erg. Lfg., Freiburg im Breisgau/Berlin, Stand: 2012 (zit.: Bearbeiter, in BK-InsO, § Rn.)

Blöse/Wieland-Blöse, Praxisleitfaden Insolvenzreife, 1. Aufl., Berlin 2011

Böcking/Gros/Wiedmann, Bilanzrecht, Kommentar zu den §§ 238 bis 342e HGB, 3. Aufl., München 2014

Braun (Hrsg.), Insolvenzordnung (InsO) Kommentar, 6. Aufl. 2014, München 2010, (zit.: Bearbeiter, in Braun, InsO, § Rn.)

Braun/Uhlenbruck, Unternehmensinsolvenz, Düsseldorf 1997 (zitiert: Bearbeiter, in: Braun/Uhlenbruck, Unternehmensinsolvenz, S.)

Brückner, Grundstücks- und Gebäudewerte in der Rechts-, Bau- und Wirtschaftspraxis, 3. Aufl., Berlin 1974 (zit.: Brückner, Grundstücks- und Gebäudewerte, S.)

Bürgers/Körber, Heidelberger Kommentar zum Aktiengesetz 3. Aufl., Heidelberg 2014

Coenenberg/Haller/Schultze, Jahresabschluss und Jahresabschlussanalyse, 23. Aufl., Stuttgart 2014

Demharter, Grundbuchordnung, 29. Aufl., München 2014

Deutsches Steuerberatungsinstitut e. V./Neufang/Kessler, Deutsche Bilanzierungs-Richtlinien, Offenburg 1997 (zit.: Neufang/Kessler, Deutsche Bilanzierungs-Richtlinien, S.)

Dobler, Ertrags- und Liquiditätsplanung, 2008

Drescher, Die Haftung des GmbH-Geschäftsführers, 2013 Köln

Drukarczyk/Ernst, Branchenorientierte Unternehmensbewertung, 3. Aufl., München 2011

Drukarczyk/Schüler, Unternehmensbewertung, 6. Aufl., München 2011

Ehrmann, Unternehmensplanung, 5. Aufl., Ludwigshafen 2007

Kreft, Heidelberger Kommentar zur Insolvenzordnung, 7. Aufl., Heidelberg 2014 (zit.: HK/Bearbeiter, § Rn.)

Eisele, Technik des betrieblichen Rechnungswesens, 7. Aufl., München 2002

Erman (Hrsg.), BGB Kommentar, 14. Aufl., Köln 2014 (zit.: Bearbeiter, in: Erman, BGB, § Rn.)

Ernst/Schneider/Thielen, Unternehmensbewertungen erstellen und verstehen, 5. Aufl., München 2012 (zit.: Ernst/Schneider/Thielen, Unternehmensbewertungen, S.)

Ernst/Zinkhahn/Bielenberg (Hrsg.), BauGB Kommentar, 6. Aufl., München 1996 (zit.: Bearbeiter, in: Ernst/Zinkhahn/Bielenberg, BauGB, § Rn.)

Falk, Fachlexikon Immobilienwirtschaft, 3. Aufl., Köln 2004

Falterbaum/Bolk/Reiß/Kirchner, Buchführung und Bilanz, 22. Aufl., Achim 2015

Federmann/Gnam, Handbuch der Bilanzierung, Freiburg 2006 (zit.: Bearbeiter, in: Federmann/Gnam, Handbuch der Bilanzierung, Rn.)

Fischbach, Lexikon der Wirtschaftsformeln und Kennzahlen, 3. Aufl., Heidelberg 2006

Fleischmann/Bellinger/Kerl, Hypothekenbankgesetz, 4. Aufl., München 1995

Fleischer/Goette, Münchener Kommentar zum GmbHG, 2. Aufl., München 2015

Fleischer/Hüttemann, Rechtshandbuch Unternehmensbewertung, 1. Aufl., Köln 2015

Gigerenzer, Risiko, 1. Aufl., Bielefeld 2013

Gleich/Gänßlen/Losbichler (Hrsg), Challenge Controlling 2015 – Trends und Tendenzen, 1. Aufl., Freiburg 2011

Gleißner, Grundlagen des Risikomanagements im Unternehmen, 1. Aufl. München 2008

Gnam, Bilanzhandbuch, 5. Aufl., 2011

Gondring/Lammel (Hrsg.), Handbuch Immobilienwirtschaft, Wiesbaden 2001 (zit.: Bearbeiter, in: Gondring/Lammel, Handbuch Immobilienwirtschaft, S.)

Gottwald, Insolvenzrechts-Handbuch, 5. Aufl., München 2015 (zit.: Bearbeiter, in: Gottwald, InsRHdb, § Rn.)

Graf-Schlicker (Hrsg.), Kommentar zur Insolvenzordnung, 4. Aufl., Köln 2014 (zit.: Bearbeiter, in: Graf-Schlicker, InsO, § Rn.)

Gräfer/Sorgenfrei, Rechnungslegung und Finanzierung, 3. Aufl., Herne/Berlin 2004

Großfeld, Recht der Unternehmensbewertung, 7. Aufl., Köln 2012

Grote/Obermüller/Pape, Insolvenz und Sanierung - auf der Dauerbaustelle geht es weiter, Festschrift für Hans Haarmeyer zum 65. Geburtstag, 2013 Köln

Haarmeyer/Pape/StephanNickert (Hrsg.), Formularbuch Insolvenzrecht, Band 1, 2. Aufl., Münster 2008 (zit.: Bearbeiter, in: Haarmeyer/Pape/Stephan/Nickert, Formularbuch, Band 1, S.)

Haarmeyer/Wutzke/Förster, Präsenzkommentar zur Insolvenzordnung, 2010

Hachenburg/Ulmer, GmbHG, 8. Aufl., Berlin 1992

Hauschildt/Leker, Krisendiagnose durch Bilanzanalyse, 2. Aufl., Köln 1988 (zit.: Bearbeiter, in: Hauschildt/Leker, Krisendiagnose durch Bilanzanalyse, S.)

Herrmann/Heuer/Raupach, EStG/KStG, Loseblattsammlung, Köln, Stand: Mai 2010

Hess/Weis/Wienberg, Kommentar zur Insolvenzordnung, 2. Aufl., Karlsruhe 2001 (zit.: Hess/Weis/Wienberg, InsO, § Rn.)

Hirschberger, Die Kapitalzuflussrechnung nach IAS 7/DRS 2, Berlin 2003

Hoffmann/Lüdenbach, HGB, NWB Kommentar Bilanzierung, Handels-und Steuerrecht, 6. Aufl. Herne 2014

Holzer, Die Entscheidungsträger im Insolvenzverfahren, 3. Aufl., Köln 2004

Hommel/Dehmel, Unternehmensbewertung case by case, 5. Aufl., Stuttgart 2010

IDW (Hrsg.), WP Handbuch 2012/20146, 14. Aufl., Düsseldorf (zit.: Bearbeiter, in: WP Handbuch 2006, Bd.)

Jaeger/Henckel/Gerhardt (Hrsg.), Insolvenzordnung, Großkommentar, Berlin 2004 (zit.: Jaeger-Bearbeiter, § Rn.)

Jessnitzer/Frieling, Der gerichtliche Sachverständige, 10. Aufl., München 1992

Jungermann/Pfister/Fischer, Die Psychologie der Entscheidung – eine Einführung, Spektrum Akademischer Verlag, 2. Aufl., Heidelberg 2005

Kahneman, Schnelles Denken, langsames Denken, München 2012

Karollus/Huemer, Die Fortbestehensprognose im Rahmen der Überschuldungsprüfung, 2. Aufl., Wien 2006

Kasperzak/Nestler, Bewertung von immateriellem Vermögen, 2010

Kirchhof/Stürner/Eidenmüller (Hrsg.), Münchener Kommentar zur Insolvenzordnung, 3. Aufl., München 2013 – 2014 (zit.: MK/InsO-Bearbeiter, § Rn.)

Kleiber/Simon/Weyers, Verkehrswertermittlung von Grundstücken, 5. Aufl., Köln 2007

Kölner Schrift zur Insolvenzordnung – Das neue Insolvenzrecht in der Praxis, 3. Aufl., 2009

Kübler/Prütting/Bork (Hrsg.), Kommentar zur Insolvenzordnung, Loseblatt, Stand: 64. Lieferung, Köln 2015 (zit.: KP/Bearbeiter, § Rn.)

Küting/Weber, Die Bilanzanalyse, 10. Aufl., Stuttgart 2012

Küttner, Personalhandbuch, 17. Aufl., München 2010 (zit.: Bearbeiter, in: Küttner, Personalhandbuch, Kap. Rn.)

Leopoldsberger, Kontinuierliche Wertermittlung von Immobilien, Köln 1998 (zit.: Leopoldsberger, Wertermittlung von Immobilien, S.)

Lutter/Hommelhoff, GmbH-Gesetz, 18. Aufl., Köln 2012 (zit.: Lutter/Hommelhoff, GmbHG, § Rn.)

Melcher, Aufdeckung wirtschaftskrimineller Handlungen durch den Abschlussprüfer, 2009 (zit.: Melcher, Aufdeckung wirtschaftskrimineller Handlungen durch den Abschlussprüfer, S.)

Michalski (Hrsg.), Kommentar zum Gesetz betreffend die Gesellschaften mit beschränkter Haftung – GmbH-Gesetz, 2. Aufl., München 2010 (zit.: Bearbeiter, in: Michalski, GmbHG, § Rn.)

Mittag, Ermittlung von zeitgemäßen Normalherstellungskosten für die Belange der Verkehrswertermittlung, Köln 1997 (zit.: Mittag, Verkehrswertermittlung, S.)

Moxter, Grundsätze ordnungsgemäßer Unternehmensbewertung, 2. Aufl. 1983

Müller-Gugenberger/Bieneck, Wirtschaftsstrafrecht, 5. Aufl., Köln 2011 (zit.: Bearbeiter, in Müller-Gugenberger/Bieneck, Wirtschaftsstrafrecht)

Nerlich/Römermann, Insolvenzordnung: InsO, 28. Aufl., München 2015 (zit.: Bearbeiter, in: NR, InsO § Rn.)

Peemöller (Hrsg.), Praxishandbuch der Unternehmensbewertung, 4. Aufl., Herne/Berlin 2009 (zit.: Bearbeiter, in: Peemöller, Praxishandbuch der Unternehmensbewertung, Rn.)

Petersen/ZwirnerBrösel, Handbuch Unternehmensbewertung, 1. Aufl., Köln 2013

Pfleger, Bilanz-Lifting, Freiburg 1999

Pohnert/Ehrenberg/Haase/Horn, Kreditwirtschaftliche Wertermittlungen, 7. Aufl., Neuwied 2010

Porter, Wettbewerbsstrategie, Methoden zur Analyse von Branchen und Konkurrenten 10. Aufl. 1999

Prahalad/Hamel, Wettlauf um die Zukunft, –Berlin 1997

Rebmann/Säcker/Rixecker (Hrsg.), Münchener Kommentar zum Bürgerlichen Gesetzbuch, 5. Aufl., München 2005 – 2010, 6. Aufl., München 2012 (zit.: MK/BGB-Bearbeiter, § Rn.)

Roth/Altmeppen, GmbHG, 8. Aufl., München 2015 (zit.: Bearbeiter, in: Roth/Altmeppen, GmbHG, § Rn.)

Rudolph, Praxishandbuch Sachverständigenrecht, München 1990

Runkel, Anwaltshandbuch Insolvenzrecht, 3. Aufl. 2015

Schaub, Arbeitsrechtshandbuch, 15. Aufl., München 2013

Scheffczyk, Untersuchung der rechtlichen Überschuldung bei der Jahresabschlussprüfung im Rahmen der Going-Concern-Annahme, 2007

Schierenbeck/Wöhle, Grundzüge der Betriebswirtschaftslehre, 17. Aufl., München 2009

Simon, Preisheiten – Alles was Sie über Preise wissen müssen, Frankfurt am Main 2013

Schmidt (Hrsg.), Hamburger Kommentar zum Insolvenzrecht, 5. Aufl., Köln 2015 (zit.: HambKomm/Bearbeiter, § Rn.)

K. Schmidt (Hrsg.), Münchener Kommentar zum Handelsgesetzbuch, 3. Aufl., München 2010 - 2013 (zit.: MK/HGB-Bearbeiter, § Rn)

K. Schmidt/Uhlenbruck, Die GmbH in Krise, Sanierung und Insolvenz, 4. Aufl., Köln 2009

Schmidt/Weber-Grellet, EStG, 29. Aufl., München 2010

K. Schmidt, Insolvenzordnung, 18. Aufl., München 2014

Schneck (Hrsg.), Lexikon der Betriebswirtschaft, 9. Aufl., München 2014 (zit.: Schneck, Lexikon der Betriebswirtschaft, S.)

Scholz (Hrsg.), Kommentar zum GmbH-Gesetz, 11. Aufl., Köln 2012 - 2015 (zit.: Bearbeiter, in: Scholz, GmbHG, § Rn.)

Schönke/Schröder, Strafgesetzbuch (zit.: Bearbeiter, in: Schönke/Schröder, StGB, § Rn.) Achtung! Neuauflage 29. Aufl. 2014

Simons, Bewertung von Bewertung von bebauten und unbebauten Grundstücken, München 1994

Soergel, BGB, 13. Aufl., Stuttgart 2002 - 2015 (zit.: Bearbeiter, in: Soergel, BGB, § Rn.)

Sommer/Piehler, Grundstücks- und Gebäudewertermittlung für die Praxis, Loseblatt, Freiburg 1995

Spindler/Stiltz, AktG, Kommentar, 3. Aufl., München 2015

Sullivan, Value Driven Intellectual Capital, 2000

Teller/Steffan, Rangrücktrittsvereinbarungen zur Vermeidung der Überschuldung bei der GmbH, 3. Aufl., Köln 2003

Tipke/Kruse, Abgabenordnung – Finanzgerichtsordnung, Loseblatt, Stand: 141. Lieferung, Köln 2015 (zit.: Tipke/Kruse, AO, § Rn.)

Uhlenbruck, Insolvenzordnung (InsO), Kommentar, 14. Aufl., München 2015 (zit.: Uhlenbruck/Bearbeiter, § Rn.)

Vogels, Grundstücks- und Gebäudebewertung marktgerecht, 5. Aufl. 2000

Wabnitz/Janowsky, Handbuch des Wirtschafts- und Steuerstrafrechts 4. Aufl., München 2014 (zit.: Wabnitz/Janowsky, Handbuch des Wirtschafts- und Steuerstrafrechts, Kap. Rn.)

Weyand/Diversy, Insolvenzdelikte 9. Aufl., Berlin 2013 (zit.: Weyand/Diversy, Insolvenzdelikte, S.)

Wimmer (Hrsg.), Frankfurter Kommentar zur Insolvenzordnung, 8. Aufl., Köln 2015, (zit.: FK/Bearbeiter, § Rn.)

Wimmer/Dauernheim/Wagner/Gietl (Hrsg.), Handbuch des Fachanwalts Insolvenzrecht, 5. Aufl., Köln 2015 (zit.: Bearbeiter, in: Wimmer/Dauernheim/Wagner/Gietl, Hdb. Fachanwalt InsR, S.)

Winnefeld, Bilanz-Handbuch, 5. Aufl., München 2015

Wöhe, Einführung in die Allgemeine Betriebswirtschaftslehre, 25. Aufl., München 2013

Wolf/Schlagheck, Überschuldung, Herne/Berlin 2007

Zimmermann/Heller, Der Verkehrswert von Grundstücken, München 1995 (zit.: Zimmermann/Heller, Verkehrswert, S.)

Zirpins, Kriminalistische Buchprüfung, Berlin 1937 (zit.: Walter, Kriminalistische Buchprüfung, S.)

A. Insolvenzgründe

I. Zahlungsunfähigkeit

1. Allgemeines

Der Begriff »Zahlungsunfähigkeit« findet sich in mehreren Vorschriften der InsO, zum einen in den Regelungen über die Insolvenzgründe und die Insolvenzantragspflicht, die durch das MoMiG aus dem Gesellschaftsrecht in 15a InsO verlagert wurde, zum anderen in verschiedenen Anfechtungstatbeständen (§§ 130 bis 133 InsO). Der Begriff ist nach der Rechtsprechung des BGH im gesamten Insolvenzrecht einheitlich zu verstehen.[1] 1

Die Zahlungsunfähigkeit hat in der InsO v. a. als Insolvenzeröffnungsgrund wesentliche Bedeutung. Sie dürfte der in der Praxis am häufigsten vorkommende Insolvenzeröffnungsgrund sein. 2

§ 17 Abs. 1 InsO bezeichnet die Zahlungsunfähigkeit als »**allgemeinen Eröffnungsgrund**«. Im Gegensatz zu den sonstigen Insolvenzeröffnungsgründen – Überschuldung (§ 19 InsO) und drohende Zahlungsunfähigkeit (§ 18 InsO) – ist die Zahlungsunfähigkeit zum einen für jeden insolvenzfähigen Schuldner tauglicher Insolvenzgrund und berechtigt zum anderen sowohl den Schuldner als auch seine Gläubiger, einen Insolvenzantrag zu stellen.

Überschuldung kommt demgegenüber nur dann als Insolvenzeröffnungsgrund infrage, wenn der Schuldner eine juristische Person, ein nicht rechtsfähiger Verein (§ 11 Abs. 1 S. 2 InsO) oder eine Gesellschaft ohne Rechtspersönlichkeit ist, bei der kein haftender Gesellschafter eine natürliche Person ist, es sei denn, zu den persönlich haftenden Gesellschaftern zählt eine andere Gesellschaft, bei der eine natürliche Person persönlich haftender Gesellschafter ist (§ 19 Abs. 3 InsO).

Die lediglich drohende Zahlungsunfähigkeit ist nur tauglicher Eröffnungsgrund, wenn der Schuldner selbst den Insolvenzantrag stellt (bzw. bei juristischen Personen oder Personen ohne Rechtspersönlichkeit alle Mitglieder des Vertretungsorgans, alle persönlich haftenden Gesellschafter oder alle Abwickler).

Im Gegensatz zum früheren Recht ist die Zahlungsunfähigkeit auch Eröffnungsgrund für **Nachlassinsolvenzverfahren** (§ 320 InsO). 3

Der Begriff Zahlungsunfähigkeit wird auch außerhalb der InsO verwendet, so z. B. in §§ 283, 283 c StGB; § 64 GmbHG; § 92 AktG; § 99 GenG; §§ 130 a, 130 b HGB. Der Begriff ist dort gleich zu verstehen wie i. R. d. InsO.[2] Das hat der BGH[3] für § 64 4

---

1 BGH, 13.06.2006 – IX ZB 238/05, ZInsO 2006, 827 f., ausdrücklich für dasselbe Verständnis auch i. R. d. § 64 GmbHG: BGH, 24.05.2005 – IX ZR 123/04, ZInsO 2005, 807 ff.

2 So sinngemäß MK/InsO-Eilenberger, § 17 Rn. 6; Humberg in BK § 17 Rn. 2.

3 BGH, 24.05.2005 – IX ZR 123/04, ZInsO 2005, 807 ff.

GmbHG a. F. ausdrücklich ausgesprochen und auch für die aktuelle Fassung des § 64 S. 3 GmbHG sinngemäß wiederholt.[4]

2. Begriff der Zahlungsunfähigkeit

a) Historische Entwicklung

5 Die KO hatte den Begriff der Zahlungsunfähigkeit nicht gesetzlich festgelegt. Rechtsprechung und Literatur zur KO hatten eine Definition der Zahlungsunfähigkeit entwickelt, der zufolge Zahlungsunfähigkeit als das auf einem Mangel an Zahlungsmitteln beruhende, voraussichtlich dauernde Unvermögen eines Schuldners anzusehen war, seine sofort zu erfüllenden, ernsthaft eingeforderten Geldschulden im Wesentlichen zu begleichen.[5]

Die Legaldefinition der Zahlungsunfähigkeit in der InsO ist an dieser zur KO entwickelten Definition orientiert, weist aber auch in einigen Punkten Unterschiede auf.

b) Legaldefinition der Zahlungsunfähigkeit

6 Der Gesetzgeber der InsO hat sich für eine Legaldefinition der Zahlungsunfähigkeit entschieden. Diese findet sich in § 17 Abs. 2 S. 1 InsO und lautet:

> »Der Schuldner ist zahlungsunfähig, wenn er nicht in der Lage ist, die fälligen Zahlungsverpflichtungen zu erfüllen.«

Die Legaldefinition stellt nach ihrem Wortlaut ausschließlich auf die Fälligkeit der Zahlungspflichten ab und nennt einige der Kriterien nicht, die nach der von der Rechtsprechung zur KO entwickelten Begriffsbestimmung maßgeblich sein sollten. Insb. die Voraussetzungen des **dauernden** Unvermögens und der »**Wesentlichkeit**« des Anteils der vom Schuldner aus Liquiditätsmangel nicht erfüllbaren Forderungen sind im Vergleich mit der unter der KO maßgeblichen Definition nach dem Gesetzeswortlaut weggefallen.[6] Das Gleiche gilt für das Erfordernis, dass die fraglichen Verbindlichkeiten »ernsthaft« eingefordert worden sein müssen, um Zahlungsunfähigkeit begründen zu können.

7 Obwohl die Legaldefinition der Zahlungsunfähigkeit in § 17 InsO die Merkmale Dauer, Wesentlichkeit und ernsthaftes Eingefordertsein nicht erwähnt, geht die Rechtsprechung mittlerweile davon aus, dass diesen Kriterien nach wie vor Bedeutung zukommt.

Für die Merkmale der Dauer und Wesentlichkeit war dies in der Literatur schon früher überwiegende Meinung und entspricht seit der Grundsatzentscheidung des BGH vom 24.05.2005[7] (s. dazu die Ausführungen unter Rdn. 38 ff.) ständiger Rechtsprechung.

---

4 BGH, 09.10.2012 – II ZR 298/11 Rn. 11, ZInsO 2012, 2291 ff.

5 S. z. B. BGH, NJW 1992, 1960.

6 BGH, 24.05.2005 – IX ZR 123/04, ZInsO 2005, 807 ff.

7 BGH, 24.05.2005 – IX ZR 123/04, ZInsO 2005, 807 ff.

Dass Verbindlichkeiten auch ernsthaft eingefordert sein müssen, damit sie bei der Liquiditätsprüfung berücksichtigt werden müssen, hat der BGH für die Insolvenzordnung erstmalig in einer Entscheidung vom 19.07.2007[8] ausgesprochen und wiederholt dies seither ebenfalls in ständiger Rechtsprechung.

aa) Art der einzubeziehenden Verbindlichkeiten

Ausweislich § 17 Abs. 2 Satz 1 InsO sind für die Zahlungsunfähigkeit als Verbindlichkeiten des Schuldners nur dessen **Zahlungs**pflichten relevant. 8

Darüber hinaus ist anerkannt, dass auch Ansprüche auf Hinterlegung von Geld[9] und Ansprüche auf Freistellung von einer Geldschuld[10] bei der Prüfung der Zahlungsunfähigkeit berücksichtigt werden müssen. Maßgeblich sind also letzten Endes die **Geldverbindlichkeiten** des Insolvenzschuldners.

Nicht relevant für die Prüfung der Zahlungsunfähigkeit sind demgegenüber nicht auf Geld gerichtete Verpflichtungen wie bspw. Pflichten zur **Erbringung von Sach- oder Dienstleistungen**. Das gilt auch dann, wenn die fraglichen Verpflichtungen in Geldverbindlichkeiten übergehen können. Sie sind erst dann zu berücksichtigen, wenn der Übergang in eine Zahlungsverpflichtung tatsächlich stattgefunden hat.[11] 9

bb) Fälligkeit i. S. d. § 17 Abs. 2 Satz 1 InsO und ernsthaftes Eingefordertsein

Nach dem Wortlaut des § 17 Abs. 2 Satz 1 InsO ist maßgeblich, ob der Schuldner seine **fälligen** Geldschulden erfüllen kann. Entsprechend diesem Wortlaut ging früher die herrschende Auffassung davon aus, für die Berücksichtigung einer Forderung bei der Zahlungsfähigkeitsprüfung genüge es, dass sie fällig i. S. d. § 271 BGB sei.[12] 10

In Abkehr von dieser früher vorherrschenden Meinung hat der BGH in einer Entscheidung v. 19.07.2007 judiziert,[13] daraus, dass das nach der zur KO entwickelten Definition der Zahlungsunfähigkeit notwendige Merkmal des **ernsthaften Einforderns** im Gesetzestext der InsO nicht genannt werde, sei nicht zwingend zu schließen, dass sämtliche i. S. v. § 271 BGB fälligen Forderungen zu berücksichtigen seien. Vielmehr würden Sinn und Zweck des § 17 InsO es gebieten, an dem Erfordernis des ernsthaften Einforderns als Voraussetzung einer die Zahlungsunfähigkeit begründenden oder zu ihr beitragenden Forderung festzuhalten. Aus der Fälligkeit einer Forderung i. S. d. § 271 Abs. 1 BGB dürfe nicht schematisch gefolgert werden, dass sie i. R. d. Prüfung der Zahlungsunfähigkeit berücksichtigt werden müsse. Eine Forderung sei erst dann **i. S. v. § 17 Abs. 2 InsO fällig**, wenn eine Gläubigerhandlung feststehe, aus der sich der Wille, vom Schuldner Erfüllung zu verlangen, im Allgemeinen ergibt. 11

8 So erstmalig zur InsO BGH, 19.07.2007 – IX ZB 36/07, ZInsO 2007, 939 ff.

9 Jaeger-Müller, § 17 Rn. 6; HK/Kirchhof, § 17 Rn. 6; HambKomm-J.-S. Schröder, § 17 Rn. 5.

10 HK/Kirchhof, § 17 Rn. 6; Uhlenbruck/Mock § 17 Rn. 75.

11 Uhlenbruck/Mock, § 17 Rn. 76; HK/Kirchhof, § 17 Rn. 6.

12 Jaeger-Müller, § 17 Rn. 7, 9.

13 BGH, 19.07.2007 – IX ZB 36/07, ZInsO 2007, 939 ff.

Somit ist die Fälligkeit i. S. d. BGB nach der Rechtsprechung des BGH eine notwendige, aber keine hinreichende Bedingung für die Berücksichtigung einer Forderung bei der Zahlungsunfähigkeitsprüfung. Eine Forderung muss zumindest fällig i. S. d. BGB sein, damit sie für die Zahlungsfähigkeit relevant sein kann.

Fälligkeit i. S. d. BGB bezeichnet den Zeitpunkt, von dem ab der Gläubiger die geschuldete Leistung verlangen kann.[14] Hinsichtlich der Fälligkeit i. S. d. BGB ist zu beachten, dass durch die Änderungen des BGB durch das Gesetz zur Bekämpfung des Zahlungsverzugs im Geschäftsverkehr die Vertragsfreiheit der Parteien für die Vereinbarung von Fälligkeitszeitpunkten beschränkt wurde[15] und insbesondere Vereinbarungen, die die Fälligkeit zugunsten des Schuldners verschieben, ggf. unwirksam sein können.

Als »fällige Zahlungspflichten« im Sinne des § 17 Abs. 2 InsO werden bei der Prüfung der Zahlungsfähigkeit alle Zahlungsverbindlichkeiten berücksichtigt, die frei von Einwendungen und Einreden bestehen, fällig im Sinne des BGB[16] und außerdem ernsthaft eingefordert sind. Verzug muss demgegenüber noch nicht eingetreten sein.

12 Nach § 271 Abs. 2 BGB richtet sich der Zeitpunkt, ab dem die geschuldete Leistung gefordert werden kann, nach den zwischen den Parteien insoweit getroffenen Vereinbarungen. Fehlt es an solchen und ist der Zeitpunkt, zu dem geleistet werden muss, auch nicht den Umständen zu entnehmen, so kann der Gläubiger gem. § 271 Abs. 1 BGB die Leistung sofort verlangen, Fälligkeit i. S. d. BGB tritt sofort ein. Fälligkeit i. S. d. BGB setzt grds. *nicht* die Erteilung einer Rechnung voraus,[17] soweit nicht das Gesetz die Rechnungsstellung ausnahmsweise zur Fälligkeitsvoraussetzung erhebt, wie dies z. B. bei Werkunternehmerrechnungen nach VOB/B (§ 16 Nr. 3 VOB/B), Architektenrechnungen (§ 8 HOAI), Arztrechnungen (§ 12 GOÄ), Mietnebenkostenabrechnungen[18] etc. der Fall ist.

Darüber hinaus fordert der BGH für die Fälligkeit i. S. d. § 17 Abs. 2 InsO, dass der Gläubiger die Forderung ernsthaft eingefordert hat. Für ein ernsthaftes Einfordern genügt nach der Entscheidung v. 19.07.2007 jede Gläubigerhandlung, aus der sich der Wille, vom Schuldner Erfüllung zu verlangen, im Allgemeinen ergibt. Hierfür reicht nach der Rechtsprechung des BGH[19] jegliche fälligkeitsbegründende Handlung des Gläubigers aus, gleich ob die Fälligkeit aus der ursprünglichen Vertragsabrede oder aus einer nach Erbringung der Leistung übersandten Rechnung herrührt.

Eine Zahlung ist beispielsweise als ernsthaft eingefordert anzusehen, wenn der Gläubiger eine Rechnung übersendet. Eine einmalige Zahlungsaufforderung genügt, der

14 Palandt/Grüneberg, BGB, § 271 Rn. 1; MK/BGB-Krüger, § 271 Rn. 2.

15 Palandt/Grüneberg, BGB, 74. Auflage 2015, § 271 a Rn. 1.

16 MK/InsO-Eilenberger, § 17 Rn. 7 HambKomm-J.-S. Schröder, § 17 Rn. 7.

17 M. Artz, in: Erman, BGB, 14. Auflage § 271 Rn. 4.

18 M. Artz in: Erman, BGB,14. Auflage § 271 Rn. 4.

19 BGH, 22.11.2012 – IX ZR 62/10 Rn. 8, ZInsO 2013, 76 – 78.

Gläubiger muss sein Zahlungsverlangen nicht wiederholen, schon gar nicht regelmäßig.[20]

Des Weiteren soll die kalendermäßige Fälligkeit einer Forderung ein Zahlungsverlangen entbehrlich machen.[21] So bedarf es z. B. nach dem Ablauf einer Prolongation eines befristeten Darlehens keiner weiteren Handlung des Gläubigers, damit die Darlehensforderung als fällig im Sinne der InsO anzusehen ist.[22] Stellt der Darlehensgeber in dieser Situation allerdings statt des geschuldeten Verzugsschadens nach § 286 Abs. 2 Nr. 1, § 288 BGB die bisherige vertragliche Verzinsung oder Überziehungszinsen in Rechnung, kann das nach der Rechtsprechung des BGH als Hinweis gewertet werden, dass die Forderung möglicherweise nicht ernsthaft eingefordert war.[23]

Für den Fall, dass eine Finanzbehörde die Vollziehung eines Steuerbescheides wegen ernstlicher Zweifel an dessen Rechtmäßigkeit bis zum Abschluss eines gerichtlichen Verfahrens über die Rechtmäßigkeit des Bescheids aussetzt, fordert sie nach der Rechtsprechung des BGH für die Dauer der Aussetzung der Vollziehung den festgesetzten Betrag ebenfalls nicht mehr ernsthaft ein.[24] In gleicher Weise wie bei einer stundungsähnlichen Vereinbarung werde für den Zeitraum der Aussetzung der Vollziehung zum Ausdruck gebracht, dass ein Ausgleich der Forderung der fälligen Forderung durch den Schuldner im fraglichen Zeitraum nicht erwartet werde.

Nicht notwendig ist ein ernsthaftes Einfordern der Forderung dann, wenn der Schuldner die Fälligkeit der Forderung selbst herbeigeführt und alsbaldige Zahlung angekündigt hat.[25]

Nicht auseinandergesetzt hat sich der BGH in seiner Entscheidung v. 19.07.2007, in **13**
der er das Erfordernis des ernsthaften Einforderns wieder statuiert hat, mit der Frage, wie hinsichtlich Forderungen zu verfahren ist, die faktisch nicht eingefordert werden können, weil der Schuldner nicht bekannt ist (z. B. Schadensersatzansprüche gegen einen unbekannten Schädiger). Zwar soll zur Fälligkeit i. S. d. § 17 Abs. 2 Satz 1 InsO keine Zahlungsaufforderung notwendig sein, sondern eine Gläubigerhandlung genügen, aus der sich der Wille ergibt, vom Schuldner Erfüllung zu verlangen. Freilich dürften solche Gläubigerhandlungen (z. B. Anstrengungen, den Schuldner zu ermitteln), die letzten Endes nicht zu einer Zahlungsaufforderung geführt haben, weil der Schuldner nicht ermittelt werden konnte, in der Praxis kaum zuverlässig feststellbar sein.

In der Literatur wird insoweit z. T. angenommen, dass bei Forderungen aus gesetzlichen Schuldverhältnissen (z. B. Delikt) für eine Berücksichtigung bei der Zahlungsunfähigkeitsprüfung kein irgend geartetes Anfordern der Forderung notwendig sei, weil

20 BGH, 19.07.2007 – IX ZB 36/07, ZInsO 2007, 939 ff.
21 BGH, 14.05.2009 – IX ZR 63/08 Rn. 26, ZInsO 2009, 1254 –1258.
22 BGH, 22.11.2012 – IX ZR 62/10 Rn. 12, ZInsO 2013, 76 – 78.
23 BGH, 22.11.2012 – IX ZR 62/10 Rn. 13, ZInsO 2013, 76 – 78.
24 BGH, 22.05.2014 – IX ZR 95/13, LS 1, ZInsO 2014, 1326 – 1331.
25 BGH, 14.05.2009 – IX ZR 63/08 Rn. 24, ZInsO 2009, 1254 – 1258.

zu erwarten sei, dass solche Forderungen nach Entdeckung auf jeden Fall eingefordert werden.[26] Das Erfordernis des ernsthaften Einforderns diene nur dazu, rein tatsächlich gestundete Forderungen unberücksichtigt zu lassen. Diese Auffassung verdient Zustimmung, vermeidet sie doch die sicherlich nicht wünschenswerte Privilegierung krimineller Geschäftsmodelle, die dann eintreten würde, wenn Forderungen aus entsprechenden unerlaubten Handlungen erst nach der erst nach ihrer Aufdeckung möglichen Geltendmachung zu berücksichtigen wären.

Dass eine Forderung i. R. d. Prüfung der Zahlungsunfähigkeit berücksichtigt werden muss, setzt lediglich **Fälligkeit gem.** § 271 BGB sowie ein ernsthaftes Einfordern der Forderung voraus, Verzug ist demgegenüber nicht erforderlich.[27] Die Bestimmung in § 286 Abs. 3 BGB, nach der Verzug mit Entgeltforderungen grds. erst 30 Tage nach Fälligkeit und Zugang einer Rechnung eintritt, ist daher i. R. d. Zahlungsunfähigkeitsprüfung irrelevant.[28] Auch gerade erst beim Schuldner eingegangene Rechnungen müssen mit in die Prüfung der Zahlungsfähigkeit einbezogen werden, wenn nicht abweichende Zahlungsfristen vereinbart wurden

14 Schon vor der Entscheidung des BGH vom 19.07.2007[29] war ferner anerkannt, dass **gestundete Forderungen** bei der Prüfung der Zahlungsunfähigkeit nicht berücksichtigt werden dürfen.[30] Angesichts des Umstands, dass unter Stundung das i. d. R. auf vertraglicher Abrede beruhende Hinausschieben der Fälligkeit einer Forderung zu verstehen ist,[31] leuchtet das ein.

15 Stundungen sind nur in Ausnahmefällen formbedürftig. Sie müssen nicht ausdrücklich vereinbart werden, sondern können auch konkludent zustande kommen. Selbst für die Stundung von Ansprüchen aus dem Steuerschuldverhältnis (§ 222 AO) ist Schriftform nicht erforderlich, freilich aber allgemein üblich.[32]

Grds. können Stundungen bzw. Stillhalteabkommen auch konkludent abgeschlossen werden. Allerdings ist nach der Rechtsprechung des BGH bei der Annahme Zurückhaltung geboten, ein Gläubiger habe stillschweigend in eine spätere oder nachrangige Befriedigung seiner Forderung eingewilligt. Insb. stehen »erzwungene Stundungen« der Zahlungsunfähigkeit nicht entgegen, die dadurch zustande kommen, dass der Schuldner seine fälligen Verbindlichkeiten mangels liquider Mittel nicht oder nur noch mit Verzögerungen begleicht, die Gläubiger aber nicht sofort klagen und vollstrecken,

26 Scholz/Bitter, GmbHG, 11. Auflage, vor § 64 Rn. 12 m. w. N.

27 MK/InsO-Eilenberger, § 17 Rn. 7, BGH Urteil vom 24.05.2005 – IX ZR 123/04, ZInsO 2005, 807 ff.

28 Jaeger-Müller, § 17 Rn. 8.

29 BGH, 19.07.2007 – IX ZB 36/07, ZInsO 2007, 939 ff.

30 MK/InsO-Eilenberger § 17 Rn. 7.

31 Grüneberg, in: Palandt, BGB, § 271 Rn. 12.

32 Tipke/Kruse, AO, § 222 Rn. 57.

weil sie dies ohnehin für aussichtslos halten oder sie nicht den sofortigen Zusammenbruch des Schuldners verantworten wollen.[33]

Das soll insbesondere für »erzwungene Stundungen« von Lohnzahlungen gelten, weil ansonsten die Gefahr bestünde, dass der richtige Zeitpunkt für die Eröffnung eines Insolvenzverfahrens verfehlt würde.[34]

Ferner sind Gläubiger, die ihre Forderung eingefordert, ihre Bemühungen dann aber eingestellt haben, ohne dabei zum Ausdruck zu bringen, sie seien damit einverstanden, dass ihre Forderung vorerst nicht erfüllt wird, mit ihren Forderungen bei der Prüfung der Zahlungsunfähigkeit grds. zu berücksichtigen.[35]

Auch wenn Stundungen grds. auch konkludent erfolgen können, ist insolvenzgefährdeten Schuldnern, zumindest soweit für sie Insolvenzantragspflichten gelten, zu empfehlen, die Fälligkeit i. s. des § 17 InsO hindernde Vereinbarungen schriftlich zu fixieren und eindeutig abzufassen, damit Unsicherheiten hinsichtlich der Frage vermieden werden, ob die Forderung bei der Prüfung der Zahlungsunfähigkeitsprüfung berücksichtigt werden muss. Dabei muss beachtet werden, dass die Stundung als nachträgliche Vertragsänderung bei formbedürftigen Verträgen gleichfalls dem Formzwang unterliegen kann,[36] nach der Rechtsprechung des BGH jedenfalls zumindest bei langfristigen Stundungen.[37]

Besonderheiten sind bei einer Stundung nach **§ 222 AO** zu beachten. Nach einer Entscheidung des OLG Brandenburg[38] soll zumindest **einer rückwirkenden Stundung** gemäß § 222 AO nicht dieselbe Funktion zukommen wie einer zivilrechtlichen Stundung. Ihre Rechtswirkung soll sich vielmehr darin erschöpfen, die Pflicht zur Zahlung von Stundungszinsen gemäß § 234 Abs. 1 AO anstelle von Verspätungszuschlägen zu statuieren.[39]

In der Entscheidung über die Revision[40] gegen das vorgenannte Urteil des OLG Brandenburg hat der BGH explizit offengelassen, ob Stundungen nach § 222 AO zivilrechtlichen Stundungen im Hinblick auf ihre Wirkung bei der Zahlungsunfähigkeitsprüfung prinzipiell gleichzusetzen sind.[41] Die rückwirkende Gewähr der Stundung führt jedenfalls für die Betrachtung im Rahmen der Insolvenzanfechtung nicht dazu, dass die Fälligkeit schon vor Gewährung der Stundung entfallen würde, da es gemäß § 140

33 BGH, 14.02.2008 – IX ZR 38/04, Rn. 22, ZInsO 2008, 706 –709.

34 BGH, 14.02.2008 – IX ZR 38/04, Rn. 22, ZInsO 2008, 706 –709.

35 BGH, 14.02.2008 – IX ZR 38/04, Rn. 21, ZInsO 2008, 706 –709.

36 Grüneberg, in: Palandt, BGB, § 271 Rn. 14.

37 Grüneberg, in: Palandt, BGB, § 311b Rn. 41, 43 mit Nachweis zur Rspr. des BGH.

38 OLG Brandenburg, 06.03.2013, 7 U 23/11, ZInsO 2013, 987 –9 90.

39 OLG Brandenburg a. a. O. juris Rn. 28.

40 BGH, 22.05.2014 – IX ZR 95/13, ZInsO 2014, 1326 – 1331.

41 BGH a. a. O. juris Rn. 13.

InsO auf die tatsächlichen Verhältnisse zum Zeitpunkt des Eintritts der rechtlichen Wirkungen der angefochtenen Rechtshandlung ankommt.[42]

16 Von der Stundung zu unterscheiden ist das bloße **Stillhalteabkommen** (pactum de non petendo), bei dem der Gläubiger sich vertraglich verpflichtet, die Forderung trotz Fälligkeit zeitweilig nicht geltend zu machen.[43] Da derartige Stillhalteabkommen die Fälligkeit i.S.d. des BGB nicht hindern,[44] mussten Forderungen, hinsichtlich derer lediglich ein entsprechendes Stillhalteabkommen bestand, früher bei der Prüfung der Zahlungsunfähigkeit berücksichtigt werden.

17 Diese Auffassung ist nach dem Beschl. des BGH v. 19.07.2007 überholt.[45] Im dort entschiedenen Fall hatte die Steuerberaterin des Schuldners mit diesem vereinbart, dass er ihre Forderungen zahlen oder Forderungen abtreten solle, wie es ihm jeweils möglich sei. Sie hatte auf Mahnungen verzichtet; die jeweilige Restforderung war mit 8% verzinst worden. Damit hatte die Steuerberaterin nach Auffassung des BGH zum Ausdruck gebracht, dass sie weder eine bevorrechtigte Befriedigung i.R.d. vollstreckungsrechtlichen Prioritätsprinzips noch die Eröffnung des Insolvenzverfahrens über das Vermögen des Schuldners anstrebte, sondern nur je nach den finanziellen Möglichkeiten des Schuldners mit einer nachrangigen Befriedigung einverstanden war.

Deshalb war die Forderung nach Auffassung des BGH bei der Prüfung der Zahlungsunfähigkeit nicht als im insolvenzrechtlichen Sinne fällige Verbindlichkeit zu berücksichtigen.

Bei der Prüfung der Zahlungsunfähigkeit darf eine Forderung, die bereits ernsthaft eingefordert war, dann nicht mehr berücksichtigt werden, wenn zwischenzeitlich ein Stillhalteabkommen mit dem Gläubiger abgeschlossen wurde.[46] Allerdings kann der Schuldner erneut zahlungsunfähig werden, wenn der Gläubiger das Stillhalteabkommen an die Erbringung gewisser Leistungen wie z.B. Ratenzahlungen geknüpft hat und der Schuldner nicht in der Lage ist, diese Leistungen zu erbringen.[47]

Nicht zu berücksichtigen sind nach der Rechtsprechung des BGH bei der Zahlungsunfähigkeitsprüfung ferner Verbindlichkeiten, die nur nach Absprache erfüllbar sein sollen.[48]

---

42 BGH, 22.05.2014 – IX ZR 95/13 Rn. 23, ZInsO 2014, 1326 – 1331.

43 Wolf, in: Soergel, BGB, § 271 Rn. 14.

44 HambKomm-J.-S. Schröder, § 17 Rn. 10.

45 BGH, 19.07.2007 – IX ZB 36/07, ZInsO 2007, 939 ff.

46 BGH, 20.12.2007 – IX ZR 93/06 Rn. 26, ZInsO 2008, 273 – 276.

47 BGH, 20.12.2007 – IX ZR 93/06 Rn. 26, ZInsO 2008, 273 – 276.

48 BGH, 19.07.2007 – IX ZB 36/07 Rn. 23, ZInsO 2007, 939 ff.

cc) Besonderheiten und diskutierte Ausnahmen

Auch soweit fällige, ernsthaft eingeforderte Geldverbindlichkeiten infrage stehen, sind diese nicht ausnahmslos in die Prüfung der Zahlungsunfähigkeit mit einzustellen. Vielmehr sind einige Ausnahmen anerkannt bzw. werden zumindest diskutiert. 18

(1) Einredebehaftete Forderungen

Im Grundsatz sind nur rechtlich durchsetzbare Forderungen bei der Zahlungsunfähigkeitsprüfung zu berücksichtigen[49]. Einredebehaftete Forderungen können vom Gläubiger nur mit Aussicht auf Erfolg geltend gemacht werden und sind nur dann durchsetzbar, wenn der Schuldner die Einrede nicht erhebt, also sich z. B. nicht auf eine bereits eingetretene Verjährung beruft bzw. berufen will. Einredebehaftete Verbindlichkeiten sind bei der Prüfung der Zahlungsunfähigkeit deshalb nur zu berücksichtigen, wenn der Schuldner nicht willens ist, die fragliche Einrede geltend zu machen.[50] 19

Eine Forderung, deren Begleichung später durch den Insolvenzverwalter angefochten wird, ist jedoch bei der Feststellung zu berücksichtigen, ob zum fraglichen Zeitpunkt bereits Zahlungsunfähigkeit bestand, wenn sie zum Prüfungsstichtag noch offen war.[51] Das folgt daraus, dass die Einrede der Anfechtbarkeit vor Eröffnung des Insolvenzverfahrens noch nicht entstanden ist.

(2) Streitige Forderungen

Durch die Rechtsprechung noch nicht geklärt ist die Frage, ob und mit welchem Betrag streitige Forderungen ggf. mit in die Prüfung der Zahlungsunfähigkeit einbezogen werden müssen. 20

Um Unsicherheiten zu vermeiden, empfiehlt es sich deshalb, auf den Abschluss einer Stundungsvereinbarung oder sonstigen die Fälligkeit i. S. d. § 17 InsO beendenden Erklärung des jeweiligen Gläubigers hinzuwirken, wenn das Bestehen von Zahlungsunfähigkeit von der Existenz einer streitigen Forderung abhängt.

Ob streitige Verbindlichkeiten berücksichtigt werden sollen, wird teils von der Wahrscheinlichkeit ihrer Existenz[52] bzw. Wahrscheinlichkeit der drohenden sofortigen Inanspruchnahme[53] oder davon abhängig gemacht, ob ernsthafte Zweifel an der Existenz bzw. der Durchsetzbarkeit der Forderung bestehen bzw. Einwendungen gegen die

---

49 BGH, 19.07.2007 – IX ZB 36/07 Rn. 20, ZInsO 2007, 939 ff.

50 HambKomm-J.-S. Schröder, § 17 Rn. 11.

51 BGH, 14.05.2009 – IX ZR 63/08 Rn. 24, ZInsO 2009, 1254 – 1258.

52 Uhlenbruck, in: Karsten Schmidt/Uhlenbruck (Hrsg.), Die GmbH in Krise, Sanierung und Insolvenz, 4. Aufl. 2009, Rn. 5.25.

53 Baumbach/Hueck/Haas, GmbHG, 20. Auflage, § 64 Rn. 34 c.

Forderung nicht von vornherein abwegig sind.[54] Ist letzteres der Fall, soll die Forderung bei der Zahlungsfähigkeitsprüfung nicht angesetzt werden.[55]

Zum Teil wird auch angenommen, dass streitige Verbindlichkeiten bei der Prüfung der Zahlungsunfähigkeit je nach Wahrscheinlichkeit ihrer Existenz und Durchsetzbarkeit mit einem Schätzwert berücksichtigt werden müssen.[56]

Damit soll letztlich eine angemessene Berücksichtigung sowohl des Interesses des Schuldners an der Vermeidung eines Insolvenzverfahrens als auch der Interessen der Gläubiger erreicht werden. Angesichts des Umstands, dass gerade insolvenznahe Schuldner häufig Forderungen mit vorgeschobenen Argumenten bestreiten, soll verhindert werden, dass Schuldner den Eintritt der Zahlungsunfähigkeit durch unbegründetes Bestreiten von Forderungen so lange hinauszuzögern, bis die künftige Insolvenzmasse »ausgehöhlt« ist und schlimmstenfalls ein Verfahren mangels Masse nicht eröffnet wird. Andererseits soll das Interesse des Schuldners an der Vermeidung eines Insolvenzverfahrens und der Erhaltung seines Unternehmens angemessen gewahrt werden, was dann nicht gewährleistet wäre, wenn schlechthin jede von einem Gläubiger behauptete Forderung bei der Prüfung der Zahlungsunfähigkeit voll angesetzt würde.

Zur Frage, wie sich der Grad der Wahrscheinlichkeit des Bestehens der Forderung auf die Bewertung der Forderung bei der Zahlungsfähigkeitsprüfung auswirkt, finden sich selten konkrete Aussagen. In Betracht kommt, Forderungen gar nicht anzusetzen, die mit einer Wahrscheinlichkeit von weniger als 50 % bestehen, und solche, bei denen die Wahrscheinlichkeit mehr als 50 % beträgt voll, oder aber die Forderung mit dem Prozentanteil ihres Nennbetrags zu berücksichtigen, der der prozentualen Wahrscheinlichkeit ihrer Existenz entspricht. Die letztgenannte, offenbar von Schmidt und Roth[57] favorisierte Lösung begegnet dem Einwand, dass die Aussage, die Wahrscheinlichkeit der Existenz einer Forderung betrage z. B. 65 %, nicht gleichgesetzt werden kann mit der Aussage, es sei wahrscheinlich, dass 65 % der fraglichen Forderung tatsächlich bestehen. Allerdings hängt es vom Zufall ab, ob im konkreten Einzelfall der Ansatz mit einem der Wahrscheinlichkeit der Existenz entsprechenden Anteil der Gesamtforderung oder eine Berücksichtigung je nachdem, ob die Schwelle einer 50 %igen Existenzwahrscheinlichkeit erreicht oder nicht erreicht ist, der tatsächlichen Lage besser gerecht wird.

Problematisch erscheint der Ansatz von Forderungen mit einem Prozentsatz vom Nennbetrag, der dem Prozentsatz der Wahrscheinlichkeit der Existenz entspricht, v. a. bei hohen Verbindlichkeiten, bei denen der Grad der Wahrscheinlichkeit des Bestehens gering ist. Führt letztlich z. B. die Berücksichtigung einer Forderung, deren Existenz

54 BK/Humberg § 17 Rn. 15; Baumbach/Hueck/Haas, GmbHG, 20. Auflage, § 64 Rn. 34 c.

55 Baumbach/Hueck/Haas, GmbHG, 20. Auflage, § 64 Rn. 34 c.

56 HK/Kirchhof, § 17 Rn. 7; Uhlenbruck, in: K. Schmidt/Uhlenbruck (Hrsg.), Die GmbH in Krise, Sanierung und Insolvenz, 4. Aufl. 2009, Rn. 5.25: Graf-Schlicker/Bremen § 17 Rn. 5.

57 Schmidt/Roth, Die Bewertung von streitigen Verbindlichkeiten bei der Ermittlung der Insolvenzgründe, ZInsO 2006, 236 ff., 239.

nur zu 3 % als wahrscheinlich erscheint, mit 3 % ihres Nennbetrags zur Zahlungsunfähigkeit, erscheint die angemessene Wahrung der schuldnerischen Interessen nicht gewährleistet; die Gefahr, dass das schuldnerische Unternehmen durch eine sich später als gänzlich unbegründet erweisende Inanspruchnahme zerstört werden könnte, ist hingegen groß.

Dieses Risiko vermeidet die Auffassung,[58] die es für ein Außerachtlassen der Forderung ausreichen lässt, dass ernsthafte Zweifel am Bestand der Forderung gegeben sind bzw. Einwendungen gegen die Forderung nicht von vorneherein haltlos erscheinen. Ihr kann aber entgegengehalten werden, dass sie den Gläubigerinteressen nicht hinreichend Rechnung trägt, da der Umstand, dass Einwendungen nicht abwegig erscheinen, keinesfalls in allen Fällen bedeutet, dass sie zum Prozesserfolg verhelfen würden.

Ob streitige Verbindlichkeiten bei der Zahlungsunfähigkeitsprüfung mit einem Schätzwert berücksichtigt werden sollen, hat der BGH in einer Entscheidung[59] offengelassen, in der es um die Feststellung einer zumindest drohenden Zahlungsunfähigkeit ging, da er die fraglichen Verbindlichkeiten infolge der Aussetzung ihrer Vollziehung durch das Finanzamt als nicht ernsthaft eingefordert angesehen hat. Streitige Forderungen sollen nach den dortigen Ausführungen jedenfalls dann nicht mit einem Abschlag in einem Liquiditätsplan zu berücksichtigen sein, wenn der Gläubiger zu erkennen gibt, dass er auf die Durchsetzung der rechtlich umstrittenen Forderung bis zum Abschluss eines anhängigen Rechtsstreits verzichtet. Dieses Urteil lässt es empfehlenswert erscheinen, im Fall einer streitigen vorläufig vollstreckbar titulierten Verbindlichkeit eine Regelung mit dem Gläubiger zu treffen, nach der dieser bis zur rechtskräftigen Feststellung seiner Forderung auf eine Vollstreckung verzichtet.

Der Gefahr, dass eine streitige, die Zahlungsunfähigkeit begründende Forderung sich als tatsächlich nicht existent oder nicht durchsetzbar erweist, trägt der BGH für das Eröffnungsverfahren dadurch Rechnung, dass er dann, wenn eine[60] oder mehrere[61] bestrittene Forderungen des antragstellenden Gläubigers die Zahlungsunfähigkeit begründen sollen, für eine Insolvenzeröffnung den **vollen** Beweis der Forderung(en) für erforderlich hält (s. dazu aber auch Rdn. 21). Da es nicht Aufgabe des Insolvenzgerichts sein könne, in dem hierfür ungeeigneten Eröffnungsverfahren den Bestand ernsthaft bestrittener, rechtlich zweifelhafter Forderungen zu überprüfen, seien die Parteien in solchen Fällen auf den Prozessweg zu verweisen.[62]

Der Fall, dass das Vorliegen der Zahlungsunfähigkeit vom Bestand von Forderungen eines anderen als des antragstellenden Gläubigers abhängt, ist zwar vom BGH soweit ersichtlich noch nicht entschieden, dürfte aber im Ergebnis ebenso zu beurteilen sein.[63]

58 Baumbach/Hueck/Haas, GmbHG, 20. Auflage, § 64 Rn. 34 c.
59 BGH, 22.05.2014 – IX ZR 95/13, ZInsO 2014, 1326 ff.
60 BGH, 14.12.2005 – IX ZB 207/04, ZInsO 2006, 145 – 146.
61 BGH, 13.06.2006 – IX ZB 214/05, ZInsO 2006, 828 – 829.
62 BGH, 14.12.2005 – IX ZB 207/04 Rn. 6, ZInsO 2006, 145 – 146.
63 HambKomm-J.-S. Schröder, § 16 Rn. 9.

21 Für streitige Forderungen, über die ein Vollstreckungstitel vorliegt, hat der BGH in mehreren jeweils Insolvenzeröffnungsverfahren betreffenden Entscheidungen judiziert, dass der Gläubiger durch Vorlage des entsprechenden Vollstreckungstitels sowohl den ihm obliegenden Beweis seiner Forderung erbringen als auch den Eröffnungsgrund nachweisen kann, auch wenn das Vorliegen der Zahlungsunfähigkeit von der Existenz der titulierten streitigen Forderung abhängt.[64] Der BGH hatte zunächst in seinen Entscheidungen[65] darauf verwiesen, dass es im eröffneten Verfahren gem. § 179 Abs. 2 InsO dem Bestreitenden obliege, seinen Widerspruch zu verfolgen, wenn ein vollstreckbarer Titel oder ein Endurteil vorliegt. Diese Wertung gelte auch im Eröffnungsverfahren, der Schuldner müsse seine Einwendungen gegen die titulierte Forderung oder ihre Vollstreckbarkeit in den für den jeweiligen Einwand vorgesehenen Verfahren überprüfen lassen. Das Insolvenzgericht könne diese Prüfung von offensichtlichen Fällen einmal abgesehen nicht **nachholen**. Ebenso wie es nicht Sache des Insolvenzgerichts sei, den Bestand ernsthaft bestrittener, rechtlich zweifelhafter Forderungen zu überprüfen, obliege es ihm auch nicht, tatsächlich zweifelhaften Einwänden gegen eine titulierte Forderung nachzugehen.

Hatte die Formulierung, der Schuldner müsse seine Einwendungen gegen die titulierte Forderung oder ihre Vollstreckbarkeit im jeweils vorgesehenen Verfahren geltend machen, noch die Deutung zugelassen, eine titulierte streitige Forderung sei möglicherweise dann nicht zu berücksichtigen, wenn der Schuldner gegen den noch nicht rechtskräftigen Titel das zulässige Rechtsmittel eingelegt hat, also den Bestand der zweifelhaften Forderung gerade im dafür vorgesehenen Verfahren klären lässt, ist mittlerweile davon auszugehen, dass die Rechtsprechung alleine die Vollstreckbarkeit der fraglichen Forderung für maßgeblich erachtet. Der BGH[66] differenziert in einer neueren Entscheidung nicht danach, ob der fragliche Titel bereits rechtskräftig ist, sondern hat auch eine streitige titulierte Forderung als zur Herleitung des Insolvenzgrundes tauglich eingestuft, über die noch ein finanzgerichtliches Verfahren rechtshängig war, und hat darauf verwiesen, der Schuldner müsse Einwendungen gegen die Vollstreckbarkeit in dem dafür vorgesehenen Verfahren verfolgen. Solange die Vollstreckbarkeit nicht auf diese Weise beseitigt sei, seien die Einwendungen des Schuldners nicht zu berücksichtigen.

Maßgeblich aus Rechtsprechungssicht ist also die Vollstreckbarkeit eines Titels, sodass der Schuldner seine Bemühungen darauf richten muss, diese im vorgesehenen Verfahren oder ggf. auch durch eine Vereinbarung mit dem Gläubiger zu beseitigen.

22 In der Literatur wird demgegenüber teils die Meinung vertreten, auch bei Vorliegen eines vorläufig vollstreckbaren Titels sei alleine der materielle Bestand und die

64 BGH, 14.01.2010 – Az. IX ZB 177/09 Rn. 6, ZInsO 2010, 331 – 332.

65 BGH, 29.11.2007 – Az. IX ZB 12/07, Rn. 9, ZInsO 2008, 281 – 283; BGH, 29.06.2006 – IX ZB 245/05, ZInsO 2006, 824 – 825.

66 BGH, 06.05.2010 – IX ZB 176/09 Rn. 3, 4, ZInsO 2010, 1091.

materielle Fälligkeit der Forderung maßgeblich.[67] Zum Teil wird aber auch darauf abgestellt, ob der Titulierung eine gerichtliche Sachprüfung zugrunde liegt.[68] Diese Auffassungen tragen dem legitimen Interesse des Schuldners Rechnung zu vermeiden, dass aufgrund einer in Wahrheit nicht bestehenden Forderungen ein Insolvenzverfahren über sein Vermögen eröffnet wird.

Allerdings ist zu bedenken, dass die Existenz eines vollstreckbaren, nicht rechtskräftigen Vollstreckungstitels über eine in Wahrheit nicht bestehende Forderung ohne Weiteres zur Konsequenz haben kann, dass nach einer Vollstreckung aus diesem Titel nicht mehr ausreichend liquide Mittel vorhanden sind, um die in Wahrheit bestehenden Forderungen in dem zur Vermeidung einer Zahlungsunfähigkeit notwendigen Maß zu decken, sodass der Schuldner auch insolvent wäre, wenn »nur« die materiell tatsächlich bestehenden Verbindlichkeiten berücksichtigt werden. Würde man dem Gläubiger der unerkannt zu Unrecht titulierten, noch nicht rechtskräftig feststehenden Forderung die Berücksichtigung seiner Forderung im Insolvenzantragsverfahren verweigern, würde man ihn damit letztlich auf die Einzelzwangsvollstreckung verweisen, die mit einer Verschlechterung der Befriedigungsaussichten der »wahren« Gläubiger verbunden wäre. Das würde im Ergebnis unbefriedigend erscheinen.

(3) Verbindlichkeiten ggü. Gesellschaftern

Im Grundsatz sind Verbindlichkeiten einer Gesellschaft ggü. ihren Gesellschaftern wie 23
andere Fremdverbindlichkeiten bei der Prüfung der Zahlungsunfähigkeit mit einzubeziehen.[69]

Trotz des in § 39 Abs. 1 Nr. 5 InsO angeordneten Nachrangs von Gesellschafterforderungen in der Insolvenz sind diese zumindest dann, wenn keine weitergehende Nachrangvereinbarung (§ 39 Abs. 2 InsO) getroffen wurde, nach der Rechtsprechung des BGH in die Zahlungsunfähigkeitsprüfung einzubeziehen.[70]

Anderes soll gelten, wenn die Erfüllung der Verbindlichkeiten gegen ein **gesetzliches** 24
Verbot wie bspw. das Auszahlungsverbot nach §§ 30, 31 GmbHG verstoßen würde.[71] Allerdings ist in diesem Kontext zu beachten, dass gem. § 30 Abs. 1 Satz 3 GmbHG n. F. kein Rückgewährverbot mehr für Gesellschafterdarlehen und für Leistungen auf Forderungen aus Rechtshandlungen besteht, die einem Gesellschafterdarlehen wirtschaftlich entsprechen.

67 Runkel/Schmidt/Andres, Anwaltshandbuch Insolvenzrecht, 3. Auflage § 1 Rn. 57, 61 unter Verweis auf Uhlenbruck; früher auch Uhlenbruck/Uhlenbruck, § 17 Rn. 11, 13. Auflage.

68 MK/InsO-Schmahl/Vuia, § 16 Rn. 39.

69 Uhlenbruck/Mock, § 17 Rn. 87; K. Schmidt, § 17 Rn. 10; Braun/Bußhardt, § 17 Rn. 20; HK/Kirchhof, § 17 Rn. 7.

70 BGH vom 23.09.2010 – IX ZB 282/09 Rn. 10, BGHZ 146, 264 ff, ZInsO 2010, 2091 – 2093.

71 Uhlenbruck/Mock, § 17 Rn. 89; HK/Kirchhof, § 17 Rn. 7; Braun/Bußhardt, § 17 Rn. 20.

25 Für »Altfälle« aus der Zeit vor Inkrafttreten des MoMiG kann sich allerdings die Frage stellen, ob **eigenkapitalersetzende Gesellschafterforderungen** bei der Prüfung der Zahlungsunfähigkeit als Verbindlichkeiten zu berücksichtigen sind. Die wohl überwiegende Meinung zur alten Rechtslage in der Literatur sprach sich dagegen aus, solche Verbindlichkeiten bei der Feststellung der Zahlungsunfähigkeit einzubeziehen.[72] Teils wurde diese Auffassung dahingehend eingeschränkt, dass eigenkapitalersetzende Forderungen bei der Prüfung der Zahlungsunfähigkeit nur dann außen vor bleiben sollten, wenn ihre Begleichung gegen das Auszahlungsverbot des § 30 Abs. 1 GmbHG a. F. verstoßen hätte.[73]

Vor dem Hintergrund, dass § 30 Abs. 1 GmbHG a. F. ggü. dem Zahlungsbegehren des Gesellschafters eine Einrede begründet,[74] als fällig aber nur einrede- bzw. einwendungsfreie Forderungen anzusehen sind, erscheint die Nichtberücksichtigung solcher Forderungen einleuchtend.

26 Seit der BGH-Entscheidung v. 08.01.2001[75] wurde jedoch zunehmend die Meinung vertreten, eigenkapitalersetzende Gesellschafterforderungen seien bei der Prüfung der Zahlungsunfähigkeit genau wie bei der Überschuldung immer dann zu berücksichtigen, wenn der Gesellschafter keine **Rangrücktrittserklärung** abgegeben hat,[76] also nicht sinngemäß erklärt hat, er wolle wegen der fraglichen Forderungen erst nach der Befriedigung sämtlicher Gesellschaftsgläubiger und – bis zur Abwendung der Krise – auch nicht vor, sondern nur zugleich mit den Einlagerückgewähransprüchen seiner Mitgesellschafter berücksichtigt, also so behandelt werden, als handele es sich bei seiner Gesellschafterleistung um statutarisches Kapital.

Das Erfordernis einer Rangrücktrittserklärung für die Nichtberücksichtigung bei der Überschuldungsprüfung hatte der BGH v. a. mit dem Argument begründet, dem Geschäftsführer dürfe in der Krisensituation nicht das Risiko aufgebürdet werden, bei der häufig schwer zu beurteilenden Frage, ob eine Gesellschafterleistung eigenkapitalersetzenden Charakter gewonnen hat, zu einer fehlerhaften Entscheidung zu kommen, deren rechtliche Konsequenzen er dann zu tragen hätte. Demgegenüber könne der Gesellschafter durch die simple Erklärung eines Rangrücktritts für eine klare Entscheidungsgrundlage sorgen und klarstellen, dass sein Interesse an der Erhaltung der Gesellschaft dasjenige am Ausgleich seiner Forderung überwiege.

27 Die Vertreter der Auffassung, (eigenkapitalersetzende) Gesellschafterforderungen seien bei der Prüfung der Zahlungsunfähigkeit stets zu berücksichtigen, wenn der Gesellschafter-Gläubiger keinen Rangrücktritt erklärt hat, berufen sich zu Recht darauf, dass die Argumentation des BGH zum Erfordernis einer Rangrücktrittserklärung bei der Überschuldungsprüfung auf die Zahlungsunfähigkeitsprüfung übertragbar erscheint.

72 KPB/Pape, § 17 Rn. 7; Hess, InsO, § 17 Rn. 9.

73 HK/Kirchhof, § 17 Rn. 7.

74 Heidinger, in: Michalski, GmbHG, § 30 Rn. 142.

75 BGH, 08.01.2001 – II ZR 88/99, ZInsO 2001, 260 ff.

76 Jaeger-Müller, § 17 Rn. 12; HambKomm-J.-S. Schröder, § 17 Rn. 13.

(4) Nachrangige Verbindlichkeiten i. Ü.

Nach der Rechtsprechung des BGH sollen »nachrangige« Forderungen bei der Zahlungsunfähigkeitsprüfung nicht zu berücksichtigen sein. Allerdings ist der bisherigen Rechtsprechung des BGH nicht völlig eindeutig zu entnehmen, ob dies nur gelten soll, soweit einer Rangrücktrittsvereinbarung auch vorinsolvenzliche Wirkung im Sinne einer Durchsetzungssperre zukommt. Explizite Aussagen hat der BGH hierzu bislang soweit ersichtlich nicht getroffen. 28

Zur Frage, ob nachrangige Verbindlichkeiten bei der Prüfung der Zahlungsunfähigkeit berücksichtigt werden müssen, hat der BGH sich erstmalig in einer Entscheidung v. 19.07.2007[77] geäußert und ausgesprochen, dass solche Forderungen außer Acht bleiben müssen, deren Gläubiger sich **für die Zeit vor Eröffnung eines Insolvenzverfahrens** mit einer späteren oder **nachrangigen** Befriedigung **einverstanden** erklärt hat.

Als solches Einverständnis mit einer nachrangigen Befriedigung hat es der BGH bereits angesehen,[78] dass der Schuldner mit seiner Steuerberaterin vereinbart hatte, dass er zum Ausgleich des geschuldeten Honorars »zahlen oder Forderungen abtreten sollte, wie es ihm jeweils möglich war«.[79]

In einer späteren Entscheidung[80] hat der BGH dann ausgeführt, nachrangige Forderungen im Sinne des §39 Abs. 1 Nr. 5 InsO seien – *»wenn keine weitergehende Nachrangvereinbarung getroffen (§39 Abs. 2 InsO) wurde (BGHZ 173, 268,292 Rn. 18)-«* nach jetziger Gesetzeslage bei der Prüfung der Zahlungsunfähigkeit (§ 17 InsO) in die Liquiditätsprognose einzubeziehen.

In der fraglichen Entscheidung nennt der BGH[81] zwar einerseits ausdrücklich §39 Abs. 2 InsO, der sich ausschließlich auf einen für das **eröffnete Insolvenzverfahren** vereinbarten Nachrang bezieht, verweist aber andererseits mit der Entscheidung vom 19.07.2007[82] auf einen Beschluss, in dem seinen eigenen Ausführungen zufolge eine Vereinbarung gerade für die Zeit **vor** Insolvenzeröffnung getroffen wurde und der auch in der eigens genannten Randziffer 18 eine Nachrangvereinbarung betrifft, die zumindest auch vorinsolvenzliche Wirkung haben sollte.[83] Dabei kann jedoch nicht unterstellt werden, der BGH gehe davon aus, dass Nachrangvereinbarungen für das eröffnete Verfahren zwingend auch vorinsolvenzlich wirken müssten.

77 BGH, 19.07.2007 – IX ZB 36/07, 2. LS sowie Rn. 19, BGHZ 173, 268, 292, ZInsO 2007, 939 – 942.

78 BGH, a. a. O. Rn. 19.

79 BGH, a. a. O. Rn. 11.

80 BGH, 23.09.2010 – IX ZB 282/09 Rn. 10, ZInsO 2010, 2091.

81 BGH, 23.09.2010 – IX ZB 282/09 Rn. 10, ZInsO 2010, 2091.

82 BGH, 19.07.2007 – IX ZB 36/07, 2. LS sowie Rn. 19, BGHZ 173, 268, 292, ZInsO 2007, 939 – 942.

83 A.a.O Randziffer 18 ist von einem Einverständnis des Gläubigers mit einer »nachrangigen Befriedigung unter – sei es auch zeitweiligem – Verzicht auf staatlichen Zwang«, was auf eine Vereinbarung mit zumindest auch vorinsolvenzlicher Wirkung hinweist.

An anderer Stelle hat der BGH in seinem Beschluss vom 23.09.2010[84] nämlich zwischen vorinsolvenzlich und ausschließlich im eröffneten Verfahren wirkender Nachrangvereinbarung differenziert und für die Überschuldungsprüfung darauf verwiesen, dass eine im dortigen Fall 1998 getroffene Nachrangvereinbarung mangels Erstreckung des Nachrangs auf den vorinsolvenzlichen Krisenzeitraum nach der bei Abschluss der Vereinbarung maßgeblichen Rechtslage keinen qualifizierten Rangrücktritt im Sinne seiner Entscheidung vom 08.01.2001[85]darstellte und § 19 Abs. 2 S. 2 InsO (n. F.) noch nicht anwendbar war, nach dem Verbindlichkeiten mit Rangrücktrittserklärung (»nur«) im Sinne des § 39 Abs. 2 InsO bei der Überschuldungsprüfung nicht zu berücksichtigen seien.

Damit verdeutlicht die Entscheidung, dass der BGH wie die wohl herrschende Auffassung in der Literatur[86] davon ausgeht, dass nicht jede Vereinbarung über einen Rangrücktritt im (eröffneten) Insolvenzverfahren auch automatisch eine Vereinbarung für die Handhabung der fraglichen Forderung im vorinsolvenzlichen Zeitraum beinhaltet. Ob der BGH eine ausschließlich für das eröffnete Verfahren geltende Rangrücktrittsvereinbarung für ausreichend erachtet, damit eine Forderung bei der Zahlungsunfähigkeitsprüfung außer Acht bleiben kann, wird demgegenüber unterschiedlich gesehen.

Zum Teil wird dies mit der Begründung verneint, die Entscheidung vom 23.09.2010 habe keinen Anlass geboten, Aussagen über die Passivierung ausschließlich im eröffneten Verfahren nachrangiger Forderungen im Liquiditätsstatus zu treffen. Andere Autoren[87] gehen demgegenüber davon aus, dass der BGH einen (rein auf das eröffnete Insolvenzverfahren bezogenen) Rangrücktritt gemäß § 39 Abs. 2 InsO für ausreichend erachtet, damit eine Verbindlichkeit bei der Zahlungsunfähigkeitsprüfung nicht berücksichtigt werden muss. Das legt der Wortlaut der Entscheidung mit seinem ausdrücklichen Verweis auf § 39 Abs. 2 InsO nahe, in dem von Forderungen die Rede ist, für die *»zwischen Gläubiger und Schuldner* ***der Nachrang im Insolvenzverfahren*** *vereinbart worden ist«*. Allerdings dürfte diesem Verweis auf § 39 Abs. 2 InsO nach der Entscheidung des BGH vom 05.03.2015[88] keine große Bedeutung mehr zukommen. Denn in dieser Entscheidung hat der BGH geurteilt, dass auch auf der Grundlage des durch das MoMiG umgestalteten Rechts daran festzuhalten sei, dass eine Rangrücktrittserklärung auch eine vorinsolvenzliche Durchsetzungssperre bewirken muss, damit die betroffene Forderung gemäß § 19 Abs. 2 S. 2, § 39 Abs. 2 InsO bei der Überschuldungsprüfung unberücksichtigt bleiben darf, **obwohl** in §§ 19 Abs. 2 S. 2, 39 Abs. 2 InsO ausschließlich von einer Vereinbarung des Nachrangs **im Insolvenzverfahren** die Rede ist.

84 BGH, 23.09.2010 – IX ZB 282/09 Rn. 7, ZInsO 2010, 2091.

85 BGH, 08.01.2001 – II ZR 88/99, ZInsO 2001, 260 ff.

86 Bork ZIP 2014, 997 ff; Bitter/Rauhut, ZIP 2014, 1005 ff.; wohl auch Karsten Schmitt, Insolvenzordnung, 18. Auflage § 17 Rn. 10.

87 Bork, »Genussrechte und Zahlungsunfähigkeit«, ZIP 2014, 997, 1002.

88 BGH, 05.03.2015 – IX ZR 133/14.

Soweit die Auslegung einer Nachrangvereinbarung nicht auch eine Durchsetzungssperre für den vorinsolvenzlichen Krisenzeitraum ergibt, dürfte eine Nichtberücksichtigung dieser Forderungen bei der Liquiditätsprüfung nicht mit dem Ziel der Insolvenzordnung in Einklang zu bringen sein, zur Vermeidung masseloser/massearmer Verfahren eine frühzeitige Insolvenzeröffnung zu ermöglichen. In Fällen, in denen mit einer Vielzahl von Gläubigern ausschließlich im eröffneten Verfahren wirkende Nachrangvereinbarungen gemäß § 39 Abs. 2 InsO (z. B. in Genussrechtsbedingungen) getroffen wurden, könnte es vorinsolvenzlich zu einem Wettlauf der Gläubiger im Rang des § 39 Abs. 2 InsO kommen. Warum dieser weniger unerwünscht sein sollte als ein Wettlauf der Gläubiger im Rang des § 38 InsO, ist nicht ersichtlich. Vor allem aber würde eine unterbleibende Passivierung der Forderungen nach § 39 Abs. 2 InsO im Liquiditätsstatus dazu führen, dass die – eigentlich »vorrangigen« – Gläubiger im Rang des § 38 InsO so lange gehindert wären, einen auf Zahlungsunfähigkeit gestützten Insolvenzantrag zu stellen, bis die – erst im eröffneten Verfahren – nachrangigen Gläubiger durch Vollstreckungen das Schuldnervermögen so weitgehend geschmälert haben, dass es zur Befriedigung der fälligen Forderungen im Rang des § 38 InsO nicht mehr ausreicht. Das kann im Ergebnis nicht richtig sein, zumal die Befriedigung der im Insolvenzverfahren nachrangigen Gläubiger keineswegs immer im eröffneten Verfahren nach § 135 InsO angefochten werden kann, weil es sich nicht zwingend um Gesellschafterdarlehen oder diesen gleichgestellte Forderungen handeln muss.

Dementsprechend gehen Teile der Literatur auch davon aus, dass Forderungen im Rang des § 39 Abs. 2 InsO nur dann nicht bei der Zahlungsunfähigkeitsprüfung berücksichtigt werden müssen, wenn auch eine vorinsolvenzliche Durchsetzungssperre besteht.[89] Zum Teil wird aber auch ohne Differenzierung danach, ob der Nachrangabrede auch vorinsolvenzlich Wirkung zukommt, die Existenz einer Nachrangvereinbarung für ausreichend gehalten, um eine Forderung nicht im Liquiditätsstatus zu berücksichtigen.[90]

I. Ü. wird in der Literatur z. T. die Auffassung vertreten, nachrangige Verbindlichkeiten hätten bei der Prüfung der Zahlungsunfähigkeit generell unberücksichtigt zu bleiben unabhängig davon, worauf ihr Nachrang beruht.[91] Das soll aus dem fehlenden rechtlichen Interesse nachrangiger Gläubiger an der Eröffnung eines Insolvenzverfahrens herzuleiten sein. Eine Forderung, die im eröffneten Verfahren nicht oder nur als nachrangig geltend gemacht werden könne, könne nicht maßgeblich dafür sein, das Schuldnervermögen im Wege der Gesamtvollstreckung zu liquidieren. Diese Auffassung erscheint unzutreffend. Denn das fehlende rechtliche Interesse, das die Nichtberücksichtigung der nachrangigen Forderungen rechtfertigen soll, wird aus deren fehlenden/geringen Befriedigungschancen hergeleitet. Durch das Außerachtlassen

89 Baumbach/Hueck/Haas, GmbHG, 20. Aufl. § 64 Rn. 34 b); Scholz/Schmidt/Bitter Vor § 64 Rn. 9; sinngemäß auch K. Schmidt, InsO 18. Auflage, § 17 Rn. 10.

90 MK/InsOEilenberger, 3. Auflage, § 17 Rn. 7a); Graf-Schlicker/Bremen, InsO, 3. Auflage, § 17 Rn. 9.

91 Hess, InsO, § 17 Rn. 8.

sämtlicher nachrangiger Insolvenzforderungen bei der Zahlungsunfähigkeitsprüfung wird aber gerade eine Voraussetzung dafür geschaffen, dass die Befriedigungsaussichten für nachrangigen Gläubiger so schlecht ausfallen.

29 Letztlich aufgrund einer ähnlichen Überlegung wie sie die grundsätzliche Nichtberücksichtigung von nachrangigen Forderungen bei der Zahlungsunfähigkeit rechtfertigen soll, wird z.T. das gem. § 14 Abs. 1 InsO für die Zulässigkeit eines von einem Gläubiger gestellten Insolvenzantrages erforderliche rechtliche Interesse an der Insolvenzeröffnung verneint, soweit der nachrangige Gläubiger nicht eine konkrete Aussicht auf Befriedigung seiner Forderung dartut.[92] Dieser Ansicht hat der BGH in einer Entscheidung vom 23.09.2010[93] eine Absage erteilt und in einem Fall, in dem der Nachrang der fraglichen Forderung nicht auf Vereinbarung beruhte, ausgesprochen, dass der Insolvenzantrag eines nachrangigen Gläubigers auch dann zulässig sei, wenn dieser im eröffneten Verfahren keine Befriedigung erwarten könne.

30 In derselben Entscheidung ist der BGH auch davon ausgegangen, dass Forderungen im Rang des § 39 Abs. 1 Nr. 5 InsO bei der Prüfung der Zahlungsunfähigkeit in die Liquiditätsprognose einzubeziehen sind, soweit keine weitergehende Nachrangvereinbarung getroffen wurde..[94]

Da § 39 InsO vorrangig Aussagen über die Verteilungsreihenfolge im Insolvenzverfahren trifft und bestimmte Gläubigergruppen vor anderen bevorzugt, deren Interessen bei der Verteilung der Insolvenzmasse zurückzutreten haben, jedoch nichts über die Einflussnahme nachrangiger Insolvenzforderungen auf die Insolvenzauslösetatbestände besagt[95] und erst recht nicht den Zweck verfolgt, dem Erhaltungsinteresse des Schuldners zu dienen und ihn vor der Eröffnung eines Insolvenzverfahrens zu schützen, erscheint es nicht gerechtfertigt, nachrangige Forderungen bei der Prüfung der Zahlungsunfähigkeit unberücksichtigt zu lassen. Das muss zumindest dann gelten, wenn der Nachrang auf gesetzlicher Anordnung beruht und nicht auf einer Erklärung des Gläubigers, die den Nachrang auch für die Zeit vor Verfahrenseröffnung festlegt (s. dazu oben Rdn. 28), der Gläubiger also letztlich zu erkennen gegeben hat, dass er sein Interesse an der Befriedigung seiner Forderung dem Erhaltungsinteresse des Schuldners nachzuordnen bereit ist.

(5) Sonstige Verbindlichkeiten

31 Verbindlichkeiten, die erst mit der Verfahrenseröffnung entstehen, dürfen bei Prüfung des Eröffnungsgrundes nicht berücksichtigt werden.[96] Dagegen sind die im Insolvenzeröffnungsverfahren anfallenden Verbindlichkeiten mit in Betracht zu ziehen sind.

---

92 Jaeger-Gerhardt, § 14 Rn. 13.

93 BGH, 23.09.2010 – IX ZB 282/09, ZInsO 2010, 2091.

94 BGH, 23.09.2010 – IX ZB 282/09, ZInsO 2010, 2091.

95 MK/InsO-Ehricke, § 39 Rn. 1.

96 HambKomm-J.-S. Schröder, § 17 Rn. 5.

c) Auf einem Liquiditätsmangel beruhende Unfähigkeit des Schuldners zum Ausgleich seiner Verbindlichkeiten

Zahlungsunfähigkeit i. S. d. § 17 InsO setzt einen **objektiven Mangel an verfügbaren Zahlungsmitteln** voraus.[97] 32

Das ergibt sich aus dem Zweck des Eröffnungsgrundes der Zahlungsunfähigkeit. Liegt die Ursache dafür, dass Verbindlichkeiten nicht ausgeglichen werden, nicht in einem Mangel an Geldmitteln, ist kein Verteilungskonflikt zu befürchten, der die Einleitung eines Insolvenzverfahrens rechtfertigen würde.[98]

Als **Zahlungsmittel** zu berücksichtigen sind in jedem Fall Bar- und Buchgeld sowie abrufbare Kredite.[99] 33

Darauf, aus welcher Quelle die Mittel des Schuldners stammen, kommt es i. R. d. Zahlungsunfähigkeitsprüfung nicht an. Insb. ist nach der Rechtsprechung des BGH nicht maßgeblich, ob sich der Schuldner die Mittel auf redliche oder unredliche Weise verschafft hat, selbst Einkünfte aus Straftaten sind als liquide Mittel anzusehen.[100] Auch anfechtbar erworbene Zahlungsmittel sind bei der Prüfung der Zahlungsunfähigkeit zu berücksichtigen.[101] Erst nach einer Insolvenzeröffnung zu erwartende Ansprüche aus anfechtbaren Rechtshandlungen dürfen demgegenüber im Rahmen des § 17 InsO unter keinem denkbaren Gesichtspunkt berücksichtigt werden.[102]

Eine an den Gläubiger gerichtete harte Patronatserklärung der Muttergesellschaft beseitigt eine Zahlungsunfähigkeit nicht, während eine konzerninterne Patronatserklärung geeignet ist, eine Zahlungsunfähigkeit zu vermeiden – jedenfalls soweit die Muttergesellschaft ihrer Ausstattungspflicht nachkommt.[103]

Uneinigkeit besteht hinsichtlich der Frage, ob kurzfristig liquidierbares Schuldnervermögen bzw. kurzfristig zu erwartende Zugänge an Zahlungsmitteln bei der Prüfung der Zahlungsfähigkeit zu berücksichtigen sind. Während zum Teil vertreten wird, kurzfristig liquidierbare Vermögensgegenstände bzw. kurzfristig zu erwartende Zahlungszuflüsse aus dem Ausgleich offener Forderungen seien nicht oder allenfalls im Rahmen der Finanzplanung[104] zu berücksichtigen, gehen andere Autoren[105] entsprechend der 34

97 HambKomm-J.-S. Schröder, § 17 Rn. 14.

98 Jaeger-Müller, § 17 Rn. 14.

99 Uhlenbruck/Mock, § 17 Rn. 39 ff; Jaeger-Müller, § 17 Rn. 16.

100 BGH, 14.05.2009 – IX ZR 63/08 Rn. 19, ZInsO 2009, 1254 – 1258.

101 BGH, 14.05.2009 – IX ZR 63/08 Rn. 19, ZInsO 2009, 1254 – 1258.

102 BGH, 19.07.2007 – IX ZB 36/07 Rn. 29, ZInsO 2007, 939 ff.

103 BGH, 19.05.2011 – IX ZR 9/10, Leitsatz und Rn. 21, ZInsO 2011, 1115 ff.

104 Braun/Bußhardt § 17 Rn. 28; Humberg/BK § 17 Rn. 26; Uhlenbruck, InsO, 13. Auflage, § 17 Rn. 7 ff.

105 HK/Kirchhof § 17 Rn. 15; Karsten Schmidt § 17 Rn. 14; Graf-Schlicker/Bremen § 17 Rn. 10; differenzierend nach Art des liquidierbaren Vermögens Bußhardt/Braun, InsO, 6. Aufl. § 17 Rn. 34.

Rechtsprechung des BGH[106] davon aus, dass kurzfristig liquidierbare Vermögenswerte zugunsten des Schuldners berücksichtigt werden müssen. Das soll jedenfalls zumindest dann gelten, wenn der Schuldner bereit ist, die entsprechenden Vermögensgegenstände kurzfristig zu veräußern oder zu beleihen.[107]

35 Nach der Auffassung von Schröder[108] soll hinsichtlich der Berücksichtigung kurzfristig liquidierbaren Vermögens unterschiedlich zu verfahren sein, je nachdem ob die Zahlungsfähigkeit ex ante oder ex post zu beurteilen ist. Bei der Beurteilung ex post soll kurzfristig liquidierbares Vermögen unberücksichtigt bleiben.

Soweit die Zahlungsunfähigkeit wie vor allem im Anfechtungsprozess ex post festzustellen ist, geschieht dies in der Regel allerdings ohnehin anhand der Feststellung einer Zahlungseinstellung, die entsprechend dem Urteil des BGH vom 12.10.2006[109] aus der Feststellung zum Stichtag bereits offener fälliger Verbindlichkeiten zur Insolvenztabelle hergeleitet wird. Ein Liquiditätsstatus wird i. d. R. dann nur relevant, wenn der Anfechtungsgegner den Versuch unternimmt, die aus der Zahlungseinstellung hergeleitete Zahlungsunfähigkeit durch eine Liquiditätsbilanz zu widerlegen. In dieser Situation letztlich strengere Maßstäbe bei der Zahlungsfähigkeitsprüfung anzuwenden, indem man kurzfristig liquidierbares Vermögen nicht ansetzt, weil die kurzfristige Veräußerung tatsächlich nicht gelungen ist, erscheint nicht gerechtfertigt. Abgesehen davon könnte bei solchen Fallgestaltungen häufig keine Kenntnis von der Zahlungsunfähigkeit angenommen werden, weil es selten vorhersehbar sein wird, dass die Liquidation von kurzfristig liquidierbarem Schuldnervermögen scheitern wird.

Zudem dürfte es auch dem Postulat des BGH zuwiderlaufen, dass der Begriff der Zahlungsunfähigkeit im Rahmen der InsO einheitlich auszulegen sei,[110] wenn bei der Ermittlung der Zahlungsunfähigkeit anhand der prinzipiell selben Methode (Liquiditätsbilanz) unterschiedliche Parameter berücksichtigt würden, je nachdem, ob es um eine ex ante oder eine ex post Betrachtung geht.

36 Will man bei der Erstellung einer Liquiditätsbilanz tatsächlich zu einer reinen Stichtagsbetrachtung kommen, dürften an sich nur die tatsächlich bereits verfügbaren Zahlungsmittel berücksichtigt werden. Aktiva II können streng genommen erst für die Frage relevant werden, ob eine ermittelte Liquiditätslücke im Sinne der Entscheidung des BGH vom 24.05.2005[111] (s. Rdn. 38 ff.) als bloße Zahlungsstockung gilt oder von Zahlungsunfähigkeit auszugehen ist.[112]

106 BGH 19.07.2007 – IX ZB Rn. 29, ZInsO 2007, 939 – 942.
107 HK/Kirchhof § 17 Rn. 15 und 25; Karsten Schmidt § 17 Rn. 14.
108 HambKomm-J.-S. Schröder, § 17 Rn. 14 a.
109 BGH, 12.10.2006 – IX ZR 228/03, ZInsO 206, 1210 ff.
110 Z. B. BGH, 18.12.2014 – IX ZB 34/14, ZInsO 2015, 301 ff.
111 BGH, 24.05.2005 – IX ZR 123/04, ZInsO 2005, 807 ff.
112 S. Bork, »Zahlungsunfähigkeit, Zahlungsstockung und Passiva II«, ZIP 2009, 1749, 1751.

Der Schuldner muss ferner **unfähig** zur Zahlung sein. Dass er eine fällige Forderung nicht begleicht, darf seine Ursache also nicht darin haben, dass er die Forderung übersehen hat oder sie für nicht berechtigt, bereits ausgeglichen oder Ähnliches hält oder zahlungsunwillig ist. 37

d) Konkretisierung des Begriffs der Zahlungsunfähigkeit durch den BGH

Wie oben bereits erwähnt, führt nach der Rechtsprechung des BGH nicht schon jede noch so kurzfristige und/oder geringfügige Liquiditätslücke zur Zahlungsunfähigkeit i. S. d. InsO, auch wenn der Wortlaut des § 17 Abs. 2 Satz 1 InsO keine entsprechenden Einschränkungen enthält. 38

Vielmehr hat der BGH in einer Grundsatzentscheidung v. 24.05.2005[113] weitere Voraussetzungen der Zahlungsunfähigkeit herausgearbeitet und insbesondere die Zahlungsunfähigkeit von der bloßen Zahlungsstockung abgegrenzt. Das Ergebnis hat der BGH in den Leitsätzen seiner Entscheidung folgendermaßen zusammengefasst:

»1. Eine bloße Zahlungsstockung ist anzunehmen, wenn der Zeitraum nicht überschritten wird, den eine kreditwürdige Person benötigt, um sich die benötigten Mittel zu leihen. Dafür erscheinen drei Wochen erforderlich, aber auch ausreichend.
2. Beträgt eine innerhalb von drei Wochen nicht zu beseitigende Liquiditätslücke des Schuldners weniger als 10 % seiner fälligen Gesamtverbindlichkeiten, ist regelmäßig von Zahlungsfähigkeit auszugehen, es sei denn, es ist bereits absehbar, dass die Lücke demnächst mehr als 10 % erreichen wird.
3. Beträgt die Liquiditätslücke des Schuldners 10 % oder mehr, ist regelmäßig von Zahlungsunfähigkeit auszugehen, sofern nicht ausnahmsweise mit an Sicherheit grenzender Wahrscheinlichkeit zu erwarten ist, daß die Liquiditätslücke demnächst vollständig oder fast vollständig beseitigt werden wird und den Gläubigern ein Zuwarten nach den besonderen Umständen des Einzelfalls zuzumuten ist.«

Die Auslegung des Begriffs der Zahlungsunfähigkeit, wie sie der BGH in seiner Grundsatzentscheidung v. 24.05.2005 getroffen hat, ist auch für Sachverhalte aus der Zeit vor dem 24.05.2005 maßgeblich, sie ist als Konkretisierung der Gesetzeslage anzusehen.[114]

aa) Begründung des BGH für Abweichung vom Gesetzeswortlaut

Anders als eine strikte Orientierung am Wortlaut der Legaldefinition in § 17 Abs. 2 Satz 1 InsO es nach sich gezogen hätte, lässt der BGH nicht jede noch so kurz andauernde und/oder noch so geringfügige Liquiditätslücke ausreichen, um Zahlungsunfähigkeit zu bejahen. Vielmehr müssen nach der Rechtsprechung des BGH sowohl zeitlich als auch quantitativ zusätzliche Anforderungen erfüllt sein. 39

113 BGH, 24.05.2005 – IX ZR 123/04, ZInsO 2005, 807 ff.
114 BGH, 14.05.2009 – IX ZR 63/08 Rn. 17, ZInsO 2009, 1254.

40 Die Abweichung vom Gesetzeswortlaut hinsichtlich der **zeitlichen Anforderungen** hat der BGH mit einem Verweis auf die Gesetzesbegründung gerechtfertigt. Nach der Gesetzesbegründung sei davon auszugehen, dass ganz geringfügige Liquiditätslücken außer Betracht bleiben müssen. Es sei selbstverständlich gewesen und habe daher nicht eigens ausgesprochen werden müssen, dass eine vorübergehende Zahlungsstockung keine Zahlungsunfähigkeit begründe. Andererseits habe man es für untunlich gehalten, das Erfordernis der **andauernden** Unfähigkeit zur Erfüllung der fälligen Zahlungspflichten zu betonen, weil dies als Bestätigung der verbreiteten Neigung hätte missverstanden werden können, den Begriff der Zahlungsunfähigkeit stark einzuengen und damit eine etwa auch über Wochen oder sogar Monate fortbestehende Illiquidität zur rechtlich unerheblichen Zahlungsstockung zu erklären. Eine solche Auslegung hätte nach der Gesetzesbegründung das Ziel einer rechtzeitigen Verfahrenseröffnung erheblich gefährdet.

41 Hinsichtlich der **Höhe** der notwendigen Unterdeckung hat der BGH darauf verwiesen, dass der Gesetzesbegründung zu entnehmen sei, dass es als nicht gerechtfertigt angesehen wurde, Zahlungsunfähigkeit erst anzunehmen, wenn der Schuldner einen bestimmten Bruchteil der Gesamtsumme seiner Verbindlichkeiten nicht mehr erfüllen kann. Gleichwohl ist der BGH der Auffassung, dass es an Anhaltspunkten dafür fehlt, dass der Gesetzgeber die zu tolerierende »geringfügige Liquiditätslücke« nicht auch quantitativ, sondern lediglich zeitlich verstanden habe. Die Warnung des Gesetzgebers davor, Zahlungsunfähigkeit erst anzunehmen, wenn der Schuldner einen bestimmten Bruchteil seiner Forderungen nicht mehr ausgleichen kann, wende sich lediglich gegen die Einführung einer *starren* zahlenmäßigen Grenze, die *automatisch* über das Vorliegen der Zahlungsunfähigkeit entscheide. Denn die *starre* Ausrichtung an einer bestimmten Unterdeckungsquote erlaube für sich genommen noch keine abschließende Bewertung eines wirtschaftlich komplexen Sachverhaltes wie der Zahlungsunfähigkeit.

Den von ihm lediglich als Argument gegen eine starre Grenze verstandenen Ausführungen in der Gesetzesbegründung trägt der BGH dadurch Rechnung, dass das Über- bzw. Unterschreiten einer bestimmten Unterdeckung lediglich als **widerlegbare Vermutung** für bzw. gegen das Vorliegen von Zahlungsunfähigkeit anzusehen sein soll. Damit ist nach Auffassung des BGH das vom Gesetzgeber für wünschenswert erachtete Maß an Flexibilität gewahrt.

bb) Zeitliche und quantitative Anforderungen des BGH an die Liquiditätslücke

42 Die für die Abgrenzung von Zahlungsunfähigkeit und Zahlungsstockung maßgebliche zeitliche Grenze setzt der BGH bei **drei Wochen** an. Diese Frist ist an § 15 a InsO (bzw. § 64 Abs. 1 GmbHG a. F.) orientiert, nach dem der Geschäftsführer einer GmbH bzw. die organschaftlichen Vertreter einer sonstigen Gesellschaft, bei der keine natürliche Person persönlich haftender Gesellschafter ist, unverzüglich, spätestens jedoch binnen drei Wochen nach Eintritt der Zahlungsunfähigkeit oder Überschuldung Insolvenzantrag stellen müssen. Aus § 64 Abs. 1 GmbHG a. F. (§ 15 a InsO) folgt nach Auffassung

des BGH[115], dass das Gesetz eine Ungewissheit über die Wiederherstellung der Zahlungsfähigkeit einer Gesellschaft längstens drei Wochen hinzunehmen bereit sei.

Die quantitative Grenze für die Höhe der nach Auffassung des BGH tolerablen Liquiditätslücke soll bei **10 %** liegen. Die Unter- bzw. Überschreitung dieser Grenze begründet jedoch, wie schon erwähnt, lediglich eine (widerlegbare) Vermutung für das Nichtvorliegen bzw. Vorliegen von Zahlungsunfähigkeit. 43

Ist eine Liquiditätslücke von **weniger als 10 %** vorhanden und soll gleichwohl Zahlungsunfähigkeit gegeben sein, müssen besondere Umstände vorliegen, so z. B. die auf Tatsachen gestützte Erwartung, der Niedergang des Schuldnerunternehmens werde sich fortsetzten. Umgekehrt müssen, damit bei einer **Unterdeckung von 10 % oder mehr** gleichwohl von Zahlungsfähigkeit ausgegangen werden kann, konkrete Anhaltspunkte vorliegen, die es mit an Sicherheit grenzender Wahrscheinlichkeit erwarten lassen, dass die Liquiditätslücke zwar nicht innerhalb von zwei bis drei Wochen, jedoch immerhin in überschaubarer Zeit beseitigt werden wird und den Gläubigern muss ein Zuwarten nach den besonderen Umständen des Einzelfalls zuzumuten sein.

Was als »**überschaubarer**« **Zeitraum** i. S. d. vorstehenden Ausführungen anzusehen sein soll, hat der BGH ebenso wenig erläutert wie die Frage, wann es den Gläubigern bei einer Deckungslücke von über 10 % ausnahmsweise zumutbar sein soll zuzuwarten. Die letztgenannte Anforderung wird ohnedies nur im Leitsatz artikuliert, während sich in den Entscheidungsgründen nur die allgemeine, nicht konkret auf eine Deckungslücke von über 10 % bezogene Aussage findet, je geringer die Deckungslücke sei, umso eher sei den Gläubigern ein Zuwarten zumutbar. Es bleibt deshalb unklar, ob bei der Zumutbarkeit auch die individuellen Umstände beim nicht pünktlich bedienten Gläubiger zu berücksichtigen sind.

Hinsichtlich der Dauer eines noch als überschaubar anzusehenden Zeitraums hat der ehemalige Vorsitzende des IX. Senats Fischer geäußert, man könne annehmen, dass als Ausnahmefälle in aller Regel nur Verzögerungen bis zu drei Monaten in Betracht kommen, und solche, die länger als sechs Monate dauern, generell indiskutabel seien.[116] Entsprechend legt IDW-S – 11 fest, dass Zahlungsunfähigkeit und keine Zahlungsstockung vorliegt, wenn eine auch nur geringfügige Liquiditätslücke voraussichtlich nicht innerhalb von drei Monaten, in Ausnahmefällen längstens sechs Monaten, vollständig geschlossen werden kann.[117]

Damit ist bislang offen, wann die Rechtsprechung bei einer nicht binnen drei Wochen zu schließenden Deckungslücke von mehr als 10 % gleichwohl das Vorliegen von Zahlungsunfähigkeit verneinen wird. Allerdings dürfte diese Fallkonstellation auch nur relativ selten praktisch relevant werden. Denn wenn dem betroffenen Gläubiger ein Zuwarten zumutbar ist und außerdem tatsächlich – und nicht nur aus der Sicht

115 BGH, 24.05.2005 – IX ZR 123/04, ZInsO 2005, 807 – 810.
116 G. Fischer, ZGR 2006, 403, 408.
117 IDW-S-11 (Stand 29.01.2015) Ziff. 4.1.1. (17).

des Schuldners – mit an Sicherheit grenzender Wahrscheinlichkeit die Deckungslücke demnächst vollständig oder fast vollständig geschlossen wird, sollte es dem Schuldner möglich sein, seine Gläubiger zu einer Stundung oder sonstigen die Fälligkeit i. S. d. § 17 Abs. 2 Satz 1 InsO hindernden Erklärung zu bewegen.

44 Je näher die konkret festgestellte Unterdeckung am Schwellenwert von 10 % der gesamten fälligen Verbindlichkeiten liegt, desto geringere Anforderungen sind nach der Rechtsprechung des BGH[118] an das Gewicht der besonderen Umstände zu richten, mit denen die Vermutung für oder gegen das Vorliegen von Zahlungsunfähigkeit entkräftet werden soll. Umgekehrt müssen umso schwerer wiegende Umstände vorliegen, je größer der Abstand der tatsächlichen Unterdeckung vom Schwellenwert ist.

45 ▶ **Zusammenfassend gilt:**

Von einer bloßen Zahlungsstockung ist auszugehen, wenn der Schuldner die Liquiditätslücke voraussichtlich innerhalb von drei Wochen schließen kann.

Wird dieser Zeitraum überschritten, kommt es darauf an, ob die Liquiditätslücke über oder unter 10 % liegt. Es gilt die widerlegbare Vermutung, dass bei einer Unterdeckung unter 10 % der Schuldner noch zahlungsfähig ist, ab 10 % jedoch Zahlungsunfähigkeit vorliegt.

3. Feststellung der Zahlungsunfähigkeit

46 Was im Einzelfall notwendig ist, damit angenommen werden kann, der Schuldner sei nicht mehr in der Lage (gewesen), seine fälligen Zahlungsverpflichtungen zu erfüllen, hängt von der jeweiligen Situation ab. Eine bestimmte Methode für die Ermittlung der Zahlungsunfähigkeit schreibt das Gesetz nicht vor.[119]

47 Sofern die Zahlungsunfähigkeit nicht aus Indizien hergeleitet werden soll, kann sie unmittelbar betriebswirtschaftlich durch einen **Liquiditätsstatus** (stichtagsbezogen) bzw. einen **Liquiditätsplan** (zeitraumbezogen) nachgewiesen werden. Eine **Liquiditätsbilanz** bzw. ein Liquiditätsplan sind freilich nur im Idealfall vorhanden, da ihre Erstellung einen hohen Aufwand erfordert und zudem i. d. R. nur dem Schuldner selbst die zur Erstellung notwendigen Daten zur Verfügung stehen.

Eine Liquiditätsbilanz ist nach der Rechtsprechung des BGH[120] allerdings zur Feststellung der Zahlungsunfähigkeit auch nur dann notwendig, wenn eine Prognose erforderlich ist, also etwa wenn es um die Frage geht, ob Insolvenzantrag zu stellen oder ein Insolvenzverfahren zu eröffnen ist.

48 Demgegenüber soll bei einer ex-post-Betrachtung, z. B. im Rahmen eines Anfechtungsprozesses, zur Feststellung der Zahlungsunfähigkeit eine Liquiditätsbilanz entbehrlich

118 BGH, 24.05.2005 – IX ZR 123/04, ZInsO 2005, 807 ff.
119 HambKomm-J.-S. Schröder, § 17 Rn. 34 ff.
120 BGH, 12.10.2006 – IX ZR 228/03, ZInsO 2006, 1210 ff.

sein.[121] Dort kann die Zahlungsunfähigkeit auch anhand anderer Kriterien ermittelt werden.

Haben z. B. im fraglichen Zeitpunkt fällige Verbindlichkeiten bestanden, die bis zur Verfahrenseröffnung nicht mehr beglichen wurden, so ist regelmäßig von Zahlungsunfähigkeit zu diesem Zeitpunkt auszugehen (BGH, a. a. O.). Etwas anderes gilt nur dann, wenn aufgrund konkreter Umstände, die sich nachträglich geändert haben, damals angenommen werden konnte, der Schuldner werde rechtzeitig in der Lage sein, die Verbindlichkeiten zu erfüllen.

a) Liquiditätsstatus bzw. Liquiditätsplan

Im Liquiditätsstatus bzw. einer Liquiditätsbilanz werden die an einem bestimmten Stichtag fälligen Verbindlichkeiten in Relation gesetzt zu den am selben Tag vorhandenen flüssigen Mitteln.[122] 49

Finanzpläne weisen letztlich dieselbe Struktur auf wie Liquiditätsbilanzen.[123] 50

Im Finanzplan erfolgt eine **taggenaue** Erfassung aller fälligen Zahlungsverpflichtungen und der zu ihrer Erfüllung **an diesem Tag** verfügbaren Finanzmittel des Schuldners für die nächste Zukunft.[124] Letztlich besteht somit ein Finanzplan aus einer Aneinanderreihung von Liquiditätsbilanzen für mehrere aufeinanderfolgende Tage. Da Finanzpläne allerdings künftige Zeiträume erfassen, weisen sie notwendigerweise sowohl hinsichtlich der erwarteten Verbindlichkeiten als auch hinsichtlich der erwarteten liquiden Mittel ein entsprechende Unsicherheiten implizierendes prognostisches Element auf.

Finanzpläne spiegeln für den von ihnen erfassten Zeitraum die zeitpunktbezogene erwartete Liquiditätslage des Schuldners an den einzelnen erfassten Tagen wider[125] und erlauben durch die Aussage über die Liquiditätslage an mehreren aufeinanderfolgenden Tagen letztlich eine Prognose über die (wahrscheinliche) Zeitraumliquidität.

Der IX. Zivilsenat des BGH hat in seiner Grundsatzentscheidung v. 24.05.2005 zur Liquiditätsbilanz ausgeführt, es werde verbreitet davon ausgegangen, dass ein Schuldner zahlungsunfähig sei, wenn ihm die Erfüllung der fälligen Zahlungspflichten wegen eines objektiven, kurzfristig nicht zu behebenden Mangels an Zahlungsmitteln nicht möglich sei. Um dies festzustellen, würden im Rahmen einer Liquiditätsbilanz die aktuell verfügbaren **und kurzfristig verfügbar werdenden** Mittel (konkret: die innerhalb von drei Wochen flüssigzumachenden Mittel[126]) zu den an demselben Stichtag fälligen und eingeforderten Verbindlichkeiten in Beziehung gesetzt.[127] Während diese Aus- 51

121 BGH, 12.10.2006 – IX ZR 228/03, ZInsO 2006, 1210 ff.

122 IDW-S 11(Stand 29.01.2015) Ziff. 4.2.1.2.

123 MK/InsO-Eilenberger, § 17 Rn. 14.

124 MK/InsO-Eilenberger, § 17 Rn. 11.

125 MK/InsO-Eilenberger, § 17 Rn. 12.

126 BGH, 12.10.2006 – IX ZR 228/03, ZInsO 2006, 1210 ff.

127 BGH, 24.05.2005 – IX ZR 123/04, ZInsO 2005, 807 ff.

führungen noch als Wiedergabe einer fremden Meinung interpretierbar waren,[128] hat der BGH in seinem Urteil vom 12.10.2006[129] schließlich geäußert, bei der Erstellung einer Liquiditätsbilanz seien die im maßgeblichen Zeitpunkt verfügbaren und innerhalb von drei Wochen flüssig zu machenden Mittel in Beziehung zu setzen zu den am selben Stichtag fälligen und eingeforderten Verbindlichkeiten[130] und hat sich spätestens damit zu der seines Erachtens korrekten Vorgehensweise bei der Erstellung einer Liquiditätsbilanz geäußert.[131] Die entsprechende Formulierung wiederholt der IX. Zivilsenat seither in ständiger Rechtsprechung.[132]

Nach dem Wortlaut der vorgenannten BGH-Entscheidung soll in einer Liquiditätsbilanz also eine Mischform aus zeitpunkt- und zeitraumbezogener Betrachtung erfolgen. Auf der Passivseite sollen nur die am Stichtag vorhandenen fälligen Verbindlichkeiten (Passiva I) berücksichtigt werden, auf der Aktivseite demgegenüber nicht nur die schon am Stichtag vorhandenen liquiden Mittel (Aktiva I), sondern auch der für die nächsten drei Wochen erwartete Liquiditätszugang (Aktiva II).

Die entsprechenden Ausführungen des IX. Zivilsenats sind in der Literatur überwiegend auf Kritik gestoßen und wurden teils als »redaktioneller Missgriff« gewertet.[133] Das OLG Hamburg[134] ist jedoch im Anschluss an die vorgenannte BGH-Entscheidung davon ausgegangen, die Passiva II seien nicht in die Liquiditätsbetrachtung einzubeziehen. Es verweist darauf, dass der IX. Zivilsenat zwischen Aktiva I und Aktiva II differenziert hat und meint, angesichts dessen könne nicht angenommen werden, dass der BGH die entsprechende Differenzierung in Bezug auf die Passivseite übersehen habe. Argumente, die die Nichtberücksichtigung der Passiva II sachlich rechtfertigen könnten, nennt das OLG Hamburg allerdings nicht und setzt sich auch mit den gegen die Ausführungen des BGH in der Literatur vorgebrachten Argumenten nicht auseinander. Die gegen die Entscheidung des OLG Hamburg gerichtete Nichtzulassungsbeschwerde hat der BGH zurückgewiesen, ohne auf die Frage einzugehen, ob die Passiva II in die Liquiditätsbilanz einzustellen sind.[135]

Die dem Wortlaut der Entscheidung des IX. Zivilsenats entsprechende schuldnerfreundliche Handhabung zieht in der praktischen Umsetzung nicht unerhebliche Probleme nach sich. Denn sie kann dazu führen, dass das schuldnerische Unternehmen eine »Bugwelle« von (neuen) Verbindlichkeiten vor sich herschiebt, für deren Tilgung die notwendigen Mittel erst in den nächsten drei Wochen zur Verfügung stehen, was

128 Ganter, Die Bedeutung der »Bugwelle« für die Feststellung der Zahlungsunfähigkeit, ZInsO 2011, 2297 ff.

129 BGH, 12.10.2006 – IX ZR 228/03, ZInsO 2006, 1210 ff.

130 BGH, 12.10.2006 – IX ZR 228/03 Rn. 28, ZInsO 2006, 1210 ff.

131 Ganter, Die Bedeutung der »Bugwelle« für die Feststellung der Zahlungsunfähigkeit, ZInsO 2011, 2297 ff.

132 Z. B. BGH, 08.01.2015 – Az. IX ZR 203/12 Rn. 13, ZInsO 2015, 396 ff.

133 Hölzle, ZIP 2007, 613 ff; Staufenbiel/Hoffmann, ZInsO 2008, 891 ff.

134 OLG Hamburg, 29.04.2009 – 11 U 48/08, BeckRS 2009, 25496.

135 BGH, 11.10.2010 – II ZR 130/09.

insb. bei einer Einstellung des Schuldnerunternehmens seine negativen Auswirkungen für die Gläubiger zeigt.[136]

Dementsprechend sind die entsprechenden Ausführungen des BGH auf berechtigte Kritik gestoßen,[137] zumal eine den Vorgaben IX. Zivilsenats des BGH folgende Handhabung dem Ziel der Insolvenzordnung kaum dienlich sein dürfte, Insolvenzverfahren zwar nicht voreilig, aber möglichst frühzeitig zu eröffnen.

Der 1. Strafsenat des BGH hat sich in einer Entscheidung vom 21.08.2013 ebenfalls zur Methode der Feststellung der Zahlungsunfähigkeit und der Abgrenzung der Zahlungsunfähigkeit von der Zahlungsstockung geäußert.[138] Er hat ausgeführt, die Feststellung der Zahlungsunfähigkeit erfolge in der Regel durch die betriebswirtschaftliche Methode, wobei **stichtagsbezogen die fälligen Verbindlichkeiten** einerseits und die zu ihrer Tilgung vorhandenen oder **kurzfristig herbeizuschaffenden Mittel** andererseits gegenübergestellt würden. Zur Abgrenzung von der bloßen Zahlungsstockung sei diese Methode um eine Prognose darüber zu ergänzen, ob innerhalb der Drei-Wochen-Frist mit der Wiederherstellung der Zahlungsfähigkeit hinreichend sicher zu rechnen sei. Dies geschehe durch *»eine Finanzplanrechnung, aus der sich die hinreichend konkret zu erwartenden **Einnahmen und Ausgaben der nächsten 21 Tage**«* ergäben.[139]

Der Entscheidung ist allerdings nicht eindeutig zu entnehmen, ob der 1. Strafsenat damit die Auffassung propagieren wollte, bei Klärung der Frage, ob eine bloße Zahlungsstockung vorliegt, seien entgegen der Meinung des IX. Zivilsenats auch die Passiva II zu berücksichtigen.

Zur Erstellung von Liquiditätsbilanzen bzw. Finanzplänen wird i. Ü. auf die Ausführungen zum »Nachweis der Zahlungsunfähigkeit durch Finanzplan« verwiesen (s. Rdn. 165 ff.). 52

b) Gesetzliche Vermutung für Zahlungsunfähigkeit bei Zahlungseinstellung (§ 17 Abs. 2 Satz 2 InsO)

Der Schluss auf das Vorliegen von Zahlungsunfähigkeit wird durch die Regelung in 53
§ 17 Abs. 2 Satz 2 InsO erleichtert. Nach dieser Vorschrift wird die Zahlungsunfähigkeit gesetzlich vermutet, wenn der Schuldner seine Zahlungen eingestellt hat. Kann Zahlungseinstellung festgestellt werden, liegt es beim jeweiligen Prozessgegner, die daraus resultierende gesetzliche Vermutung zu widerlegen.[140] Er kann zu diesem Zweck z. B. beantragen, dass ein Sachverständigengutachten über die Frage eingeholt wird, ob

136 S. hierzu mit sonstiger Kritik an der Grundsatzentscheidung des BGH: Wolf/Kurz, DStR 2006, 1339 ff.

137 Bork, »Zahlungsunfähigkeit, Zahlungsstockung und Passiva II« ZIP 2008, 1749; Fachausschuss Sanierung und Insolvenz des IDW, ZIP 2009, 201.

138 BGH 1 StR 665/12 = ZInsO 2013, 2107 – 2109.

139 BGH, a. a. O. Rn. 14.

140 BGH, 12.10.2006 – IX ZR 228/03, ZInsO 2006, 1210 ff.

eine Liquiditätsbilanz zum maßgeblichen Zeitpunkt eine Deckungslücke des Schuldners von weniger als 10 % auswies.[141]

54 Den Begriff der **Zahlungseinstellung** definiert die InsO nicht. Die Rechtsprechung hat folgende Begriffsbestimmung herausgearbeitet:

▶ **Definition Zahlungseinstellung:**[142]

Zahlungseinstellung ist das vom Schuldner ausgehende, nach außen erkennbare Verhalten, das den beteiligten Verkehrskreisen den Eindruck vermittelt, der Schuldner könne einen nicht unwesentlichen Teil seiner fälligen und eingeforderten Verbindlichkeiten aufgrund eines objektiv nicht nur vorübergehenden Mangels an Geldmitteln nicht bezahlen.

55 Es muss sich also mindestens für die beteiligten Verkehrskreise der berechtigte Eindruck aufdrängen, dass der Schuldner nicht in der Lage ist, seine fälligen Zahlungspflichten zu erfüllen.[143] Die Nichtbefriedigung einer Forderung eines einzelnen Gläubigers kann ausreichen, wenn dessen Forderung von insgesamt nicht unerheblicher Höhe ist.[144]

56 Die Zahlungseinstellung erfordert also zumindest **äußere Erkennbarkeit**. Das bedeutet jedoch keineswegs, dass die Zahlungsunfähigkeit bzw. das als Zahlungseinstellung zu wertende Verhalten **allgemein bekannt** geworden sein müsste.[145] Vielmehr kann es sogar schon ausreichen, wenn einem einzigen Großgläubiger die Zahlungseinstellung bekannt ist.[146] Auch die Leistung von Zahlungen schließt die Zahlungsunfähigkeit nicht aus. Es genügt vielmehr, dass der Schuldner einen wesentlichen Teil seiner Verbindlichkeiten nicht mehr erfüllen kann.[147]

57 Für die Zahlungseinstellung bedarf es keiner **ausdrücklichen Erklärung** des Schuldners, sie kann sich vielmehr konkludent aus dem Verhalten des Insolvenzschuldners ergeben. Eine ausdrückliche Erklärung des Schuldners, nicht zahlen zu können, ist aber in jedem Fall ein starkes Indiz für eine Zahlungseinstellung, dem in der Gesamtwürdigung wesentliche Bedeutung zukommt.[148]

---

141 BGH, 30.06.2011 – IX ZR 134/10, ZInsO 2011, 1410 ff.

142 BGH, 25.01.2001 – IX ZR 6/00, ZInsO 2001, 318.

143 BGH, 12.10.2006 – IX ZR 228/03 m. w. N., ZInsO 2006, 1210 ff.

144 BGH, 20.11.2001 – IX ZR 48/01, ZInsO 2002, 29 ff.

145 NR/Mönning, § 17 Rn. 26.

146 HambKomm-J.-S. Schröder, § 17 Rn. 28; BGH, 10.01.1985 – IX ZR 4/84, NJW 1985, 1785.

147 Uhlenbruck/Mock, § 17 Rn. 148 m. zahlreichen Nachweisen zur BGH-Rspr.

148 BGH, 08.01.2015 – IX ZR 203/12, ZInsO 2015, 396 ff.

Bestanden zum fraglichen Zeitpunkt bereits fällige Verbindlichkeiten, die bis zur Verfahrenseröffnung nicht beglichen wurden, ist nach der Rechtsprechung des BGH regelmäßig von Zahlungseinstellung auszugehen.[149]

Feststellung der Zahlungseinstellung 58

Nach der Rechtsprechung des BGH kann die Zahlungseinstellung aus einem einzelnen, aber auch aus einer Gesamtschau mehrerer darauf hindeutender Beweisanzeichen gefolgert werden. Sind derartige Indizien vorhanden, bedarf es nicht einer darüber hinausgehenden Darlegung und Feststellung der genauen Höhe der gegen den Schuldner bestehenden fälligen, ernsthaft eingeforderten Forderungen oder gar einer Unterdeckung von mindestens 10 %. Für die Darlegung der Zahlungseinstellung kann auch ein Vortrag ausreichen, der zwar in bestimmten Punkten lückenhaft ist, eine Ergänzung fehlender Tatsachen aber auf der Grundlage von Beweisanzeichen zulässt.[150] Es obliegt dann dem Tatrichter, ausgehend von den festgestellten Indizien eine Gesamtabwägung vorzunehmen, ob eine Zahlungseinstellung gegeben ist.[151] Dabei dürfen die Indizien nicht jeweils nur einzeln für sich betrachtet werden, sondern sie müssen in einen Gesamtzusammenhang gestellt und gewürdigt werden.[152]

Folgende Umstände genügen z. B., um Zahlungseinstellung anzunehmen, bzw. sprechen für das Vorliegen von Zahlungseinstellung, insb. wenn mehrere Indizien zusammen kommen: 59

- eigene Erklärung des Schuldners, er könne eine fällige Verbindlichkeit nicht begleichen, auch wenn der Schuldner um Stundung bittet;[153]
- schleppende Zahlung von Löhnen und Gehältern;[154]
- Erklärung ggü. einem Großgläubiger, der die wirtschaftlichen Verhältnisse kennt, dessen ernsthaft eingeforderte, einen wesentlichen Teil der fälligen Verpflichtungen bildende Forderung auch nicht mehr teilweise erfüllen zu können, auch wenn sonst noch geringfügige Zahlungen geleistet werden;[155]
- ausdrückliche Erklärung des Schuldners, zahlungsunfähig zu sein (»Wir haben zu. Wir machen Konkurs.«);[156]
- Nichtzahlung eines erheblichen Teils der fälligen Verbindlichkeiten, auch wenn noch einzelne beträchtliche Zahlungen geleistet werden, schließt die Annahme einer Zahlungseinstellung nicht aus;[157]

149 BGH, 12.10.2006 – IX ZR 228/03 Rn. 28, InsO 2006, 1210 ff.
150 BGH, 08.01.2015 – IX ZR 203/12, ZInsO 2015, 396 ff.
151 BGH, 30.11.2011 – IX ZR 134/10 Rn. 13, ZInsO 2011, 1410 ff.
152 BGH, 08.01.2015 – IX ZR 203/12, ZInsO 2015, 396 ff.
153 BGH, 12.10.2006 – IX ZR 228/03, ZInsO 2006, 1210 ff.
154 BGH, 14.02.2008 – IX ZR 38/04, 1. LS und Rn. 20 = ZInsO 2008, 378 – 381.
155 BGH, 12.10.2006 – IX ZR 228/03, ZInsO 2006, 1210 ff.
156 BGH, 01.03.1984 – IX ZR 34/83, NJW 1984, 1953.
157 BGH, 12.10.2006 – IX ZR 228/03 m. w. N., ZInsO 2006, 1210 ff.

- dauerhaft schleppende Zahlungsweise kann Indizwirkung für eine Zahlungseinstellung haben;[158]
- **Nichtabführen von Sozialversicherungsbeiträgen** über einen gewissen Zeitraum[159] stellt nach der Rechtsprechung des BGH ein starkes Indiz für die Zahlungsunfähigkeit dar, weil diese Forderungen i. d. R. wegen der drohenden Strafbarkeit gem. § 266a StGB bis zuletzt bedient werden. Die strafbewehrte Sanktion lasse das Vorliegen einer bloßen Zahlungsunwilligkeit als unwahrscheinlich erscheinen, insb. bei einem monatelangen Nichtabführen von Sozialversicherungsbeiträgen. Das Fehlen gegenläufiger Indizien wie z. B. ein Bestreiten der nicht erfüllten Forderungen des Sozialversicherungsträgers genügt, um die Zahlungsunfähigkeit jedenfalls wahrscheinlich erscheinen zu lassen, was in der Phase des Eröffnungsverfahrens ausreicht;[160]
- mehr als halbjähriges Nichtbegleichen von Sozialversicherungsbeiträgen bildet **erhebliches Beweisanzeichen** für eine Zahlungseinstellung;[161] aber auch ein mehrmonatiges Nichtabführen über weniger als sechs Monate kann durchaus geeignet sein, das Bestehen einer Zahlungsunfähigkeit nahe zu legen[162]
- Nichtausgleichen **einer wesentlichen Forderung**;[163]
- überstürzte und unkontrollierte Ablieferung des nicht gezählten, in Plastiktüten verpackten Bestandes der Tageskasse an die Hausbank;[164]
- Verhaftung des Schuldners wegen Vermögensdelikt, die ihm weitere Zahlungen unmöglich macht;[165]
- Schließung des Geschäftslokals ohne ordnungsgemäße Abwicklung;[166]
- Flucht des Schuldners vor seinen Gläubigern;[167]
- Abgabe der eidesstattlichen Versicherung,[168] selbstverständlich abhängig von ihrem jeweiligen Inhalt;

---

158 BGH, 18.07.2013 – IX ZR 143/12 Rn. 12, ZInsO 2013, 2109 ff.

159 In der Entscheidung BGH, 13.06.2006 – IX ZB 238/05, ZInsO 2006, 827 f. hat der BGH ein mindestens halbjähriges Nichtabführen von Sozialversicherungsbeiträgen als Indiz angesehen. In seiner Entscheidung v. 12.10.2006 – IX ZR 228/03, ZInsO 2006, 1210 ff. hat der BGH sogar die Nichtabführung von Sozialversicherungsbeiträgen und Löhnen über einen Zeitraum von mehr als drei Wochen nach Fälligkeit zur Begründung der Zahlungseinstellung für ausreichend erachtet.

160 BGH, 13.06.2006 – IX ZB 238/05, ZInsO 2006, 827 f.

161 BGH, Urteil vom 18.07.2013 – IX ZR 143/12 Rn. 12, ZInsO 2013, 2109 ff.

162 BGH, Urteil vom 07.05.2015 – IX ZR 95/14; NZI 2015, 717 ff.

163 KPB/Pape, § 17 Rn. 18; HambKomm-J.-S. Schröder, § 17 Rn. 28; BGH, 25.01.2001 – IX ZR 6/00, ZInsO 2001, 318, NJW 2001, 1650ff.

164 BGH, 01.03.1984 – IX ZR 34/83, NJW 1984, 1953; BK/Goetsch, § 17 Rn. 43.

165 BGH, 15.11.1990 – IX ZR 92/90, WM 1991, 151.

166 RG, JW 1916, 1118.

167 OLG Bamberg, LZ 1908, 874.

168 Jaeger-Müller, § 17 Rn. 32; BGH, 17.02.1993 – 3 StR 474/92, wistra 1993, 184; IDW PS 800, Rn. 13.

- Nichtzahlen von Verbindlichkeiten, deren Ausgleich für das Fortbestehen des Unternehmens existenznotwendig ist, wie bspw. Löhne und Gehälter, Sozialversicherungsbeiträge, Mietzinsen, Energiekosten, Telefonkosten etc.;[169]
- Herausgabe von unter Eigentumsvorbehalt erworbener Ware in großem Umfang an mehrere Lieferanten;[170]
- Nichtzahlen von Löhnen an mehr als einem Zahltag hintereinander kann Zahlungseinstellung ausdrücken;[171]
- Ignorieren von Rechnungen und Mahnungen;[172]
- mehrere Haftbefehle zur Erzwingung der Abgabe der eidesstattlichen Versicherung;[173]
- mehrere gescheiterte Vollstreckungsversuche;[174]
- Nichtzahlen von Versicherungsprämien;[175]
- Unpfändbarkeitsbescheinigungen des Gerichtsvollziehers;[176]
- Häufung von Wechselprotesten;[177]
- Nichtzahlen von USt;[178]
- Häufung von Pfändungen;[179]
- Nichteinlösen von Schecks;[180]
- Häufung von Arresten oder mehreren Insolvenzanträgen, falls nicht die zugrunde liegende Schuld alsbald beglichen wird;[181]
- nur teilweiser und stark verspäteter Ausgleich von Rechnungen[182] dürfte allerdings als einziges Indiz nicht ausreichen, um Zahlungsunfähigkeit anzunehmen, da ein entsprechendes Verhalten auch auf einer schlechten Organisation des Schuldnerunternehmens beruhen kann;
- über Wochen nur noch Ausgleich der laufenden Kosten, aber nicht der Warenschulden, kann Zahlungseinstellung bedeuten;[183]

169 Jaeger-Müller, § 17 Rn. 32 mit Rechtsprechungsnachweisen; MK/InsO-Eilenberger, § 17 Rn. 29.

170 OLG Stuttgart, 22.01.1997 – 9 U 138/96, ZIP 1997, 652.

171 AG Göttingen, 03.05.2002 – 74 IN 134/02, ZInsO 2002, 592.

172 Jaeger-Müller, § 17 Rn. 32 mit Nachweisen zur Rspr. des RG.

173 Hess, InsO, § 17 Rn. 21; HK/Kirchhof, § 17 Rn. 39 mit Rechtsprechungsnachweis.

174 Jaeger-Müller, § 17 Rn. 32; BGH, 17.02.1993 – 3 StR 474/92, wistra 1993, 184.

175 MK/InsO-Eilenberger, § 17 Rn. 29.

176 LG Mannheim, 17.09.1974 – 12 T 146/74, MDR 1975, 767; HK/Kirchhof, § 17 Rn. 39 mit Rechtsprechungsnachweis.

177 Jaeger-Müller, § 17 Rn. 32 mit Nachweisen zur Rspr. des RG.

178 MK/InsO-Eilenberger, § 17 Rn. 29.

179 HK/Kirchhof, § 17 Rn. 39.

180 Jaeger-Müller, § 17 Rn. 32; BGH, 17.02.1993 – 3 StR 474/92, wistra 1993, 184.

181 HK/Kirchhof, § 17 Rn. 39 mit Nachweisen zur Rspr. des RG.

182 MK/InsO-Eilenberger, § 17 Rn. 30.

183 HK/Kirchhof, § 17 Rn. 40.

- erhebliche Zahlungsrückstände, die der Schuldner bis zu der Verfahrenseröffnung nicht mehr vollständig beglichen hat;[184]
- Schuldner begleicht seine Verbindlichkeiten ständig verspätet, schiebt einen Forderungsrückstand vor sich her und operiert demzufolge offensichtlich am Rande des finanzwirtschaftlichen Abgrunds;[185]
- Unternehmen von Sanierungsbemühungen (Verhandlungen mit Gläubigern über Stundung von Forderungen, Verhandlungen über Sanierungskredite mit Banken, Beteiligung von »Schattenbanken« in Gestalt von Private Equity-Firmen u. ä.).[186] Diese Würdigung erscheint allerdings zu weitgehend, Sanierungsbemühungen alleine für sich genommen lassen allenfalls den Rückschluss auf eine drohende Zahlungsunfähigkeit zu.

60 Folgende Verhaltensweisen bzw. Umstände sollen für eine Zahlungseinstellung hingegen **nicht** ausreichen:

- nur interne, keine Außenwirkung entfaltende Anweisung an Angestellte, keine Zahlung mehr zu leisten;[187]
- Erklärung, momentan nicht zahlen zu können, verbunden mit der Ankündigung einer Zahlung zu einem bestimmten Zeitpunkt innerhalb der nächsten zwei bis drei Wochen;[188]
- Erklärung, nicht zahlen zu wollen;[189]
- unpünktlicher oder nur auf Drängen oder sogar Mahnbescheide hin erfolgender Ausgleich von Verbindlichkeiten;[190]
- unterbliebener Ausgleich einer Forderung, weil der Schuldner diese für nicht berechtigt hält, es sei denn, es wäre angesichts der Sach- und Rechtslage evident, dass diese Behauptung nur vorgeschoben ist;[191]
- Umstand, dass ein Schuldner eine einzelne Forderung nicht von sich aus begleicht, sondern sich verurteilen lässt, begründet nicht den berechtigten Eindruck einer Zahlungsunfähigkeit und stellt auch keine allgemeine Zahlungseinstellung dar, da Gründe hierfür vielfältiger Art sein können;[192]
- bloße Stundungsbitte;[193]

---

184 BGH, 18.07.2013 – IX ZR 143/12 Rn. 12, ZInsO 2013, 2109 ff.

185 BGH, 06.12.2012 – IX ZR 3/12 Rn. 21, ZInsO 2013, 190 ff.

186 MK/InsO-Eilenberger, § 17 Rn. 29.

187 Jaeger-Müller, § 17 Rn. 30.

188 HK/Kirchhof, § 17 Rn. 33 mit Nachweis zur Rspr. des RG.

189 HK/Kirchhof, § 17 Rn. 33.

190 Uhlenbruck/Mock, § 17 Rn. 148.

191 Jaeger-Müller, § 17 Rn. 33 mit Nachweis zur Rspr. des BGH.

192 OLG Karlsruhe, Hinweisbeschluss vom 14.08.2014; 6 U 58/14 BeckRS 2014, 19898.

193 HK/Kirchhof, § 17 Rn. 33, wobei allerdings Stundungsbitten häufig die zumindest konkludente Erklärung beinhalten dürften, ohne Stundung bei Fälligkeit nicht zahlen zu können, was nach der Rechtsprechung des BGH wiederum das Vorliegen von Zahlungsunfähigkeit indiziert.

- Bitte des Schuldners um Abschluss einer Ratenzahlungsvereinbarung, wenn sie sich im Rahmen der Gepflogenheiten des Geschäftsverkehrs hält und der Schuldner nicht zum Ausdruck bringt, ohne Ratenzahlungsvereinbarung seine fälligen Verbindlichkeiten nicht begleichen zu können,[194]
- allgemeiner Hinweis auf »ruinöse Folgen« einer Zahlung;[195]
- über einen Zeitraum von zehn Monaten jeweils mit einer Verspätung von drei bis vier Wochen erfolgender Ausgleich von Sozialversicherungsbeiträgen für Kenntnis des Sozialversicherungsträgers.[196]
- Umstand, dass der Schuldner auf eine relativ geringfügige Forderung erst aufgrund mehrerer Mahnungen nach über einem Jahr zwei Raten zahlt, ohne die Forderung vollständig zu tilgen, kann Würdigung des Tatgerichts rechtfertigen, dass der Gläubiger nicht zwingend auf eine Zahlungsunfähigkeit schließen musste.[197]

Nur auf eine **drohende Zahlungsunfähigkeit** hindeuten und daher keine Zahlungs- 61
einstellung bewirken sollen:
- Warenverkauf unter Selbstkostenpreis;[198]
- Eintragung von Zwangshypotheken;[199]
- Häufung von Vollstreckungsbescheiden.[200]

c) Beseitigung der Zahlungseinstellung

Eine einmal eingetretene Zahlungseinstellung kann nur dadurch wieder beseitigt wer- 62
den, **dass der Schuldner seine Zahlungen an die Gesamtheit der Gläubiger im Allgemeinen wieder aufnimmt**. Das ist von demjenigen zu beweisen, der sich auf den nachträglichen Wegfall einer zuvor eingetretenen Zahlungsunfähigkeit beruft.[201] Der betroffene Gläubiger hat darzulegen und zu beweisen, **warum** er angeblich davon ausging, der Schuldner habe seine Zahlungen allgemein wieder aufgenommen.[202] Ein Gläubiger, der nach einem eigenen Eröffnungsantrag von dem betroffenen Schuldner Zahlungen erhält, darf deswegen allein grds. *nicht* davon ausgehen, dass auch die anderen nicht antragstellenden Gläubiger in vergleichbarer Weise Zahlungen erhalten.[203] Der Rechtsprechung des BGH zufolge entspricht es vielmehr der allgemeinen Lebens-

194 BGH, 16.04.2015 – IX ZR 6/14 ZInsO 2015, 898; OLG Hamm, Beschluss vom 29.08.2014 Az. 27 W 94/14 juris Rn. 8.

195 Jaeger-Müller, § 17 Rn. 33 mit Nachweis zur Rspr. des BGH.

196 BGH, 07.11.2013 – IX ZR 49/13 Rn. 13, ZInsO 2013, 2318–2320.

197 BGH, 30.04.2015 – IX ZR 149/14; konkret ging es um eine Forderung von ca. 1.200 € auf die nach ca. 14 Monaten 2 Raten à € 500 gezahlt wurden.

198 HK/Kirchhof, § 17 Rn. 35.

199 HK/Kirchhof, § 17 Rn. 39.

200 HK/Kirchhof, § 17 Rn. 39.

201 BGH, 12.10.2006 – IX ZR 228/03, ZInsO 2006, 1210 ff.; BGH, 13.06.2006 – IX ZB 238/05, ZInsO 2006, 827 f.; BGH, 20.11.2001 – IX ZR 48/01, ZInsO 2002, 29 ff.

202 BGH, 25.10.2012 – IX ZR 117/11, ZInsO 2012, 2244 ff.

203 BGH, 20.11.2001 – IX ZB 48/01, ZInsO 2002, 29 ff.

erfahrung, dass Schuldner, um ihr wirtschaftliches Überleben zu sichern, unter dem Druck eines Insolvenzantrags Zahlungen bevorzugt an den antragstellenden Gläubiger leisten, um ihn zum Stillhalten zu bewegen. Bei Schuldnern, die nicht alle Gläubiger voll befriedigen können, wirkt sich das zulasten der weniger drängenden Gläubiger aus. Diese Erfahrungen verbieten den Schluss des antragstellenden Gläubigers, dass, nur weil er selbst Zahlungen erhalten hat, der Schuldner seine Zahlungen im Allgemeinen wieder aufgenommen habe.[204] Die Tilgung der Forderung eines Gläubigers führt nach der Rechtsprechung des BGH bei diesem auch dann nicht zum Wegfall der Kenntnis der Zahlungsunfähigkeit, wenn er positive Kenntnis alleine von seiner eigenen Forderung hatte.[205]

63 Hat der Schuldner einmal die Zahlungen eingestellt, ist es für seine Gläubiger äußerst schwierig, die nachträgliche Beseitigung der Zahlungseinstellung zu **beweisen**. Denn letztlich setzt ein solcher Nachweis detaillierte Kenntnis der wirtschaftlichen Verhältnisse des Schuldners[206] **und** seines Zahlungsverhaltens ggü. anderen Gläubigern voraus, wie sie bei Insolvenzgläubigern üblicherweise nicht vorhanden sein dürfte.

Auch die ausdrückliche Behauptung eines Schuldners gegenüber einem Gläubiger, er sei als letzter Gläubiger befriedigt worden, rechtfertigt nach einer Entscheidung des BGH nicht die Auffassung dieses Gläubigers, eine ihm zuvor bekannt gewordene Zahlungsunfähigkeit bzw. Zahlungseinstellung sei behoben worden.[207] Von einer Wiederherstellung der Zahlungsfähigkeit kann der Entscheidung zufolge nämlich dann nicht ausgegangen werden, wenn sich der Schuldner durch die Befriedigung seiner gegenwärtigen Gläubiger der Mittel entäußert, die er zur Begleichung seiner künftigen, alsbald fällig werdenden Verbindlichkeiten benötigt.[208] Hat ein Schuldner über längeren Zeitraum einen Forderungsrückstand vor sich hergeschoben, ohne dass sich die liquiditätsbestimmenden Rahmenbedingungen geändert haben, ist eine Befriedigung sämtlicher Gläubiger zu einem bestimmten Stichtag nach der vorgenannten Entscheidung nicht geeignet, die bestehenden Zweifel an der Liquidität des Schuldners auszuräumen.[209]

Ebenso wenig entfällt die Kenntnis des Gläubigers von der Zahlungsunfähigkeit durch Abschluss einer vereinbarungsgemäß bedienten Ratenzahlungsvereinbarung, wenn der Schuldner gewerblich tätig ist und daher mit weiteren Gläubigern zu rechnen ist, die keinen vergleichbaren Druck zur Eintreibung ihrer Forderungen ausüben.[210]

Die von einem Gläubiger behauptete Folgerung, die von ihm zu einem früheren Zeitpunkt erkannte Zahlungsunfähigkeit sei zwischenzeitlich behoben worden, muss nach

204 BGH, 20.11.2001 – IX ZB 48/01, ZInsO 2002, 29 ff.

205 BGH, 06.12.2012 – IX ZR 03/12 Rn. 42, ZInsO 2013, 190 ff.

206 So ausdrücklich BGH, 26.09.2002 – IX ZR 66/99, ZIP 2003, 128 zur KO.

207 BGH, 25.10.2012 – IX ZR 117/11, ZInsO 2012, 2244 ff.

208 BGH a. a. O. juris Rn. 19.

209 BGH a. a. O. juris Rn. 14.

210 BGH, 06.12.2012, IX ZR 3/12, Leitsatz 2, ZInsO 2013, 190 ff.

der Rechtsprechung des BGH in jedem Fall von einer dem Gläubiger **nachträglich bekannt gewordenen Veränderung der Tatsachengrundlage** und nicht von einem bloßen »Gesinnungswandel« getragen sein.[211] Der Gläubiger muss sich also auf eine Veränderung von Tatsachen berufen können. Allerdings bewirkt selbst der Wegfall der die Zahlungsunfähigkeit begründenden Tatsachen alleine nicht zwingend auch den Wegfall der Kenntnis von der Zahlungsunfähigkeit.[212]

Widerlegung der aus einer Zahlungseinstellung hergeleiteten Zahlungsunfähigkeit

Eine Zahlungseinstellung begründet die widerlegliche Vermutung der Zahlungsunfähigkeit. Eine Widerlegung ist z. B. möglich durch den mittels einer Liquiditätsbilanz geführten Nachweis, dass die Deckungslücke des Schuldners zum maßgeblichen Zeitpunkt weniger als 10 % seiner fälligen ernsthaft eingeforderten Verbindlichkeiten betragen hat. Demgegenüber genügt es nicht, die Zahlungsunwilligkeit des Schuldners zum fraglichen Zeitpunkt nachzuweisen, erforderlich ist vielmehr der Nachweis der Zahlungsfähigkeit.[213]

4. Prozessuales/Beweislast

Soweit zum Nachweis der Zahlungsunfähigkeit für den streitgegenständlichen Zeitpunkt ein Liquiditätsstatus erstellt wurde, sind in jedem Fall die Ausführungen des BGH aus seinem Urt. v. 24.05.2005 zu beachten:[214] 64

- Soll bei einer Unterdeckung von **weniger als 10 %** von Zahlungsunfähigkeit ausgegangen werden, müssen besondere Umstände vorliegen, die diesen Standpunkt stützen. Ein solcher Umstand kann auch die auf Tatsachen gegründete Erwartung sein, dass sich der Niedergang des schuldnerischen Unternehmens fortsetzen wird.
- Beträgt die Unterdeckung **10 % oder mehr**, muss umgekehrt derjenige, der behauptet, es sei gleichwohl keine Zahlungsunfähigkeit gegeben, entsprechende Indizien vortragen und beweisen. Dazu ist es notwendig, dass mit an Sicherheit grenzender Wahrscheinlichkeit zu erwarten ist, dass die Liquiditätslücke zwar nicht innerhalb von zwei bis drei Wochen, jedoch aber immerhin in »überschaubarer« Zeit vollständig oder fast vollständig beseitigt werden wird und den Gläubigern ein Zuwarten nach den besonderen Umständen des Einzelfalles zuzumuten ist.

Im Zusammenhang mit einem Gläubigerantrag (§ 14 InsO) muss sich der Schuldner auf diese Umstände berufen und das Insolvenzgericht hat im Rahmen seiner Amtsermittlungspflicht (§ 5 InsO) zu prüfen, ob sich ein solcher Ausnahmefall feststellen lässt.

211 BGH, a. a. O. Rn. 21.

212 BGH, 06.12.2012 – IX ZR 3/12 Rn. 39, ZInsO 2013, 190 ff.

213 BGH, 15.03.2012 – IX ZR 239/09 Leitsatz, ZInsO 2012, 696 ff.

214 BGH, 24.05.2005 – IX ZR 123/04, ZInsO 2005, 870 ff.

a) Zahlungsunfähigkeit im Zusammenhang mit der Zulässigkeit eines Insolvenzantrages

65 Stellt ein **Gläubiger** Insolvenzantrag, so hat er für eine Zulässigkeit seines Antrags gem. § 14 Abs. 1 InsO stets das Vorliegen eines Insolvenzeröffnungsgrundes glaubhaft zu machen.

66 Gleiches gilt gem. § 15 Abs. 2 InsO beim Eigenantrag des **Schuldners**, falls der Schuldner eine juristische Person, eine Gesellschaft ohne Rechtspersönlichkeit oder eine KG aA ist *und* der Insolvenzantrag *nicht* von allen Mitgliedern des Vertretungsorgans, allen persönlich haftenden Gesellschaftern oder allen Abwicklern gestellt wird. Ebenso erforderlich ist eine Glaubhaftmachung des Insolvenzgrundes beim Nachlassinsolvenzverfahren und beim Insolvenzverfahren über das Gesamtgut einer Gütergemeinschaft, soweit der Insolvenzantrag nicht von sämtlichen Erben gemeinsam bzw. von beiden Ehegatten gestellt wird (§§ 317 Abs. 2, 333 Abs. 2 InsO). Liegt bei einem **Eigenantrag des Schuldners** keine der besonderen Konstellationen der §§ 15 Abs. 2, 317 Abs. 2, 333 Abs. 2 InsO vor, bedarf es demgegenüber keiner Glaubhaftmachung eines Insolvenzgrundes. Vielmehr genügt es, wenn der Schuldner im Rahmen seines Insolvenzantrags einen Eröffnungsgrund in substantiierter, nachvollziehbarer Form darlegt.[215]

67 Fehlt es an einer notwendigen Glaubhaftmachung des Eröffnungsgrundes im Insolvenzantrag, so ist dieser nicht zulässig.[216]

68 **Glaubhaftmachung** setzt voraus, dass das Gericht zu der Überzeugung gelangt, dass der vom Antragsteller behauptete Insolvenzgrund der Zahlungsunfähigkeit mit überwiegender Wahrscheinlichkeit gegeben ist.[217] Ein voller Beweis für das Vorliegen des Insolvenzgrundes muss also i. d. R. nicht erbracht werden.

Soweit allerdings der Eröffnungsgrund allein aus einer Forderung des antragstellenden Gläubigers abgeleitet werden soll und diese Forderung bestritten ist, muss nach der Rechtsprechung des BGH[218] ausnahmsweise diese Forderung für eine Eröffnung des Insolvenzverfahrens voll bewiesen werden. Der für den Fall notwendige Beweis, dass der Insolvenzgrund aus einer einzigen Forderung des Gläubigers hergeleitet wird, ist nach der Rechtsprechung des BGH jedenfalls dann erbracht, wenn der antragstellende Gläubiger einen vollstreckbaren Titel über die fragliche Forderung vorlegt.[219] Insoweit ist auf die Ausführungen bei Rdn. 21, 22 zu verweisen. Etwaige Einwendungen gegen die titulierte Forderung kann der Schuldner nur in den hierfür vorgesehenen Verfahren geltend machen, jedoch – von offensichtlichen Fällen abgesehen – nicht im Eröffnungsverfahren, da es nicht Sache des Insolvenzgerichtes ist, den Bestand ernsthaft bestrittener, rechtlich zweifelhafter Forderungen zu überprüfen.[220]

215 MK/InsO-Schmahl, § 13 Rn. 101; HK/Kirchhof, § 13 Rn. 21.

216 Uhlenbruck/Wegener, § 14 Rn. 31.

217 MK/InsO-Schmahl, § 14 Rn. 65.

218 BGH, 14.12.2005 – IX ZB 207/04 Rn. 3, ZInsO 2006, 145 – 146.

219 BGH, 29.06.2006 – IX ZB 245/05 Rn. 11, ZInsO 2006, 824 – 825.

220 BGH, 29.06.2006 – IX ZB 245/05 Rn. 11, ZInsO 2006, 824 – 825.

Da die Glaubhaftmachung einer Überschuldung Detailkenntnisse über das schuldnerische Vermögen erfordert, wie sie bei Gläubigern selten gegeben sind, sind Gläubigeranträge i. d. R. auf den Insolvenzgrund der Zahlungsunfähigkeit gestützt.

Hinsichtlich der Glaubhaftmachung gilt über die Verweisungsvorschrift des § 4 InsO 69
§ 294 ZPO.[221] Der Antragsteller kann sich also prinzipiell aller Beweismittel bedienen und auch zur Versicherung an Eides statt zugelassen werden. Allerdings ist § 294 Abs. 2 ZPO zu beachten, nach dem für die Glaubhaftmachung nur **präsente Beweismittel** in Betracht kommen. Deshalb reicht die bloße Benennung von dem Gericht nicht vorliegenden Beweismitteln nicht aus.

Welche Unterlagen/Beweismittel zur Glaubhaftmachung des Insolvenzgrundes vorge- 70
legt werden müssen, schreibt das Gesetz nicht vor. Nach der Rechtsprechung des Bundesgerichtshofs[222] ist es ausreichend, wenn der Antragsteller Indizien glaubhaft macht, die einzeln oder in ihrer Häufung nach der allgemeinen Erfahrung den hinreichend sicheren Schluss auf das Vorliegen eines Eröffnungsrundes zulassen. Als zur Glaubhaftmachung der Zahlungsunfähigkeit ausreichend erachtet werden z. B.:

- Vorlage einer sog. **Fruchtlosigkeitsbescheinigung**, die relativ aktuell sein muss. Ob ein Fruchtlosigkeitsattest, das älter als sechs Monate ist, zur Glaubhaftmachung ausreicht, ist streitig.[223] Jedenfalls hängt der Beweiswert der Unterlagen von ihrem Alter ab;[224]
- ist der Schuldner **Einzelkaufmann**, soll nach streitiger Auffassung i. d. R. ein fruchtloser Vollstreckungsversuch sowohl im Geschäftslokal als auch in der Privatwohnung notwendig sein.[225] Das wird mit dem Hinweis begründet, dass der Schuldner trotz fruchtloser Vollstreckung im Geschäftslokal noch über erhebliches Vermögen im Privatbereich verfügen könne.[226] Die Gegenauffassung[227] verweist darauf, dass der Gerichtsvollzieher vor Beginn der Zwangsvollstreckung zur freiwilligen Leistung auffordern muss, es zu einem erfolglosen Pfändungsversuch also nur kommen kann, wenn der Schuldner nicht zahlt. Ohne zusätzliche Indizien sei es nicht naheliegend, dass der Schuldner in seiner Privatwohnung Vermögen verwahrt und nur zahlungsunwillig sei;
- halbjähriges **Nichtabführen von Sozialversicherungsbeiträgen**.[228] Auch das kürzere Nichtabführen von Sozialversicherungsbeiträgen kann angesichts der Strafandrohung des § 266a StGB ausreichen, wenn zusätzliche Indizien hinzukommen;[229]

---

221 MK/InsO-Schmahl, § 14 Rn. 66.

222 BGH, 11.04.2013 – Az. IX ZB 256/11, ZInsO 2013, 1087 ff.

223 Uhlenbruck/Wegener, § 14 Rn. 49, der Fruchtlosigkeitsbescheinigungen für ausreichend hält, die im letzten Jahr vor dem Insolvenzantrag erstellt wurden.

224 MK/InsO-Schmahl, § 14 Rn. 75, 76.

225 Uhlenbruck/Wegener, § 14 Rn. 50.

226 Uhlenbruck/Wegener, § 14 Rn. 50.

227 HambKomm-Wehr, § 14 Rn. 29.

228 BGH, 20.11.2001 – IX ZR 48/01, ZInsO 2002, 29 ff. mit weiteren Rechtsprechungsnachweisen.

229 OLG Dresden, 23.04.2001 – 13 W 0172/01, ZInsO 2001, 1110.

- Vorlage einer relativ aktuellen **eidesstattlichen Versicherung** gem. § 807 ZPO des Schuldners.[230] Hinsichtlich des Alters der eidesstattlichen Versicherung gilt das oben zur Fruchtlosigkeitsbescheinigung Ausgeführte entsprechend;
- Vorlage einer entsprechenden, nicht nur »formularmäßigen« Erklärung des Schuldners, nicht mehr zahlen zu können;[231]
- **Wechselproteste**, zumindest, wenn sie gehäuft auftreten;[232]
- Bescheinigung, dass im Schuldnerverzeichnis (§ 915 ZPO) ein **Haftbefehl** gegen den Schuldner eingetragen ist.[233]

71 **Nicht ausreichend** zur Glaubhaftmachung der Zahlungsunfähigkeit sollen demgegenüber bspw. sein:
- bloßes Nicht-Ausgleichen einer Forderung über einen längeren Zeitraum;[234]
- ausbleibende Zahlung, obwohl mit dem Schuldner vertraglich vereinbart war, dass der Schuldner nur bei »absoluter« Zahlungsunfähigkeit berechtigt sei, seine Zahlungen einzustellen;[235]
- erfolgloser Pfändungsversuch in ein einziges Bankkonto des Schuldners, wenn nicht die Drittschuldnererklärung entsprechende Folgerungen zulässt[236] oder Pfändungsversuch in eine sonstige Forderung des Schuldners.[237]

72 Allerdings wird es letztlich immer eine Frage des Einzelfalles sein, was notwendig ist, um das Insolvenzgericht davon zu überzeugen, dass der Schuldner mit überwiegender Wahrscheinlichkeit zahlungsunfähig i. S. d. § 17 InsO ist. Insb. wird das auch davon abhängen, was der Schuldner im Rahmen seiner Anhörung zum Insolvenzantrag gem. § 14 Abs. 2 InsO ggf. zur Entkräftung der Angaben des antragstellenden Gläubigers vorbringt.

73 Nach der am 1. Januar 2011 in Kraft getretenen Bestimmung des § 14 Abs. 1 Satz 2 InsO wird ein Insolvenzantrag nicht alleine dadurch unzulässig, dass die Forderung des antragstellenden Gläubigers erfüllt wird, falls im Zeitraum von zwei Jahren vor dem aktuellen Antrag bereits ein Antrag auf Eröffnung eines Insolvenzverfahrens über das Vermögen des Schuldners gestellt wurde.

In der Literatur war umstritten, ob in den Fällen des § 14 Abs. 1 Satz 2 InsO der Antragsteller nach Befriedigung seiner Forderung glaubhaft machen muss,[238] dass der

230 OLG Celle, 25.10.2001 – 2 W 113/01, ZInsO 2001, 1106 ff.

231 LG Berlin, 03.05.2004 – 86 T 385/04, ZVI 2005, 29.

232 Uhlenbruck/Wegener, § 14 Rn. 55.

233 MK/InsO-Schmahl, § 14 Rn. 75.

234 HK/Kirchhof, § 14 Rn. 20.

235 LG Cottbus, 11.11.1994 – 5 T 255/94, ZIP 1995, 234.

236 AG Potsdam, 13.12.2002 – 35 IN 1499/02, ZInsO 2003, 135, 138.

237 HambKomm-Linker, § 14 Rn. 31.

238 Keine neuerliche Glaubhaftmachung notwendig: HambKomm-Wehr, § 14 Rn. 72, 4. Aufl.; KPB/Pape, § 14 Rn. 136; Karsten Schmidt/Gundlach § 14 Rn. 16; dagegen für Notwendigkeit der Glaubhaftmachung des Fortbestehens MK/InsO-Schmahl/Vuia, § 14 Rn. 62.

von ihm bereits im Zuge der Antragstellung glaubhaft gemachte Insolvenzeröffnungsgrund fortbesteht.

Nach der Rechtsprechung des BGH[239] ist § 14 Abs. 1 Satz 2 InsO als Ausnahmebestimmung zu sehen, die das Erfordernis der Glaubhaftmachung eines Insolvenzgrundes gemäß § 14 Abs. 1 Satz 1 InsO unberührt lässt. Deshalb soll jeweils im Einzelfall zu prüfen sein, ob die mit der Antragstellung erfolgte Glaubhaftmachung eines Insolvenzgrundes auch nach Erfüllung der den Antrag stützenden Forderung fortwirkt oder der Gläubiger den Insolvenzgrund erneut glaubhaft machen muss.

Eine sekundäre Darlegungs- und Beweislast des Schuldners, dass der zunächst vom Antragsteller glaubhaft gemachte Insolvenzgrund nach bzw. mit der Tilgung der den Antrag stützenden Forderung entfallen sei, hat der BGH ausdrücklich abgelehnt.[240]

Damit das Fortbestehen eines Eröffnungsgrundes nach der Rechtsprechung des BGH[241] auch nach Tilgung der Forderung des Antragstellers weiterhin als glaubhaft gilt, müssen vom Antragsteller nach Erfüllung seiner Forderung keinesfalls zwingend neue Tatsachen vorgetragen werden. Das gesetzgeberische Ziel, der Problematik mehrfach aufeinander folgender, jeweils durch gezielte Zahlungen des Schuldners erledigter Eröffnungsanträge zu begegnen und eine Verzögerung der Verfahrenseröffnung mit der regelmäßigen Folge von reduzierten Insolvenzmassen, verminderten Sanierungschancen und erheblichen Anfechtungsschäden der beteiligten Gläubiger zu verhindern, könnte laut BGH schwerlich erreicht werden, wenn der Gläubiger eine weiterhin bestehende Zahlungsunfähigkeit des Schuldners nur durch neuen Tatsachenvortrag glaubhaft machen könnte.

Dass eine Fortdauer der Zahlungsunfähigkeit als glaubhaft anzusehen ist, soll sich nach der vorgenannten Entscheidung des BGH vielmehr auch ohne neuen Tatsachenvortrag anhand einer Gesamtwürdigung der Umstände ergeben können.

Bei dieser Gesamtwürdigung ist die indizielle Bedeutung bestimmter Tatsachen für das Bestehen eines Eröffnungsgrundes zu berücksichtigen und – wie im Fall des § 17 Abs. 2 Satz 2 InsO – die Wirkung gesetzlicher Vermutungen.[242]

Für die Gesamtwürdigung können nach der Entscheidung des BGH beispielsweise die näheren Umstände des ersten sowie des aktuellen Insolvenzantrags erheblich sein, Art und Umfang der Forderung des Antragstellers, Dauer des Zahlungsrückstands, die Umstände des Forderungsausgleichs, eine gewerbliche Tätigkeit des Schuldners, die dafür sprechen kann, dass weitere Gläubiger offener Forderungen vorhanden sind etc.

Ferner soll dem Grundsatz Bedeutung zukommen, nach dem eine einmal eingetretene, nach außen in Erscheinung getretene Zahlungsunfähigkeit regelmäßig erst dann

239 BGH, 11.04.2013 – IX ZB 256/11, ZInsO 2013, 1087 ff.

240 BGH, a. a. O., juris Rn. 11.

241 BGH, 18.12.2014 – IX ZB 34/14, ZInsO 2015, 301 ff.

242 BGH, a. a. O., juris Rn. 10.

beseitigt wird, wenn die geschuldeten Zahlungen an die Gesamtheit der Gläubiger im Allgemeinen wieder aufgenommen wurden. Dieser auch für das Insolvenzeröffnungsverfahren geltende Grundsatz soll aber nach Auffassung des BGH nicht schematisch in der Weise angewandt werden, dass die Glaubhaftmachung des Eröffnungsgrundes Bestand hat, bis der Schuldner die Wiederaufnahme der Zahlungen im Allgemeinen dargelegt und glaubhaft gemacht hat, sondern lediglich als weiterer Gesichtspunkt bei der Beurteilung der Wahrscheinlichkeit eines Eröffnungsgrundes berücksichtigt werden. Dieser Aspekt soll umso schwerer wiegen, je wahrscheinlicher die Zahlungsunfähigkeit des Schuldners vor dem Ausgleich der Forderung des antragstellenden Gläubigers gewesen ist.

Sofern das Insolvenzgericht bei der Würdigung aller vom Gläubiger vorgetragenen und glaubhaft gemachten Umstände zu dem Ergebnis kommt, dass auch nach dem Ausgleich der Gläubigerforderung eine überwiegende Wahrscheinlichkeit für die Zahlungsunfähigkeit des Schuldners besteht, soll es lt. BGH dem Schuldner nach § 14 Abs. 2 InsO Gelegenheit zur Stellungnahme geben. Gelingt es dem Schuldner dabei, die Glaubhaftmachung seiner Zahlungsunfähigkeit durch den Gläubiger zu erschüttern, etwa durch die Glaubhaftmachung, er habe die Zahlung an die Gesamtheit der Gläubiger wieder aufgenommen, wird der Eröffnungsantrag nachträglich unzulässig.

b) Begründetheit eines auf Zahlungsunfähigkeit gestützten Insolvenzantrags

74 Sobald die Zulässigkeit eines Insolvenzantrages feststeht, greift der **Amtsermittlungsgrundsatz** des § 5 Abs. 1 InsO. Danach muss das Insolvenzgericht im Rahmen seiner Amtsermittlungspflicht Tatsachenbehauptungen des Schuldners oder anderen Anhaltspunkten nachgehen, die es konkret als möglich erscheinen lassen, dass ein Gläubiger sich dem Schuldner gegenüber mit einer nachrangigen Befriedigung unter – sei es auch zeitweiligem – Verzicht auf staatlichen Zwang einverstanden erklärt hat[243] und eine an sich im Sinne des BGB fällige Forderung deshalb nicht in die Zahlungsunfähigkeitsprüfung einzubeziehen ist.

In Fällen, in denen das Vorliegen oder Fehlen eines Insolvenzgrundes nicht offensichtlich ist, wird das Insolvenzgericht einen **Sachverständigen** beauftragen zu prüfen, ob ein Insolvenzgrund gegeben ist.

Ergibt ein Liquiditätsstatus dann eine Unterdeckung von weniger als 10 % und soll gleichwohl das Verfahren aufgrund Zahlungsunfähigkeit eröffnet werden, muss das Insolvenzgericht nach der Rechtsprechung des BGH feststellen, dass besondere Umstände vorliegen, wie z. B. die auf Tatsachen gegründete Erwartung, dass sich der Niedergang des Schuldnerunternehmens fortsetzen wird.[244] Zeigt der Liquiditätsstatus demgegenüber eine Liquiditätslücke von 10 % oder mehr und will der Schuldner eine Verfahrenseröffnung verhindern, muss er sich nach dem vorgenannten BGH-Urteil auf Umstände berufen, die mit an Sicherheit grenzender Wahrscheinlichkeit erwarten

243 BGH, 19.07.2007 – IX ZB 36/07; ZInsO 2007, 939 – 942.
244 BGH, 24.05.2005 – IX ZR 123/04; ZInsO 2005, 807 ff.

lassen, dass die Liquiditätslücke zwar nicht innerhalb von zwei bis drei Wochen, jedoch in einem überschaubaren Zeitraum beseitigt wird, und das Insolvenzgericht muss diese Umstände feststellen.

c) Zahlungsunfähigkeit i. R. d. Anfechtungsvorschriften (§§ 130, 131, 132, 133 InsO)

Außer als Eröffnungsgrund und bei der Regelung der Antragspflichten spielt die Zahlungsunfähigkeit in der InsO als Tatbestandsmerkmal in einigen Anfechtungsvorschriften eine Rolle. In diesem Rahmen ist gleichfalls die Legaldefinition des § 17 Abs. 2 InsO maßgeblich, so in den §§ 130, 131, 132, 133 InsO. 75

Z. T. muss für eine Anfechtbarkeit nur objektiv Zahlungsunfähigkeit vorgelegen haben, teilweise muss der Anfechtungsgegner zusätzlich auch subjektiv Kenntnis von ihr gehabt haben. 76

Sowohl für das objektive Vorliegen der Zahlungsunfähigkeit als auch für die subjektive Kenntnis des Anfechtungsgegners ist der Insolvenzverwalter i. R. d. Insolvenzanfechtung **darlegungs- und beweispflichtig.** § 130 Abs. 3 InsO sieht allerdings eine Beweiserleichterung für Anfechtungen gegenüber nahestehenden Personen im Sinne des § 138 InsO vor. 77

aa) Objektive Zahlungsunfähigkeit

Auf welche Weise der Insolvenzverwalter zu beweisen hat, dass der Schuldner zu dem Zeitpunkt objektiv zahlungsunfähig war, zu dem die angefochtene Handlung vorgenommen wurde, schreibt das Gesetz nicht vor. 78

Daher muss der anfechtende Insolvenzverwalter im Anfechtungsprozess auch keineswegs einen auf den jeweils relevanten Stichtag bezogenen Liquiditätsstatus des Schuldners vorlegen, um den ihm obliegenden Beweis der Zahlungsunfähigkeit zu erbringen. Liegt jedoch eine Liquiditätsbilanz für den fraglichen Zeitpunkt vor, sind die Ausführungen unter Rdn.64 zu berücksichtigen. Je nachdem, ob die Deckungslücke unter 10 % oder bei 10 % oder mehr liegt, muss entweder der Verwalter oder aber der Anfechtungsgegner besondere Umstände darlegen und beweisen, die entgegen der vom BGH in seiner Entscheidung v. 24.05.2005 aufgestellten Vermutungsregel für bzw. gegen das Vorliegen der Zahlungsunfähigkeit sprechen. Je näher dabei die konkret festgestellte Liquiditätslücke dem Schwellenwert von 10 % kommt, desto geringere Anforderungen sind an das Gewicht der besonderen Umstände zu stellen, mit denen die Vermutung entkräftet werden kann. Umgekehrt müssen umso schwerer wiegende Umstände vorliegen, je größer der Abstand der tatsächlichen Liquiditätslücke zum Schwellenwert ist.[245]

Ein **Liquiditätsstatus** ist allerdings im Anfechtungsprozess zum Nachweis der Zahlungsunfähigkeit **nicht** notwendig. Vielmehr kann nach der Rechtsprechung des 79

245 HK/Kreft, § 130 Rn. 15.

BGH[246] anerkanntermaßen gerade i. R. d. Insolvenzanfechtung auch anders festgestellt werden, ob der Schuldner noch zahlungsfähig war.

So ist nach der Rechtsprechung des BGH[247] bspw. regelmäßig von Zahlungsunfähigkeit zu einem bestimmten Zeitpunkt auszugehen, wenn zu diesem Zeitpunkt Verbindlichkeiten bestanden, die bis zur Eröffnung des Insolvenzverfahrens nicht mehr beglichen worden sind.[248] Dass schon im Zeitpunkt der anfechtbaren Handlung vorhandene fällige Zahlungspflichten bis zur Verfahrenseröffnung nicht erfüllt wurden, soll nach Auffassung des BGH nur dann nicht den Schluss auf das Vorliegen von Zahlungsunfähigkeit zulassen, wenn aufgrund konkreter Umstände, die sich nachträglich geändert haben, bei Vornahme der anfechtbaren Handlung angenommen werden konnte, der Schuldner werde rechtzeitig in der Lage sein, die Verbindlichkeiten zu erfüllen. Dies ist jedoch vom Anfechtungsgegner darzulegen und zu beweisen.

Damit hat der BGH dem anfechtenden Insolvenzverwalter einen relativ einfachen Weg aufgezeigt, den Nachweis der Zahlungsunfähigkeit zu führen.

Denn ob bereits bei Vornahme der anzufechtenden Rechtshandlungen (s. § 140 InsO) Verbindlichkeiten offen waren, die bis zur Verfahrenseröffnung nicht mehr ausgeglichen wurden, lässt sich i. d. R. relativ einfach aus der **Insolvenztabelle** ablesen. Das gilt zumindest dann, wenn nicht ausnahmsweise Gläubiger erheblicher Forderungen auf eine Anmeldung verzichtet haben oder an der Anmeldung aufgrund Nachrangigkeit ihrer Forderung gehindert waren. Der Insolvenzverwalter wird daher die für den Nachweis des objektiven Vorliegens von Zahlungsunfähigkeit im Anfechtungsprozess notwendigen Informationen häufig schon der Insolvenztabelle entnehmen können. Sind die für die Feststellung der Zahlungsunfähigkeit Ausschlag gebenden Verbindlichkeiten zur Insolvenztabelle festgestellt, ist dem Anfechtungsgegner, soweit er selbst, wie in §§ 130, 131 InsO vorausgesetzt, Insolvenzgläubiger ist, zudem gem. § 178 Abs. 3 InsO der Einwand abgeschnitten, die Forderungen hätten nicht in der angemeldeten Form bestanden.

Die aus dem Vorhandensein bis zur Verfahrenseröffnung nicht ausgeglichener fälliger Verbindlichkeiten hergeleitete Zahlungseinstellung begründet allerdings nur eine Vermutung für den Eintritt der Zahlungsunfähigkeit, die vom Prozessgegner widerlegt werden kann. Diesem bleibt es daher unbenommen, die Einholung eines Sachverständigengutachtens zum Nachweis zu beantragen, dass eine Liquiditätsbilanz im maßgeblichen Zeitraum für den Schuldner eine Deckungslücke von weniger als 10 % ausweist.[249]

246 BGH, 12.10.2006 – IX ZR 228/03, ZInsO 2006, 1210 ff.

247 BGH, 12.10.2006 – IX ZR 228/03, ZInsO 2006, 1210 ff.

248 Abweichende Auffassung: OLG Frankfurt am Main, 03.02.2010 – 4 U 84/09, ZInsO 2010, 1328 ff.

249 BGH, 30.06.2011 – IX ZR 134/10 Rn. 20, ZInsO 2011, 1410 ff.

Für den Nachweis der zum Zeitpunkt der Vornahme der anfechtbaren Handlung gegebenen Zahlungsunfähigkeit ist von wesentlicher Bedeutung, dass die in § 17 Abs. 2 Satz 2 InsO formulierte Vermutung für Zahlungsunfähigkeit bei Zahlungseinstellung auch i. R. d. Anfechtungsvorschriften gilt.[250] Der Insolvenzverwalter kann also statt der Zahlungsunfähigkeit auch die **Zahlungseinstellung** (s. dazu Nr. 3.2) nachweisen, indem er entsprechende Indizien vorträgt und unter Beweis stellt (z. B. zum Stichtag bereits fällige, bis Verfahrenseröffnung nicht ausgeglichene Verbindlichkeiten). Dann obliegt es dem Anfechtungsgegner, die gesetzliche Vermutung des § 17 Abs. 2 Satz 2 InsO zu widerlegen. Alleine daraus, dass er selbst evtl. sogar noch große Summen vom Insolvenzschuldner erhalten hat, wird der Anfechtungsgegner in einem solchen Fall nicht herleiten können, dass die Zahlungseinstellung nachträglich wieder beseitigt wurde. Denn dazu ist es, wie oben dargelegt, notwendig, dass der Insolvenzschuldner die Zahlungen an die Gesamtheit der Gläubiger im Allgemeinen wieder aufgenommen hat,[251] was vom Anfechtungsgegner zu beweisen wäre. 80

Zum Nachweis der Zahlungsunfähigkeit kann ferner auch der Insolvenzschuldner selbst im Anfechtungsprozess als **Zeuge** darüber vernommen werden, ob er zum fraglichen Zeitpunkt zahlungsunfähig war.[252] Ebenso kann z. B. die Vorlage von Summen- und Saldenlisten verbunden mit der Zeugenvernehmung der Person, die die Buchhaltung erstellt hat, im Anfechtungsprozess geeignet sein, den Nachweis der Zahlungsunfähigkeit zu führen.[253] 81

bb) Subjektive Kenntnis des Anfechtungsgegners von der Zahlungsunfähigkeit

§§ 130, 132 InsO setzen die positive Kenntnis des Anfechtungsgegners davon voraus, dass der Schuldner nicht mehr in der Lage ist, seine fälligen Zahlungsverbindlichkeiten zu erfüllen. Bloßes Kennenmüssen der Zahlungsunfähigkeit reicht demgegenüber nicht aus. Der Gläubiger soll die Zahlungsunfähigkeit als komplexen Rechtsbegriff nur dann kennen, wenn er selbst die Liquidität oder das Zahlungsverhalten des Schuldners wenigstens laienhaft so wertet.[254] 82

Soweit die Anfechtungsvorschriften Kenntnis des Anfechtungsgegners von der Zahlungsunfähigkeit erfordern, schafft **§ 130 Abs. 2 InsO** jedoch eine wesentliche Erleichterung für den darlegungs- und beweispflichtigen anfechtenden Insolvenzverwalter. Denn nach §§ 130 Abs. 2, 132 Abs. 3 InsO steht der Kenntnis von der Zahlungsunfähigkeit die **Kenntnis von Umständen** gleich, die zwingend auf die Zahlungsunfähigkeit schließen lassen. Nach der Rechtsprechung des BGH ist ferner auch i. R. d. § 133 Abs. 1 InsO der Kenntnis von der Zahlungsunfähigkeit die Kenntnis von Umständen 83

250 BGH, 12.10.2006 – IX ZR 228/03, ZInsO 2006, 1210 ff. ausdrücklich für § 130 Abs. 1 Nr. 1 InsO.

251 BGH, 20.11.2001 – IX ZR 48/01, ZInsO 2002, 29 ff.

252 HambKomm-Rogge/Leptien § 130 Rn. 58 mit Nachweis zur Rspr. des RG.

253 LG Offenburg, 09.07.2004 – 3 O 331/03.

254 MK/InsO-Kirchhof, § 130 Rn. 33.

gleichzustellen, die zwingend auf eine drohende oder bereits eingetretene Zahlungsunfähigkeit hinweisen.[255]

Erforderlich und ausreichend für eine Anfechtbarkeit ist also, dass der Insolvenzgläubiger die tatsächlichen Umstände kennt, aus denen bei zutreffender rechtlicher Bewertung die Zahlungsunfähigkeit zweifelsfrei folgt. Allerdings bleibt nach der Rechtsprechung des BGH zu beachten, dass entsprechende Tatsachen nur mehr oder weniger gewichtige Beweisanzeichen darstellen, die eine Gesamtwürdigung nicht entbehrlich machen und nicht schematisch i. S. e. vom anderen Teil zu widerlegenden Vermutung angewandt werden dürfen.[256] Verfügt der Gläubiger über die entsprechende Tatsachenkenntnis, so vermag er sich nicht mit Erfolg darauf zu berufen, dass er den an sich zwingenden Schluss von den Tatsachen auf die Rechtsfolge selbst nicht gezogen habe.[257] Fehlerhafte Folgerungen aus den bekannten Tatsachen gehen also zulasten des Anfechtungsgegners.

Tatsächlich wird der Anfechtungsgegner selten so weitreichende Tatsachenkenntnisse haben, dass er beurteilen kann, ob der Schuldner über einen Zeitraum von mehr als drei Wochen hinweg 10 % oder mehr seiner fälligen Zahlungsverbindlichkeiten nicht bedienen kann, also i. S. v. § 17 Abs. 2 Satz 1 zahlungsunfähig war. Deutlich häufiger dürfte Anfechtungsgegnern demgegenüber nachzuweisen sein, dass sie Kenntnis von hinreichend beweiskräftigen Indizien für eine Zahlungseinstellung i. S. d. § 17 Abs. 2 Satz 2 InsO hatten. Das ist für eine Anfechtung nach §§ 130 Abs. 1, 132 Abs. 1, 133 Abs. 1 InsO ausreichend.

Als Beweisanzeichen, das den Schluss auf die Zahlungsunfähigkeit des Schuldners nahe legt, gilt es z. B., wenn der Schuldner ggü. dem späteren Anfechtungsgegner über einen längeren Zeitraum hinweg ständig in beträchtlichem Umfang Forderungen nicht ausgleicht und dem Gläubiger nach den Umständen bewusst ist, dass es noch weitere Gläubiger mit ungedeckten Ansprüchen gibt.[258] In einem solchen Fall kann sich der Gläubiger nicht darauf berufen, dass er keine Kenntnis vom Gesamtumfang der Verbindlichkeiten des Insolvenzschuldners gehabt habe und sich ihm deshalb nicht die Vorstellung habe aufdrängen müssen, seine Forderung sei »verhältnismäßig hoch«. Vielmehr muss der Gläubiger, der Leistungen eines erkannter Maßen zahlungsschwachen Schuldners entgegennimmt und von dessen Verbindlichkeiten bei Dritten keine genauen Vorstellungen hat, anhand der Art seiner eigenen Forderung und des äußeren Erscheinungsbildes des Schuldnerverhaltens beurteilen, ob die gegen den Schuldner bestehende offene Forderung »verhältnismäßig hoch« ist.[259]

255 BGH, 08.10.2009 – IX ZR 173/07 Rn. 10 mit zahlreichen Nachweisen = ZInsO 2009, 2148 – 2150.

256 BGH, 13.08.2009 – IX ZR 159/06, Rn. 8, ZInsO 2009, 1901 ff.

257 BGH, 20.11.2001 – IX ZR 48/01, ZInsO 2002, 29 ff.

258 BGH, 08.10.2009 – IX ZR 173/07 Rn. 11, ZInsO 2009, 2148 – 2150.

259 BGH, 08.10.2009 – IX ZR 173/07 Rn. 15, ZInsO 2009, 2148 – 2150.

Soweit die Kenntnis einer »Organisation« (z. B. Gesellschaft, Sozialversicherungsträger etc.) in Frage steht, findet ggf. eine Wissenszurechnung entsprechend § 166 Abs. 1 BGB statt.[260] Dies entspricht dem allgemeinen Grundsatz, nach dem jede am Rechtsverkehr teilnehmende Organisation sicherstellen muss, dass die ihr zugehenden Informationen von ihren Entscheidungsträgern zu Kenntnis genommen werden können. Nach der Rechtsprechung des BGH[261] muss sich ein Gläubiger, der eine Vollstreckung durch das Hauptzollamt vornehmen lässt, sogar die Kenntnisse zurechnen lassen, die das Hauptzollamt aus Vollstreckungen für andere Gläubiger bezüglich des Schuldners erlangt hat.

Hat der Anfechtungsgegner einmal Kenntnis von der Zahlungsunfähigkeit erlangt, 84
genügt es nicht, wenn der Schuldner die Forderung des Anfechtungsgegners tilgt und dieser nur die getilgte Forderung positiv kannte. Jedenfalls dann, wenn der Anfechtungsgegner Insolvenzantrag gestellt hatte, entspricht es nach Auffassung des BGH der allgemeinen Lebenserfahrung, dass der Schuldner bevorzugt an den antragstellenden Gläubiger leistet, um sein wirtschaftliches Überleben zu sichern,.[262] Ebenso wenig entfällt die Kenntnis des Gläubigers von einer bestehenden Zahlungsunfähigkeit, wenn er mit einem gewerblich tätigen Schuldner eine Ratenzahlungsvereinbarung abschließt, die der Schuldner vereinbarungsgemäß bedient. Der Gläubiger muss dann mit der Existenz weiterer Gläubiger rechnen, die keinen vergleichbaren Druck ausgeübt haben, um ihre Forderung einzutreiben.[263]

Eine wesentliche Beweiserleichterung bietet neben § 130 Abs. 2 InsO der über die 85
Verweisung in § 132 Abs. 3 InsO auch für die Anfechtung unmittelbar nachteiliger Rechtshandlungen geltende **§ 130 Abs. 3 InsO**. Nach dieser Vorschrift wird zulasten eines Anfechtungsgegners, der dem Insolvenzschuldner z. Zt. der Vornahme der angefochtenen Handlung i. S. v. § 138 InsO **nahestand**, vermutet, dass er Kenntnis von der Zahlungsunfähigkeit hatte. Die Vorschrift beinhaltet also eine **Beweislastumkehr** zugunsten des Insolvenzverwalters.

Sofern einer **nahestehenden Person** der Beweis gelingt, dass sie **keine Kenntnis** von der 86
Zahlungsunfähigkeit hatte, ist streitig, ob sie zusätzlich beweisen muss, dass sie auch keine Kenntnis von Umständen i. S. d. § 130 Abs. 2 InsO hatte, die zwingend auf die Zahlungsunfähigkeit schließen ließen.[264] Da sich nahestehende Personen i. d. R. über Tatsachen i. S. d. § 130 Abs. 2 InsO ebenso leicht informieren können wie über das Vorliegen von Zahlungsunfähigkeit, erscheint es zutreffend, von nahestehenden Personen den Nachweis zu fordern, dass sie keine Kenntnis von Umständen hatten, die zwingend auf die Zahlungsunfähigkeit haben schließen lassen.

---

260 BGH, 07.05.2015 – IX ZR 95/14 Rn. 23.

261 BGH, 07.05.2015 – IX ZR 95/14 Rn. 23.

262 BGH, 20.11.2001 – IX ZR 48/01, ZInsO 2002, 29 ff.

263 BGH 06.12.2012, IX ZR 3/12, Leitsatz 2 und Rn. 42, ZInsO 2013, 190 ff.

264 Für eine entsprechende Beweislast MK/InsO-Kirchhof, § 130 Rn. 67; dagegen Uhlenbruck/Hirte, § 130 Rn. 112.

5. Bedeutung der betriebswirtschaftlichen Kennzahlen

a) Allgemeines

87 Frühindikatoren

Die Verletzung der Pflicht, die Gesellschaft auf mögliche Insolvenzgründe hin zu prüfen, Sanierungsmaßnahmen zu ergreifen bzw. rechtzeitig die Eröffnung des Insolvenzverfahrens zu beantragen, kann zivilrechtliche, als auch strafrechtliche Haftungstatbestände auslösen. Erwähnt sei hier bspw. die mögliche Schadenersatzpflicht des Geschäftsführers gegenüber der Gesellschaft wegen unterlassener Sanierungschancen nach § 43 GmbHG, der Haftung des Geschäftsführers nach § 823 Abs. 2 BGB gegenüber Dritten, deren Forderungen nach Eintritt der Insolvenzreife begründet wurden, der Haftung des Geschäftsführers gegenüber der Gesellschaft nach § 64 Satz 1 und 3 GmbHG sowie der Strafbarkeit des Geschäftsführers wegen Verletzung der Insolvenzantragspflicht gem. § 15a Abs. 4 InsO.

Frühindikatoren, die auf eine mögliche Insolvenzantragspflicht schließen lassen, sollten daher eine erhöhte Bedeutung beigemessen werden. Hierzu zählt bspw. auch die Unterbilanz. Von dem Insolvenzgrund der Überschuldung ist die Unterbilanz bzw. Unterdeckung zu unterscheiden. Die Unterbilanz bzw. Unterdeckung geht der Überschuldung zeitlich voraus. Dementsprechend ist ein erstes Indiz für eine vorliegende Überschuldung eine bestehende Unterbilanz. In der Praxis fallen i. d. R. beide Ereignisse meist zusammen. Eine Unterbilanz bzw. Unterdeckung liegt vor, wenn das Reinvermögen, also die Differenz zwischen Vermögen und Schulden, das Haftkapital nicht mehr deckt. Da – anders als im Fall der Überschuldung – vom Fortbestand einer werbenden Gesellschaft ausgegangen wird, gelten bei der Beurteilung ausschließlich handelsrechtliche Bewertungsansätze.[265] Soweit die Hälfte des Stammkapitals verloren ist, hat der Geschäftsführer einer GmbH (und entsprechend bei der AG bzw. Genossenschaft der Vorstand, §§ 92 Abs. 1 AktG, 33 Abs. 3 GenG) gem. § 49 Abs. 3 GmbHG zwingend eine außerordentliche Gesellschafterversammlung einberufen. Ein Verstoß hiergegen führt ebenfalls zur persönlichen Haftung und kann gem. § 84 Abs. 1 GmbHG auch unter Strafe gestellt werden.

Im Hinblick auf diese haftungsrechtlichen Auswirkungen sollten der Geschäftsführer bzw. Vorstand bei der rechtlichen Prüfung von Insolvenzeröffnungsgründen auch die Frühindikatoren der Betriebswirtschaftslehre nicht völlig außer Acht lassen. Insbesondere die betriebswirtschaftlichen Kennzahlen können zur Unterstützung einer insolvenzrechtlichen Prüfung herangezogen werden.

Anhand der insolvenzrechtlichen Definition des Begriffs »Zahlungsunfähigkeit« und der betriebswirtschaftlichen Definition des Begriffs »**Liquidität**« wird deutlich, dass dem Grunde nach der gleiche Sachverhalt beschrieben wird. Die betriebswirtschaftlichen Ansatzpunkte kommen deshalb auch in der InsO zur Anwendung.

265 Haas in Baumbach/Hueck, § 84 Rn. 10 m. w. N. (str.).

▶ Insolvenzrechtliche Definition: Zahlungsunfähigkeit

Zahlungsunfähigkeit liegt gem. § 17 InsO vor, wenn der Schuldner nicht mehr in der Lage ist, die fälligen Zahlungsverpflichtungen zu erfüllen.

Insolvenzrechtliche Definition: drohende Zahlungsunfähigkeit

Drohende Zahlungsunfähigkeit liegt gem. § 18 Abs. 2 InsO vor, wenn der Schuldner voraussichtlich nicht in der Lage sein wird, die bestehenden Zahlungspflichten im Zeitpunkt der Fälligkeit zu erfüllen.

Betriebswirtschaftliche Definition: Liquidität [266]

Unter Liquidität versteht man die Fähigkeit eines Unternehmens, rechtzeitig seinen Zahlungsverpflichtungen nachkommen zu können.

Die Zahlungsunfähigkeit und die drohende Zahlungsunfähigkeit sind gem. §§ 17, 18 i. V. m. § 16 InsO u. a. Gründe für die Eröffnung eines Insolvenzverfahrens. Der Zahlungsunfähigkeit kommt in der Praxis dabei eine wesentliche Bedeutung zu. Sie ist die häufigste vorkommende Insolvenzursache.[267] 88

Zur Beurteilung der Liquidität eines Unternehmens ist es zunächst wichtig, die Begriffe »Erlöse« und »Zahlungseingänge« zu unterscheiden: 89

▶ Beispiel:

Im Monat April werden Waren im Wert von 100.000,00 € an die Kunden ausgeliefert. Die Kunden bezahlen die Rechnungen innerhalb von 30 Tagen.

Erlöse entstehen zu dem Zeitpunkt, in dem das Produkt erstellt bzw. ausgeliefert oder die Dienstleistung ausgeführt wird. → Hier April.

Der Zahlungseingang ist der Zeitpunkt, zu dem das Geld des Kunden auf dem betrieblichen Konto eingeht. → Hier Mai.

Nicht selten fällt der Zeitpunkt der Erlöse und der Zeitpunkt des Zahlungseingangs auseinander. Der Zeitraum dazwischen muss finanziell überbrückt werden, da bspw. das Material und die Arbeitsleistung vorfinanziert werden müssen.

▶ Vorsicht: 90

Ein Unternehmen, das Gewinne erwirtschaftet, kann dennoch zahlungsunfähig sein.

Gründe hierfür sind insb.:
- ein hoher Forderungsbestand, d. h. Kunden bezahlen die Rechnungen nicht innerhalb der vereinbarten Zeit;
- Zahlungsausfälle bei Kunden (häufig werden diese Forderungen in der Buchhaltung nicht ausgebucht bzw. berichtigt);

---

266 Schneck, Lexikon der Betriebswirtschaft, S. 595.

267 MK/InsO-Eilenberger, § 17 Rn. 1.

- Investitionen ins Anlagevermögen, die zu Liquiditätsengpässen führen können;
- Tilgungen von Verbindlichkeiten, z. B. Rückführungen von Darlehen (dem Unternehmen wird Liquidität entzogen, das Jahresergebnis wird davon nicht beeinflusst).

91 Die Betriebswirtschaftslehre differenziert beim Begriff Liquidität wie folgt:[268]

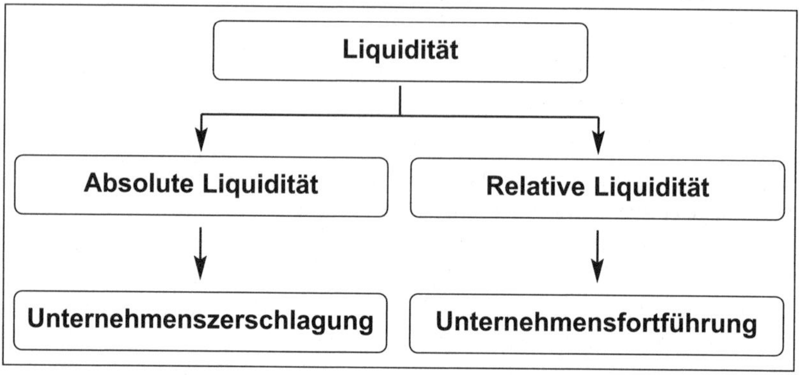

92 Bei der Unternehmenszerschlagung bzw. Liquidation eines Unternehmens wird ein sog. Kreditstatus erstellt. Er dient der Beantwortung der Frage, welche Finanzmittel zur Schuldentilgung zur Verfügung stehen. Dieser Liquidationsbegriff ist für die insolvenzrechtliche Beurteilung ohne Bedeutung.

93 Unter dem Gesichtspunkt einer Unternehmensfortführung (sog. Going-Concern-Prämisse) dient die Liquiditätsanalyse demgegenüber der Beantwortung der Frage, wie hoch die Wahrscheinlichkeit ist, dass es überhaupt zu einer Zahlungsunfähigkeit oder zu einem Zahlungsengpass kommen könnte.[269] Diese Frage ließe sich am besten durch einen Finanzplan beantworten. Neben den finanziellen Entwicklungen eines Unternehmens zeigt er auf, welche Liquidität zu welchen Terminen im Planungszeitraum benötigt wird und woher diese Liquidität bezogen werden könnte. Ggfs. bestehende oder zu erwartende Liquiditätslücken werden dabei aufgedeckt. Diese Informationen stehen einem externen Analysten i. d. R. nicht zur Verfügung. Ebenso zeigen unsere Erfahrungen aus der Sanierungs- und Insolvenzberatung bei kleinen und mittelständischen Unternehmen auch, dass den Unternehmen diese Informationen selbst nicht oder in nicht ausreichendem Umfang vorliegen. Grund hierfür ist, dass entweder keine Unternehmensplanungen bzw. Liquiditätsplanungen erstellt werden, oder die Planungen so oberflächlich sind, dass den Planzahlen keine Aussagekraft zukommt.

94 Externen Analysten, wie z. B. Banken, Gläubigern oder Gerichten stehen i. d. R. lediglich die Jahresabschlüsse und Buchhaltungsdaten als Grundlage für die Entscheidungsfindung zur Verfügung. Gem. § 264 Abs. 2 HGB soll ihnen mit dem Jahresabschluss ein den tatsächlichen Verhältnissen entsprechendes Bild der Vermögens-, Finanz- und

268 Küting/Weber, Die Bilanzanalyse, S. 114 ff.

269 Coenenberg/Haller/Schultze, Jahresabschluss und Jahresabschlussanalyse, S. 1078.

Ertragslage vermittelt werden. Sicher ist der Jahresabschluss eines Unternehmens ein wichtiges Instrument zur Unternehmensbeurteilung. Die Bilanzskandale aus der Vergangenheit haben jedoch gezeigt, dass die Daten häufig durch Bilanzpolitik derart beeinflusst werden, dass die »wahre« Lage des Unternehmens nicht mehr zu erkennen ist. Ziel der Jahresabschlussanalyse ist daher zum einen die Informationsgewinnung über die wirtschaftliche Lage des Unternehmens. Aus dem Jahresabschluss kann dies nicht direkt herausgelesen werden. Zum anderen sollen die Verzerrungen aufgrund der Bilanzpolitik erkennbar gemacht werden.[270] Im Idealfall können Prognosen über mögliche und wahrscheinliche Zukunftsaussichten des Unternehmens gewonnen werden.

Die Prüfung, ob der Insolvenzeröffnungsgrund »Zahlungsunfähigkeit« oder »drohende 95
Zahlungsunfähigkeit« erfüllt ist, kann nur mithilfe von Jahresabschlussdaten und Planungsdaten getroffen werden. Die betriebswirtschaftlichen Kennzahlen sollten bei der Entscheidungsfindung aber nicht unberücksichtigt bleiben. Empfehlenswert ist immer ein Mehrjahresvergleich der Jahresabschlüsse sowie auch der errechneten Kennzahlen. Isoliert betrachtet haben die Daten nur eine eingeschränkte Aussagekraft.

Mittels Extrapolation der vergangenheitsbezogenen Daten können Trendentwicklun- 96
gen für die Zukunft aufgezeigt bzw. abgeleitet werden. Diese Vorgehensweise stößt jedoch aufgrund der vergangenheitsbezogenen Datengrundlage bei der Prognose der zukünftigen Unternehmensentwicklung auf Grenzen. Hierbei müssen auch unbedingt Änderungen der Strategie, des Geschäftsmodells aber auch unternehmensexterne Einflüsse berücksichtigt werden. Anhand von Kennzahlen oder Kennzahlensysteme können demnach lediglich Tendenzen einer Unternehmensentwicklung aufgezeigt werden, dienen aber hauptsächlich der Plausibilisierung der Prognosewerte. Eine eindeutige Aussage über die künftige Entwicklung eines Unternehmens ist somit lediglich im Zusammenspiel aller Faktoren möglich.

270 Küting/Reuter, in: BBK Nr. 7 v. 02.04.2004, Fach 19, S. 503.

97

Notwendige Unterlagen zur Entscheidungsfindung

1. Lassen Sie sich (wenn vorhanden) alle **Planzahlen** und **Planungsdaten** vorlegen.
2. Greifen Sie auf **aktuelle Monats- oder Vierteljahresabschlüsse** zurück.
3. Lassen Sie sich die **Jahresabschlüsse der letzten fünf Jahre** vorlegen. Ein Jahresabschluss besteht aus einer Bilanz und einer Gewinn- und Verlustrechnung (nach § 242 Abs. 3 HGB). Kapitalgesellschaften haben den Jahresabschluss um einen **Anhang** zu erweitern (nach § 264 Abs. 1 HGB).
4. Bei großen und mittleren Kapitalgesellschaften können aus dem **Lagebericht** weitere Informationen gewonnen werden.
5. Lassen Sie sich eine **Kapitalflussrechnung** vorlegen (Pflicht bei börsennotierten Mutterunternehmen nach § 297 Abs. 1 Satz 2 HGB)

b) Aufbereitung der Jahresabschlussdaten zur Kennzahlenermittlung

98 Zur Kennzahlenauswertung ist es unerlässlich, die Jahresabschlussdaten aufzubereiten, da sie nicht den Erfordernissen einer Bilanzanalyse entsprechen. Benötigt wird eine sog. Strukturbilanz. Es handelt sich hierbei um eine umgestaltete Handelsbilanz. Für die Erstellung dieser Strukturbilanz gibt es aber weder gesetzliche Vorschriften noch haben sich allgemeine Aufbereitungsregeln gebildet.[271]

99 ▶ Hinweis:

Damit bei der Aufbereitung der Jahresabschlussdaten keine wichtigen Informationen untergehen, muss diesem Vorgang eine erhöhte Aufmerksamkeit geschenkt werden.

Zur Vermeidung umfangreicher Arbeitsschritte bei der erforderlichen Datenaufbereitung kann wie folgt vorgegangen werden:

271 Küting/Weber, Die Bilanzanalyse, S. 81ff.

aa) Umgliederung von Bilanzpositionen

Alle Bilanzpositionen müssen den folgenden vier Positionen zugeordnet werden: An- 100
lage- und Umlaufvermögen, Eigen- und Fremdkapital.[272]

Umgliederung von Bilanzpositionen

Bilanzpositionen	Zuordnung/ Behandlung
1. Ausstehende Einlagen auf das gezeichnete Kapital	
a.) Einlagen noch nicht eingefordert	Saldierung mit gezeichnetem Kapital, Zuordnung zum Eigenkapital
b.) Einlagen eingefordert	
b 1) Einzahlung nicht gefährdet	Forderungen (Umlaufvermögen)
b 2) Einzahlung gefährdet	Saldierung mit gezeichnetem Kapital, Zuordnung zum Eigenkapital
2. Aufwendungen für die Ingangsetzung und Erweiterung des Geschäftsbetriebs	Saldierung mit dem Eigenkapital
3. Immaterielle Vermögensgegenstände	grds. Anlagevermögen
4. Geschäfts- oder Firmenwert	Saldierung mit dem Eigenkapital
5. Sachanlagen	Anlagevermögen
6. Finanzanlagen (im Anlagevermögen)	grds. Anlagevermögen
7. Eigene Anteile	Saldierung mit dem Eigenkapital
8. Vorräte	grds. Umlaufvermögen
9. Forderungen und sonstige Vermögensgegenstände	grds. Umlaufvermögen
10. Wertpapiere (im Umlaufvermögen)	Umlaufvermögen
11. Geldbestände (Kasse, Bank mit positivem Saldo)	Umlaufvermögen

272 Küting/Weber, Die Bilanzanalyse, S. 83.

12. Aktiver Rechnungsabgrenzungsposten	grds. Umlaufvermögen, außer: Disagio Saldierung mit Eigenkapital
13. Gezeichnetes Kapital	Eigenkapital
14. Rücklagen (Kapital- oder Gewinnrücklagen)	Eigenkapital
15. Bilanzgewinn	grds. Eigenkapital, außer: Ausschüttungsbetrag ist Fremdkapital
16. Gewinnvortrag/Verlustvortrag	Eigenkapital
17. Sonderposten mit Rücklageanteil	grds. Aufteilung: 60% Eigenkapital, 40% Fremdkapital
18. Baukostenzuschüsse	Aufteilung: 2/3 Eigenkapital, 1/3 Fremdkapital
19. Sonstige Zuschüsse und Zulagen	
a.) Steuerpflichtige Zuschüsse	Aufteilung: 60% Eigenkapital, 40% Fremdkapital
b.) Steuerfreie Zuschüsse	Eigenkapital
20. Pensionsrückstellung	langfristiges Fremdkapital
21. Aufwandsrückstellungen	Einzelfallentscheidung: Fremdkapital + Eigenkapital möglich. Liegen keine näheren Informationen vor, dann im Fremdkapital belassen
22. Steuerrückstellungen	i.d.R. Kurzfristiges Fremdkapital
23. Sonstige Rückstellungen	i.d.R. Kurzfristiges Fremdkapital
24. Verbindlichkeiten	grds. Fremdkapital
25. Erhaltene Anzahlungen auf Bestellungen	
a.) Es steht noch keine unfertigen Leistungen oder Vorräte gegenüber	Fremdkapital
b.) Es steht eine unfertige Leistung oder Vorräte gegenüber	Saldierung mit Vorräten (Umlaufvermögen)
26. Passive Rechnungsabgrenzungsposten	Fremdkapital
27. Latente Steuern	
a.) Aktivseite	Saldierung mit dem Eigenkapital
b.) Passivseite	Zuordnung zum Eigenkapital

Zusätzlich müssen die Positionen nach der Fristigkeit sortiert werden.[273] 101

Für die Zuordnung sollten der Bilanzbericht und der Anhang als Hilfe genommen werden.

Kurzfristig	= Restlaufzeit bis zu einem Jahr
Mittelfristig	= Restlaufzeit zwischen einem und fünf Jahren
Langfristig	= Restlaufzeit über fünf Jahre

▶ Beispiel: 102

Aktiva		Passiva	
Anlagevermögen		Eigenkapital	
Immaterielle Vermögensgegenst.	10.000,00 €	Gez. Kapital	25.000,00 €
Geschäftswert	20.000,00 €	Kapitalrücklage	10.000,00 €
Sachanlagen	90.000,00 €	Gewinnvortrag	60.000,00 €
Finanzanlagen	25.000,00 €	Jahresüberschuss	15.000,00 €
Umlaufvermögen		Rückstellungen	
Vorräte	30.000,00 €	Pensionsrückstellung	50.000,00 €
Ford. aus Lieferungen u. Leistungen	50.000,00 €	Steuerrückstellungen	6.000,00 €
Flüssige Mittel	30.000,00 €	Jahresabschlussrückstellung	3.000,00 €
ARAP	5.000,00 €	Verbindlichkeiten	
		Verb. gg. Kreditinstituten	40.000,00 €
		Erhaltene Anzahlungen a.B.	10.000,00 €
		Verb. aus Lieferungen u. Leistungen	25.000,00 €
		Sonstige Verbindlichkeiten	15.000,00 €
		PARAP	1.000,00 €
	260.000,00 €		260.000,00 €

273 Küting/Weber, Die Bilanzanalyse, S. 86.

Jahresabschlussangaben:
- In den flüssigen Mitteln sind Festgelder i. H. v. 15.000 € mit einer Laufzeit von drei Jahren enthalten.
- Den erhaltenen Anzahlungen auf Bestellungen stehen unfertige Leistungen gegenüber
- Die Verbindlichkeiten gegenüber Kreditinstituten haben eine Laufzeit von vier Jahren.
- Die sonstigen Verbindlichkeiten bestehen aus den offenen Sozialversicherungsbeiträgen für den Monat Dezember.
- Die Steuerrückstellungen betreffen das laufende Wirtschaftsjahr.
- Die Jahresabschlussrückstellung betrifft das laufende Wirtschaftsjahr.

Lösung:

STRUKTURBILANZ

Aktiva		Passiva	
Anlagevermögen		Eigenkapital	
langfristig	125.000,00 €	langfristig	90.000,00 €
Umlaufvermögen		Fremdkapital	
kurzfristig	90.000,00 €	kurzfristig	50.000,00 €
mittelfristig	15.000,00 €	mittelfristig	40.000,00 €
langfristig		langfristig	50.000,00 €
	230.000,00 €		230.000,00 €

Erläuterungen:
- Anlagevermögen: Immaterielle Vermögensgegenstände (VG), Sachanlagen, Finanzanlagen
- Umlaufvermögen kurzfristig: Vorräte, Forderungen aus Lieferungen und Leistungen, Flüssige Mittel (30.000,00 € abzgl. Festgeld = 15.000,00 €), Aktive Rechnungsabgrenzungsposten, abzgl. erhaltene Anzahlungen auf Bestellungen
- Umlaufvermögen mittelfristig: Flüssige Mittel (15.000,00 €: Festgeld)
- Eigenkapital: Gezeichnetes Kapital, Kapitalrücklage, Gewinnvortrag, Jahresüberschuss, abzgl. Geschäftswert
- Fremdkapital kurzfristig: Steuerrückstellungen, Jahresabschlussrückstellung, Verbindlichkeiten aus Lieferungen und Leistungen, Sonstige Verbindlichkeiten, Passive Rechnungsabgrenzungsposten
- Fremdkapital mittelfristig: Verbindlichkeiten gegenüber Kreditinstituten
- Fremdkapital langfristig: Pensionsrückstellung

bb) Umbewertung von Bilanzpositionen

Ziel der Umbewertung ist die Eliminierung von Über- und Unterbewertungen von 103
Jahresabschlusspositionen. Durch die Umbewertung soll der »richtige Wert für das Eigenkapital« gefunden werden. Bedingt durch die Vielzahl der Bilanzierungs- und Bewertungswahlrechte können die Zahlen je nach der verfolgten Bilanzpolitik sehr unterschiedliche Werte aufweisen. In der Praxis ist es deshalb schwierig, die exakten Werte zu finden. Gleichwohl kann der Wertansatz einzelner Vermögenspositionen im Wege einer Schätzung ermittelt werden. Die Schätzung sollte sich allerdings an den aktuellen Marktgegebenheiten orientieren.[274]

Eine Umbewertung der Bilanzpositionen ist i.d.R. nur mit unternehmensinternen 104
Daten möglich. Solche Daten sind aktueller, zutreffender und zukunftsorientierter als extern verfügbare Informationen, die das Unternehmen aufgrund gesetzlicher Vorschriften oder freiwilliger Maßnahmen publiziert. Die nachfolgende Tabelle zeigt die Auswirkungen aufgrund der Wertberichtigungen:[275]

Umbewertung von Bilanzpositionen

Art der Wertberichtigung	Auswirkung auf das Eigenkapital
Werterhöhung Aktiva	Eigenkapital steigt
Wertminderung Aktiva	Eigenkapital sinkt
Werterhöhung Passiva	Eigenkapital sinkt
Wertminderung Passiva	Eigenkapital steigt

▶ Beispiele: 105

- Stille Reserven im Anlagevermögen: Diese Werte können einem externen Analysten i.d.R. nicht bekannt sein. Im Handelsrecht wird nach dem sog. Anschaffungswertprinzip bilanziert, d.h., dass der Wert der Anschaffungskosten nie überschritten werden darf. Hierbei spielt es keine Rolle, ob der Verkehrswert über den Anschaffungskosten liegt.
- Bewertungswahlrechte prüfen: z.B. Bewertung von Roh-, Hilfs- und Betriebsstoffen, Bewertung der Herstellungskosten.

274 Wöhe, Einführung in die Allgemeine Betriebswirtschaftslehre, S. 851.
275 Wöhe, Einführung in die Allgemeine Betriebswirtschaftslehre, S. 852.

cc) Gewinn- und Verlustrechnung

106 Die Gewinn- und Verlustrechnung sollte nach betriebswirtschaftlichen Gesichtspunkten aufbereitet werden. § 275 HGB sieht für die Gewinn- und Verlustrechnung zwei Formen für die Aufstellung vor: Das Gesamtkostenverfahren und das Umsatzkostenverfahren. Beide Formen liefern jedoch unter betriebswirtschaftlichen Gesichtspunkten keine überzeugenden Aufstellungen.

107 Es ist daher zu empfehlen, z. B. die Gewinn- und Verlustrechnung nach dem Gesamtkostenverfahren wie folgt umzugliedern (die Umgliederungen von Aufwands- und Ertragsposten sind durch Kursivdruck hervorgehoben):[276]

Umgliederung GuV Gesamtkostenverfahren

	Umsatzerlöse	10.000,00 €			
+/-	Bestandsveränderungen	500,00 €			
+	aktivierte Eigenleistung	0,00 €			
=	Gesamtleistung	10.500,00 €			
-	Materialaufwand	3.000,00 €			
=	Rohertrag	7.500,00 €			
-	Personalaufwand	2.500,00 €			
-	Abschreibeung AV	1.000,00 €			
-	*sonstige betr. Aufwendungen*	*1.400,00 €*			
-	*sonstige Steuern*	*200,00 €*			
=	**ordentliches Betriebsergebnis**		2.400,00 €		
+	Finanzerträge	100,00 €			
-	Finanzaufwendungen	600,00 €			
=	**Finanzergebnis**		-500,00 €		
	Ergebnis a. d. gewöhnl. Geschäftstätigkeit			1.900,00 €	
+	a.o. Eträge	0,00 €			
-	a.o. Aufwendungen	50,00 €			
+	*sonsitge betriebliche Erträge*	*300,00 €*			
-	*Abschreibungen UV*	*0,00 €*			
=	**a.o. Ergebnis**			250,00 €	
=	**Gesamtergebnis vor Steuern**				2.150,00 €
-	Steuern v. Einkommen und Ertrag	150,00 €			
=	**Jahresüberschuss (+)/Fehlbetrag (-)**				**2.000,00 €**

276 Umgliederung aus: Wöhe, Einführung in die Allgemeine Betriebswirtschaftslehre, S. 854.

c) Kennzahlen zur Liquiditätsanalyse

Mithilfe der Liquiditätsanalyse kann untersucht werden, inwieweit das Liquiditätspotenzial ausreicht, um den gegebenen Zahlungsverpflichtungen nachzukommen.[277] 108

aa) Statische bzw. bestandsorientierte Betrachtungsweise der Liquidität

Die statische Betrachtungsweise der Liquidität entspricht der bestandsorientierten Denkweise und ist vermögensorientiert. 109

Die Bilanz ist eine Gegenüberstellung von Vermögen und Schulden. Sie zeigt auf, wo die Mittel herkommen, z. B. aus eigenen Quellen oder von Fremden (s. Passiva). Diese Mittel fließen in das Vermögen (s. Aktiva). Die Bilanz ist ein Spiegelbild der Finanzstruktur in einem Unternehmen. 110

AKTIVA	PASSIVA
Mittelverwendung	*Mittelherkunft*
Anlagevermögen – z. B. Sachanlagen – Finanzanlagen – Beteiligungen	**Eigenkapital** – z. B. Gezeichnetes Kapital – Kapitalrücklagen – Jahresüberschuss bzw. -fehlbetrag
Umlaufvermögen – z. B. Vorräte – Forderungen – Flüssige Mittel	**Fremdkapital** – z. B. Rückstellungen – Verbindlichkeiten – Darlehen

Ziel der Liquiditätsanalyse soll es sein, Informationen über die Beziehungen zwischen Mittelherkunft und Mittelverwendung bereitzustellen. Die Analyse unterstellt den Posten eines Jahresabschlusses, dass 111
- die Aktivbestände eine Bindung von finanziellen Mitteln und
- die Passivbestände eine befristete Überlassung von finanziellen Mitteln sind.

Weiter versucht die Liquiditätsanalyse, auf den zeitlichen Anfall von künftigen Einnahmen und Ausgaben zu schließen:[278] 112
- AKTIVA:
  Sie bildet die künftigen Einnahmen ab. Je langfristiger das Vermögen gebunden ist, desto später ergibt sich eine entsprechende Einnahme. Dem Anlagevermögen ist immanent, dass es dem Unternehmen langfristig zur Verfügung steht. Dem Umlaufvermögen dagegen, dass es dem Unternehmen kurzfristig zur Verfügung steht.
- PASSIVA:
  Sie bildet die künftigen Ausgaben ab. Je langfristiger das Kapital zur Verfügung gestellt wird, desto später ergibt sich eine Ausgabe.

277 Wöhe, Einführung in die Allgemeine Betriebswirtschaftslehre, S. 858.
278 Eberle, Steuer und Studium, 2004, S. 168.

(1) Lang- und mittelfristige Kennzahlen

113 Dem Grundsatz der Fristenkongruenz folgend, bleibt die Liquidität gewahrt, wenn der Kapitalüberlassungszeitraum mindestens so lang ist, wie die Kapitalbindungsdauer. Dem liegt die Überlegung zugrunde, dass Anlagevermögen dem Unternehmen langfristig zur Verfügung steht und folglich durch langfristig zur Verfügung stehendes Kapital finanziert werden kann und umgekehrt.[279] Die Rückzahlung von Kapital sollte erst nach der Kapitalbindungsdauer erfolgen. Bei den Deckungsgraden wird eine Aussage über die Stabilität der langfristigen Finanzierung und Kapitalverwendung angestrebt.

$$\text{Deckungsgrad A in \%} = \frac{\text{Eigenkapital}}{\text{Anlagevermögen}} \times 100$$

114 Theoretisch müsste nach dem Grundsatz der Fristenkongruenz das Anlagevermögen mit Eigenkapital finanziert sein, also zu 100 %. In der Praxis kann dies ein Unternehmen kaum realisieren. Aus diesem Grunde wird von der starren Regelung abgewichen. Zudem werden Branchenunterschiede mitberücksichtigt. Für ein Chemieindustrieunternehmen kann bspw. ein Deckungsgrad von 80 % und für ein Softwareunternehmen von 250 % als üblich bezeichnet werden.[280]

$$\text{Deckungsgrad B in \%} = \frac{\text{Eigenkapital + langfristiges Fremdkapital}}{\text{Anlagevermögen}} \times 100$$

Von dem Deckungsgrad B ist regelmäßig ein Wert von mindestens 100 % zu fordern.

115 Diese Regelungen führen zur Stabilisierung der Finanzlage. Eine Illiquidität können sie letztlich aber auch nicht verhindern. Die Kennzahlen werden häufig als »goldene Bilanzregel« oder »goldene Bankregel« bezeichnet. Die Kreditwirtschaft legt auf diese Regelungen größtes Augenmerk. Unternehmen versuchen deshalb von vorne herein, diese Regelungen zu erfüllen. Kann ein Unternehmen dies nicht entsteht der Verdacht, bei dem Unternehmen sei eine finanzielle Anspannung vorhanden.[281]

▶ Beispiel: Lang- und mittelfristige Kennzahlen

Analysezeitraum	Jahr 3	Jahr 2	Jahr 1
Währung	Euro	Euro	Euro
Analyseart	Absolutwert	Absolutwert	Absolutwert
Eigenkapital × 100	- 373.992,00	58.143,00	156.630,00
Anlagevermögen	465.153,00	533.046,00	605.413,00

279 Gräfer, in: BBK Nr. 1 v. 05.01.2001, Fach 19, S. 485.

280 Coenenberg/Haller/Schultze, Jahresabschluss und Jahresabschlussanalyse, S. 1081 f.

281 Gräfer, in: BBK Nr. 1 v. 05.01.2001, Fach 19, S. 485.

Deckungsgrad A in %	0,00	10,91	25,87
Eigenkapital			
+ Langfr. Fremdkapital			
× 100	- 203.992,00	58.143,00	156.630,00
Anlagevermögen	465.153,00	533.046,00	605.413,00
Deckungsgrad B in %	0,00	10,91	25,87

Aussage:

Beim Deckungsgrad B wird mindestens ein Wert von 100 % gefordert. Die XY GmbH hat im Jahr 2 eine Anlagendeckung von 10,91 % und im Jahr 3 von 0 %. Soll die Liquidität erhalten bleiben, so muss der Kapitalüberlassungszeitraum mindestens der Kapitalbindungsdauer entsprechen. Das Anlagevermögen hat den Charakter, langfristig dem Unternehmen zu dienen. Im vorliegenden Fall wurde es nicht langfristig finanziert. Der Grundsatz der Fristenkongruenz wurde nicht eingehalten. Bei dem Unternehmen liegt auf den ersten Blick eine angespannte Liquiditätslage vor.

Nähere Informationen im Musterfall Rdn. 163.

(2) Kurzfristige Kennzahlen

Um über die kurzfristige Situation im Unternehmen eine Aussage treffen zu können, werden die Verhältniszahlen aus den Positionen des Umlaufvermögens und den kurzfristigen Verbindlichkeiten näher betrachtet. Die Entwicklung dieser kurzfristigen Kennzahlen lässt im Zeitvergleich nur die Tendenz der Liquiditätsveränderung im Unternehmen erkennen. **116**

Die Liquiditätsgrade sind hierbei wohl die bekanntesten Kennzahlen. In der Praxis wird der Liquidität 2. Grades besondere Beachtung geschenkt. Auch hier gilt, dass die geforderten Quoten branchenabhängig sind. **117**

$$\text{Liquidität 1. Grades in \%} = \frac{\text{flüssige Mittel}}{\text{kurzfristiges Fremdkapital}} \times 100$$

Es wird mindestens eine Quote von 10 – 20 % gefordert.[282]

$$\text{Liquidität 2. Grades in \%} = \frac{\text{flüssige Mittel + Forderungen + sonstige VG bis ein Jahr}}{\text{kurzfristiges Fremdkapital}} \times 100$$

Die Liquidität 2. Grades sollte 100 % sein. Können die 100 % nicht erreicht werden, dann kann als absolute und kurzfristige Untergrenze 50 % angesehen werden.[283] Eine Einhaltung der Grenzen ist keine Garantie dafür, dass zu jedem Zeitpunkt die Zahlungsfähigkeit gewährleistet ist. Aus dem Jahresabschluss können laufende, unterjährige Zahlungsverpflichtungen nicht vollumfänglich entnommen werden. Hinzu kommt, dass die Errechnung der Kennzahlen auf einen bestimmten Zeitpunkt –dem Bilanzstichtag– erfolgt und keine Zeitraumbetrachtung ermöglicht. Zeitpunktbezogene Betrachtungen können durch bilanzpolitische Maßnahmen massiv beeinflusst werden (sog. window dressing).[284] Ebenso lassen sich die Kennzahlenwerte durch gezielte Sachverhaltsgestaltungen wesentlich beeinflussen.

$$\text{Liquidität 3. Grades in \%} = \frac{\text{flüssige Mittel + Forderungen + sonstige VG bis ein Jahr + Vorräte}}{\text{kurzfristiges Fremdkapital}} \times 100$$

Anzustreben ist hier eine Quote zwischen 100 und 200 %.

118 Generell gilt, je höher die Liquiditätsgrade, umso günstiger wird die Liquiditätslage beurteilt werden können.

119 Working Capital = Umlaufvermögen – kurzfristiges Fremdkapital

Grundgedanke ist, dass das Working Capital denjenigen Teil des Umlaufvermögens darstellt, der nicht zur Abdeckung des kurzfristigen Fremdkapitals gebunden ist und deshalb anderen Bereichen zur Verfügung steht.

Das Working Capital sollte immer positiv sein, denn ein negativer Wert bedeutet, dass der Grundsatz der Fristenkongruenz nicht eingehalten wurde.

120

$$\text{Working Capital Ratio} = \frac{\text{Umlaufvermögen}}{\text{kurzfristige Verbindlichkeiten}}$$

Das Working Capital Ratio hat eine ähnliche Aussagekraft wie die Liquidität 3. Grades. In der Praxis erlangte diese Kennzahl v. a. deshalb Bedeutung, weil sie schwieriger zu manipulieren ist. Window dressing (sog. Bilanzkosmetik) kann dadurch aufgedeckt werden.

282 Fischbach, Lexikon der Wirtschaftsformeln und Kennzahlen, S. 190.

283 Fischbach, Lexikon der Wirtschaftsformeln und Kennzahlen, S. 190.

284 Graumann, in: BBK Nr. 15 v. 05.08.2005, Fach 19, S. 549.

▶ Beispiel: Working Capital 121

Analysezeitraum	Jahr 3	Jahr 2	Jahr 1
Währung	Euro	Euro	Euro
Analyseart	Absolutwert	Absolutwert	Absolutwert
Flüssige Mittel + Forderungen und sonst. Vermögensgegenstände bis ein Jahr × 100	632.176,00	939.937,00	574.094,00
Kurzfristiges Fremdkapital	2.143.116,00	2.104.449,00	2.007.704,00
Liquidität 2. Grades in %	29,50	44,66	28,59
Umlaufvermögen × 100	1.799.437,00	2.062.509,00	1.558.921,00
Kurzfristiges Fremdkapital	2.143.116,00	2.104.449,00	2.007.704,00
Working Capital Ratio in %	83,96	98,01	77,65

Aussage:

Im Mehrjahresvergleich ist in beiden Kennzahlen eine klare Tendenz erkennbar. Das Unternehmen hat Liquiditätsschwierigkeiten. Die Liquidität 2. Grades ist in allen drei Jahren weit unter den geforderten 100 %. Selbst die absolute Untergrenze von 50 % wird durchgehend unterschritten. Ist das Working Capital Ratio 100 %, dann deckt das Umlaufvermögen die kurzfristigen Verbindlichkeiten. Nachdem die Kennzahlen die 100 % unterschreiten, bedeutet dies, dass ein Teil des Anlagevermögens kurzfristig finanziert worden ist.

Es besteht auf jeden Fall das Risiko, dass das Unternehmen in Liquiditätsengpässe kommen könnte.

Nähere Informationen im Musterfall Rdn. 163.

Weitere interessante Kennzahlen, die zur Überprüfung Zahlungsunfähigkeit/drohende Zahlungsunfähigkeit herangezogen werden können, sind: 122

$$\text{Debitorenziel in Tagen} = \frac{\text{Forderungen aus Lieferungen und Leistungen}}{\text{Umsatzerlöse (des Jahres)}} \times 365$$

$$\text{Kreditorenziel in Tagen} = \frac{\text{Verbindlichkeiten aus Lieferungen und Leistungen}}{\text{Wareneinsatz (des Jahres)}} \times 365$$

Es handelt sich bei diesen Formeln um Jahresformeln. Unterjährig können diese Kennzahlen aus der Summen- und Saldenliste errechnet werden. Aus diesen Kennzahlen ist die durchschnittliche Länge des gewährten Zahlungsziels ersichtlich.

123 ▶ **Beispiel: Überprüfung der (drohenden) Zahlungsunfähigkeit anhand des Debitoren-/Kreditorenziels**

Unterstellt, das Unternehmen hat folgende Zahlungskonditionen:
- Kunden: Zahlung innerhalb von zehn Tagen mit 2 % Skonto und Zahlung innerhalb von 30 Tagen netto.
- Lieferanten: Zahlung innerhalb von zehn Tagen mit 2 % Skonto und Zahlung innerhalb von 30 Tagen netto.

Bei der Überprüfung der Konditionen ergibt sich Folgendes:

Analysezeitraum	Jahr 3	Jahr 2	Jahr1
Währung	Euro	Euro	Euro
Analyseart	Absolutwert	Absolutwert	Absolutwert
Forderungen aus Lieferungen u. Leistungen	616.350,00	738.047,00	466.276,00
× Anzahl Tage	365	365	365
Umsatz	4.262.511	12.435.971	7.181.828
Zielgewährung an Kunden (in Tagen)	52,78	21,66	23,70
Verbindlichkeiten und Wechsel aus Lieferungen u. Leistungen	749.030,00	688.145,00	1.209.786,00
× Anzahl Tage	365	365	365

Materialaufwand	1.146.458,00	4.443.047,00	2.831.022,00
Zielgewährung von Lieferanten (in Tagen)	238,47	56,53	155,98

Aussage:

- Die Kunden müssen innerhalb von 30 Tagen die offenen Rechnungen beglichen haben und dürfen bei Zahlungen innerhalb von zehn Tagen 2 % Skonto abziehen. In den Jahren 1 und 2 haben die Kunden eine gute Zahlungsmoral gezeigt und im Schnitt innerhalb von 22 Tagen die Forderungen beglichen. Im Jahr 3 hat sich das Verhalten geändert. Die Kunden begleichen die Rechnungen nur noch innerhalb von 52 Tagen. Die Gewährung von Zahlungszielen muss zwischenfinanziert werden und schränkt die eigene Liquidität ein.
- Die Zahlungen an die Lieferanten wurden seit den letzten drei Jahren hinausgezögert. Von der Inanspruchnahme von Skontimöglichkeiten wurde dadurch kein Gebrauch gemacht. Im Jahr 3 müssen die Lieferanten im Schnitt rund 238 Tage warten bis die Rechnungen beglichen werden.
- Die lange Zielgewährung bei den Lieferanten ist ein zusätzliches Indiz dafür, dass das Unternehmen Liquiditätsschwierigkeiten hat. Dem Unternehmen ist es nicht möglich, die Verbindlichkeiten aus Lieferungen und Leistungen innerhalb der vereinbarten Zahlungsfristen zu begleichen.

Nähere Informationen im Musterfall Rdn. 163.

(3) Schwächen der bestandsorientierten Liquiditätsanalyse

Die bestandsorientierte Liquiditätsanalyse hat einige Schwächen. Dennoch hat sie eine 124
Aussagekraft und findet dadurch in der Praxis regelmäßig Anwendung. Die Schwächen der bestandsorientierten Liquiditätsanalyse sollten bekannt sein, damit sie bei der Beurteilung des Unternehmens berücksichtigt werden können:[285]

- Kapitalbeschaffungsmöglichkeiten bleiben unberücksichtigt;
- Keine Aussagen über die künftige Liquiditätssituation möglich;
- Branchenbesonderheiten werden nicht berücksichtigt;
- Momentaufnahmen der Finanzmittel und Verbindlichkeiten zum Stichtag.
- Trotz Fristenkongruenz kann es zu Liquiditätsproblemen kommen. Liquidität muss jeden Tag gewährleistet sein. Bestandsgrößen liefern nur Anhaltspunkte über Gefahren und Entwicklungen;
- Vergangenheitsbezogen, weil die Grundlage für die Analyse Buchhaltungs- bzw. Jahresabschlussdaten sind;
- Zuordnung von Anlagevermögen und Umlaufvermögen liefert nur grobe Hinweise auf Zahlungsstrukturen;

285 Küting/Weber, Die Bilanzanalyse, S. 119.

125 Aufgrund der immanenten Schwächen sollte die bestandsorientierte Liquiditätsanalyse ergänzt werden.

bb) Dynamische Betrachtungsweise der Liquidität (Einbeziehung von Stromgröße)

(1) Vorteile der dynamischen Betrachtungsweise

126 Die stromgrößenorientierte Liquiditätsanalyse umgeht die Schwächen der bestandsorientierten Analyse.

Ihre *Vorteile* sind:
- Informationen aus der Gewinn- und Verlustrechnung werden mitverarbeitet;
- Informationen über die Stabilität (Innenfinanzierungskraft) des Unternehmens werden gewonnen.
- Informationen über die Schuldendeckungsfähigkeit (Verschuldungsfähigkeit) des Unternehmens werden gewonnen.
- Gibt Auskünfte über Mittelverwendung und Mittelherkunft;
- Keine Momentaufnahmen der Finanzmittel und Verbindlichkeiten zum Stichtag.
- Ziel: Prognose der künftigen Zahlungsströme (werden über die Informationen der vergangenen Zahlungsströme gewonnen).

(2) Kennzahlen zur dynamischen Betrachtungsweise der Liquidität

127 Betrachtet man die Gewinn- und Verlustrechnung näher, lassen sich hieraus zahlreiche Informationen über die kurzfristige Liquiditätssituation eines Unternehmens gewinnen:
- So lassen sich mithilfe der Kennzahl »defensive interval ratio« die Anzahl der Tage bestimmen, in denen die operativen Aufwendungen durch die kurzfristige Liquidität gedeckt sind (Vermögenswerte der Liquidität 2. Grades). Je länger dieser Zeitraum ist, umso besser ist dies für ein Unternehmen.[286]

Liquiditätskreislauf

$$\text{defensive interval ratio} = \frac{\text{flüssige Mittel} + \text{Forderungen} + \text{sonstige VG bis ein Jahr}}{\text{Herstellungskosten des Umsatzes} + \text{Verwaltungs-} + \text{Forschungs-} + \text{Entwicklungskosten}}$$

- Die durchschnittliche Zeitdauer, in der die Liquidität im operativen Geschäftszyklus eines Unternehmens gebunden ist, lässt sich mithilfe des Liquiditätskreislaufs (bzw. cash conversion cycle) bestimmen:[287]

$$\text{Liquiditätskreislauf in Tagen} = \text{Umschlagsdauer des Vorratsvermögens} + \text{Kundenziel} - \text{Lieferantenziel}$$

286 Coenenberg/Haller/Schultze, Jahresabschluss und Jahresabschlussanalyse, S. 1085.

287 Coenenberg/Haller/Schultze, Jahresabschluss und Jahresabschlussanalyse, S. 1085 f.

$$\text{Umschlagsdauer des Vorratsvermögens in Tagen} = \frac{\text{durchschnittlicher Vorratsbestand}}{\text{Umsatzerlöse (des Jahres)}} \times 365$$

$$\text{Debitorenziel in Tagen} = \frac{\text{Forderungen aus Lieferungen und Leistungen}}{\text{Umsatzerlöse (des Jahres)}} \times 365$$

$$\text{Kreditorenziel in Tagen} = \frac{\text{Verbindlichkeiten aus Lieferungen und Leistungen}}{\text{Wareneinsatz (des Jahres)}} \times 365$$

► Beispiel: 128

- Die Umschlagsdauer des Vorratsvermögens = 10 Tage
- Debitorenziel = 15 Tage
- Kreditorenziel = 35 Tage

Welche Aussage kann hier über den Liquiditätskreislauf des Unternehmens getroffen werden?

Lösung:

Der Liquiditätskreislauf in Tagen errechnet sich wie folgt:

Liquiditätskreislauf in Tagen = 10 + 15 – 35 = ./. 10

Ein negativer Liquiditätskreislauf ist sehr positiv zu beurteilen. Je kürzer die Laufzeit dieses Kreislaufes ist, umso effizienter arbeitet das Unternehmen. So können bspw. die Zahlungseingänge aus einer Lieferung, vor der Bezahlung der dafür notwendigen Lieferung eines Subunternehmers generiert werden. Dies stellt einen Liquiditätsvorteil für das Unternehmen dar.

Die Gründe für diese Entwicklung sind:
- striktes Forderungsmanagement,
- ein sehr gut organisiertes Lager (keine lange und kostenintensive Lagerhaltung),
- Just-in-time Lieferungen,
- Verhandlungsmacht gegenüber Lieferanten.

(3) Die Cashflow-Analyse

(a) Allgemeines zum Cashflow

Der Cashflow hat keine allgemeingültige Definition. Dennoch hat er sich im Laufe 129
der Jahre zu einer nationalen und internationalen Größe durchgesetzt, auf die in der Praxis nicht mehr verzichtet werden kann. Aufgrund der uneinheitlichen Definition hat er jedoch unterschiedliche Ermittlungsziele.

130 Der Cashflow ist rein zahlungsorientiert. Er zeigt den Überschuss der laufenden betrieblichen Einzahlungen über die laufenden betrieblichen Auszahlungen.[288] Im Gegensatz zum Jahresüberschuss aus der Gewinn- und Verlustrechnung werden bei der Cashflow-Berechnung nichtzahlungswirksame Buchungen eliminiert.

131 Der Cashflow kann in Kurzformeln wie folgt bezeichnet werden:[289]

- Liquiditätswirksamer Jahresüberschuss,
- Zahlungsüberschuss aus dem laufenden Betriebsprozess,
- Teil des Umsatzüberschusses, der nicht in der gleichen Periode zu Einnahmen oder Ausgaben geführt hat,
- Kapitalrückfluss aus dem Unternehmensprozess,
- Finanzmittelzufluss,
- Betrachtung der Zahlungsströme.

132 Der Cashflow dient folgenden Analysen:

- Innenfinanzierungskraft des Unternehmens,
- Zahlungskraft des Unternehmens,
- Insolvenzprognose,
- Schuldendeckungsfähigkeit des Unternehmens,
- Investitionsfähigkeit aus eigener Kraft,
- Ergebnisanalyse,
- Grundlage für Unternehmensbewertungen.

(b) Berechnung des Cashflows

133 In der Literatur gibt es viele verschiedene Cashflow-Definitionen und folglich auch Berechnungen. Im Weiteren erfolgt die Ermittlung deshalb an den einfachen und weitverbreiteten Berechnungsmethoden. Für die Berechnung des Cashflows gibt es grds. zwei Methoden:

(aa) Direkte Methode

134 Bei der direkten Methode werden die Einzahlungen den Ausgaben gegenübergestellt. Diese Daten sind dem Jahresabschluss nicht direkt zu entnehmen. Für einen externen Dritten ist diese Art der Ermittlung deshalb nur mit großem Aufwand und Ungenauigkeiten zu verwirklichen.

135 einzahlungswirksame Erträge

./. auszahlungswirksame Aufwendungen

= Cashflow

288 Gräfer, in: BBK Nr. 1 v. 05.01.2001, Fach 19, S. 487.

289 Küting/Weber, Die Bilanzanalyse, S. 157 m. w. N.

(bb) Indirekte Methode

Bei der indirekten Methode ist Grundlage das Ergebnis der Gewinn- und Verlustrechnung. Hierbei werden alle nicht zahlungswirksamen Positionen korrigiert. 136

Die Ermittlungsschemata weichen in Literatur, Geschäftsberichten und Medien voneinander ab. Um hier zu einer Vereinheitlichung zu gelangen, haben die Deutsche Vereinigung für Aktienanalyse und Assetmanagement (DVFA) und die Schmalenbach-Gesellschaft (SG) Empfehlungen für eine indirekte Cashflow-Ermittlung erarbeitet. Diese Empfehlung hat in der Praxis weitgehende Akzeptanz gefunden.[290] 137

Jahresüberschuss nach Steuern 138

+ Abschreibungen auf das Anlagevermögen

- Zuschreibungen

+ Erhöhung von Pensions- und anderen lfr. Rückstellungen

- Verminderung von Pensions- und anderen lfr. Rückstellungen

+ Erhöhung von Sonderposten mit Rücklageanteil

- Verminderung von Sonderposten mit Rücklageanteil

+ Sonstige nicht zahlungswirksame Aufwendungen von wesentlicher Bedeutung

- Sonstige nicht zahlungswirksame Erträge von wesentlicher Bedeutung

= Jahres-Cashflow

+ Zahlungswirksame außerordentliche Aufwendungen von wesentlicher Bedeutung

- Zahlungswirksame außerordentliche Erträge von wesentlicher Bedeutung

= Cashflow nach DVFA/SG

Aufgrund der einfacheren Berechnung ist die indirekte Methode in der Praxis die weitaus verbreitetere Methode. Mit der indirekten Methode können deshalb auch Dritte, denen nur der Jahresabschluss zur Verfügung steht, den Cashflow ermitteln. 139

▶ Beispiel: Berechnung des Cashflows 140

Analysezeitraum	Jahr 3	Jahr 2	Jahr 1
Währung	Euro	Euro	Euro
Analyseart	Absolutwert	Absolutwert	Absolutwert
Jahresüberschuss nach Steuern	- 100.000,00	- 50.000,00	- 50.000,00
+ Abschreibungen auf das Anlagevermögen	70.000,00	70.000,00	70.000,00
- Zuschreibungen	0,00	0,00	0,00

290 Gräfer, in: BBK Nr. 1 v. 05.01.2001, Fach 19, S. 488.

+ Erhöhung von Pensions- und anderen lfr. Rückstellungen	10.000,00	10.000,00	10.000,00
- Verminderung von Pensions- und anderen lfr. Rückstellungen	5.000,00	20.000,00	10.000,00
+ Erhöhung von Sonderposten mit Rücklageanteil	10.000,00	0,00	0,00
- Verminderung von Sonderposten mit Rücklageanteil	0,00	0,00	0,00
+ Sonstige nicht zahlungswirksame Aufwendungen von wesentl. Bedeutung	20.000,00	5.000,00	10.000,00
- Sonstige nicht zahlungswirksame Erträge von wesentl. Bedeutung	0,00	2.000,00	1.000,00
Jahres-Cashflow	5.000,00	13.000,00	29.000,00
+ Zahlungswirksame außerord. Aufwendungen von wesentl. Bedeutung	5.000,00	5.000,00	5.000,00
- Zahlungswirksame außerord. Erträge von wesentl. Bedeutung	0,00	0,00	0,00
Cashflow nach DVFA/SG	10.000,00	18.000,00	34.000,00

Aussage:

Das Unternehmen hat in den letzten drei Jahren Verluste erwirtschaftet. Dennoch kann ein positiver Cashflow festgestellt werden. Ein positiver Cashflow führt zu einer stabilen Finanzlage des Unternehmens.

(c) Kennzahlen und Cashflow

141 Die Kombination von Cashflow und Kennzahlen hilft in der Praxis bei der Insolvenzprognose weiter.

142 Mithilfe des dynamischen Verschuldungsrades können Aussagen über die Verschuldensfähigkeit eines Unternehmens getroffen werden, da letztlich Verbindlichkeiten nur aus den noch freien Mitteln getilgt werden können.

$$\text{Dynamischer Verschuldungsgrad}^{a)} = \frac{\text{Effektivverschuldung}}{\text{Cashflow}}$$

Effektivverschuldung[b)] =		Verbindlichkeiten
	+	Steuerrückstellungen
	+	Sonstige Rückstellungen (ggf. abzgl. Aufwandsrückstellung)
	+	Dividendenzahlungen
	+	Passive Rechnungsabgrenzungsposten
	+	Erhaltene Anzahlungen auf Bestellungen
	+	Fremdkapitalanteil des Sonderposten mit Rücklagenanteil
	-	Forderungen bis ein Jahr
	-	Sonstige Forderungen bis ein Jahr
	-	Flüssige Mittel

a) Schierenbeck, Grundzüge der Betriebswirtschaftslehre, S. 619.

b) Coenenberg, Jahresabschluss und Jahresabschlussanalyse, S. 1077.

Der dynamische Verschuldungsgrad gibt die Anzahl der Jahre an, in denen eine vollständige Tilgung der Schulden (Fremdkapital) aus den erwirtschafteten Zahlungsmitteln möglich wäre. Zu beachten ist allerdings, dass diese Kennzahl unterstellt, der Umfang der Verschuldung werde abgebaut. Im Allgemeinen ist es häufig jedoch so, dass die Summe der aufgenommenen Schulden gleich bleibt oder mit der Ausweitung der Unternehmenstätigkeit mitwächst.[291] In der Literatur gilt – theoretisch allerdings unbegründet – eine Schuldentilgungsdauer von unter 3,5 Jahren als angemessen.[292] 143

▶ **Faustregel:**

bis 3,5 Jahre =	gut
bis 5 Jahre =	befriedigend
bis 8 Jahre =	ausreichend
über 8 Jahre =	unbefriedigend

Der Verschuldungsgrad eignet sich als Frühindikator. Ein kontinuierlich steigender Wert kann auf eine Gefährdung der Finanzlage des Unternehmens hindeuten. 144

Im Umkehrschluss kann auch der sog. Entschuldungsgrad (oder die Schuldentilgungsfähigkeit) berechnet werden. 145

$$\text{Entschuldungsgrad} = \frac{\text{Cashflow}}{\text{Effektivverschuldung}}$$

291 Coenenberg/Haller/Schultze, Jahresabschluss und Jahresabschlussanalyse, S. 1092.
292 Gräfer, in: BBK Nr. 1 v. 05.01.2001, Fach 19, S. 489.

In der Praxis wird bei einer Insolvenzprognose gerne auf den Entschuldungsgrad zurückgegriffen. Die guten Testergebnisse zur Insolvenzprognose beruhen darauf, dass in Krisensituationen die Effektivverschuldung aufgrund der schlechten Absatzlage steigt und gleichzeitig der Cashflow aufgrund des geringen Jahresüberschusses sinkt.[293]

146 Die Cashflow-Marge (oder Cashflow-Umsatzrate) sagt aus, wie viel Prozent der Umsatzerlöse dem Unternehmen zur Investitionsfinanzierung, Schuldentilgung und Dividendenzahlung frei zur Verfügung stehen. Sie ist Maßstab für die Ertrags- und Selbstfinanzierungskraft des Unternehmens.[294] Laut einer Studie der deutschen Bundesbank hatten in 71 % der Insolvenzfälle die Unternehmen eine Cashflow-Marge, die unter 2 % lag.[295]

$$\text{Cashflow-Marge} = \frac{\text{Cashflow}}{\text{Umsatz}} \times 100$$

147 Eine weitere Kennzahl, die zur Insolvenzprognose herangezogen wird, ist die sog. Cash-Burn-Rate. Die Cash-Burn-Rate bezeichnet die Geschwindigkeit, mit der sich die finanziellen Mittel eines Unternehmens verringern. In der Anfangsphase hat ein Start-Up Unternehmen eine Menge laufender fixer und variabler Kosten (z. B. Marketingausgaben, Personalkosten, Kosten für die Geschäftsausstattung, etc.), obwohl Umsatz und Gewinn praktisch noch nicht vorhanden sind. Anhand der Cash-Burn-Rate lässt sich errechnen, wann dem Unternehmen das Geld ausgehen wird, wenn es in gleicher Art und Weise wie bisher das Geld »verbrennt«. Eine hohe Cash-Burn-Rate zeigt eine hohe Liquiditätsfähigkeit an, eine niedrige weist auf künftige Liquiditätsschwierigkeiten hin.[296]

$$\text{Cash-Burn-Rate} = \frac{\text{Liquide Mittel (+ liquiditätsnahe Titel)}}{\text{negativer Cashflow}}$$

148 Mithilfe von Cashflow-Kennzahlen können noch weitere Bereiche, wie z. B. die Investitionskraft eines Unternehmens, analysiert werden. Aufgrund der Vielzahl der Cashflow-Kennzahlen wird an dieser Stelle jedoch nicht näher auf diese Bereiche eingegangen.

149 ▶ **Beispiel: Berechnung der Cashflow-Rate**

Analysezeitraum	Jahr 2	Jahr 1
Währung	Euro	Euro
Analyseart	Absolutwert	Absolutwert

293 Küting/Weber, Die Bilanzanalyse, S. 168.
294 Fischbach, Lexikon der Wirtschaftsformeln und Kennzahlen, S. 173.
295 Leidig, in: BBK Nr. 17 v. 05.09.2003, Fach 29, S. 816.
296 Schneck, Lexikon der Betriebswirtschaft, S. 177; Küting/Weber, Die Bilanzanalyse, S. 169.

Verbindlichkeiten	2.282.137,00	2.278.447,00
+ Steuerrückstellungen	0,00	0,00
+ Sonstige Rückstellungen (ggf. abzgl. Aufwandsrückstellung)	116.000,00	12.520,00
+ Dividendenzahlungen	0,00	0,00
+ Passive Rechnungsabgrenzungsposten	0,00	0,00
+ Erhaltene Anzahlungen auf Bestellungen	0,00	0,00
+ Fremdkapitalanteil des Sonderposten mit Rücklageanteil	0,00	0,00
- Forderungen bis ein Jahr	616.350,00	738.047,00
- Sonstige Forderungen bis ein Jahr	15.642,00	175.960,00
- Flüssige Mittel	184,00	491,00
Effektivverschuldung	1.765.961,00	1.376.469,00
Effektivverschuldung	1.765.961,00	1.376.469,00
Cashflow	- 213.063,00	- 634.782,00
Dynamischer Verschuldungsgrad	- 8,29	- 2,17
Cashflow	- 213.063,00	- 634.782,00
× 100		
Umsatz	4.262.511,00	12.435.971,00
Cashflow-Marge in %	- 5,00	- 5,10
Liquide Mittel (+ liquiditätsnahe Titel)	184,00	491,00
negativer Cashflow	- 213.063,00	- 634.782,00
Cash-Burn Rate	0,00	0,00

Aussage:

Der dynamische Verschuldungsgrad ist hier negativ. Wird unterstellt, dass sich das Unternehmen in gleicher Weise weiter entwickelt, dann ist eine Schuldentilgung nicht möglich. In den Jahren 1und 2 wurde kein positiver Cashflow erwirtschaftet. Aufgrund des negativen Cashflows konnte keine positive Cashflow Marge erwirtschaftet werden. Die Cash-Burn-Rate ist in beiden Jahren Null. Nach der Definition der Kennzahl ist dem Unternehmen das Geld ausgegangen. Alle drei Kennzahlen können als eindeutige Indizien dafür verwendet werden, dass das Unternehmen in einem Liquiditätsengpass steckt.

Nähere Informationen im Musterfall Rdn. 163.

(d) Schwächen der Cashflow-Berechnung

150 Der Cashflow als Indikator für die Ertragskraft eines Unternehmens lässt nur grobe Aussagen zu, Grund hierfür ist dass er z. B. in seiner vereinfachten Form Wertkorrekturen des Umlaufvermögens außer Betracht lässt oder die Zusammensetzung der außerordentlichen Posten nicht näher betrachtet.

Ein weiterer Nachteil ist, dass Außenfinanzierungsvorgänge bei der Cashflow-Berechnung nicht erfasst werden.

Mithilfe der einfachen Berechnung des Cashflows können keine Aussagen über
- die laufende Geschäftstätigkeit,
- die Investitionstätigkeit,
- die Finanzierungstätigkeit

getroffen werden. Um einen besseren und auch vollständigen Einblick über die Ein- und Auszahlungen des Unternehmens zu erhalten, sollte die Kapitalflussrechnung deshalb in die Analyse miteinbezogen werden.[297]

(4) Analyse mithilfe der Kapitalflussrechnung

(a) Allgemeines

151 Ausgangspunkt für die Entwicklung der Kapitalflussrechnung war, zusätzliche Informationen über die Finanzlage eines Unternehmens zu gewinnen. Die Daten aus dem Jahresabschluss waren hierfür nicht ausreichend. Eine Kapitalflussrechnung soll alle zahlungswirksamen Vorgänge in einer Periode aufzeigen.[298]

152 Gem. § 297 Abs. 1 Satz 2 HGB müssen Mutterunternehmen i. d. R. den Konzernabschluss u. a. um eine Kapitalflussrechnung erweitern.

In diesen Fällen kann die Kapitalflussrechnung direkt aus dem Jahresabschluss entnommen werden. Es gibt in der Praxis Unternehmen, die eine Kapitalflussrechnung

297 Coenenberg/Haller/Schultze, Jahresabschluss und Jahresabschlussanalyse, S. 1093.
298 Küting/Weber, Die Bilanzanalyse, S. 175 f.

freiwillig in den Jahresabschluss mit aufnehmen. Für die Erstellung einer Kapitalflussrechnung gibt es internationale Standards wie z. B. DRS 2, IAS 7, FAS 95.[299]

Es gibt verschiedene Begriffsdefinitionen und unterschiedliche Formen von Kapitalflussrechnungen. Eines haben sie jedoch alle gemeinsam: Es handelt sich um eine Zeitraumrechnung, die aufgrund von Bestandsveränderungen, der Bilanz oder mithilfe von einzelnen Kontenumsätzen, bestimmte Mittelbewegungen während einer Periode darstellen und erklären.[300] 153

Der Aufbau der Kapitalflussrechnung ist abhängig vom jeweiligen Aufstellungszweck, sowie der Verfügbarkeit der Daten. Die verschiedenen Möglichkeiten sind im folgenden Schaubild dargestellt:[301] 154

Möglichkeiten zum Aufbau der Kapitalflussrechnung

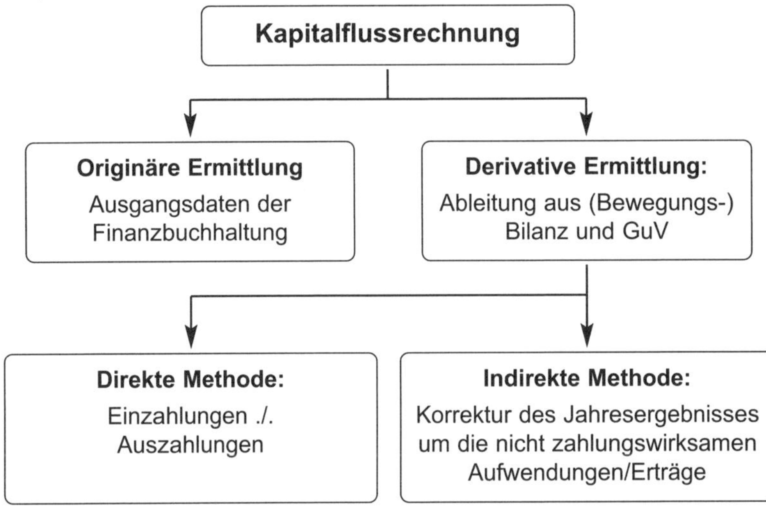

(b) Aufbau einer Kapitalflussrechnung

Bei der Erstellung einer Kapitalflussrechnung müssen i. d. R. alle Ein- und Auszahlungen innerhalb der Periode den folgenden drei Bereichen zugeordnet werden: 155
- Cashflow aus der laufenden Geschäftstätigkeit/operativen Tätigkeit,
- Cashflow aus der Investitionstätigkeit,
- Cashflow aus der Finanzierungstätigkeit.

299 Coenenberg/Haller/Schultze, Jahresabschluss und Jahresabschlussanalyse, S. 811f.
300 Küting/Weber, Die Bilanzanalyse, S. 178.
301 Küting/Weber, Die Bilanzanalyse, S. 178.

156 Die Summe der Zahlungsströme aus diesen drei Bereichen ergibt die Veränderung des sog. Finanzmittelfonds (Veränderung der liquiden Mittel).[302] Die Veränderungen aufgrund von Währungsumrechnungen oder aufgrund von Veränderungen des Konsolidierungskreises werden ausnahmsweise nicht in den drei oberen Bereichen erfasst.[303]

157 ▶ **Beispiel: Kapitalflussrechnung nach DRS 2**

Analysezeitraum		Jahr 3	Jahr 3
Währung		Euro	Euro
Vergleichszeitraum		Jahr 2	Jahr 1
Währung		Euro	Euro
	Einzahlungen von Kunden für den Verkauf von Erzeugnissen, Waren und Dienstleistungen	3.126.633,00	12.998.661,00
-	Auszahlungen an Lieferanten und Beschäftigte	3.978.898,00	13.215.745,00
+	Sonstige Einzahlungen, nicht der Investitions- und Finanzierungstätigkeit zuzuordnen	616.004,00	204.216,00
-	Sonstige Auszahlungen, nicht der Investitions- und Finanzierungstätigkeit zuzuordnen	69.056,00	876.016,00
+/-	Ein- und Auszahlungen aus außerordentlichen Posten	0,00	0,00
=	Cashflow aus laufender Geschäftstätigkeit	- 305.317,00	- 888.884,00
	Einzahlungen aus Abgängen von Gegenständen des Sachanlagevermögens	31.300,00	300,00
-	Auszahlungen für Investitionen in das Sachanlagevermögen	10.155,00	39.827,00

302 Theile, in: BBK Nr. 3 v. 03.02.2006, Fach 30, S. 1797.
303 Küting/Reuter, in: BBK Nr. 7 v. 02.04.2004, Fach 19, S. 503.

+	Einzahlungen aus Abgängen von Gegenständen des immateriellen Anlagevermögens	6.048,00	0,00
-	Auszahlungen für Investitionen in das immaterielle Anlagevermögen	0,00	19.335,00
+	Einzahlungen aus Abgängen von Gegenständen des Finanzanlagevermögens	0,00	0,00
-	Auszahlungen für Investitionen in das Finanzanlagevermögen	0,00	0,00
+	Einzahlungen aufgrund von Finanzmittelanlagen im Rahmen der kurzfr. Finanzdisposition	0,00	0,00
-	Auszahlungen aufgrund von Finanzmittelanlagen im Rahmen der kurzfr. Finanzdisposition	0,00	0,00
=	Cashflow aus der Investitionstätigkeit	27.193,00	- 58.862,00
	Einzahlungen aus Eigenkapitalzuführungen	0,00	0,00
-	Auszahlungen an Unternehmenseigner und Minderheitsgesellschafter	0,00	119.999,00
+	Einzahlungen aus der Begebung von Anleihen und der Aufnahme von (Finanz-) Krediten	170.000,00	432.963,00
-	Auszahlungen aus der Tilgung von Anleihen und (Finanz-) Krediten	107.497,00	0,00
=	Cashflow aus der Finanzierungstätigkeit	62.503,00	312.964,00
	Zahlungswirksame Veränderungen des Finanzmittelfonds	- 213.063,00	- 634.782,00

+/-	Wechselkurs-, konsolidierungskreis- und bewertungsbedingte Änderungen Finanzmittelfonds	0,00	0,00
+	Finanzmittelfonds am Anfang der Periode	- 611.452,00	23.330,00
=	Finanzmittelfonds am Ende der Periode	- 824.515,00	- 611.452,00

Aussage:

In den letzten beiden Jahren konnte kein positiver Finanzmittelfond (sog. Cashflow) erwirtschaftet werden:

2008:	- 634.782,00
2009:	- 213.063,00

Das Unternehmen hat sich im Vergleich zum Vorjahr verbessert. Dennoch reicht die Verbesserung nicht aus, um zu einem positiven Cashflow zu gelangen. Der Cashflow aus dem operativen Bereich ist die Ursache für die negative Entwicklung. Im Jahr 3 konnte dieser z. B. durch die Aufnahme von Darlehen und Sachanlageverkäufe nur z. T. aufgefangen werden.

Nähere Informationen im Musterfall Rdn. 163.

(c) Analyse der Kapitalflussrechnung

158 Mithilfe der Kapitalflussrechnung können die Schwächen einer herkömmlichen Berechnung des Cashflows beseitigt werden. Die Kapitalflussrechnung zeigt, wie sich die Liquiditätssituation in der vergangenen Periode in allen Geschäftsbereichen verändert hat. Durch die Aufteilung in die drei Geschäftsbereiche
- Cashflow aus der laufenden Geschäftstätigkeit/operativen Tätigkeit,
- Cashflow aus der Investitionstätigkeit und
- Cashflow aus der Finanzierungstätigkeit

können die Ursachen für die Veränderungen des Finanzmittelfonds herausgelesen werden.

159 Es wird der Finanzbedarf aufgezeigt, der durch
- Investitionen,
- Schuldentilgungen,
- Ausschüttungen von Dividenden bzw. Zahlungen an Kapitalgeber

entstanden ist und aus welchen Bereichen (Innen- oder Außenfinanzierung) die Deckung dieses Bedarfs erfolgte.[304]

304 Eberle, in: Steuer und Studium, 2004, S. 170.

Durch Kennzahlen können die bereits gewonnenen Erkenntnisse aus der Kapitalfluss-rechnung erweitert werden. Durch den cashflow adequacy ratio kann ein erster Eindruck über die Zahlungsfähigkeit des Unternehmens gewonnen werden. 160

$$\text{Cashflow adequacy ratio} = \frac{\text{Operativer Cashflow}}{\text{Investitionen in das langfr. Vermögen} + \text{Tilgungen von Fremdkapital} + \text{Bardividenden}}$$

Die Berechnung dieses Wertes gibt Aufschluss, ob der operative Cashflow ausreicht, um für alle Bereiche des Unternehmens die notwendigen Zahlungen zu leisten. Diese Kennzahl sollte im Mehrjahresvergleich betrachtet werden. Ist dabei der Wert über mehrere Jahre in der Nähe von 1, dann kann davon ausgegangen werden, dass die Zahlungsfähigkeit des Unternehmens zufriedenstellend ist.[305] Ist der Wert über mehrere Jahre hinweg deutlich kleiner als 1, so ist dies eine Indiz dafür, dass das Unternehmen Zahlungsschwierigkeiten hat.

Die für den Cashflow errechneten Kennzahlen (Rdn. 163) können auch durch den operativen Cashflow ersetzt werden. Durch diese Ersetzung können weitere, tiefere Einblicke in die Zahlungsfähigkeit des Unternehmens gewonnen werden, z. B. 161

$$\text{Zahlungsorientierter dynamischer Verschuldungsgrad} = \frac{\text{Nettoverschuldung}}{\text{operativer Cashflow}}$$

Eine weitere interessante Position ist der sog. Free Cashflow: 162

Cashflow aus der laufenden Geschäftstätigkeit

+ Cashflow aus der Investitionstätigkeit

= Free Cashflow

Der Free Cashflow zeigt den zur Bedienung des Eigen- und Fremdkapitals verfügbaren Cashflow.[306]

cc) Musterfall zur Liquiditätsanalyse

▶ Fallbeispiel: Liquiditätsanalyse 163

Die XY GmbH wurde im Jahr 1 von der MUSTER Holding GmbH gegründet. Sie ist im Bereich der Zerspannungstechnologie tätig. Die XY GmbH legt die Jahresabschlüsse und Gewinn- und Verlustrechnungen der letzten drei Jahre wie folgt vor:

Analysezeitraum	Jahr 3	Jahr 2	Jahr1
Währung	Euro	Euro	Euro
Analyseart	Absolutwert	Absolutwert	Absolutwert

305 Coenenberg/Haller/Schultze, Jahresabschluss und Jahresabschlussanalyse, S. 1095.
306 Eberle, in: Steuer und Studium, 2004, S. 170.

A. Anlagevermögen	465.153,00	533.046,00	605.413,00
I. Immaterielle Vermögensgegenstände	22.916,00	28.964,00	20.625,00
II. Sachanlagen	442.237,00	504.082,00	584.788,00
III. Finanzanlagen	0,00	0,00	0,00
B. Umlaufvermögen	1.642.429,00	1.924.751,00	1.558.481,00
I. Vorräte	1.010.253,00	1.010.253,00	984.387,00
Roh-, Hilfs- Betriebsstoffe	280.925,00	280.925,00	22.521,00
unfertige Erzeugnisse und unfertige Leistungen	711.485,00	711.485,00	117.664,00
fertige Erzeugnisse und Waren	17.843,00	17.843,00	844.202,00
II. Forderungen und sonst. Vermögensgegenstände	631.992,00	914.007,00	533.905,00
aus Lieferungen und Leistungen	616.350,00	738.047,00	466.276,00
Restlaufzeit bis 1 Jahr	616.350,00	763.486,00	466.276,00
sonstige Vermögensgegenstände	15.642,00	175.960,00	67.629,00
Restlaufzeit bis 1 Jahr	15.642,00	175.960,00	67.629,00
davon andere Steuerforder. ohne USt	7.484,00	142.703,00	51.898,00
davon andere Vermögensgegenstände	8.158,00	33.257,00	15.731,00
III. Wertpapiere	0,00	0,00	0,00
IV. Kassenbestand, Bundesbankguth., Guthaben bei Kreditinstituten und Schecks	184,00	491,00	40.189,00

C. Aktive Rechnungsabgrenzungsposten	157.008,00	137.758,00	440,00
D. Nicht durch Eigenkapital gedeckter Fehlbetrag	373.992,00	0,00	0,00
Bilanzsumme	2.638.582,00	2.595.555,00	2.164.334,00
A. Eigenkapital	0,00	58.143,00	156.630,00
I. Eingefordertes Kapital	25.000,00	25.000,00	25.000,00
Gezeichnetes Kapital	25.000,00	25.000,00	25.000,00
II. Kapitalrücklagen	0,00	0,00	0,00
III. Gewinnrücklagen	0,00	0,00	0,00
IV. Bilanzergebnis	- 398.992,00	33.143,00	131.630,00
V. Vortrag auf neue Rechnung	0,00	0,00	0,00
B. Rückstellungen	356.445,00	258.965,00	326.002,00
Steuerrückstellungen	0,00	0,00	91.417,00
davon Gewerbesteuer	0,00	0,00	41.108,00
davon Körperschaftsteuer	0,00	0,00	50.309,00
sonstige Rückstellungen	356.445,00	258.965,00	234.585,00
davon unterlassene Instandhaltung in drei Monaten nachzuholen	228.445,00	228.445,00	162.544,00
davon für Gewährleistungen	12.000,00	12.000,00	0,00

davon Abschluss-/Prüfungskosten	16.000,00	16.000,00	10.000,00
davon andere Rückstellungen	100.000,00	2.520,00	62.041,00
C. Verbindlichkeiten	2.282.137,00	2.278.447,00	1.681.702,00
gegenüber Kreditinstituten	1.127.646,00	1.044.906,00	16.859,00
Restlaufzeit bis 1 Jahr	802.180,00	611.943,00	16.859,00
Restlaufzeit über 1 Jahr	325.466,00	432.963,00	0,00
aus Lieferungen und Leistungen	749.030,00	688.145,00	1.209.786,00
Restlaufzeit bis 1 Jahr	749.030,00	688.145,00	1.209.786,00
gegen verbundene Unternehmen	70.000,00	0,00	0,00
davon über 5 Jahre	70.000,00	0,00	0,00
gegenüber Gesellschaftern	100.000,00	0,00	0,00
davon Rlz. über 5 Jahre	100.000,00	0,00	0,00
Sonstige Verbindlichkeiten	235.461,00	545.396,00	455.057,00
Restlaufzeit bis 1 Jahr	235.461,00	545.396,00	455.057,00
davon verrechenbare Umsatzsteuer	29.184,00	70.460,00	74.258,00
davon andere Steuern	48.522,00	59.156,00	70.621,00
davon andere Verbindlichkeiten	157.755,00	415.780,00	310.178,00
davon i. R. d. sozialen Sicherheit	122.980,00	145.437,00	199.183,00
D. Passive			
Rechnungsabgrenzungsposten	0,00	0,00	0,00
Bilanzsumme	2.638.582,00	2.595.555,00	2.164.334,00
Analysezeitraum	**Jahr 3**	**Jahr 2**	**Jahr 1**
Währung	Euro	Euro	Euro
Analyseart	Absolutwert	Absolutwert	Absolutwert
Umsatzerlöse	4.262.511,00	12.435.971,00	7.181.828,00

+/-	Bestandsveränderungen an fertigen und unfertigen Erzeugnissen und Leistungen	0,00	- 75.167,00	23.961,00
=	Gesamtleistung	4.262.511,00	12.360.804,00	7.205.789,00
+	sonstige betriebliche Erträge	47.096,00	54.400,00	6.289,00
=	Summe betriebliche Erträge	4.309.607,00	12.415.204,00	7.212.078,00
-	Materialaufwand	1.146.458,00	4.443.047,00	2.831.022,00
=	Rohergebnis	3.163.149,00	7.972.157,00	4.381.056,00
-	Personalaufwand	2.571.480,00	5.723.125,00	2.966.706,00
-	Abschreibungen	72.000,00	130.711,00	326.422,00
-	sonstige betriebliche Aufwendungen	912.116,00	2.028.833,00	1.055.465,00
=	Betriebsergebnis	- 392.447,00	89.488,00	32.463,00
+	sonstige Zinsen und ähnliche Erträge	0,00	0,00	2.429,00
-	Zinsen und ähnliche Aufwendungen	37.439,00	50.237,00	2.828,00
=	Finanzergebnis	- 37.439,00	- 50.237,00	- 399,00
=	Ergebnis der gewöhnlichen Geschäftstätigkeit	- 429.886,00	39.251,00	32.064,00
+	außerordentliche Erträge	0,00	0,00	191.987,00
-	außerordentliche Aufwendungen	0,00	0,00	0,00

=	Ergebnis vor Steuern	- 429.886,00	39.251,00	224.051,00
-	Steuern vom Einkommen u. Ertrag	0,00	15.817,00	92.186,00
-	sonstige Steuern	2.251,00	1.922,00	235,00
=	Ergebnis der GuV	- 432.137,00	21.512,00	131.630,00

Aufgabe: Ist das Unternehmen zahlungsfähig? Folgende Kennzahlen bieten eine Entscheidungshilfe!

Lösung:

-Statische Liquiditätsanalyse

Analysezeitraum	**Jahr 3**	**Jahr 2**	**Jahr 1**
Währung	Euro	Euro	Euro
Analyseart	Absolutwert	Absolutwert	Absolutwert
Eigenkapital × 100	- 373.992,00	58.143,00	156.630,00
Anlagevermögen	465.153,00	533.046,00	605.413,00
Deckungsgrad A in %	0,00	10,91	25,87
Eigenkapital + Langfr. Fremdkapital × 100	- 203.992,00	58.143,00	156.630,00
Anlagevermögen	465.153,00	533.046,00	605.413,00
Deckungsgrad B in %	0,00	10,91	25,87
Flüssige Mittel			
+ Forderungen und sonst. Vermögensgegenstände			

bis 1 Jahr			
× 100	632.176,00	939.937,00	574.094,00
Kurzfristiges Fremdkapital	2.143.116,00	2.104.449,00	2.007.704,00
Liquidität 2. Grades in %	29,50	44,66	28,59
Umlaufvermögen	1.799.437,00	2.062.509,00	1.558.921,00
× 100			
Kurzfristiges Fremdkapital	2.143.116,00	2.104.449,00	2.007.704,00
Working Capital Ratio in %	83,96	98,01	77,65
Forderungen aus Lieferungen u. Leistungen	616.350,00	738.047,00	466.276,00
× Anzahl Tage	360	360	360
Umsatz	4.262.511,00	12.435.971,00	7.181.828,00
Zielgewährung an Kunden (in Tagen)	52,06	21,37	23,37
Verbindlichkeiten und Wechsel aus Lieferungen u. Leistungen	749.030,00	688.145,00	1.209.786,00
× Anzahl Tage	360	360	360
Materialaufwand	1.146.458,00	4.443.047,00	2.831.022,00
Zielgewährung von Lieferanten (in Tagen)	235,20	55,76	153,84

Im Mehrjahresvergleich zeigt sich aufgrund der Kennzahlen eine klare Tendenz. Das Unternehmen hat Liquiditätsschwierigkeiten.

Begründung:

a) Statische Liquiditätsanalyse

1. Beim Deckungsgrad B wird mindestens ein Wert von 100 % gefordert. Die XY GmbH hat im Jahr 2 eine Anlagendeckung von 10,91 % und im Jahr 3von 0 %.

2. Die Liquidität 2. Grades ist in allen drei Jahren weit unter den geforderten 100 %. Die Barliquidität ist auf kurze Sicht gesunken. Die Entwicklung dieser Kennzahlen lässt im Zeitvergleich nur die Tendenz der Liquiditätsveränderung im Unternehmen erkennen. Die Tendenz ist fallend und zeigt, dass die XY GmbH zunehmend in einen Liquiditätsengpass kommen wird. Diese Entwicklung stellt ein Indiz dafür dar, dass eine Zahlungsunfähigkeit im Unternehmen vorliegen könnte. Das Unternehmen ist gezwungen diese Situation in der Unternehmensplanung zu berücksichtigen und Wege zu finden, um dem Liquiditätsengpass noch rechtzeitig vorzubeugen. Eine Möglichkeit im finanziellen Unternehmensbereich wäre bspw. die Kontokorrentschulden in Kredite umzuschulden. Damit wäre das Unternehmen geringeren und planbaren Zinsbelastungen ausgesetzt.

3. Das Working Capital Ratio unterschreitet die 100 %-Grenze. Ein Teil des Anlagevermögens wurde kurzfristig finanziert.

4. Die lange Zielgewährung bei den Lieferanten stellt ein weiteres Indiz dafür dar, dass das Unternehmen Liquiditätsschwierigkeiten hat. Es ist dem Unternehmen nicht möglich, die Verbindlichkeiten aus Lieferungen und Leistungen innerhalb der vereinbarten Zahlungsfristen zu begleichen.

Die Problematik solcher statischen Kennzahlen ist, dass der Bilanzansatz nicht immer die genaue Höhe der Ein- und Auszahlungen widerspiegelt und ferner die Ein- und Auszahlungen nicht immer fristenkongruent sind. Daher wird zusätzlich die dynamische Liquiditätsanalyse zu Hilfe gezogen.

164 b) Dynamische Liquiditätsanalyse

Aufstellung einer Kapitalflussrechnung nach DRS 2:

Analysezeitraum		Jahr 3	Jahr 2
Währung		Euro	Euro
Vergleichszeitraum		Jahr 2	Jahr 1
Währung		Euro	Euro
	Einzahlungen von Kunden für den Verkauf von Erzeugnissen, Waren und Dienstleistungen	3.126.633,00	12.998.661,00
-	Auszahlungen an Lieferanten und Beschäftigte	3.978.898,00	13.215.745,00

+	Sonstige Einzahlungen, nicht der Investitions- und Finanzierungstätigkeit zuzuordnen	616.004,00	204.216,00
-	Sonstige Auszahlungen, nicht der Investitions- und Finanzierungstätigkeit zuzuordnen	69.056,00	876.016,00
+/-	Ein- und Auszahlungen aus außerordentlichen Posten	0,00	0,00
=	Cashflow aus laufender Geschäftstätigkeit	- 305.317,00	- 888.884,00
	Einzahlungen aus Abgängen von Gegenständen des Sachanlagevermögens	31.300,00	300,00
-	Auszahlungen für Investitionen in das Sachanlagevermögen	10.155,00	39.827,00
+	Einzahlungen aus Abgängen von Gegenständen des immateriellen Anlagevermögens	6.048,00	0,00
-	Auszahlungen für Investitionen in das immaterielle Anlagevermögen	0,00	19.335,00
+	Einzahlungen aus Abgängen von Gegenständen des Finanzanlagevermögens	0,00	0,00
-	Auszahlungen für Investitionen in das Finanzanlagevermögen	0,00	0,00
+	Einzahlungen aufgrund von Finanzmittelanlagen im Rahmen der kurzfr. Finanzdisposition	0,00	0,00
-	Auszahlungen aufgrund von Finanzmittelanlagen im Rahmen der kurzfr. Finanzdisposition	0,00	0,00
=	Cashflow aus der Investitionstätigkeit	27.193,00	- 58.862,00

	Einzahlungen aus Eigenkapitalzuführungen	0,00	0,00
-	Auszahlungen an Unternehmenseigner und Minderheitsgesellschafter	0,00	119.999,00
+	Einzahlungen aus der Begebung von Anleihen und der Aufnahme von (Finanz-) Krediten	170.000,00	432.963,00
-	Auszahlungen aus der Tilgung von Anleihen und (Finanz-) Krediten	107.497,00	0,00
=	Cashflow aus der Finanzierungstätigkeit	62.503,00	312.964,00
	Zahlungswirksame Veränderungen des Finanzmittelfonds	- 213.063,00	- 634.782,00
+/-	Wechselkurs-, konsolidierungskreis- und bewertungsbedingte Änderungen Finanzmittelfonds	0,00	0,00
+	Finanzmittelfonds am Anfang der Periode	- 611.452,00	23.330,00
=	Finanzmittelfonds am Ende der Periode	- 824.515,00	- 611.452,00
	Analysezeitraum	Jahr 3	Jahr 2
	Währung	Euro	Euro
	Analyseart	Absolutwert	Absolutwert
	Verbindlichkeiten	2.282.137,00	2.278.447,00
+	Steuerrückstellungen	0,00	0,00
+	Sonstige Rückstellungen (ggf. abzgl. Aufwandsrückstellung)	116.000,00	12.520,00
+	Dividendenzahlungen	0,00	0,00
+	Passive Rechnungsabgrenzungsposten	0,00	0,00
+	Erhaltene Anzahlungen auf Bestellungen	0,00	0,00
+	Fremdkapitalanteil des Sonderposten mit Rücklageanteil	0,00	0,00
-	Forderungen bis ein Jahr	616.350,00	738.047,00

- Sonstige Forderungen bis ein Jahr	15.642,00	175.960,00
- Flüssige Mittel	184,00	491,00
Effektivverschuldung	1.765.961,00	1.376.469,00
Effektivverschuldung	1.765.961,00	1.376.469,00
Cashflow	- 213.063,00	- 634.782,00
Dynamischer Verschuldungsgrad	- 8,29	- 2,17
Cashflow	- 213.063,00	- 634.782,00
× 100		
Umsatz	4.262.511,00	12.435.971,00
Cashflow-Marge in %	- 5,00	- 5,10
Liquide Mittel (+ liquiditätsnahe Titel)	184,00	491,00
negativer Cashflow	- 213.063,00	- 634.782,00
Cash-Burn-Rate	0,00	0,00

1.Der dynamische Verschuldungsgrad ist negativ. Unterstellt man, dass sich das Unternehmen in gleicher Weise weiter entwickelt, dann ist eine Schuldentilgung nicht möglich. In den Jahren 2 und 3 wurde kein positiver Cashflow erwirtschaftet.

2.Aufgrund des negativen Cashflows konnte keine positive Cashflow Marge erwirtschaftet werden. Dem Unternehmen stehen somit keine freien Mittel zur Investitionsfinanzierung, Schuldentilgung oder Dividendenzahlung zur Verfügung.

3.Die Cash-Burn-Rate ist in beiden Jahren Null. Der Definition der Kennzahl zufolge ist dem Unternehmen das Geld ausgegangen.

Alle drei Kennzahlen können als eindeutige Indizien dafür verwendet werden, dass das Unternehmen in einem Liquiditätsengpass steckt.

4. Die Kapitalflussrechnung zeigt, dass die Ursache für die Zahlungsschwierigkeiten im operativen Bereich des Unternehmens zu suchen ist. Eine Krise im operativen Bereich stellt oft das »AUS« für ein Unternehmen, da die Krise zu weit vorangeschritten ist. Der Sanierungsansatz sollte eigentlich in einem früheren Stadium erfolgen. Zeigt sich die Krise in den Zahlen ist es meist zu spät zum Handeln.

Anmerkung:

Das Beispiel zeigt einen Fall aus der Praxis: Bei dem Unternehmen lag nach der Aufstellung eines Liquiditätsstatus mit Finanzplan eine Zahlungsunfähigkeit vor. Das Unternehmen schaffte es nicht, innerhalb von drei Wochen die Liquiditätslücke zu schließen und war gezwungen, einen Antrag zur Eröffnung eines Insolvenzverfahrens zu stellen.

6. Nachweis der Zahlungsunfähigkeit durch Finanzplan

165 Die Zahlungsunfähigkeit ist grds. durch einen Finanzplan nachzuweisen.[307] Im Nachfolgenden wird dargestellt, wie ein solcher Finanzplan zu erstellen ist. Da aber die Entscheidung des BGH v. 24.05.2005 einige Irritationen gerade auch in Bezug auf die Erstellung eines Finanzplans hervorgerufen hat, müssen die Aussagen des BGH zuvor nochmals kritisch gewürdigt werden. Betreffend der vom BGH[308] aufgestellten 90 %-Grenze haben Wolf/Kurz nachgewiesen, dass die Rechtsauffassung des BGH, wonach regelmäßig eine mindestens 10 %ig Liquiditätsunterdeckung die Zahlungsunfähigkeit begründet, in dieser Absolutheit falsch ist.[309] Dies soll ein kurzes Beispiel erläutern:

▶ **Beispiel:**

Das Unternehmen U hat fällige Verbindlichkeiten von 100 und erwartet in 14 Tagen Zahlungen von 91. Nach der Rechtsprechung des BGH ist U nicht zahlungsunfähig, da die ungedeckten Verbindlichkeiten unter 10 % liegen. Zahlt U mit dem Zahlungseingang 80 der Verbindlichkeiten, reduzieren sich diese auf 20 bei einer verbleibenden Liquidität von 11. Die Quote der Verbindlichkeiten erhöht sich also aufgrund der Zahlung von 9 % auf 55 %, also in einen Bereich, der die Zahlungsunfähigkeit begründet. Wäre die Zahlung unterblieben, so bestünde aber keine Zahlungsunfähigkeit.

Dasselbe Ergebnis ergibt sich bei bestehender Aufrechnungslage. Hat das Unternehmen U fällige Verbindlichkeiten von 100 und aufrechenbare Gegenforderungen von 91, dann hängt die Zahlungsunfähigkeit bei gleichbleibender wirtschaftlicher Lage davon ab, ob einer der Parteien die Aufrechnung erklärt.

307 Schreiber, BBK 2013 967ff; BBK 2014, 1013 ff.; HambKomm-Schröder, § 17 Rn. 34 ff.
308 BGH, 24.05.2005 – IX ZR 123/04, BGHZ 163, 134, ZInsO 2005, 807 ff.
309 Wolf/Kurz, DStR 2006, 1339, 1341.

Es verhält sich bei der Beurteilung der Liquiditätskennziffern umgekehrt wie bei der betriebswirtschaftlich so bedeutenden Eigenkapitalquote. Zahlt der Unternehmer, so verringern sich die sowohl die Verbindlichkeiten und die liquiden Mittel. Die Bilanz wird »kürzer« und die Eigenkapitalquote steigt. Zahl der Unternehmer nicht, steigen die liquiden Mittel und die Verbindlichkeiten an. Die Liquidität 2. und 3. Grades steigt an.

Aufgrund der Rechtsprechung des BGH müsste also dem Unternehmen in der Krise dringend geraten werden, keine Verbindlichkeiten mehr zu begleichen und stattdessen Bankguthaben anwachsen zu lassen! Dann nämlich liegt keine Zahlungsunfähigkeit vor, während bei einer Bezahlung der Grad der Unterdeckung unter die 10%-Marke sinkt. Der Denkfehler des BGH liegt darin, dass er in »bilanziellen« Kategorien argumentiert und verkennt, dass nicht die prozentualen Verhältnisse zu einem Stichtag, die erheblichen Schwankungen unterliegen, als Maßstab taugen können, sondern allenfalls Durchschnittswerte des Unternehmens. 166

Indem der BGH neben den tatsächlich vorhandenen Barwerten und der nicht ausgeschöpften Kreditlinie auch die vorhandenen oder herbeizuschaffenden Geldmittel berücksichtigt, vermengt er ferner Stichtags- und Zeitraum-Betrachtung. Während das Unternehmen nämlich künftige Geldeinflüsse berücksichtigt, werden eben in diesem Zeitraum weitere Verbindlichkeiten zur Zahlung fällig. Soweit diese unberücksichtigt blieben, würden die Gläubiger die bei Einstellung der Tätigkeit noch nicht befriedigt wurden, ausfallen, sog. Bugwellenmethode.[310] Was dies in der Praxis für Folgen hat, kann an den betrügerischen Schneeballsystemen verdeutlicht werden. 167

Dementsprechend kann die Zahlungsunfähigkeit nur durch einen **qualifizierten Finanzplan** nachgewiesen und durch eine **qualifizierte Analyse** der hieraus gewonnenen Informationen begründet werden. An dieser Stelle soll auf eine sprachliche Ungenauigkeit hingewiesen werden: In vielen Veröffentlichungen wird vom Finanzplan und/oder der Unternehmensplanung gesprochen. Die Betriebswirtschaftslehre versteht unter der Planung das Festlegen von Entscheidungen, die man treffen muss, um ein künftiges Ereignis zu erreichen. Demgegenüber versteht man unter der Prognose die Voraussage, dass mit dem Eintritt bestimmter Ereignisse wahrscheinlich zu rechnen ist.[311] Die Analyse bzw. Ermittlung der Insolvenzgründe dient der Frage nach einer Insolvenzantragspflicht bzw. einem Insolvenzantragsrecht. Es geht also um die Vorbereitung einer Entscheidung. Wäre bei der Ermittlung der Insolvenzgründe auf die Planung abzustellen, könnte man – überspitzt formuliert – einen Lottogewinn einplanen und der Insolvenzgrund wäre beseitigt. Die Planung aber hat eine handlungsorientierte Gestaltungsfunktion (»spiel Lotto«), während die Prognose eine erkenntnisorientierte Informationsfunktion innewohnt.[312] Dass der Gesetzgeber die (betriebswirtschaftliche) 168

310 Passiva II sind zu berücksichtigen, Altmeppen in Roth/Altmeppen GmbHG vor § 64 Rn. 19; Bitter, in: Scholz GmbHG vor § 64 Rn. 13; Wolf/Kurz, DStR 2006, 1339, 1341 f.

311 Ehrmann, Unternehmensplanung S. 47.

312 Pieroth, Prognosefehler S. 31.

Prognose verlangt, folgt nicht nur aus dieser Funktion, sondern auch aus der Formulierung des Gesetzes.[313]

a) Wie wird der Finanzplan (Liquiditätsplan) erstellt?

169 Der Gesetzeswortlaut gibt es zwar nicht her, aber die Zahlungsunfähigkeit ist nach herrschender Meinung und nach der ständigen Rechtsprechung Zeitraumilliquidität. D. h. die Zahlungsunfähigkeit muss, um sich von der unbeachtlichen Zahlungsstockung abzugrenzen, eine gewisse Weile andauern. Der BGH[314] hat in seinem Grundsatzurteil diesen Zeitraum auf drei Wochen bestimmt. Damit stellt sich die Frage, wie erstens die Zahlungsunfähigkeit vom Schuldner ermittelt wird bzw. wie der spätere Insolvenzverwalter bzw. ein geprellter Gläubiger später die Zahlungsunfähigkeit bereits zu einem Zeitpunkt »X« ermittelt.

b) Ausgangsbasis (statische) Liquiditätsbilanz

170 Ausgangsbasis für die Ermittlung der Zahlungsunfähigkeit ist eine statische, stichtagsbezogene Liquiditätsbilanz.

aa) Verbindlichkeiten

171 I. R. d. Liquiditätsbilanz werden sämtliche fälligen Verbindlichkeiten ermittelt und in einer Liquiditätsbilanz (Übersicht, Liquiditätsstatus, Liste) festgehalten. Dabei sind **streitige Verbindlichkeiten** (Rückstellungen für streitige Verbindlichkeiten) nur aber auch in dem Umfang zu berücksichtigen, in dem mit einer Zahlungsverpflichtung zu rechnen ist.[315] Dies gilt selbst dann, wenn die Forderung des Gläubigers vorläufig tituliert ist, aber mit ernsthaften Gründen und aus Sicht des Unternehmers (Beurteilungsspielraum) aussichtsreich bestritten wird.[316] Dies gilt erst recht, wenn von der Berücksichtigung die Beurteilung der Insolvenzreife abhängt[317], aber nur, soweit »ernsthafte Zweifel«[318] an der Veritabilität der Verbindlichkeit bestehen. Insbesondere gibt es keinen Grundsatz, wonach jede bestrittene Verbindlichkeit per se bei der Ermittlung der Insolvenzründe auszuscheiden hat. Von dieser Liste werden diejenigen Verbindlichkeiten eliminiert, die im insolvenzrechtlichen Sinne für die Ermittlung der Zahlungsunfähigkeit auszuscheiden sind, weil sie nicht durchsetzbar sind. Dabei handelt es sich um:[319]

---

313 § 18 Abs. 2 InsO »voraussichtlich«; § 19 Abs. 2 S. 1 InsO: »überwiegend wahrscheinlich«.

314 BGH, 24.05.2005 – IX ZR 123/04, BGHZ 163, 134, ZInsO 2005, 807 ff.

315 Haas, in: Baumbach/Hueck GmbHG, § 64 Rn. 34c, 52; HambKomm-Schröder, § 17 Rn. 6.

316 Spliedt, in: Runkel, § 1 Rn. 55ff mit umfassender und überzeugender Begründung; Uhlenbruck, in: K. Schmidt/Uhlenbruck, die GmbH in Krise Sanierung und Insolvenz 5.170, 5.175 ff. jeweils m. w. N.; für die Fortbestehensprognose: MK/GmbHG- H. F. Müller, § 64 Rn. 25 m. w. N. zur Rechtsprechung; HambKomm-Schröder, § 17 Rn. 6.

317 Haas, in: Baumbach/Hueck GmbH, § 64 Rn. 34c, 52.

318 Haas, in: Baumbach/Hueck GmbHG, § 64 Rn. 34c.

319 S. o. Rdn. 8 ff.

- Gesellschafterdarlehen, für die ein qualifizierter Rangrücktritt[320] erklärt wurde
- Zahlungsverpflichtungen, deren Befriedigung gegen §§ 30, 31 GmbHG verstoßen würde.[321]

Zu berücksichtigen ist, dass auch sog. **nachrangige Verbindlichkeiten** (**§ 39 Abs. 1 Nr. 5, Abs. 2 InsO**), also auch vormals **eigenkapitalersetzende Verbindlichkeiten**, zu berücksichtigen sind. Etwas anderes gilt nur, wenn ein qualifizierter Rangrücktritt mit einer vorinsolvenzlichen Durchsetzungssperre abgegeben wurde.[322] 172

Die Verbindlichkeit muss **fällig** sein, wobei die **gesetzliche Vermutung** für die sofortige Fälligkeit spricht, (§ 271 Abs. 1 BGB). Nicht fällige Verbindlichkeiten werden nicht berücksichtigt. Soweit der Schuldner behauptet, eine Verbindlichkeit wäre **gestundet**, so müssen die qualifizierten Stundungsvoraussetzungen gem. § 271 Abs. 2 BGB vorliegen. Allein das Stillhalten reicht für die Nichtbeachtung nicht aus, da anders als bei der KO selbst ein ernsthaftes Einfordern durch den Gläubiger zur Begründung der Zahlungsunfähigkeit bis zur Entscheidung des BGH v. 19.07.2007 nicht verlangt wurde.[323] 173

Mittlerweile ist aufgrund der Rechtsprechung des BGH eine Einschränkung dahin gehend zu machen, als fällige Forderungen dann nicht für die Ermittlung der Zahlungsunfähigkeit herangezogen werden, wenn sie nicht **ernsthaft eingefordert** werden.[324] Entschieden wurde diese Frage im Rahmen einer Rechtsbeschwerde gegen einen Eröffnungsbeschluss. Im Rahmen dieses Verfahrens hat der BGH sich mit seinem Beschluss praktisch gegen die gesamte insolvenzrechtliche Literatur gestellt,[325] indem er die Fälligkeit allein nicht ausreichen lässt, um eine Verbindlichkeit in der Liquiditätsbilanz zu berücksichtigen. 174

Im konkret entschiedenen Fall handelte es sich um mehrere Forderungen, die vom BGH für die Ermittlung der Zahlungsunfähigkeit nicht berücksichtigt wurden. Eine Forderung war die der Steuerberaterin, die vom Schuldner verlangte, dass er die Forderung zahlen oder Forderungen abtreten solle, wie es ihm möglich sei. Die Steuerberaterin verzichtete dabei auf Mahnungen.

---

320 Mit vorinsolvenzlicher Durchsetzungssperre.

321 HambKomm-Schröder, § 17 Rn. 12 m. w. N.

322 BGH, 08.01.2001 – II ZR 88/99, BGHZ 146, 272, ZInsO 2001, 260 ff.; HambKomm-Schröder, § 17 Rn. 12a m. w. N.

323 HambKomm-Schröder, § 17 Rn. 8, 13 a ff.

324 BGH, 19.07.2007 – IX ZB 36/07, ZInsO 2007, 939 ff.

325 Uhlenbruck/Mock, § 17 Rn. 117; MK/InsO-Eilenberger, § 17 Rn. 7 (2. Aufl.); Jaeger-Henckel/Müller, § 17 Rn. 7 ff., 9; KPB/Pape, § 17 Rn. 5 f.

175 Der BGH beschreitet mit dem Beschluss den Weg zurück zur Definition der Zahlungsunfähigkeit i. S. d. KO:[326]

> »Zahlungsunfähigkeit« i. S. v. § 102 KO wurde folgerichtig als das auf einem Mangel an Zahlungsmitteln beruhende, voraussichtlich dauernde Unvermögen des Schuldners verstanden, seine sofort zu erfüllenden Geldschulden noch im Wesentlichen zu berichtigen, wenn und soweit die Gläubiger diese Forderungen »ernsthaft einforderten« (z. B. BGHZ 118, 171, 174 mit weiteren Nachweisen; Kilger/K. Schmidt, Insolvenzgesetze, 17. Aufl., § 102 Anm. 2). Hohe Anforderungen sind an dieses Merkmal allerdings nicht gestellt worden. Nach der Rechtsprechung des Bundesgerichtshofs reichte eine einzige ernsthafte Zahlungsaufforderung aus. Dass der Gläubiger den Schuldner zur Zahlung drängte oder gar die Zwangsvollstreckung betrieb, war nicht notwendig (BGH, 27.04.1995 – IX ZR 147/94, WM 1995, 1113, 1114). Die Voraussetzung des »ernstlichen Einforderns« diente schließlich nur noch dem Zweck, solche Forderungen auszunehmen, die rein tatsächlich – also auch ohne rechtlichen Bindungswillen oder erkennbare Erklärung – gestundet worden waren (BGH, 25.09.1997 – IX ZR 231/96, WM 1997, 2134, 2135; v. 08.10.1998 – IX ZR 337/97, WM 1998, 2345, 2346). ... Sinn und Zweck des § 17 InsO verlangen vielmehr, an dem Erfordernis des »ernsthaften Einforderns« als Voraussetzung einer die Zahlungsunfähigkeit begründenden oder zu dieser beitragenden Forderung festzuhalten. Von der Fälligkeit einer Forderung i. S. d. § 271 Abs. 1 BGB darf nicht schematisch auf die Zahlungsunfähigkeit im Sinne von § 17 InsO geschlossen werden. ... Nach wie vor ist nicht zu verlangen, dass ein Gläubiger ein Zahlungsverlangen regelmäßig oder auch nur ein einziges Mal wiederholt, um sicherzustellen, dass seine Forderung bei der Prüfung der Eröffnungsvoraussetzungen Berücksichtigung findet. Der Zweck der Vorschrift des § 17 InsO, den richtigen Zeitpunkt für die Eröffnung des Insolvenzverfahrens zu finden, gebietet die Berücksichtigung auch solcher Gläubiger, die den Schuldner zur Zahlung aufgefordert, dann aber weitere Bemühungen eingestellt haben, ohne ihr Einverständnis damit zum Ausdruck zu bringen, dass der Schuldner seine Verbindlichkeit vorerst nicht erfüllt. ... Regelmäßig ist eine Forderung also dann im Sinne von § 17 Abs. 2 InsO fällig, wenn eine Gläubigerhandlung feststeht, aus der sich der Wille, vom Schuldner Erfüllung zu verlangen, im Allgemeinen ergibt. Dies ist grundsätzlich schon bei Übersendung einer Rechnung zu bejahen.«

176 Die Entscheidung des BGH ist m. E. bedenklich und wird die Praxis zu schwierigen bis hin zu unmöglichen Aufklärungsarbeiten zwingen. Zunächst einmal hat die Auffassung des BGH den klaren Wortlaut des § 17 Abs. 2 InsO gegen sich. Ferner liegt es am Schuldner, mit seinen Gläubigern über Stundungsvereinbarungen für klare Verhältnisse zu sorgen. Weiter können über derartige Stillhalte*annahmen* des Schuldners die Haftungsvoraussetzungen ausgehebelt werden. Taktisch geschickte Schuldner werden über die Argumentation, die Gläubigerforderungen seien nicht ernsthaft eingefordert, hohe Verbindlichkeitenvolumina aufbauen und damit letztlich auf Kosten der Gläubiger spekulieren. Dies ist umso unbefriedigender, als es der Willkür des Schuldners überlassen ist, welche 90 % der fälligen, ernsthaft eingeforderten Gläubigern er zu bedienen gedenkt, während er in diesem Zeitraum nicht als zahlungsunfähig behandelt wird. Außerdem stimmt nachdenklich, dass es der Schuldner nicht in der Hand hat, wann der erste der Gläubiger die Befriedigung seiner Forderung ernsthaft einfordert und damit das Kartenhaus zum Zusammensturz bringt. Bis zu diesem Zeitpunkt aber ist der Schuldner »gutgläubig«. Zuletzt wirft die Entscheidung Fragen auf, die weder

326 BGH, 19.07.2007 – IX ZB 36/07, ZInsO 2007, 939 ff.

vom BGH,[327] noch von der Literatur[328] beantwortet werden (können). Für die Ermittlung der Zahlungsunfähigkeit ist auf einen 3-Wochen-*Prognosezeitraum* abzustellen, in dem mindestens 90 % der fälligen Verbindlichkeiten bezahlt sein müssen. Die gesamten fälligen Verbindlichkeiten müssen in einem absehbaren Zeitraum von max. drei bis sechs Monaten vollständig oder fast vollständig zurückgeführt werden.[329] *Wann aber sind diese Forderungen, deren Bezahlung von jedem Gläubiger mangels Vereinbarung sofort verlangt werden können, in die Liquiditätsplanung einzuplanen?* Da der Schuldner das ernstliche Einfordern nicht in der Hand hat, müsste er als vorsichtiger Prognoseersteller die Verbindlichkeit sofort einplanen, was wieder einer sofortigen Berücksichtigung gleich käme.

Der BGH stützt sich in seinem Beschluss auf die Sachverhaltsschilderung des Schuldners, der sich gegen den Fremdantrag zur Wehr setzte. Dies liest sich so, als wäre grds. jede fällige Forderung zur Ermittlung der Zahlungsunfähigkeit heranzuziehen, es sei denn, der Schuldner wendet dagegen ein, die Forderung sei nicht ernsthaft eingefordert. Dies kann vom Ergebnis auch nicht anders zu beurteilen sein, da die antragstellenden Gläubiger von diesen »Absprachen« bzw. von dem tatsächlichen Verhalten der übrigen Gläubiger keine Kenntnis und v. a. keine Möglichkeit zur Kenntniserlangung haben. 177

Zusammenfassend muss also festgehalten werden, dass für die Ermittlung der Zahlungsunfähigkeit alle fälligen Verbindlichkeiten zu berücksichtigen sind, es sei denn, der Schuldner trägt Absprachen oder ein tatsächliches Verhalten des Gläubigers vor, aufgrund dessen sich auf eine »Nachrangabrede«[330] schließen lässt. Dann aber muss der Schuldner auch vortragen, für welchen Zeitraum diese »Abrede« gilt und v. a., dass er in der Lage ist, innerhalb eines überschaubaren Zeitraums alle fälligen Verbindlichkeiten zu begleichen. 178

Ein derartiges **Gläubigerverzeichnis** kann sinnvollerweise in Excel erstellt werden, da hier nach Daten, Forderungsgrund, Betrag etc. sortiert werden kann. Ein Muster könnte wie folgt aussehen: 179

	Name	Zusatz	Vorname	PLZ	Ort	Forderungsdatum	Fälligkeitsdatum	Forderungsgrund	Fibu-Wert	interne Bemerkung
1.										
2.										
3.										

327 BGH, 19.07.2007 – IX ZB 36/07, ZInsO 2007, 939 ff.

328 Fischer, ZGR 2006, 403.

329 Fischer, ZGR 2006, 403.

330 Wohl eher pactum de non petendo. Bitter unterscheidet hier zwischen dem im Überschuldungsstatus zu berücksichtigenden Rangrücktritt, der je nach Vertragsgestaltung nur im eröffneten Insolvenzverfahren gilt und einer vorinsolvenzlichen durchsetzungssperre, vgl. Bitter, in: Scholz GmbHG Band 3 vor § 64 Rn. 7; Bitter/Rauhut, ZIP 2014, 1005.

4.										
5.										
6.										
7.										
8.										

bb) Liquide Mittel

180 Den fälligen Verbindlichkeiten werden die liquiden Mittel zunächst stichtagsgenau gegenübergestellt. Hierzu gehören
- freie Bankguthaben,
- Kassenbestände und
- unausgeschöpfte Kreditlinien.

181 Vorhandene und liquidierbare Vermögensgegenstände vermögen eine Zahlungsunfähigkeit nicht zu vermeiden. Da der BGH aber in seiner Grundsatzentscheidung v. 24.05.2005[331] die Drei-Wochen-Frist als maßgeblichen Zeitraum bestimmt hat, können ausnahmsweise solche Vermögensgegenstände zur Vermeidung der Zahlungsunfähigkeit herangezogen werden, die innerhalb dieser Frist verwertet werden können.[332] Dies wird zunächst z. B. für börsennotierte Wertpapiere und schnellgängige Vorratsgüter gelten. Bei Letzteren muss sich die kurzfristige Veräußerbarkeit aus der Warenwirtschaft plausibilisieren lassen. Es muss also eine Warenumschlagsdauer[333] von mehr als 365/21 = 17,38 festgestellt werden, damit von einer Liquidierbarkeit innerhalb der Frist ausgegangen werden kann. Allerdings könnte auch durch eine Rabattaktion der Abverkauf angekurbelt werden. Wenn man jedoch bedenkt, dass im Bekleidungseinzelhandel ein Warenumschlag von vier als gut einzustufen ist, erkennt man, dass hier die »Trauben sehr hoch hängen«. Bei anderen Vermögensgegenständen kann eine Berücksichtigung dann erfolgen, wenn bereits ein hinreichend konkretes kurzfristiges Kaufangebot vorliegt.[334]

182 Soweit i. Ü. noch freies nicht kurzfristig liquidierbares Vermögen vorhanden ist, darf dies nur insoweit berücksichtigt werden, als es zur Besicherung von Bankdarlehen herangezogen werden kann und die Bank in dieser konkreten Situation auch noch ein Darlehen ausreichen würde. Hier ist aber zu berücksichtigen, dass seit Beschluss, spätestens aber seit Inkrafttreten der Basel II Reglementarien sich die Kreditpraxis wesentlich verändert hat. Die Banken reichen Darlehen nur noch aus, wenn gewährleistet ist, dass das Unternehmen kapitaldienstfähig ist. Andernfalls droht den Banken die Anfechtung sämtlicher Tilgungs- und Zinszahlungen im 10-Jahreszeitraum bei

331 BGH, 24.05.2005 – IX ZR 123/04, ZInsO 2005, 807 ff.

332 Pöhlmann, in: Graf-Schlicker, § 17 Rn. 8 f.

333 Vgl. hierzu Rdn. 142, 158 ff. im Buch.

334 BGH, 19.07.2007 – IX ZB 36/07 für Immobilienkaufvertrag.

gleichzeitiger Entwertung Ihrer Sicherheiten[335] gem. § 133 Abs. 1 InsO. Bei der Prüfung der Kapitaldienstfähigkeit sind die Sicherheiten also nicht zu berücksichtigen. Entscheidend für die Kapitaldienstfähigkeit ist der **nachhaltige zu erwartende Cashflow**, d. h. der zu erwartende (künftige) Liquiditätsüberschuss. Die Sicherheiten werden erst dann berücksichtigt, wenn eine positive Kreditentscheidung gefallen ist und zwar i. d. R. bei der Bemessung des Zinssatzes. D. h. die vom BGH gebaute goldene Brücke, wonach auch weitere Außenfinanzierungsbeiträge zu berücksichtigen sind, wenn sie innerhalb der Drei-Wochen-Frist zufließen, wird nur in sehr wenigen Fällen greifen. Im Übrigen können derartige künftige Entscheidungen abgeschätzt werden: unterhält das Unternehmen eine integrierte Unternehmensplanung, kann diese mit einem Rating- bzw. Analyseprogramm ausgewertet werden.[336] Diese Analysedaten zeigen dann auch die künftige Ratingnote und/oder die Ausfallwahrscheinlichkeit[337]; je nach Qualität des Programms sogar nach den Analyseschemata der Banken. Aber auch hier gilt: Wenn der Unternehmer mit qualifizierten Unterlagen zur Bank geht und davon ausgehen darf, es würde eine positive Kreditentscheidung getroffen, wird diese Erwartung zerstört, wenn er Kenntnis von der abschlägigen Entscheidung erlangt. Ab diesem Zeitpunkt darf er mit Außenfinanzierungsbeiträgen nicht mehr rechnen und muss seine Finanzplanung anpassen.

Anzumerken ist an dieser Stelle, dass bereits aus der längerfristigen Gegenüberstel- 183
lung von derartigen Liquiditätsbilanzen die Zahlungsunfähigkeit nachgewiesen werden kann.[338] M. E. dürfte sich dies prozessual aus einem **prima-facie-Beweis** herleiten lassen. Soweit sich nämlich über einen repräsentativen Zeitraum von mind. drei Monaten die statische Liquidität 1. Grades aus den Monats-Summen- und Saldenlisten von unter 90 % ableiten lässt und dies nicht durch eine freie Kontokorrentlinie aufgefangen werden kann, besteht der Anschein der Zahlungsunfähigkeit. Soweit der Schuldner dann behauptet, die statische Zahlungsunfähigkeit (Zahlungsstockung) hätte nur zum Monatsletzten bestanden, muss er Anhaltspunkte vortragen, aus denen die Zahlungsfähigkeit während des Monats gefolgert werden kann.

c) Fortentwicklung zum Finanzplan

Aus der statischen Liquiditätsbilanz wird der Finanzplan abgeleitet. Damit wird die 184
Zeitraum-Illiquidität nachgewiesen. Der Unternehmer hat hierzu den künftigen Zahlungsverlauf zu antizipieren. Letztlich wird i. R. d. Finanzplans die sich entwickelnde wöchentliche oder tägliche statische Liquidität prognostiziert. Es handelt sich also um eine Prognose, die jederzeit eine andere Entwicklung nehmen kann. Aufgrund der Unsicherheit über die künftige Entwicklung ist die Prognose auch nur eingeschränkt

335 Soweit diese nicht auch noch angefochten werden.

336 Z. B. die DATEV Unternehmensanalyse oder die DATEV Schnellberechnung »Krisensignal«.

337 PD – Probability of Default.

338 LG Offenburg, 09.07.2004 – 3 O 331/03, n. v.; LG Augsburg, 30.12.002 – 7 T 4420/22, DZWIR 2003, 303.

überprüfbar (Beurteilungsspielraum).[339] Die Zukunftserwartungen des Unternehmens sind auch immer subjektiv. Sie können, wie das BVerfG in der Daimler/Crysler Entscheidung[340] festgestellt hat, lediglich daraufhin überprüft werden, ob sie auf einer zutreffenden Tatsachengrundlage beruhen und vertretbar sind.[341] Der BGH hat in der Entscheidung ARAG/Garmenbeck[342] ausgeführt, dass dem Organ für die Leitung der Geschäfte der AG ein **weiter Handlungsspielraum** zugebilligt werden muss, ohne den unternehmerisches Handeln schlechterdings nicht denkbar ist. Eine Sorgfaltspflichtverletzung des Prognoseerstellers kommt erst in Betracht, wenn die Grenzen, in denen sich ein von Verantwortungsbewusstsein getragenes, ausschließlich am Unternehmenswohl orientiertes, auf sorgfältiger Ermittlung der Entscheidungsgrundlagen beruhendes unternehmerisches Handeln bewegen muss, deutlich überschritten sind. Planungen und Prognosen sind folglich unternehmerische Entscheidungen. Diese sind gerichtlich nur daraufhin überprüfbar, ob die Tatsachengrundlagen für die Planung zutreffend ermittelt wurden und ob die zugrunde gelegten Annahmen **plausibel** sind.[343] Der **Prüfungsmaßstab** ist der objektive sachverständige Dritte, der die Prognose ex ante erstellt.

Wie bereits oben ausgeführt, werden Insolvenzgründe ermittelt, um unternehmerische Entscheidungen vorzubereiten. Die Rechtsprechung verlangt dabei, dass die Ermittlung und auch die Entscheidung selbst auf Basis von rationalen ökonomischen Grundsätzen erfolgt.[344] In der Betriebswirtschaftslehre wird im Bereich der Unternehmensplanung vom Erwartungswert bzw. vom erwarteten Wert gesprochen.[345] Beide Werte unterscheiden sich regelmäßig voneinander. Daher ist zunächst eine Begriffsbestimmung erforderlich. »*Die Planung ist erwartungstreu, wenn der Erwartungswert alle möglichen Planabweichungen in Form von Chancen und Risiken mit ihren Eintrittswahrscheinlichkeiten widerspiegelt. Basis für eine erwartungstreue Planung sind somit*

339 BGH, 06.06.1994 – II ZR 292/91, BGHZ 126, 181, 199, GmbHR 1994, 539; OLG Naumburg, 11.10.2000 – 12 U 89/00, NZG 2001, 136, 137; OLG Koblenz, 27.02.2003 – 5 U 917/02, NJW-RR 2003, 1198, 1199, GmbHR 2003, 419; OLG Naumburg, 20.08.2003 – 5 U 67/03, GmbHR 2004, 361, 363; OLG Schleswig, 11.02.2010 – 5 U 60/09, GmbHR 2010, 864.

340 BVerfG, Beschl. v. 24.05.2012 – 1 BvR 3221/10 (»Daimler/Chrysler«) = ZIP 2012, 1656.

341 Umfassend hierzu: Kühne/Nickert, ZInsO 2014, 2297 ff (2300); für die Unternehmensbewertung Nickert/Kühne, NWB 2014, 2021; vgl. auch die insolvenzrechtliche Grundsatzentscheidung des BGH vom 06.06.1994 ZIP 1994, 1103 hier hat der BGH den handelnden Organen einen Beurteilungsspielraum zugebilligt und geht damit zugleich von subjektiven Wahrscheinlichkeiten aus; weiter hierzu Blöse/Wieland-Blöse, Insolvenzreife, S. 119 ff; MK/InsO-Druckarczyk, 3. Aufl. 2013, § 18 Rn. 49; OLG Sachsen-Anhalt, Urt. v. 20.08.2003 – 5 U 67/03; sog Vertretbarkeitspostulat Ruiz de Vargas, in: Bürgers/Körber, Heidelberger Kommentar AktG, 3. Aufl. 2014, Anh § 305 Rn. 8 m. w. N.; Uhlenbruck/Mock, § 19 Rn. 211, 216, 222: Im Vordergrund steht die Plausibilität.

342 BGH, 21.04.1997, BGHZ 135, 244, NJW 1997, 1926.

343 OLG Stuttgart, AG 2010, 510; OLG Stuttgart, NZG 2007, 112.

344 Drescher, Die Haftung des GmbH-Geschäftsführers, Rn. 124 ff.

345 Sog. Modus oder Modalwert; Giersberg/Gleißner/Presber, ControllerMagazin 2009, 62 ff.

nicht die Planwerte des Szenarios, das mit der höchsten Wahrscheinlichkeit erreicht wird, sondern die mit Wahrscheinlichkeiten gewichteten Planwerte sämtlicher möglicher Szenarien. Der Ansatz des Planwerts des wahrscheinlichsten Szenarios kann zu Verzerrungen der Planungsrechnung führen, da der wahrscheinlichste Planwert nur unter bestimmten Bedingungen dem Erwartungswert entspricht.«[346] Das Szenario mit der höchsten Eintrittswahrscheinlichkeit nennt man demgegenüber Modalwert oder Modus (sog. erwarteter Wert). Unter Kaufleuten ist man sich aber einig, dass Entscheidungsgrundlage niemals eine einwertige Planung (Modus, Modalwert, »Management oder Business Case«) sein kann, sondern allein ein **Erwartungswert.**[347] Wegen des der Fortbestehensprognose innewohnenden Prognoseproblems[348] und des damit einhergehenden Beurteilungsspielraums[349] sei also auf die Verwendung eines Erwartungswerts[350] zulasten eines Modalwerts[351] hingewiesen. Eine einwertige Planung entspricht nicht einem »wahren Wert« und kann folglich weder der Überschuldungsprüfung noch der Prüfung der (drohenden) Zahlungsunfähigkeit zugrunde gelegt werden. Andernfalls würden Scheingenauigkeiten über die Zukunft suggeriert, wie schon Adolf Moxter zutreffend feststellte: »*Je weniger befähigt ein Unternehmensbewerter ist, umso ausgeprägter wird sein Ehrgeiz sein, einwertige Ertragsprognosen abzugeben: Er wird sich nicht damit begnügen, Bandbreiten möglicher künftiger Ertragsprognosen zu benennen; er wird vielmehr Wissen über die Zukunft fingieren und so, Wahrsagern nicht unähnlich, zu einwertigen Ertragsprognosen kommen.«*[352]

346 Ihlau/Duscha BB 2013, 2346 (2349); Gleissner/Presber, Controller Magazin 2010, 82f.

347 Kühne/Nickert, ZInsO 2014, 2297 m. w. N.; Gleißner, in: Petersen/Zwirner/Brösel, Handbuch Unternehmensbewertung, 2013, S. 700 ff; Gleißner, KSI 2013, S. 172 ff. als Entgegnung auf Groß, P. KSI 2012, 241; Sinn, Ökonomische Entscheidungen bei Ungewissheit S. 48 ff, 218 ff; Göbel, Entscheidungen in Unternehmen S. 95 ff; Nickert/Kühne, Controller Magazin, Mai/Juni 2014 S. 59 ff; Gleißner/Ihlau, CFB 2012, 312 ff.

348 Spliedt, in: Runkel Anwaltshandbuch Insolvenzrecht, 2. Aufl. 2008, § 1 Rn. 139; zurückhaltender Andres, in: Splied 3. Aufl. 2015, § 1 Rn. 123.

349 BGH vom 06.06.1994 BGHZ 126, 181 zur Insolvenzreifeprüfung: »gewisser Beurteilungsspielraum«; BGH vom 21.04.1997 DB 1997 S. 1068 ff. »ARAG/Garmenbeck« »weiter Beurteilungsspielraum, der erst dann verletzt ist, wenn die Grenzen, in denen sich ein von Verantwortungsbewußtsein getragenes, ausschließlich am Unternehmenswohl orientiertes, auf sorgfältiger Ermittlung der Entscheidungsgrundlagen beruhendes unternehmerisches Handeln bewegen muß, deutlich überschritten sind, die Bereitschaft, unternehmerische Risiken einzugehen, in unverantwortlicher Weise überspannt worden ist oder das Verhalten des Vorstands aus anderen Gründen als pflichtwidrig gelten muß.«.

350 Kühne/Nickert, ZInsO 2014, 2297; Gleißner/Presber, Kredit & Rating Praxis 2010 S. 27ff (28f); Gleißner Controlling 2008, 81ff (82f); Ballwieser BFuP 1981, 97 ff; Druckarczyk/Schüler, Wpg 2003, 56 ff; Blöse/Wieland-Blöse, Praxisleitfaden Insolvenzreife S. 120; zur Softwareunterstützung: Martin Klein, Ad-In basierte Softwaretools zur stochastischen Unternehmensbewertung? http://www.econstor.eu/dspace/bitstream/10419/36702/1/631127364.pdf.

351 So wohl Groß/Amen, in Wpg 2002, 225 ff. und 433 ff.

352 Moxter, Grundsätze ordnungsgemäßer Unternehmensbewertung, 2. Aufl. 1983, S.116.

Ein solcher Erwartungswert wird entweder über eine nach Eintrittswahrscheinlichkeiten gewichtete Szenarioplanung[353] oder durch eine Monte-Carlo-Simulation gewonnen. Eine Risikoaggregation zum Erwartungswert ist – vereinfacht ausgedrückt – eine Zusammenfassung aller Chancen und Risiken, nicht jedoch deren einfache Addition. Zielsetzung der Risikoaggregation ist die Bestimmung der Gesamtrisikoposition eines Unternehmens sowie die Ermittlung der relativen Bedeutung von Einzelrisiken auf die Unternehmensentwicklung. Hierbei wird davon ausgegangen, dass es im Laufe eines Geschäftsjahres zu einer Vielzahl von Ereignissen kommt, die dazu führen, dass sich am Ende des geplanten Jahres Abweichungen von den ursprünglichen Planwerten ergeben. Diese Ereignisse können als Risiken angesehen werden, im Sinne einer positiven oder negativen Abweichung von Zielgrößen. Dabei sind Korrelationen (Wechselwirkungen) der Risiken durch Risikosimulationsverfahren explizit zu berücksichtigen. In der Praxis werden hierzu die Wirkungen von Einzelrisiken im Kontext der im Unternehmen genutzten Planungsmodelle (z. B. Plan-GuV) bewertet, eine Vorgehensweise, die die Verbindung zwischen Risikomanagement und »traditioneller« Unternehmensplanung ermöglicht. So werden durch Risiken verursachte »Streuungsbänder« der zukünftigen Gewinne oder Cash-Flows ermittelt, eine Methode, die letztlich zu einer fundierten Beurteilung der Zuverlässigkeit und einer Verbesserung der unternehmerischen Planungen beiträgt.

Das geeignetste Verfahren zur Risikoaggregation stellt heute die Risikosimulation (Monte-Carlo-Simulation) dar. Aus den ermittelten Realisationen der Zielgrößen ergeben sich aggregierte Wahrscheinlichkeitsverteilungen. Diese lassen Aussagen wie die Wahrscheinlichkeit einer Liquiditätsunterdeckung etc. zu. Aus diesen kann z. B. auch der Value at Risk (VaR) als ein Höchstschaden, der mit beispielsweise 80 %iger oder 95 %iger etc. Wahrscheinlichkeit nicht überschritten wird, ermittelt werden.

Im Rahmen einer solchen Monte-Carlo-Simulation werden die Wirkungen von Einzelrisiken in einem Unternehmensmodell (Unternehmensplanung) abgebildet und hinsichtlich ihres Einflusses auf die entsprechenden Posten der Gewinn- und Verlustrechnung (GuV) und/oder der Bilanz bewertet. Solche Wirkungen von Einzelrisiken auf Positionen in der GuV oder in der Bilanz werden im Modell durch Wahrscheinlichkeitsverteilungen beschrieben. In unabhängigen Simulationsläufen wird so zur Bestimmung des Risikos mithilfe der Monte-Carlo-Simulation ein Geschäftsjahr mehrere Tausend Mal simuliert und die Wirkung einer zufällig eingetretenen Kombination der potenziellen Risiken auf die GuV und/oder die Bilanz bestimmt.

Durch die Nutzung von Simulationsverfahren wird das komplexe Problem der analytischen Summierung von einer Vielzahl unterschiedlicher Risiken, insbesondere bei dieser Vorgehensweise, durch eine numerische Näherungslösung ersetzt. Im Prinzip wird durch diese Simulation eine repräsentative Stichprobe aller möglichen Risiko-Szenarien eines Unternehmensgeneriert und analysiert.

353 Ablehnend Haas, in: Baumbach/Hueck GmbHG § 64 Rn.47, arithmetisches Mittel (Anmerkung: m. E. nach Eintrittswahrscheinlichkeit gewichtetes Mittel) ist nicht zu bilden, sondern die Szenarien sind gegeneinander abzuwägen.

Alle Ergebnisse aus der Risikoaggregation werden in Form so genannter Risikokennzahlen verdichtet und zusammengefasst. Die Monte Carlo Simulation ist mittlerweile in der Theorie und Praxis anerkannt und im IDW S 6[354] als sachgerecht angesehen. Unter Fachleuten dürfte sie mittlerweile als »state oft the art« akzeptiert sein.

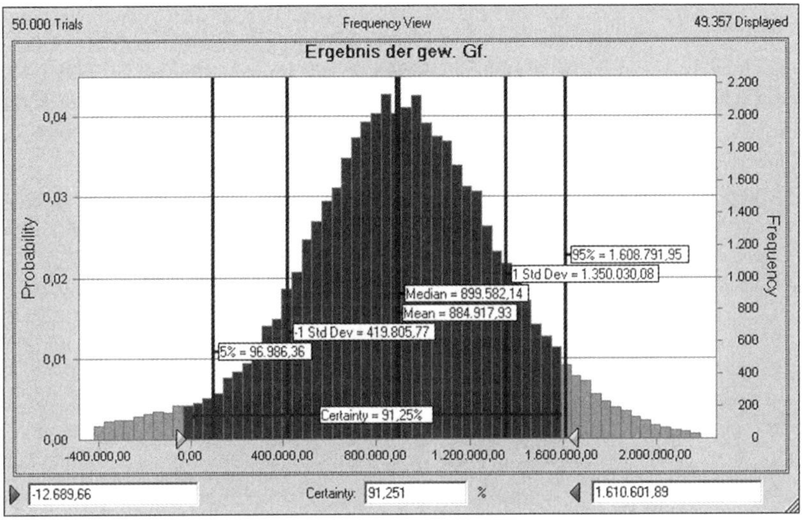

Das Bild zeigt das Ergebnis einer Monte Carlo Simulation.

Statistische Daten:

Forecast:	Ergebnis der gew. Gf.
Trials	50.000
Base Case	916.006,46 €
Mean	884.917,93 €
Median	899.582,14 €
Standard Deviation	465.112,16 €
Variance	216.329.317.320,71 €
Minimum	- 4.361.774,41 €
Maximum	3.040.611,79 €

Der Erwartungswert liegt bei 884T€, der Median, also der Teiler aller Szenarien bei 899 T€ und der Management Case (Mid Case) bei 916 T€. Die mittleren Schwankungen (Standardabweichung) liegen bei +/- 465 T€ und die Simulation hat einen Planungskorridor (maximale Bandbreiten) von -4.361 bis +3.040 T€ errechnet. Insbesondere

354 IDW S 6, dort unter Tz. 142.

die Standardabweichung zeigt, wie viel »Risiko« (also auch Chance) in der Planung steckt: Je höher die Standardabweichung desto höher das Risiko.

Die Monte Carlo Simulation lässt aber noch zahlreiche weitere Aussagen zu wie z. B.: mit einer Wahrscheinlichkeit von 91,25 % liegt das künftige Ergebnis zwischen -12T€ und +1.610 T€. Mit einer Wahrscheinlichkeit von 95 % liegt das Ergebnis über 96 T€.

Alle diese Aussagen und Kennzahlen können natürlich auch auf den Cashflow oder auf das Eigenkapital bezogen werden. Es dürfte greifbar sein, dass eine solche Analyse ein viel besseres Bild über die Zukunft gibt, als irgendwelche Szenarien, deren Bildung meist nicht nachvollzogen werden kann.

Zu berücksichtigen ist dabei, dass der so gewonnene **Erwartungswert** keine »Risikovorsorge« oder **keinen Sicherheitspuffer**[355] enthält.[356] Wenn man den Gläubigerschutz insbesondere der Neugläubiger berücksichtigen und eine frühzeitige Antragsstellung verfolgen will, wäre es naheliegend als »Korrektiv« der subjektiven Wahrscheinlichkeiten aber einen Sicherheitsabschlag einzukalkulieren oder einen »Stresstest« durchzuführen und die insolvenzrechtliche Entscheidung daran auszurichten. Hierzu könnte man die Entwicklung der letzten Jahre (vorzugsweise bis zu 10 Jahre zurück) analysieren und ermitteln was die größte und die durchschnittliche Umsatz- oder EBIT-Schwankung war. Mit solchen Zahlen könnte man dann die erstellte Planungsrechnung einem Stresstest unterziehen und dokumentieren wie »robust« die Planung auf Erwartungswertbasis ist. Anbieten könnte sich aber auch die Cashflows gemäß dem Erwartungswert um die Insolvenzwahrscheinlichkeit zu kürzen, denn in Höhe dieser Wahrscheinlichkeit ist mit der Insolvenz zu rechnen:

Stresswert: Cashflow – (Cashflow * Insolvenzwahrscheinlichkeit in %).

Dieser verbleibende Wert müsste dann ausreichend sein, um jederzeit die fälligen Verbindlichkeiten bedienen zu können. Allerdings ist zu berücksichtigen, dass im Insolvenzszenario dennoch weitere Cashflows an die Gläubiger ausgezahlt werden können, wenn z. b. die Fortführung gut läuft und deshalb eine hohe Quote ausbezahlt wird. Anderseits zeigt die Insolvenzwahrscheinlichkeit einen statistisch durchschnittlichen Wert, der im Einzelfall auch deutlich verfehlt sein kann. Insoweit handelt es sich um eine starke Vereinfachung.

In jedem Fall muss sich der Planer bewusst machen, dass nicht alle geplanten Sanierungsmaßnahmen in dem erhofften Umfang und zur erhofften Zeit greifen. Oft ergeben sich Verzögerungen. Ist aber die Planung »auf Kante genäht« begründet einer solche Verzögerung die Insolvenzantragspflicht.[357] Der Finanzplan hat also die Aufgabe, die künftigen Einzahlungs- bzw. Auszahlungsüberschüsse abzubilden und durch Vortrag des Vorwerts den Liquiditätspuffer bzw. die Liquiditätsunterdeckung auszuweisen.

355 Wie es Karollus/Huemer verlangen vgl. Fortbestehensprognose S. 103 f.

356 Kühne/Nickert, ZInsO 2014, 2297 (2305) m. w. N.

357 OLG Düsseldorf, 17.06.1999 – 6 U 65/97; NZG 1999, 1066–1068.

Bei der Prognoserechnung sind geplante und bereits umgesetzte Sanierungsmaßnahmen zu berücksichtigen.[358] Allerdings muss die Umsetzung der Maßnahme auch hinreichend sicher sein. Insbesondere Maßnahmen, denen die Gläubiger die Zustimmung bereits verweigert haben, dürfen nicht berücksichtigt werden.[359]

Fraglich ist, wie geplante Sanierungsmaßnahmen zu berücksichtigen sind. Nach Sikora **185**
gelten folgende Handlungsempfehlungen:[360]

Innerbetriebliche Sanierungsmaßnahmen sind grds. dann berücksichtigungsfähig, wenn sie in fester Verwirklichungsabsicht konkret geplant sind und eine Verwirklichung auch realistisch erscheint.[361]

Eigenkapitalzufuhr durch die Gesellschafter sollen schon dann berücksichtigungsfähig sein, wenn sie rechtsverbindlich fixiert sind. Ich halte dies für problematisch, da die Gesellschafter selbst bei einer beurkundeten Kapitalerhöhung bei Eintritt der Insolvenzreife nicht mehr an den Übernahmevertrag gebunden sind.[362] Entsprechendes gilt für Patronatserklärungen, die nach dem »Star 21« Urteil des BGH[363] aufgrund der Privatautonomie jederzeit kündbar sein können. Es muss daher mit der erforderlichen Sicherheit feststehen und vertraglich geregelt sein, dass die Gesellschafterbeiträge auch tatsächlich einbezahlt werden.[364] Entsprechendes gilt für Überlassungserklärungen der Gesellschafter. Hier hat Bitter[365] herausgearbeitet, dass alleine der Rangrücktritt nicht ausreichend ist, sondern eine vorinsolvenzliche Durchsetzungssperre vereinbart werden muss.

Fremdkapitalzufuhr soll schon ohne rechtsverbindliche Zusicherung berücksichtigungsfähig sein, wenn das Unternehmen noch kreditwürdig ist und daraus mit hinreichender Wahrscheinlichkeit auf die Erlangung der jeweiligen Mittel geschlossen werden kann. Ich halte auch diese Auffassung für nicht unproblematisch. Zwischen der objektiven Fähigkeit, Kredit zu erlangen und dem Willen, Kredit zu beantragen, ist zu unterscheiden. Kreditinstitute verlangen in schwierigen Zeiten regelmäßig Gesellschafterbeiträge, wenigstens in Form von Sicherheiten, die nicht jeder zu begeben bereit ist. Da nach Auffassung des BGH drei Wochen für eine Krediterlangung angemessen und

358 Sikora, NWB 2009, 232, 237.

359 BGH, 23.02.2004 – II ZR 207/01, GmbHR 2004, 898.

360 Sikora, NWB 2009, 232, 237 in Anlehnung an Karollus, RGZ 2007, 5.; Sikora, ZInsO 2010, 1761 (1769 ff).

361 Gesellschafterzuschüsse müssen i. d. R. rechtsverbindlich festgelegt sein.

362 BGH v. 07.11.1994 – II ZR 248/93, ZIP 1995, 28; Zöllner, in: Baumbach Hueck GmbHG, § 55 Rn. 37 m. w. N. (nur bei unbekannter Insolvenzreife keine Bindung).

363 BGHZ 187, 69.

364 Harte interne Patronatserklärung erforderlich und Zugang zu den liquiden Mitteln: BGH, 19.05.2011 – IX ZR 9/10; ZInsO 2011, 1115 = ZIP 2011, 1111; BGH, 19.09.2013 – IX ZR 232/12, ZInsO 2013, 2055, Bitter, in: Scholz GmbHG vor § 64 Rn. 41 zur Berücksichtigung im Überschuldungsstatus.

365 Bitter, in: Scholz GmbHG vor § 64 Rn. 65 f; BGH, 05.03.2015 – IX ZR 133/14 wird diese Durchsetzungssperre wohl in den Rangrücktritt »hineininterpretiert«.

ausreichend sind, dürfte diese hypothetische Annahme in den wenigsten Praxisfällen relevant werden, da nach Kreditantrag innerhalb kurzer Frist ja mit einer Entscheidung zu rechnen ist. Fällt diese negativ aus, gilt das oben Gesagte.[366] Wenigstens sollte ein »Test« dahingehend erfolgen, dass zum vermeintlichen Kapitalaufnahmetermin eine zukünftige Ratingnote errechnet wird, welche eine Finanzierung als möglich erscheinen lässt. Dies ist mit vielen zum Teil kostenlosen Programmen sehr gut möglich.[367]

Sanierungshilfen der Gläubiger (etwa Stundungen oder Forderungsverzichte) sind aus Gläubigerschutzgründen nur bei Vorliegen einer rechtsverbindlichen Zusicherung berücksichtigungsfähig.

186 Ausgangspunkt der Finanzplanung ist die **Ertragsplanung.**[368] Die Ertragsplanung orientiert sich dabei i. d. R. am Raster der Gewinn- und Verlustrechnung. Auf eine Ertragsplanung kann nur verzichtet werden, wenn der Prüfungszeitraum sehr begrenz ist und sich dieser auf einen Zeitraum von wenigen Wochen erstreckt. Ein Anhaltspunkt dafür sind die Fälligkeiten der aktuellen offenen Forderungen. Jedenfalls wenn die zu erwirtschaftenden Erträge als Aufträge erst gewonnen werden müssen, ist eine Ertragsplanung (zur Plausibilisierung) unerlässlich. An dieser Stelle ist darauf hinzuweisen, dass nach überzeugender Ansicht[369] jedenfalls bei haftungsbeschränkten Gesellschaften von einer Planungspflicht auszugehen ist.

► Hinweis:

Da die Ertragsplanung netto, also ohne Berücksichtigung der USt erfolgt, müssen hier etliche Korrekturen vorgenommen werden. Der Finanzplan muss nämlich alle Zahlungsströme aufweisen, er bildet also die Brutto-Zahlungen ab.

187 Aus dieser Planung sind dann zunächst die sog. **pagatorischen**[370]**Korrekturen** vorzunehmen.

Aus der Ertragsplanung sind diejenigen **Erlöse** zu eliminieren, die keinen Zahlungszufluss bewirken.

► Beispiele:

- Der Unternehmer löst aufgrund eines gewonnenen Prozesses eine Prozesskostenrückstellung auf.
- Der Unternehmer holt eine vormals gebildete außerplanmäßige Abschreibung wegen eines Wertanstiegs wieder auf.

366 BGH, 23.02.2004 – II ZR 207/01, GmbHR 2004, 898.

367 Vgl. DATEV Unternehmensanalyse; DATEV Schnellberechnung »Krisensignal«; Strategienavigator bzw. Quick Rater der FutureValue Group AG.

368 S. u. Rdn. 30 ff. bei Fortbestehensprognose.

369 Groß/Amen, Rechtspflicht zur Unternehmensplanung? – Ein Diskussionsvorschlag zur Konkretisierung der Planungspflicht und von Mindestanforderungen an eine ordnungsmäßige Unternehmensplanung –, Wpg Heft 2003, 1161 ff.

370 Pagatorisch = auf Zahlungsvorgängen beruhend.

Ebenfalls sind die **Aufwandspositionen** zu eliminieren, die keinen zeitgleichen Zahlungsabfluss bewirken. 188

▶ Beispiele:

- Das Unternehmen verbucht jeden Monat in seiner Ertragsplanung die Zuführung zu den langfristigen Pensionsrückstellungen. Hier sind Zahlungsabgänge erst zu berücksichtigen, wenn die Pensionen zu zahlen sind.
- Das Unternehmen wertet seine Warenvorräte (Ladenhüter) ab. Auch dieser Vorgang ist nicht zahlungswirksam.
- Die Gewährleistungsrückstellungen werden angepasst.
- Auf die Maschinen werden die jährlichen Abschreibungen vorgenommen.
- Es stellt sich heraus, dass ein Grundstück verseucht ist. Das Grundstück ist im Wert erheblich gemindert. Es erfolgt eine außerplanmäßige Abschreibung auf das Grundstück.
- Verluste aus dem Abgang von Anlagevermögen z. B. durch einen Stromschlag wird die gesamte EDV zerstört.

Ferner sind aber **Zahlungseinnahmen** zu berücksichtigen, die in der Ertragsplanung bislang nicht berücksichtigt wurden. 189

▶ Beispiele:

- Das Unternehmen plant in der Planungswoche 1 mit einem Zahlungseingang aus einer Kapitalerhöhung, die vor zwei Wochen beurkundet wurde.
- Das Unternehmen verkauft eine nicht mehr benötigte Maschine, Buchwert 50, zu einem Kaufpreis von 100. Die Ertragsplanung weist hier nur einen Ertrag von 50 aus, während aber 100 zufließen.

Ebenso sind nicht ertragswirksame **Zahlungsausgänge** zu berücksichtigen. 190

▶ Beispiel:

Das Unternehmen zahlt eine Tilgungsrate von 100 an die Hausbank und kauft einen Pkw für 50 (Investition).

Im Ergebnis bedeutet dies, dass die künftige Unternehmensplanung als Ertragsplanung zu analysieren ist, welche Geschäftsvorfälle zahlungswirksam sind und welche nicht. Hierzu kann für diese Überleitung praktisch jedes Schema zur Ableitung des Cashflow oder der Kapitalflussrechnung aus der Gewinn- und Verlustrechnung herangezogen werden.[371] 191

371 Hirschberger, Die Kapitalflussrechnung nach IAS 7/DRS 2, S. 28; Schruff u. a., in: WP Handbuch 2012, Bd. I, M 785 ff.

192

„Überleitung von der Ertrags- zur Liquiditätsplanung“		
A. Vorarbeiten	ja	nein
I. Erstellung kurzfristige Erfolgsrechnung	☐	☐
II. Bruttowerte ermitteln	☐	☐
B. Wurden folgende pagatorischen Korrekturen vorgenommen?		
Erträge, die nicht zahlungswirksam sind		
1. Minderung von Rückstellungen	☐	☐
2. Auflösung von Rückstellungen	☐	☐
3. Zuschreibungen auf Gegenstände des Anlagevermögens	☐	☐
4. Zunahme an Vorräten	☐	☐
5. Zunahme an Forderungen aus Lieferungen und Leistungen	☐	☐
6. Abnahme an Verbindlichkeiten aus Lieferungen und Leistungen	☐	☐
Aufwände, die nicht zahlungswirksam sind		
1. Erhöhung von Rückstellungen	☐	☐
2. Einstellung von Rückstellungen	☐	☐
3. Abschreibungen auf Gegenstände des Anlagevermögens	☐	☐
4. Außerplanmäßige Abschreibungen auf Gegenstände des Anlagevermögens	☐	☐
5. Abschreibungen auf Gegenstände des Umlaufvermögens	☐	☐
6. Verluste aus dem Abgang von Anlagevermögen	☐	☐
7. Abnahme an Forderungen aus Lieferungen und Leistungen	☐	☐
8. Zunahme an Verbindlichkeiten aus Lieferungen und Leistungen	☐	☐
Zahlungseingänge, die nicht ertragswirksam sind		
1. Darlehensaufnahmen	☐	☐
2. Kapitalerhöhungen	☐	☐
3. Gewinne aus dem Abgang von Anlagevermögen	☐	☐
Zahlungsausgänge, die nicht ertragswirksam sind		
1. Tilgungen von Darlehen	☐	☐
2. Kapitalherabsetzungen	☐	☐
3. Kauf von Anlagevermögen	☐	☐
4. Verluste aus dem Abgang von Anlagevermögen	☐	☐
	☐	☐
C. Zeitliche Korrekturen vornehmen		
a) Debitorenlaufzeit	☐	☐
b) Kreditorenlaufzeit	☐	☐
D. Soll-/Ist – Vergleich		
a) Abweichungen	☐	☐
b) Anpassungen	☐	☐

193 In einem zweiten Schritt sind die **zeitlichen Korrekturen** vorzunehmen. Aufgrund der Rechtsprechung des BGH,[372] wonach für die zeitliche Abgrenzung der Zahlungsunfähigkeit zur bloßen unbeachtlichen Zahlungsstockung die Drei-Wochen-Frist gilt, muss die kurzfristige Finanzplanung mindestens auf Wochenbasis erfolgen. Eine Monatsplanung könnte die Zahlungsfähigkeit im Kurzfristbereich von drei Wochen nicht ausschließen. Die Planung im mittelfristigen Bereich (bis sechs Monate) kann m. E. auf Monatsbasis erfolgen, da in diesem Bereich eine »Treffergenauigkeit« auf Wochenbasis ohnehin nicht erreicht werden kann.

372 BGH, 24.05.2005 – IX ZR 123/04, BGHZ 163, 134, ZInsO 2005, 807 ff.

Aus der Ertragsplanung sind diejenigen **Erlöse** zu eliminieren, die im Planungszeitraum keinen Zahlungszufluss bewirken. Im Wesentlichen geht es dabei um die zeitliche Verschiebung der Erlöse und Aufwendungen. 194

▶ Beispiele:

- Der Unternehmer stellt eine Baustelle fertig. Dem Kunden ist für die Schlusszahlung von 100 ein Zahlungsziel von 70 Tagen eingeräumt. In der Ertragsplanung würde mit Abnahme ein Ertrag von 100 ausgewiesen. Der Zahlungseingang darf aber erst in der 10. Woche eingeplant werden.
- Der Unternehmer arbeitet an einer weiteren Baustelle und erhöht den Bestand seiner halbfertigen Arbeiten. Hier darf er erst einen Zahlungseingang einplanen, wenn er nach der VOB eine weitere Abschlagszahlung verlangen kann.

Außerdem sind die **Zahlungsabgänge** zu ermitteln, die bereits vorher als Aufwand berücksichtigt wurden. 195

Um die Verschiebung zu berücksichtigen, müssen folgende Informationen eingeholt werden:

Zeitliche Anpassung 196

- Debitorenumschlagdauer – Zahlungsverhalten der Kunden
  - Zahlungsverhalten aufgrund der vertraglichen Konditionen
  - Tatsächliches Zahlungsverhalten
- Zahlungseingänge aus Kreditkarten u. Ä.
- Zahlungspflichten gegenüber Lieferanten
- Fälligkeiten von öffentlich-rechtlichen Abgaben und institutionellen Gläubigern (Energiekosten, Telekommunikation etc.)
- Zahlungsverpflichtungen aus Dauerschuldverhältnissen
- Außergewöhnliche Zahlungspflichten im Planungszeitraum
- Tilgungsleistungen

Außerdem ist der Bedarf für Unvorhergesehenes zu ermitteln, damit ein Sicherheitspuffer gebildet werden kann.

Auch über den Eingang der gestellten Rechnungen ist eine sachgerechte Annahme zu treffen. In der Regel dürfte diese nach dem üblichen Zahlungsverhalten der Kunden ausfallen. Hinsichtlich der **Debitorenumschlagsdauer** sollten aus der OPOS-Buchhaltung[373] die zehn größten Kunden durch eine ABC-Selektion in Erfahrung gebracht werden und deren Zahlungsverhalten einzeln errechnet werden. Nicht selten kommt es nämlich vor, dass gerade bei diesen besonders wichtigen Kunden, mit denen der größte Umsatz erzielt wird, große Zugeständnisse in Bezug auf das Zahlungsverhalten gemacht werden. 197

373 Offene Posten Buchhaltung.

198 Die Liquiditätsplanung ist durch einen Soll-/Ist-Vergleich permanent zu überwachen. Sofern sich **Änderungen** ergeben, ist die Planung anzupassen. Änderungen können sich ergeben aus

- einer anderen Entwicklung als geplant/prognostiziert (zu geringer Sicherheitspuffer),
- einer fehlerhaften pagatorischen und/oder zeitlichen Korrekturen.

Sofern die Liquiditätsplanung regelmäßig durch den tatsächlichen Verlauf bestätigt wurde, kann der Sicherheitspuffer sukzessive reduziert werden.[374]

199 Für die Planerstellung ist es sinnvoll, zunächst mit den Auszahlungen zu beginnen. Zuvor ist aber zu klären, ob bei der Planung überhaupt die sogenannten »Passiva II« zu berücksichtigen sind oder nicht[375]. In letzterem Fall dürfen natürlich nur die aktuell fälligen Verbindlichkeiten in der Planung berücksichtigt werden. Diese stehen jedenfalls im Fixkostenbereich fest und können daher i. d. R. detailliert geplant werden. Auch die leistungsabhängigen Ausgaben, z. B. für den Wareneinsatz, können i. d. R. sehr gut geplant werden, da eine dreiwöchige Auftragsauslastung fast immer antizipiert werden kann. Die Planung in diesem Schema weist von oben herunter den Liquiditätsbedarf aus, ähnlich einem »Mindesteinzahlungs-break-even-point«.

Eine zwingende Vorgabe ist diese Planungsreihenfolge aber nicht. Die Planung im Schema der kurzfristigen Erfolgsrechnung ist ebenfalls möglich und sogar überwiegend gebräuchlich und hat den Vorteil, dass sie ohnehin aus der Ertragsplanung abgeleitet wird. Die Ertragsplanung wird aber praktisch ausnahmslos im Schema der kurzfristigen Erfolgsrechnung vorgenommen.

374 Karollus/Huemer, S. 102 ff.

375 Herr Ri BGH Dr. Pape hat am 13.03.2015 auf einer Tagung diese Frage als »noch offen« bezeichnet; OLG Hamburg vom 29.04.2009 – 11 U 48/08, BeckRS 2009, 254996, vgl. hierzu auch Kriegel unter Rdn. 51. und BGH vom 21.08.2013 – 1 StR 665/12, ZInsO 2013, 2107: Das geschieht durch eine Finanzplanrechnung, aus der sich die hinreichend konkret zu erwartenden Einnahmen und Ausgaben der nächsten 21 Tage ergeben.

d) Beispiel für einen Finanzplan 200

Planperiode	FiBu Kontonummer	1	2	3	Summe
Löhne & Gehälter		100,00	200,00	150,00	450
LSt,Sozialaufw....		100,00	200,00	150,00	450,00
Miete/Pacht		100,00	200,00	150,00	450,00
Heizung/Strom/Wasser		100,00	200,00	150,00	450,00
Reinigung/Abfall		100,00	200,00	150,00	450,00
Instandh./Wartung		100,00	200,00	150,00	450,00
KfZ-Kosten		100,00	200,00	150,00	450,00
Werbung/Dekoration		100,00	200,00	150,00	450,00
Versicherung/Beiträge		100,00	200,00	150,00	450,00
Rep.BGA/Leasing/Wartung		100,00	200,00	150,00	450,00
EDV		100,00	200,00	150,00	450,00
Reisekosten		100,00	200,00	150,00	450,00
Fremdleistungen		100,00	200,00	150,00	450,00
Büro/Verwaltugskosten		100,00	200,00	150,00	450,00
Telefon		100,00	200,00	150,00	450,00
Beratungskosten		100,00	200,00	150,00	450,00
Sonstiges		100,00	200,00	150,00	450,00
Zinsaufwendungen		100,00	200,00	150,00	450,00
					0,00
					0,00
Summe Auszahlungen Kostenbereich		1.800,00	3.600,00	2.700,00	8.100,00
Wareneinkauf		500,00	600,00	500,00	1.600,00
					0,00
Summe Auszahlungen Wareneinsatzbereich		500,00			500,00
Investitionen		20,00	0,00	25,00	45,00
					0,00
Summe Auszahlungen Investitionsbereich		0,00	0,00	0,00	0,00
Tilgungen		75,00	75,00	75,00	225,00
					0,00
Summe Auszahlungen Finanzbereich		75,00	75,00	75,00	225,00
Summe Gesamtabfluss		**2.375,00**	**3.675,00**	**2.775,00**	**8.825,00**
Einzahlung aus Umsatz Gruppe 0		500,00	500,00		1.000,00
Einzahlung aus Umsatz Gruppe 1		750,00	750,00	33,00	1.533,00
Einzahlung aus Umsatz Gruppe 2		950,00	950,00		1.900,00
Einzahlung aus Geschäftstätigkeit		2.200,00	1.700,00	33,00	3.933,00
Desinvestition		500,00			500,00
					0,00
Einzahlung aus Desinvestitionsbereich		500,00	0,00	0,00	500,00
Darlehensaufnahme		500,00			500,00
					0,00
					0,00
					0,00
Einzahlung aus Finanzbereich		500,00	0,00	0,00	500,00
Summe Gesamteinzahlungen		**3.200,00**	**1.700,00**	**33,00**	**4.933,00**
Monatsergebnis		825,00	-1.975,00	-2.742,00	-3.892,00
Liquidität	**500**	**1.325,00**	**-650,00**	**-3.392,00**	
freie Liquidität bei Planungsbeginn inkl. KK Linie					

Der vorstehende Plan geht erkennbar von der Berücksichtigung auch der Passiva II aus.

e) Wie leitet man aus dem Finanzplan die Zahlungsunfähigkeit ab?

201 Zahlungsunfähigkeit bedeutet die Unfähigkeit fällige Verbindlichkeiten zu befriedigen (s. Rdn. 6). Nach dem Gesetzeswortlaut reicht 1,00 € an ungedeckten Verbindlichkeiten aus, um die Zahlungsunfähigkeit zu begründen. Der BGH hat in seiner viel zitierten Entscheidung v. 24.05.2005 (s. Rdn. 38) ausgeführt, dass geringfügige Lücken von weniger als 10 % die Zahlungsunfähigkeit grds. nicht zu begründen vermögen. Die zeitliche Grenze, in welcher die unbeachtliche Zahlungsstockung zur beachtlichen Zahlungsunfähigkeit wechselt wurde mit drei Wochen angenommen. Wie lese ich nun einen erstellten Finanzplan unter Beachtung dieser Vorgaben?

In dem obigen Beispiel (Rdn. 200) lag zum Planungsbeginn ein positiver Liquiditätssaldo von 500 vor. Dieser kippte in der KW 2 zu einer Unterdeckung, die sich in der KW 3 noch verstärkte. Demnach liegt am Ende der KW 3 Zahlungsunfähigkeit vor, wenn die Lücke die 10 %-Grenze überschreitet.

Wie Eingangs dargestellt, kann die 10 %-Grenze nicht stichtagsbezogen betrachtet werden, da anderenfalls der Schuldner schlechter gestellt wäre, der seine Gläubiger wenigstens teilweise bedient. M. E. muss auf die durchschnittlichen fälligen Verbindlichkeiten abgestellt werden. D. h. es ist der Betrag der durchschnittlich fälligen Verbindlichkeiten des Unternehmens zu ermitteln. Saisonale Schwankungen sind zu berücksichtigen, soweit sie typisch für das Unternehmen sind. Hierzu können i. d. R. die Auswertungen aus der Finanzbuchhaltung nicht herhalten, da dort nur in Ausnahmefällen die Fälligkeit berücksichtigt und gebucht wird. Diese ist weder für die handels- noch steuerrechtliche Rechnungslegung von Belang. Die Lösung ist wohl über die Beweislast zu suchen. Soweit nämlich die Liquiditätsplanung einen Negativsaldo ausweist, liegt es am Geschäftsführer, die durch die Rechtsprechung kreierte Ausnahme vom Gesetzeswortlaut zu begründen. D. h. der Geschäftsführer muss darlegen und beweisen, in welcher Höhe das Unternehmen durchschnittlich fällige Verbindlichkeiten hatte. Dieser Durchschnittsbestand ist in Relation zu der Liquiditätsunterdeckung am Ende der Planperiode zu setzen, um dann endlich darüber zu entscheiden, ob Zahlungsunfähigkeit vorliegt oder nicht.

202 Damit ist aber die Prüfung der Zahlungsunfähigkeit noch nicht abgeschlossen. In einem **absehbaren Zeitraum** müssen alle oder fast alle **fälligen** Verbindlichkeiten wieder zurückgeführt werden. Dies ist zu prüfen, sofern die ungedeckten fälligen Verbindlichkeiten unter 10 % betragen und eine negative Prognose nicht festzustellen ist. Den Umfang des Zeitraums hat der BGH nicht angegeben. Der BGH stellt dabei auf die fälligen Verbindlichkeiten ab; d. h. für diese Prüfung ist auf ein ernsthaftes Einfordern gerade nicht abzustellen.

Die Aufweichung der Zahlungsunfähigkeitsdefinition ist in einer Entscheidungstrias entwickelt worden, die wie folgt in ihrer Entwicklung zitiert wird (Hervorhebungen vom Verfasser):

– **BGH, Urt. v. 24.05.2005:** [376] 203

»Ein Insolvenzverfahren soll immer – aber auch erst – dann eingeleitet werden, wenn die Einzelzwangsvollstreckung keinen Erfolg mehr verspricht und nur noch die schnellsten Gläubiger zum Ziele kommen, die anderen hingegen leer ausgehen, eine gleichmäßige Befriedigung somit nicht mehr erreichbar ist. **Je geringer der Umfang der Unterdeckung ist, desto eher ist es den Gläubigern zumutbar, einstweilen zuzuwarten, ob es dem Schuldner gelingen wird, die volle Liquidität wieder zu erlangen.** Das Geschäftsleben ist in weiten Teilen dadurch gekennzeichnet, dass Phasen mit guter Umsatz- und Ertragslage und Rückschläge sich abwechseln. Insbesondere mittelständische Unternehmen mit geringer Eigenkapitalausstattung, etwa Handwerksbetriebe, sind oft darauf angewiesen, daß Kundenzahlungen vollständig und zeitnah erfolgen. Wird ein größerer Auftrag nicht bezahlt, kann dies eine Liquiditätskrise auslösen. **Je kleiner die Liquiditätslücke ist, desto begründeter ist die Erwartung, dass es dem Schuldner gelingen wird, das Defizit in absehbarer Zeit zu beseitigen – sei es durch eine Belebung seiner Geschäftstätigkeit, sei es durch die anderweitige Beschaffung neuer flüssiger Mittel, sei es durch Einigung mit Gläubigern –, also die Zahlungsfähigkeit wieder zu erlangen** (so bereits Burger/Schellberg BB 1995, 261, 263; FK-InsO/Schmerbach, aaO § 17 Rn. 2; Scholz/K. Schmidt, § 64 Rn. 13). **In einem solchen Fall brächte die Insolvenzeröffnung den Gläubigern keinen Vorteil, insbesondere keine schnellere und betragsmäßig höhere Befriedigung** (Himmelsbach/Thonfeld aaO S. 15; Zweifel am Rechtsschutzinteresse des antragstellenden Gläubigers äußern auch Nerlich/Römermann/Mönning, aaO § 17 Rn. 18).«

Das Problematische an dieser Entscheidung ist, dass der BGH darauf abstellt, dass es den (bestehenden) Gläubigern zuzumuten ist, die weitere Entwicklung abzuwarten. Der BGH übersieht dabei, dass es neben dem Schutz der Altgläubiger gerade auch auf den Schutz des Rechtsverkehrs, namentlich der Neugläubiger, ankommt.[377] Diesen Neugläubigern ist es aber gerade nicht zuzumuten, mit einem zumindest aktuell nicht liquiden Unternehmen zu kontrahieren. Auflösen könnte man dieses Dilemma nur, wenn man für Neugläubiger einen anderen Zahlungsunfähigkeitsbegriff annähme. Dafür gibt aber das Gesetz nichts her.

– **BGH, Urt. v. 12.10.2006:** [378] 204

»Ist die Schuldnerin nicht in der Lage, sich innerhalb von drei Wochen die zur Begleichung der fälligen Forderungen benötigten finanziellen Mittel zu beschaffen, handelt es sich nicht mehr um eine rechtlich unerhebliche Zahlungsstockung (BGHZ 163, 134, 139 f). Beträgt die innerhalb von drei Wochen nicht zu beseitigende Liquiditätslücke der Schuldnerin weniger als 10 % ihrer fälligen Gesamtverbindlichkeiten, ist regelmäßig von Zahlungsfähigkeit auszugehen, es sei denn, es ist bereits absehbar, dass die Lücke demnächst mehr als 10 % erreichen wird. Beträgt die Liquiditätslücke der Schuldnerin 10 % oder mehr, ist dagegen regelmäßig von Zahlungsunfähigkeit auszugehen, sofern nicht ausnahmsweise mit an Sicherheit grenzender Wahrscheinlichkeit zu erwarten ist, **dass die Liquiditätslücke demnächst vollständig oder fast vollständig geschlossen wird und den Gläubigern ein Zuwarten nach den besonderen Umständen des Einzelfalles zuzumuten ist** (BGHZ 163, 134, 142 f).«

---

376 BGH, 24.05.2005 – IX ZR 123/04, BGHZ 163, 134 = ZInsO 2005, 807 ff.

377 BGH, 6.6.1994 – II ZR 292/91, BGHZ 126, 181.

378 BGH, 12.10.2006 – IX ZR 228/03, ZInsO 2006, 1210 ff.

205 – **BGH, Beschl. v. 19.07.2007:** [379]

> »Nach mittlerweile gefestigter Rechtsprechung des Bundesgerichtshofs ist dann, wenn eine Liquiditätslücke von 10% oder mehr besteht, regelmäßig von Zahlungsunfähigkeit des Schuldners auszugehen (BGHZ 163, 132, 145; BGH, Urt. v. 12. Oktober 2006, aaO). **Das gilt nur dann nicht, wenn ausnahmsweise mit an Sicherheit grenzender Wahrscheinlichkeit zu erwarten ist, dass die Liquiditätslücke zwar erst mehr als drei Wochen später, aber in absehbarer Zeit vollständig oder fast vollständig beseitigt werden wird und den Gläubigern ein Zuwarten nach den besonderen Umständen des Einzelfalls zuzumuten ist** (BGHZ 163, 134, 145 f; BGH, Urt. v. 12. Oktober 2006, aaO).«

Der Vorsitzendes des IX. Senats hat in einem Aufsatz den Zeitraum konkretisiert:[380]

> »Das Urteil nennt insoweit keine zeitliche Obergrenze. Man wird jedoch mit aller Vorsicht sagen können, dass als Ausnahmefälle in aller Regel nur Verzögerungen bis zu drei Monaten in Betracht kommen, und solche, die länger als sechs Monate dauern, generell indiskutabel sind.«

206 Kriterien, wann drei Monate, wann vielleicht doch sechs Monate oder wann ein kürzerer Zeitraum zu prüfen und den Gläubigern zuzumuten ist, gibt weder der BGH noch Fischer. Dies lädt, gepaart mit der Akzeptanz der subjektiven Erwartungen, zum Spekulieren auf Kosten der Gläubiger ein.[381]

207 D. h. es ist zu prüfen, ob die vollständige oder fast vollständige Bezahlung innerhalb eines 3-Monats-Zeitraums mit Sicherheit feststeht. Was dabei unter »*fast vollständig*« zu verstehen ist, definiert der BGH bedauerlicher Weise nicht. *Soll hier nun wieder die 10%-Grenze gelten?* Dann wären weitere drei Monate zu prüfen, usw. Die Widersprüchlichkeit wird erkennbar, wenn sich die Beseitigung der Liquiditätsunterdeckung verzögert. Dies soll folgende Beispiel verdeutlichen: Der Schuldner S zeigt eine Deckungsquote von 95%. Seine Planung zeigt deren vollständige Schließung nach 6 Monaten. Die Entwicklung verzögert sich und er erkennt im Monat 6, dass er noch weitere 3 Monate benötigt.

Geht man von einer maximalen Frist von 6 Monaten zur Erlangung des vollständigen Zahlungsgleichgewichts aus und die Entwicklung verzögert sich um 3 Monate, liegt Zahlungsunfähigkeit ab Überschreiten des 6 Monats vor, obwohl eine zu diesem Stichtag angestellte Prüfung die Beseitigung der Zahlungsunfähigkeit in (weiteren) 3 Monaten erwarten lässt, mithin bei aktueller Prüfung keine Zahlungsunfähigkeit bestünde, mithin ein Insolvenzantrag zu diesem Zeitpunkt unbegründet wäre. Die Rechtsprechung des BGH lässt es im Hinblick auf sich verbessernde Umstände also zu, dauerhafte Liquiditätslücken aufzubauen. Es bleibt abzuwarten, ob das gesteigerte

379 BGH, 19.07.2007 – IX ZB 36/07, ZInsO 2007, 939 ff.

380 Fischer, ZGR 2006, 403, 408.

381 Bitter, in: Scholz GmbHG vor § 64 Rn. 39; Schmerbach, in: FK-InsO § 19 Rn. 38; Kühne/Nickert, ZInsO 2014, 2297 (2307).

Beweismaß[382] der »mit an Sicherheit grenzenden Wahrscheinlichkeit« dem Schutzbedürfnis der (Neu-) Gläubiger Rechnung trägt.

Ferner muss das **Zuwarten den Gläubigern zumutbar** sein. Dabei geht das Gesetz gerade davon aus, dass es einem Gläubiger nicht zumutbar ist, auf die Befriedigung seiner Verbindlichkeiten zu warten. 208

Daran ändert auch nichts, dass sich Uhlenbruck[383] die Mühe gemacht hat, das Kriterium der Zumutbarkeit zu konkretisieren. Insb. sei bei branchentypischen saisonalen Flauten den Gläubigern ein Zumuten abzuverlangen. Offen bleibt aber, in welchen Branchen welche saisonalen Zyklen anerkannt sind. Ferner geht es, wie oben gesagt gerade auch um den Schutz des Rechtsverkehrs, namentlich der **Neugläubiger**.

Außerdem ist es z. B. für Kleingläubiger, die als Subunternehmer für andere Unternehmen tätig werden, gerade unzumutbar, mit dem Zahlungseingang zuzuwarten, um dann selbst insolvent zu werden. Weiter ist es für einen Geschäftsführer nicht mehr zu überblicken, ob seinen Gläubigern ein Zuwarten zugemutet werden kann. Hierzu müsste der Geschäftsführer die wirtschaftlichen Verhältnisse aller Gläubiger analysieren. Letztlich »rudert Uhlenbruck insoweit wieder zurück«, als bei der Insolvenzantragspflicht des Geschäftsführers die Zumutbarkeit außer Acht zu bleiben hat. Ich halte dies insoweit für problematisch, als damit gleichzeitig ein Gläubigerantrag unbegründet wäre, der Geschäftsführer aber zur Antragstellung verpflichtet wäre. Die InsO kennt aber nur *eine* Definition des Insolvenzgrunds – für Gläubiger und für Schuldner.

Ich halte die Einschränkung des Begriffs der Zahlungsunfähigkeit wegen der Zumutbarkeit des Zuwartens für eine Verkürzung der Gläubigerrechte, die nicht zu rechtfertigen ist. Einem Gläubiger droht – bei aus seiner Sicht vorliegendem Insolvenzgrund seines Schuldners – im Fall des von ihm gestellten Insolvenzantrags eine erhebliche Kostenlast, die ihn letztlich – weil er die Verhältnisse des Schuldners und dessen anderer Gläubiger nicht überblicken kann – auf kaltem Wege abhält, einen Insolvenzantrag zu stellen. Das Kriterium der Zumutbarkeit führt dazu, dass den Gläubigern faktisch das Recht auf einen Fremdantrag auf Insolvenzeröffnung genommen wird, weil jeder antragstellende Gläubiger für den Fall der Antragstellung zu besorgen hat, dass sein Zuwarten zumutbar wäre.

Plakativ kann dies am Beispiel von Großinsolvenzen im Baugewerbe dargestellt werden:

Soweit ein Generalunternehmer die Zahlungen an seine Subunternehmer für drei Monate »zurückstellen« dürfte, wären i. d. R. die Subunternehmer selbst gezwungen, Insolvenz anzumelden. Sofern bereits die Arbeitnehmeranteile zur Sozialversicherung in dieser Zeit von den Subunternehmern nicht mehr abgeführt werden könnten, entsteht hieraus für die Subunternehmer sogar ein Strafbarkeitsrisiko, § 266a StGB. Der Generalunternehmer wird sich aber dahin gehend einlassen, er wäre nicht zahlungsunfähig,

382 BGH, 19.07.2007 – IX ZB 36/07, ZInsO 2007, 939 ff.

383 Uhlenbruck, in: K. Schmidt/Uhlenbruck, Die GmbH in Krise, Sanierung und Insolvenz 5.92.

da seine Gläubiger in einem potenziellen Insolvenzverfahren leer ausgingen; das Zuwarten wäre mithin zumutbar. In dieser Zeit dürfte der Unternehmer mangels Zahlungsunfähigkeit sogar neue Verbindlichkeiten begründen. Kriterien für die Zumutbarkeit werden nicht angeführt. Insb. ist nicht dargestellt, ob die Gläubigerart (Lieferant, öffentlich-rechtlicher Gläubiger, Arbeitnehmer, Banken etc.) Einfluss auf die Zumutbarkeit hat oder die wirtschaftliche Lage des Gläubigers, die dem Schuldner in aller Regel nicht bekannt sein dürfte.

209 Da beide Kriterien als »*Ausnahmefälle*« bezeichnet werden,[384] muss derjenige, der sich darauf beruft, sowohl die Schuldendeckung im 3-Monats-Zeitraum als auch die Zumutbarkeit für *jeden einzelnen zuwartenden* Gläubiger darlegen und ggf. beweisen. Im Insolvenzeröffnungsverfahren muss das Insolvenzgericht diese Ausnahme von Amts wegen ermitteln.

210 Nach der Rechtsprechung des BGH besteht also folgende Prüfungsreihenfolge:

- Es ist eine Liquiditätsbilanz zu erstellen, in der den liquiden Mitteln die fälligen Verbindlichkeiten stichtagsbezogen gegenüberzustellen sind.
- Die zwar fälligen, aber nicht ernsthaft eingeforderten Verbindlichkeiten sind zu eliminieren.
- Betragen die ungedeckten Verbindlichkeiten mehr als 10 %, ist zu unterscheiden:
- bei negativer Prognose besteht Zahlungsunfähigkeit (Beweislast für positive Prognose beim Schuldner)
- bei positiver Prognose wird weitergeprüft.
- Betragen die ungedeckten Verbindlichkeiten weniger als 10 %, ist zu unterscheiden:
- bei negativer Prognose besteht Zahlungsunfähigkeit (Beweislast beim Gläubiger)
- bei positiver Prognose wird weitergeprüft,
- Wird die Gesamtheit der fälligen Verbindlichkeiten in einem absehbaren Zeitraum mit an Sicherheit grenzender Wahrscheinlichkeit zurückgeführt werden und ist das Zuwarten den Gläubigern zumutbar, besteht keine Zahlungsunfähigkeit

211 Im Ergebnis ist also festzustellen, dass der BGH die harten Kriterien der gesetzlichen Definition der Zahlungsunfähigkeit aufgeweicht hat, indem er zulässt, dass

- fällige Forderungen, für die eine Stundungsabrede zwar nicht vorliegt, die aber nicht vom Gläubiger ernsthaft eingefordert werden, bei der Ermittlung der Zahlungsunfähigkeit außer Betracht bleiben,
- 10 % der fälligen Verbindlichkeiten ungedeckt bleiben können,
- mehr als 10 % der fälligen Verbindlichkeiten ungedeckt bleiben können, wenn sich eine gute Prognose für das Unternehmen abzeichnet und
- der Zeitraum für die Rückführung der fälligen Verbindlichkeiten insgesamt auf bis zu sechs Monaten ausgedehnt wird.
- Dabei ist es ausreichend, dass die Verbindlichkeiten fast vollständig beglichen werden. Eine Definition des »*fast vollständig*« wird nicht gegeben.

384 Fischer, ZGR 2006, 403, 408.

Derjenige, der die Zahlungsunfähigkeit zu überprüfen hat, wird sich der genauen Überprüfung dieser letztlich undefinierten Ausnahmen stellen müssen.

Zusammenfassung Liquiditätsplanung

Stufe 1:

- Statische Liquiditätsbilanz erstellen (Stichtagsbezogen)
- Nicht ernsthaft geltend gemachte Verbindlichkeiten eliminieren
- Schnell veräußerliche Vermögenswerte ermitteln und ggf. einplanen

Stufe 2:

- Ertragsplanung erstellen
- Mindestumfang der Planung: Wochenplanung
- Netto-Brutto-Umstellung vornehmen (Umsatzsteuer)
- Pagatorische Korrekturen vornehmen
- Rahmendaten für zeitliche Korrekturen ermitteln
- Zeitliche Korrekturen vornehmen
- Sicherheitspuffer ermitteln und einstellen

Stufe 3:

- Ergebnis der 3-Wochen-Prognose bewerten
- Besteht positive oder negative Prognose?
- Bei Liquiditätsdeckung Prüfungszeitraum erweitern
- Ist Gläubigern Zuwarten zumutbar?
- Ist in absehbarer Zeit (max. 3 Monate) mit an Sicherheit grenzender Wahrscheinlichkeit Bezahlung aller fälligen Verbindlichkeiten dargelegt?

Stufe 4:

- Soll-/Ist-Vergleich erstellen und gegebenenfalls Abweichungen analysieren
- Ggf. Planung überarbeiten

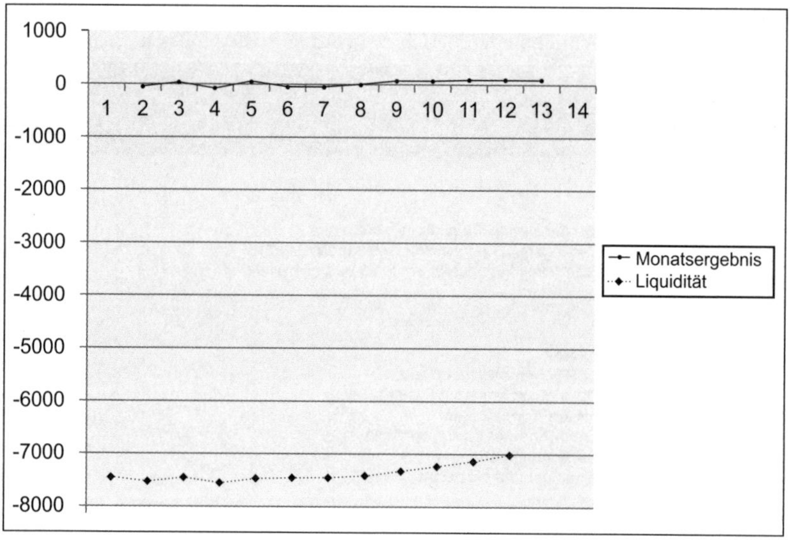

Mittlerweile existieren Softwaretools, mit denen man zurückblickend die Zahlungsunfähigkeit anschaulich dokumentieren kann. Zu erwähnen ist hierbei das DATEV-Liquiditätstool, das nicht nur auf Wochenbasis die künftige Liquidität, sondern dazu auch noch eine grafische Auswertung liefert.

Tool Liquiditätsvorschau
- Auswertung

		Periode 1	Periode 2	Periode 3
Tage/Per. 15				
Ablaufdarstellung	Stichtag 25.09.08	vom 26.09.08	vom 11.10.08	vom 26.10.08
	letzte Fälligkeit 14.12.08	bis 10.10.08	bis 25.10.08	bis 09.11.08
Finanzmittel (Stand der Geldkonten)	12.292,44	12.242,44	11.248,44	-11.177,56
Zahlungen aus Forderungen (OPOS)		24.626,00	8.100,00	26.992,00
Zahlungen aus Verbindlichkeiten (OPOS)		-21.526,00	-25.026,00	-12.054,00
Vor dem Stichtag fällige Forderungen und Verbindlichkeiten werden mit einbezogen				
Weitere Zahlungen	-50,00	-9.594,00	-5.500,00	-8.700,00
Raumkosten	0,00	-5.344,00	0,00	-5.500,00
Fahrzeug-Kosten	-50,00	-550,00	-500,00	-500,00
Material-/Wareneinkauf	0,00	-5.000,00	-5.000,00	-10.000,00
Betriebliche Steuern	0,00	0,00	0,00	-13.000,00
Versich./Beiträge	0,00	-1.200,00	0,00	-1.200,00
Umsatzerlöse	0,00	2.500,00	0,00	2.500,00
Sonstige betriebliche Erlöse	0,00	0,00	0,00	19.000,00
Korrekturen	0,00	5.500,00	0,00	0,00
Finanzmittel nach Berechnung	12.242,44	11.248,44	-11.177,56	-4.939,56
Kreditlinie inkl. geduld. Überziehung	-10.123,65	-10.123,65	-10.123,65	-10.123,65
Individuelle Untergrenze				
Über-/Unterdeckung	22.366,09	21.372,09	-1.053,91	5.184,09

Übersicht der Forderungen und Verbindlichkeiten
nach Kunden/Lieferanten
nach Fälligkeit

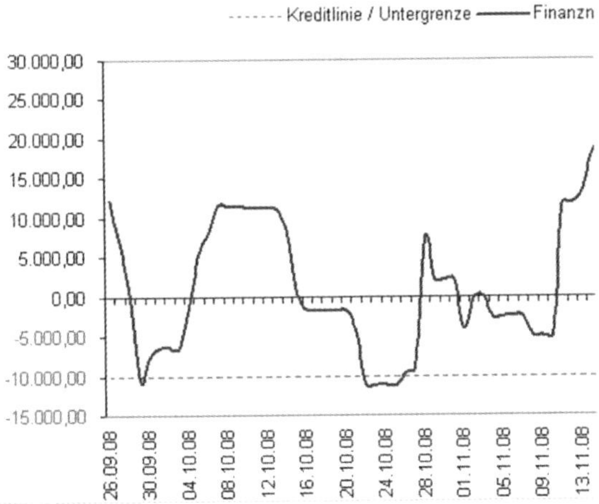

Diagrammeinstellung

- Finanzmittel für 90 Tage
- Finanzmittel bis zur letzten Fälligkeit innerhalb von 90 Tagen

Drucken

Wenn die Auswertung dieses Tools einen Zeitraum der Unterdeckung von mehr als drei Wochen ergibt, bestehen erste gravierende Anzeichen, die Zahlungsunfähigkeit ab diesem Zeitpunkt anzunehmen.

II. Drohende Zahlungsunfähigkeit

212 Der neu eingeführte Insolvenzgrund der drohenden Zahlungsunfähigkeit ist ein Insolvenzgrund nur für den Fall des Eigenantrags (§ 18 Abs. 1 InsO). Der Antrag ist bei juristischen Personen oder bei Gesellschaften ohne Rechtspersönlichkeit nur zulässig, wenn er von allen Organen gemeinsam oder von einem alleinvertretungsberechtigten Organ gestellt wird (§ 18 Abs. 3 InsO). Wenn der Antrag nicht von allen Vertretungsorganen gestellt wird, muss der Insolvenzgrund glaubhaft gemacht werden (§ 15 Abs. 2 InsO).

213 Die praktische Relevanz dieser Vorschrift hat sich durch das ESUG deutlich erhöht. Zwar werden aktuell noch bescheidene 2,5 % der Insolvenzverfahren vor Eröffnung gem. § 270 a/b InsO angeordnet – ein Großteil davon gem. § 270 a InsO. allerdings erhöht sich diese Quote auf 42 % bei den Unternehmen, die mehr als 100 Mio. € Umsatz erwirtschaften.[385] Sofern der Schuldner bei Überschuldung zur Insolvenzantragsstellung verpflichtet ist, folgt aus der drohenden Zahlungsunfähigkeit zwingend die Annahme der negativen Fortbestehensprognose[386]. Die Überschuldung kann dann nur noch bei Vorliegen eines positiven Status unter der Annahme von Zerschlagungswerten[387] verneint werden. Dies führt in der Praxis regelmäßig zur Überschuldung und damit zur Antragspflicht.[388] Bedeutung hat die Vorschrift damit praktisch nur für Einzelunternehmen und/oder typische Personenhandelsgesellschaften. Außerdem stellen Kreditinstitute nach Bekanntwerden des Insolvenzantrags regelmäßig ihre Kredite fällig, sodass sich dann der Insolvenzgrund der Zahlungsunfähigkeit ergibt.

214 Der Schuldner droht zahlungsunfähig zu werden, wenn er voraussichtlich nicht in der Lage sein wird, seine bestehenden Verbindlichkeiten fristgemäß zu erfüllen (§ 18 Abs. 2 InsO).

215 Die Ermittlung des Insolvenzgrunds der drohenden Zahlungsunfähigkeit erfolgt nach den gleichen Regeln wie die Ermittlung der Zahlungsunfähigkeit. Problematisch sind derzeit nur drei Fragen:

- Welchen Umfang hat der zugrunde liegende Prognosezeitraum?
- Welche Verbindlichkeiten sind zu berücksichtigen?
- Wie ist mit der Unsicherheit der Prognoserechnung z. B. mit ungewissen wirtschaftlichen Entwicklungen, Zahlungsverpflichtungen, v. a. mit Rückstellungen,

385 Quelle Insolvenzblog; http://insolvenzblog.de/3-jahre-esug-statistik/2015/03/11/(Abruf am 13.03.2015).

386 Uhlenbruck/Mock, § 19 Rn. 9, 12.

387 Drukarczyk/Schüler, in: Kölner Schrift zur InsO, S. 138.

388 Eine relevante Ausnahme besteht nur für gesellschafterfinanzierte Unternehmen, die die Antragspflicht über Rangrücktritte bzw. Patronatserklärungen vermeiden können.

umzugehen? An dieser Stelle sei nochmals darauf hingewiesen, dass es sich bei der Ermittlung des Insolvenzgrunds nicht um eine Planung, sondern um eine »Prognose« handelt.[389]

1. Prognosezeitraum

Wie beim Insolvenzgrund der Zahlungsunfähigkeit ist für die drohende Zahlungsunfähigkeit eine Prognose über die künftige Liquidität anzustellen. Es ist zu ermitteln, ob der Schuldner nicht in der Lage sein wird, die fälligen Verbindlichkeiten zu entrichten. Dabei ist fraglich, wie der Prognosezeitraum zeitlich zu bemessen ist. Das Grundkonzept der Insolvenzgründe geht von einem »geschlossenen System« aus. Ein Unternehmen, welches jederzeit seine Gläubigerforderungen befriedigen kann, soll durch das Insolvenzrecht nicht vom Markt genommen werden. D. h. es müsste auf die Total-Lebensdauer eines Unternehmens abgestellt werden.[390] Alleine die Praktikabilität und die Justitiabilität[391] verbietet es, bis in die »Unendlichkeit« hinein zu planen – der Planer würde definitionsgemäß nie fertig werden. 216

Einig ist man sich über die **maximale Länge** des Prognosezeitraums: Dieser soll spätestens beim Fälligwerden der letzten aktuell begründeten Verbindlichkeit enden.[392] Dies würde bei unbefristeten Dauerschuldverhältnissen und/oder bei Pensionsverpflichtungen sehr weit reichen, ist aber aus obigen Gründen begründbar und zu rechtfertigen.

Deutlich problematischer ist die Frage nach dem **Mindest-Prognosezeitraum**. Die Frage ist umso bedeutender, weil die Prüfung der drohenden Zahlungsunfähigkeit gleichzeitig der Prüfung der Fortbestehensprognose im Rahmen der Überschuldungsprüfung entspricht. Die Literatur ist uneinheitlich.[393] Der BGH hat mit Urteil vom 05.12.2013[394] entschieden: »*In die Prognose, die bei der Prüfung drohender Zahlungsunfähigkeit anzustellen ist, muss die gesamte Finanzlage des Schuldners bis zur Fälligkeit aller bestehenden Verbindlichkeiten einbezogen werden.*« In einem späteren Urteil aber hat der BGH mit Urteil vom 22.05.2014[395] diese Frage ausdrücklich offen gelassen: »*Damit braucht auf die umstrittene Frage, welcher Zeitraum der Prognose zugrunde zu legen ist (vgl. HK-InsO/Kirchhof, 6. Aufl., § 18 Rn. 8; Pape/Uhländer/Sikora, InsO, § 18 Rn. 19, Uhlenbruck aaO Rn. 18 f. jeweils mwN) hier nicht eingegangen zu werden.*« D. h. hier liest sich die Rechtsfrage so, als wäre diese noch nicht (abschließend) entschieden.[396] Es ist für die Ermittlung des Prognosezeitraums hilfreich, die übrige Rechtsprechung des BGH, insbesondere zu Sanierungsgutachten, zu Rate zu ziehen.

389 S. o. unter Rdn. 168.

390 Groß, KSI 2015, 60 (61).

391 MK/InsO-Druckarczyk/Schüler, § 19 Rn. 62.

392 MK/InsO-Druckarczyk, § 18 Rn. 55 ff.

393 HambKomm-Schröder, § 18 Rn. 9; Uhlenbruck/Mock, § 19 Rn. 217 ff. jeweils mit Hinweisen zu den verschiedenen Auffassungen.

394 IX ZR 93/11 Rn. 10; ZInsO 2014, 77; vgl. auch Kühne, NWB-BB 2014 S. 200 ff (206).

395 IX ZR 95/13 Rn. 33 (letzter Satz); ZInsO 2014, 1326.

396 Groß, KSI 2015, 5 (8) und 2015, 60 (61 f); Kühne, NWB-BB 2014, 200 (206).

Ein Sanierungsgutachten nach Maßgabe der BGH-Rechtsprechung[397] muss die (positive) Sanierungsfähigkeit bescheinigen. In diesem Sinne dürfte die Sanierungsfähigkeit mit der objektiven Überlebensfähigkeit im Sinne der Fortbestehensprognose übereinstimmen.

- Ein solches Gutachten muss von den erkannten und erkennbaren tatsächlichen Gegebenheiten des Unternehmens ausgehen und es muss durchführbar sein. Dabei ist sowohl die Frage der Erkennbarkeit der Ausgangslage als auch für die Prognose auf die Beurteilung eines unvoreingenommenen – nicht notwendigerweise unbeteiligten – branchenkundigen Wirtschaftsfachmann abzustellen.
- Das Sanierungsgutachten enthält eine Analyse der wirtschaftlichen Lage des Unternehmens im Rahmen seiner Wirtschaftsbranche und beschreibt die Krisenursachen.
- Das Sanierungsgutachten beurteilt die Vermögens-, Ertrags- und Finanzlage des Unternehmens zutreffend.
- Das Sanierungsgutachten muss darlegen, ob das Unternehmen objektiv sanierungsfähig ist und die für seine Sanierung konkret in Angriff genommenen Maßnahmen insgesamt objektiv geeignet sind, das Unternehmen in überschaubarer Zeit durchgreifend zu sanieren.
- Das Sanierungsgutachten muss darlegen, ob die geplanten Sanierungsmaßnahmen jedenfalls in den Anfängen schon in die Tat umgesetzt sind, d. h. die Sanierungsaktivitäten objektiv sachgerecht eingeleitet wurden.

Insbesondere fordert der BGH[398] und in der Folge das BAG[399], dass die Gläubiger vollständig befriedigt werden. Im Prognosezeitraum ist die Entwicklung der Finanzlage zu berücksichtigen.[400] Wenn nun aber der BGH zum Ausschluss der drohenden Zahlungsunfähigkeit die Begleichung sämtlicher bestehender Verbindlichkeiten verlangt, muss konsequenter Weise der Prüfungszeitraum bis zum fällig werden der letzten zum Prüfungsstichtag begründeten Verbindlichkeit reichen.[401]

In der Praxis dürfte es sich aber mehr um ein Problem der Beweislast handeln, s. u. Rdn. 218.

217 Der Insolvenzgrund muss vom Insolvenzgericht i. R. d. Prüfung des Eröffnungsgrundes von Amts wegen ermittelt werden. Wenn sich aber ein Insolvenzgrund nicht feststellen lässt, wird ein Insolvenzverfahren nicht eröffnet. Die Beweislastentscheidung geht zulasten des Eigenantragstellers.[402] Dementsprechend ist zu fragen, innerhalb welchen Zeitraums noch ein prognostisch zu ermittelnder Insolvenzgrund von einem Insolvenzgericht festgestellt werden kann. Dabei gilt Folgendes: Je länger die Prognosedauer,

397 Vgl. hierzu Ganter, NZI 2014, 763 ff.

398 BGH, 08.12.2011 – IX ZR 156/09, ZInsO 2012, 171.

399 BAG, 06.8.2013 – 6 AZR 980/11, ZIP 2014, 37 = DB 201 844.

400 RegE InsO in Balz/Landfermann S. 224.

401 BGH, 5.12.2013 – IX ZR 93/11 Rn. 10; ZInsO 2014, 77.

402 Uhlenbruck/Mock, § 16 Rn. 8 ff.; Jaeger-Müller, § 16 Rn. 15.

desto unsicherer wird die Prognoseentscheidung. Dies geht einher mit einer sich immer schneller entwickelnden Zeit und damit eines im permanenten Umbruch befindlichen Wirtschaftssystems. Entscheidend für den Prognosezeitraum ist also, in welchem Zeitraum sich noch betriebswirtschaftlich verlässlich planen lässt.[403]

Grundlage einer jeden Zahlungsunfähigkeitsprüfung ist die **Ertragsplanung**. Aus dieser wird über die Bilanzplanung die Liquidität abgeleitet. Die Grenze für den Prognosezeitraum ist also gleichzusetzen mit der Grenze für die Ertragsplanung.

Dementsprechend können die Planungszeiträume von Unternehmen, die z. B. über langjährige Abnahmeverträge verfügen, einen größeren Zeitraum prognostizieren (Energielieferer), als Unternehmen, die z. B. nur über saisonale Laufkundschaft verfügen (Eisverkäufer).[404] Es muss also ein Zeitraum ermittelt werden, in dem sich noch verlässlich planen lässt.

Andererseits dürfen die Wechselwirkungen nicht übersehen werden. Wenn für die Er- 218
mittlung der drohenden Zahlungsunfähigkeit ein 5-Jahres-Zeitraum noch vertretbar wäre, hätte dies auch Auswirkungen auf die Fortbestehensprognose. Diese ist nach herrschender Meinung drohende Zahlungsunfähigkeitsprognose.[405] Wenn sich nämlich herausstellt, dass in 4,5 Jahren Zahlungsunfähigkeit eintritt, müsste konsequenter Weise bereits zum Prognosezeitpunkt Null von der Zerschlagungsprämisse ausgegangen werden.

Aufgrund dieser Wechselwirkungen bietet es sich an, den für die Fortbestehensprognose maßgeblichen Zeitrahmen auch für die Ermittlung der drohenden Zahlungsunfähigkeit anzusetzen. Üblicherweise ist dies das Wirtschaftsjahr der Prognoseerstellung und das Folgejahr, also zwischen 12 und 24 Monaten. In der Praxis wird das laufende Wirtschaftsjahr der Prüfung sowie das darauffolgende Wirtschaftsjahr betrachtet.[406] Je nach Branche, unternehmen und sonstigen Umständen wir der Prüfungszeitraum abgekürzt oder verlängert. Es sollte nach Hefermehl mind. sechs Monate erfassen und das nachfolgende Geschäftsjahr einbeziehen.[407] M. E. ist die Planung von sechs Monaten zu kurz gegriffen[408] Wem gestattet wird, unternehmerisch tätig zu sein, gleichzeitig aber die Haftung auf das Gesellschaftsvermögen zu begrenzen, hat zu Recht Sorgfaltspflichten. Zu diesen gehört es auch zu überprüfen, ob seine Gläubiger mit ihren Forderungen evtl. gefährdet sind. Üblicherweise bestehen Verbindlichkeiten, von denen sich das Unternehmen nicht kurzfristig lösen kann, weil z. B. Kündigungsfristen bestehen. M. E. müsste der Planungszeitraum so weit reichen, wie das Unternehmen benötigt,

403 Uhlenbruck/Mock, § 19 Rn. 217.

404 Großfeld, Recht der Unternehmensbewertung Rn. 428 ff; Franken/Schulte, in: Fleischer/Hüttemann, § 5 Rn. 19 ff.

405 S. u. Rdn. 306.

406 Bitter, in: Scholz GmbHG vor § 64 Rn. 78 »Faustregel«.

407 Hefermehl, in: Wimmer/Dauernheim/Wagner/Gietl, in: Hdb. Fachanwalt InsR, Rn. 179.

408 Uhlenbruck/Uhlenbruck, § 19 Rn. 218 »mindestens 12 und höchstens 24 Monate«.

um die zum Prüfungszeitpunkt begründeten Verbindlichkeiten zu befriedigen.[409] Gerade bei langfristigen Finanzierungen würde das aber einen Planungshorizont zur Folge haben, der betriebswirtschaftlich nicht mehr verlässlich abschätzbar ist. Daher muss das Planungsende wie folgt definiert werden:

1. der Zeitpunkt der letzten fällig werdenden bereits begründeten Verbindlichkeit,[410]
2. aber längstens bis zu einem Zeitpunkt bis zu dem eine Planung betriebswirtschaftlich verlässlich noch möglich ist.[411]

Angesichts der handelsrechtlichen going concern Fiktion bis zum nächsten Bilanzstichtag darf dieser Mindestplanungszeitraum nicht unter zwölf Monaten liegen.

Zu berücksichtigen ist aber, dass in Insolvenzangelegenheiten der Prüfungszeitraum stark verkürzt wird. Berücksichtigt man, dass man in der Unternehmensbewertung bis in die Unendlichkeit (sog. Rentenphase oder terminal value) plant, sind die insolvenzrechtlichen Planungszeiträume von einem oder wenigen Jahren doch sehr kurz bemessen. Im Rahmen der Unternehmensbewertung wird es aber von den Instanzgerichten bis zum BVerfG durchweg als handhabbar angesehen, bis in die Unendlichkeit zu planen und daraus einen Unternehmenswert abzuleiten.[412] In der Unternehmensbewertung[413] wird die Planung der künftigen Erträge oder Cashflows in der Regel in 2 oder 3 Phasen zerlegt.

> *»(77) In den meisten Fällen wird die Planung in zwei Phasen vorgenommen. Für die nähere erste Phase (Detailplanungsphase), die häufig einen überschaubaren Zeitraum von drei bis fünf Jahren umfasst, stehen dem Wirtschaftsprüfer zumeist hinreichend detaillierte Planungsrechnungen zur Verfügung. In dieser zeitlich näheren Phase werden die zahlreichen Einflussgrößen meist einzeln zur Prognose der finanziellen Überschüsse veranschlagt. Insbesondere längerfristige Investitions- oder Produktlebenszyklen können eine Verlängerung der Detailplanungsphase notwendig machen.*
>
> *(78) Die Planungsjahre der ferneren zweiten Phase basieren i. d. R. – ausgehend von der Detailplanung der ersten Phase – auf langfristigen Fortschreibungen von Trendentwicklungen. Dabei ist zu untersuchen, ob sich die Vermögens-, Finanz- und Ertragslage des zu bewertenden Unternehmens nach der Phase der detaillierten Planung im sog. Gleichgewichts- oder Beharrungszustand befindet oder ob sich die jährlichen finanziellen Überschüsse zwar noch verändern, jedoch eine als konstant oder mit konstanter Rate wachsend angesetzte Größe die sich ändernden finanziellen Überschüsse (finanzmathematisch) angemessen repräsentiert.«*

Im Drei-Phasen-Modell wird in einer i. d. R. 3 – 5 jährigen Detailplanungsphase geplant und in der weiteren Zukunft eine Rentenphase geplant. Die Lücke dazwischen

409 BGH, 05.12.2013 – IX ZR 93/11 Rn. 10; ZInsO 2014, 77; vgl. auch Kühne, NWB-BB 2014 S. 200 ff (206).

410 BGH, 05.12.2013 – IX ZR 93/11 Rn. 10; ZInsO 2014, 77; Bußhardt, in: Braun, § 18 Rn. 7.

411 Einzelfallabhängige Tatfrage.

412 Vgl. die vielfältigen Nachweise bei Großfeld, Rn. 428 ff; und Franken/Schulte, in: Fleischer/Hüttemann § 5 Rn. 50ff.

413 Vgl. insoweit IDW S 1 Tz 77f.

wird als »Konvergenzphase« geschlossen. Nach Ehlers[414] ist es denkbar, eine qualitative Prognose, in welcher ein Trend oder eine Tendenz beschreiben wird, heranzuziehen, wenn auf die besonderen Unsicherheiten hingewiesen wird. Genau dies ist üblicherweise der Inhalt einer Konvergenzphase. Man geht also für Bewertungszwecke wie selbstverständlich davon aus, dass man eine integrierte Unternehmensplanung bis zum Beharrungszustand (sog. eingeschwungener Zustand oder steady state) verlässlich abschätzen, also prognostieren kann. Den Unternehmensbewertern spielt allerding in die Karten, dass Prognosefehler in der fernen Zukunft aufgrund der Abdiskontierung auf den Bewertungsstichtag von geringerer Ergebnisauswirkung sind. Dieses »Privileg« steht dem Planenden in der Krise nicht zu. Allerdings ist auch zu berücksichtigen, dass sich Prognosefehler in beide Richtungen ergeben können und daher ausgleichen können.[415] Es ist m. E. weniger eine Frage des »Schätzen Könnens«, als eine Frage des Umgangs mit der Unsicherheit. Daher spricht m. E. nichts dagegen, den Planungszeitraum entsprechend der Unternehmensbewertung für die Detailplanungsphase auszuweiten. Dieser beläuft sich so lange, bis das Unternehmen wieder einen eingeschwungenen Zustand erreicht hat, i. d. R. auf **3–5 Jahre**.[416] Innerhalb eines solchen Zeitraums können dann auch die geplanten leistungs- und finanzwirtschaftlichen Sanierungsmaßnahmen abgebildet werden. Jedenfalls muss eine solche Ausweitung erfolgen, soweit die drohende Zahlungsunfähigkeit ausgeschlossen werden muss, namentlich bei der Fortbestehensprognose.

▶ Exkurs:

Der Zeitraum der Prognose soll sich auf 12 Monate nach dem Bilanzstichtag[417] erstrecken und (nach IDW und wohl h. M.) bis zur Erstellung des Jahresabschlusses dürfen keine fundierten Anhaltspunkte bekannt geworden sein, die gegen eine Fortführung sprechen[418]. Allerdings ist dieser Zeitraum kein Dogma. Vielmehr sind die unternehmensspezifischen Besonderheiten zu berücksichtigen. Diese lassen ein Abweichen nach oben und unten zu. Maßgeblich ist der Leistungserbringungszeitraum, namentlich die Fertigungsdauer/Umschlagshäufigkeit des Warenlagers[419]. So dürfte bei einem Kernkraftwerk ein längerer Zeitraum zu beachten sein, während beim Eisverkäufer u. U. ein kürzerer Zeitraum angemessen ist. Der

414 Ehlers, NZI 2011, 161 (165).

415 Großfeld, Rn. 430.

416 So wohl auch Uhlenbruck/Gundlach, in: Gottwald Insolvenzrechts-HB, § 6 Rn. 41 (dort Detailplanungsphase 2–3 Jahre); IDW S 1 Rn. 77; Popp, in: Peemöller, S. 193; Großfeld, Rn. 432; Franken/Schulte, in: Fleischer/Hüttemann, § 5 Rn. 20 alle m. w. N.

417 Böcking/Gros, Bilanzrecht § 252 Rn. 16; nach anderer Auffassung 12 Monate ab Bilanzerstellung bzw. ab Testatserteilung, vgl. Kaiser, ZIP 2012, 2478 (2484) m. w. N.

418 IDW PS 270, Die Beurteilung der Fortführung der Unternehmenstätigkeit im Rahmen der Abschlussprüfung, verabschiedet vom HFA am 09.09.2010; Winkeljohann/Büssow, BeBiKo § 252 Rn. 11; vgl. hierzu die obigen Anmerkungen zum »Stichtagsprinzip«.

419 Winkeljohann/Büssow, BeBiKo § 252 Rn. 11.

Prognosezeitraum reicht regelmäßig nur dann bis zum nächsten Bilanzstichtag, wenn nicht ein späterer Zusammenbruch verlässlich absehbar ist[420].

Man könnte die Auffassung vertreten, der Wegfall der going concern Prämisse wäre als Durchbrechung der Stichtagsprinzips (§ 252 Abs. 2 HGB) immer zu berücksichtigen.[421] Beck`schen Bilanz Kommentar steht insoweit missverständlich beziehungsweise schwer verständlich: »*Soweit allerdings nach dem Stichtag eintretende Umstände, die als solche nach den Verhältnissen am Stichtag auch nicht vorhersehbar waren (wird begründende Ereignisse), zu einem Wegfall der Fortführung Annahme führen, ist dieser auf alle zu diesem Zeitpunkt noch nicht endgültig gefestigt gestrichelten Jahresabschlüsse zurückzubeziehen.*«[422] ... »*Ungeachtet dessen, dass wertbegründende Ereignisse bei der Entscheidung, ob von einer Unternehmensfortführung ausgegangen werden kann, zu berücksichtigen sind, bedeutet dies nicht, dass ihre Auswirkungen selbst noch auf den vom Wegfall Betroffenen Abschluss zurückzubeziehen sind. Dies ist nach allgemeinen Grundsätzen erst in der laufenden Rechnung zu berücksichtigen.*«[423]

Falsch wäre es unseres Erachtens, bereits zum Abschlussstichtag die going concern Prämisse zu verwerfen.[424] Zunächst einmal wäre dann die zum Bilanzstichtag[425] bestehende Vermögens-, Finanz- und Ertragslage (VFE-LagO)e unzutreffend dargestellt. Zum anderen ist zu berücksichtigen, dass es bei der Prüfung der going concern Prämisse regelmäßig nicht »schwarz oder weiß« gibt. Vielmehr spielen sich die meisten Fälle dazwischen ab. Würde man aber z. B. dem im April Bilanzierenden die Pflicht auferlegen, rückwirkend break-up zu bewerten, würde man, neben des fehlerhaften Abbildung der VFE-Lage, dem Unternehmen die Chance nehmen, sich bis zum folgenden Bilanzstichtag zu erholen. Die Bilanzierung nach Liquidations- oder break-up Werten nämlich wird zur selbsterfüllenden Prophezeiung (self-fulfilling prophecy). Das IDW[426] geht selbst davon aus, dass bei entgegenstehenden Gegebenheiten eine weitere Prüfung zu erfolgen hat: »*Liegen Gegebenheiten vor, die der Annahme der Unternehmensfortführung entgegenstehen können, begründet diese Tatsache nicht bereits die Abkehr von der Going-Concern-Annahme. Vielmehr haben die gesetzlichen Vertreter kritisch abzuwägen, ob und ggf. welche Gegenstrategien und Gegenmaßnahmen den wirtschaftlichen Abwärtstrend umkehren können bzw. die eingetretenen Risiken neutralisieren.*« Die Gläubiger sind insoweit auch nicht weiter schutzbedürftig. Schutz für die Gläubiger bietet die permanente, und nicht nur zum Bilanzierungsstichtag zu beurteilende, Insolvenzreifeprüfungspflicht. Der Prognosezeitraum nach IFRS reicht regelmäßig bis zum nächsten Bilanzstichtag. Allerdings

420 Winnenfeld, E 32.

421 So z. B. Kaiser, ZIP 2012, 2478.

422 Winkeljohann/Büssow, § 252 Rn. 12.

423 Winkeljohann/Büssow, § 252 Rn. 12 a. E.

424 So ist wohl Winkeljohann/Büssow, § 252 Rn. 12 unter Hinweis auf § 252 Abs. 2 HGB zu verstehen.

425 Böcking/Gros, Bilanzrecht 3. Aufl. § 252 Rn. 16 a. E.; ADS § 252 Rn. 25.

426 Positionspapier vom 13.08.2012 IDW-FN 2012, 463.

sind auch hier betriebsbezogene Besonderheiten, insb. Fertigungsdauer etc., zu berücksichtigen und können zu einer Verlängerung des Zeitraums führen.[427]

2. Verbindlichkeiten

Der Gesetzeswortlaut verlangt, dass die »bestehenden« Verbindlichkeiten im Fällig- 219
keitszeitpunkt nicht befriedigt werden können. D.h. es dürften nach dem Gesetzeswortlaut nur bereits begründete Verbindlichkeiten berücksichtigt werden. Dies ist aufgrund des längerfristig angelegten Prognosezeitraums unbrauchbar. Es müssen vielmehr sämtliche im Prognosezeitraum zu erwartenden fälligen Verbindlichkeiten berücksichtigt werden.[428] Dies macht auch der RegE InsO kenntlich, als er auf die Entwicklung der Finanzlage im Prognosezeitraum abstellt.[429] Vgl. insoweit auch die Ausführungen zur »Bugwellentheorie«, die bei § 18 InsO erst recht abzulehnen ist unter Rdn. 51, 167. Ansonsten würde man dem Unternehmen gestatten, auf Kosten und Risiko der Gläubiger zu spekulieren.

3. Ungewisse Entwicklungen – Umgang mit der Unsicherheit

Die Ermittlung der drohenden Zahlungsunfähigkeit ist eine Prognoseaufgabe. Es sind 220
ungewisse Entwicklungen abzuschätzen. Insbesondere ungewisse Verbindlichkeiten sind zu berücksichtigen, wenn im Prognosezeitraum mit einer Inanspruchnahme zu rechnen ist. Die gegenteilige Auffassung von Pöhlmann,[430] wonach z.B. in der Handelsbilanz ausgewiesene Rückstellungen, ganz entfernt liegende Verbindlichkeiten und Drohverluste nicht zu berücksichtigen sind, ist m.E. falsch und nicht vertretbar.

In der Handelsbilanz müssen Rückstellungen gebildet werden, wenn
- dem Grunde und/oder der Höhe nach ungewisse Verbindlichkeiten bestehen,
- Verluste drohen,
- unterlassene Aufwendungen kurz nach dem Bilanzstichtag nachgeholt werden,
- Gewährleistungen ohne Rechtsgrund erbracht werden und zuletzt für
- sog. Aufwandsrückstellungen (Passivierungswahlrecht).

Mit der Inanspruchnahme muss ernsthaft zu rechnen sein, d.h. es sprechen mehr Gründe für als gegen eine Inanspruchnahme aus dieser Verpflichtung. D.h. im Handelsbilanzrecht wird auf einer ersten Stufe untersucht, ob eine Rückstellung dem Grunde nach zu bilden ist, sog Mengengerüst (bei Wahrscheinlichkeit der Inanspruchnahme über 50%). Erst und nur dann kommt es zur Bewertung, sog Wertegerüst (Ansatz der Höhe nach). Der Bilanzierende muss aufgrund der ihm bis zur

427 Prognosezeitraum »mind. 12 Monate«.

428 RegE InsO in: Balz/Landfermann, S. 224; HambKomm-Schröder, § 18 Rn. 6 m.w.N.; Uhlenbruck, in: K. Schmidt/Uhlenbruck, Die GmbH in Krise, Sanierung und Insolvenz Rn. 5.26.; Bitter, in: Scholz GmbHG vor § 64 Rn. 76.

429 RegE InsO in: Balz/Landfermann S. 224.

430 Pöhlmann, in: Graf-Schlicker, § 18 Rn. 11.

Bilanzaufstellung bekannten Umstände mit einer Inanspruchnahme rechnen.[431] Dabei darf nach der ständigen Rechtsprechung zum Bilanzrecht eine Rückstellung nur gebildet werden, wenn die Inanspruchnahme wahrscheinlicher ist als die Nichtinanspruchnahme.[432] D. h. auch hier ist eine Prognose anzustellen, ob mit der Inanspruchnahme gerechnet werden muss.

221 Für die drohende Zahlungsunfähigkeit muss aber die gesamte Entwicklung der Finanzlage des Schuldners berücksichtigt werden.[433]

Als Vorfrage muss zunächst beantwortet werden, weshalb überhaupt eine Planung bzw. eine Prognose erstellt wird. Die Planung bzw. Prognose wird nicht um ihrer selbst willen erstellt, sie dient vielmehr der Vorbereitung einer Entscheidung. Bei der Planung zur Ermittlung von Insolvenzgründen errechnet sich aus dieser Prognose, ob das Unternehmen Insolvenz beantragen muss oder nicht. Sofern ein Insolvenzgrund aufgezeigt wird, lässt sich aus der Prognose ableiten, welche Mittel herbei geschafft werden müssen, um den Insolvenzgrund zu beseitigen. Damit steht fest, dass der gesuchte Prognosewert ein **Entscheidungswert** ist.[434] Betriebswirtschaftliche Entscheidungen werden aber auf Basis eines Entscheidungswerts getroffen. Gleißner[435] bringt es bei der Vorbereitung einer solchen unternehmerischen Entscheidung auf den Punkt: *»Oft ist bei einer der Entscheidung zugrunde liegenden Planung weitgehend unklar, was mit einem »**Planwert**« überhaupt gemeint ist, und es bleibt nur zu vermuten, dass dieser einen »**wahrscheinlichsten Wert**« darstellt, weil Menschen dazu neigen, in Planungen wahrscheinlichste Werte (oder Ziele) anzugeben. **Grundlage für unternehmerische Entscheidungen**, insbesondere Investitionen und Akquisitionen, **sind jedoch fast immer die sogenannten Erwartungswerte, die anzeigen, was »im Mittel« passiert.**«* Wichtig ist an dieser Stelle, dass der Erwartungswert im Vergleich zum wahrscheinlichsten (Einzel-) Wert nicht zwingend geringer ausfallen muss. Bei einem entsprechenden Chancenüberhang können durchaus auch Fälle gegeben sein, bei denen der Erwartungswert über dem »Management Case« liegt.

Bei **Entscheidungen im normalen Geschäftsgang** geht die Betriebswirtschaftslehre vom homo oeconomicus aus. Diesem liegen zwei Annahmen zugrunde:
- die Handelnden beurteilen die Entscheidungsoptionen nach deren Nutzen und
- sie wählen jeweils die Option, die Ihnen den höchsten Nutzen verschafft.

431 BFH, 01.08.1984, BStBl. II 1985, S. 44; BFH, 02.10.1992, BStBl. II 1993, S. 153; BFH, 11.12.2001, BFH/NV 2002, 486.

432 BFH, 30.01.2002 – I R 68/00, BStBl. II 2002, S. 688; BFH, 01.08.1984 – I R 88/80, BFHE 142, 226 = BStBl. II 1985, S. 44; BFH, 06.12.1995 – I R 14/95, BFHE 180, 258 = BStBl. II 1996, S. 406; BFH, 02.10.1992 – III R 54/91, BFHE 169, 423 = BStBl. II 1993, S. 153, m. w. N.

433 RegE InsO in: Balz/Landfermann S. 224.

434 Aleth/Harlfinger, NZI 2011, 166 (168).

435 Gleißner, ControllerMagazin 2014 Heft 4, 34 (36); siehe auch Kühne/Nickert, ZInsO 2014, 2297.

Der Nutzen kann verschiedene Arten aufzeigen. Er kann monetär, emotional, ethisch usw. ausgestaltet sein. Dabei hat jeder Akteur eine subjektive Nutzensicht. Aus dieser subjektiven Nutzenfunktion lässt sich zwar eine mathematische Formel generieren, allerdings ist uns selbst die eigene konkrete Nutzenfunktion unbekannt. Daher ist die Überleitung in eine Formel ebenfalls wieder eine Annahme.

Entscheidungen können unter der Annahme sicherer Erwartungen, unter Risiko oder unter Ungewissheit erfolgen. Von einer Entscheidung unter Risiko geht man aus, wenn zwar die Konsequenzen bestimmt aber die eintretenden Szenarien nicht bekannt sind. Bei der Ungewissheit besteht darüber hinaus noch Unsicherheit, welches Ausmaß das Szenario annehmen kann. Gleichwohl spricht man im Alltag nur vom »Risiko«.[436]

In den letzteren beiden Fällen spricht man von Entscheidungen bei unvollkommener Information. Die Aufgabe des Unternehmens ist es nun aus verschiedenen Handlungsalternativen diejenigen auszusuchen, die den höchsten Erwartungsnutzen aufzeigen. Die Betriebswirtschaftslehre geht davon aus, dass sich die Handelnden dabei rational verhalten, das heißt also diejenige Option wählen, die Ihnen den größtmöglichen Nutzen verspricht.

Ebenso wie der Nutzen dabei subjektiv ist, ist auch die Risikofreudigkeit bzw. Risikoaversion der handelnden Personen subjektiv. Es geht also bei den Entscheidungen im normalen Geschäftsgang darum, auf Basis subjektiver Einschätzungen diejenige Handlungsalternative auszuwählen, die den größten Erwartungsnutzen verspricht, wobei solche Handlungsoptionen ausscheiden, die außerhalb der Risikopräferenz des Handelnden liegen.

In der Krise der Unternehmung ist aber zu berücksichtigen, dass der Unternehmer nicht mehr alleine Entscheidungen trifft, für deren Wirkung er selbst bzw. sein Unternehmen einzustehen hat. Die Folgen seiner Entscheidungen treffen die Gläubiger und Geschäftspartner des Unternehmens gleichermaßen. Hinzu kommt, dass sich in der Krise der Unternehmung die Risikopräferenz ändern kann. Dies soll folgendes **Beispiel** verdeutlichen:

Die GmbH ist in einer schweren Krise. Der Unternehmenswert hat sich auf null abgesenkt. Der Geschäftsführer diskutiert mit den Gesellschaftern, welche Entscheidungen zu treffen sind. In dieser Situation haben die Gesellschafter »nichts mehr zu verlieren«. Im Fall der Fortsetzung der Unternehmenstätigkeit aber haben die Gesellschafter eine nach oben unbegrenzte Gewinnchance. Bei dieser Ausgangslage steht zu befürchten, dass die Gesellschafter eine Insolvenzantragsstellung vermeiden wollen. Aus Sicht der Gläubiger hingegen können sich in der Fortführung sowohl Chancen als auch Risiken ergeben. Die Abwägung aus Sicht der Gläubiger folgt also anderen Präferenzen.

436 Gigerenzer, Risiko 2013 S. 37.

Dabei hat die deskriptive Entscheidungstheorie dargelegt, dass die Verlustaversion schwerer,[437] in etwa doppelt so schwer wiegt, wie die Gewinnchance. Die Menschen sehen es also in etwa als gleichwertig an, wenn einer Gewinnchance von 20 ein Verlustpotenzial von 10 gegenübersteht. Die Risikopräferenz ist auch nicht »statisch« oder linear. Menschen sind in »Gewinnsituationen eher risikoavers, während in einer Verlustsituation die Bereitschaft steigt, Risiken einzugehen, um »den Verlust wieder wettzumachen.«[438] D. h. es ist »menschlich« dass Gesellschafter in der Krise in voller Kenntnis aller Umstände die Insolvenzantragsstellung vermeiden wollen, während bei gleicher unterstellter Sach- und Kenntnislage die Gläubiger auf eine Antragsstellung drängen würden.

Die **Verlustaversion** haben die Verfechter der deskriptiven Entscheidungslehre herausgearbeitet. Sie zeigt, wie Menschen in verschiedenen Situationen entscheiden. Diese Entscheidungen sind vom eigenen Wissen und vor allem von eigenen Erfahrungen stark geprägt; sie sind also sehr subjektiv. Die Menschen entscheiden aus dem Bauch heraus oder auf Grundlagen von Heuristiken.[439] Würde man diese höchst individuellen Muster zum insolvenzrechtlichen Entscheidungsmaßstab erheben, würden die rechtlichen Beurteilungen je nach handelnder Person unterschiedlich ausfallen. Genau dies verbiete aber unsere Verfassung, Art. 3 Abs. 1 GG. Dabei ist festzuhalten, dass diese Entscheidungen nicht per se schlechter sind, als die »rationalen« Entscheidungen (normative oder präskriptive Entscheidungslehre). Je nach Situation sind die intuitiven Bauchentscheidungen den »rationalen« Entscheidungen überlegen. Die Frage ist aber: Was verlangt nun aber die Rechtsordnung vom Unternehmen in dieser Situation?

§ 283 Abs. 1 Nr. 2 StGB stellt es unter Strafe, wer in einer den Anforderungen einer ordnungsgemäßen Wirtschaft widersprechenden Weise Verlust- oder Spekulationsgeschäfte oder Differenzgeschäfte eingeht und dadurch unwirtschaftliche Ausgaben verursacht. Das Strafgesetzbuch verlangt also ein »ordnungsgemäßes Wirtschaften«. Entsprechendes gilt bei haftungsbeschränkten Gesellschaften gemäß § 266 StGB.[440] Das Unternehmensvermögen wird quasi zum Treugut der Gläubiger.

Eine Auswertung der Rechtsprechung legt die Folgerung nahe, die Rechtsprechung folgt dem (in der Betriebswirtschaft nicht unumstrittenen) **Konzept des homo oeconomicus**. So muss der Geschäftsleiter sich vor der Entscheidung alle erforderlichen Informationen verschaffen. Dabei muss er alle Informationsquellen ausschöpfen, die erforderlich sind und mit angemessenem Aufwand erlangt werden können.[441] Die Entscheidung setzt ferner voraus, dass alle Entscheidungsgrundlagen mit einem Für und Wider abgewogen

437 Kahneman, Tversky, Prospect Theory: An Analysis of Decision under Risk. Econometrica 47 (1979): 263–292; Kahneman: Schnelles Denken, langsames Denken, 2012. S. 349.

438 Gleißner, Risikomanagement S. 49 m. w. N.; Jungermann/Pfister/Fischer Psychologie der Entscheidung, S. 216 ff.

439 Sehr anschaulich: Die beiden Bücher von Gigerenzer, Bauchentscheidungen und Risiko.

440 Vgl. insoweit Tiedemann/Rönnau, in: Scholz GmbHG vor § 82 Rn. 4 ff.

441 BGH,22.02.2011 – II ZR 236/07, ZIP 2011, 766.

wurden.[442] Dabei begründet es eine Pflichtwidrigkeit, wenn bei geringer Gewinnquote ein hohes Risiko eingegangen wird.[443] Ebenfalls liegt eine Pflichtwidrigkeit vor, wenn die Gefahr des Verlusts wahrscheinlicher ist, als die Aussicht auf Gewinn.[444]: »*Ob ein Geschäftsführer einer GmbH seine Pflichten verletzt, ist nach den Umständen des konkreten Einzelfalles zu beurteilen. Zu diesen Umständen zählen die Art und Größe des Unternehmens, seine betriebswirtschaftliche und finanzielle Situation, aber auch die Bedeutung der Geschäftsführungsmaßnahme und das damit verbundene Risiko. Dem Geschäftsführer ist jedoch ein unternehmerischer Spielraum zuzugestehen, der ihn ermächtigt, bestimmte Risiken einzugehen. Hinsichtlich etwaiger Risikogeschäfte hat der Geschäftsführer zu beachten, dass er unangemessene Risiken für seine Firma zu vermeiden hat. Ein erlaubtes Risiko geht er aber nicht schon dann ein, wenn zurzeit der Vornahme des Geschäftes die bloße Wahrscheinlichkeit bestand, dass sich das Geschäft gewinnbringend auswirken würde. Vielmehr ist zu berücksichtigen, ob der unwahrscheinliche aber nicht auszuschließende negative Ausgang des beabsichtigten Geschäfts zu unangemessen hohen Risiken für den Bestand und die Entwicklung der Firma führen kann. Eine Sorgfaltspflichtverletzung ist zu bejahen, wenn die naheliegende Möglichkeit einer Schädigung bestand. Gewagte Geschäfte sind aber nicht stets als unangemessen anzusehen. Zu beachten ist hierbei der Geschäftszweck der Firma und der Wille der Gesellschafter (Thüringer OLG NZG 2001, 86 m. w. N. auf Literatur und Rechtsprechung zu § 43 GmbHG). Bei der Bewertung, wann bei einem Risikogeschäft die Grenze zur strafrechtlichen Untreue gemäß § 266 StGB überschritten wird, geht die Rechtsprechung davon aus, dass es im Zweifel darauf ankommt, ob bei einer wirtschaftlich vernünftigen, alle bekannten äußeren Umstände berücksichtigenden Gesamtbetrachtung die Gefahr eines Verlustgeschäftes wahrscheinlicher ist, als die Aussicht auf Gewinnzuwachs (BGH NJW 1975, 1234, 1236 [»Arminia Bielefeld«]; Schönke-Schröder/Lenckner/Perron StGB, 26. Aufl., § 266, Rn. 20; LK – Schünemann StGB, 11. Aufl., § 266, Rn. 96).*« D. h. das Organ muss verschiedene Handlungsalternativen ermitteln, für diese das für und Wider ermitteln, eine sorgfältige Risikoanalyse vornehmen, um darauf die Entscheidung vorzubereiten. Wenn nun aber ein solches Vorgehen verlangt wird, müssen die aus diesem Vorgehen gewonnenen Informationen auch ausgewertet werden, ansonsten führt das Vorgehen zur Farce. Jedenfalls in strafrechtlicher Hinsicht folgt daraus gerade nicht die 50%-Grenze.[445] Vielmehr ist auf dieser Basis nach richtiger Auffassung die »**Risikopolitik des Vermögensinhabers**«[446] zu berücksichtigen. Vermögensinhaber im Sinne der Insolvenzgründe sind aber gerade nicht nur die Eigenkapitalgeber, sondern »erst recht« die Fremdkapitalgeber.[447]

Bei der Ermittlung von Insolvenzgründen darf alleine diese **monetäre** Betrachtungsweise von Relevanz sein. Zum einen geht es alleine um die Prognose künftiger Zahlungsströme, also um rein monetäre Aspekte. Subjektive Aspekte weder des Schuldners, noch einzelner

---

442 BGH, 14.07.2008 – II ZR 202/07, ZIP 2008, 1675.

443 Tiedemann/Rönnau, in: Scholz GmbHG vor § 82 Rn. 15; OLG Jena, 08.08.2000 – 8 U 1387/98, NZG 2001, 86 (das ist typischer Weise die Situation beim Bauträger).

444 OLG Naumburg, 16.11.2004 – 9 U 206/01; GmbHR 2005, 757.

445 Tiedemann/Rönnau, in: Scholz GmbHG vor § 82 Rn. 15.

446 Tiedemann/Rönnau, in: Scholz GmbHG vor § 82 Rn. 15.

447 Drukarczyk, NZI 2015, 110.

Gläubiger rechtfertigen es, andere als monetäre Zwecke zu berücksichtigen.[448] »*Solche Entscheidungen müssen stets unter Unsicherheit getroffen werden; sie sind immer risikoreich. In der Marktwirtschaft muss grundsätzlich das Urteil derjenigen Personen maßgeblich sein, deren Vermögenswerte auf dem Spiel stehen und die deshalb die Folgen von Fehlern zu tragen haben.*«[449] Zum anderen ist dies schlicht der einzige Maßstab, der angewandt werden kann. »*Erst wenn es hier an ausdrücklichen oder konkludenten Zielvorgaben des (dispositionsbefugten) Geschäftsherrn fehlt, ist auf allgemeine Regeln und Maximen des betroffenen Wirtschaftskreises abzustellen.*«[450] Würde man auf die persönliche Nutzenpräferenz abstellen, also z. B. auch altruistische Wertungen, würde sich dies in der Treubindung in der Krise der Gesellschaft auf die Nutzenpräferenz der Gläubiger verschieben. Es ist aber schon unmöglich die eigene Nutzenpräferenz exakt zu definieren. Noch weniger möglich ist es, diese aus Sicht der Gläubiger zu ermitteln. Insoweit gibt die InsO eine abschließende wie verbindliche Antwort: Es ist allein auf monetäre Zwecke abzustellen, mithin auf Zahlungsströme. Abzustellen ist auf den Erwartungswert der Zahlungsströme.[451] Es bleibt abzuwarten, ob die Rechtsprechung ein Korrektiv wegen der unterschiedlichen Risikoaversion, z. B. durch Berücksichtigung der Insolvenzwahrscheinlichkeit, vornehmen wird.[452]

Selbiges gilt auch für die Berücksichtigung einzelner Zahlungszu- und/oder -abflüsse. Es ist auf den Erwartungswert der künftigen Zahlungsströme abzustellen. Insbesondere die handelsrechtliche Prüfungsreihenfolge würde hier zu insolvenzrechtlichen Fehleinschätzungen führen. Man darf sich dabei auch nicht in die Irre leiten lassen, weil diesen Prognosen Schätzungen immanent sind. Zum einen sind Schätzungen in der Wirtschaft gängige Praxis. So sind viele Bilanzpositionen gerade nicht »exakt ermittelt« sondern sachgerecht geschätzt. Man denke dabei nur an die Forderungs- oder Rückstellungsbewertung. Dass bei solchen Schätzungen auch Fehleinschätzungen erfolgen ist unerheblich. In einer Vielzahl heben sich diese gegenseitig wieder auf. Zum anderen bringt dies die prognostische Ausgestaltung der Insolvenzgründe durch den Gesetzgeber mit sich. Würde man nämlich die handelsrechtliche Bewertungsmethodik auf die insolvenzrechtliche Prognose übertragen könnte z. B. eine Großbank, die ihre Aussichten in allen ihren Passivprozessen dem Grunde nach bei 49% Unterliegenswahrscheinlichkeit annimmt, komplett auf die Berücksichtigung in der Prognose verzichten, obwohl schon bei der Existenz von drei Prozessen bei einer Obsiegenswahrscheinlichkeit von je 51 % die Wahrscheinlichkeit der Inanspruchnahme wenigstens in einem Fall als statistisch sicher gilt. Für den Überschuldungsstatus ist anerkannt, dass die »wahren Werte« anzusetzen sind.[453] An diesem Maß sind auch die Prognosen zu messen; auch hier sind die **wahren Werte** gesucht. Die handelsrechtliche Unterteilung in Mengen- und Wertegerüst verfängt nicht. Bei der Entwicklung sind sämtliche Veränderungen, welche Auswirkung auf die Zahlungsströme haben, zu berücksichtigen. Sofern eine Verbindlichkeit dem Grunde

448 Vgl. auch §§ 245 Abs. 1 Nr. 1; 251 Abs. 1 und 3 InsO.

449 RegE InsO zitiert nach Balz/Landfermann, S. 146.

450 Tiedemann/Rönnau, in: Scholz GmbHG vor § 82 Rn. 15.

451 Kühne/Nickert, ZInsO 2014, 2297 ff. m. w. N.

452 S. o. Rdn. 184.

453 Bitter, in: Scholz GmbHG vor § 64 Rn. 44 m. w. N.

und/oder der Höhe nach unsicher ist, aber mit einer wie auch immer anzunehmenden Wahrscheinlichkeit mit einer Inanspruchnahme zu rechnen ist, muss dies mit dem Erwartungswert auch im Finanzplan berücksichtigt werden.[454] Dafür sprechen gewichtige Gründe: Gesucht ist bei der Ermittlung der Insolvenzgründe ein Entscheidungswert. Der Unternehmer untersucht, ob er Insolvenz beantragen muss oder nicht – im Fall der drohenden Zahlungsunfähigkeit, ob ihm ein Insolvenzantragsrecht zusteht. Der Unternehmer muss also eine erwartungsgetreue Prognose anstellen. In eine solche erwartungsgetreue Prognose sind alle künftigen Chancen und Risiken einzubeziehen. Dies erfolgt z. B. bei der Handelsbilanz dadurch, dass auf die Forderungen Wertabschläge berücksichtigt werden, soweit die Forderung nicht gänzlich wertzuberichtigen ist. Die Handelsbilanz soll die Forderungen mit dem Wert ausweisen, mit dem nach kaufmännischer Sicht mit dem Einzug auf das Konto zu rechnen ist. D. h. eine Forderung, über nominal 100 deren Einzug zu 40 % wahrscheinlich ist wird mit 40 und eine Forderung deren Einzug zu 99 % wahrscheinlich ist, wird mit 99 angesetzt. Kein Kaufmann käme auf die Idee bei einer Forderung, deren Einzug weniger wahrscheinlich als 40 % ist, im Liquiditätsplan gänzlich unberücksichtigt zu lassen. Entsprechendes gilt für die Passivseite der Bilanz.

▶ Beispiel:

Das Unternehmen U wurde i.R.e. positiven Feststellungsklage zum unbezifferten Schadensersatz rechtskräftig verurteilt. Derzeit ist die Leistungsklage über 3,0 Mio. € anhängig. U rechnet mit einem Unterliegen i. H. v. 1,0 Mio. € noch in diesem Jahr. In diesem Fall ist nicht nur in der Handelsbilanz und im Überschuldungsstatus die Verbindlichkeit als Rückstellung zu passivieren. Es ist auch in diesem Jahr ein Zahlungsabfluss in dem Finanzplan zu berücksichtigen.

Es sind auch alle Rückstellungen darauf zu untersuchen, ob im Prognosezeitraum eine Zahlungsverpflichtung begründet wird.[455] D. h. Rückstellungen für freiwillige Verpflichtungen scheiden bei der Liquiditätsbetrachtung aus, § 249 Abs. 1 Nr. 2 HGB. Dabei sind v. a. die Drohverlustrückstellungen zu untersuchen, da diese jedenfalls dann zu Auszahlungsüberschüssen im Prognosezeitraum führen, wenn die Produktionsdauer des Unternehmens weniger als zwölf Monate beträgt. In der Praxis ist aber festzustellen, dass die Handelsbilanzen regelmäßig, auch nach mehreren Verlustjahren, keine Drohverlustrückstellungen enthalten. D. h. i. R. d. Ermittlung der Insolvenzgründe muss überprüft werden, ob die Drohverlustrückstellungen noch nachträglich berücksichtigt werden müssen. 222

Unerheblich ist auch, ob eine **streitige Verbindlichkeit** vorläufig tituliert ist oder nicht.[456] Wenn man das Konzept des Erwartungswerts als Entscheidungsgrundlage zugrunde legt, ist alleine zu prüfen, ob ein zahlungswirksamer Vorgang zu berücksichtigen ist oder nicht. Unerheblich ist dabei aus welchen Gründen eine Verbindlichkeit nicht zu berücksichtigen ist, also ob der Berücksichtigung materielle oder prozessrechtliche Einwendungen oder Einreden gegenüberstehen. Einzig bei rechtskräftig titulierten Verbindlichkeiten

454 Kühne/Nickert, ZInsO 2014, 2297 (2304).
455 Hefermehl, in: Wimmer/Dauernheim/Wagner/Gietl, in: Hdb. Fachanwalt InsR, Rn. 178.
456 A. A. BGH v. 06.05.2010 – IX ZB 176/09, ZInsO 2010, 1091.

dürfen materielle Einwendungen nicht mehr berücksichtigt werden. Eine andere Frage ist es, wie die Information über die Beurteilung gewonnen wird. Hier drängt es sich auf, eine qualifizierte Beurteilung des den Vorgang bearbeitenden Berufsträgers einzuholen und diese nach einer Plausibilitätsbeurteilung[457] der eigenen Einschätzung zugrunde zu legen.

Ebenfalls ist zu überprüfen, wenn nach den obigen Grundsätzen gemäß der erwartungsgetreuen Planung mit einem Zahlungsabfluss zu rechnen ist, ob der **Planungszeitraum so lange zu verlängern** ist, bis dieser wahre Wert in der Planung abgeflossen ist. Es ist unstreitig, dass im Überschuldungsstatus die wahren Werte als Rückstellungen zu passivieren wären. Es wäre ein nicht akzeptabler Wertungswiderspruch[458], derartige Sachverhalten bei der Ermittlung der (drohenden) Zahlungsunfähigkeit außer Acht zu lassen. Nach Berücksichtigung des Zahlungsabflusses in der Planung stellt sich die Frage, ob das Unternehmen diesen Zahlungsabfluss »verkraften« kann. Jede andere Auffassung würde das Konzept des Gläubigerschutzes als Gegengewicht zur Haftungsabschirmung leerlaufen lassen. Denjenigen, die dieses konsequente Vorgehen ablehnen ist entgegen zu halten, dass sie dann nicht auf Gesellschaftsformen zurückgreifen dürfen, die eine persönliche Haftung einer natürlichen Person ausschließt. Alternativ dürfen diejenigen nur solche Verbindlichkeiten begründen, die sie innerhalb des von ihnen überschaubaren Zeitraums auch bedienen können.

223 Unterschiede drohende Zahlungsunfähigkeit – Zahlungsunfähigkeit

Unterschiede drohende Zahlungsunfähigkeit - Zahlungsunfähigkeit

Vers. Nr. 2 – 03 / 15 Verantwortlich: nc

Mandant		Jahr	Bearbeiter		Datum
Nr.	Name		Name	Zeichen	

	Zahlungsunfähigkeit	Drohende Zahlungsunfähigkeit
Prognosezeitraum	3 Wochen	i. d. R. 12 – 24 Monate (h. M.) Unsere Auffassung: bis zum eingeschwungenen Zustand (i.d.R. 3 - 5 Jahre)
Verbindlichkeiten	nur begründete Verbindlichkeiten (Str. Bugwellentheorie)	alle voraussichtlich zu bezahlenden (fällig werdenden) Verbindlichkeiten
Berücksichtigung von ungewissen Verbindlichkeiten, v.a. Rückstellungen	nur ausnahmsweise, wenn Fälligkeitszeitpunkt in Prognosezeitraum fällt	grundsätzlich, wenn Fälligkeitszeitpunkt in Prognosezeitraum fällt
Planungsart	einwertige Planung, da sehr kurzfristig	Mehrwertige Szenarioplanung nach Eintrittswahrscheinlichkeiten gewichtet oder Monte Carlo Simulation (Str.)

457 BGH v. 14.05.2007 – II ZR 48/06; ZInsO 2007, 660; v. 20.9.2011 – II ZR 234/09, ZIP 2011, 2097; v. 27.03.2012 – II ZR 171/10; ZInsO 2012, 1177.

458 Andres, in: Runkel Anwaltshandbuch Insolvenzrecht § 1 Rn. 61.

III. Überschuldung

1. Allgemeines

Neben dem allg. Eröffnungsgrund der Zahlungsunfähigkeit nach § 17 InsO kodifiziert § 19 InsO den **besonderen Eröffnungsgrund** der Überschuldung. Während die Zahlungsunfähigkeit Eröffnungsgrund für alle natürlichen und juristischen Personen ist, beschränkt sich der Anwendungsbereich der Überschuldung als Eröffnungsgrund auf **juristische Personen** i. S. v. § 11 InsO. Gem. § 19 Abs. 3 InsO erstreckt sich der Anwendungsbereich des Überschuldungstatbestandes auch auf Gesellschaften ohne Rechtspersönlichkeit, für deren Verbindlichkeiten keine natürliche Person haftet. Für **nicht rechtsfähige Vereine** ist die Überschuldung ebenfalls Eröffnungsgrund. 224

Der Insolvenzgrund der Überschuldung hat in den letzten Jahren und Jahrzehnten Beachtung sowohl von betriebswirtschaftlicher als auch von rechtswissenschaftlicher Seite gefunden. Wirtschaftsprüfer, RA, Steuerberater und vereidigte Buchprüfer sind sowohl als Berater und Abschlussprüfer, aber auch als Sanierer, Gutachter und vorläufiger Insolvenzverwalter mit der Überschuldungsfeststellung und Überschuldungsmessung befasst. 225

Für die Geschäftsleitung ist die Überschuldungsprüfung insb. im Hinblick auf eine möglicherweise bestehende Insolvenzantragspflicht und den daraus resultierenden zivilrechtlichen und strafrechtlichen Folgen praxis- und auch haftungsrelevant.

2. Begriff der Überschuldung

a) Historische Entwicklung

Die KO enthielt noch keine einheitliche gesetzliche Definition der Überschuldung. Der Begriff der Überschuldung war jedoch in verschiedenen Einzelvorschriften, insb. in §§ 207 Abs. 1, 209 Abs. 1 Satz 2, 213 KO, § 2 Abs. 1 Satz 3 VglO enthalten. 226

Bis zur Kodifizierung eines einheitlichen Überschuldungsbegriffes durch den Gesetzgeber hatte sich in Rechtsprechung und Literatur die sog. **modifizierte zweistufige Prüfungsmethode** durchgesetzt.[459] Nach der auf Karsten Schmidt zurückgehenden Prüfungsmethode lag Überschuldung vor, wenn das Vermögen der Gesellschaft unter Zugrundelegung von Liquidationswerten die bestehenden Verbindlichkeiten nicht deckt (**rechnerische Überschuldung**) und die Finanzkraft der Gesellschaft voraussichtlich nicht zur Fortführung des Unternehmens ausreicht (**rechtliche Überschuldung**).[460] 227

Der Gesetzgeber hat nunmehr den in den einzelnen Vorschriften geregelten Überschuldungsbegriff mit Inkrafttreten der InsO vereinheitlicht. Der bis zu diesem Zeitpunkt 228

459 Zum Meinungsstand vor Inkrafttreten der InsO vgl. Jäger/Müller, § 19 Rn. 15 bis 19.

460 K. Schmidt, AG 1978, 334, 337 ff.; ders., JZ 1982, 165, 167 ff.; Scholz/Emmerich-Schmidt, GmbHG, § 63 Rn. 10.

in Rechtsprechung und Literatur vertretenen herrschenden Meinung erteilte er eine Absage.

b) Legaldefinition der Überschuldung i. d. F. bis zum 17.10.2008

229 Der **RegE** beschränkte sich zunächst darauf, die herkömmliche Definition des Überschuldungstatbestands aus den Vorgängervorschriften in § 19 Abs. 2 Satz 1 InsO zu übernehmen:[461]

> »**Überschuldung** liegt vor, wenn das Vermögen des Schuldners die bestehenden Verbindlichkeiten nicht mehr deckt.«

In der **Begründung des Regierungsentwurfs** heißt es, dass das vorhandene Vermögen realistisch zu bewerten sei, damit das Ziel einer rechtzeitigen Verfahrenseröffnung nicht gefährdet werde. Eine positive Prognose für die Lebensfähigkeit des Unternehmens schließe die Annahme einer Überschuldung noch nicht aus, sie erlaube nur eine Bewertung des Vermögens zu Fortführungswerten. Die Feststellung der Überschuldung könne immer nur auf der Grundlage einer Gegenüberstellung von Vermögen und Schulden getroffen werden.[462]

Die Abkehr vom modifizierten zweistufigen Überschuldungsbegriff wurde durch Ergänzung des § 23 des Regierungsentwurfes (nunmehr § 19 Abs. 2 Satz 2 InsO) zum Ausdruck gebracht:

> »Bei der **Bewertung** des Vermögens des Schuldners ist jedoch die Fortführung des Unternehmens zugrunde zu legen, wenn diese nach den Umständen überwiegend wahrscheinlich ist.«

Der Gesetzgeber hat darüber hinaus den Begriff der Überschuldung nicht näher ausgestaltet.

230 Der Gesetzeswortlaut legt eine **zweistufige Prüfung** der Überschuldung mit folgender Prüfungsreihenfolge nahe:

> **1. Schritt:**
>
> In einem ersten Prüfungsschritt ist die Prüfung mit der **Fortbestehensprognose** zu beginnen. Ausgehend vom Unternehmenskonzept werden die Überlebenschancen des Unternehmens beurteilt. Vom Ausgang der Fortbestehensprognose hängt letztlich die Bewertung sowohl der Aktiva als auch der Passiva ab.
>
> **2. Schritt:**
>
> In einem **zweiten Schritt** hat dann die **bilanzielle Gegenüberstellung (Überschuldungsstatus)** von Aktiva und Passiva zu erfolgen, wobei die Bewertung der Aktiva und Passiva zu Fortführungs- oder Liquidationswerten vom Ergebnis der Fortbestehensprognose abhängig ist.

Aus der gleichlautenden Definition des Begriffs der Überschuldung für AG, GmbH, Genossenschaften und Personengesellschaften, bei denen kein persönlich haftender

461 § 23 Abs. 2 RegE.
462 § 23 Abs. 2 RegE.

Gesellschafter eine natürliche Person ist, ergibt sich, dass für die Überschuldensprüfung rechtsformübergreifende Grundsätze Anwendung finden.[463]

Die Verfahrensschritte der Überschuldungsprüfung sollen nochmals anhand folgender Grafik verdeutlicht werden: 231

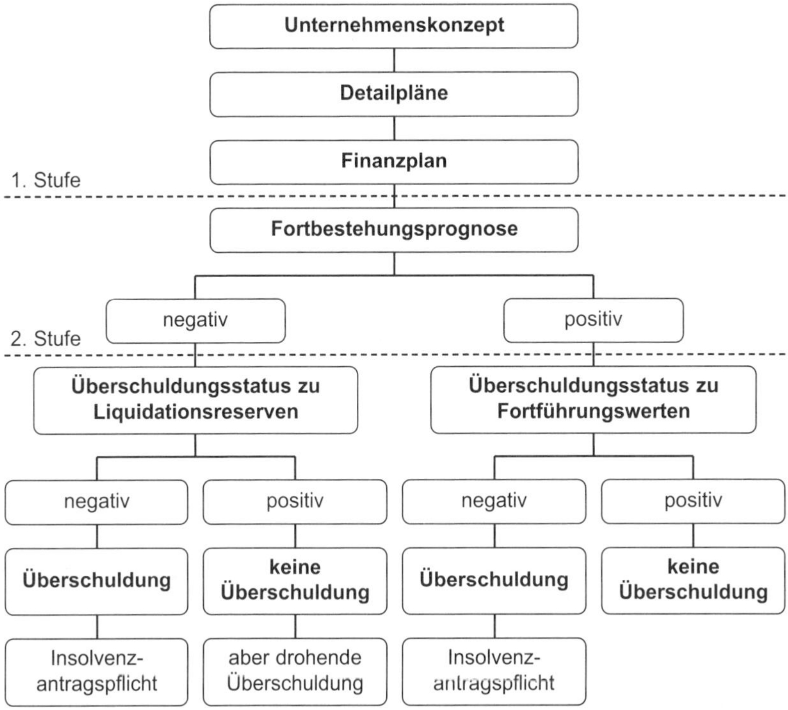

Quelle: Vortrags- und Diskussionsveranstaltung der WP-Kammer am 10.05.1996 in Berlin

c) Diskussion zum Überschuldungsbegriff i. d. F. bis zum 17.10.2008

Die Entscheidung des Gesetzgebers gegen die in Literatur und Rechtsprechung nach intensiver Diskussion weitgehend konsentierte Auffassung ist auf **heftige Kritik** gestoßen. Karsten Schmidt meint, § 19 Abs. 2 InsO beruhe auf einem Fehlverständnis der von ihm entwickelten Lehre.[464] Uhlenbruck und andere schlagen eine abweichende Prüfungsreihenfolge vor.[465] Man solle beginnen mit der Erstellung einer Überschuldungsbilanz auf Basis von Liquidationswerten. Wenn rechnerische Überschuldung 232

463 IDW S 11 Rn. 51, Empfehlung zur Überschuldensprüfung bei Unternehmen.

464 K. Schmidt, in: Kölner Schrift zur InsO, S. 1199, 1205 f. Rn. 13.

465 FK-InsO/Schmerbach, § 19 Rn. 6a, 6b; Braun-Uhlenbruck, Unternehmensinsolvenz, S. 290/291.

gegeben sei, solle die Fortbestehensprognose erstellt werden. Führe diese zu einem positiven Ergebnis, könne i. R. d. bilanziellen Überprüfung auf die Bewertung zu Fortführungswerten übergegangen werden.

233 Die Aussprache für einen dreistufigen Prüfprozess resultiert aus einem Misstrauen ggü. der Leistungsfähigkeit einer Fortführungsprognose, sei sie nun Zahlungsfähigkeits- oder Ertragsfähigkeitsprüfung. Der Einfluss dieses Prognoseergebnisses auf das Ergebnis der Überschuldungsprüfung soll klein gehalten werden, weil dieses Ergebnis mit erheblichen Unsicherheiten verbunden sei.

Selbstverständlich kann allein eine subjektiv positive Prognose des Geschäftsleiters die Überschuldung nicht ausschließen. Berechtigt ist gewiss die in den Gesetzesmaterialien vorgetragene Kritik daran, dass in der Vergangenheit oftmals aufgrund **äußerst fragwürdiger optimistischer Zukunftsprognosen** eine rechnerisch an sich bestehende Überschuldung verneint und damit eigentlich insolvenzreifen Unternehmen eine Fortführung zulasten ihrer bestehenden und künftigen Gläubiger ermöglicht wurde.[466] Dass sich eine nach den Umständen überwiegend wahrscheinliche Unternehmensfortführung später im Einzelfall als unrealisierbar herausstelle, liege aber in der Natur der Sache. Das Risiko, welches letztlich jeder Prognose anhaftet, kann nicht gänzlich ausgeschlossen werden.

Eine Überschuldungsprüfung wird in der Praxis letztlich aber nur belastbar sein, wenn sowohl die Fortbestehensprognose als auch der Ansatz und die Bewertung der Aktiva und Passiva realistisch und fundiert erstellt wird.

Die Beurteilung der Zukunftsaussichten ist daher Bestandteil jeder Überschuldungsrechnung. Nach IDW S 11 Rn. 63 (Empfehlungen zur Überschuldungsprüfung bei Unternehmen) geht zwangsläufig ein Prognoseelement und somit ein Moment der Unsicherheit in die Überschuldungsprüfung mit ein. Durch systematisches Vorgehen und sachgerechte Erstellung wird diese zwangsläufige Unsicherheit eingegrenzt.

d) Überschuldung i. d. F. des FMStG

234 Der Begriff der Überschuldung i. d. F. des FMStG v. 18.10.2008 ist in § 19 Abs. 2 Satz 1 InsO wie folgt definiert:

> »Überschuldung liegt vor, wenn das Vermögen des Schuldners die bestehenden Verbindlichkeiten nicht mehr deckt, es sei denn, die Fortführung des Unternehmens ist nach den Umständen überwiegend wahrscheinlich.«

Der zeitliche Anwendungsbereich des durch das Finanzmarktstabilisierungsgesetz (FMStG) geänderten Überschuldungsbegriffes war zunächst bis zum 31.12.2011 beschränkt. Durch das Finanzmarktstabilisierungsergänzungsgesetz (FMStErgG) hat der Gesetzgeber den zeitlichen Geltungsbereich des geänderten Überschuldungsbegriffs nochmals um zwei weitere Jahre verlängert. Die ursprüngliche Befristung des

466 Höffner, BB 1999, 198, 204 f.; Schwemer, WM 1999, 1155, 1158; KPB/Pape, § 19 Rn. 6; MK/InsO-Drukarczyk/Schüler, § 19 Rn. 18 f.

Überschuldungbegriffes in der Fassung des FMStG bis zum 31.12.2013 wurde aufgehoben. Der Überschuldungstatbestand in der Fassung des FMStG wurde dauerhaft entfristet.

In der aktuellen Fassung des § 19 Abs. 2 InsO fungiert die Fortbestehensprognose nicht mehr als Bewertungsdeterminante innerhalb eines Überschuldungsstatus. Die Fortbestehensprognose steht nunmehr selbstständig neben einem Überschuldungsstatus unter Liquidationsprämisse als qualitativ gleichwertiges Kriterium der Überschuldungsprüfung.

Die selbstständigen Kriterien verfolgen einen unterschiedlichen Prüfungsansatz:

Während die Fortbestehensprognose untersucht, ob das Unternehmen im Fortführungsfall zur Schuldendeckung in der Lage ist, ist der Überschuldungsstatus unter Liquidationsprämisse auf die Frage gerichtet, ob eine Schuldendeckung im Liquidationsfall besteht. Ausschließlicher Bilanzzweck ist die Feststellung, ob ein Insolvenzgrund gegeben ist[467]

Der Insolvenzgrund der Überschuldung i. S. d. § 19 InsO ist i. d. F. des FMStG nur dann erfüllt, wenn sowohl der Überschuldungsstatus als auch die Fortbestehensprognose negativ ausfallen.

Für die Prüfung des geltenden Überschuldungsbegriffes ist Folgendes zu beachten:

Überschuldungsstatus und Fortbestehensprognose bilden selbstständige Elemente i. R. d. Überschuldungsprüfung. Eine Überschuldung i. S. d. § 19 InsO kann bereits dann verneint werden, wenn entweder der Überschuldungsstatus oder die Fortbestehensprognose positiv bescheinigt werden kann.

Der Wortlaut des Gesetzes schreibt keine bestimmte Prüfungsreihenfolge vor.

In der Praxis wird, wie schon im Geltungsbereich des »alten« Überschuldungsbegriffes, die Fortbestehensprognose Einstieg in die Überschuldungsprüfung sein, da in den meisten Fällen ein Überschuldungsstatus unter Liquidationsgesichtspunkten negativ ausfallen wird. Kann dem Unternehmen eine positive Fortbestehensprognose bescheinigt werden, besteht keine Notwendigkeit mehr, einen zusätzlichen Überschuldungsstatus zu erstellen.

Lediglich in Ausnahmefällen ist es sinnvoll, die Überschuldungsprüfung mit der Erstellung eines Überschuldungsstatus unter Liquidationsgesichtspunkten zu beginnen. Dies kann bspw. bei einer dominierenden Gesellschafterfinanzierung der Fall sein. Haben die Gesellschafter einen Rangrücktritt erklärt, sind diese Verbindlichkeiten nicht zu passivieren. Fällt schon der Überschuldungsstatus unter Liquidationsgesichtspunkten positiv aus, liegt keine Überschuldung i. S. d. § 19 InsO vor. Aus rechtlichen Gründen kann auf eine zusätzliche Fortbestehensprognose verzichtet werden.

467 Scholz/Bitter, vor § 64 Rn. 42.

Damit fordert die Überschuldungsprüfung in der Regel ein zweistufiges Vorgehen[468]:

1. Auf der ersten Stufe sind die Überlebenschancen des Unternehmens in einer Fortbestehensprognose zu beurteilen. Bei einer positiven Fortbestehensprognose liegt keine Überschuldung i. S. d. § 19 Abs. 2 InsO vor.
2. Im Falle einer negativen Fortbestehensprognose sind auf der zweiten Stufe Vermögen und Schulden des Unternehmens in einem stichtagsbezogenen Status zu Liquidationswerten gegenüberzustellen. In diesem Fall liegt zumindest eine drohende Zahlungsunfähigkeit und damit ein Insolvenzantragsrecht vor (vgl. Abschn. 6). Ist darüber hinaus das sich aus dem Überschuldungsstatus ergebende Reinvermögen negativ, liegt zusätzlich eine Überschuldung vor, die eine Antragspflicht begründet.

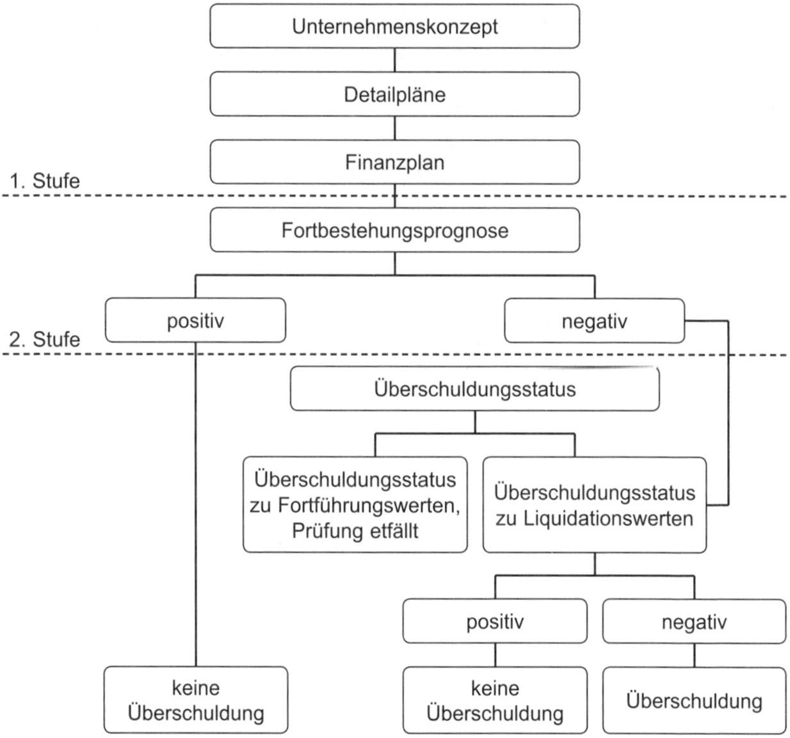

In der Praxis ist es aber, trotz der zusätzlich ausgelösten Kosten, zwar rechtlich nicht erforderlich, aber sinnvoll, auch in diesen Fällen eine Fortbestehensprognose zu erstellen. Denn während der Überschuldungsstatus allein die Aktiva und Passiva zu einem bestimmten Stichtag gegenüberstellt, trifft eine Fortbestehensprognose eine Aussage darüber, ob das Unternehmen innerhalb des Prognosezeitraumes in der Lage sein wird,

468 IDW S 11, Rn. 53.

die bestehenden und voraussichtlich entstehenden Verbindlichkeiten zu erfüllen; also letztlich, ob das Unternehmen im Prognosezeitraum zahlungsfähig bleiben wird und welche Maßnahmen ggf. umgesetzt werden müssen.

Das Ausmaß und Stadium der Unternehmenskrise bestimmen Zeitpunkt, Häufigkeit, Fortschreibung und Detaillierungsgrad der Überschuldungsprüfung. Mit zunehmender Unternehmensgefährdung steigen die Anforderungen an die fortlaufende Aktualisierung der Überschuldungsprüfung.[469]

e) Dokumentation und Beweislast

Lässt sich nicht sicher klären, ob eine überwiegende Wahrscheinlichkeit für das Fort- 235
bestehen des Unternehmens besteht, so ist im Zweifel von einer negativen Fortbestehensprognose auszugehen. Denn nach § 19 Abs. 2 Satz 1 InsO ist die **Fortführung der gesetzliche Ausnahmefall.**

Im Haftungsprozess wegen Insolvenzverschleppung hat der **Geschäftsführer** bzw. die 236
Geschäftsleitung die Umstände **darzulegen und notfalls zu beweisen**, aus denen sich die günstige Prognose für den fraglichen Zeitraum ergab.

Das ist der Geschäftsleitung auch ohne Weiteres zuzumuten, da sie ohnehin beständig zur Prüfung der wirtschaftlichen Lage des Unternehmens verpflichtet ist.

Die InsO enthält keine Regelung über die Art und den Inhalt der Fortführungsprognose und der Überschuldungsbilanz. Daraus kann allerdings nicht der Schluss gezogen werden, eine Dokumentation sei nicht erforderlich.

Eine Dokumentationspflicht ergibt sich schon aus der genannten Beweislastregel[470]. Damit bedarf die Aufstellung eines Überschuldungsstatus ebenso der Schriftform, wie die Erstellung einer Fortbestehensprognose[471].

Die wesentlichen Prämissen und Bestandsteile der Überschuldungsprüfung sind ausreichend zu dokumentieren und zu erläutern. Ausmaß und Schwere der Unternehmenskrise bestimmen Umfang und Detaillierungsgrad. Bei lediglich geringen Änderungen des Unternehmenskonzepts ist v. a. die Plausibilität und Widerspruchsfreiheit des geänderten Konzeptes bedeutsam und zu dokumentieren. Ist nach Einschätzung der Verantwortlichen hingegen angesichts der akuten Unternehmenskrise ein umfassendes Sanierungskonzept zur Aufrechterhaltung des finanziellen Gleichgewichts erforderlich, mit dem zugleich auch unternehmensinterne Krisenursachen beseitigt werden sollen, sind darüber hinaus die Anforderungen an Sanierungskonzepte[472] zu beachten. Ebenso steigen mit zunehmender Unternehmensgefährdung die Anforderungen an die fortlaufende Aktualisierung der Überschuldungsprüfung.

469 IDW S 11, Rn. 54.

470 Uhlenbruck/Mock,§ 19 Rn. 45.

471 Uhlenbruck/Mock, § 19 Rn. 45; Bork, ZIP 2000, 1709, 1711ff.

472 IDW, S 6, Anforderungen an Sanierungskonzepte.

Bei der Prüfung der bilanziellen Überschuldung sind sämtliche Vermögenswerte und Verbindlichkeiten in einem Überschuldungstatus zu erfassen. Ein Sachverständiger muss hierdurch in die Lage versetzt werden, innerhalb einer angemessenen Zeit die Bewertungsprämisse nachzuvollziehen. Hieraus folgt, dass auch die Tatsachen, welche für die Bewertung maßgebend sind, und die Schlussfolgerungen dokumentiert werden müssen[473]

Lediglich in Ausnahmefällen kann von dem beschriebenen Vorgehen abgewichen werden. Dies kommt dann in Betracht, wenn einfach zu beurteilende Sachverhalte eine Überschuldung ausschließen. Dies kann bspw. der Fall sein, wenn eine rechtlich verbindliche und hinreichend werthaltige Sicherung des Fortbestands des Unternehmens durch das Konzernmutterunternehmen oder den Hauptgesellschafter nachgewiesen wird, ein entsprechend hoher Rangrücktritt i. S. v. § 19 Abs. 2 Satz 2 InsO vereinbart wurde oder das Vorhandensein stiller Reserven (z. B. bei einem Grundstück) eine Überschuldung ausschließt[474]. In den beiden genannten Fällen sind die Umstände, die eine Überschuldungsprüfung im üblichen Umfang entbehrlich erscheinen lassen, sorgfältig nachzuweisen und zu dokumentieren.[475]

237 ▶ Hinweis:

Den Geschäftsleitern ist anzuraten, die Überschuldungsprüfung genau zu **dokumentieren**. Die Aufstellung der Überschuldungsbilanz bedarf ebenso der **Schriftform** wie die Überschuldungsbilanz. Die einzelnen Bilanzpositionen müssen bewertet und einander gegenübergestellt werden.[476]

238 Gerade aufgrund der oben dargestellten Beweislastverteilung trägt die Dokumentation zur **Minderung des Haftungsrisikos** und letztlich auch der **Minderung des Strafbarkeitsrisikos** wegen Insolvenzverfahrensverschleppung für den Geschäftsführer bei.

Zivilrechtliche Haftungsprozesse kommen vor allen Dingen wegen der Verletzung der Pflicht zur rechtzeitigen Insolvenzantragsstellung sowie wegen deliktischer Schadensersatzansprüche aus Eingehungsbetrug in Betracht.

Exkurs:

Eine Pflicht zur Beantragung der Insolvenzeröffnung ist seit dem Inkrafttreten des MoMiG zentral in § 15a Abs. 1 InsO geregelt:

> »Wird eine juristische Person zahlungsunfähig oder überschuldet, haben die Mitglieder des Vertretungsorgans oder die Abwickler ohne schuldhaftes Zögern, spätestens aber drei Wochen nach Eintritt der Zahlungsunfähigkeit oder Überschuldung, einen Insolvenzantrag zu stellen. Das Gleiche gilt für die organschaftlichen Vertreter der zur Vertretung der Gesellschaft

473 Uhlenbruck/Mock, § 19 Rn. 45.

474 IDW S 11, Rn. 55.

475 IDW S 11, Rn. 56.

476 K. Schmidt/Uhlenbruck, Die GmbH in Krise, Sanierung und Insolvenz, S. 425 Rn. 885; Uhlenbruck/Uhlenbruck, § 19 Rn. 53.

ermächtigten Gesellschafter oder die Abwickler bei einer Gesellschaft ohne Rechtspersönlichkeit, bei der kein persönlich haftender Gesellschafter eine natürliche Person ist; dies gilt nicht, wenn zu den persönlich haftenden Gesellschaftern eine andere Gesellschaft gehört, bei der ein persönlich haftender Gesellschafter eine natürliche Person ist.«

Neu durch das MoMiG mit aufgenommen sind die Antragspflichten im Fall der Führungslosigkeit:

»Im Fall der Führungslosigkeit einer Gesellschaft mit beschränkter Haftung ist auch jeder Gesellschafter, im Fall der Führungslosigkeit einer Aktiengesellschaft oder einer Genossenschaft ist auch jedes Mitglied des Aufsichtsrats zur Stellung des Antrags verpflichtet, es sei denn, diese Person hat von der Zahlungsunfähigkeit und der Überschuldung oder der Führungslosigkeit keine Kenntnis.«

Die Haftungsfolgen für die Verletzung der Insolvenzantragspflicht ergeben sich aus den spezialgesetzlichen Regelungen wie folgt:

Vorstandsmitglieder und Liquidatoren einer AG oder KGaA	§§ 92 Abs. 2, 268 Abs. 2, 278 Abs. 3, 283 Abs. 24, 401 Nr. 2 AktG
Geschäftsführer oder Liquidatoren einer GmbH	§§ 64, 71, 84 GmbHG
Vorstandsmitglieder oder Liquidatoren eine Genossenschaft	§§ 99 Abs. 1, 148 GenG
Vorstandsmitglieder oder Liquidatoren eines Vereins	§§ 42 Abs. 2, 48, 53 BGB
Geschäftsführungsorgan einer Stiftung	§§ 86, 88 BGB
Vorstandsmitglieder einer jur. Person des öffentl. Rechts	§ 89 BGB
organsch. Vertreter einer Personengesellschaft, bei der der persönl. haftende Gesellschafter keine natürl. Person ist (GmbH & Co KG, AG & Co KG)	§§ 130a, 130b, 177a BGB

Die Geschäftsleitung muss sich in einem zivilrechtlichen Schadensersatzprozess im Zweifelsfall entlasten. Dazu führt der BGH in einem aktuellen Urteil Folgendes aus:

»Macht der Insolvenzverwalter gegen den Geschäftsführer einer GmbH einen Ersatzanspruch nach § 64 Abs. 2 GmbHG aF (= § 64 Satz 1 GmbHG nF) geltend und beruft er sich dabei auf eine Überschuldung der Gesellschaft i. S. des § 19 InsO in der bis zum 17. Oktober 2008 geltenden Fassung, hat er lediglich die rechnerische Überschuldung anhand von Liquidationswerten darzulegen. Die Darlegungs- und Beweislast für eine positive Fortführungsprognose – mit der Folge einer Bewertung des Vermögens zu Fortführungswerten – obliegt dem Geschäftsführer (Bestätigung von BGH, Beschluss vom 9. Oktober 2006, II ZR 303/05, ZIP 2006, 2171 Rn. 3; BGH, Urteil vom 27. April 2009, II ZR 253/07, ZIP 2009, 1220 Rn. 11).[477]«

Um ggf. den **Entlastungsbeweis** zu einem späteren Zeitpunkt wirkungsvoll führen zu können, ist dem Geschäftsführer anzuraten, die Überschuldungsprüfung dergestalt durchzuführen und zu dokumentieren, dass ein Sachverständiger in die Lage versetzt

477 BGH, 18.10.2010 – II ZR 151, 09, ZInsO 2010, 2396 zum alten Überschuldungsbegriff.

wird, ohne besondere Schwierigkeiten innerhalb eines angemessenen Zeitraums die Ansätze und Bewertungen nachzuvollziehen.[478]

239 ► **Hinweis:**

> Soweit der Geschäftsführer schon bei der Erstellung des Überschuldungsstatus mit problematischen Fällen konfrontiert ist, sollte er schon zu diesem Zeitpunkt zur eigenen Absicherung einen unabhängigen **Sachverständigen** einschalten.[479]

Der BGH[480] hat für den Bereich der Zahlungsunfähigkeit zur Frage der Inanspruchnahme sachverständiger Hilfe Stellung genommen und ausdrücklich das Erfordernis einer sachverständigen Beratung herausgestellt, sofern der Schuldnervertreter nicht ausnahmsweise über die erforderlichen Kenntnisse verfügt. Dies dürfte in der Praxis nur in seltenen Fällen erfüllt sein. Der Grundsatz dürfte auf die Prüfung sämtlicher Insolvenzansprüche Anwendung finden.

240 Im Insolvenzeröffnungsverfahren ist das Vorliegen eines Eröffnungsgrunds von Amts wegen zu untersuchen. Hierzu kann das Gericht gemäß § 5 InsO sachverständige Hilfe in Anspruch nehmen, was regelmäßig geschieht. Auch in vorläufigen Eigenverwaltungsverfahren bzw. Schutzschirmverfahren nach §§ 270 a, b InsO bestellt das Gericht regelmäßig einen Sachverständigen zur Prüfung der Insolvenzreife.

f) Anwendungsbereich und Abgrenzung

aa) Unterbilanz/Bilanzielle Überschuldung

241 Der Begriff der Unterbilanz liegt vor, wenn das Reinvermögen, also die Differenz zwischen Vermögen und Schulden, das gezeichnete Kapital nicht mehr deckt. Die Unterbilanz bemisst sich allein nach **handelsrechtlichen Kriterien**. Insb. sind nach handelsrechtlichen Kriterien stille Reserven nicht aufzudecken. Bei der Bewertung von Rückstellungen gilt das strenge Vorsichtsprinzip. Die Funktion des insolvenzrechtlichen Überschuldungsstatus ist die Frage, ob ein Insolvenzgrund nach § 19 InsO gegeben ist. Unter Gläubigerschutzgesichtspunkten sind die wahren Werte anzusetzen. Dies unterscheidet den Überschuldungsstatus auch von der Handelsbilanz. Die Funktion des Jahresabschlusses besteht darin, unter Beachtung der Grundsätze ordnungsgemäßer Buchhaltung ein den tatsächlichen Verhältnisse entsprechendes Bild der Vermögens-, Finanz- und Ertragslage der Kapitalgesellschaft zu vermitteln (§ 264 Abs. 2 HGB).

242 Eine Unterbilanz liegt bei einer **juristischen Person** in dem Augenblick vor, in dem Verluste und sonstige Eigenkapitalminderungen größeren Umfangs das Eigenkapital schmälern und als besondere Korrekturposten zum Kapital auf der Aktivseite der

478 Wolf, DStR 1998, 126, 147; i. E. auch Haas, in: Baumbach/Hueck, GmbHG, § 64 Rn. 44; Uhlenbruck/Mock, § 19 Rn. 45.

479 Groß/Amen, WPg 2002, 225, 239; Lutter/Hommelhoff, GmbHG, § 64 Rn. 11.

480 BGH, 17.05.2007 – II ZR 48/06, ZInsO 2007, 660 ff.

Bilanz ausgewiesen werden müssen.[481] Der Ausweis erfolgt gem. § 268 Abs. 3 HGB als sog. nicht durch Eigenkapital gedeckter Fehlbetrag.

Demgegenüber kommt bei einer **Personengesellschaft** ein Verlustausweis so lange nicht in Betracht, wie die anteilige Zuschreibung der Verluste die Salden der Kapitalkonten nicht mit einem negativen Vorzeichen versieht.[482] 243

bb) Verschuldung

Der Begriff der Verschuldung ist eine Finanzkennzahl und ist nicht mit dem Begriff der Überschuldung gleichzusetzen. Der Verschuldungsgrad als Kennzahl kennzeichnet das Verhältnis zwischen Eigenkapital und Fremdkapital. 244

cc) Drohende Zahlungsunfähigkeit

Drohende Zahlungsunfähigkeit liegt gem. § 18 Abs. 2 InsO vor, wenn der Schuldner voraussichtlich nicht in der Lage sein wird, seine bestehenden Verbindlichkeiten fristgemäß zu erfüllen (§ 18 Abs. 2 InsO). Im Gegensatz zum Insolvenztatbestand der Überschuldung gilt § 18 InsO für alle Rechtsträger. Der den Eigenantrag ermöglichende Insolvenztatbestand drohende Zahlungsunfähigkeit ist durch einen Finanzplan nachzuweisen, der begründet belegt, dass der Schuldner voraussichtlich nicht in der Lage sein wird, die bestehenden Zahlungsverpflichtungen bei Fälligkeit zu erfüllen.[483] 245

Die Abgrenzung beider Insolvenztatbestände erscheint im Hinblick auf die Haftungsgefahren für den Geschäftsführer einer GmbH oder für den Vorstand einer AG erforderlich. Während der Insolvenzgrund der drohenden Zahlungsunfähigkeit den Geschäftsführer bzw. den Vorstand ein Recht auf einen Eigenantrag gewährt, ist er im Fall der Überschuldung verpflichtet, nach Maßgabe des § 64 GmbHG bzw. § 92 AktG Antrag auf Eröffnung des Insolvenzverfahrens zu stellen.[484]. Bei Vorliegen einer drohenden Zahlungsunfähigkeit wird dem Unternehmen auch regelmäßig eine negative Fortbestehensprognose zu bescheinigen sein. Wenn dann zugleich auch ein negativer Überschuldungsstatus besteht, liegt Überschuldung i. S. d. § 19 InsO und damit eine Insolvenzantragspflicht nach § 15 a InsO vor. 246

481 Müller, DStR 1997, 1577.
482 Uhlenbruck/Mock, § 19 Rn. 21.
483 Vgl. im Einzelnen unter Rdn. 202.
484 Zu den einzelnen Fallgruppen vgl. Drukarczyk/Schüler, in: Kölner Schrift zur InsO, Rn. 122 ff.; MK/InsO – Drukarczyk/Schüler, § 19 Rn. 124 ff.

247 **Überschuldung und Abgrenzung**

Unterbilanz	Liegt vor, wenn das Reinvermögen, also Differenz zwischen Vermögen und Schulden, das Haftkapital nicht mehr deckt. Es gelten ausschließlich handelsrechtliche Bewertungsgrundsätze
Verschuldung	Finanzkennzahl. Verhältnis Eigen- und Fremdkapital
Drohende Zahlungsunfähigkeit	Voraussichtliche Unmöglichkeit, Verbindlichkeiten zu erfüllen. Überschneidungen mit dem Tatbestand der Überschuldung sind möglich.

g) Fortführungs- und Liquidationswert

248 Die Differenzierung zwischen Fortführungs- und Liquidationswert resultiert im Wesentlichen aus Überschuldungsbegriff in der Fassung vor Änderung durch das Finanzmarktstabilisierungsgesetz. In der vormals geltenden Fassung des Überschuldungstatbestandes war die Fortbestehensprognose Bewertungsdeterminante für den Überschuldungsstatus. Bei positiver Prognose konnten Fortführungswerte angesetzt werden, bei negativer Fortbestehensprognose mussten Liquidationswerte angesetzt werden. Diese Differenzierung ist die die Änderung des Überschuldungsbegriffes eigentlich obsolet geworden. Da die Fortbestehensprognose für sich genommen schon geeignet ist – sofern diese positiv ist – einen Überschuldungstatbestand auszuschließen, entfällt die Notwendigkeit, in diesem Fall einen Status mit Fortführungswerten zu erstellen. Umgekehrt kann auf eine Fortbestehensprognose verzichtet werden, wenn der Überschuldungsstatus positiv ist. Wird allerdings auf die Erstellung einer Fortbestehensprognose verzichtet, so ist nach der gesetzlichen Wertung des § 19 Abs. 1 Satz 1 InsO von der Liquidation des Rechtsträgers auszugehen. Deshalb sind bei der Überschuldungsprüfung unter Verzicht auf eine Erstellung der Fortbestehensprognose grundsätzlich auch Liquidationswerte anzusetzen. Hierbei muss der Liquidationswert aber nicht immer mit einem (Einzel-) Zerschlagungswert identisch sein, weil im Rahmen einer Liquidation auch die Möglichkeit der Veräußerung des ganzen Unternehmens oder aber von Teilen des Unternehmens im Rahmen einer sog. übertragenden Sanierung in Betracht kommt und dann keine Einzelverwertung stattfindet[485]. Die Insolvenz bzw. die Insolvenzreife ist immer rechtsträgerbezogen. Da ein Rechtsträger mehrere Geschäftszweige in sich vereinigen kann besteht durchaus die Möglichkeit, dass einzelne Geschäftszweige durchaus überlebensfähig sind und potentielle Käufer durchaus bereit sind, Kaufpreise oberhalb von Einzelzerschlagungswerten zu bezahlen. In diesem Fall können die Verwertungserlöse nach Abzug der Verwertungskosten in Ansatz gebracht werden. Da die Werte für Sachgesamtheit die Summe des Wertes in der Einzelverwertung i. d. R. übersteigen werden, wird eine von der Einzelverwertung abweichende Verwertungsstrategie belegt werden müssen[486]. Wie dieser Beleg konkret ausgestaltet werden soll ist streitig. Teilweise

485 Bitter, in: Scholz GmbHG Vor. § 64 Rn. 4.3.
486 MK/InsO-Drukarczyk/Schüler, § 19 Rn. 109.

werden sachverständige Urteile von Marktkennern für ausreichend erachtet. Teilweise wird gefordert, dass zumindest konkrete Verkaufsgespräche geführt werden müssen[487]. ME reicht dies nicht aus. Zu geringen Anforderungen würde das zentrale Element der Insolvenzreifeprüfung, den Gläubigerschutz, unterlaufen. Zu optimistische Annahmen würden kein zutreffendes Bild der Vermögensdeckung abgeben. Deshalb ist hier –im Sinne der Gläubiger- Zurückhaltung geboten. Ausreichend für den Nachweis sind demnach abgeschlossene Verträge, da diese die Verwertungsmöglichkeit der Sachgesamtheit dokumentieren. ME ebenso ausreichend sind qualifizierte Absichtserklärungen (sog. LOI), sofern diese rechtlich verbindlich ausgestaltet sind und die Bedingungen für das Zustandekommen des Vertrages klar definiert sind. Das Erfordernis ergibt sich auch aus der Überlegung, dass die Insolvenzordnung bei der Prüfung der Schuldendeckung auf die wahren Werte und damit letztlich auf realistische Verwertungserlöse und damit auf Preise abstellt. Ziel ist es, eine möglichst realistische Einschätzung der Befriedungsaussichten der Gläubiger zu erhalten. Mit Werten können Gläubigeransprüche nicht bedient werden, sondern letztlich nur mit zu realisierbaren Marktpreisen. Aus diesem Grund ist es nicht ausreichend, für die Abweichung von der Prämisse der Einzelverwertungserlöse die Vorlage von Wertgutachten akzeptieren. Wertgutachten bieten keine hinweisen Gewissheit, dass die Werte auch realisiert werden können[488]. Die Verwertbarkeit der Vermögensgegenstände ist entscheidend[489]

Insgesamt kann deshalb, auch nach Änderung des Überschuldungsbegriffes, auf die Differenzierung zwischen Liquidations- und Fortführungswert nicht verzichtet werden. Im Übrigen ergibt sich die Differenzierung zumindest auch für die im Insolvenzverfahren zu erstellende Vermögensübersicht nach § 153 InsO. Auch hier ist zwischen Liquidations- und Fortführungswerten bezogen auf die einzelnen Wirtschaftsgüter zu unterscheiden.

aa) Liquidationswert

Im Fall der Liquidation eines Unternehmens kommt es maßgeblich auf die Verwertbarkeit der vorhandenen Aktiva an. I. R. d. Bewertung stellt sich die Frage, ob auszugehen ist von Ertrags- oder Substanzwert, den Reproduktionskosten oder den Wiederbeschaffungskosten. 249

Ebenso relevant ist die Frage, auf welche Weise eine Veräußerung in Betracht kommt, namentlich
- Einzelveräußerung,
- Gesamtveräußerung, durch Veräußerung aller Aktiva im Ganzen,
- Mischung aus Einzel- und Gesamtveräußerung, weil einzelne Unternehmensteile sich zur Ausgliederung bspw. in eine Auffanggesellschaft eignen, die übrigen Aktiva im Wege einer Einzelveräußerung verwertet werden müssen.

487 Zum Meinungsstand: MK/InsO-Drukarczyk/Schüler, § 19 Rn. 109.
488 Zum Ganzen auch Nickert, Bewertungspraktiker 2012, 82 ff.; Nickert, ZInsO 2013, 1722 ff.; Kühne/Nickert, ZInsO 2014, 2297 ff.
489 MK/InsO-Drukarczyk/Schüler, § 19 Rn. 106.

250 Im Überschuldungsstatus als Liquidationsstatus ist grds. von **Liquidations-Teilwerten** auszugehen, wobei die einzelnen Aktiva aus Sicht eines möglichen Käufers der einzelnen Teile zu bewerten sind.[490]

Dabei ist eine **reguläre, d. h. außergerichtliche Liquidation** und nicht etwa eine sog. Sonderliquidation i.R.e. Insolvenzverfahrens zugrunde zu legen.[491] Die Überschuldungsprüfung soll nämlich gerade klären, ob im Fall fehlender Fortbestehensprognose das schuldnerische Aktivvermögen im Rahmen einer regulären Liquidation die Schulden noch deckt oder ggf. ein Insolvenzverfahren durchzuführen ist.[492]

Nur **ausnahmsweise** wenn feststeht, dass das Unternehmen als Ganzes veräußert werden kann, ist eine **Gesamtbewertung** zulässig, wobei in diesem Fall die Veräußerungschance dokumentiert werden muss.[493] Ebenso ist die Bildung von einzelnen Bewertungseinheiten zulässig, beispielsweise von Betriebsteilen bzw. Sparten. Auch hier muss die Veräußerungsmöglichkeit dokumentiert werden.[494]

251 In jedem Fall müssen bei der Bewertung der Aktiva die im Zusammenhang mit der Liquidation stehenden **Abwicklungskosten** und **steuerlichen Lasten** berücksichtigt werden.[495]

252 Bei der Bewertung unter Liquidationsgesichtspunkten muss ebenfalls die **Abwicklungsgeschwindigkeit** berücksichtigt werden. Je enger der Zeitrahmen der Liquidation, desto größere Wertverluste müssen tendenziell hingenommen werden, insb. bei Notverkäufen.

253 Unter Berücksichtigung der genannten Grundsätze kann der Liquidationswert als Kurzformel wie folgt definiert werden:

▶ Definition:

Liquidationswert ist der **Veräußerungswert eines Wirtschaftsgutes bei Liquidation des Unternehmens**, wobei jeweils die Verwertungskosten sowie die USt in Abzug zu bringen sind.[496]

bb) Fortführungswert

254 Der Fortführungswert eines Vermögensgegenstands ist der Wert, der diesem unter Berücksichtigung der Erwartung zukommt, dass er in der Zukunft einen Beitrag zum

490 Uhlenbruck/Mock, § 19 Rn. 126 f.

491 MK/InsO-Drukarczyk/Schüler, § 19 Rn. 91.

492 Uhlenbruck/Mock, § 19 Rn. 126 f.; HambKomm-Schröder, § 19 Rn. 21.

493 HambKomm-Schröder, § 19 Rn. 21; Uhlenbruck/Mock, § 19 Rn. 129; die wahrscheinlichste Verwertungsalternative ist zugrunde zu legen.

494 Siehe oben Rdn. 249.

495 IDW S 11 Rn. 72, 84.

496 HK/Kirchhof, § 19 Rn. 14; IDW S 11 Rn. 79.

Ertrag des Unternehmens leisten kann. Maßgeblich ist dabei die Überlegung, welcher Anteil des Gesamtpreises bei einer Veräußerung des Unternehmens unter der Prämisse konzeptgemäßer Fortführung auf den einzelnen Gegenstand entfallen würde.[497]

Damit ist noch nicht die Frage geklärt, mit welchem Ansatz der Fortführungswert konkret bestimmt werden kann, wobei folgende mögliche Ansätze in Betracht kommen:
- Ertragswert,
- Substanzwert,
- Handelsrechtliches Fortführungsvermögen.

Der **Ertragswert** eines Unternehmens hängt letztlich davon ab, welche Erträge ein Unternehmen in der **Zukunft** erwirtschaften kann, wobei der Gesamtwert oder Gesamtkaufpreis eines Unternehmens durch eine Unternehmensbewertung determiniert wird. Das Subjekt der Bewertung ist hierbei aber nicht die Substanz, sondern der mit der Substanz in der Zukunft erzielbare Ertrag. Ist der Unternehmenswert ermittelt, dann ist dieser auf die einzelnen Wirtschaftsgüter, den Geschäfts- und Firmenwert als rechnerische Größe herunter zu brechen. In der Bewertungspraxis kommen vor allen Dingen das Ertragswertverfahren und das Discounted-Cashflow-Verfahren zur Anwendung. 255

Demgegenüber berücksichtigt der **Substanzwert**, auch Wiederbeschaffungs- und Reproduktionswert genannt, was unter dem Gesichtspunkt einer Unternehmensreproduktion – also des Nachbaus des Unternehmens – aufzuwenden wäre. Der Substanzwert ist streng gegenwartsbezogen und berücksichtigt keine zukünftigen Entwicklungen oder zukünftige Erträge. Der Substanzwert ist der Zeitwert eines Wirtschaftsgutes. 256

Abschließend kommen die **Wertansätze der Handelsbilanz** in Betracht. Diese sind in §§ 252 ff. HGB kodifiziert. 257

Für die Prüfung der Überschuldung i.R.e. Überschuldungsbilanz erscheint keiner der Ansätze für eine vorbehaltlose Anwendung geeignet. Auch die Forderung, im Überschuldungsstatus die »wahren« Werte zu berücksichtigen, leistet in der Praxis nur unzureichende Hilfestellung. 258

Auf die Frage der Bewertung einzelner Wirtschaftsgüter im Überschuldungsstatus wird nachfolgend praxisnah einzugehen sein.

3. Fortbestehensprognose

a) Rechtlicher Hintergrund der Überschuldung

Bei juristischen Personen ist auch die Überschuldung Insolvenzgrund (§ 19 Abs. 1 InsO). Für haftungsbeschränkte Rechtsformen schreibt das Gesetz eine Insolvenzantragspflicht bei Überschuldung vor.[498] Ferner ist beim Nachlass und bei der 259

497 Jäger/Müller, § 19 Rn. 46.
498 § 15 a InsO.

fortgesetzten Gütergemeinschaft auch die Überschuldung Insolvenzgrund (§§ 320, 332 InsO). Zuletzt müssen Kreditinstitute bei Vorliegen der Überschuldung diese der BAFin anzeigen. Dies gilt auch dann, wenn das Kreditinstitut in der Rechtsform des Einzelunternehmens betrieben wird (§ 46b Abs. 1 KWG).

260 Voraussetzung des Insolvenzgrundes ist, dass die Gesellschaft zum maßgeblichen Zeitpunkt **überschuldet** ist. Von einer solchen Überschuldung ist auszugehen, wenn das Vermögen der GmbH die bestehenden Verbindlichkeiten nicht mehr deckt es sei denn die Fortführung des Unternehmens ist nach den Umständen überwiegend wahrscheinlich (§ 19 Abs. 2 Satz 1 InsO).[499]

261 Die Fortbestehensprognose ist also ein Ausschlussgrund der Überschuldung. Da in der Praxis die Zerschlagungswerte in der Praxis erheblich hinter den Fortführungswerten zurückbleiben, hängt von dem Ausgang der Fortbestehensprognose letztlich auch das Ergebnis der Überschuldungsprüfung ab. Ein Unternehmen mit negativer Fortbestehensprognose wird in aller Regel zugleich überschuldet sein. Ausnahmen bestehen in der Praxis in gesellschafterfinanzierten Fällen, in denen eine Überschuldung im Liquidationsstatus die Überschuldung durch Rangrücktritt und/oder eine harte Patronatserklärung ausgeschlossen werden kann.

262 Terminologisch ist zu beachten, dass die Begriffe Fortführungsprognose und Fortbestehensprognose m. E. synonym sind.[500] Sowohl § 252 Abs. 1 Nr. 2 HGB als auch § 19 Abs. 2 InsO sprechen von der Fortführung des Unternehmens. Tatsächlich aber existieren kleine aber feine Unterschiede zwischen der Fortführungsprämisse nach dem HGB und der InsO, die nachfolgend dargestellt werden sollen. Weniger entscheidend ist m. E. die Begrifflichkeit, als die korrekte Anwendung der Prognoserechnungen je nach InsO oder nach HGB. Hierbei bestehen in der Praxis vielfältige Irrvorstellungen. Aus diesem Grund ist auf Bescheinigungen von Steuerberatern oder Testate von Wirtschaftsprüfern besonderes Augenmerk zu legen.

b) Fortbestehensprognose nach Handelsrecht

263 Eine ähnliche Formulierung wie § 19 Abs. 2 InsO verwendet auch die handelsbilanzielle Bewertungsvorschrift des § 252 Abs. 1 Nr. 2 HGB. Danach ist bei der Bewertung der Vermögensgegenstände *»von der Fortsetzung der Unternehmenstätigkeit auszugehen, sofern dem nicht tatsächliche oder rechtliche Gegebenheiten entgegenstehen«*.

aa) Fortführungsprognose nach Handelsrecht

264 I. R. d. Jahresabschlusserstellung hat der Kaufmann zu prüfen, ob Gegebenheiten bestehen, die gegen die Fortführung der Unternehmenstätigkeit sprechen.[501] Ausgehend

499 Rückkehr zum alten Überschuldungsbegriff der KO – BGH, 13.07.1992 – II ZR 269/91, BGHZ 119, 201 ff.

500 Anders wohl Groß/Amen, DB 2005, 1862: Fortbestehensprognose im Insolvenzrecht, Fortführungsprognose im Handelsrecht.

501 Winkeljohann/Büssow, in: BeBiKo, § 252 Rn. 10.

von der Gesamtsituation des Unternehmens ist eine Prognose anzustellen. Alle für und gegen eine Fortführung sprechenden Gegebenheiten sind zu würdigen. Insb. ist zu überprüfen, ob die gegen die Fortführung sprechenden Gegebenheiten vom Unternehmen gemeistert werden können. Allerdings ist diese Beurteilung tätigkeitsbezogen, während sie im Rahmen der InsO rechtsträgerbezogen zu untersuchen ist.[502]

▶ Beispiel:

Im Nachlass des Unternehmers U ist ein Einzelunternehmen, welches prächtige Gewinne erwirtschaftet aber dennoch die massiven Verluste seiner fremdfinanzierten denkmalgeschützten Immobilien nicht ausgleichen kann. In diesem Fall besteht grundsätzlich für die Tätigkeit des Einzelunternehmens (sollte die tatsächliche Fortführung z. B. über einen Nachlasspfleger o. ä. sichergestellt sein) eine positive handelsrechtliche Fortführungsprognose, während die insolvenzrechtliche Prognose über den Nachlass negativ wäre.

Der **Zeitraum der Prognose** soll sich auf zwölf Monate nach dem Bilanzstichtag erstrecken und bis zur Erstellung des Jahresabschlusses dürfen keine fundierten Anhaltspunkte bekannt geworden sein, die gegen eine Fortführung sprechen.[503] Allerdings ist dieser Zeitraum kein Dogma. Vielmehr sind die unternehmensspezifischen Besonderheiten zu berücksichtigen. Diese lassen ein Abweichen nach oben und unten zu. Maßgeblich ist der Leistungserbringungszeitraum, namentlich die Fertigungsdauer/Umschlagshäufigkeit des Warenlagers.[504] So dürfte bei einem Energiekraftwerk ein längerer Zeitraum zu beachten sein, während beim Eisverkäufer u. U. ein kürzerer Zeitraum angemessen ist. 265

Maßgeblich sind die Verhältnisse am Abschlussstichtag. Wertaufhellende Tatsachen[505] sind zu berücksichtigen, während wertbegründende Tatsachen[506] nicht berücksichtigt werden dürfen. In Zweifelsfällen, z. B. bei nachhaltigen Verlusten oder steigenden Verbindlichkeiten, ist im Anhang die going concern Prämisse zu erläutern, § 264 Abs. 2 Satz 1 HGB[507] Diese Frage stellt sich bei der insolvenzrechtlichen Prognose nicht, da diese eine permanenten Überprüfungspflicht unterliegt, währen der handelsrechtliche Jahresabschluss nur zum Bilanzstichtag zu erstellen ist.

502 Kaiser ZIP 2012, 2478.

503 IDW PS 270 Die Beurteilung der Fortführung der Unternehmenstätigkeit i. R. d. Abschlussprüfung, verabschiedet vom HFA am 9.9.2010; Winkeljohann/Büssow, in: BeBiKo, § 252 Rn. 11.

504 Winkeljohann/Büssow, in: BeBiKo, § 252 Rn. 11.

505 Dabei handelt es sich um Tatsachen, die am Bilanzstichtag bereits existent sind, aber erst später bekannt werden.

506 Dabei handelt es sich um Tatsachen und Gegebenheiten, die sich erst nach dem Bilanzstichtag ereignen.

507 Winkeljohann/Büssow, in: BeBiKo, § 252 Rn. 15; Winnenfeld E 33; a. A. ADS 1997, § 264 Rn. 125.

266 Der wesentliche Unterschied zwischen der handelsrechtlichen und insolvenzrechtlichen Fortbestehensprognose ist die handelsrechtliche Ausgestaltung der Fortbestehensprämisse als gesetzlich unterstellter Regelfall.[508] Demgegenüber ist bei der Überschuldungsprüfung die Annahme von Zerschlagungswerten der Regelfall.[509] Dies führt bei einem non liquet dazu, dass nach Handelsrecht unter der Fortführungsprämisse zu bilanzieren ist, der dabei gleichzeitig erstellte Überschuldungsstatus aber unter Zugrunde legen von Zerschlagungswerten zu erstellen ist. Im Extremfall hätte dies zur Konsequenz, dass ein handelsrechtlich ausschüttungsfähiger Gewinn ausgewiesen wird, während gleichzeitig Insolvenzantragspflicht besteht.

Wir möchten allerdings auf einen Irrtum in der handelsrechtlichen Literatur hinweisen: In einigen Veröffentlichungen[510] ist von der Abkehr der going concern Prämisse die Rede, wenn in den nächsten 12 Monaten ein Insolvenzgrund entstehen soll.[511] Noch weiter geht das IDW in seinem Positionspapier vom 13.8.2012[512]: »*Eine positive handelsrechtliche Fortführungsprognose setzt grundsätzlich voraus, dass im Prognosezeitraum die Insolvenzgründe Zahlungsunfähigkeit und Überschuldung weder eingetreten sind noch Zahlungsunfähigkeit droht und auch andere rechtliche oder tatsächliche Gegebenheiten der Annahme der Unternehmensfortführung in diesem Prognosezeitraum nicht entgegenstehen.*«

Ich halte dies in dieser Absolutheit für falsch, da die Beweislastregel in der InsO anders als im HGB geregelt ist. Wären die Ausführungen richtig, würde die »scharfe« Beweislast der InsO ins HGB auf kaltem Wege transportiert und die Beweislast entgegen der eindeutigen Regelung des HGB gegen den Wortlaut umgekehrt.[513] Diese Auffassung geht auch über die Grenzen des Wortlauts des § 252 Abs. 1 Nr. 2 HGB hinaus. Vielmehr darf »break-up« erst und nur dann bilanziert werden, wenn hinreichende Anhaltspunkte dafür vorliegen, dass tatsächlich von einer Einstellung der Unternehmenstätigkeit auszugehen ist.

Außerdem ist die going concern Prognose nach der InsO rechtsträgerbasiert, während sie nach HGB tätigkeitsorientiert ist. Gerade die InsO soll es ermöglichen, die Unternehmenstätigkeit auch in der Insolvenz fortzusetzen und den Rechtsträger zu sanieren. Hierzu dienen Instrumente wie die erleichterte Vertragskündigungsmöglichkeit, das Insolvenzgeld usw. Die InsO geht sogar noch ein Stück weiter: Der vorläufige Insolvenzverwalter benötigt für eine Stilllegung (=Beendigung der Tätigkeit) eine Zustimmung des Gerichts, § 33 Abs. 1 Nr. 2 InsO und der Insolvenzverwalter muss den Betrieb bis zur Gläubigerentscheidung nach § 157 InsO fortführen, vgl. § 158 InsO.

---

508 Winkeljohann/Büssow, in: BeBiKo, § 252 Rn. 9.

509 Zuletzt BGH, 09.10.2006 – II ZR 303/05, DStR 2006, 2186; BGH, 29.11.1999 – II ZR 237/98, BGHZ 143, 184 = NJW 2000, 668; Jaeger-Müller, § 19 Rn. 28 ff. m. w. N.

510 Groß/Amen, DB 2005, 1861 (1865) m. w. N.

511 Vgl. hierzu die Nachweise bei Kaiser, ZIP 2012, 2478; MK/HGB-Ballwieser, 2. Aufl. § 252 Rn. 12, 14.

512 (Im Folgenden: IDW PP) Tz. 3, IDW-FN 2012, 463.

513 Kaiser, ZIP 2012, 2478.

Diese Auffassung verstößt zuletzt auch gegen den Stichtagsgrundsatz: Die VFE-Lage ist zum Stichtag richtig darzustellen. Soweit zum Stichtag noch going concern bilanziert werden darf bzw. muss, ist dies unbedingt zu berücksichtigen.[514] Jedes späteres Ereignis ist als wertbegründende Tatsache erst im Folgeabschluss zu berücksichtigen. Gegebenenfalls besteht aber eine Redepflicht im Lagebericht und/oder Anhang (str.).

Handelsrechtlich müssen tatsächliche oder rechtliche Gegebenheiten gegen eine Fortführung sprechen. Dabei ist ein objektiver Maßstab anzulegen, der nicht durch die (subjektive) Hoffnung des Kaufmanns zu ersetzen ist. Die entgegenstehenden Gegebenheiten müssen auch schwerwiegend sein. Die Gegebenheiten sind im Einzelfall zu prüfen und zu gewichten. Dabei sprechen z. B. folgende Gegebenheiten i. d. R. gegen eine Fortführung: 267

- eingetretene Zahlungsunfähigkeit (Liquidität 2. Grades unter 90 %, freie Kontokorrentlinie beachten!),
- nachhaltige Verluste,
- ansteigende Verschuldung,
- Unfähigkeit erforderliche (Ersatz-) Investitionen zu tätigen,
- Finanzierung von langfristigem Anlagevermögen über kurzfristigen Kredit,
- negatives »net working capital«,[515]
- auslaufende Kredite ohne Möglichkeit der Prolongation (drohende Zahlungsunfähigkeit),
- Änderungen der rechtlichen Rahmenbedingungen,
- strategische Fehlentscheidungen (analoge statt digitaler Fotos; Produktion von Blaupausepapier).

Letztlich sind aber auch diese Gegebenheiten zu gewichten, ob sie i.R.e. Gesamtprognose zur Versagung der Fortführungsprämisse führen. Insbesondere ist bei den Kennzahlen zu untersuchen, ob diese zum Stichtag »Ausreißer« zeigen, d. h. der unterjährige Verlauf ist zu untersuchen.

Aufgrund dieser Gegebenheiten wird deutlich, dass auf die exakte Überprüfung der Fortführungsprämisse nur dann verzichtet werden kann, wenn 268

- in der Vergangenheit nachhaltig Gewinne erzielt wurden,
- leicht auf finanzielle Mittel zurückgegriffen werden kann und
- keine bilanzielle Überschuldung droht.[516]

Wichtig ist auch, dass es sich anders als beim kaufmännischen Beurteilungsspielraum um eine »objektive« Einschätzung handeln soll (... Gegebenheiten ...)[517]. Auch hier bin ich der Auffassung, dass dies falsch ist. Eine objektive Prognose gibt es nicht. Zwar verlangen einige Autoren eine solche objektive Betrachtungsweise. Z. B. verlangt Groß im Rahmen der insolvenzrechtlichen Fortbestehensprognose eine »objektive

514 Schulze-Osterloh, DStR 2007, 1006 ff.

515 Kurz: Umlaufvermögen abzgl. kurzfristige Verbindlichkeiten und Rückstellungen.

516 Groß, Wpg 2004, 1357 (1369).

517 Winnenfeld E 29.

Betrachtung«, ob mehr für als gegen die Sanierung spricht. Gleichwohl gewährt er wie auch der BGH dem Prognoseersteller einen »gewissen Beurteilungsspielraum«.

Ich halte die Forderung nach einer objektiven Betrachtung für falsch, weil eine Prognose niemals objektiv mit überwiegender Wahrscheinlichkeit ein positives Ergebnis ausweisen kann. Jede Prognose ist immer subjektiv. Es ist daher nicht geboten, eine auf zutreffender Tatsachengrundlage beruhende, vertretbare Prognose durch eine andere – ebenfalls notwendigerweise nur vertretbar Prognose – zu ersetzen. Daher kann es auch keine objektiv überwiegende Wahrscheinlichkeit geben. Vielmehr hat der Geschäftsführer für die prognostischen Annahmen einen »gewissen Beurteilungsspielraum«.[518] Die Planung ist daher lediglich auf Vertretbarkeit zu überprüfen.

Nach unserem Verständnis ist analog der Diktion in der Unternehmensbewertung keine objektive Fortführungsprognose, sondern eine »**objektivierbare**«[519], d. h. intersubjektiv nachprüfbare Fortbestehensprognose erforderlich, die auf nachprüfbaren und plausiblen subjektiven Wahrscheinlichkeiten des Prognoseerstellers fußt. Dabei meint »objektivierbar« insbesondere Willkürfreiheit. Die Tatsachengrundlagen müssen also objektiv richtig ermittelt sein und die darauf aufbauende Prognose muss objektivierbar sein und in der Krise durch Liquiditätspläne belegt werden.[520]

bb) Prüfung der Fortführung der Unternehmenstätigkeit nach IDW[521]

269 Das IDW hat zur Prüfung der Fortführung der Unternehmenstätigkeit für die handelsrechtliche Rechnungslegung einen Prüfungsstandard verabschiedet. Dabei ist zu berücksichtigen, dass die Rechtsnatur eines IDW Prüfungsstandards nur als Empfehlung verstanden werden kann. Das IDW hat insb. keine Rechtssetzungsbefugnisse. Die dem IDW angeschlossenen Wirtschaftsprüfer und vereidigten Buchprüfer[522] haben sich i. R. d. Beitritts aber zur Beachtung der IDW Standards selbst verpflichtet. Allerdings dürften aufgrund der breiten Anerkennung und der fachlichen Güte der Standards und aufgrund der großen Anzahl der Mitglieder im IDW[523] die Standards als »Regeln der Kunst« angesehen werden.

270 Das IDW hat in einem Positionspapier vom 13.8.2012 seine im PS 270 dargestellte Auffassung präzisiert. »*Eine positive handelsrechtliche Fortführungsprognose setzt grundsätzlich voraus, dass im Prognosezeitraum die Insolvenzgründe Zahlungsunfähigkeit und Überschuldung weder eingetreten sind noch Zahlungsunfähigkeit droht und auch andere*

518 BGH vom 06.06.1994 – ZIP 1994, 1103.

519 Kühne/Nickert, ZInsO 2014, 2297; Andres in Runkel Anwaltshandbuch Insolvenzrecht § 1 Rn. 100; so auch Winkeljohann/Büssow, § 252 Rn. 14.

520 Nickert/Kühne, ZInsO 2014, 2297 ff; MK/HGB- Ballwieser, § 252 Rn. 13: »Einschätzung der Unternehmensfortführung ist eine Faktenfrage«.

521 IDW PS 270 Die Beurteilung der Fortführung der Unternehmenstätigkeit i. R. d. Abschlussprüfung, redaktionell überarbeitet am 09.09.2010.

522 Rund 85 % der WP und vBp.

523 Sog. normative Kraft des Faktischen.

rechtliche oder tatsächliche Gegebenheiten der Annahme der Unternehmensfortführung in diesem Prognosezeitraum nicht entgegenstehen.«[524] Ich halte diese Auffassung für bedenklich, weil zum einen die handelsrechtliche Prognose tätigkeitsbezogen und die insolvenzrechtliche Prognose rechtsträgerbezogen ist.[525] Zum anderen wird die umgekehrte Beweislast der InsO »über die Hintertüre« in die handelsrechtliche Prognose hereingeholt, s. o. Rdn. 266.

Von der Unternehmensfortführung kann ohne Weiteres ausgegangen werden, wenn[526]
- die Gesellschaft in der Vergangenheit nachhaltig Gewinne erwirtschaftet hat,
- leicht auf finanzielle Mittel zugreifen kann und
- keine (handels-) bilanzielle Überschuldung droht

Die Voraussetzungen (»und«) müssen kumulativ vorliegen (**sog. implizite Fortbestehensprognose**).

Nach dem **IDW Prüfungsstandard PS 270** kann die Fortführung der Tätigkeit zweifelhaft, also die Unternehmung bedroht sein durch:
- »Finanzielle Umstände«
  - In der Vergangenheit eingetretene oder für die Zukunft erwartete negative Zahlungssalden aus der laufenden Geschäftstätigkeit,
  - Die Schulden übersteigen das Vermögen oder die kurzfristigen Schulden übersteigen das Umlaufvermögen,
  - Kredite zu festen Laufzeiten, die sich dem Fälligkeitsdatum nähern, ohne realistische Aussichten auf Verlängerung oder Rückzahlung,
  - Übermäßige kurzfristige Finanzierung langfristiger Vermögenswerte,
  - Anzeichen für den Entzug finanzieller Unterstützung durch Lieferanten oder andere Gläubiger,
  - Ungünstige finanzielle Schlüsselkennzahlen,
  - Erhebliche Betriebsverluste oder erhebliche Wertminderungen bei betriebsnotwendigem Vermögen,
  - Ausschüttungsrückstände oder Aussetzen der Ausschüttung,
  - Unfähigkeit, Zahlungen an Gläubiger bei Fälligkeit zu leisten,
  - Unfähigkeit, Darlehenskonditionen einzuhalten,
  - Lieferantenkredite stehen nicht mehr zur Verfügung,
  - Unmöglichkeit, Finanzmittel für wichtige neue Produktentwicklungen oder andere wichtige Investitionen zu beschaffen,
  - Unfähigkeit, Kredite ohne Sicherheitenstellung von außen zu beschaffen,
  - Einsatz von Finanzinstrumenten außerhalb der gewöhnlichen Geschäftstätigkeit,
  - Angespannte finanzielle Situation im Konzernverbund.
- Betriebliche Umstände

524 IDW Positionspapier vom 13.08.2012; IDW-FN 2012, 463.

525 Kaiser, ZIP 2012, 2478.

526 IDW PS 270 Tz. 9; Winkeljohann/Büssow, BeBiKo 9. Aufl. § 252 Rn. 10 m. w. N.

  - Ausscheiden von Führungskräften in Schlüsselpositionen ohne adäquaten Ersatz,
  - Verlust eines Hauptabsatzmarktes, Verlust von Hauptlieferanten oder wesentlichen Kunden bzw. Kündigung von bedeutenden Franchise-Verträgen,
  - Gravierende Personalprobleme,
  - Engpässe bei der Beschaffung wichtiger Vorräte,
  - Nicht ausreichend kontrollierter Einsatz von Finanzinstrumenten.
- Sonstige Umstände
  - Verstöße gegen Eigenkapitalvorschriften oder andere gesetzliche Regelungen,
  - Anhängige Gerichts- oder Aufsichtsverfahren gegen das Unternehmen, die zu Ansprüchen führen können, die wahrscheinlich nicht erfüllbar sind,
  - Änderungen in der Gesetzgebung oder Regierungspolitik, von denen negative Folgen für das Unternehmen erwartet werden«.

271 Bei derartigen Zweifeln ist nicht zwingend von einer negativen Fortbestehensprognose auszugehen. Vielmehr können die Zweifel durch andere Tatsachen und/oder Annahmen kompensiert werden. Maßgebend ist eine wertende Gesamtprognose (**sog. explizite Fortbestehensprognose**). Jedenfalls hat sich der Abschlussprüfer ausreichend Klarheit über die Fortbestehensprognose zu verschaffen:

> »Dementsprechend wird der Abschlussprüfer die gesetzlichen Vertreter nach ihren Plänen für künftige Vorhaben (z. B. Veräußerung von Vermögenswerten, Aufnahme oder Umschuldung von Krediten, Verminderung oder Aufschub von Ausgaben, Kapitalerhöhung) befragen. Der Abschlussprüfer wird auch berücksichtigen, ob zusätzliche Tatsachen bekannt oder Informationen verfügbar geworden sind, seitdem die gesetzlichen Vertreter ihre Einschätzung vorgenommen haben.
>
> Insgesamt wird sich der Abschlussprüfer ausreichende und angemessene Prüfungsnachweise darüber verschaffen, dass diese Planungen umsetzbar sind und dass das Ergebnis dieser Planungen die Situation verbessern wird.«[527]

272 Soweit der Abschlussprüfer die Fortführung in Zweifel zieht und eine Insolvenzgefahr sieht, sollte er die gesetzlichen Vertreter auf die insolvenzrechtlichen Pflichten, vorwiegend also der Prüfung der Insolvenzgründe und ggf. auch auf die Insolvenzantragspflicht, hinweisen.[528]

273 Soweit der Wirtschaftsprüfer zwar die Fortführung unterstellt, aber Risiken erkennt, muss er überprüfen, ob der Lagebericht die bestandsgefährdenden Tatsachen angemessen darstellt. Soweit die Darstellung über die Unsicherheiten nicht angemessen berichtet, ist der Bestätigungsvermerk einzuschränken.

> »Die aus der Annahme einer nicht gegebenen Fortführung der Unternehmenstätigkeit zu ziehenden Konsequenzen müssen durch eine hohe Wahrscheinlichkeit abgesichert werden,

527 IDW PS 270 Tz. 28.

528 Eine haftungsbegründende Hinweispflicht dürfte seit BGH vom 06.02.2014 – IX ZR 53/13; ZInsO 2014, 546 (entschieden für Steuerberater bei rein steuerlichem Mandat) aber nicht mehr bestehen.

wobei zu berücksichtigen ist, dass die Prognosesicherheit mit zunehmender Länge des Prognosezeitraums abnimmt.«[529]

Aus dem IDW Standard ist herauszulesen, dass der Abschlussprüfer mit der erforderlichen Distanz an die Prüfung herangehen muss, wenngleich im Zweifelsfall das Handelsbilanzrecht die Fortführung unterstellt. Verwerfen kann der Abschlussprüfer die handelsrechtliche Fortführungsprognose nur, wenn beispielsweise folgende tatsächliche Sachverhalte ermittelt wurden:[530] 274

- »Unfähigkeit zur Durchführung notwendiger Investitionen zwecks Erhaltung der Konkurrenzfähigkeit,
- Ausschöpfung sämtlicher Kreditlinien bei Bestehen weiteren unabweisbaren Kreditbedarfs,
- Ausfall wesentlicher Kreditgeber, Zulieferer oder Abnehmer,
- Verschiebung des Nachfrageverhaltens, welchem angesichts der Leistungsfähigkeit des Unternehmens nicht gefolgt werden kann,
- Wegfall des Zugangs zu Rohstoffmärkten z. B. aufgrund politischer Veränderungen,
- Entstehen erdrückender Konkurrenz,
- Fehlschläge bei der Einführung neuer Produkte sowie
- ungenügende Eigenkapitalausstattung aufgrund fortwährender Verluste.

Tatsächlich können singuläre Ereignisse in Anlehnung an die vorstehende Aufzählung zwingend zu einer Unternehmenseinstellung führen, z. B. wenn ein Solarzellenhersteller keine Silicium- Wafer mehr beziehen kann oder das einzige nennenswerte Produkt des Unternehmens aufgrund rechtlicher Auflagen urplötzlich vom Markt genommen werden muss.«

Insgesamt ist es aber immer eine Gesamtwürdigung (Prognose), die vom Bilanzierenden anzustellen ist.[531] Es verbietet sich, schematisch aufgrund eines verwirkten Merkmals due Fortführungsprämisse zu verwerfen.

c) Überschuldungsprüfung nach der InsO

Die insolvenzrechtliche Überschuldungsprüfung dient der Ermittlung des Schuldendeckungspotenzials oder der Dokumentation der künftigen Zahlungsfähigkeit. Soweit die Verbindlichkeiten gedeckt sind, besteht keine Insolvenzantragspflicht. Soweit eine Deckung nicht mehr besteht, darf das Unternehmen nicht mehr auf Risiko der Gläubiger fortgeführt werden – es sei denn, es besteht eine positive Fortbestehensprognose. Diese soll zeigen, dass das Unternehmen nachhaltig überlebensfähig ist. 275

aa) Schuldendeckung

In der Praxis findet eine sog. **zweistufige Überschuldungsprüfung** statt.[532] Ausgehend von der Handels- bzw. Steuerbilanz wird ein sog. Überschuldungsstatus aufgestellt. Hierbei handelt es sich um eine Sonderbilanz. Sie ist ein Nebenbuch i. S. v. § 238 Abs. 1 276

529 IDW PS 270 Tz. 8.

530 Hoffmann/Lüdenbach, HGB § 252 Rn. 17.

531 Winkeljohann/Büssow, BeBiKo § 252 Rn. 15.

532 Bitter, in: Scholz GmbHG vor § 64 Rn. 25 ff; K. Schmidt, InsO § 19 Rn. 12 ff; FK-InsO/Schmerbach, § 19 Rn. 6 ff.

Satz 2 HGB. Der Status wird praktisch dadurch erstellt, dass aus der Handelsbilanz der Überschuldungsstatus entwickelt wird. Nach Feststellung der Handelsbilanzwerte findet eine Umbewertung durch Aufdeckung der stillen Reserven und stillen Lasten statt, denn insolvenzrechtlich interessiert nur eines: Ist unter der Annahme der Liquidation genügend Vermögen vorhanden, um die Ansprüche der Gläubiger zu bedienen? Klarstellend sei darauf hingewiesen, dass der gesetzlich unterstellte Regelfall die unverzügliche Zerschlagung ist, § 159 InsO. Soweit aber ein anderes Liquidationsszenario durchführbar ist, kommt (ausnahmsweise) auch die Bewertung zu Fortführungswerten in Betracht, z. B. wenn ein Unternehmen im Wege des Asset Deals verkauft werden soll und kann.[533] Dem Gesetzgeber ist bei der InsO aber ein genereller und struktureller Fehler unterlaufen. Er verwechselt Wert mit Preis.[534] Wert ist dabei der Betrag, den ein objektiver sachverständiger Dritter einem Vermögensgegenstand beimisst. Preis ist das Ergebnis von (taktischen) Verhandlungen. Für die Gläubiger im Insolvenzverfahren ist aber alleine der Betrag maßgebend, zu welchem ein Vermögensgegenstand zu Geld gemacht werden kann; und das ist eben der Preis, der häufig gerade in der Insolvenz nicht dem Wert entspricht. Konsequenterweise hat der Absonderungsgläubiger auch die Feststellungs- und Verwertungspauschale auf den Preis und gerade nicht auf den Wert zu bezahlen, § 171 InsO.

Bei der Ermittlung ist für die Gläubiger maßgebend, ob ein Schuldendeckungspotential für alle Gläubiger vorhanden ist. Ausgehend von dieser Interessenlage kommen zwei Ansätze in Betracht. Zum einen kann man dem Stichtagsprinzip folgen. D. h. es sind alle Aktiva und Passiva zum Stichtag zu erfassen und zu bewerten. Folglich würden Abwicklungskosten, Steuern etc., die mit der Realisation der Werte entstehen, nicht berücksichtigt werden. Diese Auffassung berücksichtigt aber nicht das schutzwürdige Interesse der Gläubiger, welches der Preis für die Haftungsabschirmung aufgrund der Rechtsform ist. Soll eine bestmögliche Interessenwahrung der Gläubiger und damit möglichst frühzeitige Antragstellung gewollt sein, so muss das Schuldendeckungspotenzial auf das fiktive Liquidationsende – mit all seinen Schwierigkeiten – ermittelt werden. Dann aber sind sicher entstehende Kosten, Steuern etc. bereits beim Status zu berücksichtigen.[535]

277 Da i. R. d. Handelsbilanz auf der **Passivseite** das »Höchstwertprinzip« gilt, sind auf der Passivseite i. d. R. keine Erhöhungen vorzunehmen. Dies gilt allerdings nur unter der Prämisse der Vollständigkeit. Soweit z. B. Drohverlustrückstellungen unterlassen wurden, sind diese im Überschuldungsstatus auszuweisen/nachzuholen.[536] Auf der

533 K. Schmidt, InsO § 19 Rn. 24; Bitter, in: Scholz GmbHG vor § 64 Rn. 43 f; Uhlenbruck/Mock, § 19 Rn. 130.

534 Price is what you pay, value is what you get.

535 Nickert, ZInsO 2013, 1722 (1726) = FS für Hans Haarmeyer S. 175 ff.

536 Fromm, ZInsO 2004, 943; Haas/Scholl, ZInsO 2002, 624 ff.; HK/Kirchhof, § 19 Rn. 24 (unter Hinweis auf BGHZ 83, 347 ff.); Vonnemann, BB 1991, 867, 871; Bilo, GmbHR 1981, 73, 74 und 104, 105; wohl auch OLG Hamburg, 23.12.1980 – 7 U 67/79, BB 1981, 1441; str. a. A. bzw. differenzierend: MK/InsO-Drukarczyk/Schüler, § 19 Rn. 100.

Passivseite können u. U. Posten auf den Erwartungswert gemindert werden, wenn mit einer Inanspruchnahme nicht ernsthaft zu rechnen ist oder die Wahrscheinlichkeit in geringerer Höhe besteht. Von praktischer Relevanz ist dies einzig bei den Rückstellungen. Gemäß handelsrechtlichen Grundsätzen der Vorsicht sind Rückstellungen zu bilden, wenn die Möglichkeit der Inanspruchnahme besteht. Im Überschuldungsstatus kann nach wohl h. M. davon Abstand genommen werden, wenn die Inanspruchnahme zumindest zweifelhaft ist.[537] Ich bin der Meinung, dass im Status immer dann eine Rückstellung zu bilden ist, wenn ein gedachter Erwerber des Unternehmens diesem Umstand eine Berücksichtigung bei dem Erwerbspreis beimessen würde. Weitere Minderungen wären nur dann vorzunehmen, wenn für Verbindlichkeiten ggü. Dritten, z. B. Gesellschafterdarlehen, von diesen eine sog. qualifizierte Rangrücktrittsvereinbarung vorläge.[538]

Auf der **Aktivseite** wird unter dem Gesichtspunkt der Verwertbarkeit i. R. d. zugrunde **278**
liegenden Unternehmenskonzeption für die Vermögensgegenstände der sog. Zeitwert angesetzt. Dieser kann über dem Buchwert in der Handelsbilanz liegen. Für die Aktivposten der Überschuldungsbilanz gilt also, dass sämtliche Vermögensgegenstände erfasst werden müssen, die gem. § 35 InsO in die spätere Insolvenzmasse fallen. Angesetzt werden kann grds. alles, was für die Gläubiger »zu Geld gemacht werden« kann. Vermögensgegenstände, die aufgrund einer Aussonderung gem. § 47 InsO nicht der Masse zur Verfügung stehen, dürfen aber nicht berücksichtigt werden. Unter Eigentumsvorbehalt gelieferte Ware ist auf der Aktivseite aufzuführen. Die korrespondierende Verbindlichkeit ist auf der Passivseite aufzuführen.

Regelmäßig wiederkehrend sind Firmenwerte, welche im Überschuldungsstatus die Überschuldung beseitigen sollen. Auch hier gilt: Der Firmenwert kann aktiviert werden, wenn mit der erforderlichen Gewissheit feststeht, dass er zu diesem Betrag zu Geld gemacht werden kann.

Allerdings besteht hier eine gesetzlich verursachte Fehlvorstellung, welche zu erheblichen Missverständnissen führt: Der Gesetzgeber hat in der InsO die Einzelbewertung der Vermögensgegenstände auch unter Annahme von Fortführungswerten kodifiziert (vgl. §§ 19 Abs. 2 Satz 2, 151 Abs. 2, 153 Abs. 1 Satz 2, 229 Satz 1 InsO). Dieser Grundsatz gilt auch, wenn bei Annahme der Liquidation die Veräußerung zu Fortführungswerten im Rahmen eines asset deals überwiegend wahrscheinlich erscheint[539]. Diese Einzelbewertung, die man auch aus dem HGB kennt (§ 240 Abs. 1 HGB), ist gerade für die Annahme der Unternehmensfortführung eine gesetzliche Fiktion ohne jeglichen Realitätsbezug. Die Ermittlung von Fortführungseinzelwerten ist schlicht unmöglich. Ein Kaufmann, der ein Unternehmen fortzuführen gedenkt, bewertet gerade nicht jeden einzelnen Gegenstand, um aus dieser Vielzahl von Einzelwerten einen Gesamtwert zu bilden. Er bewertet das Unternehmen. Maßgebend ist zwar die Substanz

537 FK-InsO/Schmerbach, § 19 Rn. 25 m. w. N.

538 BGH, 08.01.2001 – II ZR 88/799, BGHZ 146, 264 ff.

539 HambKomm-Schröder, § 19 Rn. 22.

des Unternehmens, nicht aber der Substanzwert der einzelnen Vermögensgegenstände. Auch der Versuch, den Substanzwert auf Basis von Reproduktionswerten zu ermitteln ist zum Scheitern verurteilt, da ein fiktiver Vollreproduktionswert eines Unternehmens nicht zu ermitteln ist.[540] Nach den Vorstellungen des Gesetzgebers müsste eine Unternehmensbewertung erfolgen und vom Gesamtwert des Vermögens der auf die einzelnen Vermögensgegenstände beizulegende Substanzwert abgezogen werden. Ein etwaiger Mehrwert stünde als Firmenwert der freien Masse zu. In der Praxis der Abschlussprüfung wird so bei Kaufpreisallokationen[541] im Rahmen von Unternehmenszusammenschlüssen vorgegangen, IFRS 3.

bb) Fortbestehensprognose

279 Die Überschuldung wird ferner durch die positive **Fortbestehensprognose** ausgeschlossen. Damit erlangt Sie eine eigenständige insolvenzausschließende Bedeutung. Aus dieser Bedeutung folgt Verantwortung. Die Prognose muss sorgsam angestellt werden und eine möglichst realistische Abschätzung der künftigen Schuldendeckungsfähigkeit sein.[542] Die Prüfung soll »objektiv« erfolgen aber mit einem Beurteilungsspielraum für das Organ.[543] Da es die objektive Prognose nicht gibt, ist der der Unternehmensbewertung entnommene Begriff der »**Objektivierbarkeit**« zutreffend und zugleich maßgebend.[544] Insoweit muss sich die Prognose einer Vertretbarkeits- oder Plausibilitätskontrolle unterziehen lassen. Nicht erforderlich ist, dass die Prognose später eintritt. Der Prognoseersteller ist nicht »Garant« seiner Prognose. Auch lässt sich aus dem späteren Scheitern nicht ohne Weiteres auf eine ex ante fehlerhafte Prognose schließen (sog. Rückschaufehler oder hindsight bias).[545]

An dieser Stelle sei darauf hingewiesen, dass auch die Handelsbilanz und auch der Überschuldungsstatus prognostische Abschätzungen sind. Man denke dabei nur an die Forderungsbewertung und/oder die Rückstellungsbewertung z. B. für Pensionen. Gerade in letzterem Fall wird sichtbar wie weit diese Stichtagsprognosen in die Zukunft reichen. Auch diese Prognosen müssen vertretbar und plausibel mithin objektivierbar sein.

280 Für die **Gläubiger** ist gleichwohl der Fortführungswert eines Unternehmens zu ermitteln, wenn dieser im Rahmen der Liquidation erzielt werden kann. Ist dieser nämlich höher als der Zerschlagungswert der einzelnen Vermögensgegenstände, werden die Gläubiger diese Verwertungsalternative, gegebenenfalls über einen Debt to Equity

540 Mandl/Rabel, in: Peemöller, Praxishandbuch der Unternehmensbewertung, S. 85 ff.

541 Purchase price allocation (PPA); vgl. Blöse/Wieland-Blöse, S. 128 ff.

542 Bitter, in: Scholz GmbHG vor § 64 Rn. 30.

543 K. Schmidt, InsO § 19 Rn. 47.

544 Kühne/Nickert, ZInsO 2014, 2297 (2300 f); Schmerbach, in: FK-InsO § 19 Rn. 19.

545 Anders für die Posten bei Zahlungsunfähigkeitsprüfung und im Überschuldungsstatus K. Schmidt, InsO §§ 17 Rn. 8; 19 Rn. 30, der auf das »objektive« Bestehen von Forderungen und Verbindlichkeiten abstellt und eine Korrektur über den Verschuldensbegriff vornimmt.

Swap gem. § 225 a Abs. 2 Satz 1 InsO, wählen (§ 157 InsO).[546] Außerdem ist für die Ermittlung des Absonderungserlöses im Fall der übertragenden Sanierung der an den Gläubiger auszukehrende Betrag zu ermitteln. Dies alles darf nicht darüber hinwegtäuschen, dass es einen exakt zu ermittelnden Fortführungseinzelwert eines Gegenstands nicht gibt. Die Praxis ist schlicht auf Schätzungen oder Näherungswerte angewiesen.[547]

(1) Allgemeines zur Fortbestehensprognose

Maßgebend ist, ob für die Gesellschaft eine **positive Fortbestehensprognose** besteht. 281
Nur in diesem Fall ist die Überschuldung ausgeschlossen und es dürfen die Fortführungswerte in den Verzeichnissen in Ansatz gebracht werden. Von einer solchen positiven Fortbestehensprognose ist auszugehen, wenn das Unternehmen »wirtschaftlich lebensfähig erscheint«[548]. Entscheidend ist die objektive (»objektivierbare«) Überlebensfähigkeit.[549] Die Fortbestehensprognose soll eine Aussage darüber treffen, ob die Fortführung des Unternehmens »überwiegend wahrscheinlich« ist. Für diese Aussage sind Lippenbekenntnisse der Geschäftsführung ebenso wenig ausreichend wie allein die Annahme, die Geschäftsentwicklung würde sich verbessern.[550] Aufgrund der gesetzlich verankerten und strafbewehrten Insolvenzantragspflicht bei Kapitalgesellschaften (& Co.)[551] wird deutlich, dass die Fortbestehensprüfung erhöhten Anforderungen zu genügen hat.[552] Anderenfalls würde der Gläubigerschutz leerlaufen.

Ein **Sanierungsgutachten** nach Maßgabe der BGH-Rechtsprechung[553] muss die (positive) Sanierungsfähigkeit bescheinigen. In diesem Sinne dürfte die Sanierungsfähigkeit mit der objektiven Überlebensfähigkeit im Sinne der Fortbestehensprognose übereinstimmen.

- Ein solches Gutachten muss von den erkannten und erkennbaren tatsächlichen Gegebenheiten des Unternehmens ausgehen und es muss durchführbar sein. Dabei ist sowohl die Frage der Erkennbarkeit der Ausgangslage als auch für die Prognose auf die Beurteilung eines unvoreingenommenen – nicht notwendigerweise unbeteiligten – branchenkundigen Wirtschaftsfachmann abzustellen.
- Das Sanierungsgutachten enthält eine Analyse der wirtschaftlichen Lage des Unternehmens im Rahmen seiner Wirtschaftsbranche und beschreibt die Krisenursachen.
- Das Sanierungsgutachten beurteilt die Vermögens-, Ertrags- und Finanzlage des Unternehmens zutreffend.

546 Instruktiv hierzu Drukarczyk, NZI 2015, 110 ff.

547 HambKomm-Schröder, § 19 Rn. 22.

548 RegE InsO in: Balz/Landfermann, S. 225.

549 K. Schmidt, InsO § 19 Rn. 47; ders. AG 1978, 334 ff.

550 Bitter, in: Scholz GmbHG vor § 64 Rn. 30; K. Schmidt, InsO § 19 Rn. 47.

551 § 15 a Abs. 4 InsO.

552 Karollus/Huemer, Die Fortbestehensprognose i. R. d. Überschuldungsprüfung, S. 98: »höchste Sorgfaltsanforderungen« (zum österreichischen Recht).

553 Vgl. hierzu Ganter, NZI 2014, 763 ff mit umfassenden Nachweisen zur Rechtsprechung vorwiegend des BGH.

- Das Sanierungsgutachten muss darlegen, ob das Unternehmen objektiv sanierungsfähig ist und die für seine Sanierung konkret in Angriff genommenen Maßnahmen insgesamt objektiv geeignet sind, das Unternehmen in überschaubarer Zeit durchgreifend zu sanieren.
- Das Sanierungsgutachten muss darlegen, ob die geplanten Sanierungsmaßnahmen jedenfalls in den Anfängen schon in die Tat umgesetzt sind, d. h. die Sanierungsaktivitäten objektiv sachgerecht eingeleitet wurden.

Insbesondere fordert der BGH[554] und in der Folge das BAG[555], dass die Gläubiger vollständig befriedigt werden. Wenn nun aber ein Sanierungskonzept zum Ausschluss der drohenden Zahlungsunfähigkeit die Begleichung sämtlicher Verbindlichkeiten erfordert, muss auch der Prüfungszeitraum bis zum fällig werden der letzten zum Prüfungsstichtag begründeten Verbindlichkeit reichen.[556]

An dieser Stelle soll zur Abgrenzung der Begriffe »Sanierungsfähigkeit« und »Fortbestehensprognose« eingegangen werden. Diese begriffliche Unterteilung hat das IDW in seinem Standard S 6 vorgenommen. Die Rechtsprechung hat sich diese Differenzierung nicht zu Eigen gemacht. Von einer Sanierungsfähigkeit soll insbesondere nur dann auszugehen sein, wenn das Unternehmen wieder eine nachhaltige branchenübliche Rendite erwirtschaften kann.

Meines Erachtens ist diese Differenzierung ohne Wert. Entweder ein Unternehmen ist »überlebensfähig« oder es ist es nicht. Man stelle sich einen Banktermin vor, in welchem der Geschäftsführer mitteilt, laut Bescheinigung seines Wirtschaftsprüfers ist das Unternehmen nicht sanierungsfähig, aber es zeigt eine positive Fortbestehensprognose auf.

Ob das Unternehmen eine für die Eigenkapitalgeber angemessene Rendite erwirtschaftet ist alleine eine Vorfrage bezüglich deren Investitionsentscheidung, also eine Frage nach dem Unternehmenswert. Diese Frage sollte aber nicht ohne Not mit der Frage der insolvenzrechtlichen Fortbestehensprognose vermengt werden, die alleine untersucht, ob die Fremdkapitalgeber mit ihren Forderungen befriedigt werden.

282 Maßgeblich für eine Fortbestehensprognose ist die **ex-ante-Betrachtung**. Dabei ist zu überprüfen, ob alles zum damaligen Zeitpunkt verfügbare Wissen ausgeschöpft wurde und die Grundlagen hinreichend genau und vollständig ermittelt wurden. Dabei sind »größtmögliche Anstrengungen« zu unternehmen.[557] Die den Prognosen zugrunde liegenden Tatsachen und Annahmen müssen ordentlich recherchiert und

554 BGH, 08.12.2011 – IX ZR 156/09, ZInsO 2012, 171.

555 BAG, 06.08.2013 – 6 AZR 980/11, ZIP 2014, 37 = DB 201 844.

556 BGH, 05.12.2013 – IX ZR 93/11 Rn. 10; ZInsO 2014, 77.

557 Karollus/Huemer, Die Fortbestehensprognose i. R. d. Überschuldungsprüfung, S. 99.

betriebswirtschaftlich korrekt bewertet worden sein.[558] Der Geschäftsführung steht insoweit ein Beurteilungsspielraum zu.[559]

Eine solche Fortbestehensprognose wird in der Praxis wie folgt aufgestellt: 283

- Zunächst wird überprüft, ob ein **Fortführungswille** besteht oder ob ein Erwerber für den Betrieb mit Fortführungsabsicht vorhanden ist. Ist kein Fortführungswille vorhanden, muss von einer negativen Prognose ausgegangen werden.[560]
- Sodann wird ein **Unternehmenskonzept** erstellt. Die Ziele werden verbal umschrieben, die Strategie und das Plansoll des Unternehmensverlaufs wird dargestellt (sog. Leitbild des sanierten Unternehmens)[561]. Das Unternehmenskonzept geht von einer Analyse der derzeitigen Ist-Situation aus, formuliert die Soll-Situation und zeigt die Maßnahmen auf, die von der Ist-Situation zur Soll-Situation führen.
- Hieraus wird ein **quantifizierter Ertragsplan** für das Unternehmen aufgestellt. D. h. das Unternehmenskonzept wird in seinen Wirkungen in Zahlen dargestellt. In diesem Ertragsplan werden sämtliche Chancen und Risiken zu einem Erwartungswert aggregiert.[562] Der Prognosezeitraum[563] beträgt in der Praxis mindestens ein Jahr. Regelmäßig wird das angefangene Jahr und das Folgejahr, also zwei Jahre, als Planzeitraum herangezogen. Ich gehe von einem Prognosezeitraum von 3 – 5 Jahren aus.
- Aus dieser Ertragsvorausschau wird über eine Bilanzplanung ein sog. **Finanzplan** abgeleitet. Dies führt letztlich zu einer Aussage über die liquiditätsmäßige Entwicklung des Unternehmens.

Die Fortbestehensprognose wird in aller Regel vom Unternehmer/Geschäftsfüh- 284
rer etc.[564] erstellt. Daneben kommt aber auch die **Erstellung** durch Fachleute in Betracht.[565] Dies wird aus Gründen der Haftungsvermeidung in problematischen Fällen sinnvoll sein,[566] wenngleich dies nicht geboten ist.[567] Der BGH[568] hat hierzu in einer Entscheidung ausgeführt:

558 Karollus/Huemer, Die Fortbestehensprognose i. R. d. Überschuldungsprüfung, S. 99 unter Hinweis auf Onusseit, EWiR 1993, 162.

559 BGH, 06.06.1994 – II ZR 292/91, BGHZ 126, 181, 199 = GmbHR 1994, 539; OLG Naumburg, 11.10.2000 – 12 U 89/00, NZG 2001, 136, 137; OLG Koblenz, 27.02.2003 – 5 U 917/02, NJW-RR 2003, 1198, 1199 = GmbHR 2003, 419; OLG Naumburg, 20.08.2003 – 5 U 67/03, GmbHR 2004, 361, 363; OLG Schleswig, 11.02.2010 – 5 U 60/09 = GmbHR 2010, 864; vgl. auch Rdn. 181.; Kühne/Nickert, ZInsO 2014, 2297.

560 K. Schmidt, InsO § 19 Rn. 52; Bitter, in: Scholz GmbHG vor § 64 Rn. 34.

561 Nickert/Kühne, Insbüro 2014, 500 ff.

562 Sehr str., vgl. Kühne/Nickert, ZInsO 2014, 2297 für den Erwartungswert, so auch Gleißner, in: KSI 2013, 172 ff und wohl Bitter, in: Scholz GmbHG vor § 64 Rn. 39 »nicht auf Kosten der Gläubiger spekulieren«; a. A. Groß KSI 2012, 241 ff.

563 Ebenfalls sehr str., vgl. Rdn. 218.

564 Im Folgenden nur noch »Unternehmer«.

565 Haas, in: Baumbach/Hueck GmbHG, § 64 Rn. 61a, 84.

566 Bitter, in: Scholz GmbHG vor § 64 Rn. 30.

567 OLG Frankfurt am Main, 25.10.2000 – 17 U 63/99, NZG 2001, 173.

568 BGH, 14.05.2007 – II ZR 47/06, ZInsO 2007, 660.

»Ein organschaftlicher Vertreter einer Gesellschaft verletzt seine Insolvenzantragspflicht nicht schuldhaft, wenn er bei fehlender eigener Sachkunde zur Klärung des Bestehens der Insolvenzreife der Gesellschaft den Rat eines unabhängigen, fachlich qualifizierten Berufsträgers einholt, diesen über sämtliche für die Beurteilung erheblichen Umstände ordnungsgemäß informiert und nach eigener Plausibilitätskontrolle der ihm daraufhin erteilten Antwort dem Rat folgt und von der Stellung eines Insolvenzantrags absieht.«

In der Entscheidung führt der BGH in nicht zu überbietender Deutlichkeit aus, dass sich der organschaftliche Vertreter beraten lassen **muss**, sofern er nicht (ausnahmsweise) über die erforderlichen Kenntnisse verfügt:

»Er handelt daher fahrlässig, wenn er sich nicht rechtzeitig die erforderlichen Informationen und die für die Insolvenzantragspflicht erforderlichen Kenntnisse verschafft (Schmidt-Leithoff aaO Rn. 19). Dabei muss sich der organschaftliche Vertreter, sollte er nicht über ausreichende persönliche Kenntnisse verfügen, ggf. extern beraten lassen (BGHZ 126, 181, 199, dort zur Prüfung der positiven Fortführungsprognose; OLG Düsseldorf NZG 1999, 944, 946 zur Feststellung der Überschuldung; Hefermehl/Spindler aaO; Mertens in Kölner Komm. z. AktG, 2. Aufl. § 93 Rn. 99; Hopt in Großkomm.z.AktG, 4. Aufl. § 73 Rn. 255 m.w.Nachw.; Wiesner in MünchHdb.d.GesR, Bd. 4 2. Aufl. § 26 Rn. 7 m.w.Nachw.). Dafür reicht selbstverständlich eine schlichte Anfrage bei einer von dem organschaftlichen Vertreter für fachkundig gehaltenen Person nicht aus. Erforderlich ist vielmehr, dass sich das Vertretungsorgan unter umfassender Darstellung der Verhältnisse der Gesellschaft und Offenlegung der erforderlichen Unterlagen von einem unabhängigen, für die zu klärenden Fragestellungen fachlich qualifizierten Berufsträger beraten lässt.«[569]

Zuletzt könnte die Fortbestehensprognose durch einen Sachverständigen zeitnah oder im Haftungsprozess später überprüft werden.[570]

285 Fraglich ist, ob die Fortbestehensprognose **dokumentiert** werden muss. Das Gesetz schreibt keinen Formzwang vor. Dementsprechend könnte der Unternehmer die Fortbestehensprognose »in Gedanken« erstellen und »speichern«. In der Rechtsprechung wird die Auffassung vertreten, dass eine schriftlich fixierte Fortbestehensprognose nicht erforderlich sei.[571] Ich halte diese Entscheidung wohl übereinstimmend mit der herrschenden Lehre für falsch.[572] Zum einen folgt aus den Anforderungen der berufsständischen Verlautbarungen ein Mindestprüfungsumfang, der alleine »in Gedanken« gar nicht zu bewältigen ist. Alleine die Vernetzung von Ertrags-, Bilanz- und Liquiditätsplanung ist ohne eine schriftliche, wenn nicht sogar EDV-gestützte Dokumentation unmöglich. Auch der Hinweis der BGH Haftungsrechtsprechung auf die externe Beratungspflicht lässt folgern, dass sich selbst erstellte Fortbestehensprognosen an »professionell erstellen Prognosen« zu orientieren haben. Diese aber sind immer

569 BGH, 14.05.2007 – II ZR 47/06, ZInsO 2007, 660 ff.

570 Bork, ZIP 2000, 1712; Groß/Amen, Wpg 2002, 237; 2002, 435.

571 BAG, 10.02.1999 – 5 AZR 677/97, ZIP 1999, 879.

572 Haas, in: Baumbach/Hueck GmbHG, § 64 Rn. 44 (Vorauflage) »dokumentierter Finanzplan« m. w. N.; Uhlenbruck, in: K. Schmidt/Uhlenbruck, Die GmbH in Krise, Sanierung und Insolvenz Rn. 5.141; HambKomm- Schröder, § 19 Rn. 15 »dokumentierte Ertrags- und Finanzplanung«.

schriftlich abzusetzen.[573] Die Fortbestehensprognose muss so beschaffen sein, dass sie einem sachverständigen Dritten innerhalb angemessener Zeit einen Überblick über die Geschäftsvorfälle und über die Lage des Unternehmens vermitteln kann, § 238 Abs. 1 Satz 2 HGB analog. Dies setzt insbesondere voraus, dass die wesentlichen der Planung zugrunde liegenden Annahmen dargestellt und erläutert sind.[574] Andernfalls ist eine Fortbestehensprognose nicht »objektivierbar«, also intersubjektiv nachprüfbar.

Soweit eine entsprechende Dokumentation nicht vorhanden ist, sind die in den Schriftsätzen vorgetragenen Tatsachen für das Bestehen einer positiven bzw. negativen Fortbestehensprognose als Indizien heranzuziehen.[575]

▶ Vorsicht:

Allein aus Gründen der Vorsicht, um eine spätere Inhaftungsnahme zu vermeiden, empfiehlt es sich dringend, die Erstellung zu dokumentieren. Inhaltlich ist das Ergebnis und die wesentlichen Annahmen und der Erstellungszeitpunkt zu dokumentieren. Nur so ist gewährleistet, dass sich der Unternehmer später exkulpieren kann. Immerhin trägt er die Beweislast für die positive Fortbestehensprognose.[576]

Der Unternehmer hat nach der Intention des Gesetzgebers praktisch **jederzeit** zu über- 286
prüfen, ob eine Insolvenzantragspflicht besteht. Daher stellt sich die handelsrechtliche Fragestellung nach wertbegründenden und wertaufhellenden Tatsachen nicht.[577] Die Überschuldungsprüfung bzw. die Erstellung der Fortbestehensprognose ist eine sehr arbeitsintensive und rechtlich schwierige Ermittlung. Die Praxis behilft sich damit, dass die Prüfung erst dann zu erfolgen hat, wenn gewisse **Indizien für eine Krise** vorhanden sind. Als solche Selbstprüfungsanlässe gelten gemeinhin:
- Ausweis eines nicht durch Eigenkapital gedeckten Fehlbetrags,
- Verlust des hälftigen Stammkapitals,
- Kreditkündigungen,
- negativer Cashflow,
- anhaltende Verluste (mindestens zwei Verlustjahre oder mehr),
- Umsatzeinbrüche,
- negatives working capital.[578]
- Bruch von finacial covenants

573 IDW S 6 Tz. 151 (»schriftlich zu berichten«).

574 Nickert, NWB-BB 2014, 215 (217).

575 Groß/Amen, Wpg 2002, 433, 436.

576 BGH, 09.10.2006 – IR 303/05, DStR 2006, 2186; BGH, 29.11.1999 – II ZR 273/98, BGHZ 143, 184 = NJW 2000, 668; Jaeger-Müller, § 19 Rn. 28 ff. m. w. N.

577 Vgl. hierzu IDW HB Band I Teil E Rn. 303.

578 Als Working Capital bezeichnet man das Betriebskapital eines Unternehmens. Zur Ermittlung werden vom Umlaufvermögen die Lieferantenverbindlichkeiten und die erhaltenen Anzahlungen abgezogen.

287 Die Erstellung einer Fortbestehensprognose i. R. d. Überschuldungsprüfung ist **für Gesellschaften aller Größenklassen** erforderlich, wenn Sie die Aktiva mit Fortführungswerten bewerten. Der BGH bringt es auf den Punkt: Die Fortbestehensprognose setzt »*mindestens ein in sich schlüssiges Konzept voraus, dass von den erkannten und erkennbaren tatsächlichen Gegebenheiten ausgeht und nicht offensichtlich undurchführbar ist. Sowohl für die Frage der Erkennbarkeit der Ausgangslage als auch für die Prognose der Durchführbarkeit ist auf die Beurteilung eines unvoreingenommenen – nicht notwendigerweise unbeteiligten branchenkundigen Fachmanns abzustellen. Eine solche Prüfung muss die wirtschaftliche Lage des Schuldners im Rahmen seiner Wirtschaftsbranche analysieren und die Krisenursachen sowie die Vermögens-, Ertrags- und Finanzlage erfassen. Dies gilt grds. auch für den Versuch der Sanierung eines kleineren Unternehmens*«.[579] Hervorzuheben ist also, dass hier für **kleinere Unternehmen keinerlei Erleichterungen gelten**. Einzig Umfang und Tiefe des Unternehmenskonzepts hängen vom konkreten Einzelfall ab, insb. von der Größe des Unternehmens.[580]

(2) Erstellung der Fortbestehensprognose

(a) Fortführungswille

288 Zunächst ist zu untersuchen, ob seitens der Gesellschafter überhaupt ein Fortführungswille besteht. Scheidet dieser aus, ist die Gesellschaft zu liquidieren. Die Liquidationswerte sind anzusetzen.

(b) Unternehmensanalyse (Vergangenheitsanalyse)

289 Die Fortbestehensprognose ist eine Form der Unternehmensbewertung.[581] Allein die Messgröße variiert. Bei der klassischen Unternehmensbewertung wird ein Unternehmenswert in Euro gesucht. Beim **Rating** wird eine 1-jährige Ausfallwahrscheinlichkeit in % gesucht. Die Kapitalersatzvorschriften suchten nach der Kreditüberlassungswürdigkeit (§§ 32a/b GmbHG). Bei der Fortbestehensprognose wird untersucht, ob das Fortbestehen der Unternehmung überwiegend wahrscheinlich, ist. Jede Art der Unternehmensbewertung setzt voraus, dass sich der Bewertende mit dem Unternehmen vertraut macht. Dies geschieht i. d. R. durch Analyse der tatsächlichen nicht manipulierbaren Ist-Werte. Die Fortbestehensprognose ist in die Zukunft gerichtet. Maßgebend für die letztendlich **wertende Gesamtbetrachtung** ist die Gesamtwürdigung der Prognoseentscheidung. Der »Blick in die Zukunft« einer Unternehmung muss aber von der Analyse der Vergangenheit ausgehen. Die Analyse der Vergangenheit endet in der Beschreibung des derzeitigen »Ist-Zustands«.

579 BGH, 04.12.1997 – IX ZR 47/97, ZIP 1998, 248.

580 Bork, ZIP 2000, 1709.

581 Bitter, in: Scholz GmbHG vor § 64 Rn. 30. Allerdings ist darauf hinzuweisen, dass dabei nicht die für die Eigenkapitalgeber entziehbaren Cashflows, sondern die für die Fremdkapitalgeber erforderliche Schuldendeckung untersucht wird. Gleichwohl sind einige Methoden der Unternehmensbewertung auf die Fortbestehensprognose übertragbar.

Auszugehen ist von dem konkreten Unternehmen. Der Ersteller der Fortbestehensprognose muss sich grundlegend mit den 290
- für den Unternehmenserfolg zentralen Einflussfaktoren,
- mit der Unternehmensstrategie,
- mit den Erfolg der Strategie möglicherweise gefährdenden Geschäftsrisiken und der Reaktionen des Unternehmens auf diese Risiken sowie
- den Geschäftsprozesse, ihrer wesentlichen Risiken und der diesbezüglichen Kontrollmechanismen

auseinander setzen.[582] Die dokumentierte Fortbestehensprognose sollte zunächst einmal das **Unternehmen beschreiben**. Dabei ist herauszustellen, was das Unternehmen überhaupt macht.[583] Das Unternehmen ist so zu beschreiben, dass es einer Branche und einer Größenklasse zugeordnet werden kann. Ferner sind die individuellen Besonderheiten darzustellen. Andernfalls kann der externe Leser die Analyse schlicht nicht nachvollziehen.

Durch die Analyse soll sich der Unternehmer mit den **Besonderheiten** des Unternehmens und seiner relevanten Umwelt vertraut machen. Besonders sind die Krisenursachen zu ermitteln. Die Vergangenheitsanalyse soll dabei Anhaltspunkte für die Erstellung oder Beurteilung der Plandaten liefern.[584] Sie ist auch aus den anderen Bewertungen bekannt. Während die Unternehmensbewertung eindeutig nur die Zukunft als maßgebend anerkennt und die Vergangenheitsanalyse nur verlangt, um die Bewertung als zuverlässig zu bezeichnen, setzt das Rating den Schwerpunkt auf die Analyse der Vergangenheit und des Ist-Zustands. Dies dürfte aber daran liegen, dass im Massengeschäft alle Kredite bewertet[585] werden müssen und eine Zukunftsprognose für jeden Kreditnehmer nicht erstellt, geschweige denn überprüft werden kann. 291

In jedem Fall aber ist eine Vergangenheitsanalyse erforderlich, um die **Stärken und Schwächen** eines Unternehmens zu ermitteln. Maßgebend für die Fortbestehensprognose wird nämlich sein, in welchem Umfang das Unternehmen es schafft, die Stärken auf- und die Schwächen abzubauen. 292

▶ Beispiel:

Bei der Zukunftsplanung geht ein Unternehmen davon aus, dass die Kunden künftig innerhalb des gesetzlichen Zahlungsziels von 30/31 Tagen bezahlen. Die Unternehmensanalyse zeigt aber: Die Kunden zahlen erst nach 70 Tagen (Debitorenumschlagsdauer). In einem derartigen Fall löst die Analyse weiter Fragestellungen aus: Wie wird das Zahlungsverhalten in der Zukunft verändert? Sind die Ziele realistisch? Welche Maßnahmen sind geplant? Die Analyse versetzt den Prognoseersteller in die Lage, die richtigen Fragen zu stellen.

582 Vgl. IDW PS 230 Tz. 8 – der Anhang zu diesem Prüfungsstandard ist zugleich eine gute Checkliste für die Analyse des Unternehmensumfelds.

583 OLG Celle, 23.10.2003 – 16 U 199/02, ZIP 2003, 2118; Volk, DStR 2004, 287.

584 Popp, in: Peemöller, Praxishandbuch der Unternehmensbewertung, S. 182 ff; IDW, S. 1, Tz. 72.

585 Neuhochdeutsch: »gerated«.

293 Die Analyse der Unternehmung[586] teilt sich in zwei Bereiche:
- Externe Analyse und
- Interne Analyse.

294 Bei der **externen Analyse** wird das Unternehmen im Vergleich zu seinem gesamtwirtschaftlichen Umfeld analysiert. Dabei versucht die Analyse bereits die erkennbaren Veränderungen mit einzubeziehen, um diese in den Planungsrechnungen verarbeiten zu können.

Maßgeblich bei der externen Analyse ist die Analyse des **gesamtwirtschaftlichen Umfelds** und der Branche. Hierzu zählt auch eine **PESTL-Analyse**, mit der die politischen, ökonomischen, soziokulturellen technologischen und rechtlichen Trends analysiert werden. Zu einer solchen Analyse gehört auch die Ermittlung der Phase im **Lebenszyklus**. Dabei können verschiedene Sparten eines Unternehmens in unterschiedliche Stadien zuzuordnen sein. Entsprechendes gilt für die Analyse der Kunden: In welchem gesamtwirtschaftlichen Umfeld bewegen sich diese? Wie wird sich die wirtschaftliche Lage verändern? etc.

Hier kommen insb. die »allgemeinen« Informationen der Banken und z. B. von Feri in Betracht.[587] Je nach Tätigkeit des Unternehmens ist die globale Umwelt zu berücksichtigen. Die Fortführungsfähigkeit kann durch technische, demografische, politische und gesellschaftliche Veränderungen betroffen sein. Negative Beispiele insoweit können Firmen wie Agfa darstellen, die die Entwicklung der digitalen Fotografie falsch eingeschätzt haben.

586 Vgl. auch IDW PS 230.

587 Branchenrating von der DATEV und Creditreform (www.datev.de).

▶ Checkliste »Analyse Unternehmensumfeld« 295

Checkliste „Analyse Unternehmensumfeld"		✔
Liegen Unterlagen/Informationen vor?		
A. Markt/Bedarf	ja	nein
1. Wer sind die Abnehmer bzw. Abnehmergruppen?	☐	☐
2. Wie groß ist der Mengenbedarf der Abnehmer?	☐	☐
3. Wie entwickelt sich der Bedarf in zeitlicher Hinsicht?	☐	☐
4. Wie ist die Kaufkraft der Abnehmer einzuordnen?	☐	☐
5. Was sind die Preisverhältnisse am Standort/im Absatzgebiet?	☐	☐
6. Was sind die Substitutionsprodukte?	☐	☐
7. Wie entwickeln sich die Bedürfnisse?	☐	☐
	☐	☐
B. Konkurrenzanalyse		
1. Wer sind die Konkurrenten?	☐	☐
2. Was bieten die Konkurrenten an?	☐	☐
3. Wo befinden sich die Konkurrenten?	☐	☐
4. Wie weit reicht deren Absatz?	☐	☐
5. Was sind deren Kapazitäten?	☐	☐
6. Wie ist deren Konkurrenzsituation?	☐	☐
7. Wie ist deren Finanzlage?	☐	☐
8. Was sind deren Absatzstrategien?	☐	☐
	☐	☐
C. Analyse des eigenen Unternehmens		
1. Welche Produkte produziert / Leistungen erbringt das Unternehmen	☐	☐
2. Was ist das Alleinstellungsmerkmal	☐	☐
3. Warum setzen die Kunden auf das Produkt/ die Leistung des Unternehmens (Unternehmenssicht)?	☐	☐
4. Warum setzen die Kunden auf das Produkt/ die Leistung des Unternehmens (Kundensicht)?	☐	☐
5. Auf welche Entwicklung ist das Unternehmen besonders stolz?	☐	☐
6. Von welcher Entwicklung ist das Unternehmen enttäuscht?	☐	☐
7. Wie hoch ist der Marktanteil?	☐	☐
	☐	☐
D.		
	☐	☐
	☐	☐
	☐	☐

Die zu untersuchenden **Branchenchancen** und -risiken können sich nach Porter[588] wie 296
folgt einteilen lassen:

- Veränderungen wegen gleicher Wettbewerber der gleichen Branchen,
- Veränderungen aufgrund der Lieferantenstärke,
- Veränderungen aufgrund der Kundenstärke,
- Veränderungen durch Substitutionsprodukte,
- Veränderungen durch Markteintritt neuer Bewerber.

588 Fünf-Kräfte-Modell Michael E. Porter (1980) Competitive Strategy: Techniques for analyzing industries and competitors, dt. Ausgabe bei Campus (Wettbewerbsstrategie), 10. Aufl. 1999, Wikipedia\Branchenstrukturanalyse.

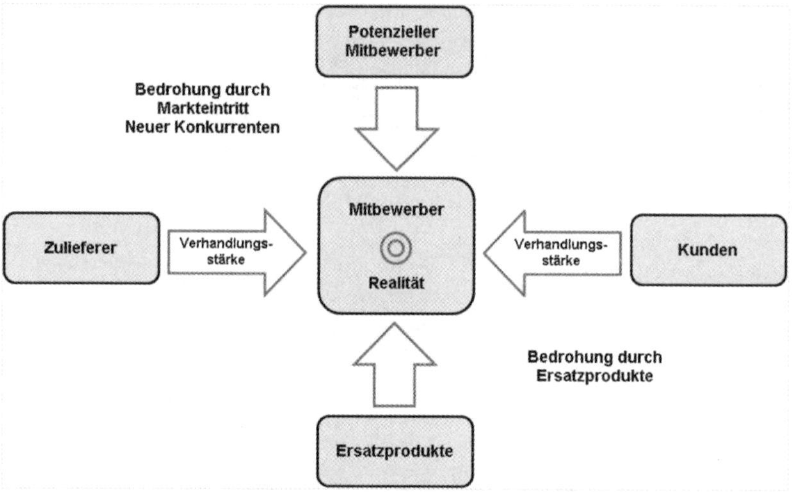

297 Zu der Analyse gehört auch die Berücksichtigung der **Branche** allg. z. B. durch ein FERI Branchenrating, oder die Erhebungen der Banken. Informationen können aus folgenden Quellen gewonnen werden:

▶ Checkliste »Informationsquellen«

Checkliste „Informationsquellen"

Vers. Nr. 1 – 5 / 07 Verantwortlich: nc

Mandant		Jahr	Bearbeiter		Datum
Nr.	Name		Name	Zeichen	

A. Informationequellen (nach Ehrmann Unternehmensplanung 6. Auflage 2013 S. 64)	ja	nein
Liegen Quellen oder Informationen vor von z.B.		
Veröffentlichungen überstaatlicher Behörden	☐	☐
Veröffentlichungen statistischer Stellen (z.B. statistisches Bundesamt)	☐	☐
Veröffentlichungen staatlicher Stellen	☐	☐
Veröffentlichungen von Wirtschaftsverbänden	☐	☐
Veröffentlichungen IHKs, Handwerkskammern, Innungen	☐	☐
Veröffentlichungen wirtschaftswissenschaftlicher Institute	☐	☐
Veröffentlichungen von Wirtschafts- und Informationsdiensten	☐	☐
Veröffentlichungen Geschäftsberichten und wirtschaftsinformationen	☐	☐
Berichte in Zeitungen und Zeitschriften (z. B. Handelsblatt, Financial Times)	☐	☐
Marktforschungsergebnisse anderer Unternehmen	☐	☐
Beauftragte Agenturen	☐	☐
Datenbanken (z. B. DATEV Lexinform)	☐	☐
Branchenhandbücher (z.B. Feri)	☐	☐
Banken	☐	☐
Auskunfteien (z. B. Creditreform)	☐	☐
Fachbücher	☐	☐
Nachschlagewerke	☐	☐
	☐	☐

Die Analyse erfolgt dabei nicht nur vergangenheitsorientiert. Vielmehr wird versucht zu ermitteln, Aussagen über die Zukunft zu gewinnen. Hierzu ist es erforderlich, i. R. d. Vergangenheitsanalyse **Sondereffekte zu bereinigen**, um das übliche Vergangenheitsergebnis aufzuzeigen. Z. B. sind einmalige Veräußerungserlöse von Sachanlagen (Verkauf einer Immobilie im Sale and lease back) ebenso zu bereinigen, wie einmalige Kosten aufgrund eines Betriebsbrands. Entscheidend ist, herauszufiltern, mit welchem ordentlichen Betriebsergebnis in der Zukunft ständig zu rechnen ist, also welche Erlös- und Aufwandspositionen nachhaltig sind. 298

Die **interne Analyse** ermittelt zunächst die Vermögens-, Ertrags- und Finanzlage. Dabei sind die Stärken und Schwächen aus diesen Bereichen auszumachen und ihre Bedeutung für die künftige Entwicklung zu ermitteln. 299

Da das Ergebnis der Fortführungsprüfung letztlich ein bewerteter Ertrags- und Liquiditätsplan ist, sind die Daten des Rechnungswesens von besonderer Bedeutung. Soweit die Prognose von einem Berater oder Gutachter erstellt wird, müssen zunächst die **Daten des betrieblichen Rechnungswesens**, also der Finanzbuchhaltung, der Jahres- und Zwischenabschlüsse sowie der Kosten- und Leistungsrechnung analysiert werden. Keinesfalls sollte diesen Zahlen blind vertraut werden.[589] Außerdem müssen die Zahlen für eine Zukunftsbetrachtung aufbereitet werden, d. h. die Ergebnisse müssen um aperiodische Geschäftsvorfälle und einmalige Geschäftsvorfälle zunächst bereinigt werden.[590]

Ein Bindeglied zwischen externer und interner Analyse ist die **SWOT Analyse**, welche die Stärken, Schwächen, Chancen und Risiken insbesondere auch im Verhältnis zum Wettbewerb untersucht. Insbesondere kann sich anbieten, die **Analyse des Krisenstadiums** mit der SWOT Analyse zu verbinden, da sich hieraus bestandsgefährdende Tatsachen bzw. Zustände ergeben.

Zum Schluss ist noch auf die Analyse der Wertschöpfungskette (value chain) hinzuweisen, mit der (wegen des Aufwands nur in größeren Fällen) die Tätigkeiten des Unternehmens zerlegt und einzeln analysiert werden.

Für mich ist aber der Lackmustest jeder Unternehmensanalyse die Analyse der »Pricing Power«.[591] Mit ihr wird untersucht, welche Möglichkeiten das Unternehmen hat, seine Priese im Markt durchzusetzen. Insoweit handelt es sich um einen Baustein der Analyse der Verhandlungsmacht der Kunden im Rahmen der Analyse nach Porters Five Forces. Warren Buffett hat dies in der Untersuchungskommission zur Finanzkrise auf den Punkt gebracht: »*And basically the single most important decision in evaluating a business is pricing power. You've got the power to raise prices without losing business to a competitor,*

589 Vgl. insoweit IDW PS 320.

590 IDW S 1 Tz. 83.

591 Simon, Preisheiten S. 27 ff.; ders. Zeit Wissen Heft 1/2014 S. 48 ff.

and you've got a very good business. And if you have to have a prayer session before raising the price by a tenth of a cent (laughs), then you got a terrible business.«[592]

300 Ferner ist die **Unternehmensstrategie** zu ermitteln:
- Ist die Kostenführerschaft oder
- die Differenzierung erstrebt?
- Welche Kundenbedürfnisse sollen befriedigt werden?
- Wie wollen wir tätig werden?

Gerade bei KMU ist häufig festzustellen, dass keine schriftlich fixierte Strategie existiert. Es ist aber für Marketing & Vertrieb fast unmöglich, die Strategie nach außen zu tragen, wenn diese nicht hinreichend konkretisiert ist. Entsprechendes gilt für die Kommunikation nach innen. Die Mitarbeiter können nur die Strategie umsetzen, die ihnen bekannt ist. Daher ist oftmals eine der ersten und zugleich wichtigsten Aufgabenstellung der Sanierung, die Strategie zu fixieren. Einen Kernbestandteil der Strategie sind die zu pflegenden oder noch zu entwickelnden Kernkompetenzen.[593] Darunter versteht man diejenigen Eigenschaften, die einen Kundennutzen stiften, vom Wettbewerb schwer nachzuahmen sind, sich einen Vorteil gegenüber dem Wettbewerb verschaffen und auf andere Bereiche übertragbar bzw. skalierbar sind. Kurz: diejenigen Eigenschaften, die es dem Unternehmen ermöglichen, nachhaltig wettbewerbsfähig zu bleiben.

Dieses **Unternehmensleitbild**[594] ist zunächst das Herz des Unternehmens und damit Ausgangsbasis jeder Planung. Durch die Vergangenheitsanalyse wird ermittelt, ob und inwieweit das Unternehmen es geschafft hat, die Strategie auch tatsächlich umzusetzen. Hierbei sind v. a. diejenigen Bestandteile zu ermitteln, die dem Unternehmen zu nachhaltigem Erfolg verhelfen sollen.

301 Als Ausflüsse der Strategie sind die **Kernkompetenzen** und die **Produkte** zu analysieren:
- Wie steht das Unternehmen zu den Wettbewerbern?
- Können die Produkte in Bezug auf Qualität und/oder Preis konkurrieren?
- Wie stark ist die künftige Pricing Power?

Ein sehr gutes wie anschauliches Tool zur Dokumentation der Ausrichtung des Unternehmens haben Osterwalder & Pigneur[595] mit der »Business Model Generation«

592 Financial Crisis Inquiry Commission Staff Audiotape of Interview with Warren Buffett, Berkshire Hathaway May 26, 2010: http://de.scribd.com/doc/50676366/Transcript-of-Warren-Buffett-Interview-With-FCIC Abruf am 12.08.2014; verkürztes Zitat im Ausschussbericht (Seite 207) unter http://www.gpo.gov/fdsys/pkg/GPO-FCIC/pdf/GPO-FCIC.pdf Abruf am 12.08.2014.

593 C.K. Prahalad and Gary Hamel The Core Competence of the Corporation, Harvard Business Review May/June 1990, S. 79–91; dieselben Competing for the Future (Deutscher Titel: Wettlauf um die Zukunft).

594 Nickert/Kühne, InsbürO 2014, 500 ff.

595 Osterwalder, Pigneur, Business Model Generation; hierzu ist eine App für das IPad erhältlich.

entwickelt, welches das (künftige) Geschäftsmodell in sieben Felder zerlegt und dabei Einnahmen und Kosten zuordnet. Dieses Tool kann auch sehr anschaulich für Veränderungsprozesse verwendet werden.

(c) positive Ertragsaussichten erforderlich?

Eine Fortführungsprognose setzt einen nach betriebswirtschaftlichen Grundsätzen zu erstellenden Ertrags- und Finanzplan voraus.[596] Dieser ist aus der vorangegangenen Unternehmensanalyse und dem zukunftsbezogenen Leitbild des sanierten Unternehmens abzuleiten. 302

Eine Fortbestehensprognose, die nicht auf einem schlüssigen Unternehmenskonzept beruht, weil z. B. Unstimmigkeiten enthalten sind oder auf eine integrierte Bilanz-, Finanz- und Ergebnisplanung verzichtet wurde, ist unzureichend.[597] Dies gilt nach Groß/Amen auch, wenn 303
- die Krisenursachen oder die Vermögens-, Ertrags- und Finanzlage nicht analysiert wurden,
- wenn die wirtschaftliche Lage des Unternehmens in der Branche nicht analysiert wurde,
- wenn auf eine Bestandsaufnahme der internen Strukturen und/oder Potenziale verzichtet wurde
- oder zuletzt wenn das Konzept nicht durchführbar ist.

Der BGH (II. Senat)[598] geht in seiner jüngsten Entscheidung auch davon aus, dass ein aussagekräftiges Konzept mit sog. **Ertrags- und Finanzplan** vorliegen muss: 304

> »Im Haftungsprozess wegen Insolvenzverschleppung nach § 64 Abs. 2 GmbHG hat die Geschäftsleitung daher die Umstände darzulegen und notfalls zu beweisen, aus denen sich eine günstige Prognose für den fraglichen Zeitraum ergibt. Aus dem Gesetzeswortlaut des § 19 Abs. 2 S. 2 InsO folgt außerdem zweifelsfrei, dass eine günstige Fortführungsprognose sowohl den Fortführungswillen des Schuldners bzw. seiner Organe als auch die objektive – grds. aus einem aussagekräftigen Unternehmenskonzept (sog. Ertrags- und Finanzplan) herzuleitende – Überlebensfähigkeit des Unternehmens voraussetzt«.

Das Unternehmenskonzept definiert, wie die **Strategie** umgesetzt werden soll, um die **Unternehmensziele** zu erreichen. Dabei müssen zunächst die aus der Strategie folgenden Ziele ermittelt und klar umschrieben werden. Die Ziele müssen schon im Hinblick auf die Unternehmenssteuerung **messbar** sein, d. h. sie müssen quantifizierbar und terminierbar sein. Ggf. sind Umrechnungsgrößen zu ermitteln, mithilfe derer die Ziele messbar gemacht werden. 305

596 Bork, ZIP 2000, 1709 m. w. N.; OLG München, 15.04.1996 – 31 U 4886/95, GmbHR 1998, 281; OLG Schleswig, 25.09.1997 – 5 U 82/96, GmbHR 1998, 536.

597 Groß/Amen, Wpg 2002, 225; OLG Dresden, 21.09.2004 – 2 U 1441704, GmbHR 2005, 173 m. Anm. Lindemann.

598 BGH, 09.10.2006 – II ZR 303/05, DStR 2006, 2186 (m. Anm. Goette).

▶ **Beispiel:**

Die Kundenzufriedenheit könnte anhand der Reklamationen gemessen werden.

306 Aus dem Gläubigerschutzgedanken folgt, dass das maßgebliche Ermittlungsergebnis die **Dokumentation der Zahlungsfähigkeit innerhalb des Prognosezeitraums** ist. Nach der herrschenden Meinung soll es ausreichend sein, wenn im Prognosezeitraum (allein) die Zahlungsfähigkeit gewährleistet ist.[599] Ein Unternehmen was nämlich jederzeit in der Lage ist, seinen Gläubigerforderungen fristgemäß zu bedienen soll von der Rechtsordnung nicht vom Markt genommen werden. Die Fortbestehensprognose soll also drohende Zahlungsunfähigkeitsprüfung sein.[600] Nach anderer und überzeugender Ansicht ist neben der gesicherten Zahlungsunfähigkeit zusätzlich eine positive **Ertragslage** zu fordern.[601] Ein Unternehmen, welches alleine das Zahlungsgleichgewicht aufrechterhalten kann, ist nicht in der Lage, ein »Sicherheitspolster« aufzubauen. Einem solchen Unternehmen spricht die Kredit- und Versicherungswirtschaft auch kein Vertrauen aus.[602] Dies zeigen jedenfalls die Ratingnoten solcher »unrentabler« Unternehmen. Damit einher geht die Forderung von Kühne und mir, am Ende des Prognosezeitraums eine Zielratingnote zu verlangen.[603] Eine solche verlangen nicht nur die Banken, sondern insbesondere auch die Waren- oder Forderungskreditversicherer. Kann ein Unternehmen eine solche Ratingnote nicht in absehbarer Zeit erreichen, wird ein solches Unternehmen nicht mehr finanziert bzw. versichert. Vorauskasseforderungen seitens der Lieferanten sind die Folge. Damit ist ein sprunghafter Finanzierungsbedarf für das Netto-Umlaufvermögen verbunden, was in diesem Fall in der Planung abgebildet und finanzierbar sein müsste.

Eine andere Frage ist es, in welchem Zeitraum eine Ertragsfähigkeit (wieder) herzustellen ist. Hier ist für die von Bitter angeführten »Start-up-Unternehmen« auf deren Businessplan abzustellen. Werden solche Unternehmen entweder durch Eigen- oder Fremdkapital für die Anlaufphase finanziert, besteht m. E. in dieser Zeit eine positive Fortbestehensprognose. Die Kapitalgeber werden ihre Zusagen nämlich nur dann aussprechen, wenn am Ende des Tunnels Licht in Form von Erträgen zu sehen ist. Solche Unternehmen wiesen in ihren Businessplänen regelmäßig sog. Milestones auf, die erreicht werden müssen, um den Planerfolg nicht zu gefährden. Verzögert sich das Ingangsetzen des Geschäftsbetriebs und/oder das Erreichen dieser Milestones ist neu zu prüfen. Insoweit vertrete ich die Auffassung, dass am Ende des Prognosezeitraums, also

599 Bitter, in: Scholz GmbHG vor § 64 Rn. 354 mit umfangreichen Nachweisen; HK/Kirchhof, § 19 Rn. 11 m. w. N.

600 Uhlenbruck/Mock, § 19 Rn. 9, 213; Uhlenbruck, in: Braun/Uhlenbruck, Unternehmensinsolvenz, S. 292; Uhlenbruck, in: K. Schmidt Die GmbH in Krise, Sanierung und Insolvenz, 4. Aufl. 2009, Rn. 5.124.; Frystatzki NZI 2011, 173; Groß, KSI 2015, 5; Bitter/Kresser, ZIP 2015, 1733, Aleth/Harlfinger, NZI 2011, 166 (168).

601 HK/Kirchhof, § 19 Rn. 9, 12. (vorauflage); Wolf, DStR 2009, 2682 mit umfangreicher und überzeugender Begründung.

602 Vgl. insoweit Kühne/Nickert, ZInsO 2014, 2297.

603 Kühne/Nickert, ZInsO 2014, 2297 (2305 ff).

zu dem Zeitpunkt, in welchem das Unternehmen wieder einen **eingeschwungenen Zustand** erreicht hat (in der Regel **3 – 5 Jahren**), die positive Renditefähigkeit bzw. Ertragslage stehen muss. Für die Frage der Zuschussbetriebe, gleich ob konzerniert oder öffentlich, ist m. E. eine Ausnahme zu machen. Hier ist quasi die Fortbestehensprognose mit dem Mutterhaus bzw. mit dem Zuschussgeber zu »konsolidieren«.[604] Dies setzt aber voraus, dass Zusagen gemacht werden, die rechtlich bindend und wirtschaftlich durchsetzbar sind. Jedenfalls aber ist erforderlich, dass sowohl der Liquiditätsplan, als auch ggf. der Rentabilitätsplan aus einem **konkreten Unternehmenskonzept** abzuleiten ist.[605]

Von einer positiven Fortbestehensprognose ist auszugehen, wenn das Überleben des Unternehmens nachhaltig gesichert ist. Wann aber ist von einer solchen Nachhaltigkeit auszugehen? Die meisten Unternehmen sind für die »Ewigkeit« gegründet. Zeitlich endliche Geschäftsmodelle finden sich meist in ARGE. Der **Prognosezeitraum** soll nach h. M. 12 – 24 Monate betragen,[606] allerdings soll je nach Branchenzugehörigkeit[607] eine Planung von bis zu drei Jahren erforderlich sein. Kann und darf aber von einer nachhaltigen Überlebensfähigkeit ausgegangen werden, wenn für einen nur so kurz bemessenen Zeitraum das Zahlungsgleichgewicht aufrechterhalten wird? Ich habe oben dargestellt,[608] dass ich einen Prognosezeitraum von i.d.R **3 – 5 Jahren** für erforderlich halte. Dem kann m. E. nicht entgegnet werden, die Zukunft könne über die 1 – 2 Jahre hinaus nicht prognostiziert werden. Die Unternehmensbewerter beweisen gerade das Gegenteil. Deren Gutachten werden von den Gerichten nicht nur akzeptiert – vielmehr werden solche Planungszeiträume von der Gerichten gerade verlangt. Außerdem ist die Überschuldung nur Insolvenzgrund bei haftungsbegrenzten Gesellschaften. Mit dieser Haftungsbegrenzung ist Verantwortlichkeit verbunden. Denjenigen Unternehmen, die diese Verantwortung scheuen und darüber hinaus davon ausgehen, dass die mittelfristige Zukunft nicht zu überblicken sei, stellt das Gesellschaftsrecht genügend Rechtsformen zur Verfügung, die eine Insolvenzantragspflicht nicht vorsieht. Nicht richtig wäre es, in diesen Fällen, das Spekulieren auf Kosten der Gläubiger zuzulassen. Andernfalls müsste man solche Schuldner verpflichten, Verbindlichkeiten und Dauerschuldverhältnisse nur in einem solchen Umfang einzugehen, wie sie ihn wirtschaftlich auch überblicken können. 307

Hinzuweisen ist an dieser Stelle nochmals auf das Urteil des BGH vom 5.12.2013[609] *»In die Prognose, die bei der Prüfung drohender Zahlungsunfähigkeit anzustellen ist, muss*

604 A. A. Haas, in: Baumbach/Hueck GmbHG § 64 Rn. 44 b (»identische Grundsätze«).

605 OLG Naumburg, 20.08.2003 – 5 U 67/03, ZInsO 2004, 513; IDW, Wpg 1997, 23; Bork, ZIP 2000, 1709.

606 Bork, ZIP 2000, 1709 ff.; Groß/Amen, Wpg 2002, 433 ff.; Uhlenbruck/Gundlach, in: Gottwald, InsRHdb, § 6 Rn. 41, Uhlenbruck, § 19 Rn. 48.

607 Haas, in: Baumbach/Hueck GmbHG § 64 Rn. 46b; Bußhardt, in: Braun § 18 Rn. 8 zur drohenden Zahlungsunfähigkeit.

608 Rdn. 216 ff.

609 BGH, 05.12.2013 – IX ZR 93/11 Rn. 10; ZInsO 2014, 77.

die gesamte Finanzlage des Schuldners bis zur Fälligkeit aller bestehenden Verbindlichkeiten einbezogen werden.« In einem späteren Urteil aber hat der BGH mit Urteil vom 22.05.2014[610] diese Frage ausdrücklich offen gelassen: »*Damit braucht auf die umstrittene Frage, welcher Zeitraum der Prognose zugrunde zu legen ist (vgl. HK-InsO/Kirchhof, 6. Aufl., § 18 Rn. 8; Pape/Uhländer/Sikora, InsO, § 18 Rn. 19, Uhlenbruck aaO Rn. 18f. jeweils mwN) hier nicht eingegangen zu werden.*« Diese Rechtsfrage scheint aus Sicht des BGH also noch offen zu sein.

Allerdings ist dieser Zeitrahmen einzelfallbezogen abzukürzen oder zu verlängern. Maßgebend dürfte im Fall einer Verlängerung die Branchenzugehörigkeit, der sog. Produktlebenszyklus oder die Fertigungsdauer sein.

▶ Beispiel:

Wenn z. B. eine Unternehmen, das sich auf den Bau von Großanlagen spezialisiert hat, für die Fertigstellung einer Anlage mind. drei Jahre benötigt und gerade mit einer Anlage begonnen hat, so wäre die Prognosedauer wenigstens bis zum Ende der Produktionsdauer anzustellen.

308 Ein praktikabler Weg ist nach meinem Verständnis, den Planungszeitraum so weit auszudehnen, bis das Unternehmen in dem eingeschwungenen Zustand ist, in dem sich also die künftigen Erträge und Aufwendungen die Waage halten. Wenn zu diesem Zeitpunkt eine Kapitaldienstfähigkeit gegeben ist, braucht die Planung nicht noch weiter fortgeschrieben zu werden.

▶ Beispiel:

Das Unternehmen ist in einer Krise. Die Immobilienfinanzierung läuft noch 13 Jahre. Die Unternehmensplanung zeigt in 5 Jahren den eingeschwungenen Zustand. Kapitaldienstfähigkeit ist im Jahr 5 gegeben. In diesem Fall wäre eine Fortbestehensprognose über 5 Jahre ausreichend.

309 Im Ergebnis steht fest: Jede Fortbestehensprognose muss von einem konkreten Konzept ausgehen. Wie ein derartiges Konzept zu erstellen ist, haben sowohl Bork,[611] als auch Groß/Amen[612] erarbeitet.

(d) Auffassung von Bork

310 Nach der Auffassung von Bork (a. a. O.) muss das **Unternehmenskonzept aussagekräftig**[613] sein. Es muss der Gestaltungsrahmen dargestellt werden, der für das Unternehmen besteht, die Zielvorstellungen und die Strategien müssen aufgezeigt werden. Es muss ersichtlich sein, was in einem Sollverlauf des Unternehmens geplant ist. Das

610 IX ZR 95/13 Rn. 33 (letzter Satz); ZInsO 2014, 1326.

611 Bork, ZIP 2000, 1709.

612 Groß/Amen, Wpg 2002, 433.

613 Haas, in: Baumbach/Hueck GmbHG § 64 Rn. 44b »valide«.

Unternehmenskonzept muss von einer realistischen Krisenbeurteilung ausgehen. Diese setzt zwingend eine Analyse der Ursachen- und Schwachstellen der Krise voraus. Bei dieser Analyse darf sich das Unternehmen nicht auf die innerbetriebliche Analyse beschränken. Vielmehr müssen die Marktverhältnisse dargestellt und analysiert werden. Im Unternehmen müssen die Fixkosten ermittelt und die personellen, sachlichen, fachlichen und finanziellen Freiräume aufgezeigt werden. Das Sanierungskonzept soll das Leitbild des sanierten Unternehmens aufzeigen. D.h. der Sollzustand nach erfolgter Sanierung ist abzubilden. Dieser Sollzustand muss mit dem derzeitigen Ist-Zustand abgeglichen werden. In dem konkreten Maßnahmenplan sind die Schritte aufzuzeigen, mithilfe derer sich das Unternehmen vom Ist-Zustand zum Soll-Zustand hinarbeitet.

Die Maßnahmen zur Gestaltung der Unternehmenssanierung müssen konkret aufgezeigt werden. Sie müssen auf plausiblen Prämissen beruhen, die tatsächlich auch umsetzbar sind. Im finanziellen Bereich bedeutet dies die Dokumentation der Freiräume, z.B. die eigenen finanziellen Ressourcen, die Ressourcen verbundener Unternehmen bzw. Gesellschafter, soweit diese weitere Sanierungsbeiträge erbringen, und ggf. der Zugang zum öffentlichen Kapitalmarkt. Im leistungswirtschaftlichen Bereich müssen die konkreten Maßnahmen zur Optimierung der Geschäftsabläufe dargestellt werden. Hierzu gehört auch die Analyse und ggf. Stilllegung nicht kostendeckender Betriebsbereiche (Sparten). Zuletzt ist abzugleichen, ob die Gestaltungsmaßnahmen auch rechtlich durchsetzbar sind, also ob z.B. Dauerschuldverhältnisse gekündigt werden können, Nutzungsmöglichkeiten auch weiterhin zur Verfügung stehen, usw.

Nachdem ein derartiges aussagekräftiges Unternehmenskonzept erstellt ist, gilt es, die- 311
ses in einen **Finanzplan** zu gießen. Im Finanzplan ist auf Grundlage des Konzepts die finanzielle Entwicklung des Unternehmens fortzuschreiben. Die Auswirkungen der Sanierungsmaßnahmen sind im Finanzplan abzubilden. Der Finanzplan soll Auskunft darüber geben, ob die Finanzkraft des Unternehmens ausreicht, die Sanierung umzusetzen. Dies setzt eine systematische Gegenüberstellung geplanter Einnahmen und Ausgaben voraus. Nach Bork sind in entsprechenden Fällen sogar Teilpläne, z.B. als Einkaufs-, Produktions-, Beschäftigungs-, und Investitionsplan zu erstellen. Die betrieblichen Teilbereiche werden zahlenmäßig geplant und in einer Übersicht zusammengefasst. Hieraus ergibt sich dann, ob das Unternehmen mittelfristig seine künftigen Zahlungsverpflichtungen erfüllen kann.

Nach der Auffassung von **Kirchhof**[614] ist neben der Erstellung eines Finanzplanes auch 312
noch ein Ertragsplan erforderlich und nachzuweisen, dass auch Erträge erwirtschaftet werden können.[615] Dahin tendiert wohl auch der **II. Senat des BGH** in dem oben

614 HK/Kirchhof, § 19 Rn. 12.

615 Kühne/Nickert, ZInsO 2014, 2297 ff. (2305 ff.) »Zielrating-Note«; so auch HambKomm-Schröder, § 19 Rn. 12 in der Vorauflage, nachdem es entscheidend auf das Unternehmenskonzept und die Ertragsfähigkeit ankommt, mittlerweile aber verlangte Schröder in HambKomm § 19 Rn. 16, 16a nur noch, dass entweder, dass Erträge erwirtschaftet werden, um die fälligen Verbindlichkeiten zu decken oder, dass Eigenkapital oder Eigenkapitalersatz zugeführt wird.

angeführten Beschluss.[616] Der BGH spricht dort von der »Überlebensfähigkeit des Unternehmens«. Dies enthält implizit die Annahme, dass das Unternehmen von sich aus überlebensfähig ist. Dies wiederum setzt langfristig auch voraus, dass positive Erträge erzielt werden.[617] Andernfalls ist das Unternehm [illegible] n nicht in der Lage, nach Verbrauch des Anlagev [illegible] , was zum »Aus« für das Unternehmen führen [illegible] gar eine positive Fortbestehensprognose auch [illegible] r weitere Finanzierungszusagen abgegeben habe [illegible] r Zusagen das finanzielle Gleichgewicht gehalt [illegible] , dass die Gesellschafter selbst bei einer beurku [illegible] r Insolvenzreife nicht mehr an den Übernahme [illegible] ronatserklärungen in der Krise gekündigt wer [illegible] darauf hinzuweisen, dass der **IX Senat des B** [illegible] die finanziellen Mittel stammen. Selbst Mitte [illegible] diesem Sinne als liquide Mittel zu betrachten. Dann müssten liquide Mittel aus Gesellschafterfinanzierung erst recht zu berücksichtigen sein. Eine Ertrags- oder Renditefähigkeit wäre dann also entbehrlich.

313 Sodann ist in einer **Schlussfolgerung eine Wertungsentscheidung** zu treffen. Sofern mehrere Szenarien möglich sind, ist auch zu beurteilen, welches Szenario mit welcher Wahrscheinlichkeit eintreffen wird. Sobald sich aber aus der Finanzplanung eine finanzielle Unterdeckung ergibt, muss eine negative Fortbestehensprognose bescheinigt werden.

Im Rahmen dieser wertenden Prognose und der Annahmen ist der Geschäftsleitung ein **Beurteilungsspielraum** eingeräumt.[621] Der Beurteilungsspielraum setzt allerdings voraus, dass die oben erwähnten Schritte durchgangen wurden und die Geschäftsleitung in vertretbarer Weise zu einer positiven Fortführungsprognose kam, weil z. B. sie die Wahrscheinlichkeit des Greifens der Sanierungsmaßnahmen positiv eingeschätzt hat. Aber auch hier gilt: Prüfungsmaßstab ist die Prüfung eines unvoreingenommenen Fachmanns.

616 BGH, 09.10.2006 – II ZR 303/05, DStR 2006, 2186.

617 HK/Kirchhof, § 19 Rn. 9, 12; s. a. Wolf, DStR 2009, 2682.

618 Zöllner, in: Baumbach Hueck GmbHG, § 55 Rn. 37 m. w. N.

619 BGH, 20.09.2010 – II ZR 296/08, DStR 2010, 2258; Aufgrund der Entscheidung des BGH, 05.03.2013 – IX ZR 133/14 JurionRS 2015, 12128 dürft nunmehr zu folgern sein, dass derartige Zusagen, von denen sich die Gesellschafter wieder lösen können, den Insolvenzgrund nicht beseitigen können.

620 BGH, 14.05.2009 – IX ZR 63/08; ZInsO 2009, 1254; unter Hinweis auf BGH, Urt. v. 30. April 1959 – VIII ZR 179/58, WM 1959, 891, 892.

621 S. o. Rdn. 184.

(e) Anforderungen laut Groß/Amen

Noch weiter gehen Groß/Amen in ihrem Aufsatz.[622] Sie stellen dar, dass i. R. d. Konzepterstellung alle Alternativen zu berücksichtigen sind. Dabei zählen sie namentlich auf: 314
- Fortführung des Unternehmens in der bestehenden Form,
- ggf. im Wege der übertragenen Sanierung,
- Weiterführung des Unternehmens nur in wesentlichen Teilbereichen (stand-alone-Lösung),
- Aufnahme strategischer Partner,
- Unternehmensverkauf,
- Teilliquidation,
- oder die Liquidation insgesamt.

Von allen Handlungsalternativen wird für das Fortführungskonzept nach Prüfung und Beurteilung das beste Szenario gewählt, das auch durch- bzw. umsetzbar ist. Liegt hingegen für das Krisenunternehmen überhaupt noch kein konkreter Sanierungsplan vor, so kann von der zuverlässig begründeten Aussicht auf das Gelingen eines solchen Planes keine Rede sein.[623]

Aus Sicht der verschiedenen Handlungsalternativen ist dann ein vollständiges Unternehmenskonzept zu erstellen, das aus Gründen der Nachvollziehbarkeit entsprechend dem Vorschlag des **IDW** wie folgt gegliedert werden sollte: 315
- Beschreibung des Unternehmens
- Analyse des Unternehmens
  Krisenursachenanalyse
  Lagebeurteilung
- Leitbild des sanierten Unternehmens
- Maßnahmen zur Sanierung des Unternehmens
- Planverprobungsrechnung

Vgl. insoweit auch die Darstellung des neuen Standards IDW, S. 6 unter Tz. 142 ff.; IDW, S. 2 Tz. 50 f.

Bei der Analyse des Unternehmens ist dabei auf die Vermögens-, Finanz- und Ertragslage, insb. auch auf die Markt- und Wettbewerbssituation sowie auf Stärken und Schwächen des Unternehmens einzugehen. Die Wettbewerbsstrategie und die vorhandenen Kernkompetenzen sind aufzuzeigen. Dabei dürfen nicht ungeprüft Aussagen, wie z. B. aus dem Rechnungswesen des Unternehmens, übernommen werden. Ausgehend von der Analyse sind die wichtigsten Krisenursachen offenzulegen und Ansatzpunkte für die Ursachenbeseitigung darzustellen. Groß/Amen stellen aber klar, dass allein die Beseitigung der offenkundigen Schwachstellen keine nachhaltig positive 316

622 Groß/Amen, Wpg 2002, 433 ff.
623 BGH, 26.03.1984 – II ZR 171/83, ZIP 1984, 572 ff.

Fortbestehensprognose begründet, da dies nur eine notwendige, nicht aber hinreichende Bedingung hierfür ist.

317 Ausgehend von der Analyse ist ein **Maßnahmenplan** zu erstellen, der nach der Dringlichkeit der Erledigung aufzubauen ist. Hierbei gilt regelmäßig und in der nachfolgenden Priorisierung:
- Liquidität sichern,
- Verlustquellen eliminieren und Kosten senken,
- Erfolgspotenziale aufbauen.

Generell aber gilt das Primat der Liquidität. Liquiditätssicherung geht hier vor Ertragssicherung. Maßnahmen hierzu könnten die Beschleunigung des Forderungseinzuges, der Übergang zu Factoring, Verkauf von nicht betriebsnotwendigem Vermögen, sale-and-lease-back-Geschäfte[624] sein. Darüber hinaus kommen Gesellschafterleistungen bzw. öffentliche Fördermittel in Betracht.

318 Durch die dann einzuleitende Kostensenkung soll der sog. Break-Even-Point[625] gesenkt werden, d. h. der Umsatz, der ausreicht, um die Fixkosten und produktiven Kosten zu bedienen, ist anzupassen. Hierzu könnte u. a. das Produktsortiment gestrafft werden sowie die Fertigungstiefe reduziert werden. Die Prozess- und Produktkosten könnten optimiert werden. Zuletzt ist zu überprüfen, ob die Produkte im Produktlebenszyklus noch zukunfts- bzw. ertragsträchtig sind oder ob sich das Ende des Produktlebenszyklus abzeichnet.

319 Sodann erfolgt die **neue strategische Ausrichtung**, d. h. es werden für das Unternehmen strategische Optionen ermittelt, für die hohe Umsetzungswahrscheinlichkeiten bestehen. Selbstverständlich müssen diese Optionen ein entsprechendes Ertragspotenzial aufweisen.

Die nachhaltige Überlebensfähigkeit hängt dementsprechend davon ab, ob das kurzfristig wirkende Kostensenkungsprogramm und die strategische Neuausrichtung **finanzierbar** sind. D. h., ob in dieser Phase möglicherweise Zahlungsunfähigkeit eintritt.

320 Die Stellungnahme von Groß/Amen mündet in einem **Gliederungsvorschlag** für den Prognose-Erstellungsbericht. Zwar ist ein schriftlicher Erstellungsbericht von der Rechtsprechung nicht gefordert. Die dort aufgeführten Prüfungsschritte müssen aber gleichwohl – zumindest gedanklich – vollzogen werden. In Anlehnung an das **IDW**[626] soll die Gliederung wie folgt ausgestaltet werden:
- Auftraggeber
- Auftragsabgrenzung
- Auftragsdurchführung
- Auskunftspersonen, Auftragsbedingungen, Vollständigkeitserklärungen

624 Bei solchen verlangen die Leasinggesellschafter aber gerade die »Ertragsfähigkeit« als Voraussetzung für den Ankauf.

625 Nickert/Strecker, InsbürO 2004, 211.

626 IDW ES 11; IDW FAR 1/91; IDW, S. 2; IDW, S. 6.

- Beschreibung der Ausgangssituation
  Gesamtwirtschaftliche Rahmensituation
  Branchen-Entwicklung
  Unternehmenssituation (Ertrags-, Finanz- und Vermögenslage).
  Krisenstadium (Steak-holder Krise, strategische Krise, Erfolgskrise, Liquiditätskrise)
  Krisenursachen
- Prognose-Zeitraum
- Prognose-Grundlagen
  Unternehmenskonzept
  integrierte Planung für den Prognosezeitraum
  Finanzierungserfordernisse
  Kredit- und Prolongationserfordernisse und -angebote
  Sicherungsmöglichkeiten
  Protokolle über Kreditverhandlungen
  Letter of intent im Fall von Unternehmens-Verkaufsabsichten des Krisenunternehmens
- Die Sicht aus dem Beraterteam
  Urteile des Konzepterstellungsteams
  Urteile und Aussagen des Durchsetzungsmanagements
  Urteile des Umsetzungsmanagements
  Hinweise aus der Koordination
- Kritische Prämissen
  Rahmenbedingungen
  Auftragseingänge und Umsatzentwicklung
  Wirkungsstärke und Wirkungsablauf der Maßnahmen
  Akzeptanz bei den Steak-holdern
- Prognoseergebnis

(f) Quantifizierter Ertrags- und Finanzplan

Das Unternehmenskonzept ist das in Worte gefasste Leitbild des Unternehmens. Die Planung hat zur Aufgabe, dieses Leitbild in Zahlen zu gießen. Bevor der Unternehmer beginnt, Planungen anzustellen, sollte geklärt werden, wie geplant wird. Für die Unternehmensplanung sollten auf jeden Fall die Grundsätze des Bundes Deutscher Unternehmensberater (GoP 2.1) berücksichtigt werden.[627] 321

- Vollständigkeit – es werden alle Planungsziele und Sachverhalte berücksichtigt
- Wesentlichkeit und Angemessenheit – es werden alle wesentlichen Informationen erfasst. Die Grenze ist dort erreicht, wo die Kosten der Informationsbeschaffung in keinem angemessenen Verhältnis zur Bedeutung in der Planung haben
- Folgerichtigkeit – die Planung ist folgerichtig, in der Praxis vertretbar und plausibel

627 Kostenfreier Download unter http://www.bdu.de/media/docs/13762/gop2punkt1gesamtfassung.pdf; Gleißner, Controller Magazin 2010 November/Dezember S. 82 ff; KRP Kredit & Rating Praxis Heft 3, 2010 S. 27 ff.

- Dokumentation – die Planung fußt auf einem Planungshandbuch und die Annahmen sind dokumentiert und im Bericht erläutert.
- Transparenz – die Planung zeigt Risikofelder auf. Chancen und Risiken und Ursachen möglicher Abweichungen sind zu beschreiben und zu quantifizieren; die Planung ist von einem sachverständigen Dritten in angemessener Zeit überprüfbar; die Grundsätze der Stetigkeit der Planung gelten
- Planungsprinzipien und Partizipation – die wesentlichen Beteiligten sind in den Planungsprozess einzubeziehen
- Planungsprozess – der Planungsprozess ist dynamisch und strukturiert und führt letztlich zu einer unternehmerischen Entscheidung

Grundsätze Unternehmensplanung ✔

1. Grundsatz der Wahrheit
2. Grundsatz der Vollständigkeit und Genauigkeit der Daten und Informationen
   - Die internen und externen Daten müssen regelmäßig und nicht nur sporadisch erhoben werden.
   - Sind die Daten vollständig? Welche Daten sind nicht vollständig? Welche Auswirkungen hat dies auf die Planung?
   - Sind die Informationen zuverlässig und richtig?
   - Sind die Daten relevant?
   - Sind die Daten ohne Weiteres verwendbar oder müssen die Daten umgerechnet oder aufbereitet werden?
   - Wie lange braucht es, bis die Daten erhoben sind?
   - Wie teuer ist die Informationsbeschaffung?
   - Externer Planer: sind die Daten des betrieblichen Rechnungswesens verlässlich?
   - Externer Planer: Liegt eine Vollständigkeitserklärung vor?
   - Der Grundstz wird durch das Wesentlichkeitsprinzip eingeschränkt. Nicht wesentliche Daten und Informationen müssen nicht zeit- und kostenintensiv erhoben werden.
3. Grundsatz der zeitpunktgetreuen Planung (Periodenabgrenzung bei Ertragsplanung, Zahlungsfluss bei Liquiditätsplanung)
4. Grundsatz der Vorsicht
   - Es ist realistisch und vorsichtig zu planen.
   - Je größer die Unsicherheit der künftigen Entwicklung oder je größer die Unsicherheit über die Daten oder Informationen desto größer muss der Sicherheitspuffer dotiert werden[1].
5. Klarheit der Planung (die Planung nebst Dokumentation muss übersichtlich sein, insbes. dürfen Einnahmen und Ausgaben bzw. Erträge und Aufwendungen nicht saldiert werden)
6. Vergleichbarkeit und Stetigkeit der Planung
7. Elastizität der Planung (die Planung muss jederzeit kurzfristig auf eintretende Veränderungen angepasst werden können)
8. Überprüfbarkeit der Planung (die Planung muss von einem sachverständigen Dritten in angemessener Zeit überprüfbar sein.)

[1] *„Optimisten haben gar keine Ahnung von den freudigen Überraschungen, die Pessimisten erleben"*, Peter Bamm.

322 Die Richtlinien der Planung sollten in einem **Planungshandbuch** dokumentiert werden.[628] Dies sichert ab, dass ein sachkundiger Dritter in Kürze die Prognoseentscheidung nachvollziehen kann, § 238 abs. 1 Satz 2 HGB analog. Außerdem gebietet dies bereits das eigene Interesse. Soweit nämlich im Planungsteam eine Person ausgetauscht werden muss oder ein Vertretungsfall eintritt, kann über dieses Planungshandbuch eine kurzfristige Einarbeitungszeit gewährleistet werden.

628 Ehrmann, Unternehmensplanung, S. 91 f. (mit Musterrahmen für das Planungshandbuch).

Auszug aus unserem individuell je anzupassenden Planungshandbuch:

2.1	Planungsanlass untersuchen	Aus dem Planungsanlass folgen Anforderungen an die Planung
2.2	Ziel der Planung	– Zielvorgabe? – Steuerungsgröße? – Entscheidungsvorbereitung? – gesetzlicher/vertraglicher Anlass? Welcher?
2.3	Planungsart bestimmen	– integrierte Planung (Regelfall)? – reine Ertragsplanung? Bei Gruppen/Konzern: – konsolidiert? – stand alone?
2.4	Planungsstandard und -methode	Ist ein Standard vorgegeben? Wenn nein, orientieren wir uns an GoP 2.1 – einwertige Planung – Szenarien – Monte Carlo Simulation (Excel oder Standardsoftware?)
2.5	Planungsinstanz und Ablauf	– Wer verantwortet Planung? – Wer gibt Planung frei? – Ist 4 Augen Prinzip erforderlich? – Wenn ja wie wird es sichergestellt? – Wie ist der Planungsablauf?
2.5.1	Wie ist die Qualität der Informationen und Auskunftspersonen zu beurteilen?	Sind Dritte erforderlich?
2.5.2	Planungsablauf	Was ist sinnvoll? – Top Down – Bottom up – Gegenstromverfahren
2.6	Wer plant? In welcher Funktion?	Welches Planungs-Knowhow besteht? Ist es für den Anlass ausreichend? Soll die Planung subjektiv (Berater) oder objektiviert (neutraler Gutachter) erstellt werden?
2.7	Planungsstichtag und -zeitraum	Welcher Planungszeitraum wird benötigt? – Stichtag – Einjährige Planung oder mehrjährige Planung
2.7.1	Welchen Zeitraum sollen die zu erstellenden Planungen umfassen?	Ab wann soll geplant werden?
2.7.2	Planungsintervall?	– i. d. R. monatlich – ab dem 3. Planjahr i. d. R. jährlich

2.8	Liegt eine schriftliche Strategie vor?	Wie wird die Verzahnung der operativen Planung mit der strategischen Planung sichergestellt?
2.9	Welche Teilpläne liegen vor?	– Absatzplan – Investitionsplan – Kapitalaufnahme und Rückführung (EK und FK)
2.10	Informationsgeber	Wer sind die (internen) Informationsgeber? Gibt es ein Organigramm? – Vertrieb – Einkauf – Produktion – Finanzen – sonstiges Welche externen Informationsgeber gibt es? – Verbände – Berater – Experten – sonstiges
2.11	Wer ermittelt Grundtatbestände	strategische Analyse, z. B. – Tendenzen, Trends – PESTL – Wettbewerbsanalyse – Standort – Betriebsanalyse – SWOT
2.12	Planungstiefe	– Was und wie tief soll geplant werden? – Wer entscheidet diese Frage? – Was macht Sinn? – Wie ist das Rechnungswesen aufgebaut?
2.13	Mit welcher EDV soll geplant werden?	– DATEV Radar – DATEV Unternehmensplanung – StrategieNavigator – Excel
2.14	Wie soll der Planungsbericht abgefasst sein?	Darstellungsart – ppt – nur Zahlenwerk – Bericht – Anforderungen an den Bericht (Dritte etc.)
2.15	Was ist das Ziel der Planung und wer erhält die Planung?	– gesetzlicher Auftrag – vertraglicher Auftrag – Investitionsentscheidung (z. B. auch Dritter wie Bank)
3.1	zeitlicher Ablauf	Bis wann wird die Planung benötigt? – gesetzlicher Anlass – vertraglicher Anlass – sonstiges

3.2	Zwischenschritte	Gibt es Zwischenschritte? Wenn ja welche?
4.1	Welche Jahresabschlüsse (mit Lageberichten) liegen vor	– mind. die letzten 5 Jahre (besser 10) – sind diese testiert oder erstellt (mit/ohne Plausibilitätsbeurteilung) – sind die Jahresabschlüsse festgestellt – welche Veränderungen hat die BP vorgenommen
4.2	Hat das Unternehmen in der Vergangenheit geplant	– Wie war die Planung beschaffen – Wie war die Planungstreue – War die Planung anlasskonform oder hat sich »Wildwuchs« eingeschlichen – Anmerkungen zur Planung – Weshalb wird jetzt ein Berater konsultiert
5.1	Richtlinie für Soll-Ist-Vergleich?	– Gibt es eine solche? – Wie sehen die monatlichen Auswertungen aus? – Kann die Planung entsprechend abgebildet werden?
5.2	Berichtskaskade	Wer berichtet an wen?
5.3	Ab welcher Abweichung soll Planung überarbeitet werden?	Konkrete Vorgaben erarbeiten.

Grundlage des nach derzeit noch herrschender Meinung maßgeblichen Finanzplans ist ein Ertragsplan. Entscheidend für die Annahme der positiven Fortbestehensprognose ist nach h. M. alleine die Liquidität. Die Liquidität lässt sich aber nicht alleine aus dem Ertragsplan ableiten. Insbesondere ist eine **Bilanzplanung unerlässlich**,[629] da aus der Veränderung des Nettoumlaufvermögens (net working capital) erst der Liquiditätsbedarf ersichtlich wird. I. R. d. Ertragsplanung wird z. B. der Wareneinsatz erst bei Warenverbrauch erfasst. Diese Waren wurden aber vorher eingekauft und mussten u. U. zeitlich vorher bezahlt werden. Zudem werden erst aus der Bilanzplanung Tilgungen oder Kapitalmaßnahmen ersichtlich, die wiederum Einfluss auf die Liquidität haben. Aus dem aus Ertrags- und Bilanzplanung abgeleiteten Finanzplan wird der Nachweis geführt, dass mit hinreichender Sicherheit in dem Prognosezeitraum keine Zahlungsunfähigkeit eintritt. Für den Ertragsplan sind die handelsrechtlichen Periodenabgrenzungen vorzunehmen. Dies ermöglicht dann später einen Soll-Ist-Vergleich mit der Finanzbuchhaltung bzw. mit dem Jahresabschluss. Allerdings sollte überlegt werden, ob und in welchem Umfang Modifikationen vorgenommen werden sollten, um die Planung betriebswirtschaftlichen Kriterien anzupassen. So könnte z. B. die Abschreibung nicht mit den historischen Anschaffungskosten, sondern mit den zu erwartenden künftigen Wiederbeschaffungskosten angesetzt werden, da nach Ablauf der betriebsüblichen Nutzungsdauer mit diesen Beträgen angeschafft wird. Außerdem könnten bei Großprojekten bspw. Teilgewinnrealisationen ausgewiesen werden, um die tatsächliche betriebliche Leistung zu berücksichtigen. Allerdings müssen dann beim Soll-Ist- 323

629 Uhlenbruck/Uhlenbruck, (Vorauflage 13. Aufl. 2010) § 19 Rn. 44 m. w. N. (Planbilanz erforderlich).

Vergleich mit der handelsrechtlichen Finanzbuchhaltung diese Veränderungen wieder rückgängig gemacht oder dort kalkulatorisch berücksichtigt werden.

324 Von besonderer Bedeutung ist der Zeitpunkt der Berücksichtigung von **Maßnahmen**, insbesondere von **Sanierungsbeiträgen**.

Zur Überwindung der Krise werden üblicher Weise Maßnahmen definiert. Diese Maßnahmen sind in ihrer Umsetzungswirkung unsicher. Viele dieser Maßnahmen hängen von der Zustimmung Dritter ab. Es stellt sich die Frage, wann diese bereits berücksichtigt werden können,[630] also z. B. ob ein Teilverzicht, der von den Gläubigern begehrt wird, bereits vor deren Zustimmung berücksichtigt werden kann. Man könnte einerseits die Auffassung vertreten, dass nur rechtswirksam vereinbarte Sanierungsbeiträge berücksichtigt werden können. Anderseits spricht viel dafür, diejenigen Beiträge zu berücksichtigen, von denen nach Lage der Dinge hinreichend sicher ausgegangen werden kann. Mit wirtschaftlich unsinnigen Reaktionen der Gläubiger und/oder Gesellschafter muss nicht gerechnet werden. Auf jeden Fall können bereits eingeleitete Maßnahmen berücksichtigt werden.[631]

▶ Beispiel:

Die Gesellschafter einer GmbH sind bereit, das Kapital um 500.000,00 € zu erhöhen, wenn die Lieferanten auf 1/3 ihrer Forderungen verzichten. Im Fall der Insolvenz würden die Lieferanten praktisch leer ausgehen. In einem derartigen Fall darf nach Lage der Dinge davon ausgegangen werden, dass die Lieferanten mit diesem Teilverzicht einverstanden sind.

Das Sanierungskonzept kann nach Auffassung des IDW[632] »*Maßnahmen umfassen, die von der Mitwirkung Dritter abhängen und bei denen zum Zeitpunkt der Erstellung eine rechtlich bindende Verpflichtung noch aussteht.*

Hierbei handelt es sich z. B. um folgende Sachverhalte:
- *Die Zinszahlungen für die von der XY-Bank gewährten Darlehen werden nach einer vorläufigen Vereinbarung mit der Bank bis zum ... ausgesetzt.*
- *Die Gesellschafter beabsichtigen, eine Zuzahlung in das Eigenkapital der Gesellschaft in Höhe von ... vorzunehmen.*
- *Der Gläubiger XY hat in Aussicht gestellt, in Höhe von ... mit seinen Forderungen gegen Besserungsabrede im Range hinter alle anderen Gläubiger zurückzutreten.*
- *Die Gesellschaft beabsichtigt den Verkauf einer Teileinheit, wobei erste Gespräche mit Interessenten schon begonnen haben.*
- *Mit der Arbeitnehmervertretung soll ein Sanierungsbeitrag in Form des Verzichts auf Weihnachtsgeld, Urlaubsgeld etc. verhandelt werden.*«

630 Umfassend zu diesem Themenkreis: Karollus/Huemer, Die Fortbestehensprognose i. R. d. Überschuldungsprüfung, S. 106 ff.

631 MK/GmbHG- H.F. Müller § 64 Rn. 25.

632 IDW S 6 Tz. 137.

Bei der Maßnahmenplanung ist zu berücksichtigen, dass jeder künftige Umsatz auch der Zustimmung des Kunden bedarf. Bei der Absatzplanung ist man sich aber einig, dass mit dem »normalen Verlauf der Dinge« geplant werden darf. Der Gläubigerschutz würde aber leerlaufen, wenn jede Maßnahme schon dann eingeplant werden dürfte, wenn es das Unternehmen umzusetzen gedenkt. Jedenfalls bei Erstellung der Fortbestehensprognose muss eine hinreichende Gewissheit für die erfolgreiche Umsetzung der Maßnahme existieren. Dies fordert z. B. auch der BGH[633]: »*Prognose der Durchführbarkeit*« und das BAG in der Entscheidung vom 12.9.2013[634]: »*ernsthafte und begründete Aussicht auf Erfolg.*« Für die Frage, ob im Rahmen der Fortbestehensprognose Sanierungsmaßnahmen berücksichtigt werden können ist m. E. wie folgt zu differenzieren:

- Stützt sich ein Sanierungskonzept auf die Zustimmung von Gläubigern und haben diese das Konzept abgelehnt, dürfen die Sanierungsmaßnahmen selbstverständlich nicht berücksichtigt werden.[635]
- Für geplante, aber noch nicht beschlossene Maßnahmen sollte zwischen internen und externen Maßnahmen differenziert werden.
- Innerbetrieblich Maßnahmen können dann Berücksichtigung finden, wenn sie bereits hinreichend konkret geplant sind und die Umsetzung realistisch erscheint. Sind für die Maßnahmen von Gesellschafterbeschlüssen abhängig sind diese vorher einzuholen.
- Externe Maßnahmen im ordentlichen Geschäftsgang, wie z. B. übliche Umsatzerlöse etc., dürfen mit dem erwarteten Wert eingeplant werden. Hierzu zählen auch Neukreditierungen, wenn nach der Planung die Voraussetzungen (Plan-Ratingnote) gegeben sind.[636]
- Extern Maßnahme außerhalb des ordentlichen Geschäftsgangs, z. B. eine externe Kapitalzufuhr (Sanierungskredite) oder Forderungsverzichte, können erst eingestellt werden, wenn diese rechtsverbindlich, zumindest aber in Form von Absichtserklärungen vorliegen. Soweit z. B. während der Erstellungsphase des Sanierungsgutachtens Bankfinanzierungen (noch) nicht erreicht werden können, wird sich die Einholung eines »Restructuring Letters« anbieten.[637]

Soweit derartige Beurteilungen unterlassen werden, ist die Fortbestehensprognose unzureichend. Sie basiert dann nicht auf einer vollständigen und sorgfältigen Ermittlung der Planungsgrundlagen. Somit kann sie eine positive Fortbestehensprognose nicht begründen.

Empfehlenswert ist eine Maßnahmenplanung, die tabellarisch wie folgt aufgebaut werden kann:[638]

---

633 BGH, 04.12.1997 – IX ZR 47/97; ZIP 1998, 248 = WM 1998, 248.

634 BAG, 12.09.2013 – 6 AZR 980/11; ZIP 2014, 37.

635 BGH, 23.02.2004, Az.: II ZR 207/01, ZInsO 2004, 679.

636 Sikora, ZInsO 2010, 1761 (1771); Pape, in: KPB, § 19 Rn. 44.

637 Aleth/Harlfinger NZI 2011, 133 (172).

638 Selbstverständlich im Bericht aber der verbalen Erläuterung bedarf.

Maß-nahme	Ziel der Maß-nahme	Wirkung der Maß-nahme	Wirkung in €	Beginn der Wir-kung	Umsetzungs-wahrschein-lichkeit in %	Kosten der Maß-nahme	Anfall der Kosten

325 Zwar fordert der BGH nicht nur die Sanierungsplanung, sondern, dass bereits erste Sanierungsmaßnahmen in die Tat umgesetzt werden.[639] Wenn ein Unternehmen in die Krise gerät und erstmals einen Gutachter mit der Erstellung einer Fortbestehensprognose und eines Sanierungsgutachtens beauftragt, können zu diesem Zeitpunkt noch keine Sanierungsmaßnahmen in die Wege geleitet und rechtsbeständig umgesetzt sein. Dementsprechend dürften dann zu Beginn der Tätigkeit die Sanierungsmaßnahmen nicht berücksichtigt werden, was dann die Liquidationsprämisse zur zwingenden Konsequenz hätte. M.E. darf der Kaufmann von den wirtschaftlich sinnvollen Entscheidungen in dieser Anfangsphase der Sanierungsplanung der Beteiligten ausgehen. Allerdings muss er seine Prognose sofort überarbeiten bzw. neu erstellen, wenn er i. R. d. Umsetzung feststellt, dass sich die Beteiligten anders als von ihm prognostiziert verhalten.

(g) Abgeleiteter Finanzplan (Liquiditätsplan)

326 Mit der integrierten Unternehmensplanung und der daraus abgeleiteten Liquiditätsplanung stellt das Unternehmen dar, dass im Planungszeitraum zu keinem Zeitpunkt Zahlungsunfähigkeit eintritt. Dementsprechend muss die Planung in derart kurzen Intervallen erfolgen, dass die Prognose angestellt werden kann. Dies führt zwingend dazu, dass in unterjährigen Intervallen geplant werden muss. Nur eine unterjährige Planung ermöglicht es, saisonale Schwankungen und deren Auswirkungen aufzuzeigen. Aufgrund der Rechtsprechung des BGH,[640] wonach auf einen dreiwöchigen Zeitraum abzustellen ist, müsste wöchentlich geplant werden. M.E. ist das aber überzogen und letztlich in Sanierungsphasen undurchführbar. Man wird sich aber wie folgt behelfen müssen: Die integrierte Planung erfolgt monatsweise. Sofern die Liquidität bei Betrachtung der Monatsplanung sicher die Zahlungsunfähigkeit verneint, bleibt es dabei – selbstverständlich mit einer zeitlich engen Kontrolle der Ist-Entwicklung. Wird die Liquidität kritisch, müssen die Planungen weiter verfeinert werden und wenigstens auf Wochenplanung umgestellt werden. Davon ist spätestens auszugehen, wenn die Liquidität 2. Grades unter 100 % sinkt. Parallel hierzu ist aus der offenen Posten Buchhaltung die kurzfristige Liquiditätsplanung für den überschaubaren Zeitraum (i. d. R. 4 – 12 Wochen) abzubilden.

327 Der Ertragsplan ist also zu einem Finanzplan fortzuentwickeln. Dabei sind zunächst einmal die geldflusswirksamen von den nicht wirksamen Geschäftsvorfällen zu trennen.

639 BGH, 12.11.1992 – IX ZR 236/91; ZIP 1993, 276.

640 BGH, 24.05.2005 – IX ZR 123/04, BGHZ 163, 134, ZInsO 2005, 807.

▶ Beispiel:

In der Ertragsplanung sind aus Kostengesichtspunkten das Weihnachtsgeld und die Rückstellungen für die Prüfung des Jahresabschlusses etc. gleichmäßig verteilt. Der Geldabfluss findet aber im April (Prüfungskosten) bzw. November (Weihnachtsgeld) statt.

Andererseits sind Tilgungen in der Ertragsplanung nicht berücksichtigt. Die Liquidität und damit die Finanzplanung belasten sie gleichwohl.

Gelegentlich finden sich Ausführungen, wonach Zuführungen zu den Rückstellungen 328
nicht geldflusswirksam sind. Dies ist in dieser Allgemeinheit nicht zutreffend. Bei der Erstellung des Überschuldungsstatus ist man sich einig, dass die »wahren Werte« anzusetzen sind. Denklogisch ist beim zweiten, die Überschuldung ausschließenden Tatbestandsmerkmal ebenfalls nach dem »wahren Wert« der künftigen Entwicklung der Finanzlage zu suchen. Erst und nur dann, wenn ein gedachter Unternehmenserwerber diesem Risiko bei der Bemessung des Kaufpreises keinen Preisabzug beilegt, darf die zahlungswirksame Auflösung dieser Rückstellung im Planungszeitraum unterbleiben. In der Praxis wird man sich eine qualifizierte Bescheinigung des Rechtsanwalts (voraussichtliche Höhe der Inanspruchnahme und voraussichtliches Datum des Urteils) einholen und diese in der Planung berücksichtigen D. h. auch hier ist ein Erwartungswert zu bilden.[641]

Die Zuführungen zu den langfristigen Rückstellungen können für die Finanzplanung dann vernachlässigt werden, wenn sie erst außerhalb des Prognosezeitraums zahlungswirksam werden, die Unternehmung dann im eingeschwungenen Zustand ist und dieser die Bedienung der langfristigen Rückstellungen zulässt. Allerdings sind die kurzfristigen Rückstellungen regelmäßig einzuplanen.

▶ Beispiel:

Es wird eine Prozessrückstellung (Schadensersatz) eingestellt. Mit der Niederlage im Prozess wird sicher gerechnet. Mit dem Urteil wird in fünf Monaten (Mai) gerechnet. Allein die Höhe ist noch offen.

In diesem Fall wäre der Rückstellungsbetrag im Mai als Geldabfluss zu planen.

Ferner sind die zwar ertragswirksamen aber zivilrechtlich unzulässigen Zahlungsver- 329
pflichtungen auszusondern.

641 K. Schmidt, § 19 Rn. 40: »streitige Verbindlichkeiten sind ggf. mit einem Abschlag zu passivieren ... Einen Grundsatz wonach eine ernsthaft bestrittene Verbindlichkeit außer Ansatz gelassen werden kann, wenn hiervon die Überschuldung oder Nicht-Überschuldung abhängt, gibt es nicht.« Kühne/Nickert, ZInsO 2014, 2297 (2302).

► **Beispiel:**

Eine GmbH befindet sich in der Krise. Die GmbH ist handelsrechtlich überschuldet. Der Gesellschafter hat für ein gegebenes Darlehen einen qualifizierten Rangrücktritt erklärt.

In diesem Fall würde die Zahlung der Zinsen und der Tilgung neben §§ 32a GmbHG auch noch gegen die §§ 30, 31 GmbHG verstoßen, sodass der Gesellschafter die Zahlung derzeit nicht verlangen, der Geschäftsführer nicht bezahlen darf. Eine derartige gleichwohl bestehende Verbindlichkeit (im Rang nach § 39 Abs. 1 Nr. 5, Abs. 2 InsO) ist im Liquiditätsplan nicht zu berücksichtigen.

(h) Abgeleitete Planbilanzen

330 Uneinheitlich beantwortet wird die Frage, ob die Planung auch Planbilanzen beinhalten muss.[642] M.E. ist dies dringend geboten, wenn nicht sogar unverzichtbar und wird mittlerweile von der h. M. verlangt.[643] Eine reine (isolierte) Finanzplanung ist nicht »objektivierbar« und kann von einem Dritten nicht plausibilisiert werden. Ein mit einer isolierten Finanzplanung erstellte Fortbestehensprognose wird kein Beweis dafür erbringen können, dass künftig das Zahlungsgleichgewicht gehalten werden kann. Sie scheidet damit schon aus Praktikabilitätsgründen aus.

In der Praxis wird der Überschuldungsstatus aus der Handelsbilanz abgeleitet. Sofern aber eine Fortführungsprognose erstellt wird, sollte m. E. die bilanzielle Entwicklung ebenfalls verfolgt werden. Damit kann frühzeitig das Bedürfnis nach weiterem Kapital aufgezeigt werden. Zum anderen dient die Fortschreibung der Bilanzen auch der Plausibilisierung. Soweit nämlich die Verschuldung ansteigt, wird der Verschuldungsgrad offengelegt. Dieser wiederum ist Grundlage für die Berechnung des künftigen Zinsaufwands etc. Auch aus diesem Grund sind für die Vorlage eines Insolvenzplans die Planbilanzen als Anlagen vorgesehen (§ 229 InsO). Zuletzt determiniert die Veränderung des Nettoumlaufvermögens den Liquiditätsbedarf.

(i) Wertendes Ergebnis

331 Zum Schluss wird als Konklusion eine **wertende Gesamtbeurteilung** über die Entwicklung des Unternehmens in der Zukunft getroffen. Der Prognoseersteller hat die Frage zu beantworten, ob das Unternehmen nachhaltig überlebensfähig ist. Der Gesetzgeber verlangt, dass die Fortführung nach den Umständen überwiegend wahrscheinlich ist. Dabei verlangt die h. M. eine Wahrscheinlichkeit von mehr als 50 %[644], wobei nicht von einer mathematisch statistischen Wahrscheinlichkeit auszugehen ein

642 Wolf, DStR 98, 126; Uhlenbruck, § 19 Rn. 44 m. w. N. (Planbilanz erforderlich).

643 IDW S 6 Tz. 140; IDW ES 11 Tz. 59 »Ertrags- und Liquiditätslage«; Uhlenbruck, § 19 Rn. 44 (Voraufl., 13. Aufl. 2010); MK/InsO- Drukarczyk/Schüler, § 19 Rn. 60.

644 K. Schmidt, § 19 Rn. 48; Uhlenbruck, § 19 Rn. 11; Sikora, in: Pape/Uhländer, § 19 Rn. 22; Bußhardt, in: Braun, § 8 Rn. 5 (zu § 18 InsO: »einfache Wahrscheinlichkeit«).

soll. Dies bedarf einer näheren Betrachtung. Die Zukunft ist regelmäßig ungewiss. Für die Fortentwicklung des Unternehmens dürften daher mehrere Szenarien existieren.[645]

▶ **Beispiel** [646]

Szenario	1	2	3	4	5
Cashflow	-65,00	-20,00	10,00	20,00	25,00
Wahrscheinlichkeit	20%	23%	20%	26%	11%
gewichteter CF	-13	-4,6	2	5,2	2,75
Mittelwert	-6,00	negativ			
Median	10,00	positiv			
Erwartungswert	-7,65	negativ			
Szenarien, die positiv sind	3 von 5				
% der positive Szenarien	60%	positiv			
Standardabweichung	37,3				
Mittelwert abzgl. Standardabw.	-43,32	negativ			

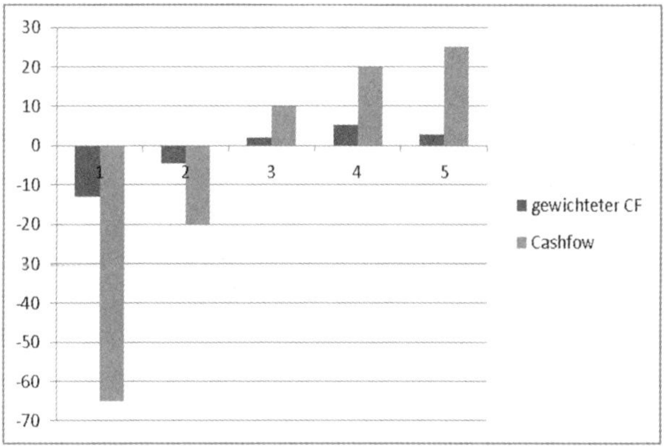

Nun stellt sich die Frage, ob in diesem Fall von einer positiven Fortbestehensprognose ausgegangen werden darf.

Streitig war im Insolvenzrecht, ob aus verschiedenen möglichen Szenarien ein Erwartungswert gebildet werden muss. Die Kritiker führen ins Felde, dass subjektive Wahrscheinlichkeiten schwer zu greifen und manipulationsanfällig sind.[647] Beides ist sicherlich richtig, aber bei der einwertigen Planung (Modus) zu bleiben ist keineswegs

645 Kritisch zur üblichen Szenarioplanung Kühne/Nickert, ZInsO 2014, 2297 (2298 f).

646 Kühne/Nickert, ZInsO 2014, 2297.

647 Sikora, ZInsO 2010, 1761; Groß/Amen, Wpg 2002, 225 (235f).

besser nachprüfbar und »erst recht« manipulationsanfällig. Erstaunlicher Weise wird dieser Streit auch nur im Insolvenzrecht geführt.[648] In der Betriebswirtschaftslehre ist man sich einig,[649] dass Investitionsentscheidungen auf einem Erwartungswert basieren. Dass es sich bei der Beurteilung der Insolvenzgründe um eine Entscheidung, beim gesuchten Wert also um einen **Entscheidungswert**[650] handelt, dürfte unstreitig sein. Immerhin geht es darum ob eine Insolvenzantragspflicht oder im Fall des § 18 InsO ob ein Insolvenzantragsrecht besteht. Die Planverprobungsrechnung bereitet insoweit eine (rechtliche gebotene oder betriebswirtschaftlich sinnvolle) Entscheidung vor. Dieses Ergebnis wird durch eine plakative Prüffrage verifiziert: Welchen Planwert würde ein fiktiver Unternehmenskäufer seiner Unternehmensbewertung zugrunde legen?

Die Szenarien sind nach ihrer Eintrittswahrscheinlichkeit zu gewichten, sodass letztlich der Erwartungswert als maßgebliche Planungsgrundlage angenommen wird.[651] Dieses muss nach dem Gesetzeswortlaut zu einem positiven Fazit gelangen, wenn die Fortführung überwiegend wahrscheinlich ist. Gem. § 286 ZPO ist hiervon auszugehen, wenn der Prognoseersteller[652] nach objektiven Kriterien auf Basis eines Erwartungswerts zum Prognosezeitpunkt mit einem für das praktische Leben brauchbaren Grad an Gewissheit von dem Fortbestehen ausgeht, der den Zweifeln Schweigen gebietet, ohne diese vollständig auszuschließen.[653] Zu beachten ist aber, dass die Fortführung die Ausnahme darstellt, also restriktiv anzunehmen ist.

Eine Fortbestehensprognose kann nicht falsch oder richtig sein, weil sie zwingend die Unsicherheit über die künftige Entwicklung beinhaltet. Der Planer ist auch kein Hellseher. Vielmehr ist entscheidend, dass sich der Planungsersteller mit dem Unternehmen »wie es steht und liegt« und mit den geplanten Maßnahmen auseinandergesetzt hat und für die Zukunft nachvollziehbare Annahmen trifft und diese rechnerisch richtig berücksichtigt. Spliedt[654] bringt es insoweit auf den Punkt: *»Eine objektive Prognose von künftigen Ereignissen gibt es nicht. Es kann immer nur darum gehen, ob sie subjektiv mit der gebotenen Sorgfalt angestellt wurde«. »Wir müssen daher lernen, mit der Unsicherheit umzugehen – davon entbinden uns keine Zahlen.«*[655] Die Planung/Prognose muss also plausibel sein.[656] *»Es gibt keine mathematische Sicherheit; an die Stelle von »richtig«*

648 Vgl. Kühne/Nickert, ZInsO 2014, 2297 (2298ff).

649 Kühne/Nickert, ZInsO 2014, 2297 (2299 f; 2303) und zur Kritik am Erwartungswert (2302 f); Ihlau/Duscha, BB 2013, 2346 (2349).

650 Aleth/Harlfinger, NZI 21011, 166 (168).

651 Vgl. hierzu: Groß/Amen, Wpg 2002, 225; 2003, 67; Drukarczyk/Schüler, Wpg 2003, 56.; Kühne/Nickert, ZInsO 2014, 2297 (2302 ff); für die Unternehmensbewertung: Großfeld, Recht der Unternehmensbewertung Rn. 441; OLG Düsseldorf, 10.06.2009 – I – 26W 1/07 (AktE) AG 2009, 907.

652 Oder im Haftungsprozess der Richter.

653 BGH, 17.02.1970 – II ZR 139/67, BGHZ 53, 245.

654 Spliedt, in: Runkel Anwaltshandbuch InsR, § 1 Rn. 126.(Vorauflage); Andres in: Runkel Anwaltshandbuch InsR, § 1 Rn. 100, 3. Aufl.

655 Großfeld, Recht der Unternehmensbewertung Rn. 428.

656 IDW, S. 1, Tz. 81.

und »falsch« tritt »glaubwürdig« oder »unglaubwürdig«. Auf »Nachvollziehbarkeit« auf »Plausibilität« kommt es an.«[657] Um diese Plausibilität zu dokumentieren, sind insb. Verprobungsrechnungen und v. a. die Erstellung von Plan-Bilanzen erforderlich.[658]

Nach den Vorstellungen des Gesetzgebers der InsO ist das vorhandene Vermögen **realistisch** zu bewerten, damit das Ziel einer rechtzeitigen Verfahrenseröffnung nicht gefährdet wird.[659] Entsprechendes gilt für die Prognose: »Es ist realistisch zu prognostizieren.« 332

Wann aber liegt eine solche »realistische« Prognose vor? Das Gesetz verlangt eine »nach den Umständen überwiegende« Wahrscheinlichkeit. Wann ist also das nachhaltige Überleben des Unternehmens nach den Umständen überwiegend wahrscheinlich? 333

Die h. M.[660] und die Rechtsprechung[661] hat aus dieser Formulierung und aus den Begründungen zur InsO[662] die **50 % + X Regel** gefolgert. D. h. von einer positiven Prognose ist auszugehen, wenn die Wahrscheinlichkeit des nachhaltigen Überlebens mehr als 50 % beträgt. Dabei ist soll dies nicht statistisch, sondern als komparative nicht quantifizierbare Hypothesenwahrscheinlichkeit verstanden werden.[663] Dies bedeutet allerdings nicht, dass für Gesellschaften, deren Überlebenswahrscheinlichkeit knapp über 50 % liegt, eine positive Fortbestehensprognose bescheinigt werden kann. Bitter[664] bringt es auf den Punkt: »*Die »überwiegende« Wahrscheinlichkeit wird dabei – dem Wortlaut folgend – zumeist in dem Sinne verstanden, dass die zukünftige Zahlungsunfähigkeit zu mehr als 50 % gesichert ist. Doch darf diese Aussage nicht dahingehend verstanden werden, dass die Gesellschafter auf Kosten der Gläubiger spekulieren dürfen, soweit nur – wie etwa beim Roulette bei einem Einsatz auf »Rot und die Null« – die Wahrscheinlichkeit des Erfolgs geringfügig größer ist als jene des Misserfolgs.*« Aus der Skalierung der Ratingnoten folgt, dass Unternehmen ab einer Einjahresausfallwahrscheinlichkeit von zwischen 5 und 10 % aus Sicht der Kredit- und Versicherungswirtschaft nicht mehr finanzierbar sind. Solche Unternehmen müssten also in ihrem Konzept einkalkulieren, dass sie keine Mittel seitens Kreditwirtschaft mehr zur Verfügung gestellt bekommen und zusätzlich ihre Lieferanten und Subunternehmer auf Vorauskasse bedienen können.[665]

657 Großfeld, Recht der Unternehmensbewertung Rn. 453.

658 Dobler, Ertrags- und Liquiditätsplanung, S. 24 und S. 151 zur Qualitätssicherung.

659 Uhlenbruck, in: Braun/Uhlenbruck, Unternehmensinsolvenz, S. 293.

660 Pape, in Kü/P/B, § 19 Rn. 37; HK-Kirchhof, § 19 Rn. 8; HambKomm-Schröder, § 19 Rn. 13; umfangreich Uhlenbruck/Mock, § 19 Rn. 221 f.

661 Schon zur KO BGH, 13.07.1992 – II ZR 269/11; ZIP 1992, 1382.

662 RegE InsO in: Balz/Landfermann S. 224 (zur drohenden Zahlungsunfähigkeit).

663 Uhlenbruck/Mock, § 19 Rn. 222.

664 Bitter, in: Scholz GmbHG vor § 64 Rn. 39.

665 Kühne/Nickert, ZInsO 2014, 2297 (2306 ff).

Global Corporate Average Cumulative Default Rates (1981–2013) (%)

Time horizon (years)

Rating	1	2	3	4	5	6	7	8	9	10
AAA	0	0,03	0,13	0,24	0,35	0,47	0,53	0,62	0,68	0,74
AA	0,02	0,07	0,13	0,24	0,36	0,47	0,58	0,67	0,75	0,84
A	0,07	0,17	0,28	0,43	0,6	0,78	1	1,19	1,38	1,59
BBB	0,21	0,6	1,02	1,53	2,06	2,56	3,01	3,45	3,89	4,33
BB	0,8	2,46	4,41	6,29	8,01	9,64	11,03	12,26	13,4	14,39
B	4,11	9,27	13,61	16,99	19,55	21,61	23,29	24,65	25,82	26,97
CCC/C	26,87	36,05	41,23	44,27	46,75	47,77	48,85	49,67	50,64	51,35
Invest-ment grade	0,11	0,3	0,52	0,79	1,07	1,35	1,61	1,86	2,1	2,35
Specu-lative grade	4,02	7,86	11,19	13,86	16,03	17,82	19,33	20,6	21,74	22,78
All ra-ted	1,53	3,02	4,33	5,43	6,35	7,14	7,82	8,39	8,92	9,42

Sources: Standard&Poor's Global Fixed Income Research and Standard & Poor's CreditPro

March 19, 2014

www.standardandpoors.com/ratingsdirect

Es ist also zu fordern, dass die Planung ein Zielrating von mind. B – (nach Standard & Poor`s) erreicht oder alternativ das Konzept die Innen- bzw. Gesellschafterfinanzierung vorsieht. Bei einem Unternehmen unterhalb dieser Schwelle ist statistisch davon auszugehen, dass es innerhalb der nächsten 10 Jahre mit einer mehr als 50 %-igen Wahrscheinlichkeit insolvent wird. Ob diese Voraussetzungen gegeben sind, ist dann eine Frage, die den allgemeinen Beweiswürdigungsregelungen unterliegt.

Andernfalls handelt es sich um ein Unternehmen, dem maßgebliche Zweige der Wirtschaft das Vertrauen absprechen. Es handelt sich also gerade nicht um ein Unternehmen, dessen Überleben hinreichend sicher ist.

Fazit:[666] Die insolvenzrechtliche Fortbestehensprognose ist nach betriebswirtschaftlichen Kriterien zu erstellen. Es entspricht einer an betriebswirtschaftlich ausgerichteten kaufmännischen Geschäftsführung, für Prognoseentscheidungen auf den Erwartungswert und nicht alleine auf den wahrscheinlichsten Wert (Management Case) abzustellen. Dringend empfehlenswert und am wenigsten angreifbar ist ein durch eine Monte Carlo Simulation gebildeter Erwartungswert.[667] 334

Dabei steht dem aufstellenden Organ hinsichtlich der Planungsprämissen ein subjektiver Beurteilungsspielraum zu, der nur auf Vertretbarkeit überprüfbar ist. Allerdings muss die Fortbestehensprognose dokumentiert und von einem sachverständigen Dritten innerhalb angemessener Zeit (auf Vertretbarkeit) nachprüfbar sein.

Eine positive insolvenzrechtliche Fortbestehensprognose kann nur dann angenommen werden, wenn der Erwartungswert der Finanzplanung positiv ist und zugleich die Einjahresausfallwahrscheinlichkeit nach Ratingkategorien nicht im Ausfallbereich (z. B. B- bei S&P) anzusiedeln ist oder alternativ die Finanzplanung auch verkraften kann, dass Kredite gekündigt bzw. nicht prolongiert werden und die Lieferanten auf Vorauskasse umstellen. Ob dies angenommen werden kann, unterliegt der freien richterlichen Beweiswürdigung, d. h. ob eine noch ausreichende Einjahresausfallwahrscheinlichkeit anzunehmen ist muss mit einer Wahrscheinlichkeit von 50 % + X zur Überzeugung des Gerichts festgestellt werden.

(3) Beweislast

Die Beweislast für die positive Fortführungsprognose trägt im Haftungsprozess die Geschäftsleitung.[668] Im Zweifel ist der Liquidationswert anzusetzen, da gem. § 19 Abs. 2 Satz 2 InsO die Fortführung den Ausnahmefall darstellt.[669] Eine Beweislastentscheidung (»non liquet«) geht zulasten der Geschäftsführung. 335

(4) Dokumentation – Erfordernis einer schriftlichen Fortbestehensprognose?

Nach Auffassung von Wolf[670] handelt es sich bei dem Überschuldungsstatus nebst Fortbestehensprognose um ein Nebenbuch i. S. d. HGB. Dementsprechend ist er schriftlich zu erstellen und zu dokumentieren. 336

Die Rechtsprechung hat in der Vergangenheit großzügiger verfahren und auf eine schriftlich dokumentierte Fortbestehensprognose verzichtet.[671] Der Geschäftsführer 337

666 Kühne/Nickert, ZInsO 2014, 2297 (2308).

667 Gleißner, RISKNEWS 2014, 31; ders., in: Gleich/Gänßlen/Losbichler (Hrsg), Challenge Controlling 2015 S. 241; Gleißner/Meier, Versicherungswirtschaft 1999, 926.

668 Uhlenbruck/Mock, § 19 Rn. 222.

669 Zuletzt BGH, 09.10.2006 – II ZR 303/05, ZInsO 2007, 36 = DStR 2006, 2186; BGH, 29.11.1999 – II ZR 273/98 = BGHZ 143, 184 = NJW 2000, 668; Jaeger-Müller, § 19 Rn. 28 ff. m. w. N.

670 Wolf, DStR 1998, 126.

671 OLG Düsseldorf, 31.03.1999 – 12 U 176/97, NZG 1999, 944.

solle im Haftungsprozess nicht schlechter gestellt werden, als wenn er fachlichen Rat in Anspruch genommen hätte und der Gutachter ebenfalls zu der Annahme des Fortbestehens gelangt wäre. Dementsprechend reicht eine Prognoseerstellung »im Kopf« aus.

Es dürfte heute allerdings fraglich sein, ob eine nicht schriftlich fixierte Fortbestehensprognose noch ausreicht. Der BGH[672] hat entschieden, dass ein organschaftlicher Vertreter einer Gesellschaft seine Insolvenzantragspflicht nicht schuldhaft verletzt, wenn er bei fehlender eigener Sachkunde zur Klärung des Bestehens der Insolvenzreife der Gesellschaft den Rat eines unabhängigen, fachlich qualifizierten Berufsträgers einholt, diesen über sämtliche für die Beurteilung erheblichen Umstände ordnungsgemäß informiert und nach eigener Plausibilitätskontrolle der ihm daraufhin erteilten Antwort dem Rat folgt und von der Stellung eines Insolvenzantrags absieht. Dabei muss sich der organschaftliche Vertreter, sollte er nicht selbst über ausreichende persönliche Kenntnisse verfügen, ggf. extern beraten lassen. Dafür reicht selbstverständlich eine schlichte Anfrage bei einer von dem organschaftlichen Vertreter für fachkundig gehaltenen Person nicht aus. Erforderlich ist vielmehr, dass sich das Vertretungsorgan unter umfassender Darstellung der Verhältnisse der Gesellschaft und Offenlegung der erforderlichen Unterlagen von einem unabhängigen, für die zu klärenden Fragestellungen fachlich qualifizierten Berufsträger beraten lässt. Ein solcher fachlich qualifizierter Berater wird eine Beratungsempfehlung schon aus Haftungsgründen nur schriftlich erteilen. Wenn nun aber die Fortbestehensprognose nur dann ausreichend ist, soweit der Prognoseersteller dieselbe fachliche Qualifikation wie ein fachlich qualifizierter Berater hat, wird dieser gleichermaßen die Prognose schriftlich erstellen müssen. Dafür spricht im Übrigen der durch das ESUG neu eingeführte § 270 b InsO, der nicht nur die Schriftlichkeit der Bescheinigung, sondern auch eine Begründung vorsieht. Ich gehe daher davon aus, dass die Fortbestehensprognose schriftlich abzusetzen ist.[673]

Im Rahmen der Dokumentation sollte der Ersteller die aus der Analyse ausgemachten Schwachstellen deutlich erläutern und darstellen durch welche Maßnahmen die Schwächen beseitigt werden, welche Kosten die Maßnahmen auslösen und wann, wie und mit welcher Wahrscheinlichkeit die Maßnahmen wirken. Aus unserer Erfahrung können wir berichten, dass Kreditinstitute hier besonders aufmerksam nachforschen. Dabei sollten sich die Darstellungen auf die wesentlichen »Knackpunkte« konzentrieren. Das Problem dürfte sich in der Praxis von selbst lösen: Der in Haftung genommene Geschäftsführer muss im Fall der fehlenden Dokumentation sämtliche Sachverhalte, Gegebenheiten und Würdigungen aus einer ex-ante-Sicht vortragen, die es dann einem gerichtlich bestellten Sachverständigen ermöglichen, nachträglich die Prognose (ex ante) zu erstellen. Sofern aber zum relevanten Stichtag die Daten nicht erhoben und die Informationen nicht eingeholt wurden, dürfte es dem Geschäftsführer später

672 Urt. v. 14.05.2007 – II ZR 48/06, DStR 2007, 1174 = DB 2007, 1455 = GmbHR 2007, 757 = BB 2007, 1801.

673 Groß, KSI 2015, 60 (65).

im Prozess praktisch unmöglich sein, entsprechend vorzutragen, was dann zum gesetzlichen Regelfall der Zerschlagungsprämisse führt.[674]

(5) Nach Erstellen der Prognose

Soweit die Prognose zutreffend zur Annahme der Fortführung gelangt, darf von dieser Prognose bis auf Weiteres ausgegangen werden, d. h. es ist nicht permanent eine neue Prognose anzustellen. Spätestens aber mit der Erstellung des nächsten Jahresabschlusses muss die Prognose überprüft werden, um für die handelsrechtliche Bewertung den zutreffenden Bewertungsansatz zu wählen (§ 252 Abs. 1 Nr. 2 HGB). 338

Die Fortführungsprognose enthält zwingend Bilanz-, Ertrags- und Liquiditätsplanung als Planverprobungsrechnungen. Sofern sich nach Erstellen der Prognose erhebliche Abweichungen vom Ist- zum Sollverlauf ergeben, muss allerdings die Prognose neu erstellt werden. Dies gilt v. a. dort, wo Sanierungsmaßnahmen nicht umgesetzt werden können, ihre Wirkungen verfehlen, sich zeitlich verzögern oder sonstige Milestones nicht eingehalten wurden. Soweit in der Planung ein Sicherheitspuffer einberechnet war, sind die Planabweichungen zu vernachlässigen, wenn sie sich innerhalb dieses Spielraums bewegen. Sofern in Fällen darüber hinausgehendes Abweichungen eine erneute Prognose unterbleibt, kann die vormals erstellte Prognose, die später einen anderen (negativen) Verlauf annahm, nicht mehr den Ansatz von Fortführungswerten begründen. Im Idealfall definiert das Planungshandbuch im Vorfeld, wann bei Soll-Ist-Abweichungen die Planung zu überprüfen ist. 339

Problematisch ist dies v. a. dann, wie bei KMU üblich, wenn erst in der Krise zu planen begonnen wird. Zum einen zeigt die Praxis, dass gerade in der Anfangsphase Planungsfehler unterlaufen und die Qualität durch ein rollierendes System und laufender Anpassung der Planung durch die aus den Auswertungen der Soll-/Ist-Vergleiche erheblich steigt. Dies muss bei der erstmaligen Planung durch ausreichende Sicherheitspuffer[675] berücksichtigt werden.[676] So sind erst in der Krise neu implementierte Planungssysteme mit äußerst großen Unsicherheiten behaftet.[677] Dem Gläubigerschutz gerecht wird also nur eine Planung, die die Grundsätze des Vorsichtsprinzips berücksichtigt.[678] Dobler[679] bringt es auf den Punkt: »Grundsätzlich sollte die Liquiditätsplanung dem Prinzip »Sicherheit geht vor Genauigkeit« folgen.« Je größer dieser Sicherheitspuffer dotiert wird, desto robuster ist die Planung, desto eher kann ein Unternehmen Verschiebungen oder Verzögerungen verkraften.

674 Uhlenbruck, in: K. Schmidt/Uhlenbruck, Die GmbH in Krise, Sanierung und Insolvenz Rn. 5.141.

675 Vgl. Rdn. 184.

676 Karollus/Huemer, S. 104.

677 Karollus/Huemer, S. 103.

678 Uhlenbruck/Uhlenbruck, § 19 Rn. 106 (für den Ansatz von Rückstellungen, (Vorauflage 13. Aufl. 2010).

679 Dobler, Ertrags- und Liquiditätsplanung, S. 20.

(6) Nicht ausreichende Prüfungen/typische Fehler in Fortbestehensprüfungen

340 Nicht alleine ausreichend wäre auch eine Zukunftsprognose (**Extrapolation**) auf der Basis der (alten) Jahresabschlusszahlen. Diesen Ansatz verfolgte in der Vergangenheit die sog. **Diskriminanzanalyse**. Weil aber aufgrund der vergangenheitsorientierten Zahlen nicht zuverlässig auf die künftige Liquiditäts- und Vermögensentwicklung geschlossen werden kann, ist mittlerweile einhellige Auffassung, dass alleine aus den Vergangenheitszahlen eine positive Fortbestehensprognose nicht abgeleitet werden kann. Dafür spricht v. a., dass bei Krisenunternehmen Sanierungsmaßnahmen beschlossen und eingeleitet werden. Diese wirken sich aber in der Zukunft aus. Die Auswirkung muss in den Planungsrechnungen quantifiziert werden. Aus der Vergangenheitsanalyse sind diese Auswirkungen aber nicht durch Fortschreibung der Entwicklung greifbar.

341 Darüber hinaus ist bei der Fortbestehensprognose zu berücksichtigen, dass diese erst nach einer Einführungsphase zuverlässige Plandaten aufweist. Erst wenn mehrfach ein Soll-Ist-Vergleich durchgeführt wurde, kann die Qualität der Prognose überprüft und für die Zukunft angepasst werden. Fortbestehensprognosen, die erstmals in der eingetretenen Krise angestellt werden, sind daher mit größten Unsicherheiten behaftet.[680] Dementsprechend erfordert ein qualifizierter Finanzplan eine längere Einführungsphase. Nur ein solcher kann Grundlage einer brauchbaren Fortbestehensprognose sein. Dies bedeutet allerdings nicht, dass Unternehmen, die bislang noch nicht geplant haben, damit keine Möglichkeit auf die Erstellung einer positiven Fortführungsprognose haben. Allerdings ist in derartigen Situationen zu verlangen, dass die in frisch aufgebauten Planungen vorhandene größere Unsicherheit in der Planung berücksichtigt wird. Mit anderen Worten: Es ist ein **Sicherheitspuffer** einzurechnen.[681]

342 Nur der Vollständigkeit halber sei hier zu erwähnen, dass nach der herrschenden Meinung § 91 Abs. 2 AktG für den **Geschäftsführer der GmbH** analog anzuwenden ist.[682] Aus dieser Norm folgt für die Geschäftsführung einer GmbH das Erfordernis der Implementierung eines Risikofrüherkennungssystems. Ein derartiges Risikofrüherkennungssystem verlangt ohnehin von größeren Unternehmen die Vornahme von Planungsrechnungen.[683]

343 ▶ Hinweis:

Ein Unternehmen, das keine Unternehmens- bzw. Finanzplanung erstellt, muss bei der Prüfung der Fortbestehensprognose einen entsprechenden Sicherheitspuffer berücksichtigen, der im Extremfall zum »Umkippen« in die negative Prognose zwingt.

680 Karollus/Huemer, Die Fortbestehensprognose i. R. d. Überschuldungsprüfung, S. 103.

681 Vgl. Rdn. 184, 339.

682 Zöller/Nowak, in: Baumbach/Hueck, GmbHG, § 35 Rn. 33 m. w. N.; Drescher, Die Haftung des GmbH-Geschäftsführers, 7. Aufl. 2013 Rn. 151 ff (154).

683 Karollus/Huemer, Die Fortbestehensprognose i. R. d. Überschuldungsprüfung, S. 104 f.; Groß/Amen, Wpg 2003, 1164 f. m. w. N. Fleischer, in: Spindler/Stiltz, AktG, § 93 Rn. 52 m. w. N.

Weitere häufige Fehler bestehen darin, dass die geplanten Veränderungen in den Planzahlen nicht berücksichtigt werden, also dass z. B. die veränderte Struktur wegen der Schließung eines nicht rentablen Betriebsteils nicht oder falsch berücksichtigt wird. 344

Die Planung muss versuchen, die gesamte künftige Entwicklung vorwegzunehmen. 345
Dazu gehört auch, dass **künftige Investitionen** oder **Desinvestitionen** ermittelt, aufgezeigt und in der Planung berücksichtigt werden. Sofern z. B. die Abschreibung deutlich zurückgeht, weist dies darauf hin, dass die Sachanlagen die betriebsgewöhnliche Nutzungsdauer erreicht haben. Dann stellt sich die Frage, womit künftig gearbeitet werden soll. Entweder sind Folgeinvestitionen zu planen oder es ist die »Ersatzinvestition« als Leasinggut in den Kosten zu berücksichtigen. Auch **künftige Preisänderungen** oder bevorstehende **tarifvertragliche Änderungen** sind zu berücksichtigen. Letztlich ist auch die Planrechnung mit einer Kapazitätsauslastung (Material, Personal) zu verproben, um zu überprüfen, ob der Absatz ohne weitere Investitionen auch erwirtschaftet werden kann.

Zu berücksichtigen sind auch **künftige Investitionen**. Dies soll ein Beispiel verdeutlichen: 346

▶ Beispiel:

Das Produktionsunternehmen fertigt Kunststoffteile mit Maschinen. Die betriebsgewöhnliche Nutzungsdauer der Maschinen beträgt acht Jahre, die Anschaffungskosten 800.000,00 €. Der Maschinenpark ist vier Jahre alt. Die Maschinen werden jedes Jahr 5 % teurer. Die Ertragslage ist unbefriedigend. Es wurden in den letzten Jahren lediglich ausgeglichene Ergebnisse erzielt und in Zukunft voraussichtlich auch erzielt werden.

In diesem Fall muss das Unternehmen davon ausgehen, den Maschinenpark in vier Jahren zu erneuern und zwar zu einem Preis von 800.00,00 € zzgl. Preissteigerung von 160.000,00 €, also insgesamt von 960.000,00 €. In der Vergangenheit und in der nahen Zukunft wird das betriebswirtschaftliche Ergebnis gem. HGB mit den Anschaffungs- und Herstellungskosten berücksichtigt. Für die Planung aber müsste, ähnlich wie bei der Kostenrechnung, mit den zukünftigen Wiederbeschaffungskosten gerechnet werden. Dann aber weist das Unternehmen durchweg Verluste (i. H. d. Preissteigerung) aus.

Aber auch **strategische Veränderungen** und **Umsatzveränderungen** müssen berücksichtigt werden. 347

▶ Beispiel:

Ein Hersteller von Luxusgütern ist in der Krise und beschließt, Billiganbieter zu werden. Damit geht ein erheblicher geplanter Umsatzanstieg einher. Die Kunden zahlen durchschnittlich in 60 Tagen, während die Ausgaben nach 30 Tagen bezahlt werden. D. h. der Unternehmer hat ein Vorfinanzierungsvolumen von 30 Tagen. Bei einem Umsatzanstieg von 200 % muss damit auch dieses verdreifachte Vorfinanzierungsvolumen geplant und berücksichtigt werden.

348 Soweit derartige Prüfungen/Planungen unterlassen werden, ist die Fortbestehensprognose unzureichend. Sie basiert dann nicht auf einer vollständigen und sorgfältigen Ermittlung der Planungsgrundlagen. Somit kann sie eine positive Fortbestehensprognose nicht begründen.

349 Aus den Planungsrechnungen muss auch ersichtlich sein, wann die einzelnen Planungen erstellt wurden. Für eine Fortbestehensprognose ist der **Prognosezeitpunkt** ein wichtiger Anhaltspunkt. Es ist selbstverständlich von besonderer Bedeutung, wann die Planung erstellt wurde, also ob im Jahr 2013 eine 5-Jahres-Planung erstellt oder ob jedes Jahr unter Beobachtung der letzten Entwicklung die Planung angepasst wurde. Je weiter der Planungshorizont in die Zukunft reicht, desto größer müssen die Sicherheitspuffer in den Annahmen berücksichtigt werden. Auch sollte in den Planungen dokumentiert werden, ob und wann die unterjährigen Veränderungen **kontrolliert** wurden und ggf. die Planung **angepasst** wurde. Nicht ausreichend ist nämlich, zu Beginn des Jahres eine Planung anzustellen und danach die Augen vor den eintretenden Veränderungen zu verschließen. Insbesondere ist darauf hinzuweisen, dass aufgrund des permanenten Selbstprüfungsgebots die Unterscheidung zwischen wertaufhellenden und wertbegründenden Tatsachen aus dem Handelsbilanzrecht bei der Überschuldungsprüfung keine Rolle spielt. M.E. müsste eine wesentliche Änderung des Ist- vom geplanten Soll-Zustands zwingend zu einer Planüberarbeitung führen, da anderenfalls keine verlässliche Planung mehr vorliegt und folglich von der Zerschlagung ausgegangen werden müsste. Die einmal erstellte (positive) Planung ist also kein Freibrief für die Zukunft.

350 Eine dokumentierte Planung muss **klar** und **übersichtlich** sein (§ 243 Abs. 2 HGB analog). Sie muss einem sachkundigen Dritten innerhalb angemessener Zeit einen Überblick über die erwartete Entwicklung geben (§ 238 Abs. 1 Satz 2 HGB analog). Diese Grundsätze gelten für die Fortbestehensprognose allein schon deshalb, weil der Unternehmer eine Ausnahme vom Regelfall der Zerschlagungsprämisse für sich reklamieren will. Entsprechend dem allg. Rechtsgrundsatz, dass die Regel weit und die Ausnahme eng auszulegen ist, hat dies obige Forderungen zur Folge. Die Planung muss also hinreichend klar und tief gegliedert sein. Zu beachten ist auch, dass die Höhe der Anspannung der Liquiditätslage der Gesellschaft auch die Detaillierungserfordernisse des Finanzplanes bestimmt.[684] D. h. je angespannter die Lage ist, desto tiefer und detaillierter muss geplant werden.

351 Unzulässig wäre demnach die Planung einer zweispaltigen prognostizierten »Einnahmen-Ausgabenrechnung«. Dabei dürfte in § 275 Abs. 2 und 3 HGB eine Mindestgliederungstiefe zu sehen sein. Allerdings muss davor gewarnt werden, die Planung der **Umsatzerlöse** lediglich in einer konsolidierten Umsatzzahl zu dokumentieren. Das Hauptproblem der Planung ist nämlich der künftige Umsatz. Da regelmäßig mit der Ermittlung des Umsatzes das Ergebnis der Planung steht und fällt, kommt der Ermittlung und Dokumentation eine Schlüsselfunktion zu. Hier sollte auch klar dokumentiert werden, wie der künftige Umsatz ermittelt wurde, also warum und nach

684 Teller/Steffan, Rangrücktrittsvereinbarungen zur Vermeidung der Überschuldung bei der GmbH, Rn. 153.

welcher Methode (bestehende Aufträge, Freihandmethode, Zeitreihenmethode, gleitender Durchschnitt, Trendextrapolation, exponentielle Glättung, Regressionsanalyse, etc.)[685] geplant wurde und welche Planungsannahmen zugrunde gelegt wurden.

Soweit die positive Fortbestehensprognose mit dem BAG[686] allein mit der Existenz von ausreichenden Aufträgen begründet werden soll, ist darauf hinzuweisen, dass diese Rechtsprechung als überholt betrachtet werden muss.[687] Zu fordern ist ein nach betriebswirtschaftlichen Kriterien zu erstellendes Unternehmenskonzept mit Ertrags- und Finanzplanung. Allein die Existenz von Aufträgen, wie das BAG fehlerhaft angenommen hat, garantiert nämlich noch nicht die Erhaltung der Ertragskraft und der Liquidität. Die Entwicklung der Baubranche in der Vergangenheit hat gezeigt, dass eine große Anzahl von Aufträgen zu »Dumping-Preisen« gerade in die Insolvenz führt. Wenn also mit der Existenz von Aufträgen das Fortbestehen dokumentiert werden soll, so ist es unverzichtbar, die Kalkulation der jeweiligen Aufträge offenzulegen. Soweit alle Aufträge nach demselben Schema kalkuliert wurden, reicht die Offenlegung des Schemas. Andernfalls müssen z. B. bei Großbaustellen die Einzelkalkulationen untersucht und berücksichtigt werden. 352

Die **Kosten** können m. E. nicht durchgängig im prozentualen Verhältnis zu Umsatzgrößen geplant werden, da dies z. B. die Existenz von sog. sprungfixen Kosten negiert. Aber der Wareneinsatz und ggf. die Energiekosten können m. E. in Prozent zu den geplanten Erlösen geplant werden, aber nur, soweit sich die Struktur und Art der Aufträge nicht ändert. Aber auch in diesem Fall sind die Relationen in Bezug auf Preisänderungen zumindest kritisch zu analysieren, v. a. dann, wenn gestiegene Rohstoff- oder Warenbezugspreise nicht an den Kunden weitergegeben werden können. 353

▶ Beispiel:

Der Umsatz sinkt und folglich sinken auch die Kosten. Die Personalkosten lassen sich aber kurzfristig nicht schnell zurückführen. Diese können nur mittel- bis langfristig durch Kündigungen und Lohnkürzungen gesenkt werden. Die Kündigungsfristen und Abfindungszahlungen verursachen beim Personalabbau zunächst zusätzliche Kosten, denen kein entsprechender Umsatz entgegen steht.

Zu dokumentieren ist auch die **Personalplanung**. Hier ist auf die Personalbedarfsplanung zurückzugreifen. Unterjährige Besonderheiten wie z. B. Weihnachtsgeld, Urlaubsgeld, Urlaubszeit sind zu berücksichtigen. Sofern Urlaubsrückstellungen bestehen, deuten diese auf Personalaufwand ohne entsprechende Erlöse hin, was ebenfalls berücksichtigt werden muss. Es handelt sich dabei um eine kurzfristig liquiditätswirksame Rückstellung.

685 Vgl. Ehrmann, Unternehmensplanung, S. 91 ff.

686 BAG, 10.02.1999 – 5 AZR 677/97, DB 1999, 1222.

687 Vgl. BGH, 09.10.2006 – II ZR 303/05, ZInsO 2007, 36; KG, 01.11.2005 – 7 U 49/05, ZInsO 2006, 437; OLG Naumburg, 20.08.2003 – 5 U 67/03, ZInsO 2004, 512.

Eine aussagekräftige Liquiditätsplanung sollte wenigstens die folgenden Prämissen erläutern:

- Produktionsdauer des Leistungszyklus (=Vorfinanzierungsdauer)
- Zeitlicher Vorbezug bezogen auf den Wareneinsatz
- Möglichkeit etwaiger Abschlagszahlungen
- Zahlungsziele der Kunden (rechtlich und tatsächlich),
- gewährte Zahlungsziele der Lieferanten,
- Skontomöglichkeiten der Kunden und Lieferanten,
- Höhe des Soll- und Habenzinssatzes der Banken,
- Höhe des Umsatzsteuersatzes für die verschiedenen Leistungsbereiche,
- Ermittlung der Umsatzsteuerzahllast und Höhe der Umsatzsteuersonderzahlung im Januar,
- Zahlungen an Lieferanten/Banken für die Altschulden.
- Neukreditaufnahmen

354 Die Darstellung der Prognose hat sich an den Anforderungen der KfW, BMWi, BDU, ISU Institut und IDW zu orientieren.[688] Soweit Unternehmen von dritter Seite beraten werden und die Beratungsberichte diesen Anforderungen nicht genügen, handelt es sich um einen »eklatanten Kunstfehler«.[689] Ansonsten haben sich allgemeine Grundsätze herausgebildet, die für alle Planungsrechnungen gelten. Diese lassen sich wie folgt skizzieren:

- Grundsatz der Wahrheit
- Grundsatz der Vollständigkeit und Genauigkeit der Daten und Informationen
- Die internen und externen Daten müssen regelmäßig und nicht nur sporadisch erhoben werden.
- Sind die Daten vollständig? Welche Daten sind nicht vollständig? Welche Auswirkungen hat dies auf die Planung?
- Sind die Informationen zuverlässig und richtig?
- Sind die Daten relevant?
- Sind die Daten ohne Weiteres verwendbar oder müssen die Daten umgerechnet oder aufbereitet werden?
- Wie lange braucht es, bis die Daten erhoben sind?
- Wie teuer ist die Informationsbeschaffung?
- Externer Planer: Sind die Daten des betrieblichen Rechnungswesens verlässlich?
- Externer Planer: Liegt eine Vollständigkeitserklärung vor?
- Der Grundsatz wird durch das Wesentlichkeitsprinzip eingeschränkt. Nicht wesentliche Daten und Informationen müssen nicht zeit- und kostenintensiv erhoben werden.
- Grundsatz der zeitpunktgetreuen Planung (Periodenabgrenzung bei Ertragsplanung, Zahlungsfluss bei Liquiditätsplanung)
- Grundsatz der Vorsicht (Sicherheitspuffer)

688 Volk, DStR 2004, 287.

689 OLG Celle, 23.10.2003 – 16 U 199/02, ZIP 2003, 2120.

- Es ist realistisch und vorsichtig zu planen.
- Je größer die Unsicherheit der künftigen Entwicklung oder je größer die Unsicherheit über die Daten oder Informationen, desto größer muss der Sicherheitspuffer dotiert werden.
- Klarheit der Planung (die Planung nebst Dokumentation muss übersichtlich sein, insb. dürfen Einnahmen und Ausgaben bzw. Erträge und Aufwendungen nicht saldiert werden)
- Vergleichbarkeit und Stetigkeit der Planung
- Elastizität der Planung (Die Planung muss jederzeit kurzfristig auf eintretende Veränderungen angepasst werden können.)
- Überprüfbarkeit der Planung (Die Planung muss von einem sachverständigen Dritten in angemessener Zeit überprüfbar sein.)

Zur Vorbereitung der Planungsrechnung sind die Vergangenheitsdaten zu analysieren und ggf. aufzubereiten. Sondereffekte (z. B. Anlagenverkäufe) sind zu bereinigen, um die Basis für die ordentliche Ertragslage zu ermitteln. Dabei darf sich der Gutachter nicht blind auf das Rechnungswesen verlassen. Die Daten des Rechnungswesens sind zumindest zu plausibilisieren. Wird das Rechnungswesen unkritisch übernommen, so besteht die Gefahr, dass die Prüfung auf einer fehlerhaften Grundlage fußt. Hilfreich ist es auch neben den Kennzahlen des Rechnungswesens sogenannte Key Predictive Indicators (KPIs) zu ermitteln und diese im Zeitvergleich darzustellen und deren Entwicklung in der Planung aufzuzeigen. Hält diese Plausibilisierungsprüfung stand, kann m. E. auf weitere Prüfungen verzichtet werden. Andernfalls sind weitere Prüfungshandlungen vorzunehmen. I. Ü. darf auf die berufsständischen Verlautbarungen des IDW[690] verwiesen werden. Zum Schluss sei wegen der Plausibilisierung der Planung auf den Aufsatz von Ihlau/Duscha hingewiesen.[691] Die Autoren unterteilen die Plausibilisierung in eine formelle und eine materielle Plausibilisierung. Bei der formellen Plausibilisierung geht es um die richtige Systematik und Methode sowie die rechnerische Richtigkeit, während es bei der materiellen Plausibilisierung um die Annahmen und Erwartungen geht. Nur bei letzterer besteht der kaufmännische Beurteilungsspielraum.[692]

690 S 7, HFA 4/96; PS 900; HFA 1/010.

691 Ihlau/Duscha, BB 2013, 2346.

692 BGH, 21.04.1997, BGHZ 135, 244, NJW 1997, 1926 (»ARAG/Garmenbeck«); BGH, 06.06.1994 ZIP 1994, 1103.

355 ▶ Checkliste »Typische Fehler«

Checkliste „typische Fehler“

Vers. Nr. 1 – 3 / 15 Verantwortlich: nc

Mandant		Jahr	Bearbeiter		Datum
Nr.	Name		Name	Zeichen	

A.	ja	nein
Unkritische Ableitung der künftigen Umsätze aus der Vergangenheit	☐	☐
Wagnisse und Unsicherheiten werden nicht quantifiziert und eingerechnet bzw. durch Sicherheitspuffer unterlegt	☐	☐
Veränderungen werden nicht analysiert und durch Planungsanpassung berücksichtigt	☐	☐
Sanierungsmaßnahmen und Folgeinvestitionen wurden nicht berücksichtigt (z. B. Abfindungszahlungen bei Personalabbau, Beraterhonorare)? Folgewirkungen wurden nicht berücksichtigt (Steuerwirkungen, Anschlussinvestitionen)?	☐	☐
Datum der Erstellung der Fortbestehensprognose und Stichtag wurden nicht dargestellt?	☐	☐
Unternehmenskonzept, Sanierungsmaßnahmen, Ertrags- und Liquiditätsplan sind nicht klar und übersichtlich	☐	☐
Wird deutlich gemacht, anhand welcher Methode die künftigen Umsätze ermittelt wurden?	☐	☐
Wird die Ermittlung der Kosten offengelegt. Ist das Ermittlungssystem in sich stimmig?	☐	☐
Wie wurden die Personalkosten geplant? Wurden die Personalaufwendungen nach Ertrags- und Liquiditätswirksamkeit ermittelt? Wurden saisonale Schwankungen, wie Urlaubszeit berücksichtigt?	☐	☐
Wurde die Liquiditätsplanung und deren Rahmendaten qualifiziert erläutert?	☐	☐
Beim externen Prognoseersteller: Wurden die Daten des betrieblichen Rechnungswesens ungeprüft übernommen? Wurden die Vorjahreswerte um außerplanmäßige Gegebenheiten und aperiodische Vorgänge bereinigt?	☐	☐
Wird in der Prognose dem Leser ein klares und übersichtliches Bild von der Ausgangslage vermittelt, die Maßnahmen erläutert, wie die Schwachstellen bekämpft werden. Ist das Konzept schlüssig? Kann das Konzept überhaupt zum Erfolg führen? Sind die Risiken offen aufgezeigt und gewichtet?	☐	☐
Ist die Prognose verständlich? Versteckt sich der Prognoseersteller hinter Anglizismen?	☐	☐
Richtet sich die Dokumentation nach den gängigen Vorschriften der BAFA, BMWi, BDU, IDW?	☐	☐
Wurde die Planung mit einer Standardsoftware erstellt und wenn nein, wurden die Rechenschritte rechnerisch nachvollzogen?	☐	☐

d) Fortführungsprognose durch Indizien

356 V. a. Bork[693] hat aufgezeigt, dass in Einzelfällen auch durch Indizien auf eine positive Fortbestehensprognose geschlossen werden kann. Im Umkehrschluss, soll aber nicht aufgrund von Indizien auf die Überschuldung geschlossen werden können.[694] Allerdings dürfen diese Indizien m. E. nicht überstrapaziert werden. Es dürften regelmäßig Konglomerate von Indizien vorliegen, die teils auf die Zerschlagung und teils auf die Fortführung hindeuten. Bei derartigen Gemengelagen ist mit Augenmaß zu gewichten.

Selbst die **Gewährung neuer Bankdarlehen** in der Krise kann m. E. nicht uneingeschränkt die Fortführung indizieren.[695] Banken, die z. B. durch Globalzession

693 Bork, ZIP 2000, 1709.

694 Haas, in: Baumbach/Hueck GmbHG § 64 Rn. 59.

695 Vgl. Haas, in: Baumbach/Hueck GmbHG § 64 Rn. 44 b unter Hinweis auf OLG Schleswig, 11.02.2010 – 5 U 60/09, GmbHR 2010, 864.

abgesichert sind, haben in der Krise regelmäßig ein wirtschaftliches Eigeninteresse, dass die halb fertigen Arbeiten (z. B. Großbaustelle) fertiggestellt werden, damit die hieraus resultierenden Forderungen vereinnahmt werden können. Soweit für die Fertigstellung finanzielle Mittel benötigt werden, werden diese in der Krise absprachegemäß öfters noch zur Verfügung gestellt und zwar nur zu dem Zweck, die halb fertigen Arbeiten noch zu Ende zu bringen. Sofern der Kredit aber nur zu diesem Zweck dient, kann er allein die Fortführungsprämisse nicht indizieren.

Auch soweit in der Rechtsprechung des BAG[696] von einer positiven Fortbestehenspro- 357
gnose ausgegangen wurde, soweit ausreichend Aufträge vorhanden sind, darf dies nicht unkritisch übernommen werden. Soweit nämlich die Aufträge verlustig kalkuliert wurden, vermögen diese gerade keine positive Fortbestehensprognose, sondern allenfalls Drohverlustrückstellungen zu begründen.

▶ Checkliste »Indizien« 358

Checkliste „Indizien"

A. Positiv	Fundstelle	ja	nein
Gläubiger sind zum Stillhalten, neuen Krediten und Investitionen bereit	Bork, ZIP 2000, 1713	☐	☐
Gläubiger sind zu Sanierungsverhandlungen bereit	Bork, ZIP 2000, 1713	☐	☐
Gesellschafter sind kooperativ und zu weiteren Beiträgen bereit	Bork, ZIP 2000, 1713, Karollus/Huemer, S. 116, BGHZ, 119, 201 (Dornier)	☐	☐
Ein qualitativ attraktives Produkt steht nach Abschluss der Entwicklungsphase zur kostengünstigen Produktion bereit.	Bork, ZIP 2000, 1713	☐	☐
Positive Markt- und Absatzchancen	Bork, ZIP 2000, 1713	☐	☐
Erwerb des Krisenunternehmens durch einen Finanzinvestor	Karollus/Huemer, S. 119	☐	☐
Existenz von ausreichenden Aufträgen (m.E. falsch)	BAG, DB 1999, 1222	☐	☐
B. Negativ			
Sanierungsversuche sind schon gescheitert	Bork, ZIP 2000, 1713	☐	☐
Gesellschafter sind zerstritten und/oder ziehen Geld ab	Bork, ZIP 2000, 1713	☐	☐
Gesellschafter haben ihre Anteile am Krisenunternehmen in der Bilanz bereits abgeschreiben	Bork, ZIP 2000, 1713	☐	☐
negative Markt- und Absatzchancen, Folgeaufträge bleiben aus	Bork, ZIP 2000, 1713	☐	☐
Entzug der Betriebsgenehmigung oder existenznotwendiger Konzessionen	Groß, Wpg 2003, 1361	☐	☐
Wegfall von Schlüsselkunden	Groß, Wpg 2003, 1361	☐	☐
Auslaufen von wichtigen Patenten/Lizenzen	Groß, Wpg 2003, 1361	☐	☐

e) Insolvenzgutachten

Im Gutachten des vorläufigen Insolvenzverwalters oder des gerichtlich bestellten Sach- 359
verständigen muss ebenfalls zur Frage der Fortführung der Unternehmenstätigkeit Stellung bezogen werden. Spätestens aber im Berichtstermin muss der Insolvenzverwalter einen Bericht halten, der die Gläubiger in die Lage versetzt, die Entscheidung über die (vorläufige) Fortführung zu treffen.

696 BAG, 10.02.1999 – 5 AZR 677/97, DB 1999, 1222.

360 Die Anforderungen sind letztlich mit den obigen Anforderungen (s. Rdn. 356) identisch. Allerdings darf der Gutachter/Insolvenzverwalter auf das Erstellen einer aufwendigen und kostspieligen Prognose verzichten, wenn zwingend die **Zerschlagungswerte** anzusetzen sind. Dies ist v. a. dann der Fall, wenn

- der Schuldner nicht bereit ist, den Betrieb fortzuführen,
- der Betrieb bereits eingestellt ist und keine Liquidität zur Wiederaufnahme des Betriebs vorhanden ist,
- die Betriebsräumlichkeiten gekündigt sind und ein Umzug erforderlich wird, der nicht finanzierbar ist,
- Schlüsselkunden, Schlüssellieferanten und Schlüsselarbeitnehmer abgewandert sind.

f) Checkliste Fortbestehensprognose

Diese Checkliste ist orientiert an dem Verhältnis Berater – Mandant, in welchem der Berater, z. B. Steuerberater, auch die Fortbestehensprognose beurteilen bzw. erstellen muss.

361

Checkliste „Fortbestehensprognose“[1]

A.	**Anlässe zu einer Fortbestehensprognose**	**ja**	**nein**
	Liegen Indizien für eine Krise vor, die das Erstellen einer Fortbestehensprognose erfordern?		
	Verzehr des Stammkapitals/nicht durch Eigenkapital gedeckter Fehlbetrag	☐	☐
	mehrere Verlustjahre hintereinander	☐	☐
	Liegt die Liquiditätsziffer 2. nachhaltig unter 90 %? Liegen weitere Anhaltspunkte für eine (drohende) Zahlungsunfähigkeit vor?	☐	☐
	Ist der KK-Kreditrahmen dauerhaft ausgenutzt, liegen geduldete Überziehungen vor?	☐	☐
	Bestehen Informationen über negative Branchenentwicklungen von schwerem Ausmaß?	☐	☐
	Liegen Abwertungsvoraussetzungen für Aktiva vor? Liegen Informationen über nicht gebuchte Passiva vor?	☐	☐
	Der Mandant ist auf die Verpflichtung zur Erstellung einer Fortbestehensprognose hinzuweisen, wenn bei Ansatz der Liquidationswerte Überschuldung vorliegt. Wurde ein Hinweis auf die insolvenzrechtliche Prüfungspflicht schriftlich erteilt?	☐	☐
B.	**Erstellen einer Fortbestehensprognose**		
1.	Soll der Berater beauftragt werden, eine Fortbestehensprognose zu erstellen?	☐	☐
2.	Soll der Berater beauftragt werden, die Fortbestehensprognose zu prüfen?	☐	☐
3.	Wünscht der Mandant keine Beratung? Wenn ja, schriftlich bestätigen.	☐	☐
4.	Wurden Hintergrund und Umfang der Fortbestehensprognose dem Mandant erläutert?	☐	☐
5.	Ist eine Honorarvereinbarung mit dem Mandant vereinbart?	☐	☐
6.	Ist ein Vorschuss vom Mandant angefordert?	☐	☐
7.	Ist ein schriftlicher Auftrag vorhanden?	☐	☐
8.	Hat der Mandant die Checklisten über die notwendigen Unterlagen zur Erstellung einer Fortbestehensprognose erhalten? Sind Vorlagefristen vereinbart?	☐	☐
9.	Wurde mit dem Mandant ein Fertigstellungstermin vereinbart?	☐	☐
C.	**Aussagekräftiges Sanierungskonzept – Analyse der Ist-Situation**		
	Vorfrage: Existiert überhaupt ein Fortführungswille?	☐	☐
	Analyse der Absatz- und Wettbewerbssituation		
1.	Analyse des Markt/Bedarfs (Absatzsituation)	☐	☐
2.	Analyse des Wttbewerbs	☐	☐
	Analyse der Ist-Situation		
1.	Vermögenslage	☐	☐
2.	Liquiditätslage	☐	☐
3.	Auftragsbestand und -entwicklung	☐	☐
4.	Kundenakquisition und Kundenprobleme	☐	☐
5.	Preispolitik	☐	☐
6.	Umsatzstrukturanalyse	☐	☐
7.	Personalwesen (Produktivität, Gehaltsentwicklung, Motivation, Kündigungen und Einstellungen, Qualitätsbewusstsein)	☐	☐
8.	Zahlungsverhalten der Kunden	☐	☐
9.	Zahlungsbedingungen gegenüber den Lieferanten	☐	☐
10.	Kostenstellenrechnung	☐	☐
11.	Kostenträgerrechnung und Deckungsbeitragsrechnung	☐	☐
12.	Liegen Informationen über das wirtschaftliche Umfeld, Branchenanalysen vor?	☐	☐
13.	Zusammenfassend: Ist die Ausgangslage richtig erfasst?	☐	☐
14.	Sind die Krisenursachen vollständig erfasst?	☐	☐
D.	**Aussagekräftiges Sanierungskonzept – Definition des Soll-Zustands (Leitbild des sanierten Unternehmens**		
1.	Unternehmensstrategie und Entwicklung	☐	☐
2.	Leistungsangebot, Produktanalyse, Produktentwicklung, Innovationen (intern und extern)	☐	☐
3.	Alleinstellungsmerkmal, Unterschied zu den Wettbewerbern, Marktentwicklung und Kundenstruktur	☐	☐
4.	Was wird gemacht? Was wird nicht gemacht?	☐	☐

5.	Marketing (Einkauf, Produktion, Vertrieb, Personal und Personalplanung)	☐	☐
6.	Personalbestand des sanierten Unternehmens	☐	☐
7.	Kunden des sanierten Unternehmens, ABC-Analyse	☐	☐
8.	Lieferanten des sanierten Unternehmens	☐	☐
9.	Lagebericht	☐	☐
10.	EDV-Konzeption	☐	☐
11.	Zusammenfassend: Ist das Leitbild des sanierten Unternehmens schlüssig?	☐	☐
E.	Aussagekräftiges Sanierungskonzept – Darstellung der Sanierungsmaßnahmen		
1.	Leistungswirtschaftliche Maßnahmen	☐	☐
	➢ Leistungsverbessernde Maßnahmen	☐	☐
	➢ Teilstilllegungen	☐	☐
	➢ Ausgliedern von Leistungsprozessen (Outsourcing)	☐	☐
	➢ Eingliedern von Leistungsprozessen	☐	☐
2.	Finanzwirtschaftliche Maßnahmen	☐	☐
3.	sonstige Maßnahmen	☐	☐
4.	Umsetzung der Maßnahmen	☐	☐
5.	Kontrolle der Maßnahmen	☐	☐
6.	Führen die Sanierungsmaßnahmen zum Leitbild des sanierten Unternehmens?	☐	☐
F.	Erstellung der Liquiditäts- Rentabilitäts- und Bilanzentwicklung	ja	nein
1.	Wurde der Fall in der Wirtschaftsberatung angelegt und mind. die drei letzten Jahresabschlüsse eingepflegt?	☐	☐
2.	Wurde eine Unternehmensplanung erstellt, welche die Sanierungswirkungen mit einbezieht?	☐	☐
3.	Wurden alternative Szenarien entwickelt?	☐	☐
4.	Wurde ermittelt, weshalb wir von unserem Szenario überzeugt sind?	☐	☐
5.	Wurden die anderen Szenarien nach der Eintrittswahrscheinlichkeit quantifiziert?	☐	☐
6.	Wurde der Geld- und Kapitalmarkt und ihre Entwicklungen eingeschätzt?	☐	☐
7.	Wurde der Bezugsmarkt und seine Entwicklung eingeschätzt?	☐	☐
8.	Wurde der Arbeitsmarkt und seine Entwicklung eingeschätzt?	☐	☐
9.	Wurden künftige (Ersatz-)Investitionen berücksichtigt?	☐	☐
10.	Wurden künftige Kostenänderungen berücksichtigt?	☐	☐
11.	Wurden die weiteren Voraussetzungen aus der Checkliste Unternehmensplanung berücksichtigt?	☐	☐
12.	Wie ist das Ergebnis der Planverprobungsrechnung?	☐	☐
13.	Sind die Risiken vollständig erfasst?	☐	☐
G.	Wertende Gesamtbetrachtung:		
1.	Weist das Konzept einen Fortführungs-/Sanierungsmehrwert aus?	☐	☐
2.	Was wäre das Ergebnis einer Liquidation/Zerschlagung für die Beteiligten nach Gruppen?	☐	☐
3.	Wie hoch in € ist der Sanierungsmehrwert der Beteiligten nach Gruppen?	☐	☐
		☐	☐
		☐	☐
H.	Bericht/Darstellung/Besprechungspunkte auf Wunsch des Mandanten/Bank/Gläubigers:	ja	nein
		☐	☐
		☐	☐
		☐	☐
		☐	☐
		☐	☐
		☐	☐

[1] Diese Checkliste orientiert an dem Verhältnis Berater – Mandant, in welchem der Berater, z.B. Steuerberater, auch die Fortbestehensprognose beurteilen bzw. erstellen muss.

4. Überschuldungsbilanz

362 Grundlage für die Beurteilung der Überschuldung ist nach heute allg. Auffassung ein **Überschuldungsstatus** (Überschuldungsbilanz). Der Überschuldungsstatus (Überschuldungsbilanz) ist eine sog. **Sonderbilanz.**

Der handelsrechtliche Bilanzansatz ist für eine ordnungsgemäße Überschuldungsprüfung nicht geeignet.[697] Die handelsrechtlichen Bewertungsvorschriften der §§ 246 ff. und §§ 252 ff. HGB finden bei der Erstellung des Überschuldungsstatus keine Anwendung. Anschaffungswertprinzip, Prinzip der Einzelbewertung, Vorsichtsprinzip, Realisationsprinzip und Imparitätsprinzip gelten nicht,[698] jedenfalls nicht in einer strengen Anwendung.[699] 363

Eine handelsrechtlich ausgewiesene buchmäßige Überschuldung ist für die Frage der Insolvenzreife für sich allein nicht aussagekräftig.[700]

▶ Beispiel:

Der Jahresabschluss der X-GmbH weist zum 31.12.2006 einen nicht durch Eigenkapital gedeckten Fehlbetrag i. H. v. 100.000,00 € aus.

Diese Information allein lässt noch keinen Schluss über eine möglicherweise bestehende Überschuldung zu.

Möglicherweise bestehen stille Reserven, die in der Handelsbilanz nicht aktiviert sind, die aber im Überschuldungstatus zwingend als Aktiva anzusetzen wären.

Eine andere Möglichkeit besteht darin, dass für noch in der Handelsbilanz passivierte Verbindlichkeiten sog. Rangrücktrittserklärungen abgegeben wurden.

Ebenso ist möglich, dass erhebliche Rückstellungen allein aus Vorsichtsgründen gebildet wurden.

Allein das Beispiel zeigt, dass die Handelsbilanz für eine Überschuldungsprüfung nicht aussagekräftig ist und letztlich nur Ausgangspunkt für eine Überschuldungsprüfung sein kann.

Wie das obige Beispiel zeigt, ist die Entscheidung des BGH, wonach eine in der Jahresbilanz ausgewiesene Überschuldung für die Frage einer insolvenzrechtlichen Überschuldung nicht aussagekräftig ist, folgerichtig. Allenfalls kann die dort ausgewiesene Überschuldung indizielle Bedeutung haben.[701] 364

Die Überschuldungsbilanz ist deshalb eine **Vermögensbilanz** (Vermögensstatus) mit – ggü. der regulären Handelsbilanz (Ertragsbilanz) – modifizierten Regeln für Ansatz und Bewertung der Bilanzpositionen.[702] 365

---

697 Uhlenbruck/Uhlenbruck, § 19 Rn. 15 ff (Vorauflage 13. Aufl. 2010).

698 Wiedmann, in: WP Handbuch I, S. 2064; Früh/Wagner, WPG 1998, 911; Müller, in: Kölner Schrift zur InsO, S. 102.

699 Zum Begriff Rdn. 241.

700 BGH, 02.04.2001 – II ZR 261/99, ZInsO 2001, 467 f., ZIP 2001, 839 f.

701 BGH, 02.04.2001 – II ZR 261/99, ZInsO 2001, 467 f., ZIP 2001, 839 f.

702 Lutter/Hommelhoff, GmbHG, § 64 Rn. 11 m. w. N.

Insb. sind in der Überschuldungsbilanz ggü. der Handelsbilanz stille Reserven aufzudecken und lediglich aufgrund des strengen Vorsichtsprinzips gebildete Rückstellungen aufzulösen. Dabei soll grds. der Ertragswert anzusetzen sein.[703] Dem ist zunächst einmal entgegenzuhalten, dass aus Sicht der Gläubiger das Schuldendeckungspotenzial zu ermitteln ist. »Bei den Wertansätzen ist zu beachten, dass einerseits aus Gründen des Gläubigerschutzes das Schuldendeckungspotential festzustellen ist, anderseits aber dem Interesse eines lebensfähigen Unternehmens Rechnung getragen werden muss, nicht vorschnell in ein Insolvenzverfahren getrieben zu werden.«[704] Wenn man nun die Bilanz untersucht, so stehen auf der Passivseite rechtliche Verpflichtungen, die mit Ausnahme der Rückstellungen gewiss sind. Auf der Aktivseite stehen hingegen, mit Ausnahme der Kassen- und Bankbestände, Vermögensgegenstände, die mit einem »Wert« erfasst sind. In dem Wert drückt sich die Hoffnung oder die Chance aus, den Vermögensgegenstand eben zu diesem Wert zu versilbern. Dann entspräche der Preis dem objektiven Wert. Die Realität zeigt aber, dass die Preise fast immer vom Wert differieren. Das ist auch logisch, denn der Preis ist das Ergebnis von taktischen Verkaufsverhandlungen, der Wert hingegen ein Betrag, den ein objektiver Dritter einem Vermögensgegenstand beimisst. Jeder Käufer aber erwirbt unter subjektiven Vorstellungen (subjektiver Wert), und die können vom objektiven Wert erheblich abweichen. Wenn ein Gegenstand für alle Marktteilnehmer den selben Wert hätte, würde es für niemanden Sinn machen zu kaufen bzw. zu verkaufen. Ein Kauf erfolgt nur, wenn der Käufer für sich entscheidet, dass sich eben dieser Kauf beim gegebenen Kaufpreis »noch rechnet«, sein Käufergrenzpreis also noch nicht überschritten ist. Der Verkäufer verkauft nur dann, wenn sein Verkäufergrenzpreis noch nicht unterschritten wurde.

Aus Gläubigersicht wäre m. E. zu prüfen, ob und inwieweit beim unterstellten Szenario (Fortführung oder Liquidation) die Schuldendeckung anzunehmen ist. D. h. die voraussichtlich entstehenden Belastungen sind bereits zum Stichtag zu berücksichtigen. Andernfalls würde man es haftungsbeschränkten Unternehmen gestatten, Unternehmen auf Risiko der Gläubiger fortzuführen, die bei stichtagsgenauer Betrachtung nicht überschuldet sind, aber i. R. d. Liquidation sicher keine vollständige Schuldendeckung erzielen werden. Bei der Güterabwägung gebührt aber der Vorrang dem Gläubigerschutz. Will ein Unternehmen die Insolvenzantragspflicht vermeiden, stehen genügend Rechtsformen ohne Insolvenzantragspflicht, natürlich dann ohne Haftungsbeschränkung, zur Verfügung. Die frühzeitige Antragspflicht ist aber der Preis für die Haftungsabschirmung.

703 Spliedt, in: Runkel Anwaltshandbuch InsR, § 1 Rn. 138 m. w. N.; Uhlenbruck, in: K. Schmidt/Uhlenbruck, Die GmbH in Krise, Sanierung und Insolvenz Rn. 5.134.; zur Unternehmensbewertung: Ernst, Schneider, Thielen, Unternehmensbewertungen erstellen und verstehen; Drukarczyk/Schüler Unternehmensbewertung; Kruschwitz/Löffler/Essler Unternehmensbewertung für die Praxis.

704 Uhlenbruck, in: K. Schmidt/Uhlenbruck, Die GmbH in Krise, Sanierung und Insolvenz Rn. 5.142.

▶ Beispiel:

Eine GmbH ist Eigentümer einer Immobilie mit einem Verkehrswert von 100. Die Verbindlichkeiten betragen 90. Die laufenden Mieteinnahmen decken gerade den Zinsaufwand. In der Liquidation werden Steuern für die Veräußerung von 50 fällig. Würde man in diesem Fall die Steuern nicht mit einbeziehen, würde man es dem Unternehmen gestatten, bei irgendwann künftig sicher eintretender Überschuldung und Zahlungsunfähigkeit die Tätigkeit bei bestehender Haftungsabschirmung fortzusetzen.

Folglich ist unter der Annahme der Unternehmensfortführung der Wert des Gesamtkapitals zu ermitteln[705] und dieser Gesamtwert auf die einzelnen Wirtschaftsgüter zu verteilen.[706] Zwar sind sich in der Betriebswirtschaftslehre praktisch alle einig, dass ein Unternehmensgesamtwert nicht auf einzelne Vermögensgegenstände heruntergebrochen werden kann. Dennoch muss für die Berücksichtigung bzw. Abfindung der Absonderungsgläubiger ein Wertanteil ermittelt werden.

Der Überschuldungsstatus ist **stichtagsbezogen** zu erstellen. Dabei sind m. E.[707] bereits am Stichtag absehbare künftige Belastungen zu berücksichtigen.[708] Soweit bei der Stichtagsbewertung auf die Verwertungsgeschwindigkeit abzustellen ist, kann dem unter betriebswirtschaftlichen Grundsätzen zugestimmt werden. Sofern aber die Ermittlung der Überschuldung von der Verwertungsgeschwindigkeit abhängig gemacht wird,[709] weil eine schnelle Zerschlagung geringere Preise verspricht, wird m. E. übersehen, dass dann auch die höheren Liquidationskosten berücksichtigt werden müssen. 366

Die handelsrechtliche Gliederung der Bilanzpositionen kann aber als Mengengerüst für die Überschuldungsbilanz übernommen werden. Dann muss sie Ausgangspunkt für die weitere Ermittlung des wahren Wertes des Gesellschaftsvermögens sein.[710] Die **Gliederung des Überschuldungsstatus** wird aus Gründen der Übersichtlichkeit deshalb üblicherweise an die Gliederung der Handelsbilanz (§ 266 HGB) angelehnt. 367

In der Fassung des Finanzmarktstabilisierungsgesetzes (FmStG) ist für die Prüfung des Überschuldungstatbestandes folgende Reihenfolge vorzunehmen:

---

705 Total Cash Flow oder Entity-Ansatz oder APV-Ansatz, vgl. Baetge/Niemeyer/Kümmer/Schulz, in: Peemöller, S. 349f.

706 Fiktive Verkäufer-Verkaufspreisallokation (PPA).

707 A. A. und wohl h. M. Haas, in: Baumbach/Hueck, GmbHG, § 64 Rn. 49 m. w. N., der aber auch Sozialplanabfindungen im Fall der Liquidation berücksichtig haben will.

708 Insbes. auch Drohverlustrückstellungen gem. § 249 Abs. 1 Satz 1 Alt. 1 HGB. Maßgebend ist die »Wahrscheinlichkeit der Inanspruchnahme« also eine Prognose, s. auch HambKomm-Schröder, § 19 Rn. 45; a. A. Uhlenbruck/Mock, § 19 Rn. 160.

709 Uhlenbruck, in: K. Schmidt/Uhlenbruck, Die GmbH in Krise, Sanierung und Insolvenz Rn. 5.137.

710 BGH, 18.12.2000 – II ZR 191/99, ZIP 2001, 242 und BGH, 08.01.2001 – II ZR 88/99, ZIP 2001, 235.

368 ▶ Checkliste: Überschuldungsprüfung

Checkliste „Überschuldungsprüfung in der Fassung durch das FmStG" ✔

Int.Nr. xxx   Stand 25.4.2007   Verantwortlich: mk

Mandant		Jahr	Bearbeiter		überlassen	geprüft	
Nr.	Name		Name	Zeichen	am	am	durch

A. Schritt 1: Fortbestehensprognose	ja	nein
In einem **ersten Prüfungsschritt** ist die Prüfung mit der **Fortbestehensprognose** zu beginnen. Von deren Ausgang hängt letztlich die Bewertung sowohl der Aktiva als auch der Passiva ab.		
Ergebnis der Fortbestehensprognose:		
1. Ist die Fortführung des Unternehmens im Prognosezeitraum überwiegend wahrscheinlich?	☐	☐
2. Ist die Fortführung des Unternehmens im Prognosezeitraum überwiegend unwahrscheinlich?	☐	☐
B. Schritt 2: Überschuldungsstatus		
Sofern die Fortführung des Unternehmens überwiegend Unwahrscheinlich ist, hat in einem **zweiten Schritt** hat dann die **bilanzielle Gegenüberstellung (Überschuldungsstatus)** von Aktiva und Passiva zu erfolgen, wobei bei der Bewertung der Aktiva und Passiva Zerschlagungswerte anzusetzen sind. Die Bewertung zu Fortführungswerten ist entbehrlich.	☐	☐
1. Überschuldungsstatus bei Ansatz von Zerschlagungswerten positiv	☐	☐
2. Überschuldungsstatus bei Ansatz von Zerschlagungswerten negativ	☐	☐

Ausnahmsweise kann die Prüfung auch mit dem Überschuldungsstatus zu Zerschlagungswerten beginnen. In der Praxis ist allerdings nur bei besonderer Finanzierungsstruktur zu erwarten, dass ein Überschuldungsstatus zu Zerschlagungswerten positiv ausfallen wird. Deshalb wird für die Praxis die in der obigen Darstellung gewählte Reihenfolge angeraten.

5. Aktivseite

369 Auf der Aktivseite des Überschuldungsstatus sind grds. alle Vermögenswerte auszuweisen, die für den Fall einer Eröffnung des Insolvenzverfahrens als Massebestandteil (§ 35 InsO) verwertbar wären.[711] Dies ergibt sich aus dem Sinn und Zweck des Überschuldungsstatus, der gerade eine Aussage über die Befriedigungsmöglichkeiten der Gläubiger treffen soll.

370 Inwieweit Gegenstände der **Aus- oder Absonderung** im Überschuldungsstatus Berücksichtigung finden, ist umstritten.

In der Literatur wird die Auffassung vertreten, dass Gegenstände, die der Aus- oder Absonderung unterliegen im Überschuldungsstatus aktiviert werden müssen.[712] Die Folgen eines Insolvenzverfahrens dürfen nicht vorweggenommen werden.

Uhlenbruck vertritt die Auffassung, dass solche Gegenstände in der Überschuldungsbilanz nicht aktiviert werden dürfen.[713] Insb. das Aussonderungsgut fällt nicht als

711 BGH, 13.07.1992 – II ZR 269/91, BGHZ 119, 119, 214.
712 Jäger/Müller, § 19 Rn. 45.
713 Uhlenbruck/Uhlenbruck, § 19 Rn. 62.

Massebestandteil in die Insolvenzmasse. Soweit eine Aktivierung der mit Fremdrechten belasteten Gegenstände unterbleibt, ist aber zu beachten, dass damit gleichzeitig eine Entlastung der Passivseite einhergeht.

Die unterschiedlichen Auffassungen stimmen i. E. zwar überein. Aus Transparenzgründen empfiehlt es sich anstelle der Saldierung auf der Aktivseite, die jeweiligen Positionen auf der Aktiv- und Passivseite jeweils ungekürzt auszuweisen, zumal dies für das Ergebnis der Überschuldungsprüfung ergebnisneutral ist.[714] Ich halte bei Eigentumsvorbehaltsware den Bruttowert, also die Aktivierung der Vorbehaltsware bei gleichzeitiger Passivierung der Verbindlichkeit, für unerlässlich,[715] weil die Verbindlichkeit aus dem Kauf nominal besteht, der Unternehmer aber das Risiko der Verwertung der Vorbehaltsware trägt. 371

Aktiva, welche erst aufgrund der **Eröffnung eines Insolvenzverfahrens entstehen**, dürfen **nicht aktiviert** werden. Dies betrifft namentlich Anfechtungsansprüche gem. §§ 129 ff. InsO und die Durchsetzung der Haftung aus § 93 InsO. Auch hier gilt der Grundsatz, dass mögliche Folgen eines Insolvenzverfahrens nicht vorweggenommen werden dürfen. 372

Im Folgenden werden die einzelnen Positionen der Aktivseite anhand des Mengengerüsts der Handelsbilanz gem. § 266 Abs. 2 HGB dargestellt. Dieses gliedert sich wie folgt: 373

A. Anlagevermögen:

I. Immaterielle Vermögensgegenstände:

1. Selbst geschaffene gewerbliche Schutzrechte und ähnliche Rechte und Werte;

2. entgeltlich erworbene Konzessionen, gewerbliche Schutzrechte und ähnliche Rechte und Werte sowie Lizenzen an solchen Rechten und Werten;

3. Geschäfts- oder Firmenwert;

4. geleistete Anzahlungen;

II. Sachanlagen:

1. Grundstücke, grundstücksgleiche Rechte und Bauten einschließlich der Bauten auf fremden Grundstücken;

2. technische Anlagen und Maschinen;

3. andere Anlagen, Betriebs- und Geschäftsausstattung;

4. geleistete Anzahlungen und Anlagen im Bau;

714 HambKomm-Schröder, § 19 Rn. 35 (2. Aufl.).
715 Uhlenbruck/Uhlenbruck, § 19 Rn. 62.

III. Finanzanlagen:

1. Anteile an verbundenen Unternehmen;

2. Ausleihungen an verbundene Unternehmen;

3. Beteiligungen;

4. Ausleihungen an Unternehmen, mit denen ein Beteiligungsverhältnis besteht;

5. Wertpapiere des Anlagevermögens;

6. sonstige Ausleihungen.

B. Umlaufvermögen:

I. Vorräte:

1. Roh-, Hilfs- und Betriebsstoffe;

2. unfertige Erzeugnisse, unfertige Leistungen;

3. fertige Erzeugnisse und Waren;

4. geleistete Anzahlungen;

II. Forderungen und sonstige Vermögensgegenstände:

1. Forderungen aus Lieferungen und Leistungen;

2. Forderungen gegen verbundene Unternehmen;

3. Forderungen gegen Unternehmen, mit denen ein Beteiligungsverhältnis besteht;

4. sonstige Vermögensgegenstände;

III. Wertpapiere:

1. Anteile an verbundenen Unternehmen;

2. sonstige Wertpapiere;

IV. Kassenbestand, Bundesbankguthaben, Guthaben bei Kreditinstituten und Schecks.

C. Rechnungsabgrenzungsposten.

D. Aktive latente Steuern.

E. Aktiver Unterschiedsbetrag aus der Vermögensverrechnung.

(3) Passivseite

A. Eigenkapital:

I. Gezeichnetes Kapital;

II. Kapitalrücklage;

III. Gewinnrücklagen:

1. gesetzliche Rücklage;

2. Rücklage für Anteile an einem herrschenden oder mehrheitlich beteiligten Unternehmen;

3. satzungsmäßige Rücklagen;

4. andere Gewinnrücklagen;

IV. Gewinnvortrag/Verlustvortrag;

V. Jahresüberschuss/Jahresfehlbetrag.

B. Rückstellungen:

1. Rückstellungen für Pensionen und ähnliche Verpflichtungen;

2. Steuerrückstellungen;

3. sonstige Rückstellungen.

C. Verbindlichkeiten:

1. Anleihen, davon konvertibel;

2. Verbindlichkeiten ggü. Kreditinstituten;

3. erhaltene Anzahlungen auf Bestellungen;

4. Verbindlichkeiten aus Lieferungen und Leistungen;

5. Verbindlichkeiten aus der Annahme gezogener Wechsel und der Ausstellung eigener Wechsel;

6. Verbindlichkeiten ggü. verbundenen Unternehmen;

7. Verbindlichkeiten ggü. Unternehmen, mit denen ein Beteiligungsverhältnis besteht;

8. sonstige Verbindlichkeiten, davon aus Steuern, davon i. R. d. sozialen Sicherheit.

D. Rechnungsabgrenzungsposten.

E. Passive latente Steuern.

Im Folgenden soll auf die einzelnen Gliederungspunkte der Bilanz unter Berücksichtigung des § 266 Nr. 2 HGB eingegangen werden. Aus praktischen Gründen wurde von der strengen Gliederungsreihenfolge in einigen Punkten abgewichen.

a) Immaterielle Vermögensgegenstände

374 Immaterielle Vermögensgegenstände[716] sind unkörperliche Vermögensgegenstände im Eigentum des Unternehmens. Sie werden in der Handels- und Steuerbilanz nur erfasst, wenn sie entgeltlich erworben wurden (§ 248 Abs. 2 HGB).

Insolvenzrechtlich sind diese Vermögensgegenstände zu erfassen, wenn sie zu Geld gemacht werden können. Dies gilt ungeachtet dessen, ob die Vermögensgegenstände körperlich oder unkörperlich sind. Handelsbilanzielle oder steuerbilanzielle Aktivierungsverbote haben hier keine Bedeutung.

375 **Prüfungsschema immaterielle Werte:**
1. Ansatz dem Grunde nach (sog. Mengengerüst)
2. Ansatz der Höhe nach (Bewertung, sog. Wertegerüst)

aa) Ansatz dem Grunde nach

376 Probleme können sich zunächst bei immateriellen Werten beim **Ansatz dem Grunde nach** ergeben. So dürfte das unternehmenseigene Know-How einzeln nicht verwertbar sein, es sei denn, es ist in einer Weise dokumentiert, dass ein Dritter alleine mit den Informationen ertragsbringend arbeiten kann. Etwas anderes gilt natürlich im Fall des Erwerbs des Unternehmens im Ganzen. Hier ist das vorhandene Know-How ein wertbildender Faktor (Ansatz der Höhe nach). Aber auch hier ist schwierig zu ermitteln, welcher Anteil des Wertes auf das Know-How entfällt.

In der Unternehmensbewertung wird dies unter dem Stichwort der sogenannten »übertragbaren Ertragskraft« behandelt.[717] Nur diejenige Ertragskraft, die auf einen Erwerber übertragbar ist, ist bewertungsrelevant. Da ein potentieller Käufer nach eben diesen Kriterien der Unternehmensbewertung handeln wird, müssen diese auch für die insolvenzrechtliche Bewertung berücksichtigt werden. Entscheidend darf nämlich nicht ein objektivierter Wert, sondern alleine eine Veräußerungsmöglichkeit, also ein Preis, sein.[718] Dies gilt für die Bewertung von einzelnen Vermögensgegenständen ebenso wie für die Bewertung ganzer Unternehmen.

I. R. d. Überschuldungsprüfung sind alle Werte anzusetzen. Die InsO verlangt vom Insolvenzverwalter (und vom Schuldner i. R. d. Selbstprüfung) den Status nach Zerschlagungs- und Fortführungswerten. Dass die Wertermittlung der einzelnen Massegegenstände auch im Fall der Fortführung erforderlich ist, zeigt sich am besten bei der vorzugsweisen Befriedigung der Absonderungsgläubiger. Sowohl im Insolvenzplanverfahren, als auch bei der übertragenden Sanierung müssen deren Rechte gewahrt

---

716 Engl. intangible asset.

717 BStBK v. 13.03.2014 4.2.2. des berufsrechtlichen Handbuchs dort unter 4.4.= IDW Praxishinweis 1/2014; Ihlau/Duscha, Besonderheiten bei der Bewertung von KMU S. 114 ff; Nickert/Kühne, NWB 2014, 2021 (2023f).

718 Nickert, ZInsO 2013, 1722 (1722 f) = Festschrift für Haarmeyer, S. 175 ff.

werden, d.h. es ist der Verwertungs- oder Fortführungsbeitrag zu ermitteln, der auf die Absonderungsgüter entfällt.

bb) Ansatz der Höhe nach

377 Für den **Ansatz der Höhe nach** stehen nach Handelsrecht mehrere Bewertungsverfahren zur Verfügung.[719] Diese können bedingt auch für die insolvenzrechtliche Bewertung im Überschuldungsstatus herangezogen werden.

378

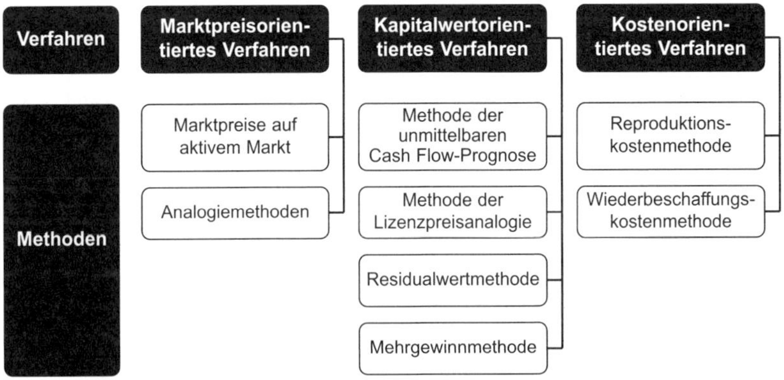

379 Anderseits gibt es keinen Fortführungseinzelwert aller Vermögensgegenstände. Dies wurde durch die betriebswirtschaftliche Lehre im Bereich der Unternehmensbewertung nachgewiesen.[720] Die Gläubiger werden nämlich im Fall der Liquidation aus der Substanz am Stichtag, bei der Fortführung hingegen aus zukünftigen Erträgen befriedigt. Der Ertragswert hat als Prognosewert nur Ersatzfunktion, stellvertretend für die unbekannten Zukunftswerte.[721] Einem Stichtagsstatus sind aber grundsätzlich die Berücksichtigung künftiger Erträge fremd. Hinzuweisen ist allerdings darauf, dass auch die Übertragung eines Betriebs oder Betriebsteils im Wege der übertragenden Sanierung eine »Liquidation« ist, sodass sich aus der Möglichkeit einer solchen Verwertung auch Auswirkungen auf die Bewertung der Vermögensgegenstände ergeben. Dies gilt so lange, wie die Fortführung bis zu übertragenden Sanierung noch finanzierbar ist.[722]

380 In der Praxis kann immateriellen Vermögensgegenständen erhebliche Bedeutung zukommen. Man denke nur an die Marke oder das Rezept von Coca-Cola. Allerdings werden diese immateriellen Güter selten einzeln veräußert, sodass sich die Frage nach griffigen Bewertungskriterien stellt.

719 Vgl. IDW S 5 v. 12.07.2007.

720 Mandl/Rabel, in: Peemöller, Praxishandbuch der Unternehmensbewertung, S. 87 ff.; Wolf/Schlagheck, Überschuldung, S. 46 ff.; Uhlenbruck/Uhlenbruck, § 19 Rn. 57 m. w. N.

721 Tiedemann/Rönnau, in: Scholz, GmbHG, vor § 82 ff. Rn. 49.

722 Vgl. Rdn. 252.

cc) Einzelfälle

(1) Ingangsetzungsaufwendungen als Bilanzierungshilfe – selbstgeschaffene immaterielle Vermögensgegenstände des Anlagevermögens, insb. Entwicklungskosten gem. § 248 Abs. 2 HGB

381 Aufwendungen für die Ingangsetzung des Geschäftsbetriebs durften, wenn sie nicht bilanzierungsfähig sind, als Bilanzhilfe aktiviert werden (§ 269 HGB). Seit dem BilMoG dürfen Ingangsetzungsaufwendungen nicht mehr aktiviert werden. Dagegen dürfen Entwicklungskosten gem. § 248 Abs. 2 HGB aktiviert werden. § 248 Abs. 2 HGB n. F. lautet:

> Selbst geschaffene immaterielle Vermögensgegenstände des Anlagevermögens können als Aktivposten in die Bilanz aufgenommen werden. Nicht aufgenommen werden dürfen selbst geschaffene Marken, Drucktitel, Verlagsrechte, Kundenlisten oder vergleichbare immaterielle Vermögensgegenstände des Anlagevermögens.

(a) Ansatz dem Grunde nach

382 Handelsrechtlich muss zunächst einmal ein Vermögensgegenstand angenommen werden, um ein immaterielles Gut aktivieren zu können. Davon ist auszugehen, wenn ein körperlicher oder unkörperlicher Wert isolierbar, selbstständig bewertbar und verkehrsfähig ist.[723] Um selbst geschaffene immaterielle Vermögensgegenstände des Anlagevermögens aktivieren zu können, muss dokumentiert werden, dass aus dem Vermögensgegenstand ein zukünftiger Nutzen entsteht. Ist aber ein Vermögensgegenstand selbstständig bewertbar, verkehrsfähig und entsteht aus ihm ein künftiger Nutzen, kann er aktiviert werden (Wahlrecht) und stellt folglich auch für einen Insolvenzverwalter einen merkantilen Wert dar.

Nach teilweise vertretener Auffassung konnten Bilanzierungshilfen im Überschuldungsstatus nicht berücksichtigt werden.[724] M.E. war dies in dieser Absolutheit falsch. Soweit die Aufwendungen z. B. zu einem fertigen Produkt entwickelt wurden, das verwertungsfähig ist, kann es der Insolvenzverwalter zu Geld machen. Dann aber ist auch ein Ansatz im Überschuldungsstatus geboten.

▶ **Beispiel:**

Eine Softwarefirma entwickelt ein neues Programm und aktiviert die Aufwendungen als Bilanzierungshilfe. Ohne die Bilanzierungshilfe müsste die Firma ein Aktivkapital ausweisen. Das Produkt ist fertig und vermarktungsfähig. Der Firma lässt prüfen, ob sie Insolvenzantrag stellen muss.

---

723 Ellrott/Krämer, in: BiBiKo, § 247 Rn. 10 ff.

724 BGH, 22.10.1990 – II ZR 238/99, NJW 1991, 1057; Uhlenbruck, in: Gottwald, InsRHdb, § 6 Rn. 28 m. w. N.; Hefermehl, in: Wimmer/Dauernheim/Wagner/Gietl, Hdb. Fachanwalt InsR Rn. 226.; Uhlenbruck, in: K. Schmidt/Uhlenbruck, Die GmbH in Krise, Sanierung und Insolvenz Rn. 5.143.

Aufgrund der Vermarktungsfähigkeit kann der Insolvenzverwalter die entwickelte Software verwerten. Der Ansatz dem Grunde nach ist geboten.

Gleichwohl ist mit der Aktivierung im Überschuldungsstatus vorsichtig umzugehen. 383
Bei der Bilanzierungshilfe bzw. den selbst geschaffenen immateriellen Vermögensgegenständen des Anlagevermögens handelt es sich um kumulierte Aufwendungen. Es muss gewährleistet sein, dass ein objektiver Dritter in den Aufwendungen einen verkaufsfähigen Vorteil erkennen kann. Dies kommt v. a. dann in Betracht, wenn neue Märkte erschlossen wurden und z. B. bereits eine Kundenkartei vorliegt, eine Arzneimittelzulassung vorliegt oder eine neue Software entwickelt wurde. Unproblematisch dürfte dies im Fall der Entwicklung bis zur Produktions- bzw. Vermarktungsreife sein. In diesem Fall können die Zukunftserfolge bzw. Zukunftseinnahmenüberschüsse abgeschätzt und abgezinst werden.

(b) Ansatz der Höhe nach

(aa) Zerschlagungsfall

Im Fall der Zerschlagung wird der Wert dramatisch, bis hin zur Wertlosigkeit absinken. 384
M.E. kann bei der Zerschlagungsprämisse nur noch dann ein Wert angesetzt werden, wenn hinreichend konkrete Kaufangebote oder wenigstens sachverständige Stellungnahmen über den Wert vorliegen.

Da der Zerschlagungsfall durch eine **unverzügliche Verwertung** gekennzeichnet ist (§ 159 InsO), muss auch dies in die Bewertung mit einbezogen werden. Zuletzt sind Fälle denkbar, in welchen die Werthaltigkeit von derartigen Positionen unmittelbar mit Beschäftigten verknüpft ist. Letztlich kann in derartigen Fällen das **Ertragspotenzial** nur abgeschätzt bzw. plausibilisiert werden, wenn nicht ausnahmsweise Marktforschungsstudien oder bestätigte Planungsrechnungen etc. vorliegen. In diesen Fällen ist aber zu berücksichtigen, dass gem. dem Stichtagsprinzip im Überschuldungsstatus nur zum Stichtag vorhandene Aktiva in Ansatz gebracht werden dürfen. Soweit ein **Zukunftserfolgswert** in Ansatz gebracht werden soll, dürfte dies nur dann bei der Wertbemessung erfolgen, wenn eine Bestätigung durch den Markt erfolgt ist, namentlich wenn das Erwerbsmodell verkauft wurde, der Verkauf aber noch nicht abgewickelt ist.[725]

(bb) Fortführungsfall

Im Fortführungsfall können die künftigen Ertragsüberschüsse oder Einzahlungsüber- 385
schüsse zu einem kapitalisierten Wert führen, der in Ansatz gebracht werden kann. Hier gelten die Ausführungen zu den Beteiligungen/zur Unternehmensbewertung entsprechend.[726]

725 Dann jedoch handelt es sich um eine Forderung.

726 S. u. Rdn. 411 ff.

(2) Ausstehende Einlagen

(a) Ansatz dem Grunde nach

386 Ausstehende Einlagen, Nachschusspflichten sind zu aktivieren, wenn sie rechtlich bestehen und tatsächlich durchsetzbar sind. Dies gilt nicht nur für offen ausgewiesene Einlagen,[727] sondern auch für nicht wirksam erbrachte Einlagen, wie z. B. verdeckte Sacheinlagen. Zu berücksichtigen ist aber, dass selbst bei einer beurkundeten Kapitalerhöhung bei Eintritt der Insolvenzreife der Übernehmer der Einlage nicht mehr an den Übernahmevertrag gebunden ist.[728]

Ansprüche aus einer Patronatserklärung dürften nur bei einer sog. Internen harten Patronatserklärung aktiviert werden.[729] Sollte allerdings ein Freistellungs- oder Erstattungsanspruch bestehen, ist dieser ebenfalls zu passivieren. Dies kann nur dadurch vermieden werden, dass auf diesen Anspruch verzichtet oder ein qualifizierter Rangrücktritt erklärt wird.[730]

Bei den ausstehenden Einlagen und bei den Patronatserklärungen handelt es sich um »Forderungen«. Insoweit ist also zu prüfen, ob die Forderung rechtlich durchgesetzt werden kann (sog. Veritätsrisiko[731]) und ob die Forderung auch beigetrieben werden kann (so. Bonitätsrisiko[732]). Bei der Ermittlung der Insolvenzgründe, anders als bei der Erstellung der Verzeichnisse durch den Insolvenzverwalter, ist noch zu prüfen, ob die Forderung beigetrieben werden soll (sog. Vorbehalt des Realisierungswillens[733]).

(b) Ansatz der Höhe nach

387 Sowohl im Zerschlagungs- als auch im Fortführungsfall sind die Forderungen mit dem **Nominalwert** anzusetzen, wenn sie durchsetzbar sind. Allein im Zerschlagungsfall kann eine Wertberichtigung erforderlich werden, wenn z. B. aufgrund gegebener Bankbürgschaften auch die Insolvenz des Gesellschafters droht.

(3) Firmenwert

388 Der Firmenwert ist der Mehrbetrag, den man einem Unternehmen im Vergleich zu seinem Nettosubstanzwert zumisst. Er wird also derivativ ermittelt, indem man vom Ertragswert den Nettosubstanzwert abzieht.

---

727 Vgl. zu den bilanziellen Darstellungsweisen Wolf/Schlagheck, Überschuldung, S. 60 ff.

728 Zöllner, in: Baumbach Hueck GmbHG, § 55 Rn. 37 m. w. N.

729 HambKomm-Schröder, § 19 Rn. 24a; nicht bei externer Patronatserklärung BGH v. 19.5.2011 – IX ZR 9/10, ZInsO 2011, 1115.

730 HambKomm- Schröder, § 19 Rn. 24a.

731 K. Schmidt, § 19 Rn. 29, 30.

732 K. Schmidt, § 19 Rn. 29, 30.

733 K. Schmidt, § 19 Rn. 29, 30.

Übersicht Firmenwert

Ertragswert

./. Substanzwert

Firmenwert

Es handelt sich also bei dem Firmenwert um einen Aufstockungsbetrag zum Liquidationswert. Hinter der Existenz des Firmenwerts steckt der Gedanke, dass das ganze Unternehmen mehr Wert ist als die Summe seiner Einzelvermögensgegenstände. Der Firmenwert ist aber nicht isoliert verwertbar, sondern nur im Zusammenhang mit einer Betriebsveräußerung im Ganzen, einer Teilbetriebsveräußerung oder Fortführung des Unternehmens.

Die Rechtsprechung hatte für die Frage der Vorbelastungsbilanz den Ansatz des Ertragswerts ausnahmsweise gebilligt,[734] während für die Frage der Unterbilanzhaftung gem. §§ 30, 31 GmbHG die Berücksichtigung abgelehnt wurde.[735] In letzterem Fall seien allein die handelsrechtlichen Bilanzierungsvorschriften maßgeblich, da die Gläubiger auf den Firmenwert i. R. d. Zwangsvollstreckung keinen Zugriff hätten. Die Berücksichtigung des Firmenwerts im Überschuldungsstatus dürfte mittlerweile grds. anerkannt sein.[736] 389

Damit stellt sich aber die Frage, ob ein Firmenwert im Überschuldungsstatus überhaupt zu berücksichtigen ist, nicht mehr.[737] Insbesondere die Differenzierung, ob der Firmenwert originär geschaffen oder käuflich erworben (**derivativer Firmenwert**) wurde, ist entbehrlich geworden. Wenn ein Zukunftserfolgswert ermittelt und auf die Einzelvermögensgegenstände – wie auch immer – heruntergebrochen wird, ist eben dieser Aufstockungsbetrag bereits bei den Vermögensgegenständen berücksichtigt. Würde er nochmals selbstständig ausgewiesen und bewertet, handelte es sich um eine unzulässige Doppelberücksichtigung. Aus diesem Grund ist auch unerheblich, ob der nicht einzelveräußerbare Firmenwert originär geschaffen oder erworben wurde.[738] 390

Einzig in dem Fall, in dem der Zukunftserfolgswert den Wiederbeschaffungswert der einzelnen Vermögensgegenstände überschreitet, wird die Frage entscheidungsrelevant. Eine Aufstockung über die Wiederbeschaffungseinzelkosten dürfte unzulässig sein, weil dann nicht mehr der wahre Wert der einzelnen Vermögensgegenstände ausgewiesen wird. In diesem Fall würde ein Käufer diese Vermögensgegenstände auf dem freien Markt beziehen. Wenn nun i.R.e. Unternehmensbewertung dennoch ein höherer 391

734 BGH, 06.12.1961 – IV ZR 116/61, BB 1962, 155.

735 BGHZ 140, 35; BGH, NZG 2002, 524 und 636; OLG Celle, GmbHR 2004, 309; Fastrich, in: Baumbach/Hueck, GmbHG, § 11 Rn. 64.

736 HambKomm-Schröder, § 19 Rn. 28; Kadenbach, in: Ahrens/Gehrlein/Ringstmeier, FA-Komm InsO § 19 Rn. 30; LG Freiburg v. 10.6.2011 – 12 O 130/09 (Juris); OLG Köln, 15.5.2008 – 18 U 43/06 (»nur bei positiver Fortführungsprognose«).

737 Wolf/Schlagheck, Überschuldung, S. 65 ff. mit Nachweisen zum Streitstand.

738 Wolf/Schlagheck, Überschuldung, S. 67.

Ertragswert ausgewiesen wird, muss überprüft werden, ob ein solcher überschießender Wert im Überschuldungsstatus ausgewiesen werden kann.

	Überschießender Wert = Firmenwert
Aufstockung zum Fortführungswert = Ertragswert	Aufstockung bis max. Wiederbeschaffungswert
Buchwert	Buchwert

392 An dieser Stelle muss nochmals auf das Konzept des Überschuldungsstatus zurückgegriffen werden. Der Überschuldungsstatus ist bilanzielle Schuldendeckungskontrolle. Unerheblich ist hierbei, ob künftig Einzahlungsüberschüsse oder Gewinne erwirtschaftet werden.[739] Allein das **Vermögen zum Bilanzierungsstichtag** ist den Verbindlichkeiten ggü. zu stellen. Es versteht sich dabei von selbst, dass bei einer bilanziellen Gegenüberstellung nur die zum Stichtag vorhandenen Vermögenswerte aktivierbar sind. Gegen eine Aktivierung spricht zwar, dass die Organe juristischer Personen aus gesellschaftsrechtlichen Gründen nicht über das Gesamtvermögen verfügen dürfen.[740]

Soweit künftige Gewinne über einen Zukunftserfolgswert berücksichtigt werden, verstößt dies m. E. und anders als in der Vorauflage nicht mehr gegen das Stichtagsprinzip, denn es sind ja die »wahren oder tatsächlichen Werte« anzusetzen.[741] Die künftigen Gewinne beinhalten zwingend eine Prognose über die weitere Unternehmensentwicklung. Im Fall der Aktivierung werden also Prognosen und Erwartungen aktiviert. Die Gefahr die dabei allerdings besteht, ist ein Spekulieren auf Kosten der Gläubiger. Dies gilt umso mehr, als der Ertragswert durch eine hohe Subjektivität der Planungsgrundlagen[742] und die hohen Auswirkungen der Planungsprämissen auf das Ergebnis bestimmt wird. Grds. gilt daher, dass gemäß dem Gläubigerschutzgedanken vorsichtig zu bewerten ist.[743]

393 Letztlich ist es eine Frage des Darlegungs- und Beweislast, ob einem Firmenwert ein Wert beizumessen ist, der die Überschuldung ausschließt. In vielen Fällen wird dies nur in dem Fall der **Veräußerung des Gesamtunternehmens** (Fortführungsfall)[744] oder

739 Müller/Haas, in: Kölner Schrift zur InsO, S. 1800 Rn. 3.

740 Müller/Haas, in: Kölner Schrift zur InsO, S. 1809 Rn. 25; im Ergebnis auch Bork, ZInsO 2001, 145. Achtung: Zwar hat das ESUG die Möglichkeit eröffnet, in diese Gläubigerrecht einzugreifen. Dies gilt aber erst nach Insolvenzeröffnung, sodass dieses Argument bei der Prüfung der Insolvenzreife bestehen bleibt.

741 RegE InsO in: Balz/Landfermann S. 225, 395 (»es ist realistisch zu bewerten«).

742 Wolf/Schlagheck, Überschuldung, S. 650; vgl. auch Rdn. 184.

743 Nach IDW RH HFA 1/010 Tz. 40 darf ein Geschäfts- oder Firmenwert sowohl unter Liquidations- als auch Fortführungsgesichtspunkten nicht berücksichtigt werden. Etwas anders gilt nur bei einem konkreten Kaufangebot.

744 Haas, in: Baumbach/Hueck GmbHG, § 64 Rn. 51.

wenigstens bei Vorliegen eines **bindenden Kaufangebots**[745] und der Zustimmung der Gesellschafter zum Verkauf der Fall sein.[746] In einem derartigen Fall hat der Firmenwert auch eine Bestätigung durch den Markt erfahren. Letztlich handelt es sich dann aber um einen Liquidations- und gerade nicht mehr um einen Fortführungswert. Nur in diesem Fall muss der Firmenwert gesondert im Status ausgewiesen werden, da anderenfalls die Einzelwirtschaftsgüter über den Wiederbeschaffungskosten bewertet würden, was nicht dem wahren Wert entspräche.

Dieses Ergebnis mag den Thesen der betriebswirtschaftlichen Unternehmensbewertung widersprechen. Dies ist aber vor dem Hinblick des Gläubigerschutzes geboten. Unzulässig wäre es, dieses Risiko allein aufgrund einer positiven subjektiven – nur eingeschränkt überprüfbaren – Prognose auf die Gläubiger abzuwälzen. Insbesondere wollte der Gesetzgeber der InsO eine frühzeitige Antragsstellung, damit gerade die Gläubiger dieses Wahlrecht ausüben. Soweit aber der Schuldner »quasi als Treuhänder« diese Entscheidung für und gegen seine Gläubiger trifft, muss er sich an deren Entscheidungskriterien und somit an deren Risikopräferenz orientieren.[747] Denn es ist zu berücksichtigen, dass die Gläubiger die Risiken tragen, aber nur die Gesellschafter an den Chancen vollumfänglich teilhaben. Wenn im Fall der positiven Ertragsaussichten das Unternehmen dennoch fortgeführt werden soll, so ist es grundsätzlich die Aufgabe der Gesellschafter das Unternehmen ausreichend mit Haftkapital auszustatten oder i. R. d. Gläubigerautonomie die Gläubigerversammlung über das Eingehen des Fortführungsrisikos beschließen zu lassen (§ 157 InsO).

Gleichwohl ist zu berücksichtigen, dass, sollte ein Firmenwert greifbar sein, auf eine Unternehmensbewertung nicht verzichtet werden kann. Ein solcher wäre nämlich in das Vermögensverzeichnis, §§ 151, 153 InsO aufzunehmen, damit dies als Entscheidungsgrundlage für die Gläubiger dienen kann. Da es keine Methode für die »isolierte« Ermittlung des Firmenwerts gibt, muss also eine Unternehmensbewertung erfolgen, um ausdieser auf seine einzelnen Bestandteile und damit auf den Firmenwert ähnlich einer Kaufpreisallokation zu schließen. Dabei gelten grundsätzlich die üblichen Methoden zur Unternehmensbewertung. Bei dem **Ertragswertverfahren** bzw. **Discounted Cashflow Verfahren** besteht aber die Problematik, dass Zukunftserfolge bzw. Zukunftseinzahlungsüberschüsse zu bewerten sind. Zunächst einmal muss man sich dabei aber vergegenwärtigen, dass der Unternehmenswert aus Gläubigersicht ein anderer sein kann, als der Unternehmenswert aus Käufer bzw. Investorensicht. Bei der Bewertung des Unternehmens gelten methodisch keine Besonderheiten. Der Investor kann das

745 Uhlenbruck, in: K. Schmidt/Uhlenbruck, Die GmbH in Krise, Sanierung und Insolvenz Rn. 5.144.

746 OLG Frankfurt a. M., 25.10.2000 – 17 U 63/99, NZG 2001, 173; BGH, 13.07.1992 – II ZR 269/91, BGHZ 119, 201; Gelnhausen, in: WP Handbuch 2006, Bd. II L 265 (Vorauflage).; Müller/Haas, in: Kölner Schrift zur InsO, S. 1809 Rn. 25; K. Schmidt, in: Scholz/Emmerich, GmbHG, vor § 64 Rn. 34 (nur bei positiver Fortbestehensprognose); Uhlenbruck/Mock, § 19 Rn. 83.

747 Rdn. 221.

zu kaufende Unternehmen nach der Ertragswert- oder der DCF-Methode bewerten. Möglicherweise sind die künftigen Erträge oder Zahlungsüberschüsse in der Planung um die indirekten Insolvenzkosten zu bereinigen und die Schwankungsbreiten aufgrund der erhöhten Unsicherheit zu erhöhen. Ansonsten ändert sich aber nichts.

Demgegenüber sieht es bei der Bewertung aus Sicht der Gläubiger völlig anders aus. Zum einen scheiden das Ertragswertverfahren und das DCF Nettoverfahren (Flow to Equity) aus, da in der Insolvenz nicht mehr die für die Eigenkapitalgeber entziehbaren Zahlungsüberschüsse diskontiert werden. Es geht um die Bewertung der »Total-Cashflows«, also um ein Brutto-Cashflow-Verfahren.[748] Diese diskontierten Cashflows werden zum Gesamtwert des Unternehmensvermögens (Entity) diskontiert. In der Unternehmensbewertung außerhalb der Insolvenz würden dann die zinstragenden Verbindlichkeiten abgezogen, um auf den Wert des Eigenkapitals zu schließen. Dieser Schritt entfällt i. d. R. im Insolvenzverfahren, weil die Gläubigerforderungen höher sind, als der Wert des Gesamtkapitals. Insoweit zeigt die Differenz mit welchem Betrag und Prozentsatz die Gläubiger »im Geld« sind.[749]

► **Fazit:**

Ein Firmenwert kann nur berücksichtigt werden, wenn ein Verkauf oder zumindest ein bindendes Käuferangebot und die Bereitschaft der Gesellschafter zum Verkauf festgestellt werden kann. Ansonsten bleibt der Firmenwert im Überschuldungsstatus unberücksichtigt.

(4) Verlustvorträge[750]/latente Steuern

394 Fraglich ist auch, ob und wie steuerliche Verlustvorträge anzusetzen sind. Die Rechtsprechung und Literatur hat Verlustvorträge grds. als Teile des Unternehmenswerts anerkannt.[751] Tatsächlich handelt es sich um künftige Forderungen oder Verrechnungspositionen auf künftig entstehende Steuerverbindlichkeiten. Letztlich stellt sich in der Betriebswirtschaft nur noch die Frage der Bewertung, nicht mehr die Frage nach dem Ansatz dem Grunde nach.

Mit Inkrafttreten des BilMoG dürfen künftig Verlustvorträge aktiviert werden.[752] Voraussetzung hierfür ist, dass die Verlustvorträge innerhalb der nächsten fünf Jahre mit Gewinnen verrechnet werden können, § 274 Abs. 1 Satz 4 HGB.

---

748 Nickert, BewP 2013 Heft 3 S. 82 (86); Nickert, ZInsO 2013, 1722 (1727) = Festschrift für Haarmeyer, S. 175 ff.

749 Das methodische Verfahren habe ich im BewP 2013 Heft 3 S. 82 (86) dargestellt (Korrekturen I – III).

750 »Tax assets«.

751 OLG Stuttgart, 26.10.2006 – 20 W 14/05, NZG 2007, 112; OLG Düsseldorf, 11.04.1988 – 19 W 32/86, DB 1988, 1109; Peemöller/Popp, BB 1997, 303 m. w. N.; WP Handbuch 2014, Bd. II, A, 128.

752 Kozikowski/Fischer, in: BeBiKo, § 274 Rn. 40 ff.

Für die Frage des insolvenzrechtlichen Schuldendeckungspotenzials durch Berücksichtigung eines steuerlichen Verlustvortrags liegen keine Entscheidungen vor. Daher ist zu untersuchen, ob die Rechtsprechung zur Unternehmensbewertung bzw. die Ansätze der Betriebswirtschaft auf Ansatz und Bewertung im Überschuldungsstatus übertragbar sind.

Teilweise wird vertreten, dass Verlustvorträge nicht zu berücksichtigen seien, weil ihnen für die Hingabe dieses Werts ein Gegenwert am Markt fehlt.[753] Die kapitalmarktorientierten Rechnungslegungsvorschriften[754] verlangen eine Aktivierung, wenn zu erwarten ist, dass diese nutzbar gemacht werden können. 395

Zunächst ist nochmals der Grundsatz zu betonen der für den Ansatz von Vermögensgegenständen im Überschuldungsstatus gilt: Es darf (und muss) alles in Ansatz gebracht werden, das der Schuldendeckung im Gläubigerinteresse dient. Dementsprechend sind Verlustvorträge aber auch nur dann zu berücksichtigen, wenn sie für die Gläubiger nutzbar gemacht werden können. 396

Für den Zerschlagungsfall sind Verlustvorträge i. d. R. unbeachtlich. Mangels einer Fortführung können diese nicht mehr für die Gläubiger genutzt werden. Ausnahmsweise können sie in der Liquidation genutzt werden, wenn wegen bestehender stiller Reserven durch die Veräußerung Steuern zur Entstehung gelangen. Dann nämlich wird das Liquidationsergebnis gerade wegen der Verlustvorträge höher ausfallen als ohne die Verlustvorträge – das Schuldendeckungspotenzial steigt also.[755] Allerdings steigen damit die Vermögensgegenstände in der Bewertung, die die stillen Reserven innehaben. Die Veräußerungskosten sinken, weshalb insgesamt ein höherer Verwertungserlös erzielt wird. Dementsprechend kann der Verlustvortrag nicht nochmals (einzeln) bewertet werden. Nach meiner Auffassung sind die auf die Liquidation entfallenden Ertragsteuerbelastungen über Rückstellungen abzubilden.[756] Diese Rückstellungen dürften dann um den realisierbaren Wert der Verlustvorträge gemindert werden. 397

Voraussetzung der Verlustnutzung ist aber, dass diese unter den steuerlichen Rahmenbedingungen möglich erscheint. Im Zerschlagungsfall ist die Verlustnutzung durch den § 10d Abs. 2 Satz 1 EStG nach oben begrenzt.[757] 398

753 Gelnhausen, in: WP Handbuch 2008, Bd. II, L 107 (Vorauflage).

754 IAS 12.34–36; DRSC Nr. 10, bei diesen ist zu berücksichtigen, dass die Vorschriften einen fairen Wert i. S. d. Anlegerschutzes regeln. Diese Vorschriften sind im Vergleich zum HGB eher geeignet, Parallelen zum Überschuldungsstatus zu ziehen.

755 Die für die Insolvenzverwaltung günstige Rechtslage, wonach nur solche Gewinne Steuern als Masseverbindlichkeiten auslösen, die zur Masse geflossen sind, vgl. BFH, 14.02.1978 – VIII R 28/73, BStBl. 1978 II 356; BFH, 29.03.1984 – IV R 271/83, BStBl. 1984 II 602, wurde durch BFH v. 16.05.2013 – IV R 23/11; DStR 2013, 1584 aufgegeben.

756 Nickert, ZInsO 2013, 1722 (1726) = Festschrift für Haarmeyer, S. 175 ff m. w. N.

757 § 10d EStG gilt auch für den Anwendungsbereich des KStG, dort auch im Fall der Liquidation (wegen der Verfassungswidrigkeit vgl. den Vorlageschluss des BFH v. 26.2.2014 – I R 59/12 BVerfG (dortiges Az.: 2 BvL 19/14)).

399 Die Nutzung der Verlustvorträge hängt von der Zukunft ab. Diese wiederum darf nur ausnahmsweise bereits im Überschuldungsstatus (§§ 151, 153 InsO) vorweggenommen werden, da der Überschuldungsstatus stichtagsbezogen ist.[758] Dieses Ergebnis mag zunächst unbefriedigend erscheinen, da die Verlustvorträge u. U. im Zerschlagungsfall, nicht aber im Fortführungsfall beachtlich sind. Im Rahmen der Fortbestehensprognose ist der Verlustvortrag steuermindernd bei der Finanzplanung zu berücksichtigen.

Für die Gläubiger kann der Verlustvortrag künftig ein Entscheidungskriterium werden. Durch das ESUG wurde die Möglichkeit geschaffen, in den Gesellschafterbestand bzw. in die Gesellschaftsrechte einzugreifen, § 225 a InsO. In diesen Fällen kann wegen der §§ 8 c KStG, 10 a GewStG der Untergang des Verlustvortrags erfolgen. Insoweit könnte es ein Szenario sein, den Altgesellschaftern ihre Anteile zu belassen, aber nach erfolgter Sanierung die Verlustvorträge auszuschöpfen und diesen Vorteil über eine erhöhte Quotenzahlung den Gläubigern zukommen zu lassen.

(5) Sonstige immaterielle Vermögensgegenstände

400 Gem. dem Grundsatz, dass alles im Überschuldungsstatus aktiviert werden kann, was den Gläubigern zur Schuldendeckung zur Verfügung steht, können auch weitere immaterielle Vermögensgegenstände berücksichtigt werden.[759]

(a) Ansatz dem Grunde nach

401 Hier kommen vorwiegend Patente, Gebrauchsmuster, Marken, Internet-Domains etc. in Betracht, aber auch besonderes Know-How, technisches Wissen und Kundenkarteien.[760] Die Werte sind unabhängig davon aktivierbar, ob sie entgeltlich oder unentgeltlich, also selbst geschaffen wurden. Unerheblich ist auch, ob die Rechte gesetzlich geschützt sind oder nicht (patentierte und nicht patentierte Technologien). Entscheidend alleine ist, ob sie veräußerbar sind.[761]

► **Beispiel:**

So darf der Arzt oder die RA-GmbH ohne Zustimmung der Patienten/Mandanten den Kundenstamm nicht veräußern. Dementsprechend wäre dieser im Überschuldungsstatus ohne eine entsprechende Erklärung der Patienten/Mandanten nicht aktivierungsfähig. Dies gilt selbst dann, wenn der Kundenstamm käuflich erworben wurde.

402 Bei gewerblichen Schutzrechten ist das Urheberrecht unter Lebenden nicht übertragbar. Insoweit ist zu überprüfen, ob das Nutzungsrecht übertragbar ist. Ferner ist zu

758 S. o. zum Firmenwert Rdn. 388.

759 Fröhlich/Köchling, ZInsO 202, 478; allgemein zur Bewertung immaterieller Vermögensgegenstände Kasperzak/Nestler, Bewertung von immateriellem Vermögen.

760 OLG Saarbrücken, 08.11.2000 – 1 U 513/00 – 115, 1 U 513/00, ZInsO 2001, 132.

761 Gelnhausen, in: WP Handbuch 2008, Bd. II, L 108 m. w. N. (Vorauflage).

prüfen, ob der Vermögensgegenstand überhaupt am Markt (isoliert) veräußerbar ist. Wenn diese Voraussetzungen gegeben sind, ist die Position im Überschuldungsstatus aufzunehmen.

(b) Ansatz der Höhe nach

Für den Ansatz der Höhe nach stehen nach Handelsrecht mehrere Bewertungsverfahren zur Verfügung.[762] Es handelt sich dabei um 403
- marktpreisorientierte Verfahren,
- kapitalwertorientierte Verfahren und
- kostenorientierte Verfahren.

Die **marktpreisorientierten Verfahren** sind für die insolvenzrechtliche Bewertung im Überschuldungsstatus grds. anwendbar. Die Verfahren teilen sich in Marktpreisverfahren und Analogiemethoden auf. Das Problem bei immateriellen Vermögensgegenständen wird häufig sein, dass aufgrund der Individualität kein aktiver Markt besteht, sodass letztlich die Analogiermethode verbleibt. Allerdings birgt auch diese wegen der Individualität von immateriellen Vermögensgegenständen ein erhebliches Schwankungspotenzial in sich. Gleichwohl können aufgrund von Analogien greifbare Werte abgeleitet werden. Dabei sind aber folgende Restriktionen zu beachten: 404
- Es müssen tatsächlich ähnliche praktisch substituierbare Vermögensgegenstände veräußert worden sein. Es muss also ein homogener Markt bestehen.[763]
- Der Verkaufspreis und die Vertragskonditionen der Vergleichsobjekte müssen bekannt sein.
- Der Verkauf, aus dem der Wert abgeleitet wird, darf nicht lange zurückliegen.[764]

Für die Dauer des Vergleichs muss ein »**Produktlebenszyklus**« ermittelt werden und es dürfen max. 25 % des Produktlebenszyklusses verstrichen sein. Immaterielle Vermögensgegenstände sind in einer sich schnell entwickelnden technischen Zeit kurzlebig, sodass dem bei der Suche nach dem Vergleichswert Rechnung zu tragen ist. Da aber bereits ein homogener Markt für immaterielle Vermögensgegenstände nicht existiert und darüber hinaus die Veräußerungspreise nicht bekannt sind, finden die marktwertorientierten Bewertungsvorschriften tatsächliche Grenzen. 405

Kapitalwertorientierte Verfahren müssen bei der insolvenzrechtlichen Bewertung außer Betracht bleiben, denn wie oben gezeigt (Rdn. 379), liefe dies auf eine Risikoverlagerung zulasten der Gläubiger hinaus. Soweit die Literatur zum Firmenwert eine Ausnahme dahin gehend zulässt, dass ein Verkauf unmittelbar bevorstehe bzw. schuldrechtlich abgeschlossen sei, wäre die Bewertung in die Gruppe 1 (marktorientiert) einzustufen. Diese Gruppe ist aber als zulässig anzusehen. 406

762 Vgl. IDW S 5 v. 12.07.2007.

763 Hommel/Buhleier/Pauly, BB 2007, 371, 372.

764 Dies gilt nicht für zeitlich unbeschränkt beständige immaterielle Vermögensgegenstände, wie z. B. Marken oder nicht patentierte geheime Technologien (Rezept von Coca-Cola).

407 Die **kostenorientierten Verfahren** stellen zunächst auf die verursachten Kosten ab. Für den Käufer aber werden für eine Investitionsentscheidung die Kosten des Entwicklers nicht ausschlaggebend sein. Für den Käufer ist allein der Nutzen aus der Investition maßgebend. Maßgebend ist für ihn der Zukunftsnutzen.[765] Dementsprechend sind auch die kostenorientierten Verfahren abzulehnen. Allein für die Plausibilisierung von Bewertungsansätzen können kostenorientierte Verfahren herangezogen werden.

408 Entscheidend sind vielmehr die **marktwertorientierten Verfahren**. Sofern sich aber ein Marktwert nicht ermitteln oder ableiten lässt, sind die immateriellen Vermögensgegenstände ohne Wert anzusetzen. Dabei ist ohne Belang, ob die Zerschlagung oder die Fortführung des Unternehmens überwiegend wahrscheinlich ist, denn die kapitalwertorientierten Verfahren, die wie die Fortführung in die Zukunft reichen, bleiben außer Ansatz.

409 ▶ Checkliste »Bewertungsverfahren«

Checkliste „Bewertungsverfahren"

Bewertungsverfahren, Eingung für Bewertung im Überschuldungsstatus	ja	nein	Bemerkung
Marktpreisverfahren	X	☐	uneingeschränkt
Analogiemethode	X	☐	eingeschränkt
Reproduktionskostenmethode	☐	X	nicht für Fortführung, nicht für gebrauchte Güter
Wiederbeschaffungskostenmethode	X	☐	nicht für Fortführung
DCF	☐	X	Nein, nur wenn auf dieser Basis Kaufpreisangebot vorliegt
Lizenzpreisanalogie	☐	X	Für gewerbliche Schutzrechte und Know-How, wenn auf dieser Basis ein Kaufangebot vorliegt
Residualwertmethode	☐	X	Nein, nur wenn auf dieser Basis Kaufpreisangebot vorliegt
Mehrgewinnmethode	☐	X	Nein, nur wenn auf dieser Basis Kaufpreisangebot vorliegt

(c) Sonderfall: Kostenvorteile/Gute Vertragskonditionen

410 Nach Gelnhausen sind Kostenvorteile, z. B. durch langfristige günstige Mietverträge, sowohl im Fortführungs- wie im Zerschlagungsfall zu aktivieren, wenn jedenfalls eine einzelne Liquidierbarkeit gegeben ist.[766] Der Auffassung ist insoweit zuzustimmen, als eine konkrete nachgewiesene Verwertungsmöglichkeit bestehen muss. Dies könnte z. B. seit dem ESUG in Form einer Spaltung nach dem UmwG und dem Verkauf des Rechtsträgers erfolgen. Nur in diesem Fall ist ein Ansatz gerechtfertigt, da anderenfalls Positionen im Überschuldungsstatus berücksichtigt wären, die für die Gläubiger nicht als Haftungssubstrat, sondern allenfalls als vage Hoffnung zur Verfügung stehen. Im

765 Hommel/Buhleier/Pauly, BB 2007, 371, 373.

766 Gelnhausen, in: WP Handbuch 2008, Bd. II, L 109 (Vorauflage).

Fall der Unternehmensfortführung wird dieser künftige Kostenvorteil in der Ertrags- und Finanzplanung aufgezeigt.

(6) Mitarbeiterstamm

Darüber hinaus wird in der betriebswirtschaftlichen Lehre der Mitarbeiterstamm als 411
wertbildender Faktor eigenständig bewertet.[767] Handelsrechtlich und zwar national wie international ist man sich einig. Der Mitarbeiterstamm[768] ist mangels Vermögensgegenstandseigenschaft für Rechnungslegungszwecke nicht zu bewerten. Soweit ein Anteil für den Mitarbeiterstamm im Unternehmenskaufpreis enthalten ist, wird dies im Firmenwert berücksichtigt.

Aufgrund des demografischen Wandels wird die Bedeutung des Mitarbeiterstamms in den nächsten Jahren wachsen. Mir sind persönlich Steuerberater- und Wirtschaftsprüferkanzleien bekannt, die anderen Kanzleien kaufen, um vorwiegend das Personal zu rekrutieren.

Möchte man im Mitarbeiterstamm einen Wert lokalisieren, muss zuvor abgegrenzt werden, ob der Wert tatsächlich im Mitarbeiterstamm liegt oder nicht. So dürfte dies bei einem Auftragsforschungsunternehmen zweifelsfrei zu bejahen sein, während bei sehr personenbezogenen Leistungen der Wert eher im Kundenstamm liegt.[769] Diese Analyse geht nach meinem Verständnis mit der Unternehmensanalyse (Kernkompetenzen) einher, da Kernkompetenzen niemals in körperlichen Gegenständen, sondern immer nur in dem Mitarbeiterstamm bestehen. Ein Unternehmen mit hohen Kernkompetenzen wird also regelmäßig auch über einen »wertvollen Mitarbeiterstamm« verfügen.

Bei der Frage der Berücksichtigung ist aber zu beachten, dass der Mitarbeiterstamm gerade in Krisenzeiten flüchtig ist. In besonderem Maße verlassen gute Mitarbeiter das Unternehmen, sodass den verbleibenden Mitarbeitern oftmals kein oder sogar ein negativer Wert beizumessen wäre.

Unabhängig der Frage der Bewertungsmethoden halte ich derzeit den Ansatz im Überschuldungsstatus, wenn überhaupt, nur bei einer Verwertungsmöglichkeit des Unternehmens im Ganzen oder wenigstens in Teilen für vertretbar. Soweit das Unternehmen liquidiert werden muss, kann m. E. der Mitarbeiter nur als unselbstständiger Teil des Firmenwerts berücksichtigt werden, und zwar nur, wenn eine Marktbestätigung stattgefunden hat, s. o. im Fall der Fortführung spiegelt sich der Wert des Mitarbeiterstamms im Zukunftserfolg wieder.

767 Vgl. hierzu Kasperzak/Nestler, Bewertung von immateriellem Vermögen, S. 207 ff.; Sullivan, Value Driven Intellectual Capital.

768 Sog. assembeld workforce.

769 Beispiele nach Kaperzak/Nestler, Bewertung von immateriellem Vermögen, S. 207 f.

(7) Beteiligungen

(a) Ansatz dem Grunde nach

412 Beteiligungen werden grds. im Überschuldungsstatus aktiviert. Die Beteiligungshöhe hat für die Berücksichtigung keine Auswirkung. Die Beteiligung kann auch unbeschadet der Rechtsform des Unternehmens aktiviert werden.[770] Zu überprüfen ist aber, ob die Beteiligung frei veräußerbar ist oder nicht. Sofern nämlich bei einer Personengesellschaft eine von § 131 Abs. 3 Nr. 2 HGB abweichende Satzungsklausel nicht gegeben ist, kann anstelle der Beteiligung nur die Abfindungsforderung nach Maßgabe der Satzung angesetzt werden.[771] Bei Kapitalgesellschaften sind Vinkulierungsklauseln und Abfindungsregelungen zu berücksichtigen.

Zu beachten ist, dass Ansprüche aus einer beschlossenen Gewinnausschüttung als **Forderungen** zu berücksichtigen sind. Soweit es sich bei dem Tochterunternehmen um eine **Personen(handels)gesellschaft** handelt und keine vom Gesetz abweichende Satzungsbestimmung vorhanden ist, entsteht unmittelbar eine Gesellschafterforderung auf den zugewiesenen Gewinn. Von einem solchen Anspruch ist nicht nur auszugehen, wenn die Gewinnausschüttung beschlossen, aber noch nicht vollzogen ist, sondern auch, wenn folgende Voraussetzungen gegeben sind:[772]

> »Der einem Gesellschafter zukommende Anteil am Gewinn einer Personenhandelsgesellschaft ist insoweit realisiert (§ 252 Abs. 1 Nr. 4 HGB) und damit als Forderung bilanzierungspflichtig, als dem Gesellschafter hierauf ein Anspruch zusteht, über den er individuell und losgelöst von seinem Gesellschaftsanteil verfügen kann. Der Anspruch des Gesellschafters auf den Gewinnanteil entsteht rechtlich zwar erst mit der Feststellung des Jahresabschlusses der Personenhandelsgesellschaft, die als gesellschaftsrechtliches Grundlagengeschäft grundsätzlich allen Gesellschaftern obliegt. Im Rahmen der für die Bilanzierung gebotenen wirtschaftlichen Betrachtungsweise bedarf es indessen für die phasengleiche Vereinnahmung des Beteiligungsertrags durch den Gesellschafter keines bereits entstandenen Rechtsanspruchs auf den Gewinnanteil; es genügt, dass das künftige Entstehen eines Rechtsanspruchs hinreichend sicher ist. Sofern keine abweichenden Regelungen im Gesellschaftsvertrag getroffen wurden, ist nach den gesetzlichen Bestimmungen (§§ 120 bis 122, 161 Abs. 2, 167 und 169 HGB) bei Personenhandelsgesellschaften das Entstehen eines individuellen Anspruchs auf den Gewinnanteil regelmäßig bereits zum Abschlussstichtag der Personenhandelsgesellschaft dem Grunde nach tatsächlich gesichert. Anders als bei Kapitalgesellschaften steht der Gewinnanteil den Gesellschaftern einer Personenhandelsgesellschaft an deren Abschlussstichtag ohne weiteren Gesellschafterbeschluss unmittelbar zu.«

---

770 Uhlenbruck/Mock, § 19 Rn. 65 a, 146; Jaeger-Müller, § 19 Rn. 55; Gelnhausen, in: WP Handbuch 2008, Bd. II, L 116 ff. (Vorauflage).

771 Bitter, in: Scholz GmbHG, vor § 64 Rn. 50.

772 IDW RS HFA 18 Rn. 13 f. DATEV Dok-Nr. 0802591, vgl. auch DATEV Elektronisches Wissen Rechnungswesen – Forderungen Dok-Nr. 5301269.

(b) Ansatz der Höhe nach

Ist der Ansatz der Beteiligung dem Grunde nach bestätigt, stellt sich die Frage nach der Bewertung der Beteiligung.[773] Für die Frage der Bewertung von Unternehmensbeteiligungen[774] kommen im Wesentlichen fünf Bewertungsarten[775] in Betracht: 413
- Ertragswertverfahren nach IDW,[776]
- Discounted Cashflow Verfahren,[777]
- Liquidationswertverfahren,
- Substanzwertverfahren[778] und
- Multiplikatorverfahren.[779]

In der Praxis existieren auch Mischverfahren, wie z. B. eine Verbindung des Ertragswert- und Discounted Cashflow Verfahren.

Das steuerlich motivierte vereinfachte Ertragswertverfahren gem. §§ 199 ff. BewG kann näherungsweise ein erster Anhaltspunkt sein. Zu beachten ist aber, dass das Verfahren nach dem BewG vergangenheitsorientiert ist und gerade bei KMU tendenziell zu hohe Unternehmenswerte ausweist.[780] D. h. will man als »Daumenregel« mit dem vereinfachten Ertragswertverfahren arbeiten, muss gewährleistet sein, dass die zukünftige Entwicklung aus der Vergangenheit abgeleitet werden kann. Darüber hinaus muss überprüft werden, ob und in welchem Umfang die Kapitalisierungszinssätze (insb. die Marktrisikoprämie und der Beta-Faktor, die im vereinfachten Verfahren mit regelmäßig 1,0 zum Ansatz gebracht wird) angepasst werden müssen. Zuletzt ist zu

773 Vgl. zur Unternehmensbewertung in der Insolvenz Nickert, BewP 20132, 82 ff.

774 Vgl. den sehr guten Überblick von de Vargas, in: Bürgers/Körber, AktG §§ 305 ff.

775 Zur Unternehmensbewertung u. a.: Mandl/Rabel, in: Peemöller, Praxishandbuch der Unternehmensbewertung, S. 49 ff.; Drukarczyk/Schüler, Unternehmensbewertung; Hommel/Dehmel, Unternehmensbewertung; Ernst/Schneider/Thielen, Unternehmensbewertungen; Ballwieser, Unternehmensbewertung; Drukarczyk/Ernst, Branchenorientierte Unternehmensbewertung; IDW S 1.

776 Mithilfe des Ertragswertverfahrens wird der Wert von Renditeobjekten durch Berechnung der kapitalisierten Erträge ermittelt. Aus den voraussichtlich erwirtschafteten Erträgen wird der Barwert der zukünftigen Überschüsse aus Einnahmen und Ausgaben ermittelt.

777 Abgezinster Zahlungsstrom. Das Discounted Cashflow (DCF) Verfahren ermittelt den Wert einer Investition indem die zukünftigen Zahlungsüberschüsse (Cashflows) mithilfe von Kapitalkosten auf den Bewertungsstichtag diskontiert werden. Maßgebend sind also Einzahlungsüberschüsse, nicht Erträge.

778 Beim Substanzwertverfahren wird der Vermögensreinwert durch eine bilanzielle Aufstellung ermittelt.

779 Mithilfe der Multiplikatormethode (Multiples, Comparable Company Analysis) wird durch eine relativ einfache Methode zur Schätzung des ein Unternehmenswert geschätzt. Die Methode wird häufig von Investmentbanken genutzt. Dabei wird davon ausgegangen, dass gewisse Ertrags- und operationale Kennzahlen für die Preisfindung des an einer Börse gehandelten Werts maßgeblich sind.

780 De Vargas/Zollner, BewP 4/2010 S. 1 ff.

überprüfen, ob aufgrund der Sondersituation Bewertungsabschläge, sog. Premiums, abgesetzt werden müssen.

414 In der herrschenden Betriebswirtschaftslehre gilt eine Bewertung alleine anhand des Multiplikatorverfahrens als ungeeignet.[781] Andererseits sind die **Multiplikatorenmethoden** Erfahrungssätze aus der Vergangenheit in einer bestimmten Branche und daher sehr nahe am tatsächlich vorhandenen Markt. Insb. wenn tatsächliche Transaktionsbedingungen bekannt sind, vermag die Methode durchaus brauchbare Werte hervorzubringen. Problematisch sind jedoch **Umsatzmultiplikatoren**, wie sie z. B. bei der Bewertung einer Steuerberaterpraxis oder bei einer Apotheke durchaus an der Tagesordnung sind.[782] Die Umsatzmultiplikatoren sind lediglich als grobe Schätzungen bzw. zur Plausibilitätskontrolle heranzuziehen. Sie basieren auf zahlreichen Vereinfachungen, die letztlich das Ergebnis nur umreißen können.

415 Beteiligungen könne nach allen üblichen betriebswirtschaftlichen Methoden bewertet werden und damit auch mit dem Zukunftserfolgsverfahren, insbesondere der Ertragswertmethode oder den Discounted Cashflow Verfahren (DCF). Hier ist auf den Standard des IDW S 1 hinzuweisen. Besonders sorgfältig zu analysieren ist allerdings, ob die Insolvenz der Gesellschafterin auf die Beteiligung durchschlägt und wenn ja wann und wie. Ferner ist zu überprüfen, welche Auswirkungen eine Veräußerung der Beteiligung auf die künftigen Cashflows hat, also ob z. B. Synergien nicht mehr genutzt werden können, ob und wenn die Beteiligung durch Verkauf aus dem Verbund gelöst wird. Auch hier gelten die Grundsätze über die »übertragbare Ertragskraft«.[783]

416 Bleibt zum Schluss das **Substanzwertverfahren**, nach welchem die isoliert bewerteten Vermögensgegenstände um die Summe der bewerteten Schulden bereinigt als Unternehmenswert betrachtet werden. Diese Bewertung berücksichtigt keine Zukunftserfolge und basiert auf einer Fiktion des Neuerrichtens einer grds. identischen Unternehmung auf der grünen Wiese. Bei dieser Bewertungsmethode sind Sozialpläne, Abfindungen Abbruch, Rekultivierung oder Ähnliches zu berücksichtigen, die erst i. R. d. Liquidation entstehen.[784]

417 Allen Verfahren ist gemein, dass Sie den Zwecken der Insolvenzordnung nicht entsprechen. Die Insolvenzordnung sucht Schuldendeckung für die Gläubiger. Dies ist nur mit Preisen zu erlangen, nicht mit Werten, die möglicherweise vorhanden sind, in der Praxis aber nicht zu realisieren sind. Allerdings sind die Unternehmens**werte**

781 Mandl/Rabel, in: Peemöller, Praxishandbuch der Unternehmensbewertung, S. 81, unter Verweis auf IDW S 1 Rn. 143f; vgl. aber Krolle/Schmitt/Schwetzler, Multiplikatorverfahren in der Unternehmensbewertung: Anwendungsbereiche, Problemfälle, Lösungsalternativen.

782 Mandl/Rabel, in: Peemöller, Praxishandbuch der Unternehmensbewertung, S. 81; Englert in: Peemöller, Praxishandbuch der Unternehmensbewertung, S. 724.

783 Rdn. 376; BStBK v. 13.3.2014 4.2.2. des berufsrechtlichen Handbuchs dort unter 4.4.= IDW Praxishinweis 1/2014; Ihlau/Duscha Besonderheiten bei der Bewertung von KMU S. 114 ff; Nickert/Kühne NWB 2014, 2021 (2023f).

784 Sieben/Maltry, in: Peemöller, Handbuch der Unternehmensbewertung, S. 85.

dennoch von Bedeutung: Liegt ein Kaufangebot eines Investors vor, welches unter dem Unternehmenswert liegt, kann auf Basis der Unternehmensbewertung die Entscheidung der Gläubiger getroffen werden, das Unternehmen fortzuführen, um den Wert für die Gläubiger in der Fortführung zu realisieren, ggf. über einen Debt to Equity Swap, § 225 a InsO.

In der Rechtsprechung zur Überschuldungsprüfung liegen keine neueren Entscheidungen vor, die eine Bewertungsmaßgabe aussprechen. Letztlich wird auch hier vertreten, dass der Wert anzusetzen ist, der aktuell ein fremder Dritter für die Beteiligung zu zahlen bereit wäre, wobei eine wirtschaftlich erzwungene alsbaldige Veräußerung die Gefahr geringerer Verwertungserlöse mit sich bringt.[785] 418

Persönlich bin ich immer noch der Meinung, die Zukunftserfolgsverfahren zum Ansatz zu bringen. Dies liegt im Wesentlichen daran, dass sich mittlerweile ein florierender Beteiligungsmarkt in Deutschland entwickelt hat. Dies gilt nicht nur für große, sondern in zunehmenden Maße auch für mittelständische Unternehmen. Da aber die Beteiligungsgesellschaften ihre Investitionen vom künftigen Ertragswert bzw. von diskontierten Einnahmeüberschüssen abhängig machen, dürften auch diese Bewertungsformen dem Marktwert entsprechen. Die Korrekturen hierfür bieten die erwartungsgetreuen Planungswerte, etwaige Sicherheitspuffer sowie angemessenen Risikoprämien, die aber bei Krisengesellschaften besonders zu untersuchen bzw. ermitteln sind. Leuner[786] geht sogar unter betriebswirtschaftlichen Aspekten davon aus, dass die Bewertung von ertragsschwachen Unternehmen nach dem Discounted Cashflow bzw. Ertragswertverfahren zu erfolgen hat. Allerdings betrifft dies die investitionstheoretische Sicht und gerade nicht die Intention des Überschuldungsstatus, der vorwiegend den Gläubigerschutz im Sinn hat. 419

Sofern aber negative Synergien zu berücksichtigen sind, wie z. B. im Fall der Konzernierung bzw. Betriebsaufspaltung, müssen diese in der Planungsrechnung und bei der Gewichtung der Chancen und der Risiken besonders gewichtet werden. Dies gilt insbesondere auch für **Kleinstunternehmen**, für die ein tatsächlicher Beteiligungsmarkt nicht existiert.[787] Sofern für ein Unternehmen »kein Markt« mehr vorhanden ist, ist auf den Substanz- (Fortführung) bzw. Liquidationswert abzustellen. Diese Durchbrechung der Bewertungsstetigkeit bei Kleinstunternehmen einerseits und mittleren und großen Unternehmen andererseits ist auch geboten, da im insolvenzrechtlichen Überschuldungsstatus die wahren Werte anzusetzen sind. Wenn aber tatsächlich für eine Beteiligung kein Markt existiert, wie bei vielen Kleinstunternehmen, und als Käufer regelmäßig nur Familienangehörige in Betracht kommen, so muss das Nettosubstanzvermögen 420

785 Gelnhausen, in: WP Handbuch 2008, Bd. II, L 117 (Vorauflage).

786 Leuner, in: Peemöller, Praxishandbuch der Unternehmensbewertung, S. 929 f.

787 Für die Anwendung des IDW S 1 auf kleine und mittlere Unternehmen Zeidler, in: Baetge/Kirsch, Besonderheiten der Bewertung von Unternehmensteilen sowie von kleinen und mittleren Unternehmen, S. 41 ff.; vgl. auch BStBK v. 13.3.2014 4.2.2. des berufsrechtlichen Handbuchs dort unter 4.4.= IDW Praxishinweis 1/2014; Ihlau/Duscha, Besonderheiten bei der Bewertung von KMU S. 114 ff; Nickert/Kühne, NWB 2014, 2021 (2023f).

im Rahmen einer fiktiven Liquidation der Beteiligungsgesellschaft herangezogen werden, da mangels Verkaufsfähigkeit die Liquidation die wahrscheinliche Prognose ist.

421 Zu beachten ist aber die gesellschaftsrechtliche Lage. Sofern in den Satzungen der Beteiligungsunternehmen **Einziehungs**- oder **Ausschlussklauseln** i. V. m. Abfindungsregelungen enthalten sind, sind diese Werte im Zerschlagungsfall anzusetzen. Ebenfalls sind **Vinkulierungsklauseln** zu beachten, sodass u. U. nur die Kündigung mit den statutarischen Folgen (Abfindungsguthaben) in Ansatz gebracht werden kann.

(c) Sonderfall: Betriebsaufspaltung

422 Soweit eine organisatorische unternehmerische Einheit vorliegt, kann dies erhebliche Auswirkungen auf die Bewertung einer Beteiligung haben.

▶ **Beispiel:**[788]

Die Familienbesitz GmbH & Co. KG verpachtet die auf die Belange der Betriebsgesellschaft zugeschnittene Betriebsimmobilie nebst Sachanlagen an die Betriebs-GmbH. Sofern die KG praktisch vollständig fremdfinanziert ist und den Kapitaldienst nur aus der Pacht der Betriebs-GmbH entrichten kann, wird eine negative Fortbestehensprognose der GmbH auf die KG »durchschlagen«. Da die Betriebs-GmbH an einem anderen Standort nicht überlebensfähig ist, hat weder die GmbH, noch die KG eine positive Fortbestehensprognose. Die Beteiligung an der GmbH ist wertlos. Dies gilt selbst dann, wenn die Betriebs-GmbH eigentlich gesund ist, aber wegen einer Veränderung in der Finanzierung der KG, z. B. Prolongation eines Kredits zu erheblich schlechteren Zinskonditionen, die KG nicht mehr überlebensfähig ist.

D. h. hier sind Wechselwirkungen der Gesellschaften regelmäßig zu berücksichtigen. Diese können bis hin zum vollständigen Wertverlust führen.

(d) Sonderfall: Eigene Anteile

423 Eigene Anteile können angesetzt werden, wenn für sie eine konkrete Verwertungsmöglichkeit gegeben ist.[789] Dies dürfte i. d. R. praktisch selten der Fall sein. Im Zerschlagungsfall ist der Ansatz ausgeschlossen. Im Fortführungsfall kann die Gesellschaft die eigenen Anteile veräußern, wenn ein Markt vorhanden ist und eine konkrete Veräußerung ansteht. Andernfalls ist allein schon aufgrund der wirtschaftlich schlechten Lage eine Aktivierung ausgeschlossen. Jedenfalls dürfte ohne ein konkret vorliegendes Kaufangebot der Wert mit Null anzusetzen sein.[790]

---

788 Nach Wolf/Schlagheck, Überschuldung, S. 97 f.

789 Gelnhausen, in: WP Handbuch 2008, Bd. II, L 144 m. w. N. (Vorauflage).

790 K. Schmidt, in: Scholz/Emmerich, GmbHG, vor § 64 Rn. 36 (nur bei positiver Fortbestehensprognose); Uhlenbruck/Uhlenbruck, § 19 Rn. 75, m. w. N. (str.).

(e) Sonderfall: Beteiligung der KG an der Komplementär-GmbH

Beteiligungen oder Anteile an einer Komplementär-GmbH können im Überschuldungsstatus grds. aktiviert werden.[791] Nicht gefolgt werden kann der Auffassung, wonach der Ansatz eigener Geschäftsanteile schon dem Grunde nach ausscheidet, da sie unter der Zerschlagungsprämisse mit Null zu bewerten ist.[792] Diese Begründung kann nicht überzeugen. Auch eigene Anteile unterliegen keinem echten Ansatzverbot. Die Frage, in welcher Höhe der Anteil im Überschuldungsstatus zu aktivieren ist, ist letztlich eine Frage der Bewertung unter Zugrundelegung der Verwertungsprämisse. Unter Liquidationsgesichtspunkten ist aber der eigene Anteil regelmäßig mit Null zu bewerten. 424

(f) Berücksichtigung von Gewinnausschüttungen

Je nach Bewertungsmethode ergeben sich folgende Auswirkungen: 425

Bei der Substanzwertmethode sind aufgelaufene Gewinne in der Vermögensnettosubstanz enthalten und wirken sich dementsprechend aus. Bei den Multiplikatoren ergibt sich – je nach Multiplikator – ein anderes Ergebnis. Bei den Ertragswertverfahren und Discounted Cashflow Verfahren sind die in der Vergangenheit aufgelaufenen Gewinne in der Zukunftsplanung nicht zu berücksichtigen, da diese i. d. R. den Zukunftsertrag nicht beeinflussen.[793] Der Ertragswert wird durch die aufgelaufenen ausschüttungsfähigen Gewinne erhöht (sog. Nicht betriebsnotwendiges Vermögen). Es wird letztlich von einer Vollausschüttung im Zusammenhang mit der Bewertung ausgegangen. Rechtlich handelt es sich dabei um Forderungen, die nach der Veritabilität, der Bonität und dem Durchsetzungswillen zu untersuchen sind.

(8) Finanzanlagen, Wertpapiere etc.

Wertpapiere, Fremdwährungen und Finanzanlagen sind mit dem amtlichen Kurs zu bewerten, wenn sie an der Börse gehandelt werden, anderenfalls mit dem Marktwert. 426

791 Schulz-Osterloh, in: Baumbach/Hueck, GmbHG, § 64 Rn. 16 (18. Aufl.).

792 K. Schmidt, in: Scholz/Emmerich, GmbHG, vor § 64 Rn. 36 (für eigene Anteile bei positiver Fortbestehensprognose).

793 Mit Ausnahme des Finanzergebnisses.

(9) Checkliste Immaterielle Vermögensgegenstände

427

Checkliste „Immaterielle Vermögensgegenstände"			
A. Ansatz dem Grunde nach - Mengengerüst	**ja**	**nein**	**Bemerkung**
Lässt sich der Vermögensgegenstand verwerten?	☐	☐	
Lässt sich der Vermögengegegenstand zusammen mit dem gesamten Betrieb verwerten?	☐	☐	
Was sind die Folgewirkungen einer Verwertung?	☐	☐	
	☐	☐	
B. Ansatz der Höhe nach - Wertegerüst			
Ist ein geeignetes Bewertungsverfahren für den Vermögensgegenstand vorhanden?	☐	☐	
Kommen die anderen Bewertungsverfahren zu dem selben oder ähnlichen Ergebnis?	☐	☐	
Sind die für die Bewertung erforderlichen Informationen eingeholt?	☐	☐	
Existiert ein Marktwert?	☐	☐	
Existieren Vergleichswerte aus denen der Wert abgeleitet werden kann?	☐	☐	
Wie fällt die Bewertung für den Fortführungsfall aus?	☐	☐	
Liegt der Zerschlagungswert ausnahmsweise über dem Fortführungswert?	☐	☐	
	☐	☐	
C. Besonderheiten			
Darf eine Bilanzierungshilfe ausnahmsweise aktiviert werden?	☐	☐	Kaufangebot oder Gutachten erforderlich
Woraus leitet sich der sichere Marktwert ab?	☐	☐	
Darf ein Firmenwert ausnahmsweise bilanziert werden?	☐	☐	Kaufangebot und Zustimmung der Gesellschafter erforderlich
Ist der Firmenwert bereits schon in den Fortführungswerten der Vermögensgegenstände (teilweise) enthalten?	☐	☐	
Können Verlustvorträge die steuerneutrale Hebung von stillen Reserven ermöglichen?	☐	☐	
Nach welcher Methode sind die Beteiligungen zu bewerten?	☐	☐	
Bestehen Gewinnansprüche aus den Beteiligungen?	☐	☐	
Welche Wechselwirkungen bestehen aus den Beteiligungen?	☐	☐	
Wie ist die Satzungslage für den Insolvenzfall?	☐	☐	
Sind die Beteiligungen frei veräußerbar?	☐	☐	

b) Immobilienbewertungen

aa) Einleitung

428 Immobilien gewinnen als ein bedeutender Wirtschaftsfaktor immer mehr an Bedeutung.

Durch langjährige Erfahrungen der Wertermittlungspraxis werden Gutachter auch im Hinblick auf die fortschreitende Globalisierung mit internationalen Bewertungsmethoden konfrontiert, die neben den klassischen Methoden mittlerweile zum Alltag der Gutachter gehören.

Weiterhin ergibt sich heute, nicht zuletzt durch die Harmonisierung der europäischen Rechtssysteme, die Notwendigkeit, den aktuellen Verkehrswert von Immobilien zu kennen und zu veröffentlichen. Dies ist auch bedingt durch die Ausweitung der Publizitätspflicht einzelner Wirtschaftszweige. Hierdurch besteht ein gestiegenes Interesse an der Immobilie als Wirtschaftsgut, mit der Notwendigkeit diese möglichst effizient und kostengünstig bewerten zu können.[794]

Dieses zeigt sich insb. am gestiegenen Bewertungsbedarf von institutionellen Anlegern, wie u. a. Versicherungsgesellschaften oder institutionelle Anleger (z. B. Fonds), die ihre Bestandsimmobilien nach den Standards der Bilanzrichtlinien (IAS – International Accounting-Standards) bilanzieren müssen und dazu regelmäßige Bewertungen dieser Objekte benötigen.

Andere Anwendungsbereiche für Immobilienbewertungen bestehen durch die in den vergangenen Jahren stark angestiegene Zahl von Unternehmens- und Privat-Insolvenzen sowie Zwangsversteigerungen, die eine Bewertung der immobilen Vermögensgegenstände für Insolvenzverwalter und Grundpfandgläubiger oder AG notwendig macht. Zudem sind i.R.v. Erbrechtsfällen und bei Schenkungen im Familienbereich Wertermittlungen von Immobilien erforderlich.

bb) Wertbegriffe

Bei Ermittlung von Grundstückswerten ist stets zu erklären bzw. zu definieren, welcher 429
Wert überhaupt ermittelt werden soll. Die Wertbegriffe sind als solche teleologisch (d. h. auf Zweckmäßigkeit zu prüfen) und bedürfen deswegen stets eines eigenen Wertsystems bzw. diesen ist ein geeignetes Wertesystem zu unterlegen.[795]

Die nachfolgend dargestellten Wertbegriffe sind somit v. a. bzgl. ihres Beziehungssystems und der Zielsetzung inhaltlich abzugrenzen. Es wird zunächst ein nicht abschließender Überblick über die wichtigsten Wertbegriffe[796] dargestellt, die im heutigen Rechts- und Wirtschaftsleben gebräuchlich sind.

Zu unterscheiden ist zwischen: 430
- dem auf einen aktuellen Wertermittlungsstichtag bezogenen und im Gesetzbuch definierten **Verkehrswert** (= gemeiner Wert),
- einem nach pauschalen Ansätzen des steuerlichen Bewertungsrechts (§§ 119 bis 119a des Bewertungsgesetzes – BewG) und auf einen zurückliegenden Feststellungszeitpunkt bezogenen Ermittlungswert. Der mit Rechtskraft festgestellte steuerliche **Einheitswert** bzw. **Grundbesitzwert** orientiert sich vornehmlich an dem sog. »gemeinen Wert« i. S. d. § 9 BewG,

794 Leopoldsberger, Kontinuierliche Wertermittlung von Immobilien, Band 6, 1998, S. III.

795 Kleiber/Simon/Weyers, Verkehrswertermittlung von Grundstücken, S. 117.

796 Brückner, AVN 1969, 453; Gerardy u. a., AVN 1969, 42; Brückner, Grundstücks- und Gebäudewerte; Frisch, AVN 1965, 270 (vgl. Gerardy, AVN 1966, 109); Görres, MDR 1961, 898; Jansen, Nachr. der nds. Kat. und VermVw 1972, 40; Maury, NJW 1964, 2048 und NJW 1965, 736; Freunding, AVN 1972, 228; DÖV 1970, 308 und BayVBl. 1982, 108; Vogel, DStZ 1979, 28; Bendel, AgrarR 1986, 341.

- einem sich an dauerhaften Eigenschaften eines Grundstückes oder der nachhaltigen Ertragsfähigkeit orientierenden **Beleihungswertes**,[797] welcher auf lange Sicht durch den Verkauf realisiert werden kann. Der Beleihungswert darf gem. § 12 des Hypothekenbankengesetzes – HBG, den »Verkaufswert« nicht übersteigen,
- einem »vollen Wert« gemäß dem Verwaltungsrecht, der mit dem Verkehrswert identisch ist.

(1) Wertbegriffe der Handels- und Steuerbilanz[798]

(a) Handelsbilanzwert

431 Hierunter ist der ausgewiesene Wert eines Wirtschaftsgutes zu verstehen, der nach den §§ 252 ff. HGB in Anlehnung an den Steuerbilanzwert ermittelt wird.

(b) Steuerbilanzwert

432 In der Steuerbilanz ausgewiesener Wert, der nach den Vorschriften des Bilanzrechts ermittelt wird (Bilanzrichtliniengesetz).

(c) Festwert

433 Hierunter ist ein für einen längeren Zeitraum unverändert bleibender Wert zu verstehen, der in der Handelsbilanz und Steuerbilanz für ein bestimmtes Wirtschaftsgut oder eine Betriebsvorrichtung ermittelt wird.

(d) Buchwert

434 Mit diesem Wert wird ein Wirtschaftsgut in der Handels- und Steuerbilanz auf der Aktiv- oder der Passivseite ausgewiesen. Anschaffungs- oder Herstellungskosten sind die Obergrenzen für den Buchwert. Anschaffungs- oder Herstellungskosten vermindert um die Abschreibung sind die Untergrenze bei abnutzbaren Gütern.

(e) Höchstwert

435 Hierunter ist der max. ansetzbare Wert für bestimmte Wirtschaftsgüter in der Handels- und Steuerbilanz zu verstehen.

Ursprüngliche Anschaffungs- oder Herstellungskosten bei nicht abnutzbaren Wirtschaftsgütern, stellen zugleich den Höchstwert dar (§ 6 Abs. 1 Nr. 2 EStG), während bei abnutzbaren Wirtschaftsgütern die Anschaffungs- oder Herstellungskosten vermindert um die Abschreibung den Höchstwert darstellen (vgl. § 6 Abs. 1 Nr. 1 EStG).

---

797 Verordnung über die Ermittlung der Beleihungswerte von Grundstücken gem. § 16 Abs. 1 und 2 des Pfandbriefgesetzes (Beleihungswertermittlungsverordnung – BelWertV) v. 12.05.2006 (BGBl. I 2006, S. 1175).

798 Fleischmann/Bellinger/Kerl, Hypothekengesetz, Komm. zu § 12; Pohnert, Kreditwirtschaftliche Wertermittlungen.

(f) Teilwert

Hierunter ist der Betrag zu verstehen, den ein Käufer eines Unternehmens i. R. d. dafür zu zahlenden Gesamtkaufpreises für das einzelne zum Betriebsvermögen gehörende Wirtschaftsgut ansetzt (§ 6 Abs. 1 Nr. 1 EStG, § 10 Abs. 2 BewG). Er hat zudem auch seine Bedeutung bei der Entnahme einzelner Vermögensteile, z. B. den Kauf eines einzelnen Gebäudes des Unternehmens. 436

(g) Zwischenwert

Der Zwischenwert liegt zwischen den Anschaffungs- oder Herstellungskosten und dem Teilwert und kann in bestimmten Fällen in der Handels- und Steuerbilanz angesetzt werden kann. 437

(h) Erinnerungswert

Dieser Wert von 1,00 € (früher = 1,00 DM) steht für einen in der Handels- und Steuerbilanz abgeschriebenes, aber noch zum Betriebsvermögen gehörendes Wirtschaftsgut. Der Erinnerungswert hat allerdings jenseits der Buchhaltung generell einen anderen Inhalt zur Bedeutung. Während in der Buchhaltung der Erinnerungswert fast wertlos ist, können etwa Autogramme, Postkarten oder dergleichen für viele Menschen wesentlich höhere immaterielle Werte aufweisen. 438

(i) Wiederbeschaffungs- bzw. Wiederherstellungswert

Hierunter ist der Neuwert zu verstehen, der z. B. bei der Eurobilanzeröffnung in den neuen Bundesländern um den Betrag zu mindern ist, der die zwischenzeitliche Nutzung des Vermögensguts und ein Zurückbleiben hinter dem technischen Fortschritt berücksichtigt. Im Ergebnis ist darunter somit der Zeitwert zu verstehen. 439

(2) Weitere Wertbegriffe aus der Praxis bzw. Gesetzesvorlagen

(a) Bedarfswert

In einem Feststellungsverfahren für Grundbesitzwerte (§ 138, Abs. 5 und 6 BewG) werden Grundbesitzwerte festgestellt, wenn sie für die Festsetzung der Erbschafts-, Schenkungs- oder Grunderwerbsteuer erforderlich sind. 440

Auslöser einer solchen Bedarfsbewertung ist jede Veräußerung, egal ob sie entgeltlich oder unentgeltlich, d. h. als Schenkung, erfolgt. Auch jede Erbschaft führt dazu, dass eine Bedarfsbewertung eingeleitet wird. Die Erbschaftssteuerstellen der Finanzämter prüfen anhand der Erbschafts- oder Schenkungssteuererklärung vorab, ob wegen des Übergangs von Grundbesitz ein Bewertungsbedarf besteht. Die Berechnung des Bedarfswerts erfolgt in einem standardisierten Verfahren. Der Gesetzgeber war sich darüber im Klaren, dass dieses relativ stark vereinfachte Verfahren nicht in jedem Fall zu akzeptablen Ergebnissen führt. Auch der Anspruch, dass eine Bewertung nach diesem Gesetz »gerecht« ist, wird nicht erfüllt. Insb. wegen des lange zurückliegenden Stichtags bei der Bemessung der Bodenrichtwerte (zum 01.01.1996) kommt es bei den

Betroffenen in Zeiten sinkender Grundstückswerte oft zu anderen Werten, die dann Grundlage einer Besteuerung sein sollen.

Auch bei alten, heruntergekommenen Gebäuden, bei Gebäuden mit gastronomischer Nutzung, bei Gebäuden mit ungewöhnlichen, z. B. öffentlich-rechtlichen Belastungen oder bei Grundstücken mit einer Altlastenproblematik kann es angezeigt sein, eine externe und neutrale Bewertung von Immobilien in Anspruch zu nehmen.

Eine Öffnungsklausel im Bewertungsgesetz schützt den Erwerber vor unbilligen, d. h. nicht mit den Marktwerten zu vereinbarenden, Ergebnissen und gewährt ihm das Recht, innerhalb von einem Monat Widerspruch gegen den Bedarfswertbescheid einzulegen. Er muss dann durch ein Verkehrswertgutachten eines öffentlich bestellten und vereidigten Sachverständigen für die Bewertung von Immobilien den niedrigeren »Gemeinwert« der Liegenschaft nachweisen.

441 In einer Entscheidung des BFH (Urt. v. 11.05.2005 – II R21/02) wird klargestellt, dass das FA bei der Bedarfsbewertung an den vom Gutachterausschuss veröffentlichten Bodenrichtwert gebunden ist.

Es ist nicht zulässig, bei der Ermittlung des Grundbesitzwertes die Erbschaftssteuer oder die Grunderwerbsteuer an die Größe des zu bewertenden Grundstückes anzupassen, wenn der Gutachterausschuss hierfür keine Umrechnungsfaktoren vorgegeben hat. § 145 Abs. 3 Satz 3 BewG ermöglicht nicht den Nachweis eines niedrigeren Bodenrichtwertes, sondern nur den Nachweis eines niedrigeren gemeinen Werts des fiktiv unbebauten Grundstücks. Erfüllt der Steuerpflichtige diesen Nachweis nicht, braucht das FG der Wertfestsetzung nicht von sich aus einen wie auch immer ermittelten niedrigeren gemeinen Wert zugrunde zu legen.

(b) Beleihungswert[799]

442 Der Beleihungswert stellt i. d. R. auch das Risiko der Bank dar. D. h., dass er im Grundsatz ähnlich wie der Verkehrswert, aber bei den Ansätzen der Eingangsdaten mit einem Risikoabschlag berechnet wird. Hypothekenbanken dürfen erstrangige Darlehen vornehmlich bis zu einer Größe von ca. 60 % des ermittelten Beleihungswertes gewähren und nachrangige Darlehen generell nur bis zu einer Grenze von ca. 80 % des Beleihungswertes. Der Beleihungswert kann höchstens das Niveau des Verkaufswertes erreichen.

Neuere Bestimmungen des Bundesaufsichtsamtes für das Kreditwesen (BAKred) erlauben den Banken aber, bei Vorliegen eines sorgfältig angefertigten Verkehrswertgutachtens nach der Wertermittlungsverordnung – WertV, Kredite bis zur Höhe des Verkehrswertes zu gewähren.

Bei Liegenschaften mit unterschiedlichen Nutzungsarten auf einem Grundstück, bei ungewöhnlichen Grundstücksbelastungen, wie z. B. öffentlich-rechtlichen

799 Vgl. Rdn. 695 ff.

Belastungen, bei Belastungen durch Erbbaurechte, Reallasten, Unrechte, Nießbrauch, Altenteile sowie bei mit Altlasten behafteten Liegenschaften sind jedoch die Beleihungswertgutachten generell nicht genau qualifiziert, sodass die Beleihungsfähigkeit generell fraglich sein kann.

(c) Bodenwert[800]

Unter dem Bodenwert ist grds. der Wert eines freigelegten bzw. unbebauten und erschlossenen Grundstücks bei üblicher und rechtlich zulässiger sowie wirtschaftlich optimaler Nutzbarkeit zu verstehen. Es handelt sich dabei um den Wert, den das Grundstück unter der Fiktion besitzt, dass keine wesentlichen Bestandteile vorhanden sind. 443

Der Bodenwert ist i. d. R. auf der Grundlage von Vergleichskaufpreisen im Vergleichswertverfahren zu ermitteln, wie er sich ergeben würde, wenn das Grundstück unbebaut wäre. Er ist im besonderen Maße abhängig von der planungsrechtlich zulässigen und tatsächlich realisierbaren Nutzung. Liegen geeignete Bodenrichtwerte vor, so können diese anstelle oder ergänzend zu den Vergleichskaufpreisen zur Bodenwertermittlung im Vergleichswertverfahren herangezogen werden.

Bodenrichtwerte sind geeignet, wenn sie entsprechend
- den örtlichen Verhältnissen,
- der Lage,
- dem Entwicklungszustand gegliedert,
- nach Art und Maß der baulichen Nutzung,
- dem Erschließungszustand,
- der jeweils vorherrschenden Grundstücksgestalt

hinreichend bestimmt sind. Unter den vorgenannten Prämissen kann der Bodenwert eines Grundstücks abgeleitet werden.

(d) Bodenrichtwert[801]

Der Bodenrichtwert ist ein auf der Grundlage der Kaufpreissammlung von den örtlich zuständigen Gutachterausschüssen ermittelter Bodenwert für ein bestimmtes Grundstück oder für eine Richtwertzone, dessen Eigenschaften genau bestimmt ist (sog. Bodenrichtwertgrundstücke bzw. Bodenrichtwertzone). 444

Abweichungen des einzelnen Grundstückes von den wertbestimmenden Eigenschaften des Bodenrichtwertgrundstückes, wie Art und Maß der baulichen Nutzung, Bodenbeschaffenheit, Erschließungszustand und Grundstücksgestaltung, hierbei insb. Grundstückstiefe, bewirken Abweichungen des Bodenwertes von dem Bodenrichtwert.

Ohne detaillierte Kenntnis sämtlicher wertbeeinflussender Umstände und der genauen Definition des heranzuziehenden Bodenrichtwertes, ist eine Bestimmung des Verkehrswertes eines (unbebauten) Grundstücks generell nicht möglich.

---

800 Vgl. Rdn. 631 ff.
801 Vgl. Rdn. 631 ff.

(e) Einheitswert

445 Der Einheitswert ist ein Begriff aus dem Steuerrecht, hier insb. aus dem Erbschaftssteuer- und Schenkungssteuerrecht, wonach bisher Grundbesitzsteuern erhoben wurden.

Der Einheitswert wird seit dem 01.01.1998 nur noch zur Bestimmung der Grundsteuern ermittelt. Für die Berechnung der Erbschafts- und Schenkungssteuer gilt seitdem der (steuerliche) Ertragswert, der im Bedarfsfall ermittelt wird.

In aller Regel ist dieser Wert niedriger als der aktuelle Verkehrswert eines Objektes. Aufgrund der vereinfachten und pauschalierten Ermittlungsvorschrift kann es jedoch vorkommen, dass der nach diesen Vorschriften anlässlich einer Schenkung oder eines Erbfalles ermittelte (steuerliche) Ertragswert höher ist als der aktuelle Verkehrswert des Grundstückes. Für derartige Fälle hat der Gesetzgeber eine Öffnungsklausel aufgenommen, die es dem Steuerpflichtigen ermöglicht, mit einem Verkehrswertgutachten den Nachweis eines niedrigeren Wertes anzutreten.

(f) Fairer Wert

446 Die TEGOVA, der Europäische Zusammenschluss der Verbände der Immobilienbewerter, hat in der Übersetzung des »blue books«, in welchem »anerkannte europäische Standards für die Immobilienbewertung« aus Sicht internationaler Wirtschaftsprüfungsgesellschaften niedergeschrieben sind, den fairen Wert oder (fair value) wie folgt definiert:

Der faire Wert ist ein Begriff der Buchführung, der in dem internationalen Bilanzierungsprinzip 16 (IAS 16) verankert ist. Er wird definiert als der Betrag, für den eine Immobilie zwischen einem aufgeklärten, erwerbsbereiten Käufer und einem aufgeklärten, veräußerungswilligen Verkäufer im gewöhnlichen Geschäftsverkehr ausgetauscht werden kann.

Damit handelt es sich bei dem fairen Wert sinngemäß um den Marktwert oder den Verkehrswert bzw. den Gemeinwert. Nach der veröffentlichten Meinung entspricht der fair value Begriff dem beizulegenden Zeitwert insofern, als dass sich der Zeitwert als der um die kumulierte, planmäßige Abschreibung verminderte Marktwert definiert.

(g) Grundbesitzwert

447 Der Grundbesitzwert ist ein Begriff aus dem Steuerrecht. Im steuerlichen Bewertungsrecht ist er dabei Oberbegriff für:
- die wirtschaftliche Einheit des land- und forstwirtschaftlichen Vermögens (Betriebe der Land- und Forstwirtschaft),
- die wirtschaftliche Einheit des Grundvermögens (Grundstücke),
- die Betriebsgrundstücke.

Der Grundbesitz ist Steuergegenstand der Grundsteuer. Für den Grundbesitz werden von den Finanzämtern Einheitswerte (bis 1995) bzw. Bedarfswerte (ab 1996) festgesetzt.

(h) Liquidationswert

In der Bewertungslehre spricht man vom Liquidationswert bei unrentierlichen Gebäuden. Im § 20 Abs. 1 WertV ist geregelt: »verbleibt bei der Minderung des Reinertrages um den Verzinsungsbetrag des Bodenwertes nach § 16 Abs. 2 kein Anteil für die Ermittlung des Ertragswertes der baulichen Anlagen, so ist als Ertragswert des Grundstückes nur der Bodenwert anzusetzen.« 448

Der Bodenwert ist in diesem Fall um die gewöhnlichen Kosten zu mindern, insb. Abbruchkosten, die aufzuwenden wären, damit das Grundstück vergleichbaren, unbebauten Grundstücken entspricht, soweit diese im gewöhnlichen Geschäftsverkehr berücksichtigt werden. Wenn wegen rechtlicher Bindungen (z. B. Zeitmietverträge) oder auch sonstigen Gründen eine alsbaldige Freilegung oder Liquidation nicht möglich ist, spricht man von einer aufgeschobenen Liquidation.

Abweichend von den vorstehenden Ausführungen wird der Liquidationswert auch dem Notverkaufswert bzw. mit dem Zwangsversteigerungswert gleich gesetzt.

(i) Marktwert

Die TEGOVA hat den Marktwert (market value) wie folgt definiert: 449

> *»Der Marktwert ist der geschätzte Betrag, für welchen ein Immobilienvermögen am Tag der Bewertung zwischen einem verkaufsbereiten Verkäufer und einem kaufbereiten Erwerber nach angemessener Vermarktungsdauer in eine Transaktion im gewöhnlichen Geschäftsverkehr ausgetauscht werden sollte, wobei jede Partei mit Sachkenntnis, Umsicht und ohne Zwang handelt.«*

In der Literatur wird der Marktwert zumeist synonym zum Verkehrswert verwendet.

(j) Negativwert

Der Negativwert wird von der TEGOVA wie folgt definiert: 450

Negative Werte sind solche Werte, die für den Besitzer oder Eigentümer des Grundstückes eine rechtliche und somit eine wirtschaftliche Verbindlichkeit darstellen.

Negative Werte entstehen, wenn Immobilien physisch rechtlichen, finanziellen oder vertraglichen Verpflichtungen unterliegen, welche an ein Recht anknüpfen, einen negativen tatsächlichen oder hypothetischen Cashflow hervorbringen oder umfangreiche Sanierungsmaßnahmen erfordern. Die Immobilien wandeln sich somit in negative Werte bzw. Verbindlichkeiten.

(k) Neuwert

Der Begriff des Neuwertes entstammt der Versicherungswirtschaft. Die Neuwertversicherung ist dabei eine Versicherungsform, bei der im Schadensfall nicht der Zeitwert ersetzt wird, sondern den Wiederbeschaffungswert bzw. Neuwert (z. B. in der Feuer- und in der Hausratversicherung). 451

I. d. R. setzt ein solcher Ersatz jedoch ein bestimmtes Verhältnis vom Zeitwert zum Neuwert voraus.

Für Wohn- und Geschäfts- sowie landwirtschaftliche Gebäude existiert nach Sonderbedingungen der Versicherungswirtschaft die sog. gleitende Neuwertversicherung, die Fälle von Unterversicherung aufgrund einer Wertsteigerung der zu versichernden Gebäude vermeiden soll.

(l) Notverkaufswert

452 Per Definition der TEGOVA ist unter dem Notverkaufswert bzw. Zwangsversteigerungswert oder auch Liquidationswert (dieser jedoch nicht i. S. d. § 20 WertV) zu verstehen, dass dieser generell bei der Bewertung von Grundeigentum angewandt wird, sofern das Eigentum als Sicherheit für einen Kredit oder eine Schuldverschreibung dienen soll. Der Notverkaufswert entspricht der Marktwertdefinition, jedoch mit der Maßgabe, dass die für die Vermarktung zugestandene Zeit unverhältnismäßig kurz und die Werbung und Verfügbarkeit auf dem Markt inadäquat ist im Vergleich zu dem Zeitraum und den Werbemaßnahmen, die erforderlich sind, um auf dem Markt den besten Preis zu erzielen. Der Verkäufer kann auch unter Zwang oder Druck stehen.

(m) Nutzwert oder Fortführungswert[802]

453 Unter dem Nutzungswert ist gem. »blue book« der TEGOVA zu verstehen, dass die Bewertung eines einzelnen Grundstücks auf der Basis eines subjektiven Wertes angenommen werden kann und die Summe der Nutzungswerte aller Betriebseinheiten des etablierten Unternehmens dem Wert bei Unternehmensfortführung entspricht.

Solch eine Bewertung bezieht sich nur auf die besonderen Umstände des Unternehmens, dem die Betriebseinheiten gehören. Bei Großunternehmen wird sie sich besser für die Zuweisung eines Geschäftswertes eignen als eine marktbezogene Bewertung der einzelnen Immobilie. Somit ist unter dem Nutzungswert eine Variante der Unternehmensbewertung zu verstehen, welcher jedoch nicht direkt mit einem Verkehrswert vergleichbar oder gemein ist.

454 Nach der Terminologie des Bilanzwesens ist der Nutzungswert der max. Betrag, der durch fortgesetztes Eigentum an der und endgültige Verwendung der Immobilie erzielt werden kann. Das mit dem Begriff Nutzungswert umschriebene Konzept wird nach Bilanzierungsgrundsätzen entwickelt. Immer, wenn es um den Nutzungswert geht, spricht man von einem subjektiven Wert.

In der Praxis ist ein Nutzungswert insb. bei stark nutzerspezifischen Gewerbeimmobilien relevant, da eine Drittverwendung in demselben Unternehmensbereich und bei einer speziellen Nutzung, z. B. in der Fleischverarbeitung, einen wesentlich höheren Nutzen entsprechen kann, als eine Drittverwendung, die nicht dem Lebensmittelbereich entspricht und somit etliche Umbaumaßnahmen beinhalten kann. Ob der Nutzungswert jedoch mit dem Marktwert bei Fortbestehung der Nutzung übereinstimmt,

802 S. a. »going concern Wert«.

ist in der Literatur streitig, sodass eine marktbezogene Bewertung des Grundvermögens nach diesseitigem Verständnis unter eben einer besonderen Annahme dargestellt ist.

(n) Residualwert[803]

Der Residualwert wird auch Bauträgermethode genannt. Er dient der Ermittlung des max. zu bezahlenden Bodenkaufpreises und wird i. d. R. im Rahmen einer Projektentwicklung herangezogen, wenn ein Investor wissen möchte, welchen max. Grundstückskaufpreis er zahlen kann um ein Objekt oder Projekt wirtschaftlich realisieren zu können. 455

Zunächst wird der vorläufige Verkehrswert der fertig gestellten, projektierten Immobilie im Ertrags- oder Vergleichswertverfahren ermittelt. Dabei wird das vereinfachte Ertragswertverfahren, also ohne Abspaltung des Bodenwertes angesetzt, da ja in diesem Verfahren gerade der Bodenwert ermittelt werden soll.

Nach Ermittlung der Verkaufspreise nach erfolgter Projektierung werden anschließend sämtliche für die Realisierung des Projektes erforderlichen Kosten einschließlich der Zwischen- und Finanzierungskosten abgezogen.

Im Ergebnis ermittelt sich der max. mögliche Bodenwert als Residuum. Eingangsparameter in das Residualwertverfahren sind zur Ermittlung des Bodenwertes die Verkaufspreise oder Mieten, die Baukosten, der Projektgewinn, die Finanzierungskosten sowie die Vertriebskosten. Das Ergebnis wird über die voraussichtliche Wartezeit, also dem Zeitraum bis zur Fertigstellung, einschließlich des Abverkaufes diskontiert (abgezinst). Die fehlertheoretische Betrachtung des Residualwertes zeigt jedoch, dass dieser, auch Restwertmethode genannte Ansatz, eine sehr geringe mathematische Genauigkeit aufweist. Deutlich wird dieses, wenn man in einem beliebigen Beispiel die Eingangsparameter nur geringfügig im Rahmen ihrer Genauigkeiten modifiziert, welches dann im Ergebnis zu stark abweichenden Resultaten gelangt. Dieses Verfahren ist auf neutraler Seite generell nur stark eingeschränkt und in wenigen Sonderfällen anzusetzen, allenfalls dann, wenn man auf anderen Verfahren nicht zu einem marktgerechten Ergebnis gelangt oder aber die Bauträgerparameter sehr exakt bekannt sind. 456

(o) Verkaufswert

Der Verkaufswert kommt als Begriff in der Praxis lediglich noch in den Beleihungsgrundsätzen bei Banken vor (§ 12 HBG). In der Praxis wird damit ein Wert bezeichnet, zu dem das Objekt verkaufbar ist. 457

Zu unterscheiden sind dabei Werte bei beabsichtigtem Schnellverkauf und Werte, die als bestmöglicher Preis zu verstehen sind.

803 Vgl. Rdn. 699 f.

(p) Verkehrswert[804]

458 Von zentraler Bedeutung für das Wirtschafts- und Rechtsleben ist der Verkehrswert des Grundstückes:

Vom Verkehrswert des Grundstücks ist i. d. R. auch dann die Rede, wenn im Sprachgebrauch vom Grundstückswert, vom »wahren«, »wirklichen« oder »inneren« Wert gesprochen wird.

Der Verkehrswert wird gem. § 194 BauGB »durch den Preis bestimmt, der im Zeitpunkt, auf den sich die Ermittlung bezieht, im gewöhnlichen Geschäftsverkehr nach den Eigenschaften, der sonstigen Beschaffenheit und der Lage des Grundstückes ohne Rücksicht auf ungewöhnliche oder persönliche Verhältnisse zu erzielen wäre«.

Per Definition wird für den Verkehrswert grds. ein Grundstücksmarkt mit freier Preisbildung vorausgesetzt. Dieses ist unter dem **gewöhnlichen Geschäftsverkehr** zu verstehen.

Elementarer Bestandteil des gewöhnlichen Geschäftsverkehrs ist dabei die Berücksichtigung wertbeeinflussender Umstände, die von der Wirtschafts- und Rechtsordnung gesetzt sind. Insoweit wird dabei per Definition auf die rechtlichen Gegebenheiten abgestellt. Hieraus wird deutlich, dass, wenn im Einzelfall die rechtlichen Gegebenheiten bei der Wertermittlung unberücksichtigt bleiben, der Kaufpreis i. d. R. nicht dem gewöhnlichen Geschäftsverkehr zuzurechnen ist. Unter dem Verkehrswert ist zudem der verobjektivierte Kaufwert zu verstehen, welcher gem. § 194 BauGB unabhängig von der angewandten Wertermittlungsmethodik im gewöhnlichen Geschäftsverkehr am wahrscheinlichsten zu erzielen ist.[805]

459 Unter dem gewöhnlichen Geschäftsverkehr wird dabei der Handel auf dem freien Markt verstanden, wobei weder Käufer noch Verkäufer unter Zeitdruck, Zwang oder Not stehen und allein objektive Maßstäbe Preis bestimmend sind. Ebenso sind ungewöhnliche oder persönliche Verhältnisse nicht Gegenstand der Verkehrswertbildung.[806]

Als den im gewöhnlichen Geschäftsverkehr »am wahrscheinlichsten« zu erzielenden Kaufpreis, kann der Verkehrswert ermittlungstechnisch zugleich als statistischer Durchschnittswert angesehen werden. Hierin unterscheidet sich die deutsche Wertermittlungslehre von der angelsächsischen Anschauung, wo gerade die Definition des market value – als der höchste Preis – weitverbreitet ist.

Der unter diesen vorgenannten Vorgaben als Preis definierter Verkehrswert ist aus den vorstehenden Gründen nicht mit dem im Einzelfall auf dem Grundstücksmarkt

804 Zur Ermittlung des Verkehrswertes vgl. Rdn. 607 ff.

805 BT-Drucks. 10/6166, S. 123.

806 BFH, 23.02.1979 – III R 44/74, EzGuG 19.35; BFH, 14.02.1969 – III R 88/65, EzGuG 19.16.

ausgehandelten Kaufpreis gleichzusetzen, denn dieser muss nicht dem Verkehrswert entsprechen.

Der im Einzelfall ausgehandelte Preis ist lediglich ein intersubjektives Maß für den Verkehrswert, wobei sowohl auf den Seiten des Verkäufers als auch des Käufers Zufälligkeiten nicht ganz ausgeschlossen werden können und auch die Marktinformationen generell nicht im vollen Umfang auf beiden Seiten vorhanden sind.[807]

Erfahrungsgemäß geht der wirtschaftlich kalkulierende Grundstückskäufer bei der Bemessung eines Kaufpreises vom Nutzen aus, also vom Reinertrag, Wertzuwachs sowie der steuerlichen Entlastung. Durch die Kapitalisierung des Reinertrages findet auch er im Allgemeinen seine Wertvorstellung. D. h., je größer nun von ihm der Reinertrag veranschlagt wird und je geringer seine Risikoerwartung oder der Zinssatz ist, mit dem er sich zufrieden geben möchte, umso höher ist der Preis, den er dem Verkäufer bieten kann. Nicht jede Wertvorstellung, also Kaufpreiserwartung, führt jedoch zu einem entsprechenden Preis (Kaufabschluss) und nicht jeder Preis entspricht dem Wert des Objektes. Der Kaufpreis ist der sich durch die individuellen Wertvorstellungen sowohl aufseiten des jeweiligen Käufers als auch aufseiten des Verkäufers ergebende Tauschpreis.[808]

Dem ggü. ergibt sich der Verkehrswert aus der allgemeinen Angebot- und Nachfra- 460
gesituation auf dem gesamten Grundstücksmarkt. **Kaufpreis** und Verkehrswert sind deshalb selten identisch.

Lässt sich ein ermittelter Verkehrswert trotz geschäftsüblichen Veräußerungsanstrengungen am Markt als Kaufpreis nicht realisieren, so kann dies als deutlicher Hinweis auf eine nicht marktgerechte Verkehrswertermittlung oder auf signifikante zwischenzeitliche Änderungen der Marktverhältnisse ggü. dem Zeitpunkt der Wertermittlung verstanden werden. Ebenso kann aber auch eine sehr schnelle Veräußerung eines Grundstückes zum ermittelten Verkehrswert auch auf eine sehr moderate (fehlerhafte) Verkehrswertermittlung deuten. Es gehört zum Marktgeschehen, dass Grundstücke erst in zähen Verhandlungen zwischen Verkäufer und potenziellen Erwerbern zum Verkauf gelangen.[809]

Der BGH hat hierzu treffend ausgeführt:[810]

> »Der Preis einer Sache muss nicht ihrem Wert entsprechen. Er richtet sich gerade bei Grundstücken und vor allem, wie hier bei luxuriösen Villen-Grundstücken nach Angebot und Nachfrage und wird jeweils zwischen Käufer und Verkäufer ausgehandelt. Marktpreis und objektiver Verkehrswert spielen keine entscheidende Rolle, vielmehr sind oft spekulative Momente (Kaufkraft, Geldwert usw.) von erheblicher Bedeutung, häufig auch die persönlichen

807 BGH, 25.10.1967 – VIII ZR 215/66, EzGuG 19.11; LG Darmstadt, 16.10.1958 – 5 T 18/58, EzGuG 19.4.

808 Kleiber/Simon/Weyers, Verkehrswertermittlung von Grundstücken, S. 97 f.

809 Kleiber/Simon/Weyers, Verkehrswertermittlung von Grundstücken, 5. Aufl., S. 114, 115.

810 BGH, 25.10.1967 – VIII ZR 215/66, EzGuG 19.11; LG Darmstadt, 16.10.1958 – 5 T 18/58, EzGuG 19.4.

Vorstellungen und Wünsche des Kaufinteressenten. Der Verkäufer versucht, den höchstmöglichen Preis zu erzielen, mag dieser auch unvernünftig sein. Der Käufer ist bestrebt, möglichst wenig zu zahlen, mag dabei das Grundstück auch »verschenkt« sein. Wer bei diesem Ringen um den Preis den Gegner in seine Karten blicken lässt, hat bald verspielt.«[811]

Angebote werden vom Verkäufer regelmäßig als zu niedrig angesehen, während die Kaufpreisforderung von potenziellen Käufern als zu hoch beklagt werden. Der Ausgleich unterschiedlicher Interessenlagen erfolgt letztlich über den Kaufpreis. Damit stellt die Kaufpreisbildung zugleich auch einen Ausgleich zwischen Angebot und Nachfrage her. Des Weiteren stellt der Markt i. R. d. landesplanerischen und städtebaulichen Geschäftsordnung (Allokation) den Verteilungsmechanismus (Distribution) dar, d. h. über den Preis gelangt der Grund und Boden der zum Verkauf ansteht, regelmäßig in die Hände des wirtschaftlich Stärkeren.

461 Letzteres gilt jedoch nicht, wenn durch **direkte oder indirekte Förderung**, z. B. Gewerbeansiedlungspolitik oder durch planerische Nutzungsbindung, eingegriffen wird. Als Nachfragekriterium sind somit v. a. die Grundstückseigenschaften, also der Grundstücksteilmarkt, Renditeüberlegungen, der Sachwert, also das Prestige, sonstige Annehmlichkeiten, die gegebene Liquidität, der Produktionsstandort und der Kosten- und Nutzenvergleich heranzuziehen.

Angebotskriterien sind hingegen der Fortfall des Bedarfs, etwaiger Kostendruck, persönliche Referenzen, Vermögensumschichtungen, Annehmlichkeiten, fehlende Liquidität, Produktionsaufgaben und ebenfalls Kosten- und Nutzenvergleiche.

462 Der **Verkehrswert nach ImmoWertV** (Immobilienwertermittlungsverordnung) ist sorgfältig zu ermitteln. Dazu sind in jedem Fall eine gründliche Ortsbesichtigung erforderlich und darüber hinaus umfangreiche Erhebungen des Sachverständigen hinsichtlich der rechtlichen Gegebenheiten des Grundstücks, des Entwicklungspotenzials und des örtlichen Marktes zu erstellen.

Zu unterscheiden sind in diesem Zusammenhang die Begriffe Wert und Preis. Der **Preis** wird durch Angebot und Nachfrage bestimmt und ist damit abhängig von ungewöhnlichen (Zwangsversteigerung, Notverkauf) oder persönlichen Verhältnissen (unerfahrener Verkäufer bzw. geschäftstüchtiger Käufer oder umgekehrt).

Ein sorgfältig ermittelter Verkehrswert liegt i. d. R. innerhalb einer Bandbreite von +/- 10 – 15 % des Verkaufspreises.

Nach den Vorschriften der Immobilienwertermittlungsverordnung (ImmoWertV) sind zur Ermittlung des Verkehrswertes das
- Vergleichswertverfahren,
- Ertragswertverfahren,
- Sachwertverfahren

oder mehrere dieser Verfahren heranzuziehen.

811 Kleiber/Simon/Weyers, Verkehrswertermittlung von Grundstücken, 6. Aufl., S. 124, 125.

Sie sind grds. gleichrangig. Die Verfahren sind nach der Art des Gegenstandes der Wertermittlung, unter Berücksichtigung der im gewöhnlichen Geschäftsverkehr bestehenden Gepflogenheiten und den sonstigen Umständen des Einzelfalles zu wählen. Dabei ist die Wahl zu begründen. Für die Wahl des geeigneten Verfahrens kommt es in erster Linie darauf an, die Überlegungen der Marktteilnehmer, die zur Kaufpreisbildung führen, möglichst allgemein verständlich und nachvollziehbar darzustellen.

Das Vergleichswertverfahren beruht auf dem Vergleich des zu bewertenden Objektes mit ähnlichen, hinsichtlich Standort, Gebäudeanordnung, Ausstattung usw. vergleichbar gelagerten Immobilien, von denen bereits Marktwerte vorliegen. Dieses Verfahren wird bei der Bewertung von unbebautem Grund und Boden nahezu ausschließlich angewandt.

Die Vorrangigkeit des Vergleichswertverfahrens ist bei bebauten Grundstücken i. d. R. nicht gegeben, weil diese zumindest bei individueller Bauweise eine im Verhältnis zu unbebauten Grundstücken geringere Vergleichbarkeit untereinander aufweisen.[812]

Das Ertragswertverfahren ist generell bei Grundstücken anzuwenden, bei denen der nachhaltig erzielbare Ertrag für die Werteinschätzung auch bei der Kaufpreisfindung im Vordergrund steht, so etwa z. B. bei Mietwohngrundstücken, gemischt genutzten oder gewerblich genutzten Grundstücken.

Das Sachwertverfahren kommt demgegenüber vorrangig bei solchen Grundstücken in Betracht, bei denen es auf den Ertrag im vorstehenden Sinne nur marginal ankommt, mithin also eine renditeunabhängige Eigennutzung im Vordergrund steht, etwa bei Eigentumswohnungen oder Reihen- und Einfamilienhäuser.

Sowohl bei der Ertragswert- als auch bei der Sachwertermittlung sind alle das Bewer- 463
tungsgrundstück betreffenden **sonstige wertbeeinflussenden Umstände** sachgerecht zu berücksichtigen.

Dazu zählen u. a.:
- Abweichungen vom normalen baulichen Zustand infolge unterlassener Instandhaltungsaufwendungen oder Baumängel und Bauschäden, soweit sie nicht bereits durch den Ansatz eines reduzierten Ertrages oder durch eine kürzere Restnutzungsdauer berücksichtigt worden sind,
- wohnungs- und mietrechtliche Bindungen (z. B. Abweichungen von der ortsüblichen Miete),
- Nutzung des Grundstücks für Werbezwecke,
- Abweichungen in der Grundstücksgröße, wenn Teilflächen selbstständig verwertbar sind.

812 Kleiber/Simon/Weyers, Verkehrswertermittlung von Grundstücken, 6. Aufl., S. 1233.

(q) Going concern Wert

464 Der Wert bei Unternehmensfortführung wird gem. TEGOVA im Bluebook wie folgt definiert:

Der Wert bei Fortführung eines Unternehmens ist der Wert, der durch seine nachgewiesene Geschäftstätigkeit geschaffen worden ist. Er drückt den Wert eines etablierten Unternehmens aus und wird durch Kapitalisierung der Gewinne dieses Unternehmens unter Berücksichtigung des Umsatzes und evtl. Verbindlichkeiten hergeleitet.

Der so hergeleitete Wert umfasst die Komponenten von Grund und Boden, der Gebäude, der Anlagen, Ausrüstungen und Maschinen.

Der Wert bei Unternehmensfortführung ist demgemäß eher die Bewertung eines Geschäfts- bzw. Unternehmenswertes als die Bewertung von Eigentum an einzelne Unternehmenseinheiten, selbst wenn die bei dieser Vermögensgattung anzuwendende Methode sehr ähnlich sein kann.

Im Rahmen dieser Bewertungen sind die zuzurechnenden Immobilien gerade unter dem Gesichtspunkt des going concern, also unter der Prämisse zu bewerten, dass das Unternehmen gerade nicht veräußert wird und entsprechend auch keine Verkaufstätigkeit vonstatten geht.

465 **Wertbegriffe in der Immobilienbewertung**

Industrierat

In der Praxis ist bzgl. einer Immobilienbewertung eine Vielzahl von Wertbegriffen vorhanden. Da die Begriffe nicht selbsterklärend sind, bedürfen sie der Unterlegung eines geeigneten Wertesystems. Die in der Praxis vorhandenen Wertesysteme sind insb. bzgl. ihres Beziehungssystems und der jeweiligen Zielsetzung inhaltlich abzugrenzen.

Neben den Wertbegriffen der Handels- und Steuerbilanz (etwa Buchwert, Höchstwert oder Teilwert sind in der Bewertungspraxis v.a. folgende Wertbegriffe bedeutsam:

a) Begriffe in der deutschen Bewertungspraxis wie Beleihungswert, Bodenwert, Bodenrichtwert, Liquidationswert, Residualwert oder Verkehrswert.

b) Internationale gebräuchliche Begrifflichkeiten wie der faire Wert (fair value), Marktwert (market value), Negativwert, Notverkaufs- bzw. Liquidationswert und der Nutzwert bzw. Fortführungswert.

cc) *Sachverständigentypologie*

(1) *Einleitung*

Anders als es im angelsächsischen Sprachraum[813] gibt es in Deutschland keine allgemein gebräuchliche Berufsbezeichnung für die auf dem Gebiet der Grundstückswertermittlungen tätigen Fachkräfte. 466

Die auf diesem Gebiet tätigen Personen bezeichnen sich zumeist als Sachverständige für die Bewertung unbebauter und bebauter Grundstücke, obwohl dieser Begriff eigentlich nur solchen Personen vorbehalten bleiben sollte, die sich als haupt- oder nebenberufliche tätige Fachleute durch besondere Fachkenntnis auszeichnen und in dieser Eigenschaft für Gerichte, Behörden und Privatpersonen Gutachten zu bestimmten Problemen erstellen bzw. erstellen können.[814]

Ebenso bedarf es für einen Sachverständigen eines breit übergreifenden Grundwissens. Anders als in diversen anderen Berufen gibt es bis zum heutigen Tage für den Sachverständigen kein Berufsgesetz.[815] Wer sich als Sachverständiger betätigen oder so nennen will, braucht keine gesonderte Zulassung zu besitzen. Er braucht auch nicht seine persönliche Integrität oder sein Fachwissen durch Ablegung einer vorgeschriebenen Prüfung nachzuweisen.

Hingegen ist von dem Tatbestand einer Täuschung auszugehen, wenn sich jemand als Sachverständiger bezeichnet ohne jedoch die Voraussetzungen dafür zu erfüllen.[816] Ebenso kann in diesem Umstand auch eine sittenwidrige oder irreführende Werbung oder sogar eine vorsätzliche irreführende Werbung i. S. d. Gesetz gegen den unlauteren Wettbewerb (UWG) liegen.

Eine eindeutige Definition des Begriffes des Sachverständigen gibt es darüber hinaus nicht. Der Gesetzgeber, der diesen Begriff verwendet, setzt eine inhaltliche Definition[817] voraus, die Bezeichnung Sachverständiger ist jedoch gesetzlich nicht geschützt. Typologisch lassen sich Sachverständige nach dem Umfang ihrer Tätigkeit, auch bei ihrer formalen Stellung zum Auftraggeber und/oder ihrer institutionellen Stellung untergliedern:

813 Im angelsächsischen Sprachraum vorherrschend ist der Begriff des »valuer« oder »appraiser«; der »appraiser« wird in den Uniform Standards of Professional Appraisal Practice (USPAP) definiert, als »one who is expected to perform valuation services competently and in a manner that is independent, impartial and objective«.

814 Kleiber/Simon/Weyers, Verkehrswertermittlung von Grundstücken, 6. Aufl., S. 158.

815 Zum Sachverständigenwesen in Deutschland, z. B. BT-Drucks. 14/3986; 14/3987.

816 BGH, 16.02.1989 – I ZR 72/87, EzGuG 11.170a; AG Krefeld, 26.09.1960 – 2 c Ds, EzGuG 11.20d; LG Bonn, 20.01.1978 – 3 O 281/77, EzGuG 11.111e; OLG München, 23.10.1975 – 6 O 2824/75, EzGuG 11.98a.

817 BVerfG, 25.03.1992 – 1 BvR 288/86, EzGuG 11.193.

(a) Unterscheidung nach Umfang der Tätigkeit

467 Es kann zwischen haupt- und nebenberuflich tätigen Sachverständigen unterschieden werden.[818] Nach § 3 Abs. 3 ZSEG liegt eine hauptberufliche Tätigkeit dann vor, wenn der Sachverständige seine Berufseinkünfte im Wesentlichen aus gerichtlicher oder außergerichtlicher Tätigkeit erzielt. Der Sachverständige ist hingegen nebenberuflich tätig, wenn der Lebensunterhalt regelmäßig aus den Einkünften einer anderen hauptberuflichen Tätigkeit bestritten wird.

Bei der wirtschaftlichen Unabhängigkeit wird gemeinhin unterstellt, dass ein Höchstmaß an Unparteilichkeit gewährleistet ist.

(b) Formale Stellung

468 Im Verhältnis zum Auftraggeber ist des Weiteren zwischen selbstständigen und unselbstständigen Sachverständigen zu unterscheiden. Der selbstständige Sachverständige ist im eigenen Namen und auf eigene Rechnung freiberuflich oder gewerblich (§ 14 GewO) tätig, unabhängig davon, ob diese Tätigkeit haupt- oder nebenberuflich ausgeübt wird.

Der unselbstständige Sachverständige ist dagegen für andere Unternehmen, z. B. für Finanzvermittler oder Sachverständigenbüros, tätig. Daneben lassen sich Sachverständige einteilen in:
- freie oder selbst ernannte Sachverständige,
- amtlich anerkannte Sachverständige,
- verbandsanerkannte Sachverständige,
- gerichtlich anerkannte Sachverständige,
- »verpflichtete« Sachverständige,
- öffentlich bestellte Sachverständige,
- zertifizierte Sachverständige, wobei zwischen einer Zertifizierung nach EU-Normen und einer anderweitigen, nicht an Vorgaben gebundenen Zertifizierungen, zu unterscheiden ist.

(2) Typisierungen

(a) Freie (selbsternannte) Sachverständige

469 Als freie oder selbst ernannte Sachverständige gelten solche, die zwar über das erforderliche Fachwissen verfügen, jedoch keinen öffentlich-rechtlichen Nachweis bzw. eine Urkunde vorweisen können.

Zu den freien Sachverständigen, die keine öffentlich-rechtliche Urkunde über ihre Qualifikation und Eignung besitzen, zählen darüber hinaus aber die bei selbstständigen Sachverständigen angestellten Mitarbeiter, die angestellten Sachverständigen einer

818 OVG Berlin, 28.02.1969 – 6 B. 62/67, EzGuG 11.68a.

Sachverständigenorganisation oder die hochschulischen Mitarbeiter und behördenangehörige Sachverständige.[819]

Freie Sachverständige dürfen sich nach vorherrschender Auffassung nicht den Anschein der öffentlichen Bestellung oder amtlichen Anerkennung geben, was schon bei Verwendung eines Rundstempels der Fall ist.[820] Die freien Sachverständigen unterliegen hinsichtlich ihrer gewerbsmäßigen Tätigkeit der Gewerbeordnung. Diese sieht weder eine Wettbewerbsbeschränkung noch eine Residenzpflicht oder eine Altersbegrenzung für die Ausübung ihrer Tätigkeiten vor. Die Tätigkeit kann allerdings nach § 35 GewO wegen Unzuverlässigkeit des Sachverständigen untersagt werden. Freie Sachverständige unterliegen ebenfalls den Regelungen des § 3 UWG und des § 132a Abs. 1 Nr. 3 und Abs. 2 StGB. Sie dürfen sich demnach nicht missbräuchlich als Sachverständige bezeichnen, wenn sie nicht über eine besondere Sachkunde verfügen.

Erfahrungsgemäß werden heute freie Sachverständige auch von Amtsgerichten mit der Gutachtenerstellung beauftragt, wenn sie entsprechende ausreichende Bewertungserfahrungen und die erforderliche berufliche Qualifikation nachweisen können.

(b) Amtlich anerkannte Sachverständige

Amtlich anerkannte Sachverständige sind solche, die ihre Sachkunde vor einer staatlichen Stelle nachgewiesen haben und denen die amtliche Anerkennung zuerkannt wurde. Der Typus des amtlich anerkannten Sachverständigen ist speziell für die technische Überwachung gem. § 24 GewO entwickelt worden (etwa der Kfz-Sachverständige für den präventiven Gefahrenschutz). Die technische Überwachung, also insb. auf dem Gebiet der überwachungsbedürftigen Anlagen nach § 11 Gerätesicherheitsgesetz (GSG) und des Kraftfahrtzeugwesens, wird wegen besonderer Gefahren für Beschäftigte und Dritte von amtlichen oder amtlich für diesen Zweck anerkannten Sachverständigen vorgenommen. 470

(c) Verbandsanerkannte Sachverständige

Die Zugehörigkeit eines Sachverständigen zu einer Sachverständigenorganisation bzw. eines Verbandes ist selbst bei formeller Anerkennung eben durch die Organisation bedeutungslos, wenn damit nicht zugleich der Nachweis der besonderen Zertifikation, der Anerkennung und Einhaltung von Standesregelungen bis hin zur Fortbildung einhergehen.[821] 471

(d) Gerichtlich anerkannte Sachverständige

Gerichtliche Sachverständige sind solche, welche in dem Verfahren als Helfer oder in einem Einzelverfahren als Helfer des Richters zur Entscheidung eines gerichtlichen 472

819 LT-Drucks. NW 11//8661.

820 Z. B. OLG Dresden, 04.09.1996 – 12 U 564/96, WRP 1996, 1168 = EzGuG 11.235c.

821 BVerwG, 20.09.1985 – 1 C 22/82, EzGuG 11.147c; BVerwG, 29.09.1985 – 1 C 18/83, EzGuG 11.147b.

Verfahrens herangezogen werden.[822] Der Sachverständige zählt dann zu den Beweismitteln des gerichtlichen Verfahrens. Mit einer Werbung als gerichtlich zugelassener Sachverständiger wird gegen wettbewerbsrechtliche Vorschriften verstoßen.[823]

(e) Öffentlich bestellte und vereidigte Sachverständige

473 Um Gerichten oder Dritten die Suche nach fachlich qualifizierten Sachverständigen mit besonders hoher Glaubwürdigkeit und Gewähr für Unparteilichkeit und Zuverlässigkeit zu erleichtern, wurde die Institution des »öffentlich bestellten und vereidigten Sachverständigen« geschaffen.

Diese Konstitution bietet aufgrund ihrer Überprüfbarkeit des Sachverständigen durch staatliche oder halbstaatliche Stellen die Gewähr für eine besondere Sachkunde auf dem jeweiligen Sachgebiet.[824] Die öffentliche Bestellung erfolgt auf der Grundlage gesetzlicher Bestimmung i.R.e. Verwaltungsaktes, der zuständigen öffentlich-rechtlichen Stellen.

Hierbei bestehen drei Zulassungsvoraussetzungen:
- Besondere Sachkunde,
- Nachweis der Sachkunde,
- Persönliche Eignung.

Gesetzliche Grundlagen sind dabei insb. § 36 GewO und § 91 Abs. 1 Nr. 2 HwO. Die Zuständigkeit für die öffentliche Bestellung von Sachverständigen ergibt sich dabei i. d. R. aus § 36 GewO. Die Bezeichnung öffentlich bestellter und vereidigter Sachverständiger ist gesetzlich geschützt und nur diesen vorbehalten. Des Weiteren dürfen nur diese Sachverständigen den von den Kammern ausgehändigten Rundstempel führen.[825]

Die öffentlich bestellten Sachverständigen sollen aufgrund besonderer Sachkunde Fragen beantworten können, deren selbstständige Beurteilung einem Gericht oder einem anderen Auftraggeber wegen fehlender Sachkenntnis nicht möglich ist. Insoweit erfordert die öffentliche Bestellung auch eine uneingeschränkte Zuverlässigkeit und Vertrauenswürdigkeit der Person. Ebenso ist die gebotene Unparteilichkeit zu unterstellen, welche sich auch in Stil und Sprache widerspiegeln muss.

Die öffentliche Bestellung erfolgt grds. durch die Industrie- und Handelskammern, wobei die zugrunde liegenden Grundsätze der Sachverständigenordnung (SVO) eine Höchstaltersgrenze (die Vollendung des 68. Lebensjahres) vorsieht.

822 Jessnitzer/Frieling, Der gerichtliche Sachverständige, Rn. 723; Rudolph, Praxishandbuch Sachverständigenrecht, § 12 Rn. 1 ff.

823 LG Wiesbaden, 19.07.1978 – 12 O 46/78, EzGuG 11.112b.

824 BVerwG, 11.12.1972 – 1 C 5/71, EzGuG 1188a.

825 Bleutge, WRP 1979, 777.

Ebenso unterliegt der öffentlich bestellte und vereidigte Sachverständige einzelnen Pflichten,[826] insb. 474
- der Verpflichtung zur gewissenhaften Erfüllung seiner Obliegenheiten (Sorgfaltspflicht),
- der persönlichen Gutachtenerstattungspflicht,
- der Fortbildungspflicht,
- der Haftungspflicht,
- der Aufzeichnungs-, Aufbewahrungs- und Auskunftspflicht.

Der öffentlich bestellte und vereidigte Sachverständige ist demzufolge zur Erstattung von Gutachten verpflichtet (§ 10 SVO). Eine Verweigerung ist dabei nur aus wichtigem Grund zulässig.

(f) Zertifizierte Sachverständige

Während eine anderweitige Zertifizierung an Vorgaben nicht gebunden ist, wird nachfolgend die Zertifizierung nach EU-Normen vorgestellt. Grundlage für die europäische Zertifizierung von Sachverständigen sind folgende Normen: 475
- EN 45 003 (allgemeine Kriterien für Stellen, die Prüflaboratorien akkreditieren),
- EN 45 013 (allgemeine Stellen, die Personal zertifizieren).

Hintergrund der Zertifizierung von Sachverständigen ist auf europäische Ebene die vertrauensbildende Maßnahme zur Qualitätssicherung u. a. von Dienstleistungen im Gutachterbereich.

(g) Chartered Surveyors

Chartered Surveyors sind Absolventen eines internen Ausbildungsganges des Royal Institution of Chartered Surveyors (RICS),[827] die ein Diplom im Bereich der Immobilienwirtschaft verleihen. Auf dem Gebiet der Verkehrswertermittlung von Grundstücken hat das RICS v. a. mit dem Handbuch »Statements of valuation and appraisal practise and guidance notes« anerkannte Regeln gesetzt. Dieses als »Rosa-Buch« bezeichnete Werk enthält das »Red Book« sowie das »White Book« und damit Grundsätze für die Erstattung von Gutachten für die verschiedensten Auftraggeber und Anlässe, Definitionen und Verhaltensregeln.[828] 476

(h) Wirtschafts- und vereidigte Buchprüfer

Eine Sonderstellung im Sachverständigenwesen nehmen die Wirtschaftsprüfer und vereidigte Buchprüfer ein, da sie gem. § 15 Abs. 1 i. V. m. § 131b Abs. 1 der Wirtschaftsprüferordnung (WPO) durch Aushändigung einer von der für die Wirtschaft 477

826 Kleiber/Simon/Weyers, Verkehrswertermittlung von Grundstücken, S. 191 f.

827 Gegründet 15.06.1868, incorporated by Royal Charter 26.08.1881; Gabler/Lammel, in: Gondring/Lammel, Handbuch Immobilienwirtschaft, S. 1182.

828 Kleiber/Simon/Weyers, Verkehrswertermittlung von Grundstücken, S. 206.

zuständigen obersten Landesbehörde ausgestellten Urkunde als Wirtschaftsprüfer oder vereidigte Buchprüfer bestellt werden.

Im Rahmen dieser Bestellung sind
- Wirtschaftsprüfer u. a. gem. § 2 Abs. 1 Nr. 1 WPO befugt, unter Berufung auf ihren Berufseid auf den Gebieten der wirtschaftlichen Betriebsführung als Sachverständige aufzutreten,
- vereidigte Buchprüfer gem. § 129 Abs. 1 Nr. 1 WPO u. a. befugt, unter Berufung auf ihren Berufseid auf den Gebieten des betrieblichen Rechnungswesens als Sachverständige aufzutreten.

(3) Haftungsfragen

478 Die Erstattung von Gutachten erfolgt bei einem Privatgutachter auf der Grundlage eines **Werkvertrages nach den §§ 631 ff. BGB**, den dieser mit seinem Auftraggeber schließt. Der Werkvertrag ist formfrei und kann mündlich oder schriftlich geschlossen werden. Bei vorformulierten Verträgen ist das Gesetz über **Allgemeine Geschäftsbedingungen** (§§ 305 ff. BGB) zu beachten. Der Privatgutachter schuldet seinem Auftraggeber den werkvertraglichen Erfolg.

Die **Leistungspflicht** setzt sich zusammen aus:
- der Herstellung des Gutachtens,
- der termingerechten Ablieferung des Gutachtens,
- der Mängelfreiheit des Gutachtens.

Im Gegenzug sind von dem Auftraggeber die Abnahme des Gutachtens und die Bezahlung zu leisten.

Für eine nicht rechtzeitige Ablieferung des Gutachtens kann der Auftraggeber einen Verzögerungsschaden geltend machen oder dem Auftragnehmer gem. § 636 BGB eine Frist setzen.

Genauso ist es denkbar, dass die Auftragsvergabe im Wege eines sog. Fixgeschäftes erfolgt, wonach gem. § 631 BGB der Auftraggeber zum Rücktritt berechtigt ist, wenn das Gutachten nicht zum vereinbarten Termin oder innerhalb einer bestimmten Frist abgeliefert wird.

479 Wenn ein Gutachten eines Sachverständigen objektiv falsch ist, stellt sich die Frage, unter welchen Voraussetzungen der Sachverständige zum **Schadensersatz** verpflichtet ist. Dabei ist zwischen der Haftung ggü. seinem Auftraggeber, Dritten und im Fall einer gerichtlichen Beauftragung ggü. dem Gericht zu unterscheiden.

Während die Leistungspflicht die Schuld begründet, besagt die Haftung, dass das Vermögen des Verpflichteten Zugriffsobjekt für den Gläubiger ist. Die Haftung ihrerseits wiederum setzt **Verschulden** voraus, worunter Vorsatz und Fahrlässigkeit zu verstehen ist (§ 276 Abs. 1 BGB). Als Vorsatz ist dabei die wissentliche und gewollte Verletzung eines Rechtsgutes, z. B. des Eigentums eines persönlichen Rechts oder von Vermögensansprüchen zu verstehen. Ein falsches Gutachten stellt die Verletzung eines Rechtguts dar, wenn der Sachverständige bewusst ein falsches Gutachten erstattet hat.

Fahrlässigkeit besteht, wenn die im Verkehr erforderliche Sorgfalt[829] außer Acht gelassen wird (§ 276 Abs. 2 BGB). Grobe Fahrlässigkeit besteht, wenn die im Verkehr erforderliche Sorgfalt im besonders schweren Maße verletzt wird.

Unter besonderen Voraussetzungen haftet der Sachverständige auch **ohne Verschulden**, also bei Gefährdungshaftung. Etwa bei dem Mitwirken von Hilfskräften, Erfüllungsgehilfen i. S. d. § 278 BGB und bei Werkverträgen für den vertraglichen Erfolg (Erfolgshaftung). Maßgebliche Regelungen des BGB sind §§ 249, 252, 254, 276 und 278.

Gutachten sind darüber hinaus **nach besten Wissen und Gewissen** zu erstatten. Sofern ein Gutachter diese Pflicht in schuldhafter Weise verletzt und hieraus eine fehlerhafte Wertermittlung resultiert, ist dies auch für die Frage der Haftung und Sachverständigenentschädigung bedeutsam.

(a) Die Haftung ggü. privaten Auftraggebern

Soweit die Übernahme eines Gutachtenauftrages im Wege eines Werkvertrages erfolgt, 480 bestimmt sich die Haftung eines privat tätigen Sachverständigen ggü. privaten Auftraggebern nach den gesetzlichen Gewährleistungsbestimmungen der §§ 633 ff. BGB. Verweigert der Auftraggeber aufgrund etwaiger Mängel die Abnahme des Gutachtens und damit den Werklohn, indem er den Inhalt des Gutachtens nicht billigt, so liegt die **Beweislast** für die Mangelfreiheit des Werkes bei dem Sachverständigen.

Bei einem fehlerhaften Gutachten stehen dem Auftraggeber die Gewährleistungsansprüche nach den §§ 633 bis 635 BGB zu. Dabei ist zwischen den verschuldensunabhängigen und verschuldensabhängigen Gewährleistungsansprüchen zu unterscheiden.

Die **verschuldensunabhängigen Gewährleistungsansprüche** richten sich dabei nach § 476a BGB, wonach der Auftraggeber das Recht hat, auf Verlangen die Mängel des Gutachtens zu beseitigen. Kommt der Gutachter dieser Mangelbeseitigung nicht fristgerecht nach, so kann der Auftraggeber vorbehaltlich des § 633 Abs. 3 BGB nach Maßgabe des § 634 BGB die Rückgängigmachung des Vertrages, also auch die Wandlung oder die Herabsetzung des Honorars (Minderung) verlangen. Dieses gilt unabhängig davon, ob der Gutachter schuldhaft, d. h. vorsätzlich oder fahrlässig gehandelt hat.

Verschuldensabhängige Gewährleistungsansprüche liegen bei fahrlässig und vorsätzlich fehlerhaften Gutachten vor.

Bei einem solchen Vorliegen kann der Auftraggeber statt Wandlung oder Minderung auch Schadensersatz wegen Nichterfüllung verlangen. Rechtsvorschrift hierzu ist § 635 BGB.

Schuldhaft kann etwa sein, wenn der Sachverständige keine Ortsbesichtigung vorgenommen hat. Der Sachverständige haftet insoweit auch für Mangelfolgeschäden, worunter Schäden zu verstehen sind, welche dem mangelhaften Gutachten unmittelbar anhaften oder eng mit diesem verbunden sind. Verjährungsfrist hierbei ist gem. § 638

829 OVG Niedersachsen, 19.08.1968 – 3 D 9/68, EzGuG 11.65.a.

BGB sechs Monate. Die Verjährung beginnt dabei mit Abnahme des Gutachtens durch den Auftraggeber (§ 640 BGB).

Die Gewährleistung für Mangelfolgeschäden allerdings beträgt nach gängiger Rechtsprechung drei Jahre gem. § 195 BGB.

(b) Die Haftung ggü. Dritten (Drittwirkung)

481 Die Haftung des Sachverständigen ggü. Dritten besteht nach allgemeinen Vertragsgrundsätzen, wenn dieser in den Schutzbereich des Gutachtervertrages[830] einbezogen worden ist.

Denkbar ist dieses etwa in dem Bereich der Vermögensdisposition, wenn im Vertrauen auf das erstellte Gutachten etwa Versicherungsinstitute, Bauherren oder andere Investoren geschäftliche Dispositionen treffen.

(c) Besonderheiten der Haftung des vom Gericht bestellten Sachverständigen

482 Da die Haftung aus zivilrechtlichem Vertrag nicht in Betracht kommt, verbleibt es bei der Haftung gem. § 839a BGB für die Erstattung eines vorsätzlich falschen Gutachtens bzw. die Schäden, die der Sachverständige in sittenwidriger Weise der Prozesspartei oder einem Dritten durch ein fehlerhaftes Gutachten zufügt.

Zudem haftet der Gutachter für leichtfertiges Handeln. Ebenso tritt die Haftung bei fahrlässigem Handeln, wenn gem. § 823 Abs. 2 BGB ein Schutzgesetz verletzt worden ist, ein.

Weiterhin haftet der Sachverständige auf Schadensersatz bei grober Fahrlässigkeit. Bei leichter Fahrlässigkeit ist jedoch keine Haftung gegeben, wenn der Sachverständige nicht vereidigt worden ist, oder auf seinen allgemeinen Sachverständigeneid Bezug nimmt.

830 Zur Prospekthaftung eines Wirtschaftsprüfers BGH, 08.06.2004 – X ZR 383/02, EzGuG 11.384a.

Sachverständigentypologie Industrierat 483

In Deutschland gibt es keine eindeutige Definition oder gebräuchliche Berufsbezeichnung für die Ermittler von Grundstückswerten, zumal der Begriff des Sachverständigen auch gesetzlich nicht geschützt ist.

Neben der Unterscheidung nach Art und Umfang der Tätigkeit lassen sich Sachverständige insb. in folgende Gruppen einordnen:

a) *selbst ernannte Sachverständige*, die keine öffentlich-rechtliche Urkunde über ihre Qualifikation besitzen,

b) *amtlich anerkannte Sachverständige*, welche insb. im technischen Bereich vorzufinden sind,

c) *verbandsanerkannte Sachverständige*, deren Verbandszugehörigkeit von den internen Bestimmungen der jeweiligen Organisation abhängig ist,

d) *gerichtliche Sachverständige*, welche als Helfer des Richters in einem gerichtlichen Verfahren herangezogen werden,

e) *öffentlich bestellte und vereidigte Sachverständige*, deren Bezeichnung gesetzlich geschützt ist, welche besonderen Zulassungsvoraussetzungen unterliegen und deren Bestellung grds. durch die IHK erfolgt,

f) *zertifizierte Sachverständige*, deren Zertifizierung, etwa nach EU-Normen, als Maßnahme zur Qualitätssicherung anzusehen ist und

g) *chartered surveyors*, welche anerkannte Absolventen einer internen Ausbildung der RICS sind.

Die Gutachtenerstattung erfolgt auf Grundlage von § 631 ff. BGB (Werkvertrag) und setzt als Leistungspflicht die mängelfreie und termingerechte Herstellung des Gutachtens voraus.

dd) Gutachtengrundsätze

Bei einem **Gutachten** handelt es sich um eine mit besonderer Sachkunde, Fachwissen und Erfahrung begründete Stellungnahme, die sowohl Tatsachenbehauptungen als 484 auch Werturteile enthalten kann. Die Werturteile dürfen sich dabei nicht auf Mutmaßungen stützen, sondern müssen allein auf Tatsachen bezogen sein.[831]

Grds. kann ein Gutachten **schriftlich oder mündlich** erstellt werden, wobei die schriftliche Gutachtenerstattung in der Grundstückswertermittlung jedoch die Regel ist.

Im gerichtlichen Verfahren werden Gutachter als Helfer bzw. Entscheidungshilfen des Gerichts zur Feststellung von unbekannten Erfahrungssätzen zur Tatsachbeurteilung oder Tatsachenfeststellung herangezogen,[832] dabei sind die schriftlichen Gutachten zur Sache als **Sachverständigenbeweis** anerkannt. Das Gericht seinerseits kann nach dem Grundsatz freier Beweiswürdigung (§ 287 ZPO) sich dem Gutachten ganz oder auch nur teilweise anschließen, es kann das Gutachten aber auch gänzlich verwerfen.[833]

(1) Inhaltliche Anforderungen

(a) Konzentrationsgebot

485 Gutachten werden generell nach erfolgtem Auftrag erstattet und sollen sich hierauf konzentrieren, auch wenn den Gutachtern andere Aspekte der Sache interessanter oder wichtiger erscheinen.[834]

Das Konzentrationsgebot erweist sich auf dem Gebiet der Erstattung von Gutachten über Grundstückswerte in Einzelfällen als problematisch, da die Gesamtheit der erforderlichen Prüfungssachverhalte teilweise schwer in der Auftragsformulierung zu erfassen sind und die Prüfung der Unterlagen Werteinschränkungen oder das Unterstellen einer bestimmten Ausgangsvoraussetzung notwendig machen.

In der Praxis sollte der Gutachter somit sachdienliche Ergänzungen in sein Gutachten einbeziehen, wenn anderenfalls eine nicht sachgerechte Verwendung seines Gutachtens möglich erscheint. Üblicherweise wird dann die ohnehin im Gutachten darzulegende Auftragserteilung mit entsprechenden Hinweisen versehen, wenn sich der Gutachter vergeblich um eine sachgerechte Beauftragung bemüht hat.

(b) Objektivitätsgebot

486 Eine weitere Anforderung besteht in dem Gebot der unparteiischen Aufgabenerfüllung. Dabei dürfen selbst Parteisachverständige nicht parteiisch sein.

I. R. d. unparteiischen Aufgabenerfüllung sind von dem Sachverständigen jedweder Anschein der Voreingenommenheit, irreführende und missverständliche Aussagen sowie Unvollständigkeiten zu vermeiden.[835]

831 BGH, 02.11.1983 – IV ZR 20/82.

832 BGH, 07.06.1977 – VI ZR 77/76, MDR 1978, 42.

833 OLG Düsseldorf, 17.02.1984 – 19 W 1/81.

834 Rudolph, Praxishandbuch Sachverständigenrecht, S. 464.

835 Kleiber/Simon/Weyers, Verkehrswertermittlung von Grundstücken, S. 267.

(c) Kompetenzeinhaltungsgebot

Der Sachverständige muss einen Auftrag ablehnen, wenn seine fachliche Kompetenzen nicht hinreichend vorhanden ist, d. h. ein Gutachter darf seine fachliche Kompetenz nicht überschreiten. In der Grundstückswertermittlung sind vielschichtige Einzelfragen im rechtlichen, spezialtechnischen Wissen bis hin zum kontaminierten Bereich zu erörtern oder werden aufgeworfen. Eine gutachterliche Würdigung dieser Einzelfragen ist jedoch nur von entsprechend ausgebildeten Spezialgutachtern zu erstatten. 487

Generell kann unterstellt werden, dass der Grundstückssachverständige mit den einschlägigen Rechtsnormen und der Rechtsprechung vertraut ist und einen Hinweis auf offensichtlich noch ungeklärte Einzelfragen in seinem Gutachten mitteilt.

Der Sachverständige darf in rechtlichen Zweifelsfragen kein Rechtsgutachten (z. B. über die Bebaubarkeit eines ehem. Militärgrundstückes) erstellen. Ggf. ist von ihm darstellbar, welche Bebaubarkeit aufgrund welcher Grundlagen objektiv erwartet werden kann. Darüber hinaus besteht die Möglichkeit, dass eine Absprache seitens des Gutachters mit dem Auftraggeber dahin gehend erfolgt, welche rechtlichen Gesichtspunkte dem Gutachten zugrunde zu legen sind.

Weitere Möglichkeiten sind die Absprache hinsichtlich der Hinzuziehung von weiteren Spezialsachverständigen sowie die Erstellung von Alternativgutachten.[836]

(d) Sachaufklärungsgebot und Sorgfaltspflicht

In einem Gutachten sind Tatsachen zumindest darzustellen, welche für den Gutachter erkennbar waren.[837] Im Rahmen seiner Sorgfaltspflicht hat der Sachverständige zudem Verdachtsmomenten nachzugehen und die sich durch seine Untersuchung ergebenden Ergebnisse offenzulegen. 488

Bezogen auf Vorgutachten kann der Gutachter ungenügend abgesicherte Untersuchungsergebnisse und Schlussfolgerungen ausdrücklich hervorheben, um Scheingenauigkeiten zu vermeiden.

Der Sachverständige hat sich gegen falsche oder ungenaue vom Auftraggeber vorgegebenen Anknüpfungstatsachen zu wehren und diesen zu unterrichten, wenn er erkennen kann, dass diese nicht haltbar oder irrtümlich angegeben worden sind.

(e) Klarheitsgebot

Sachverständige Gutachten sind in einer klaren und präzisen Sprache zu erstatten. Beginnend mit dem Aufbau des Gutachtens ist die Rationalität, Argumentation und ihre Schlussfolgerung sowie die Begründung deutlich zu formulieren. Für den Adressaten eines Gutachtens sollten unverständliche Fachausdrücke ebenso wie begründungsersetzende Formulierungen vermieden werden. Ebenso ist das Gutachten durch geeignete 489

836 Kamphausen, BauR 1986, 151 ff.
837 Z. B. BGH, 27.09.1973 – VII ZR 142/72.

Lichtbilder, Karten, Pläne oder Skizzen zu ergänzen. Ferner sind von dem Gutachter die Lage des Grundstückes, die der baulichen Anlagen sowie die bestehenden Rechte aus beigebrachten Karten, Plänen oder sonstigen Anlagen erkennbar zu machen.

Die vom Sachverständigen selbst erhobenen Anknüpfungstatsachen müssen für den Nutzer als solche hervorgehoben werden.

(f) Begründungsgebot

490 Ein Gutachten hat nicht nur im Ergebnis richtig zu sein, es ist auch richtig zu begründen und für den jeweiligen Nutzer nachvollziehbar und nachprüfbar zu erstellen. Hierbei hat der Gutachter insb. Methodik und Anknüpfungstatsachen seiner Wertfindung offenzulegen, d. h. plausibel und nachvollziehbar darzustellen. Die Begründung hat dabei die gutachterlichen Ansätze und Folgerungen des Gutachtens in nachvollziehbarer Weise erkennen zu lassen, insb. hinsichtlich der Wahl des Wertermittlungsverfahrens.

491 **Grundsätze der Gutachtenerstellung** Industrierat

Gutachten stellen eine mit besonderer Sachkenntnis vornehmlich in Schriftform erstellte Stellungnahme dar, welche nachfolgend aufgeführten inhaltlichen Anforderungen zu genügen hat:

a) Das *Konzentrationsgebot*, welches sich insb. auf den Gutachtenauftrag bezieht,

b) Das *Objektivitätsgebot*, unter welchem v.a. das Gebot der unparteiischen Aufgabenerfüllung zu verstehen ist,

c) Das *Kompetenzeinhaltungsgebot*, wonach ein Sachverständiger seine fachliche Kompetenz nicht zu überschreiten hat,

d) Das *Sachaufklärungsgebot* nebst der Sorgfaltspflicht, wodurch der Gutachter Verdachtsmomenten nachzugehen und etwa ungenügend abgesicherte Schlussfolgerungen hervorzuheben hat,

e) Das *Klarheitsgebot* verpflichtet den Sachverständigen zu einer klaren und präzisen Sprache,

f) Das *Begründungsgebot* bedeutet, dass wesentliche Gedanken und Schlussfolgerungen in nachvollziehbarer Weise darzustellen sind.

(2) Gutachtenaufbau

492 Da die Gutachten über Grundstückswerte generell schriftlich erstattet werden, ist von dem Sachverständigen eine übersichtliche Gliederung vorzugeben und das Gutachten

so zu gestalten, dass es von sich heraus verständlich ist. Neben einer ansprechenden Form hat das Gutachten in der Sprache verständlich und sich v. a. auf sachdienliche Aussagen zu konzentrieren.

Zumeist ist folgende Grobstruktur vorzufinden:
- Deckblatt mit Bezeichnung der Liegenschaft und des Sachverständigen,
- Inhaltsangabe,
- ggf. Zusammenfassung des Ergebnisses,
- Auftragsbeschreibung,
- Gegenstand der Wertermittlung,
- Darstellung der Anknüpfungstatsachen,
- Wahl der Wertermittlungsverfahren,
- Lösungsweg,
- Ermittlung des Verkehrswertes,
- Ergebnis/Zusammenfassung,
- Schlussformel mit Unterschrift und Anlagen.

Details ergeben sich aus den Gutachtenerstattungsgrundsätzen (GEG), gem. WertR 76/96, dort in Anlage 24, aufgeführt:

(3) Grundsätze für die Erstattung von Gutachten

Bei der Erstattung von Gutachten über den Verkehrswert von Grundstücken und Rechten an Grundstücken nach den Bestimmungen der Immobilienwertermittlungsverordnung (ImmoWertV) und den Wertermittlungs-Richtlinien sollen folgende Grundsätze beachtet werden: 493

(a) Allgemeines

Die Gutachten sind in folgende Abschnitte zu gliedern: 494
- Allgemeine Angaben,
- Beschreibung der Lage,
- Darstellung der Nutzungsmerkmale (§§ 3 bis 5 ImmoWertV) und des zukünftigen Nutzungskonzepts (ggf. auch Fortführung der gegenwärtigen Nutzung) unter Berücksichtigung der rechtlichen und tatsächlichen Realisierbarkeit sowie ihrer Berücksichtigung auf dem allgemeinen Grundstücksmarkt,
- Wertermittlung mit abschließendem Verkehrswert und
- Anlagen.

Die Ergebnisse der Wertermittlung sind zusammenfassend auf dem Deckblatt »Zusammenstellung der Wertermittlungsergebnisse« (vgl. Anlage 24a) darzustellen. Für größere Liegenschaften mit unterschiedlichen Entwicklungszuständen und/oder baulichen oder sonstigen Nutzungen können auch mehrere Deckblätter erstellt werden. 495

Bei der Erstattung von Gutachten für Waldflächen sind die Bestimmungen der Waldwertermittlungsrichtlinien (WaldR 91) und insb. die Hinweise der Nr. 4 dieser Richtlinien zu beachten. 496

(b) Allgemeine Angaben

497 Die allgemeinen Angaben sollen:
- den Auftraggeber,
- den Zweck des Gutachtens (Wiedergabe des Auftrags, ggf. einschließlich einer dem Gutachten zugrundegelegten Auslegung sowie deren Begründung und sonstige sachdienliche Hinweise),
- die nähere Bezeichnung des Objekts,
- die herangezogenen Unterlagen, Erkundigungen und Informationen mit Angabe der Ansprechpartner (ggf. einschließlich Telefonnummern),
- den Zeitpunkt der Ortsbesichtigung sowie
- den Wertermittlungsstichtag

enthalten.

498 Von einer Wiedergabe allgemeiner Wertermittlungsvorschriften ist Abstand zu nehmen.

(c) Beschreibung der Lage

499 Zur Bezeichnung des Grundstücks ist die Gemeinde, Straße und Hausnummer sowie die Gemarkung, Flur und Flurstücksnummer anzugeben.

500 In Kartenausschnitten geeigneter Maßstäbe:
- Übersichtsplan bzw. Stadtkartenausschnitt (1: 500 – 1: 2500),
- Ausschnitt Stadt- oder Ortsplan,
- Lageplan, bemaßte Flächenskizze mit baulichen Anlagen,
- Flurkarte (1: 500 – 1: 2500),

ist die Lage des Grundstücks zu verdeutlichen. Dabei ist insb. auf die vollständige Wiedergabe des Gebäudebestands zu achten, ggf. sind die vorhandenen Karten entsprechend zu ergänzen.

501 Die Ergebnisse der Wertermittlung sind ggf. für die jeweiligen Teilbereiche einzutragen (Umrandung der Teilfläche, Angabe des Bodenwerts und Entwicklungszustands, usw.).

502 Das Gebiet, in dem das Grundstück liegt, ist mit seiner Bebauung (Art und Maß der baulichen Nutzung, Bauweise), seiner Infrastruktur, insb. seiner Verkehrserschließung sowie Ver- und Entsorgung und ggf. seiner Immissionsbelastung zu beschreiben. Dies ist insb. dann von Bedeutung, wenn Bauvorhaben nach § 34 BauGB zulässig sind.

(d) Zustandsmerkmale

(aa) Rechtliche Gegebenheiten

503 Als rechtliche Gegebenheiten des Grundstücks sind Rechte und Lasten des privaten und des öffentlichen Rechts vollständig anzugeben.

Privatrechtliche Rechte und Lasten sind insb. dinglich gesicherte Nutzungsrechte, Erbbaurechte, Vorkaufsrechte sowie langfristige Miet- und Pachtverträge. U.a. ist

Einsicht in das Grundbuch, das Liegenschaftskataster sowie das Baulastenverzeichnis zu nehmen.

Rechte und Lasten des öffentlichen Rechts sind u. a. die nach dem Planungs-, Bauordnungs- und Abgabenrecht sowie die sich aus dem Denkmal-, Landschafts- und Gewässerschutz ergeben den Festsetzungen. Hierzu zählen insb.: 504
- Darstellungen in Flächennutzungsplänen und Festsetzungen in Bebauungsplänen bzw. Vorhaben- und Erschließungsplänen,
- Zulässigkeit von Bauvorhaben nach den §§ 33 bis 35 BauGB,
- Veränderungssperren,
- Lage in Sanierungsgebieten, städtebaulichen Entwicklungsbereichen sowie im Geltungsbereich von Erhaltungssatzungen,
- Baulasten nach der BauO.

Zur Feststellung und Beschreibung sind entsprechende Informationen bei den Planungs-, Bauaufsichts- und sonstigen kommunalen Ämtern einzuholen. Die für die Verkehrswertermittlung maßgeblich planerischen Grundlagen (Regional- und Landesplanung, Flächennutzungsplan, Rahmenplan, Entwicklungsplan, Bebauungsplan und dergleichen) sind unter Angabe ihrer formellen Bezeichnung und des Zeitpunkts ihres Inkrafttretens chronologisch darzustellen. Bei laufenden Planverfahren ist der konkrete Planungsstand sowie der zu erwartende Abschluss des Planverfahrens darzulegen. Vorhandene Planungsunterlagen sind (ggf. in Entwurf) dem Gutachten in Kopie beizufügen. Der Wertermittlung zugrundegelegte mündliche Auskünfte sind hinsichtlich ihrer Verbindlichkeit zu konkretisieren; für Rückfragen sind die jeweiligen Ansprechpartner, ggf. mit Angabe der Telefonnummern, zu vermerken. 505

Sofern am Wertermittlungsstichtag eine Änderung der derzeitigen Nutzbarkeit in qualifizierbarer Weise absehbar ist, sind diese zusammen mit ihren Realisierungschancen eingehend darzulegen.

(bb) Tatsächliche Verhältnisse und sonstige Beschaffenheit

Als tatsächliche Verhältnisse und sonstige Beschaffenheit des Grundstücks sind insb. zu beschreiben: 506
- Grundstückszuschnitt, Oberflächengestaltung und Baugrundverhältnisse,
- Erschließung und abgabenrechtliche Verhältnisse (Erschließungsbeiträge, Ausgleichsbeträge, Kostenerstattungsbeträge, Stellplatzabgabe),
- derzeitige Nutzung des Grundstücks,
- Ver- und Entsorgungsanschlüsse,
- vorhandene Bebauung mit Baubeschreibung, Alter, Rest- und Gesamtnutzungsdauer der baulichen Anlagen,
- Bau- und Unterhaltungszustand mit Angabe von Baumängeln und Bauschäden,
- durchgeführte Modernisierungsmaßnahmen.

Bei **Ertragsobjekten** sind die Wohn- und Nutzflächen durch eigene oder durch Überprüfung vorliegender Berechnungen (mit Quellenangabe) getrennt nach Nutzungsarten zu ermitteln und nachzuweisen. Grds. sind die tatsächlich erzielten sowie die 507 zulässigerweise nachhaltig erzielbaren Erträge (Nettokaltmiete) und Bewirtschaftungskosten darzulegen. Zu diesem Zweck sind die bestehenden Miet- und Pachtverträge substanziiert darzustellen. Des Weiteren ist die Anzahl der vorhandenen Garagen- und Stellplätze anzugeben.

508 Bei **Sachwertobjekten** sind die nach eigenem Aufmaß oder nach eigenverantwortlicher Überprüfung vorhandener Unterlagen ermittelten Massen- und Nutzflächen nachzuweisen. Dabei sind die DIN 277 (1987) bzw. DIN 277 (1950) und DIN 283 (1962) oder § 42 Abs. 2 BV unter Hinweis auf die angewandte Berechnungsgrundlage zu verwenden.

509 Bei **land- und forstwirtschaftlich** genutzten oder nutzbaren Grundstücken ist eine Bodenbeschreibung einschließlich der Bonität (insb. Ertragsmesszahl) anzugeben. Auf Besonderheiten oder Nutzungsbeschränkungen ist hinzuweisen.

(e) Wertermittlung

(aa) Wahl des Wertermittlungsverfahrens oder der Wertermittlungsverfahren

510 Bodenwerte sind i. d. R. nach dem Vergleichswertverfahren zu ermitteln.

511 Soweit bei bebauten Grundstücken das Vergleichswertverfahren für den Gesamtwert an nicht vorhandenen Vergleichspreisen scheitert, sind das Ertragswert- und/oder das Sachwertverfahren anzuwenden. Wird der Verkehrswert aus den Ergebnissen beider Verfahren abgeleitet, ist dies besonders zu begründen.

512 Objekte, die am Markt nach Renditegesichtspunkten gehandelt werden, sind vornehmlich nach dem Ertragswertverfahren zu werten; zur Kontrolle kann auch in geeigneten Fällen das Sachwertverfahren mit herangezogen werden.

513 Objekte, die am Markt nach Substanzwertgesichtspunkten gehandelt werden (z. B. Ein- und Zweifamilienhausgrundstücke), sind vornehmlich nach dem Sachwertverfahren zu werten. Dabei sind die Auswirkungen einer möglichen Fremdnutzung (Vermietung oder Verpachtung) ggf. über das Ertragswertverfahren zu prüfen.

(bb) Bodenwert

514 Der Bodenwert ist grds. nach dem Vergleichswertverfahren zu ermitteln. Dafür sind Vergleichspreise durch Auskünfte aus der Kaufpreissammlung des Gutachterausschusses für Grundstückswerte einzuholen und die Bodenrichtwertkarte heranzuziehen. Vergleichspreise und Bodenrichtwerte sind auf einen mit dem zu wertenden Grundstück vergleichbaren Entwicklungszustand zu beziehen. Eine Ableitung des Bodenwerts von »werdendem Bauland« aus Vergleichspreisen und Bodenrichtwerten eines Entwicklungszustands »höherer« Qualität kann nur in besonderen Ausnahmefällen in Betracht kommen, insb., wenn der dabei zu berücksichtigende Wertunterschied den Ausgangswert überproportional überschreitet.

Stehen derartige Vergleichspreise und Bodenrichtwerte aus dem Gebiet, in dem das zu wertende Grundstück liegt, nicht zur Verfügung, soll hilfsweise auf geeignete

Vergleichspreise und Bodenrichtwerte vergleichbarer Gemeinden zurückgegriffen werden. Unterschiede in den wirtschaftlichen, strukturellen und besonderen Verhältnissen sind durch marktkonforme Zu- bzw. Abschläge nach geeigneten Verfahren zu berücksichtigen und nachvollziehbar zu begründen.

Eine Bodenwertermittlung auf der Grundlage kalkulierter Kosten soll nur ergänzend 515
in Betracht und nur insoweit zur Anwendung kommen, als das Ergebnis nicht überproportional vom Ausgangswert abweicht.

(cc) Ertragswertermittlung

Bei der Wertermittlung ist grds. von den ortsüblich und nachhaltig erzielbaren Er- 516
trägen (Nettokaltmiete) und den bei ordnungsgemäßer Bewirtschaftung nachhaltig anfallenden Bewirtschaftungskosten auszugehen; die Erträge sind vollständig unter Berücksichtigung auch von Erträgen aus Werbeflächen, Stellplätzen, besonderen Nutzungsgebühren und dergleichen zu erfassen. Abweichungen der tatsächlich erzielten Erträge und anfallenden Bewirtschaftungskosten sind zusätzlich zu berücksichtigen, wenn ihre Anpassung am Wertermittlungsstichtag nicht möglich ist und die künftig bestehenden Möglichkeiten einer Anpassung die Ertragssituation nachhaltig beeinflussen.

Als nachhaltig erzielbare Erträge (Nettokaltmiete) sind die auf Ortsüblichkeit geprüften Erträge unter Berücksichtigung von Lage, Alter, Größe, Ausstattung und Beschaffenheit anzusetzen. Mietrechtliche und mietpreisliche Bindungen einschließlich der in den neuen Bundesländern noch bestehenden Bindungen sind zu berücksichtigen, soweit sie nicht mit dem angesetzten Liegenschaftszinssatz berücksichtigt werden.

Bewirtschaftungskosten sind entsprechend § 18 WertV möglichst in ihren einzelnen Positionen anzusetzen.

Liegenschaftszinssatz und Restnutzungsdauer sind nach Erfahrungen des regionalen Grundstücksmarktes anzusetzen und zu begründen.

Weist ein Objekt **Baumängel** oder **Bauschäden** auf und wird ein Verkehrswert unter 517
Berücksichtigung der Kosten für deren Beseitigung sowie von Modernisierungskosten ermittelt, sind:

- die nachhaltig erzielbaren Erträge (Nettokaltmiete),
- die nachhaltig anfallenden Bewirtschaftungskosten (insb. Höhe der laufenden Instandhaltungskosten),
- die ggf. auf der Grundlage mit einer Modernisierung einhergehenden künstlichen Verjüngerung sich ergebende Restnutzungsdauer und
- die aufzuwendenden Kosten getrennt nach Instandsetzungs- und Modernisierungsmaßnahmen entsprechend dem vorhandenen und dem geplanten Bauzustand zu ermitteln. Soweit eine Verpflichtung zum Erhalt einer baulichen Anlage nicht besteht, ist bei überdurchschnittlichen Kosten zur Beseitigung der Baumängel oder Bauschäden im Verhältnis zum Gebäudeertragswert des instandgesetzten Gebäudes zu prüfen, ob die Anwendung des Liquidationsverfahrens oder der

sofortige Abriss der Gebäude zu sachgerechten Ergebnissen führt und deshalb das jeweilige Verfahren zugrunde zu legen ist.

(dd) Sachwertermittlung

518 Die Normalherstellungskosten sind in möglichst aktueller Höhe für unterschiedliche Gebäudearten getrennt anzusetzen (mit Quellenangabe).

519 Als Baupreisindizes kommen insb. die vom Statistischen Bundesamt herausgegebenen Indizes in Betracht, insb. in Berlin sind die vom Statistischen Landesamt Berlin herausgegebenen Baupreisindizes zu verwenden. In Übergangsbereichen (z. B. im sog. Speckgürtel Berlins) sind, entsprechend der vorhandenen Bebauungsdichte und Infrastruktur, die jeweiligen Landesindizes angemessen zu berücksichtigen.

520 Die Wertminderung wegen Alters bestimmt sich nach der Restnutzungsdauer und der Gesamtnutzungsdauer der Gebäude. Dabei ist zu beachten, dass nicht der physische Bestand der baulichen Anlagen, sondern deren wirtschaftliche Restnutzungsdauer maßgebend ist. Die Art der Abschreibung ist anzugeben und zu begründen.

Baumängel und Bauschäden sind nach Art und Schadensbeseitigungskosten darzulegen und angemessen zu berücksichtigen.

(ee) Verkehrswert

521 Soweit mit dem herangezogenen Kaufpreismaterial die jeweilige Lage auf dem Grundstücksmarkt nicht hinreichend Berücksichtigung finden kann, ist die Angebots- und Nachfragesituation zu ergründen, darzulegen und ggf. durch entsprechende Zu- oder Abschläge an die ermittelten Sach- bzw. Ertragswerte zu berücksichtigen. Die Mittelung des Sach- und Ertragswerts stellt i. d. R. keine geeignete Methode zur Ableitung des Verkehrswerts dar.

(ff) Abschließende Erklärung

522 Das Gutachten ist abschließend mit folgender Erklärung zu versehen:

▶ Formulierungsbeispiel:

Das Wertermittlungsobjekt wurde am ..... 200..... von ..... besichtigt; das Gutachten wurde unter meiner Leitung und Verantwortung erstellt.

(gg) Anlagen

523 Dem Gutachten sind als Anlagen beizufügen:
- Kataster- und Grundbuchauszüge,
- Kartenausschnitte entsprechend Abschnitt 2 Nr. 2,
- Planungsunterlagen entspr. Abschnitt 3.1 Nr. 3 (ggf. im Entwurf),
- Fotos der baulichen Anlagen (Innen- und Außenfotos) mit Angabe der Gebäudenummern sowie Fotos von unbebauten Grundstücksteilen (mit Standpunktskizze),
- Massen- und Nutzungsflächenberechnungen,

- Grundrisse und Schnitte der vorhandenen Bebauung (falls nicht vorhanden in Skizzenform),
- Auskünfte zu Alt- oder Baulasten bzw. Erschließungsbeitragsauskunft der jeweiligen Behörde.

ee) Informationsquellen

(1) Einleitung

Immobilienbewertungen von Sachverständigen stützen sich auf eine fundierte Datenbasis, um in der Bewertung zu einer qualifizierten Aussage einerseits zum Verkehrswert der Immobilie und andererseits zu einer verlässlichen Beurteilung des Grundstückes, seiner Bausubstanz und den damit verbundenen Imponderabilien (Unwägbarkeiten) zu gelangen. 524

Hierzu bedient sich der Gutachter eines aus seiner Erfahrung heraus vorhandenen Repertoires von vergleichbaren Daten aus vergangenen Wertermittlungen und seiner allgemeinen Marktkenntnis. Außerdem muss er sich aktuelle, für die jeweilige Aufgabenstellung der Bewertung erforderliche Informationen beschaffen, welche die Grundlage seiner Bewertungsarbeit darstellen. 525

Die gründliche Auswertung aller die Immobilie betreffenden Informationen/Unterlagen ist die wesentlichste Voraussetzung für eine realistische Werteinschätzung und eine qualifizierte Aussage zur Immobilie. 526

In der Folge sind verschiedene Informationen und Recherchen z. B. bei örtlichen Behörden, Ämtern oder Wirtschaftsverbänden erforderlich, um an das Datenmaterial zu gelangen. 527

Auf den kommenden Seiten ist eine Auswahl der wichtigsten Informationen dargestellt. Außerdem werden Möglichkeiten aufgezeigt, wo diese Daten zu beschaffen sind und auf welche Besonderheiten zu achten ist. 528

(2) Notwendige Informationen

(a) Grundbuch

Das Grundbuch ist das wichtigste Dokument zu den Merkmalen und Besonderheiten eines Grundstückes. In ihm sind alle Rechtsverhältnisse dokumentiert. In der Vergangenheit aufgetretene Veränderungen zu z. B. Grundstücksgröße, Eigentümerwechsel oder auch Grundpfandrechten werden hier abgebildet. Alle Grundstücke unterliegen einem sog. Buchungszwang, insofern sind immer die aktuellen Rechtsverhältnisse hier ablesbar. 529

530 Das Grundbuch ist öffentlich und genießt öffentlichen Glauben (§ 892 BGB).[838] Das bedeutet, jeder der ein eingetragenes Recht durch ein Rechtsgeschäft erwirbt, kann auf die Richtigkeit des Grundbuches vertrauen, sofern dem Erwerber die Unrichtigkeit nicht bekannt ist (»gutgläubiger Erwerb«). Angaben, wie z. B. Wirtschaftsart, Flächengröße, Lage, Bebauung unterliegen hingegen nicht dem öffentlichen Glauben, sondern nur bezeichnet als z. B. Flurstücksnummer, Flur und Gemarkung.

531 Das Grundbuch ist in fünf verschiedene Bereiche gegliedert. Es kommt vor, dass zu einem Bewertungsgrundstück mehrere Grundbücher, auch Grundbuchblätter, angelegt sind. Die fünf Abschnitte des Grundbuches gliedern sich in

I. Deckblatt,

II. Bestandsverzeichnis,

III. Erste Abteilung,

IV. Zweite Abteilung,

V. Dritte Abteilung.

Die Bedeutung und der Inhalt der einzelnen Bereiche:

(aa) Deckblatt

532 Das Deckblatt enthält die Angaben zum Ort des AG, in welchem das Grundbuch geführt wird.

Weiterhin ist hier die Gemarkung – ein vermessungstechnischer Bezirk[839] – dargestellt. Diese hat eine Ordnungsfunktion aus katastertechnischer Sicht. Die Unterbezirke der Gemarkung sind die Flure, in welchem wiederum die Flurstücke gebildet werden.

(bb) Bestandsverzeichnis

533 Im Bestandsverzeichnis ist die laufende Nr. der Grundstücke verzeichnet. Es gliedert sich in mehrere Spalten, in denen folgende Angaben enthalten sind:

Spalte 1: laufende Nr. des Grundstückes, die Anzahl verschiedener Grundstücke

Spalte 2: bisherige laufende Nr.

Spalte 3: Bezeichnung des Grundstückes, z. B. Gemarkung, Katasterlage, Flur- und Flurstücks-Nr., Liegenschaftsbuch und Wirtschaftsart/Lage

Spalte 4: Größe des Grundstückes in ha, a, m^2

Spalte 5: frühere Eintragungen des Grundstückes

Spalte 6: Bestand und Zuschreibungen

838 Kleiber/Simon/Weyers, Verkehrswertermittlung von Grundstücken, 6. Aufl., S. 295, RGZ 61, 3747; RGZ 145, 354; Demharter, GBO, 22. Aufl. 1997, S. 43.

839 Kleiber/Simon/Weyers, Verkehrswertermittlung von Grundstücken, 6. Aufl., S. 297.

Spalte 7: Neueintragungen des abgeschriebenen Grundstückes

Spalte 8: Abschreibungen.

(cc) Erste Abteilung

In der Ersten Abteilung des Grundbuches sind die Eigentumsverhältnisse dargestellt.[840] Neben der laufenden Nr. der Eintragung findet sich der Grundstückseigentümer, die laufende Nr. der Grundstücke im Bestandsverzeichnis sowie die Grundlage der Eintragung (z. B. Rechtsvorgang, wie Erwerb, Auflassung). Es ist möglich, dass mehrere Eigentümer für ein Grundstück eingetragen sein können, als Miteigentum (z. B. zu mehreren Teilen oder z. B. zur ideellen Hälfte usw.). 534

Im Grundbuch rot unterstrichene Eintragungen (gerötet) sind gelöscht. In der Praxis sind diese aufgrund gefertigter Kopien nur schwarz unterstrichen oder schräg durchgestrichen erkennbar.

(dd) Zweite Abteilung

Die Zweite Abteilung beinhaltet in insgesamt sieben Spalten aufgeführte Belastungen des Grundstückes (»Lasten und Beschränkungen«) wie z. B. Erbbaurechte, Grunddienstbarkeiten (z. B. Wege- oder Leitungsrechte) mit Ausnahme der Grundpfandrechte.[841] 535

Lasten und Beschränkungen, wie z. B. öffentlich-rechtliche Belastungen, Erschließungskosten, Grundsteuern, Baulasten, Miet- und Pachtverhältnisse, das Baurecht und der Denkmalschutz sind i. d. R. nicht eingetragen.

(ee) Dritte Abteilung

Gegenstand der Dritten Abteilung sind Grundpfandrechte. 536

Grundpfandrechte können Hypotheken, Grundschulden und Rentenschulden sein.

Grundschulden und Hypotheken unterscheiden sich in der Weise, dass eine Hypothek – streng akzessorisch – immer forderungsabhängig ist und nur in der aktuell valutierenden Höhe vom Gläubiger geltend gemacht werden kann. Die Grundschuld besteht auch trotz ggf. geleisteter Tilgungen in voller, eingetragener Höhe.[842]

Heute werden in der Praxis regelmäßig Grundschulden eingetragen, die Hypothek spielt kaum noch eine Rolle.

840 Kleiber/Simon/Weyers, Verkehrswertermittlung von Grundstücken, 6. Aufl., S. 298.

841 Kleiber/Simon/Weyers, Verkehrswertermittlung von Grundstücken, 6. Aufl., S. 298.

842 Kleiber/Simon/Weyers, Verkehrswertermittlung von Grundstücken, 6. Aufl., S. 298.

(ff) Besonderheiten

537 Grundbücher werden auch für Wohn- oder Teileigentum, d.h., z.B. für Eigentumswohnungen oder einzelne Ladeneinheiten geführt. In diesem Fall werden sog. Wohnungsgrundbücher oder auch Teileigentumsgrundbücher (gewerbliche Nutzung) angelegt.

Beim Wohn- oder Teileigentum steht jedem Miteigentümer ein Bruchteil (Miteigentumsanteil) am Grundstück und am Gebäude (gemeinschaftliches Eigentum) zu. Die eigentliche Wohnung oder Gewerbefläche steht im sog. Sondereigentum des Eigentümers.

Die rechtlichen Beziehungen zwischen den Miteigentümern, zur Verwaltung etc. sind im Wohnungseigentumsgesetz (WEG) geregelt.

Für jede Wohnung/Gewerbeeinheit wird ein eigenes Grundbuchblatt gebildet.

Die Aufteilung eines Gebäudes im Wohn- oder Teileigentum erfolgt anhand der Teilungserklärung (notariell) ggü. dem Grundbuchamt bzw. anhand eines Einräumungsverfahrens.

Erbbaurechte werden in sogenannten Erbbaurechtsgrundbüchern geführt, welche im Bestandsverzeichnis z.B. auch Angaben zur Dauer des Erbbaurechtes enthalten.

Auskünfte zum Grundbuch und Ablichtungen (sog. Grundbuchauszüge) erteilen die örtlichen AG der Städte und Gemeinden, bei denen die Grundbuchämter ansässig sind.

Es erhält derjenige Auskunft, der ein berechtigtes Interesse vorweisen kann. Als Sachverständiger reicht i.d.R. die Vollmacht des Eigentümers.

Auch als Inhaber eines Grundpfandrechts (z.B. Banken) oder eines Wohnrechts (z.B. bei Angehörigen) liegt ein berechtigtes Interesse vor.

Notare und Anwälte, die im nachgewiesenen Auftrag eines Notars handeln sowie öffentlich bestellte Vermessungsingenieure sind von der Darlegung eines berechtigten Interesses befreit.[843]

(b) Flurkarte, Lageplan

538 Die Flurkarte gibt dem Gutachtenleser als Übersichtsplan einen Eindruck über die zu bewertenden Grundstücke mit der vorhandenen Bebauung. Auf der Flurkarte sind die einzelnen Flurstücke mit den Flurstücksnummern und der Flur verzeichnet. Anhand der schraffiert eingezeichneten Gebäude lassen sich ggf. auch Überbauungen von Nachbargrundstücken erkennen.

In Baugebieten ohne Bebauungsplan ist anhand der Flurkarte die nachbarschaftliche Umgebungsbebauung erkennbar, sodass dadurch z.B. anhand der Gebäudestruktur,

843 Kleiber/Simon/Weyers, Verkehrswertermittlung von Grundstücken, 6. Aufl., S. 301.

Größe etc. Schlussfolgerungen auf eine künftige Bebaubarkeit des Bewertungsgrundstückes gezogen werden können.

Flurkarten sind regelmäßig eingenordet und maßstabsgerecht, sodass die Orientierung erleichtert wird.

Flurkartenauszüge als Ablichtung in beglaubigter oder unbeglaubigter Form sind für geringes Entgelt bei den zuständigen Behörden, i. d. R. dem Kataster- und Vermessungsamt der Stadt/Gemeinde und ohne Nachweis eines berechtigten Interesses kostenpflichtig erhältlich.

Der Lageplan beschreibt neben der vorhandenen Grundstücksfläche und dem Gebäu- 539
debestand auch die Erschließung des Grundstückes (z. B. Zufahrten), der Gebäude (Torzufahrten, Eingangsbereiche), die Anordnung von Parkplätzen, ggf. kleinere Gebäudeteile, wie z. B. Trafoanlagen, und auch mit unter Außenanlagen (z. B. Zaunanlagen etc.).

Diese Lagepläne werden i. d. R. von den planenden Architekten als Anlage zum Bauantrag angefertigt und sind auch ggf. über die Eigentümer oder Grundpfandrechtsgläubiger zu beziehen. Sofern ein berechtigtes Interesse (z. B. Vollmacht des Eigentümers) vorliegt, kann man diese Unterlage auch bei den Archiven der örtlichen Baubehörden kostenpflichtig erhalten.

(c) Grundrisszeichnungen, Gebäudeschnitte

Zur Beurteilung der Gebäudesubstanz hinsichtlich Grundrissstruktur, d. h. Gliederung 540
und Zusammenwirken einzelner Nutzungsbereiche (z. B. Lager, Büro, Verkaufsflächen, Sanitär- und Sozialbereiche) dienen Grundrisszeichnungen möglichst in maßstäblicher Form. Schnittzeichnungen geben z. B. Aufschluss über Deckenhöhen, Deckenausführung, Anzahl der Geschosse, Gründung usw.

Diese Unterlagen sind vom Eigentümer/Architekten als auch beim Archiv der örtlichen Baubehörde kostenpflichtig zu erhalten.

(d) Flächenberechnungen/Rauminhalte

Die Bewertung einer Immobilie wird maßgeblich von den im Gebäude und den 541
Außenanlagen vorhandenen Flächen, die für die entsprechende Nutzung des Gebäudes zur Verfügung stehen, beeinflusst.

Anhand dieser Flächen oder auch des Rauminhaltes (umbauter Raum) bzw. der Bruttogrundfläche (BGF) lassen sich einerseits z. B. die Höhe von Erträgen aus den baulichen Anlagen (Ertragswertverfahren) ermitteln und bei der Anwendung, z. B. des Sachwertverfahrens, der aktuelle Herstellungswert bzw. Zeitwert der baulichen Anlagen ableiten.

Die Ermittlung dieser Angaben hat somit wesentlichen Einfluss auf die Höhe des Verkehrswertes und bedarf deshalb einer sehr gründlichen Erfassung auf der Grundlage definierter und sachgerechter Berechnungsmethoden.

Da z.B. bei der Ertragswertermittlung eines Mehrfamilienwohnhauses auf den Quadratmeter bezogene Vergleichsmieten anderer vergleichbarer Wohnobjekte herangezogen werden, ist zunächst zu klären, nach welcher Berechnung die vergleichbaren Objekte berechnet wurden, um dann die Flächen der zu bewertenden baulichen Anlagen nach derselben Methode festzustellen.

Gleiches gilt z.B. auch bei der Bewertung von Eigentumswohnungen, wenn hierzu auf den Quadratmeter bezogene Werte herangezogen werden sollen.

In der Wertermittlung von bebauten Grundstücken wird zwischen folgenden, gebräuchlichen Flächen unterschieden:

(aa) DIN 277

542 Nach DIN 277 wird zwischen folgenden Flächeneinheiten unterschieden:[844]

- **Brutto-Grundfläche (auch Bruttogeschossfläche, BGF)**; Summe aller nutzbaren zwischen den aufgehenden Bauteilen befindlichen Grundflächen eines Bauwerkes (äußere Maße) ohne nicht nutzbare Dachflächen und Hohlräume.
- **Die Netto-Grundfläche (oder Nettogeschossfläche, NGF)**; Summe der in allen Ebenen nutzbaren Flächen, ohne Konstruktionsflächen. Die NGF gliedert sich in Nutzflächen (NF), Funktionsflächen (FF) und Verkehrsflächen (VF).
- **Die Konstruktions-Grundfläche (KGF)**; Summe aller Grundflächen der aufgehenden Bauteile in allen Ebenen, z.B. Wände, Pfeiler, Stützen, Schächte und Kamine.
- **Die Nettogrundfläche** (NGF) gliedert sich in die Nutzflächen (NF, Fläche, die zur Nutzung gem. Zweckbestimmung zur Verfügung steht), die Funktionsflächen (FF, zur Unterbringung betriebstechnischer Anlagen, z.B. Hausanschlussräume) und die Verkehrsflächen (VF, Flächen, die dem Zugang, dem Verkehr innerhalb des Gebäudes dienen, z.B. Treppenhäuser, Aufzüge, Flure).[845]

(bb) Wohnfläche nach den §§ 42 bis 44. 2. Berechnungsverordnung (II. BV)

543 Diese Berechnungsmethode findet nur im öffentlich geförderten Wohnungsbau seine Anwendung, nicht jedoch in mietpreisfreien Alt- und Neubauten.[846]

(cc) Wohn- und Nutzfläche nach der DIN 283

544 Diese Norm, welche schon 1983 aufgehoben wurde, enthält Methoden zur Ermittlung der Wohn- und Nutzfläche des freifinanzierten Wohnungsbaues und unterscheidet sich von denen der II. BV.

545 Wesentliche Unterschiede zwischen den Berechnungsarten nach II. BV und DIN 283 ergeben sich insb. im Ansatz der Balkon- und Terrassenflächen.

844 Kleiber/Simon/Weyers, Verkehrswertermittlung von Grundstücken, 6. Aufl., S. 308.
845 Kleiber/Simon/Weyers, Verkehrswertermittlung von Grundstücken, 6. Aufl., S. 309.
846 Kleiber/Simon/Weyers, Verkehrswertermittlung von Grundstücken, 6. Aufl., S. 320.

Nach DIN 283 sind diese Flächen z. B. zu 1/4 der Grundfläche anzusetzen. Nach der II. BV können diese Flächen überhaupt nicht oder höchstens bis zur Hälfte angesetzt werden. Dies kann z. B. bei der Berechnung der Wohnfläche eines Mehrfamilienhauses durch das Vorhandensein von Balkonen zu erheblichen Abweichungen und somit anderen Ergebnissen führen.[847]

Flächenberechnungen finden sich in den Bauantragsunterlagen des planenden Architekten beim Archiv des Bauamtes (gegen Vollmacht) oder beim Eigentümer/Architekten selbst und können kostenpflichtig beschafft werden. 546

(e) Baurecht

Das Baurecht zu einem Grundstück spielt insb. dann eine wichtige Rolle, wenn die z. Zt. bestehenden Gebäude abgerissen, erweitert, umgebaut werden sollen oder es sich um ein unbebautes Grundstück handelt. Dabei kann sich eine Erweiterung der Gebäudeflächen mit zunehmender vermietbarer Nutzfläche z. B. wertsteigernd auswirken. 547

Ebenso ist die künftige Bebaubarkeit mit Einzelhandel einer zuvor brachliegenden Industriefläche an einer befahrenden Ausfallstraße u. U. wertsteigernd zu sehen und ermöglicht ggf. somit erst einen Verkauf des Grundstückes.

Eine im Flächennutzungsplan der Gemeinde befindliche z. Zt. landwirtschaftlich genutzte Fläche mit der Ausweisung W (Wohnen) oder G (Gewerbe) kann durch die spätere Aufstellung eines qualifizierten Bebauungsplanes und der dann möglichen Bebaubarkeit erheblich an Wert gewinnen. 548

Im Baurecht gibt es umfangreiche Gesetzmäßigkeiten, Vorschriften u. Ä., die z. T. im BauGB (Baugesetzbuch), der BauNVO (Baunutzungsverordnung) und z. B. den Bauordnungen der Länder geregelt sind. Nachstehend soll an dieser Stelle nur auszugsweise auf die wichtigsten Instrumente/Bestimmungen im Zusammenhang mit Grundstücksbewertungen eingegangen werden. 549

(aa) Bebauungsplan

Bebauungspläne werden von Gemeinden und Städten nach den Vorschriften des Baugesetzbuches (BauGB) in Eigenverantwortung aufgestellt. Zusammen mit dem Flächennutzungsplan (vorbereitender Bauleitplan) sind sie neben dem vorhabenbezogenen Bebauungsplan Hauptinstrument der Bauleitplanung einer Gemeinde. Sie enthalten rechtsverbindliche Festsetzungen. 550

Unterschieden werden qualifizierte und unqualifizierte Bebauungspläne. Bei einem qualifizierten Bebauungsplan sind mindestens Festsetzungen zur Art und zum Maß der baulichen Nutzung sowie die überbaubaren Grundstücksflächen und örtlichen Verkehrsflächen vorhanden. Sofern eine dieser Festsetzungen fehlt, handelt es sich um 551

847 Kleiber/Simon/Weyers, Verkehrswertermittlung von Grundstücken, 6. Aufl., S. 326.

einen einfachen Bebauungsplan. Soweit Festsetzungen fehlen, richtet sich die Zulässigkeit von Vorhaben nach den Vorschriften der §§ 34 und 35 BauGB.[848]

552 Der Inhalt eines Bebauungsplanes gliedert sich insb. in Festsetzungen zur Art der baulichen Nutzung (Wohngebiet, Mischgebiet, Gewerbegebiet, Industriegebiet, Sondergebiet), das Maß der baulichen Nutzung (Grundflächenzahl/GRZ; Geschossflächenzahl/GFZ; Zahl der Vollgeschosse, Höhe der Bauwerke) und die überbaubaren Grundstücksflächen. Durch diese Festsetzungen wird besonders auch die wirtschaftliche Ausnutzbarkeit eines Grundstückes mitbestimmt. Daneben haben Gemeinden die Möglichkeit, zusätzliche örtliche Bauvorschriften zu erlassen.[849]

553 Zur Aufstellung von Bebauungsplänen müssen Städte und Gemeinden ein im BauGB geregeltes Verfahren durchführen:

Schema: Bauleitverfahren

Das Bauleitverfahren (Schema)

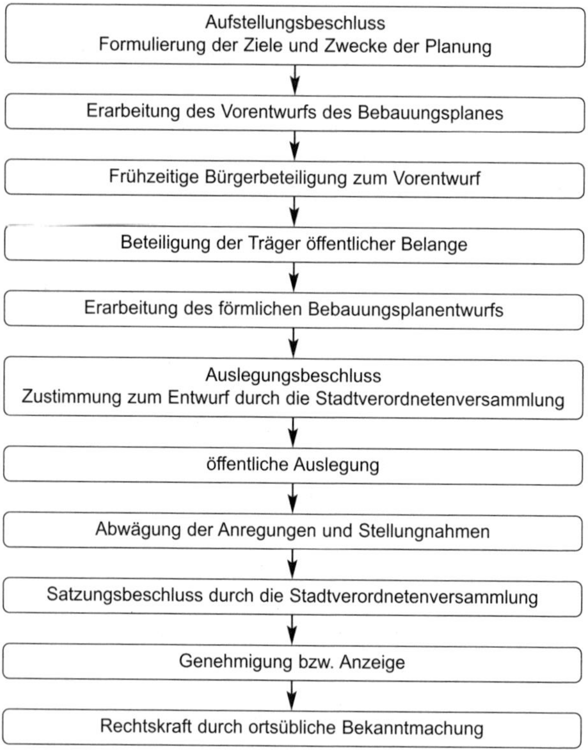

848 Falk, Fachlexikon Immobilienwirtschaft, S. 112.
849 Falk, Fachlexikon Immobilienwirtschaft, S. 112.

Das umfangreiche Beteiligungsverfahren dient in erster Linie zur umfassenden Information der Gemeinde und soll dazu beitragen, dass die Gemeinde über alle Auswirkungen der Planung und über öffentliche und private Belange informiert wird und die richtige Entscheidung i. R. d. Abwägungsgebotes (BauGB) trifft. 554

Sofern das Bauvorhaben in jeder Hinsicht einem qualifizierten Bebauungsplan entspricht und die Erschließung gesichert ist, hat der Bauherr einen Rechtsanspruch auf Erteilung der Baugenehmigung, es sei denn, bauordnungsrechtliche Gründe oder andere gesetzliche Regelungen stehen entgegen.

Darüber hinaus können unter bestimmten Voraussetzungen Ausnahmen und Befreiungen von einem Bebauungsplan erteilt werden. 555

Ausnahmen sind zwar nicht regelmäßig zulässig, im Bebauungsplan aber bereits ausdrücklich vorgesehen. Bei einer Befreiung handelt es sich um die Durchbrechung einer Festsetzung im Bebauungsplan. Daher sind Befreiungen nur unter sehr engen Voraussetzungen möglich.

Da das Verfahren zur Aufstellung eines Bebauungsplanes sehr lange dauern kann, hat der Gesetzgeber im § 33 BauGB eine Möglichkeit geschaffen, das Vorhaben während des noch in Aufstellung befindlichen Bebauungsplanes zu genehmigen. Danach ist das Vorhaben zulässig, wenn die Offenlegung durchgeführt wurde und die Träger öffentlicher Belange beteiligt worden sind und anzunehmen ist, dass das Vorhaben den künftigen Festsetzungen des Bebauungsplanes nicht entgegensteht.[850] 556

(bb) Bebauung im Innenbereich (§ 34 BauGB)

Die Bebauung von Grundstücken im Innenbereich einer Gemeinde hat in der Praxis eine erhebliche Bedeutung. 557

Die meisten Baugenehmigungen werden noch immer nach § 34 BauGB erteilt und nicht auf der Grundlage von Bebauungsplänen.

Sofern für Grundstücke kein Bebauungsplan existiert, findet i. d. R. der § 34 BauGB Anwendung. Nach BauGB werden »Innenbereich« und »Außenbereich« unterschieden. Im Außenbereich darf bis auf sog. privilegierte Vorhaben i. d. R. nicht gebaut werden. Die Vorschrift nach § 34 BauGB definiert den Innenbereich als den Bereich »innerhalb der im Zusammenhang bebauten Ortsteile«. Dies bedeutet, dass einerseits ein gewisser Ortsteil mit einem bestimmten Gewicht hinsichtlich der Zahl vorhandener Bauten vorhanden ist und eine gewisse Siedlungsstruktur erkennen lässt. Außerdem muss ein Bebauungszusammenhang bestehen, d. h. trotz vorhandener Baulücken noch der Eindruck einer Geschlossenheit erkennbar sein.[851] 558

Dies bedeutet, dass einerseits ein gewisser Ortsteil mit einem bestimmten Gewicht hinsichtlich der Zahl vorhandener Bauten vorhanden ist und eine gewisse

850 Falk, Fachlexikon Immobilienwirtschaft, S. 113.

851 Falk, Fachlexikon Immobilienwirtschaft, S. 370.

Siedlungsstruktur erkennen lässt. Außerdem muss ein Bebauungszusammenhang bestehen, d. h. es ist trotz vorhandener Baulücken noch der Eindruck einer Geschlossenheit erkennbar. Es gilt der Grundsatz, dass die Grenze zwischen Innenbereich und Außenbereich an der Außenwand des letzten Gebäudes verläuft, dass am Bebauungszusammenhang noch teil hat.

559 Weitere Zulassungskriterien für ein Bauvorhaben im Innenbereich sind, dass sich das Vorhaben nach Art und Maß der baulichen Nutzung, der Bauweise und der überbauten Grundstücksfläche in die Eigenart der näheren Umgebung einfügt, die Anforderungen an gesunde Wohn- und Arbeitsverhältnisse gewahrt sind, das Ortsbild nicht beeinträchtigt wird und die Erschließung gesichert ist.

560 ▶ **Praxistipp:**

Für den Bauherren empfiehlt sich die Einholung eines Bauvorbescheides bei der Baubehörde über eine Bauvoranfrage. Auskünfte zur Bebaubarkeit bzw. zum Baurecht von Grundstücken sind bei den Bauaufsichtsämtern der Städte und Gemeinden bzw. den Stadtplanungsämtern zu bekommen. Ein berechtigtes Interesse muss nicht nachgewiesen werden, die Auskünfte sind öffentlich zugänglich. Bei vorhandenen Bebauungsplänen empfiehlt sich, einen Auszug aus dem Bebauungsplan nebst textlichen Festsetzungen in Kopie anzufordern.

(f) Erschließungsbeiträge

561 Erschließungsbeiträge können von Gemeinden sowohl für beitragsfähige Erschließungsanlagen erhoben werden als auch für deren erstmalige Herstellung. Im Vordergrund der beitragsfähigen Aufwendungen der Gemeinde stehen die zum Ausbau bestimmten Straßen.

562 Gesetzlich geregelt ist im BauGB, dass die Gemeinde einen 10 %igen Anteil des beitragsfähigen Erschließungsaufwandes zu tragen hat. Dieser Anteil kann über den Erschließungsvertrag auch auf den Investor eines Bauvorhabens abgewälzt werden. Der ermittelte Erschließungsaufwand wird dann auf die erschlossenen Grundstücke verteilt.[852]

Nicht bezahlte oder noch ausstehende Erschließungsbeiträge können sich wertmindernd auswirken.

563 Informationen zu evtl. ausstehenden Erschließungsbeiträgen sind bei den städtischen Gemeinden in den Bauämtern zu bekommen. Es empfiehlt sich der Nachweis des berechtigten Interesses (ggf. per Vollmacht), da diese Auskünfte nicht öffentlich sind.

(g) Baulasten

564 Als Baulasten werden auf das Grundstück bezogene öffentlich-rechtliche Verpflichtungen des jeweiligen Grundstückseigentümers ggü. der Gemeinde bezeichnet.

852 Falk, Fachlexikon Immobilienwirtschaft, S. 199.

Inhaltlich bezieht sich die Verpflichtung auf ein das Grundstück des Baulastenübernehmers betreffendes Tun, Dulden oder Unterlassen, dass sich nicht bereits aus öffentlich Vorschriften ergibt. Die Baulast ist eine freiwillig übernommene öffentlich-rechtliche Verpflichtung, die als öffentliche Last auf dem Grundstück lastet.

Die Erklärung bedarf der **Schriftform**. Baulasten werden im Baulastenverzeichnis der jeweiligen Baubehörde geführt.

Kann bspw. ein Bauherr die grundstücksbezogenen öffentlich-rechtlichen Vorschriften (z. B. erforderliche Abstandsflächen) nicht einhalten, so ermöglicht das Rechtsinstitut der Baulast dem Bauherren die Möglichkeit, das Vorhaben durch Inanspruchnahme des Nachbargrundstückes genehmigungsfähig zu machen. Die gesetzlichen Anforderungen würden in diesem Fall vom Nachbareigentümer erfüllt. 565

In diesem Zusammenhang hat die Baulast ausschließlich **öffentlich-rechtliche Wirkung**. Deshalb sind neben der Baulast regelmäßig die Eintragung einer Grunddienstbarkeit oder die Gestattungserklärung des Eigentümers notwendig. Nur so sind Nutzungsrechte ggü. dem Baulastübernehmer durchsetzbar.

▶ Beispiele für häufige Baulasten: 566

- Übernahme von Abstandsflächen auf Nachbargrundstücken. Hierbei übernimmt der Grundstückseigentümer für den Nachbareigentümer die Verpflichtung, hinsichtlich der notwendigen Abstandsflächen des Nachbargebäudes einen bestimmten Flächenanteil seines Grundstückes nicht in Anrechnung zu bringen, sodass die Abstandsflächen des Nachbarn sozusagen auf einem Teil seines Grundstückes liegen.
- Baulast zur Sicherung der Nutzung als Stellplatz oder Garagenfläche auf einem Grundstück in der näheren Umgebung. [853]

Baulasten können wie am Beispiel der Abstandsflächenbaulast auch wertmindernd wirken, wenn der Baulastenübernehmer den Teil der Abstandsfläche des Nachbarn auf seinem Grundstück nicht mehr überbauen darf. 567

Baulastenauskünfte erteilen die zuständigen Bauämter der Städte und Gemeinden, i. d. R. gegen Vollmacht oder Nachweis eines berechtigten Interesses.

(h) Altlasten

Unter Altlasten sind Belastungen, Ablagerungen oder Verunreinigungen des Bodens oder Untergrundes eines Grundstückes zu verstehen. Altlasten können als Altablagerungen (z. B. durch ehem. Mülldeponien, Altstandorte von ehemaligen Fabriken oder Militärgeländen) oder auch als Bodenbelastung durch z. B. Überschwemmungsgebiete auftreten. 568

853 Falk, Fachlexikon Immobilienwirtschaft, S. 87, 89.

Für den Grundstückseigentümer hat eine Altlast erhebliche Folgen. Neben den finanziellen Belastungen zur Beseitigung von Altlasten können z. B. einer Baugenehmigung Regelungen im Bebauungsplan entgegenstehen, wenn z. B. gesunde Wohn- oder Arbeitsverhältnisse nicht gewahrt werden. Ein Bodengutachten kann hier dem Grundstückseigentümer Gewissheit verschaffen und nachweisen, dass z. B. eine Wohnnutzung möglich ist.

Unabhängig von der Bebaubarkeit kann der Eigentümer eines Grundstückes als Zustandsstörer von Städten und Gemeinden verpflichtet werden, die Altlasten zu beseitigen, weil sie eine Gefahr für Leib und Leben anderer als Teil der öffentlichen Sicherheit darstellen. Zur Sanierung kann auch der Handlungsstörer herangezogen werden, d. h. derjenige, der durch sein Handeln (z. B. die Produktion etc.) die Altlast verursacht hat. Wichtig zu wissen ist hierbei, dass auch dessen Rechtsnachfolger von der Behörde verpflichtet werden kann.

569 Bei begründetem Altlastenverdacht können Eigentümer zur Nachforschung verpflichtet werden. Dies kann auch durch die Behörde (Umweltamt) erfolgen, wobei dem Eigentümer die Kosten der Erforschung auferlegt werden.

570 Besonders im Verkaufsfall kann bereits der naheliegende Altlastenverdacht einen Fehler/Mangel an der Kaufsache bedeuten und Wandelung des Kaufvertrages oder Minderung des Kaufpreises bewirken.

Bei Verkäufen von Verdachtsgrundstücken bzw. industriell genutzten Grundstücken empfiehlt sich deshalb, ein Altlastengutachten erstellen zu lassen, welches einerseits ggf. vorhandene Belastungen feststellt und auch Hinweise zur Beseitigung und deren Kosten enthält.

571 Eine Gemeinde, die Hinweise auf Altlasten erhält, muss dem nachgehen und Fachbehörden einschalten, um Schadensersatzansprüchen nach den Grundsätzen der Amtshaftung zu entgehen.[854]

In manchen Gemeinden werden Altlastenflächen oder auch Verdachtsflächen in einem sog. Altlastenkataster geführt. Diese Behörden, i. d. R. die entsprechenden Umweltämter der Städte und Gemeinden, erteilen Auskünfte auf Anfrage darüber, ob und in welchem Umfang Altlasten bestehen.

Auch hier ist ein berechtigtes Interesse, z. B. über eine Vollmacht des Eigentümers nachzuweisen.

(i) Denkmalschutz

572 Der Denkmalschutz dient dem Schutz von Denkmälern und hilft, diese zu erhalten und zu pflegen.

854 Falk, Fachlexikon Immobilienwirtschaft, S. 33, 34.

Häufig kollidieren diese Ziele mit den Interessen der Bauherrn, für die oft die optimale Nutzung und die Wirtschaftlichkeit eines Bauvorhabens im Vordergrund stehen. Ein Bauvorhaben kann z. B. durch erhöhte Kosten, die mit Auflagen der Denkmalbehörde hinsichtlich Erhalt bestimmter Gebäudeteile (z. B. Treppenhaus, Fassade) bzw. durch bestimmte Vorschriften zur Verwendung von besonderen Baumaterialen verbunden sind, unrentabel werden.

Das Denkmalschutzrecht führt für die Bauherren und Eigentümer zu einer Reihe von Belastungen, wie Genehmigungserfordernisse für Maßnahmen sowie Erhaltungs-, Instandsetzungs- und Nutzungsverpflichtungen. 573

Andererseits sieht das Denkmalschutzrecht für den Eigentümer interessante finanzielle Fördermaßnahmen und steuerliche Vorteile vor.

Nur Denkmäler fallen unter den Schutz der Denkmalschutzgesetze. Die Denkmaleigenschaft ist immer davon abhängig, dass aus geschichtlichen, wissenschaftlichen oder künstlerischen Gründen ein öffentliches Erhaltungsinteresse besteht.

In Nordrhein-Westfalen z. B. werden Denkmäler in verschiedene Gruppen eingeteilt: 574
- **Baudenkmäler** bestehen aus baulichen Anlagen oder Teilen baulicher Anlagen.
- **Bewegliche Denkmäler** sind alle nicht ortsfesten Denkmäler.
- **Bodendenkmäler** sind bewegliche und unbewegliche Denkmäler, die sich im Boden befinden oder befanden (z. B. Hügelgräber, Wallburgen, Reste von Befestigungsanlagen, Keramik, Münzen und Grabstellen).

Zu den Besonderheiten des Denkmalschutzes zählen der Schutz eines Denkmalbereiches oder Ensembles. Darunter versteht man eine Gesamtheit mehrerer baulicher Anlagen, die unter Schutz gestellt worden ist (z. B. Straßenzug, Häuserreihe, Burganlage etc.). Dabei müssen nicht zwangsläufig alle Gebäude einen sogenannten Denkmalcharakter aufweisen. 575

Die Denkmaleigenschaft entsteht erst mit Eintragung in ein Denkmalbuch oder eine Denkmalliste. Denkmalbereiche oder Ensembles werden durch Satzung der Gemeinde unter Schutz gestellt.

Zu den erlaubnispflichtigen Maßnahmen zählen die Beseitigung, Veränderung und Verbringung oder Nutzungsänderung von Denkmälern.[855] 576

Neben der Erhaltungspflicht spielt im Denkmalschutzrecht der Schutz des Erscheinungsbildes die größte Rolle. Dieses steht im engen Zusammenhang mit seiner Umgebung. Der denkmalrechtliche Schutz erstreckt sich daher im gewissen Umfang auch auf die Nachbarschaft eines Denkmals (Umgebungsschutz). Auch Maßnahmen in der engeren Umgebung von Denkmälern bedürfen daher der denkmalschutzrechtlichen Erlaubnis. 577

Diese Erlaubnis kann unter Bedingungen oder Auflagen erteilt werden.

855 Falk, Fachlexikon Immobilienwirtschaft, S. 164, 165.

578 Denkmalschutzrecht und Baurecht sind in den meisten Bundesländern eng miteinander verbunden. Die Baurechtsbehörde holt vor Erteilung einer Baugenehmigung die Zustimmung der Denkmalbehörde ein.

579 Für Eigentümer von Denkmälern besteht die Pflicht, diese im bisherigen Zustand zu erhalten bzw. instand zu halten. Hierzu zählen auch Notreparaturen. Diese Instandhaltungsverpflichtung steht aber unter dem Vorbehalt der Zumutbarkeit. Sie ist anhand des Vergleichs der voraussichtlichen Investitions- und Bewirtschaftungskosten zu beurteilen. Hierfür sind die Kosten der Maßnahme mit dem ggü. stehenden Erträgen aus der Nutzung zu vergleichen und dabei auch die Inanspruchnahme von möglichen Fördermitteln oder Steuervorteilen zu berücksichtigen.

580 Für Erhaltungs- und Instandsetzungsmaßnahmen eines Denkmals können Bauherren oder Eigentümer finanzielle Zuschüsse beantragen, sofern die Gemeinde hierfür finanzielle Mittel bereitgestellt hat.

Darüber hinaus hat der Gesetzgeber Sonderregelungen bei der Einkommens-, der Erbschafts-, und der Schenkungssteuer geschaffen.[856]

Eine bedeutende Regelung ist im EStG geschaffen. Nach dem 31.12.2003 können Eigentümer bei vermieteten Gebäuden demnach für Baumaßnahmen im Jahr der Herstellung und in den folgenden sieben Jahren jeweils bis zu 9 % und in den folgenden vier Jahren jeweils bis zu 7 % der Herstellungskosten wie Sonderausgaben absetzen (vgl. § 7i EStG).

Bei selbst genutzten Baudenkmälern z. B. können diese Aufwendungen über zehn Jahre mit jährlich 9 % als Sonderausgaben abgezogen werden (vgl. § 10f EStG).

581 Auskünfte über den Denkmalschutz eines Gebäudes können bei den zuständigen Denkmalämtern der Stadt erfragt werden. Bei kleineren Gemeinden sollte direkt die Baubehörde beauftragt werden, welche Denkmalbelange mit bearbeitet.

(j) Mietverträge/Pachtverträge

582 Die Prüfung von bestehenden Mietverträgen ist ein weiterer wichtiger Bestandteil für die Wertermittlung einer Immobilie. Insb. langfristig geschlossene Mietverträge mit gewerblichen Mietern können erhebliche Auswirkungen auf den Wert dieser Immobilien haben.

Insb. bei der Ertragswertermittlung von gewerblichen Objekten, wie z. B. Bürohäusern, Einkaufszentren, Logistikimmobilien können die vertraglich vereinbarten, tatsächlich gezahlten Mieten erheblich über den nachhaltigen Marktmieten liegen. In diesem Fall spricht man von sog. »overrented«-Objekten.

856 Falk, Fachlexikon Immobilienwirtschaft, S. 165, 166.

Hier ist die Differenz zwischen Marktmiete und der tatsächlich gezahlten höheren Miete über die Restlaufzeit des bestehenden Mietvertrages zu kapitalisieren und dem auf der Grundlage der Marktmiete ermittelten Grundstücksertragswert zuzuschlagen.

Dasselbe Verfahren kann auch auf untervermietete Objekte, sog. »underrented«-Objekte angewandt werden, bei denen besonders günstige, tatsächliche Mieten ggü. einer höheren Marktmiete gezahlt werden, um bspw. bei neuen Gewerbeobjekten mit niedrigen Mieten Nutzer in diese Objekte zu bringen. Die über die Restlaufzeit des Mietvertrages kapitalisierte Differenz zwischen niedriger Vergleichsmiete und hoher Marktmiete wird dann vom ermittelten Grundstücksertragswert in Abzug gebracht. 583

Kurzfristig geschlossene Mietverträge mit gesetzlicher Kündigungsfrist, wie häufig im Wohnungssektor anzutreffen, haben aufgrund der kurzfristigen Kündigungsfristen i. d. R. keine erheblichen Auswirkungen auf den Verkehrswert. Bei Wohnungsmietverträgen, die recht niedrige, tatsächliche Mieten beinhalten, ist jedoch zu beachten, dass nach den Gesetzmäßigkeiten nur eine schrittweise Erhöhung der Mieten auf Marktniveau möglich ist. Im freifinanzierten Wohnungsbau sind sog. »Kappungsgrenzen« einzuhalten, die nur eine schrittweise Erhöhung der Mieten ermöglichen. 584

Die Laufzeit der Mietverträge im gewerblichen Immobilienbereich und die entsprechende Bonität des Mieters haben auch im Hinblick auf die Finanzierbarkeit der vermieteten Objekte durch Banken wesentlichen Einfluss bei der Wertfindung.

(k) Sonstige Informationen

(aa) Wohnungs- und Teileigentum

Bei der Bewertung von Wohnungs- und Teileigentum nach dem Wohnungseigentümergesetz (WEG) sind Besonderheiten zu beachten, die z. B. die Gemeinschaft der übrigen Miteigentümer betreffen. 585

Hier können in den Eigentümerversammlungen Beschlüsse dahin gehend gefasst worden sein, dass größere Instandsetzungsmaßnahmen am gemeinschaftlichen Eigentum durchgeführt werden und diese Maßnahmen nicht über angesammelte Rücklagen zur Instandhaltung gedeckt sind. In diesem Fall können auf einzelne Wohnungseigentümer einmalige Sonderumlagen zukommen, die sich wertmindernd auswirken können.

Außerdem können in der Teilungserklärung zur Aufteilung in Wohnungseigentum Bestimmungen z. B. zur Umlage der Betriebskosten nach Miteigentumsanteilen getroffen worden sein, die in einem Missverhältnis zur derzeitigen Nutzung stehen.

(bb) Versicherungsnachweis

Der Inhalt des Versicherungsscheins zur verbundenen Gebäudeversicherung (Feuer, Wasser, Sturm) kann dem Gutachter erste Anhaltspunkte zum überschlägigen Wert der baulichen Anlagen geben. Versicherungsgrundlage für Gebäude ist der sog. Wert 1914. 586

Dabei handelt es sich um den örtlichen Neubauwert des Gebäudes entsprechend seiner Größe und Ausstattung sowie seines Ausbaus nach Preisen des Jahres 1914. Dieser

Wert ist zu rund 80 % mit dem Baupreisindex sowie dem Tariflohnindex für das Baugewerbe (20 %) in Beziehung gesetzt, sodass sich hieraus der heutige ortsübliche Neubauwert errechnen lässt.

Der Versicherungswert 1914 wird mit dem Neuwertfaktor des Bewertungsstichtages multipliziert und führt zu einem Gebäudewert.

(l) Weitere Informationsquellen

(aa) Gutachterausschuss

587 Gutachterausschüsse werden von Gemeinden als sog. Behörde zur Ermittlung von Grundstückswerten und für sonstige Wertermittlungen gebildet. Die Gutachterausschüsse bedienen sich einer Geschäftsstelle. Zu deren wichtigsten Aufgaben gehören:
- die Vorbereitung und Veröffentlichung von Grundstücksmarktberichten,
- die Führung einer Kaufpreissammlung,
- die fachliche Vorbereitung der Bodenrichtwertermittlung einschließlich
- der Fertigung von Bodenrichtwertkosten.

588 Beim Gutachterausschuss erfährt der Gutachter sog. Bodenrichtwerte von unbebauten Grundstücken, die ihm Anhaltspunkte bzw. einen Vergleichswert für die Durchführung seiner Bewertung liefern. Bodenrichtwerte werden i. d. R. in m^2 Grundstücksfläche erschlossen, teilerschlossen oder unerschlossen angegeben und resultieren aus der Ausweisung von Kaufpreisen aus abgeschlossenen Kaufverträgen zu bebauten und unbebauten Grundstücken. Diesen Wert ermitteln die Gutachterausschüsse i. d. R. mindestens alle zwei Jahre, einige Städte und Gemeinden tun dies mittlerweile auf aktuellem Stand, d. h. es werden bereits die zuletzt ermittelten Werte für die Aussage verwandt.

589 Durch die Notare erhalten die Gutachterausschüsse Ablichtungen der beurkundeten Kaufverträge als Datenbasis.

590 Zudem versenden die Gutachterausschüsse auf Nachfrage und gegen Gebühr den Grundstücksmarktbericht ihres Gemeindegebietes, aus dem für den Gutachter u. a. Tendenzen zur Bodenpreisentwicklung abgeleitet werden können.

591 Für die Bewertung von Eigentumswohnungen oder Teileigentum (Gewerbe) führen einige Gutachterausschüsse Kaufpreissammlungen, aus denen auch Vergleichswerte für Eigentumswohnungen entnommen werden können. Diese Angabe erfolgt dann als Preis per m^2 Wohnfläche.

592 Die Gutachterausschüsse sind häufig bei der Kataster- und Vermessungsbehörde der Städte und Gemeinden ansässig. Auskünfte erhält man z. T. telefonisch ohne Gebühren als auch gebührenpflichtig. Das Land Nordrhein-Westfalen hat eine Internet-Seite (www.gutachterausschuss.nrw.de) eingerichtet, auf der entsprechende Abfragen erfolgen können.

(bb) Internet

Durch ein mittlerweile breites Angebot von Internet-Seiten mit immobilien-spezifischen Informationen bieten sich dem Gutachter umfangreiche Recherche-Möglichkeiten für die Bewertung von Immobilien. 593

Dies sind einerseits Informationen fachlicher Art, wie Gesetzestexte, Kommentare dazu oder aktuelle Rechtsprechungen, Wertetabellen etc.

Andererseits sind Vergleichswerte bzw. Vergleichsobjekte auf Kauf- oder Mietbasis in verschiedenen Immobilienbörsen abrufbar.

Folgende bekannte Internetportale zu Immobilieninfos und Verkäufen bzw. Mietan- 594
geboten sind u. a. anzutreffen:
- www.immobilienscout24.de,
- www.immonet.de,
- www.planethome.de,
- www.immowelt.de,
- www.immobilien.de.

(cc) Wirtschaftsverbände/Industrie- und Handelskammer

In jeder Bewertung müssen vom Gutachter Beurteilungen zum Standort, der Kaufkraft, den Arbeitslosenzahlen, dem wirtschaftlichen Umfeld, bestimmten Branchenentwicklungen etc. getroffen werden. 595

Diese Angaben können wesentlichen Einfluss auf das Wertergebnis haben.

Wirtschaftsförderungsgesellschaften der Städte und Gemeinden sowie auch die Industrie- und Handelskammern, Arbeitsämter usw. erteilen derartige Auskünfte. Dies können z. B. Betriebsvergleichszahlen bestimmter Branchen sein, welche erheblichen Einfluss auf die Festsetzung von nachhaltigen Mieten in einer Bewertung haben können. Außerdem können z. B. aus Marktberichten Tendenzen über Entwicklungen von Gemeinden oder Unternehmen entnommen werden. 596

(dd) Fachliteratur

Neben seinen Bewertungserfahrungen bedient sich der Immobiliengutachter einem Repertoire von Fachliteratur, aus dem er Bewertungsbeispiele (z. B. für Spezial-Immobilien) ersehen kann oder anhand bestimmter Tabellen (z. B. für Alterswertminderung von Gebäuden, Sterbetafel für die Ermittlung von Wohnrechten) eine Datenbasis für seine Bewertung schafft bzw. sich spezielle nicht häufig angewandte Bewertungsmethoden in Erinnerung ruft. 597

(ee) Maklererhebungen

Gutacher, die als Makler auch die Vermietung und den Verkauf von Immobilien zu ihrem Geschäftsbereich zählen, können durch bereits getätigte Vermittlungsgeschäfte 598 auf Vergleichswerte zurückgreifen, die bei der Beurteilung und Auswertung der errechneten Ergebnisse weiterhelfen.

599 Im Gegensatz zu Vergleichszahlen aus dem Internet, welche lediglich Angebotspreise darstellen, bieten realisierte Verkaufs- oder Vermietungspreise eine sichere Datenbasis zur Herleitung des Wertergebnisses.

Die Auswertungen von Verkäufern und Vermietungen sollten daher in Tabellen vergleichbar gemacht und regelmäßig gepflegt werden.

600 Bestimmte Immobilienverbände geben darüber hinaus sog. »Immobilienpreisspiegel« heraus, in denen sich aktuelle Auswertungen zu allen bekannten deutschen Städten hinsichtlich Marktpreisen zu Baugrundstücken, Eigenheimen, Eigentumswohnungen, Kapitalanlageobjekten (z. B. Mehrfamilienhäuser) sowie Wohn- und Gewerbemieten wiederfinden (z. B. IVD-Immobilienverband Deutschland).

601 Große internationale Maklerhäuser, wie z. B. CB Richard Ellis und Jones Lang La-Salle, legen regelmäßig Marktberichte zu bestimmten Großstädten oder Teilimmobilienmärkten (z. B. Büromarkt, Wohnungsmarkt, Logistikmarkt) auf.

(ff) Indexreihen

602 Für die einzelnen Bewertungsmethoden gebrauchen Gutachter Indizes, z. B. statistischer Art. Dies können z. B. bei der Sachwertermittlung von Gebäuden der Baupreisindex für Bauwerke sein, der regelmäßig vom statistischen Bundes- oder Landesamt herausgegeben wird.

603 Weitere Indizes werden z. B. als Preisindizes der durchschnittlichen Bruttoverdienste von Arbeitern und Angestellten oder auch Verbraucherpreisindex in Bezug auf Wohnungsmieten und deren Nebenkosten/Betriebskosten veröffentlicht. Andere häufig verwandte Indizes sind die Sterbetafel zur durchschnittlichen Lebenserwartung von Männern und Frauen (i. d. R. bei der Ermittlung von Wohnrechten) und der Lebenshaltungskostenindex (angewandt zur Anpassung von Wohn- und Gewerbemieten).

Informationsquellen Industrierat 604

Anhand der vorangegangenen Informationsauswahl lässt sich das vielschichtige Spektrum der notwendigen Auswertung aller für den Gutachter einer Immobilie auffindbaren Informationen erkennen. Nur durch eine detaillierte Auswertung dieser Informationen kann in der Bewertung zu einer qualifizierten Aussage einerseits zum Verkehrswert der Immobilie und andererseits zu einer verlässlichen Beurteilung des Grundstückes, seiner Bausubstanz und den damit verbundenen Imponderabilien (Unwägbarkeiten) erfolgen.

Die beschriebenen Informationen und Quellen sollen hier nur eine Auswahl darstellen. Weiter ist das Repertoire des Gutachters von vergleichbaren Daten aus vergangenen Wertermittlungen und seiner allgem. Marktkenntnis wichtig.

605 ▶ Informationen I

Checkliste Informationen I		Industrierat	
		ja	nein
A	*Grundbuch*		
	ist der Grundbuchauszug vollständig vorhanden?		
	ist ein aktueller Grundbuchauszug vorhanden?		
	ist eine Auflassungsvormerkung eingetragen?		
	sind Erbbaurechte oder Grunddienstbarkeiten wie Wegerechte oder Wohnungsrechte eingetragen, welche eine Einsichtnahme in die Grundakte notwendig machen?		
	sind Grundschuldbriefe in nicht briefloser Form vorhanden?		
	ist ein Wohnungs- oder Teileigentumsgrundbuch vorhanden?		
	liegt für das Wohnungs- oder Teileigentumsgrundbuch eine Teilungserklärung vor?		
	sind mehrere Eigentümer eingetragen?		
B	*Flurkarte, Lageplan*		
	liegt ein aktueller Katasterplanauszug vor?		
	ist ein Gebäudelageplan vorhanden?		
C	*Grundriss- und Schnittzeichnungen*		
	liegen Grundriss- und Schnittzeichnungen für die jeweiligen Bauabschnitte oder das gesamte Gebäude vor?		
	sind die Zeichnungen maßstabsgetreu?		
D	*Flächenberechnungen/Rauminhalte*		
	liegt die Berechnung der BGF für die Sachwertermittlung vor?		
	liegt die Nutzflächenberechnung für Ertragswertermittlung vor?		
	liegt die Berechnung des umbauten Raums für die Sachwertermittlung vor?		
	sind die Flächenberechnungen für die Wertermittlung geeignet?		

E	*Baurecht*		
	befindet sich das Grundstück innerhalb eines gültigen B-Plangebietes?		
	welche Maßzahlen sind für das B-Plangebiet vorzufinden?		
	ergeben sich Abweichungen des Bewertungsobjektes zu den o.a. Festsetzungen?		
	richtet sich die Bebauung des Grundstücks nach § 34 BauGB?		
	welche Umgebungsbebauung ist vorhanden?		
F	*Anschluss- und Erschließungsbeiträge*		
	sind die Anschluss- und Erschließungsbeiträge bezahlt?		
G	*Baulasten*		
	sind für das Grundstück Baulasten vorhanden?		
	ist das Bewertungsgrundstück belastet?		
	ist das Bewertungsgrundstück begünstigt?		
H	*Altlasten*		
	sind für das Grundstück Eintragungen im Altlastenkataster vorhanden?		
	ist das Bewertungsobjekt als Altlastenverdachtsfläche anzusehen?		
	gibt es ein Altlastengutachten?		
	sind aus dem Altlastengutachten die Beseitigungskosten ersichtlich?		

606 ▶ Informationen II

Checkliste Informationen II Industrierat			
		ja	nein
I	*Denkmalschutz*		
	sind für das Bewertungsobjekt Eintragungen in der Denkmalliste vorhanden?		
	sind für das Bewertungsobjekt Eintragungen in dem Denkmalbuch vorhanden?		
	steht das Objekt nur zu einem Teil in dem Denkmalbuch/der Denkmalliste?		
	sind die jährlichen Kosten für die Denkmalschutzmaßnahmen bekannt?		
J	*Miet-/Pachtverträge*		
	liegen alle Mietverträge vor?		
	sind alle Daten der Mietverhältnisse wie Laufzeit, Mietzins, Nebenkosten etc. bekannt?		
	entspricht der Mietzins der ortsüblichen Miete?		
K	*Wohnungs-/Teileigentum*		
	liegen Beschlüsse der WEG-Versammlung für etwaige Instandsetzungs maßnahmen vor?		
	ist der Verteilungsschlüssel sachgerecht?		
L	*Gutachterausschuss*		
	ist der Bodenrichtwert für das Bewertungsobjekt direkt ableitbar?		
	sind die dem Bodenrichtwert zugrunde liegenden Maßzahlen bekannt?		
	sind die Daten des Grundstücksmarktberichtes auf das Objekt anwendbar?		
	gibt es bei vergleichbaren Objekten in der Nachbarschaft Kenntnisse über die Vergleichswerte?		
M	*Internet*		
	ist eine ausführliche Internetrecherche bei den gängigen Portalen durchgeführt worden?		

N	*Wirtschaftsverbände/IHK*		
	sind die Kaufkraft, Arbeitslosenzahlen, das wirtschaftliche Umfeld oder die Branchen- und Bevölkerungsentwicklung erfragt worden?		
O	*Fachliteratur*		
	ist bei einem Spezialproblem die geeignete Fachliteratur vorhanden?		
P	*Maklererhebungen*		
	sind geeignete Maklererhebungen vorhanden?		
	existiert ein Mietenspiegel oder ein Immobilienpreisspiegel?		
Q	*Indexreihen*		
	ist der anzuwendende Baupreisindex bekannt?		
	ist die Ermittlung des Verbraucherpreis- oder Lebenshaltungsindex notwendig?		
	findet die (aktuelle/verkürzte) Sterbetafel Anwendung?		
R	*Umbauten*		
	sind die Kosten, das Baujahr und der Umfang von Um- und/oder Erweiterungs- maßnahmen sowie Modernisierungen bekannt?		

ff) Immobilien-Wertermittlung/Übliche Wertermittlungsverfahren

(1) Einleitung

Der Verkehrswert von Grundstücken kann mithilfe verschiedener Verfahren ermittelt werden. Hierbei können überschlägige Ermittlungen etwa auf Grundlage von Herstellungskosten, Beleihungswerten, Maklerformel oder auch Feuerversicherungswerten sowie differenzierterer Verfahren, wie der Vergleichswert-, Sachwert- oder Ertragswertverfahren zur Anwendung kommen. Alle vorgenannten Methoden können dabei zum Verkehrswert führen. 607

Gem. **§ 8 der Immobilienwertermittlungsverordnung** (ImmoWertV) sind zur Ermittlung des Verkehrswertes das **Vergleichswertverfahren** (§§ 15 und 16), das **Ertragswertverfahren** (§§ 17 bis 20), das **Sachwertverfahren** (§§ 21 bis 23) oder mehrere dieser Verfahren heranzuziehen. Der Verkehrswert ist aus dem Ergebnis des herangezogenen Verfahrens unter Berücksichtigung der Lage auf dem Grundstücksmarkt zu bemessen. Sind mehrere Verfahren herangezogen worden, ist der Verkehrswert aus den 608

Ergebnissen der angewandten Verfahren unter Würdigung ihrer Auswahlfähigkeit zu berechnen.

609 Die Verfahren sind nach der Art des Gegenstands der Wertermittlung (§ 1 Immo WertV) »... unter Berücksichtigung der im gewöhnlichen Geschäftsverkehr bestehenden Gepflogenheiten und den sonstigen Umständen das Einzelfalls zu wählen; die Wahl ist zu begründen.«

610 Die Vorteile von **überschlägigen Berechnungen** (z. B. nach Maklerformeln) liegen darin, dass mit ihrer Hilfe die Größenordnung des Verkehrswertes schnell abgeschätzt werden kann, was jedoch eine sachkundige Anwendung bedingt. Die Nachteile dieser Überschlagsberechnungen sind jedoch v. a. darin zu sehen, dass diese hinsichtlich etwa der Preis- oder Zinsansätze nicht nachprüfbar sind, womit sie den Anforderungen, welche die Rechtsprechung an Gutachten stellt, nicht genügen. Denn Gutachten sind i. d. R., v. a. die vorgenannten Berechnungen gem. dem Regelwert der ImmobilienWertermittlungsverordnung (ImmoWertV) sowie der Wertermittlungsrichtlinien (WertR) anzuwenden.

611 Obgleich im § 8 ImmoWertV nur die drei sog. klassischen Wertermittlungsverfahren benannt sind, ist die Anwendung anderer sachgerechter Verfahren damit nicht ausgeschlossen. Jedoch ist hier das Erfordernis zu berücksichtigen, dass die weiter herangezogenen Methoden geeignet sein müssen. Infrage kommt hier etwa die **DCF-Methode** und das **Residualwertverfahren**. Zu beachten ist ferner, dass sämtliche Wertermittlungsverfahren lediglich Hilfswege zur Ableitung des sich am Geschehen auf dem Grundstücksmarkt orientierten Verkehrswertes darstellen. Die Ergebnisse der jeweiligen Verfahren stellen damit lediglich Zwischenwerte dar, welche nicht ohne Weiteres mit dem Verkehrswert identisch sein müssen.

612 Die genaueste Abbildung des Verkehrswertes wird üblicherweise im Vergleichswertverfahren erreicht, da mit der Heranziehung geeigneter Vergleichspreise der gewöhnliche Geschäftsverkehr unmittelbar in die Ermittlung einfließt.

613 Die eingeschränkte Eignung des Sachwertverfahrens ergibt sich i. d. R. daraus, dass für das Wertermittlungsobjekt entsprechende Herstellungswerte nicht zur Verfügung stehen oder auch das Alter der baulichen Anlagen sowie Baumängel, Bauschäden oder sonstige wertbeeinflussende Umstände marktkonform zu berücksichtigen sind.

Analog ist für das Ertragswertverfahren im § 17 ImmoWertV ausdrücklich vorgeschrieben, dass Zu- und Abschläge insb. bei der Nutzung des Grundstücks für Werbungszwecke oder wohnungs- und mietrechtliche Bindungen sowie Abweichung vom normalen baulichen Zustand zu beachten sind, soweit sie nicht bereits durch den Ansatz des Ertrages oder durch eine entsprechend geänderte Restnutzungsdauer berücksichtigt sind. In diesem Kontext ist auch der im § 8 WertV Abs. 2 zu verstehen, wonach die Ergebnisse der Verfahren der Lage auf dem Grundstücksmarkt anzupassen sind. Das Ertragswertverfahren bildet v. a. den Zweck der Ertragserzielung ab, sodass dieses Verfahren v. a. bei der Wertermittlung von Immobilien Anwendung findet, deren Nutzung auf Basis von Renditeüberlegungen betrachtet werden.

Das Sachwertverfahren wird v. a. dann angewandt, wenn die Nutzung der Immobilie v. a. auf die Selbstverwendung, z. B. bei einem Einfamilienhaus abzielt und die Ertragerzielung nicht im Vordergrund steht. 614

Das Ertragswertverfahren verfügt im Verhältnis zum Sachwertverfahren i. d. R. über höhere Zuverlässigkeit und Überzeugungskraft, da hierin die Marktmechanismen über Faktoren, wie den Liegenschaftszins, die wirtschaftliche Restnutzungsdauer sowie die Mietansätze besser abbildbar sind. Bei der Erstellung eines Gutachtens kann sich die Wertermittlung generell daher auch auf ein einziges Verfahren stützen, welches besonders dann als sachgerecht einzuschätzen ist, wenn durch die Art des Objektes das jeweilige Verfahren vornehmlich angezeigt ist und im üblichen Geschäftsverkehr die diesbezüglich zugrunde liegenden Überlegungen preisbestimmend sind. 615

Auch kann es erforderlich sein, bei etwa vorzufindendem Entwicklungspotenzial **mehrere Varianten** eines Verfahrens zu ermitteln. Jedoch sind folgende Regeln zu beachten: 616
- Bei der Berücksichtigung etwaigen Entwicklungspotenzials ist nur das zugrunde zu legen, was nach den rechtlichen und tatsächlichen Gegebenheiten ohne spekulative Elemente zu erwarten ist. Die Erwartungen sind dabei unumstößlich abzusichern und darzulegen.
- Die persönlichen Nutzungsabsichten eines Erwerbers sind nicht zu berücksichtigen, da die Immobilien im Verkehr nach den Verwertungsmöglichkeiten des Objektes gewöhnlichen Nutzungsmöglichkeiten zu berücksichtigen sind, welche markt- und preisbestimmend sind.
- Sämtliche in die Bewertung einfließenden Daten, also auch solche, welche fiktiv für einen Umnutzungsfall unterstellt worden sind, haben dem gewöhnlichen Geschäftsverkehr zu entsprechen und sind von ungewöhnlichen oder persönlichen Verhältnissen unbeeinflusst darzustellen.

Insb. für den **Umnutzungsfall**, also wenn eine Immobilie einer höherwertigen Nutzung zugeführt werden soll, sind die vorgenannten klassischen Verfahren nur eingeschränkt tauglich. In solchen Fällen wird zunehmend auf das Residualwertverfahren zurückgegriffen. Hierunter ist zu verstehen, dass der Residualwert fiktiv, nach Durchführung einer beabsichtigten Entwicklung ermittelte Ertragswert, unter Abzug der Herstellungs- und Entwicklungskosten abgeleitet wird. Der sich so ergebende Differenzwertbetrag ergibt dann das Residuum. Die hohe Fehlerhaftigkeit des Residualwertverfahrens ergibt sich v. a. daraus, dass eine Vielzahl an Eingangswerten abgeschätzt werden müssen, welche sich an ein künftiges Nutzungskonzept anlehnen und deren voraussichtliche Kosten, Mietansätze und Erträge zu bestimmen sind. Zumeist wird das Residualwertverfahren auch von Investoren angewandt, sodass darüber hinaus die Höhe der Herstellungs- oder Planungskosten sich abweichend an den besonderen Verhältnissen des einzelnen Investors orientieren. 617

Das Ertragswertverfahren eignet sich für Verkehrswertermittlung von Grundstücken, die üblicherweise dem Nutzer zur Ertragserzielung dienen. Dem Käufer eines derartigen Objektes ist v. a. daran gelegen, welche Verzinsung sich aus dem von ihm investierten Kapital ergibt. Das Ertragswertverfahren ist dann sachgerecht anzuwenden, wenn 618 das zu verwertende Grundstück dazu bestimmt ist, nachhaltig Erträge zu erzielen, etwa bei Geschäfts- und Gewerbegrundstücken oder Mietwohnhäusern.

619 **Wertermittlungsverfahren**

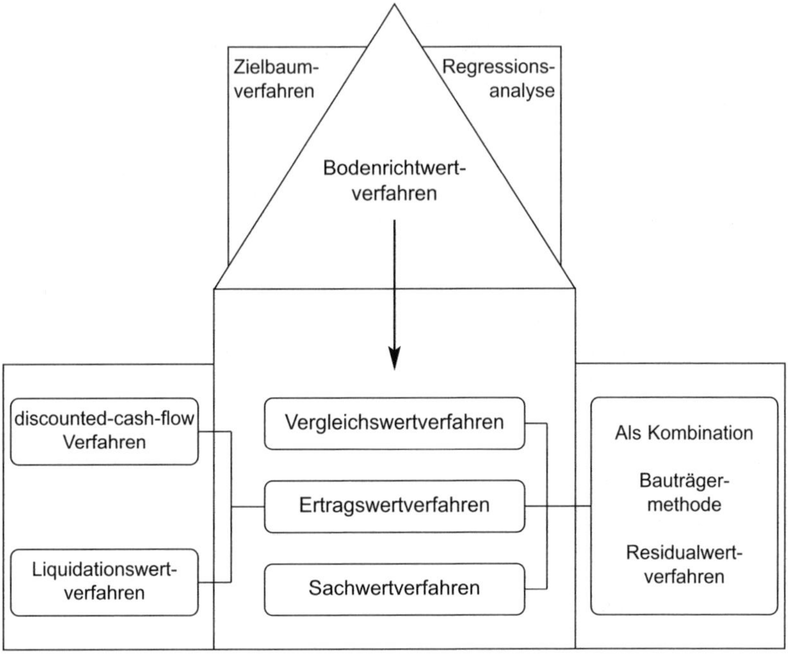

Klassische Verfahren

Die nachfolgenden Seiten beschreiben sowohl die konventionellen Wertermittlungsverfahren und deren Anwendungsgebiete als auch z. T. international angewendete Verfahren auf der Grundlage der Definition des Verkehrswertbegriffes nach dem Baugesetzbuch.

(2) Vergleichswertverfahren

(a) Anwendungsbereich und Aufbau

620 Das Vergleichswertverfahren findet Anwendung bei der Bewertung von **unbebauten Grundstücken** und bei Immobilien, die mit ähnlichen bzw. vergleichbaren Parametern

hinsichtlich Standort, Gebäudeanordnung, Alter, Ausstattung, Größe versehen sind (z. B. Eigentumswohnungen, seltener auch Einfamilienhäuser).[857]

Dieses Verfahren ist zur Ermittlung des Verkehrswertes sehr gut geeignet, wenn eine ausreichende Anzahl an vergleichbaren aktuellen Transaktionen für alle Marktsegmente zur Verfügung steht, sodass kaum Anpassungen und Umrechnungen vorgenommen werden müssen.

Der Vergleichswert für unbebaute Grundstücke lässt sich in fast allen Fällen durch die bei den Gemeinden bestehenden **Gutachterausschüsse für Grundstückswerte** ermitteln. Die dort ermittelten Richtwerte aus getätigten Verkäufen geben jedoch nicht in allen Fällen den zeitgerechten Marktwert wieder. 621

Besonders zur Plausibilitätsprüfung der ermittelten Werte eignet sich das Vergleichswertverfahren durch die Anwendung des **Gebäudefaktorenvergleichs** (Grundlage Flächeneinheit) und des **Ertragsfaktorvergleichs** (Grundlage Jahresroherträge). 622

Der Verkehrswert wird im Vergleichswertverfahren durch den zeitnahen Vergleich mit bereits realisierten und unter Marktbedingungen zustande gekommenen **Kaufpreisen vergleichbarer Grundstücke** abgeleitet. 623

Das Vergleichswertverfahren ist in den § 15 und § 16 ImmoWertV geregelt und gilt im Schrifttum als das theoretisch geeignetes Verfahren, da eine Anpassung des Vergleichswertes an den Verkehrswert mittels Zu- und Abschlägen entfallen kann, wenn die nötige zeitliche Nähe der Vergleichsfälle gegeben ist.[858] 624

(b) Vergleichswertverfahren zur Bewertung unbebauter Grundstücke

Für die Bewertung unbebauter Grundstücke ist das Vergleichswertverfahren in § 13 WertV'88 vorgeschrieben. 625

Es werden zwei Arten für die Wertermittlung mittels Vergleichswertverfahren unterschieden: 626

Der **unmittelbare Vergleich** ist in § 15 Abs. 1 ImmoWertV geregelt. Der **mittelbare Preisvergleich** in § 16 ImmoWertV mit Verweis auf § 15 ImmoWertV. Wenn ein unmittelbarer Preisvergleich aufgrund der gegebenen Datenlage möglich ist, ist diesem der Vorzug zu geben.[859]

857 Leopoldsberger, Wertermittlung von Immobilien, S. 29; vgl. Bischoff, Grundstückswertermittlung, S. 46 f.

858 Leopoldsberger, Wertermittlung von Immobilien, S. 20.

859 Leopoldsberger, Wertermittlung von Immobilien, S. 21, 22; vgl. BGH, 17.05.1991 – V ZR 104/90, NJW 1991, 2698; ebenso BFH, 15.01.1985 – IX R 81/83, NJW 1986, 1710; vgl. Rössler, Grundstückswerte, S. 82, vgl. Simons, Bewertung von bebauten und unbebauten Grundstücken, S. 24.

627 Die Vorgehensweise bei beiden Varianten lässt sich folgendermaßen darstellen:[860]

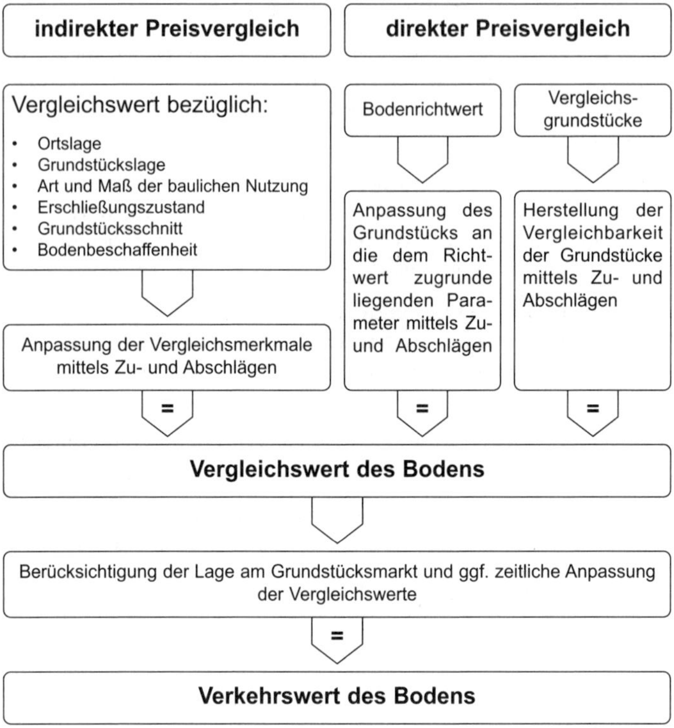

(c) Vergleichswertverfahren zur Bewertung bebauter Grundstücke

628 Auch bei der Bewertung bebauter Grundstücke kann das Vergleichswertfahren angewandt werden.

Zu den Kriterien für die Vergleichbarkeit des **Bodens** kommen noch die Kriterien für die Vergleichbarkeit der **Gebäude** hinzu. Hier wird allg. eine Übereinstimmung hinsichtlich des Alters, des Bauzustands, der Gebäudegröße und der Gebäudenutzung gefordert.[861] Nur z. B. in Neubaugebieten mit annähernd gleicher Grundstücksbebauung lässt sich der unmittelbare Vergleich durchführen. Aber auch hier dürften die vorliegenden Preise nicht einfach übernommen werden, sondern es muss eine Überprüfung hinsichtlich Durchsetzbarkeit auf dem aktuellen Grundstücksmarkt durchgeführt

860 Leopoldsberger, Wertermittlung von Immobilien, S. 22.

861 Leopoldsberger, Wertermittlung von Immobilien, S. 29; vgl. Bischoff, Grundstückswertermittlung, S. 46 f.

werden.[862] Insofern erfolgt die Anwendung als unmittelbarer Preisvergleich nur sehr selten. Deshalb wird im § 15 Abs. 2 ImmoWertV eine Wertermittlung mittels Vergleichswertverfahren vorgeschlagen. Vergleichsfaktoren können auf das Grundstück als Ganzes oder nur für das darauf stehende Gebäude ermittelt werden.

Im zweiten Fall ist der Bodenwert nach einem unter Abschnitt 6.1.2 beschriebenen Verfahren zu ermitteln und dem Gebäudewert hinzuzuschlagen.

Die nachfolgende Abbildung zeigt einen Überblick des Verfahrens (Basis Immo WertV).[863] 629

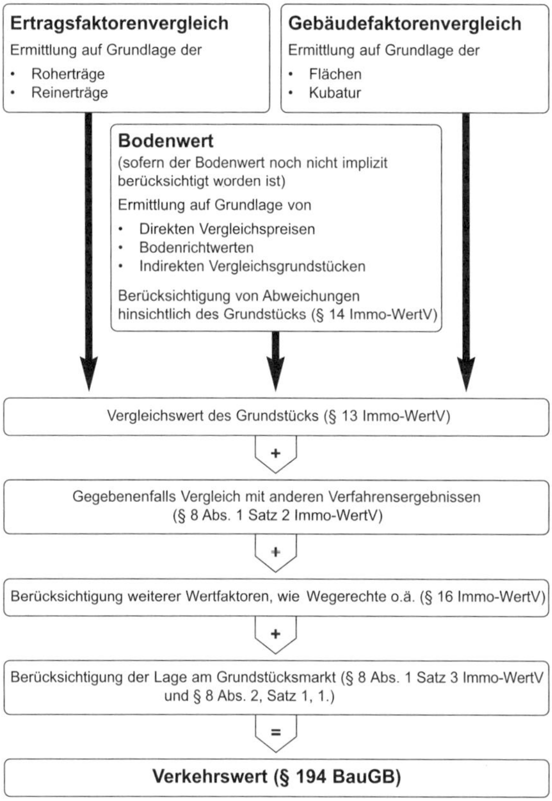

862 Leopoldsberger, Wertermittlung von Immobilien, S. 29; vgl. Sommer, in: Sommer/Piehler, Vergleichswert Gruppe 3.5, S. 5.

863 Leopoldsberger, Wertermittlung von Immobilien, S. 30.

630

Vergleichwertverfahren – Fazit* Industrierat
Das Vergleichswertverfahren ist zur Ermittlung von Verkehrswerten theoretisch sehr gut geeignet. Da allerdings der Grundstücksmarkt im Allgemeinen keine ausreichende Anzahl an Vergleichstransaktionen für alle Marktsegmente zur Verfügung stellt, müssen bei Wertermittlungen mittels Vergleichsverfahren Umrechnungen und Anpassungen zwischen Wertermittlungsgrundstück und Vergleichsgrundstücken vorgenommen werden. Durch diese Umrechnungen geht die theoretische Überlegenheit der Vergleichswertverfahrens verloren, weshalb der Gesetzgeber von gleicher Relevanz der in der Wertermittlung aufgeführten Verfahren ausgeht. Für die Bodenwertermittlung kann auf Bodenrichtwerte zurückgegriffen werden, für die Bewertung von bebauten Grundstücken kommt eine Bewertung mithilfe von Vergleichsfaktoren infrage. Sind die Richtwerte bzw. Faktoren hinreichend exakt ermittelt worden, so bietet die Wertermittlung mittels Vergleichswertverfahren marktgerechte Ergebnisse. Die hinreichende Übereinstimmung lässt sich aber nur dann überprüfen, wenn die Vergleichsfaktoren detailliert ermittelt werden – hier mangelt es jedoch in der Praxis, da Vergleichsfaktorenermittlung nicht zu den Pflichtaufgaben der Gutachterausschüsse gehören. * Leopoldsberger, Wertermittlung von Immobilien, R. Müller 1998, S 34 f.

(3) Bodenwert

631 Die Ermittlung des Bodenwertes bildet in den verschiedenen Bewertungsmethoden eine wesentliche Grundlage.

Im vorherigen Abschnitt wurde bereits dargestellt, wie der Bodenwert anhand des Vergleichswertverfahrens ermittelt werden kann.

(a) Bodenrichtwertkarte

632 Die dazu benötigten Bodenrichtwertkarten werden von den Gutachterausschüssen ermittelt und veröffentlicht und bilden eine Grundlage zur Ermittlung des Bodenwertes.

(b) Entwicklungsstufen von Grund und Boden

633 Hintergrund der Festlegung bzw. Klassifizierung des Entwicklungszustandes von Grund und Boden ist es, einheitliche Begriffsbestimmungen durch den Gesetzesgeber bei Rechtsunstimmigkeiten zu schaffen. Diese Begriffsbestimmungen dienen z. B. bei der Verkehrswertermittlung der Qualifizierung des Grundstückes und der Auswahl der zum Preisvergleich heranzuziehenden Grundstücke.

Die Klassifizierung eines Grundstückes nach den Maßstäben des § 5 ImmoWertV stellt keine wertmäßige, sondern lediglich eine qualitative Einordnung des Grundstückes dar. Innerhalb eines Entwicklungszustandes weisen die entsprechenden Grundstücke des Gemeindegebietes teilweise erhebliche Wertspannen auf.[864]

(aa) Ödland, Unland, Abbauland, Kleingartenland, Wasserflächen

- **Ödland und Unland** [865] 634
  Als Unland bezeichnet man Betriebsflächen, die auch bei geordneter Wirtschaftsweise keinen Ertrag abwerfen. In der steuerlichen Einheitsbewertung wird diese Fläche deshalb nicht bewertet. Zum Unland gehören ertragslose Böschungen, ausgebeutete und stillgelegte Kiesgruben und dergleichen sowie Steinbrüche.
- **Abbauland** 635
  Nach § 43 Bewertungsgesetz werden mit Abbauland Betriebsflächen definiert, die durch Abbau von Bodensubstanz überwiegend für den Betrieb nutzbar gemacht werden, z. B. Sand-, Kies-, Lehmgruben, Steinbrüche, Torfstiche usw. Weiterhin zählen dazu Grauwacke, Bims, Basalt und Ton. Steuerlich wird das Abbauland mit dem Einzelertragswert bewertet. Grds. ist das Abbauland den Flächen der Land- und Forstwirtschaft zuzurechnen, soweit es in dieser Form nutzbar ist.
  Abgrabungsgrundstücke werden in Flächennutzungsplänen als Fläche für Abgrabungen oder für die Gewinnung von Bodenschätzen, z. B. Kiesabbau, dargestellt.
  Die Bewertung des Abgrabungsgrundstückes richtet sich nach der Art, Qualität und Volumen des Abbaustoffes, z. B. Kies. Grds. kommen für die Wertermittlung von Abbauland das Vergleichswert- und Ertragswertverfahren in Betracht. Beim Vergleichswert wird über die Heranziehung von Vergleichspreisen land- und forstwirtschaftlicher Flächen, für die eine Abgrabungserlaubnis zu erwarten ist, ein Vielfaches des Ackerlandpreises gebildet. In der einschlägigen Fachliteratur werden hierfür der 2- bis 6-fache Ackerlandpreis genannt.
  Beim Ertragswertverfahren werden – vereinfacht dargestellt – die jeweiligen Barwerte der Reinerträge, der Kippgebühren (Verfüllung), des Restwertes nach Ausbeutung und der Rekultivierungskosten addiert und somit in der Summe der Ertragswert gebildet.[866]
- **Kleingartenland** 636
  Bei diesen Flächen ist grds. zwischen Dauerkleingartenland und Kleingartenland zu unterscheiden.
  Dauerkleingärten sind als Grünflächen im Flächennutzungsplan bzw. im Bebauungsplan festgesetzt.
  Kleingärten hingegen sind nach BkleingG als Gärten zur nicht gewerbsmäßigen, gärtnerischen Nutzung, insb. zur Gewinnung von Gartenerzeugnissen für den Eigenbedarf und zur Erholung definiert. Diese liegen in einer Anlage mit Wegen, Vereinshäusern und Spielflächen (Kleingartenanlage). Der Unterschied zwischen beiden Gartenformen besteht darin, dass lediglich der Dauerkleingarten im

864 Kleiber/Simon/Weyers, Verkehrswertermittlung von Grundstücken, 6. Aufl., S. 622.
865 Kleiber/Simon/Weyers, Verkehrswertermittlung von Grundstücken, 6. Aufl., S. 704.
866 Kleiber/Simon/Weyers, Verkehrswertermittlung von Grundstücken, 6. Aufl., S. 737 f.

Bebauungs- oder Flächennutzungsplan aufgeführt ist.
Die Bewertung erfolgt nach dem Ertragswertverfahren auf Grundlage ortsüblicher Pachtzinsen.[867]

637 – **Wasserflächen**
Wasserflächen werden als von oberirdischen Gewässern nicht nur vorübergehende eingenommene Flächen bezeichnet. Hierzu zählen insb. Flüsse, Kanäle, Häfen, Meeresteile, Seen und Teiche.
Unterschieden wird zwischen Wasserflächen die mit einer angrenzenden Landfläche in einem wirtschaftlichen Zusammenhang stehen und solchen, die keinen wirtschaftlichen Zusammenhang mit einer Landfläche aufweisen.
Die in wirtschaftlichem Zusammenhang mit Wasserflächen stehenden Landflächen (z. B. Hafenflächen) werden wertmäßig nach der WertR 76/96. Danach wird der Wert der Wasserfläche niedriger als der Wert der Bezugsfläche an Land sein, weil die Wasserflächennutzung durch Natur der Gewässer eingeschränkt ist.
Der Verkehrswert wird i. d. R. mit etwa 25 % des Wertes der Landfläche anzusetzen sein.[868]

(bb) Flächen der Land- und Forstwirtschaft

638 Die Flächen der Land- und Forstwirtschaft werden unterschieden in
- **»reine« Flächen der Land- und Forstwirtschaft:** dies ist die Fläche, die in absehbarer Zeit ohne anderweitige Eignung nur den entsprechenden Zielen dienen wird,
- **»besondere« Flächen der Land- und Forstwirtschaft:** sie entsprechen dem sog. Außerlandwirtschaftlichen Verkehrswert = Begünstigtes Agrarland. Grds. ist bei beiden Flächenarten davon auszugehen, dass es sich auch um entsprechend genutzte Flächen handelt.

Reine Flächen der Land- und Forstwirtschaft sind Flächen, von denen anzunehmen ist, dass sie nach Lage, den Eigenschaften, der Beschaffenheit und ihren Verwertungsmöglichkeiten in absehbarer Zeit **nur** land- oder forstwirtschaftlichen Zwecken dienen werden.

639 Die Verkehrswertermittlung bietet sich nach dem Vergleichswertverfahren an, sofern Vergleichspreise bezogen auf die Ertragsmesszahl ermittelt werden können. Die **Ertragsmesszahl** kennzeichnet die naturale Ertragsfähigkeit des Bodens. Sie wird anhand der Ergebnisse der amtlichen Bodenschätzung berechnet und bildet darüber hinaus auch die Grundlage für die Einheitsbewertung des land- und forstwirtschaftlichen Vermögens.

640 Zu den »reinen« Flächen der Land- und Forstwirtschaft zählen auch die **Waldflächen**. Der Waldwert setzt sich aus dem Wertanteil für Boden und dem Holzbestand zusammen. Der Bodenwertanteil wird danach durch Preisvergleich mit »Waldbodenpreisen«

867 Kleiber/Simon/Weyers, Verkehrswertermittlung von Grundstücken, 6. Aufl., S. 722 f.
868 Kleiber/Simon/Weyers, Verkehrswertermittlung von Grundstücken, 6. Aufl., S. 774 f.

ermittelt, hilfsweise kann dieser auch aus landwirtschaftlichen Bodenpreisen abgeleitet werden.

Waldböden können grds. aus Verkäufen vergleichbarer Waldflächen abgeleitet werden, wobei die Vergleichspreise hinsichtlich z. B. Gemeindegröße und Ertragsfähigkeit ihrer landwirtschaftlichen Flächen (Ertragsmesszahl) vergleichbar sein müssen.[869]

(cc) Bauerwartungsland

Die Immobilienwertermittlungsverordnung (ImmoWertV) definiert Bauerwartungsland als Flächen, die nach ihrer Eigenschaft, ihrer sonstigen Beschaffenheit und ihrer Lage eine bauliche Nutzung in absehbarer Zeit tatsächlich erwarten lassen. Auch wenn diese Flächen derzeit nicht bebaut werden können, werden diese Flächen im allgemeinen Grundstücksverkehr ggü. landwirtschaftlichen Flächen höher bewertet, da hier in absehbarer Zeit zu erwarten ist, dass eine bauliche Nutzung möglich wird. Weitere Voraussetzung ist, dass sich Bauerwartungsland von der tatsächlichen Grundstücksbeschaffenheit her zur Bebauung eignen muss. Hiervon ausgenommen sind unter Naturschutz stehende Flächen oder z. B. Biotope. Weiterhin ist die Lage zur übrigen Bebauung, zu Straßen und anderen Verkehrsanbindungen von Bedeutung. Zur Erwartung baulicher Nutzbarkeit in absehbarer Zeit sind insb. Flächennutzungsplan, Regionalplan, aber auch andere Entwicklungskonzepte heranzuziehen. Für die Wartezeit gibt es keine einheitliche zeitliche Begrenzung. Sie bestimmt aber ebenfalls den Wert des Grundstückes. Die Wartezeit bis zur baulichen Nutzung eines Grundstückes richtet sich nach der voraussichtlichen Dauer bis zum Eintritt der rechtlichen und tatsächlichen Voraussetzungen, die für die Zulässigkeit der baulichen Nutzung erforderlich sind. 641

Bauerwartungsland begründet keine geschützte Rechtsposition, sondern nur eine Prognose.

Wird z. B. eine Umgehungsstraße außerhalb des Ortes durch ein Gebiet gebaut, dass als Bauerwartungsland eingestuft wurde, sind die dafür benötigten Flächen als Bauerwartungsland zu bewerten bzw. zu entschädigen.

Das abseits bzw. dann außerhalb des Ortsteils liegende Bauerwartungsland verliert i. d. R. diese Entwicklungsstufe und wird wieder land- und forstwirtschaftliche Nutzfläche. Dieser Rückgang in der Entwicklungsstufe wird mangels vorhandener Rechtsposition nicht entschädigt.[870] 642

(dd) Rohbauland

Rohbauland sind nach § 5 ImmoWertV Flächen, die nach den bauplanungsrechtlichen Bestimmungen für eine bauliche Nutzung bestimmt sind, deren Erschließung 643

869 Kleiber/Simon/Weyers, Verkehrswertermittlung von Grundstücken, 6. Aufl., S. 624 f.
870 Kleiber/Simon/Weyers, Verkehrswertermittlung von Grundstücken, 6. Aufl., S. 670 f.

aber noch nicht gesichert ist oder die nach Lage, Form und Größe für eine bauliche Nutzung (noch) unzureichend gestaltet sind.

644 Rohbauland ist eine Zwischenstufe vom Bauerwartungsland zum baureifen Land. Man unterscheidet zwischen Brutto- und Nettorohbauland.

Das **Bruttorohbauland** beinhaltet die für öffentliche Zwecke, insb. für die Erschließung benötigten Flächen des Plangebietes.

Nettorohbauland ist die verbleibende Fläche, die sich allein auf das künftige Baugrundstück bezieht.

645 Zur Ermittlung des Verkehrswertes von Rohbauland wie auch Bauerwartungsland werden in der Praxis häufig Vergleichspreise für baureifes Land ermittelt, um hieraus deduktiv, bzw. dem Wesen nach ähnlich dem Residualwertverfahren, zum Verkehrswert zu gelangen. Unter Berücksichtigung der baulichen Nutzbarkeit werden Vergleichswerte z. B. anhand von Bodenrichtwerten ermittelt und um Erschließungsbeiträge (Grunderwerbskosten, Ausbaukosten) reduziert. Der Flächenbedarf für die Erschließung beträgt erfahrungsgemäß 20 – 30 % des Rohbaulandes.[871] Der somit ermittelte Quadratmeterwert des erschließungsbeitragspflichtigen baureifen Landes bezieht sich auf die Bruttorohbaulandfläche abzgl. des Flächenbedarfs für die Erschließungsfläche.[872]

Der dann ermittelte Zwischenwert ist noch über Wartezeit und unter Berücksichtigung des damit verbundenen Wagnisses abzustimmen.

(ee) Baureifes Land

646 Als baureifes Land werden Flächen bezeichnet, für die nach der Gesamtheit der öffentlich-rechtlichen Vorschriften einen Anspruch auf Zulassung einer baulichen Anlage bestehen, unabhängig von privatrechtlichen und naturbedingten Hindernissen.

Wesentliche Merkmale der Baureife aufgrund öffentlich-rechtlicher Vorschriften sind
- der nach dem Baugesetzbuch bestehende Anspruch auf Genehmigung eines baulichen Vorhabens,
- es liegt an endgültig oder vorläufig ausgebauten oder zum Ausbau vorgesehenen Straßen,
- es stehen der baulichen Nutzung keine Vorschriften der BauO eines Landes entgegen.[873]

871 Kleiber/Simon/Weyers, Verkehrswertermittlung von Grundstücken, 6. Aufl., S. 676 f.
872 Kleiber/Simon/Weyers, Verkehrswertermittlung von Grundstücken, 6. Aufl., S. 676 f.
873 Kleiber/Simon/Weyers, Verkehrswertermittlung von Grundstücken, 6. Aufl., S. 680 f.

Stufe 1	Merkmal	% des Werts von baureifem Land
	Bauerwartungsland	
1	Bebauung nach der Verkehrsauffassung in absehbarer Zeit zu erwarten	15 – 40
2	Im Flächennutzungsplan als Baufläche	25 – 50
3	Aufstellung eines Bebauungsplanes beschlossen	35 – 60
4	Innerhalb der im Zusammenhang bebauten Ortsteile gelegen	50 – 70
5	Bebauungsplan aufgestellt. Je nach geschätzter Dauer bis zu Rechtskraft und Grad der Erschließungsgewissheit	50 – 70
	Rohbauland	
6	Bebauungsplan rechtskräftig. Bodenordnung erforderlich	60 – 80
7	Bebauungsplan rechtskräftig. Bodenordnung nicht erforderlich	70 – 85
8	Bebauungsplan rechtskräftig. Erschließung gesichert	85 – 95
	Baureifes Land	
9	Bebauungsplan rechtskräftig. Erschließung erfolgt oder bereits vorhanden	100

647

1 Quelle: Kleiber/Simon/Weyers, Verkehrswertermittlung von Grundstücken, S. 388.

Zeitraum für [1]	Zeitspanne
Entwicklung des Rohbaulandes bis zur Baureife (baureifes Land)	insgesamt fünf Jahre
Entwicklung des Bauerwartungslandes bis zur Baureife (baureifes Land)	insgesamt fünf – zehn Jahre
Bebauung eines durch eine Umlegung (§§ 45 ff. BauGB) neugeordneten Gebietes (Schließung von Baulücken)	insgesamt fünf Jahre

648

1 Kleiber/Simon/Weyers, Verkehrswertermittlung von Grundstücken, 5. Aufl., S. 389.

649

Bodenwert – Fazit
Die Ermittlung des Bodenwertes bildet in den verschiedenen Bewertungsmethoden eine wesentliche Grundlage, da dieser in allen gängigen deutschen Wertermittlungsverfahren einen wesentlichen Bestandteil des jeweiligen Verfahrens darstellt. Innerhalb eines Entwicklungszustandes weisen die entsprechenden Grundstücke eines Gemeingebietes teilweise erhebliche Wertspannen auf. Insofern ist die Kenntnis der einzelnen Entwicklungsstufen von Grund und Boden und einzelner Unterarten für die Beurteilung i.D.d. Wertermittlungstätigkeit unerlässlich.

(4) Sachwertverfahren

(a) Anwendungsbereich und Aufbau

650 Das Sachwertverfahren steht im Gesetz gleichrangig neben den Vergleichswert- und Ertragswertverfahren und ist in den §§ 21 bis 23 ImmoWertV beschrieben.

Während aber z. B. das nachfolgend beschriebene Ertragswertverfahren Werte ausweist, die aufgrund von Marktbewegungen ermittelt worden sind, werden beim Sachwertverfahren sog. Herstellungswerte errechnet, die nicht unbedingt zu einem marktkonformen Zeitwert führen.

Entscheidend ist stets die Angebots- und Nachfragekonstellation am jeweiligen Wertermittlungsstichtag. Allein nach bautechnischen Gesichtspunkten kann der Verkehrswert eines bebauten Grundstückes daher nicht beurteilt werden.

Der Sachwert stellt somit ausschließlich den Substanzwert unter dem Gesichtspunkt der Wiederbeschaffung dar.

Deshalb ist ggf. eine Anpassung der Werte vorzunehmen.[874] Diese Marktanpassung ist auch beim Vergleichwertverfahren oder beim Ertragswertverfahren vorgesehen, jedoch ist der Anpassungsbedarf beim Sachwertverfahren verfahrensbedingt ungleich höher.

651 Traditionellerweise wurde das Sachwertverfahren zur Wertermittlung von eigengenutzten Gebäuden verwendet. Ob es sich bei diesen Gebäuden um Einfamilienhäuser, Lagerhallen oder große Industriekomplexe handelte, wurde als nebensächlich erachtet. Zunehmend wird dieses Verfahren jedoch laut einschlägiger Fachliteratur fast ausschließlich nur noch für eigengenutzte Ein- bis Dreifamilienhäuser verwandt.

652 Nach den Bestimmungen der WertV sind bei Anwendung des Sachwertverfahrens die Werte des Bodens, der baulichen Anlagen und der sonstigen Anlagen getrennt zu ermitteln.

874 Leopoldsberger, Wertermittlung von Immobilien, S. 54 f.

Dies wird aus nachfolgendem Schema ersichtlich (Basis WertV88):[875] 653

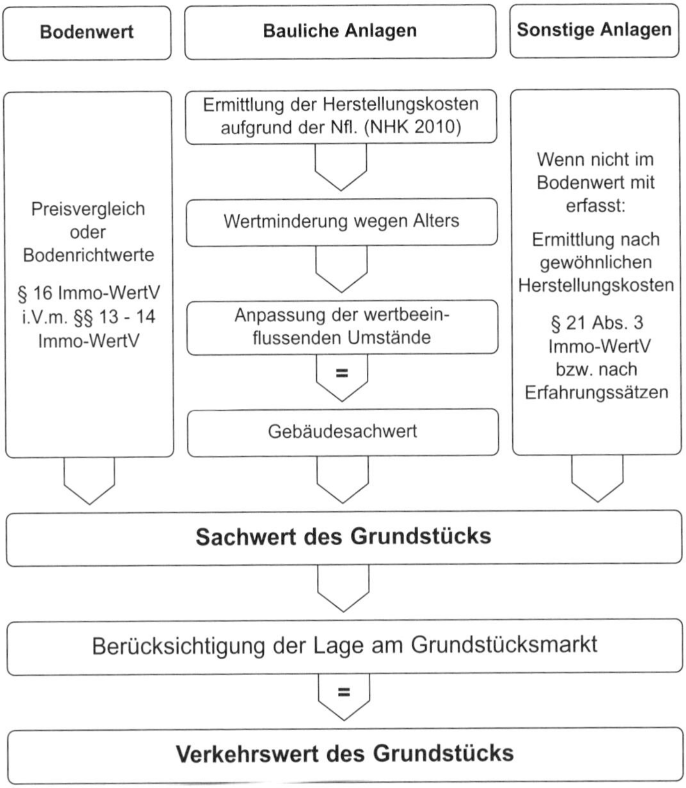

Beim Sachwertverfahren wird mehrgliedrig vorgegangen, d. h. der Bodenwert und der Wert der Gebäude sind getrennt zu ermitteln und abschließend zu summieren. Dabei schreibt die ImmoWertV vor, den Bodenwert nach den Regeln des Vergleichswertverfahrens zu ermitteln. Bei der Ermittlung des Bodenwertes wird von einem unbebauten Grundstück ausgegangen. 654

Der Wert der baulichen Anlagen ist nach der ImmoWertV auf der Grundlage ihrer Herstellungskosten zu ermitteln. Unter **baulichen Anlage** versteht die Verordnung Gebäude, Außenanlagen und besondere Betriebseinrichtungen. Innerhalb dieser Aufzählung sind die Gebäude der bedeutendste Einzelposten. Der korrekten Ermittlung des Gebäudeherstellungswertes muss daher besonderes Augenmerk gewidmet werden.[876]

875 Leopoldsberger, Wertermittlung von Immobilien, S. 54 f.
876 Leopoldsberger, Wertermittlung von Immobilien, S. 54 f.

Unter **Außenanlagen** sind nur die baulichen Außenanlagen zu verstehen, da die nichtbaulichen Außenanlagen zu den sonstigen Anlagen zu rechnen sind.

655 Die Herstellungswerte von Gebäuden sollen nach der ImmoWertV unter Berücksichtigung ihres Alters, baulicher Mängel und Schäden sowie sonstiger wertbeeinflussender Umstände ermittelt werden. Ausgegangen wird dabei von den Normalherstellungskosten.

(b) Herstellungswert/NHK 2010

656 Nach den Definitionen der ImmoWertV sind zur Ermittlung des Herstellungswertes der Gebäude die gewöhnlichen Herstellungskosten je Raum- und Flächeneinheit (Normalherstellungskosten) mit der Anzahl der entsprechenden Raum-, Flächen- oder sonstigen Bezugseinheiten der Gebäude zu vervielfachen. Einzelne Bauteile, Einrichtungen oder sonstige Vorrichtungen, die insoweit nicht erfasst werden, sind durch Zu- und Abschläge zu berücksichtigen.

Zudem sind die Normalherstellungskosten nach Erfahrungssätzen anzusetzen und erforderlichenfalls mithilfe geeigneter Baupreisindexreihen auf die Preisverhältnisse am Wertermittlungsstichtag umzurechnen.

657 Unter den **Normalherstellungskosten** (NHK) versteht man durchschnittliche, auf eine Raumeinheit (z. B. 1 m^3 Brutto-Rauminhalt) oder eine Flächeneinheit (z. B. 1 m^2 Wohn- und Nutzfläche) bezogene marktübliche Herstellungskosten für Gebäude oder sonstige Anlagen. Hierbei handelt es sich um normierte, d. h. auf eine einheitliche Bezugseinheit zurückgerechnete Herstellungskosten. Weiter sollen normalerweise anfallende, d. h. durchschnittliche Herstellungskosten angesetzt werden.

658 In der Literatur werden die NHK meist noch auf die Basisjahre 1913, 1914 oder gar 1913/1914 bezogen

Da viele Kritiker des Sachwertverfahrens beanstanden, dass man die Bewertung neuer Gebäude nicht auf der Grundlage des NHK-Basisjahres (z. B. 1913), sondern tatsächlich auf der Grundlage von Baukosten der Gebäude mit zeittypischer Bauweise durchführen sollte, wurden die alten NHK-Tabellen auf die Basisjahre 1995, 2000 und aktuell 2010 umgestellt. Die zwischenzeitlich eintretenden Wertänderungen werden durch Baupreiskostenindexumrechnung und erforderlichenfalls regionale Anpassungen fortgeschrieben.

Folgendes Schema soll die Ermittlung der Normalherstellungskosten verdeutlichen:[877] 659

Umbauter Raum	oder	Bruttogrundfläche
X		X
m^3-Preis im Basisjahr		m^2-Preis im Basisjahr
X		X

Baupreisindexveränderung bis zum Wertermittlungsstichtag

=

Vorläufige Herstellungskosten

+

Zuschläge für nicht erfasste Bauteile

-

Abschläge für fehlende Bauteile

+

Baunebenkosten

=

Normalherstellungskosten

Die Baunebenkosten werden – soweit sie nicht in den Erfahrungswerten berücksichtigt sind – über einen prozentualen Zuschlag ausgewiesen. Eine getrennte Darstellung sollte gewählt werden, da die unterschiedliche Planungsintensität besser berücksichtigt werden kann und da diese Kosten sich regional unterscheiden.[878] 660

Zu den Baunebenkosten gehören nach ImmoWertV die Kosten für Planung, Baudurchführung, die behördlichen Genehmigungskosten und die in unmittelbarem Zusammenhang mit der Herstellung erforderlichen Finanzierungs- und Versicherungskosten.

(c) Alterswertminderung

Die Wertminderung wegen Alters wird über das Verhältnis von verbleibender Nutzungsdauer (Restnutzungsdauer) zu Gesamtnutzungsdauer als prozentualer Wert ausgedrückt.[879] 661

Die ImmoWertV legt nicht im Einzelnen fest, in welcher Weise bzw. nach welchem Modell die Wertminderung wegen Alters vorzunehmen ist. Von verschiedenen Autoren in der Wertermittlung sind progressive und degressive Wertminderungsverläufe

877 Leopoldsberger, Wertermittlung von Immobilien, S. 59 f.
878 Leopoldsberger, Wertermittlung von Immobilien, S. 60.
879 Leopoldsberger, Wertermittlung von Immobilien, S. 61.

aufgestellt worden (z. B. linear, nach Ross, nach Vogels und Schindler, nach Gerady usw.). Diese sind aber selten empirisch belegt oder sie unterscheiden sich nur minimal vom linearen Wertverzehr. Da die Restnutzungsdauer und die Gesamtnutzungsdauer ohnehin nur grobe Schätzungen darstellen, sollte der linearen Wertminderung der Vorzug gegeben werden.[880]

662 Bei der Schätzung der **Gesamtnutzungsdauer** kann wieder auf tabellierte Werte für verschiedene Immobilienarten zurückgegriffen werden. Die **Restnutzungsdauer** wird nicht anhand des Alters des Gebäudes geschätzt, sondern ausgehend vom baulichen Zustand. Bei Gebäuden, bei denen die Instandhaltung vernachlässigt wurde, kann sie also erheblich geringer sein, als die Gesamtnutzungsdauer abzgl. des Alters. Umgekehrt verlängert sich die Restnutzungsdauer bei gerade sanierten Gebäuden entsprechend.

663 Die **Anpassung der Restnutzungsdauer** kann über verschiedene Methoden erfolgen.

Bei vollständiger Entkernung und Erneuerung ist das fiktive Gebäudealter mit dem Jahr der Entkernung/Erneuerung abzgl. eines Satzes von 10 % der üblichen Gesamtnutzungsdauer zu berücksichtigen. Andere Methoden bestimmen das fiktive Gebäudealter über sog. Gebäudezustandsstufen oder nach Punktrastermethoden.

Die so errechnete Wertminderung wegen Alters ist von den Normalherstellungskosten (NHK) abzuziehen.

664 Nach der WertR 2006 sind für unterschiedliche Immobilienarten folgende Vorschläge zur wirtschaftlichen Gesamtnutzungsdauer gemacht worden:

Immobilienart	**wirtschaftliche Gesamtnutzungsdauer**
Einfamilienhäuser, freistehend (auch Reihenhäuser, Zwei- u. Dreifamilienhaus)	60 – 100 Jahre
Mietwohngebäude (freifinanziert)	60 – 80 Jahre
(sozialer Wohnungsbau)	50 – 70 Jahre
Gemischt genutzte Wohn- und Geschäftshäuser (Mietertragsanteil bis 80 %)	50 – 70 Jahre
Verwaltungs- und Bürogebäude	50 – 80 Jahre
Gewerbe- und Industriegebäude allgemein	40 – 60 Jahre
Tankstellen	10 – 20 Jahre

(d) Berücksichtigung von Bauschäden/Baumängeln

665 Baumängel sind auf Planungs- und Bauausführungsfehler zurückzuführen; sie bestehen daher seit Bauwerkerstellung. Bauschäden können auch durch sonstige Umstände, z. B.

880 Leopoldsberger, Wertermittlung von Immobilien, S. 61; vgl. Kleiber/Simon/Weyers, Verkehrswertermittlung von Grundstücken, 6. Aufl., S. 1946.

durch unterlassene Instandhaltungen entstehen. Die Kosten für die Beseitigung der Mängel und Schäden sowie eines evtl. bestehenden Instandhaltungsrückstaus sind bei der Wertermittlung auszuweisen. Sie werden von den Normalherstellungskosten abgezogen.

Bei der **Schätzung der Wertminderung** wegen baulicher Mängel bzw. aufgrund von Schäden ist zu beachten, dass die Mängel bzw. Schadensbeseitigung teurer als Neubauleistungen sein kann. Des Weiteren müssen Beseitigungskosten und ermittelte Restnutzungsdauer in einem ökonomisch vertretbaren Verhältnis stehen.

Besteht die Absicht, Mängel und Schäden beseitigen zu lassen, so sollte ein **Angebot** 666
vor der Wertermittlung eingeholt und dieses der Wertminderung zugrunde gelegt werden.[881]

Andererseits kann diese Schätzung über Einzelpositionen (d. h. Einzelgewerke) erfolgen. Hier kann sich in der einschlägigen Wertermittlungsliteratur auf Erfahrungswerte bezogen werden.

Bei nicht oder nicht mit vertretbarem Aufwand zu beseitigenden Mängeln oder Schä- 667
den ist die Höhe der Wertminderung danach zu schätzen, welche Wertminderung der allgemeine Grundstücksmarkt diesen bemisst.

Der Bewertungssachverständige kann i. d. R. die wirklich erforderlichen Aufwendun- 668
gen zur Herstellung eines normalen Bauzustandes nur überschlägig schätzen, da er grds. nicht der spezialisierte Fachmann ist. Hier sind i. d. R. Bausachverständige gefragt. Weiterhin würden diese Analysen den Rahmen des normalen Bewertungsumfangs wesentlich übersteigen.

(e) Marktanpassungsfaktoren

Der Sachwertfaktor (Marktanpassungsfaktor des Sachwertfaktors) zählt zu den erfor- 669
derlichen Daten i. S. d. Baugesetzbuches. Die Verfügbarkeit des Marktanpassungsfaktors ist zur Erzielung marktkonformer Sachwerte unverzichtbar.

Ziel der in der Immobilienwertermittlungsverordnung (ImmoWertV) beschriebenen Wertermittlungsverfahren ist es, den Verkehrswert, d. h. den am Markt für das Bewertungsobjekt am wahrscheinlichsten zu erzielenden Preis aus Kaufpreisen für vergleichbare Objekte abzuleiten.

Das ermittelte Ergebnis vorläufiger Sachwert ist i. d. R. nicht mit den durchschnittlichen Kaufpreisen identisch. Deshalb muss das Rechenergebnis vorläufiger Sachwert an den Markt bzw. an die für vergleichbare Grundstücke durchschnittlich realisierten Kaufpreise angepasst werden. Die Marktanpassung muss objektiv und nachvollziehbar erfolgen. Dies kann nur durch belegbare Analysen des Grundstücksmarktes geschehen.

881 Leopoldsberger, Wertermittlung von Immobilien, S. 62 f.

670 Der Marktanpassungsfaktor wird praktisch durch vielfache »Gegenbewertungen« von verkauften Objekten mittels Sachwertmodell der WertV abgeleitet. Er stellt das durchschnittliche Verhältnis (bzw. eine vermittelnde Funktion) aus Kaufpreisen und den ihnen entsprechenden, nach den Vorschriften der ImmoWertV ermittelten (vorläufigen) Sachwerten dar.

Die Anwendung des Marktanpassungsfaktors führt den vorläufigen Sachwert umso sicherer in einen marktkonformen Sachwert über, je größer die verfügbare Anzahl der zur Ableitung des Marktanpassungsfaktors nachbewerteten Vergleichskauffälle ist.

Hierin unterscheidet sich das Sachwertverfahren nicht von den übrigen Wertermittlungsverfahren. So ist z. B. für die Ableitung des Liegenschaftszinssatzes und damit der Erzielung marktkonformer Ertragswerte ebenfalls die Verfügbarkeit einer hinreichenden Vergleichskaufpreiszahl erforderlich. Dasselbe gilt für das Vergleichswertverfahren.

671 **Sachwertverfahren – Fazit**

[1]In der Marktanpassung liegt ein Schwachpunkt des Sachwertverfahrens[2], da diese Anpassung einen Verfahrensbruch darstellt[3]. Während der Substanzwert nach mathematisch exakten Verfahren berechnet worden ist, wird bei der Marktanpassung vom Sachverständigen quasi verlangt, dass er den Verkehrswert praktisch bereits kennt, um den Substanzwert an den Verkehrswert anzugleichen[4].

Wenn hilfsweise das Ertragswertverfahren (bzw. Vergleichwertverfahren) verwendet werden muss, um den Verkehrswert zu ermitteln, ist die Frage zu stellen, weshalb nicht gleich und ausschließlich ein marktkonformes Wertermittlungsverfahren gewählt wird[5].

Es erscheint daher angebracht, das Sachwertverfahren i.d.R. nur dann anzuwenden, wenn das Ziel die Ermittlung von Wiederherstellungskosten bildet. Dies kann bspw. bei der Ermittlung von Versicherungswerten der Fall sein[6] Nach Möglichkeit sind hierzu Basisjahre zu verwenden, die dem Baujahr bzw. dem Wertermittlungsstichtag nahe liegen[7].

Auch wenn das Sachwertverfahren in der Wertermittlungsverordnung gleichberechtigt neben dem Ertragswertverfahren und dem Vergleichswertverfahren steht, so ist generell zum Zwecke der Verkehrswertermittlung dem marktnäheren Verfahren der Vorzug zu geben[8].

[1] Leopoldsberger, Kontinuierliche Wertermittlung von Immobilien, R. Müller 1998, S. 67 f.

[2] Vgl. Kleiber, Simon, Verkehrswertermittlung von Grundstücken, 1994, S. 826

[3] Vgl. Zimmermann, Heller, Der Verkehrswert von Grundstücken, 1995, S. 83

[4] Vgl. Zimmermann, Heller, Der Verkehrswert von Grundstücken, 1995, S. 93

[5] Ein Grund liegt u. U. in der gesetzlich vorgeschriebenen Honorarordnung zur Abrechnung von Verkehrswertgutachten. Bei Anwendung des Ertragswertverfahrens und zusätzlich des

Sachwertverfahrens lässt sich ein um 25 % höheres Honorar erzielen. Dies mag Anreiz genug sein, dass das Sachwertverfahren in der Praxis – trotz aller Kritik an den theoretischen Grundlagen – noch Anwendung findet. Vgl. § 34 Abs. 7 HOAI.

[6] Vgl. Vogels, Grundstücks- und Gebäudebewertung marktgerecht, 1995, S. 91

[7] Vgl. Mittag, Ermittlung von zeitgemäßen Normalherstellungskosten für die Belange der Verkehrswertermittlung, 1996, S. 54 – 104.

[8] Vgl. Zimmermann, Heller, Der Verkehrswert von Grundstücken, 1995, S. 80.

(5) Ertragswertverfahren

(a) Anwendungsbereich und Aufbau

Das Ertragswertverfahren wird regelmäßig bei fast allen gewerblich genutzten und bebauten Grundstücken (z. B. Industriegebäude, Logistik- und Lagerhallen, Büro- und Geschäftshäuser) sowie auch bei Betreiberimmobilien (z. B. Hotels, Kinos, Seniorenresidenzen), bei denen die Erzielung von Erträgen im Vordergrund stehen, angewandt. 672

Ein weiterer Anwendungsbereich ist die wohnwirtschaftlich genutzte Rendite-Immobilie, wie z. B. das Mehrfamilienhaus oder die zu bewertende Wohnanlage.

Die Bewertung nach dem Ertragswertverfahren führt erfahrungsgemäß zu realistischen Marktpreisen (Verkehrswert) bei diesen beschriebenen Immobilienarten.

Das Ertragswertverfahren wird in der ImmoWertV in den §§ 17 bis 20 behandelt. Dieses Verfahren basiert auf der Überlegung, für die Verkehrswertermittlung mithilfe des Ertragswertverfahrens einen Wert eines unter Renditegesichtspunkten erworbenen Grundstückes zu ermitteln, der von den erzielbaren Erträgen bestimmt wird.[882]

Beim Ertragswertverfahren wird einerseits der Barwert der für die Restnutzungsdauer des Gebäudes zu erzielenden Erträge (Ertragswert der baulichen Anlagen) berechnet. Zum anderen wird der Bodenwert separat i. d. R. über das Vergleichswertverfahren ermittelt.[883]

Bodenwert und Wert der baulichen Anlagen ergeben zusammen den Ertragswert des Grundstücks.[884]

Bei der Bewertung der Erträge von Immobilienvermögen, die langfristige Investitionen erfordern, spielen neben dem Reinertrag als Differenz von Rohertrag und Bewirtschaftungskosten als weitere Komponenten die Restnutzungsdauer der Gebäude, der Liegenschaftszins, der Bodenwert, evtl. Reparaturstaus und andere wertbeeinflussende Umstände eine Rolle. 673

882 Leopoldsberger, Wertermittlung von Immobilien, S. 36.

883 Vgl. Dieterich, in: Ernst/Zinkhahn/Bielenberg, BauGB-Kommentar, Vorb. §§ 192 bis 99 BauGB, S. 29.

884 Leopoldsberger, Wertermittlung von Immobilien, S. 36.

Die Ermittlung des Ertragswertes basiert auf den nachhaltig erzielbaren jährlichen Einnahmen (Mieten und Pachten) aus dem Grundstück.

Die Summe aller Einnahmen wird als Rohertrag bezeichnet. Hierbei sind nachhaltig bzw. dauerhaft erzielbare Nettokaltmieten, aus vergleichbaren Marktdaten abgeleitet, anzusetzen. Dabei ist auch die Laufzeit evtl. bestehender Mietverträge sowie deren Konditionen zu prüfen, ob daraus resultierend z. B. eine über dem Marktniveau liegende Miete (»overrented«) oder eine unter dem Marktniveau liegende Miete (»underrented«) vereinbart wurde und somit den Ertragswert beeinflusst.

Maßgeblich für den Wert eines Grundstückes ist jedoch der Reinertrag, der sich aus Rohertrag abzgl. der Aufwendungen, die für die Bewirtschaftung einschließlich der Erhaltung des Grundstückes erforderlich sind, ermittelt.

Die Verfahrensmethode basiert auf der Überlegung, dass der Reinertrag aus dem Objekt die Verzinsung des Grundstückswertes bzw. der Investition darstellt. Deshalb wird der Ertragswert als sog. Rentenbarwert durch die Kapitalisierung des Reinertrages bestimmt. Der Reinertrag für ein bebautes Grundstück stellt sowohl die Verzinsung für den Grund und Boden als auch für die auf dem Grundstück vorhandenen baulichen oder sonstigen Anlagen dar. Für die Kapitalisierung (d. h. die Ermittlung des Rentenbarwertes) ist deshalb folgendes Problem zu lösen.

Der Boden gilt grds. als unvergänglich, der auf den Boden entfallende Reinertragsanteil ist deshalb ewig erzielbar und demzufolge der Bodenwert als ewige Rente des auf den Grund und Boden entfallenden Teils am Reinertrag zu ermitteln.

Dagegen ist die wirtschaftliche Restnutzungsdauer der baulichen und sonstigen Anlagen zeitlich begrenzt, d. h. der auf diese baulichen und sonstigen Anlagen entfallende Reinertragsanteil ist deshalb zur Bestimmung des Wertes der baulichen Anlagen als Zeitrente (über die geschätzte Restnutzungsdauer der baulichen und sonstigen Anlagen) zu kapitalisieren.

Die Struktur des Ertragswertverfahrens ist an folgendem Schaubild dargestellt (Basis WertV88):[885] 674

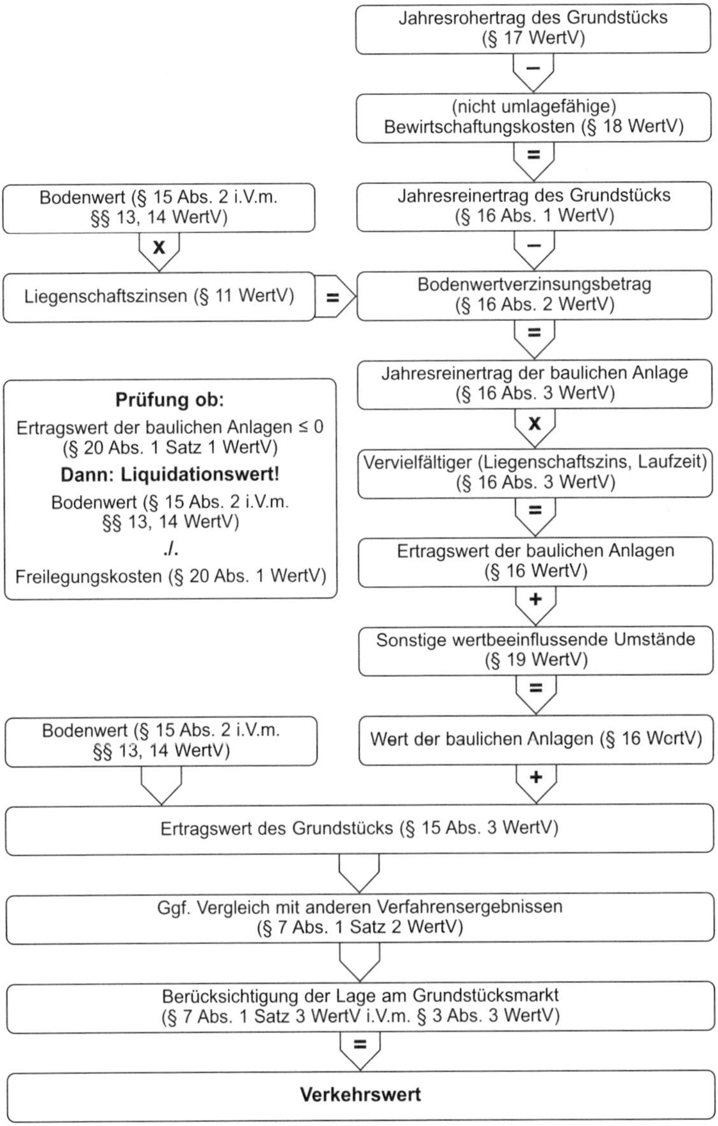

885 Leopoldsberger, Wertermittlung von Immobilien, S. 37.

Bei der Anwendung des Ertragswertverfahrens stellt sich die »richtige« Erfassung der bis zum Ende der Restnutzungsdauer der baulichen Anlagen (bis zu 100 Jahren) zu erwartenden Erträge, Bewirtschaftungskosten und sonstiger für die Ertragsverhältnisse maßgeblicher Parameter (steuerrechtliche Rahmenbedingungen) unter Einbeziehung konjunktureller (inflationärer) Entwicklungen i. d. R. problematisch dar.

(b) Liegenschaftszinssätze

675 Nach § 14 ImmoWertV definiert sich der Liegenschaftszinssatz als »Zinssatz, mit dem der Verkehrswert von Grundstücken je nach Grundstücksart im Durchschnitt marktüblich verzinst wird«.[886]

Berechnet wird der Liegenschaftszinssatz durch die mathematische Umkehrung des Ertragswertes aus realisierten Kauffällen. Dazu werden Vertragskopien verwandt, die bei den zuständigen Gutachterausschüssen von den beurkundenden Stellen eingereicht werden müssen.

Der Liegenschaftszinssatz ist demzufolge der Marktanpassungsfaktor des Ertragswertverfahrens. Er stellt sicher, dass das Rechenergebnis marktkonform ist. Der richtige objekt- und stichtagsbezogene Mietansatz ist demgegenüber dafür bestimmend, dass der Ertragswert objekt- und wertermittlungsstichtagsbezogen zutreffend ermittelt wird.

676 Der Liegenschaftszinssatz **beeinflusst den Ertragswert als wichtigstes Parameter** bei der Anwendung des Verfahrens.

In diesem Zusammenhang sind folgende Auswirkungen bei Veränderung des Liegenschaftszinssatzes zu beachten:
- je größer der Liegenschaftszinssatz, desto kleiner der Ertragswert,
- Änderungen des Liegenschaftszinssatzes um 0,5 % bewirken eine Änderung des Ertragswertes um rund 10 % (bei längerer Restnutzungsdauer),
- bei Heranziehung von empirischen Liegenschaftszinssätzen müssen Lage und Risiko entsprechend der Belegenheit des zu wertenden Objektes bei dem Ansatz des Liegenschaftszinssatzes berücksichtigt werden.

Künftige Marktentwicklungen werden mit dem Liegenschaftszinssatz erfasst, d. h. die Ertragswertermittlung auf der Grundlage des Liegenschaftszinssatzes ist ein dynamisches Verfahren.

Bezogen auf die Immobilienarten liegen die Werte der Liegenschaftszinssätze zwischen etwa 2,5 % für Einfamilienhausgrundstücke und bis zu 9 % bei Fabriken und speziellen Produktionsstätten.[887]

886 Kleiber/Simon/Weyers, Verkehrswertermittlung von Grundstücken, 6. Aufl., S. 1169 f.
887 Kleiber/Simon/Weyers, Verkehrswertermittlung von Grundstücken, 6. Aufl., S. 1169 f.

Weitere üblicherweise angewandte Liegenschaftszinssätze:[888] 677

Mietwohngrundstücke	4,0 % – 6,0 %
Gemischt genutzte Grundstücke (Gewerbeanteil < 50 %)	4,5 % – 5,0 %
Gemischt genutzte Grundstücke (Gewerbeanteil > 50 %)	5,0 % – 6,0 %
Büro- und Geschäftshäuser	6,0 % – 7,0 %
Verbrauchermärkte, Warenhäuser, Einkaufszentren	6,5 % – 7,5 %
Sozialimmobilien (Kliniken, Alten-, Pflegeheime)	6,0 % – 8,5 %
Lagerhallen (Speditions- und Logistikbetriebe)	6,0 % – 8,0 %.

(c) Nutzungsdauer

Die wirtschaftliche Nutzungsdauer von Immobilien hat eine große Bedeutung bei der Anwendung des Ertragswertverfahrens. Insb. bei älteren Gebäuden und somit abnehmender Restnutzungsdauer können die Auswirkungen auf den Ertragswert erheblich sein. 678

Man betrachtet bei der Nutzungsdauer zunächst die Immobilienart hinsichtlich der üblichen Gesamtnutzungsdauer und schätzt dann am Wertermittlungstag die wirtschaftliche Restnutzungsdauer unter Berücksichtigung des Bau- und Unterhaltungszustandes sowie der wirtschaftlichen Verwendungsfähigkeit der baulichen Anlage.

Nach der Definition des § 6 Abs. 6 ImmoWertV ist als **Restnutzungsdauer** »die Anzahl der Jahre anzusetzen, in denen die baulichen Anlagen bei ordnungsgemäßer Unterhaltung und Bewirtschaftung vorrausichtlich noch wirtschaftlich genutzt werden können«.[889]

Bei dieser Restnutzungsdauer ist sich demnach nicht an der technischen Lebensdauer bzw. bautechnische Standdauer zu orientieren, sondern an der voraussichtlichen Dauer ihrer wirtschaftlichen Verwertbarkeit. Die technische Lebensdauer gibt jedoch die Obergrenze der wirtschaftlichen Restnutzungsdauer an.

Andererseits können technisch völlig intakte Gebäude z. B. eine wirtschaftliche Nutzungsdauer von = Null haben, weil sie auch künftig keine zeitgemäße Nutzungschance besitzen (z. B. Luftschutzbunker mit schlechter Zugänglichkeit, Belichtung und Belüftung).

Die zu schätzende Restnutzungsdauer hängt insb. von folgenden wirtschaftlichen **Faktoren** ab: 679
- Lage und Umfeld,
- Grundrissstruktur,
- funktionale Zuordnung von Räumen,
- zu niedrig oder überhoch,

888 Kleiber/Simon/Weyers, Verkehrswertermittlung von Grundstücken, 6. Aufl., S. 169 f.
889 Kleiber/Simon/Weyers, Verkehrswertermittlung von Grundstücken, 6. Aufl., S. 895 f.

- Belichtung und Besonnung,
- zeitgemäße Ausstattung (unzureichende sanitäre Einrichtung),
- zeitgemäße Baumaterialien und Baugestaltung.

Die anzusetzende Restnutzungsdauer wird auch davon beeinflusst, ob die vorbeschriebenen Eigenschaften mit wirtschaftlich vertretbarem Aufwand auf einen zeitgemäßen Standard gebracht werden können.

Die Restnutzungsdauer bestimmt zusammen mit dem Liegenschaftszinssatz die Höhe des Vervielfältigers und somit indirekt den Wert der baulichen Anlagen sowie den Ertragswert. Hier gilt wiederum: »Je höher die Restnutzungsdauer, umso größer der Vervielfältiger.«

Die rechnerische Restnutzungsdauer ermittelt sich im Regelfall aus der üblichen Gesamtnutzungsdauer abzgl. des Gebäudealters am Wertermittlungsstichtag.

Anpassungen dieser Rechenformel sind erforderlich, sofern durchgreifende Modernisierungen und Instandsetzungen durchgeführt wurden. Diese können zu einer Verlängerung der Restnutzungsdauer führen oder auch andere Gegebenheiten die Restnutzungsdauer verkürzen.

Die Anpassung der Restnutzungsdauer kann über verschiedene Methoden erfolgen.

Bei vollständiger Entkernung und Erneuerung ist das fiktive Gebäudealter mit dem Jahr der Entkernung/Erneuerung abzgl. eines Satzes von 10 % der üblichen Gesamtnutzungsdauer anzusetzen. Andere Methoden bestimmen das fiktive Gebäudealter über sog. Gebäudezustandsstufen oder nach Punktrastermethoden.

(d) Bewirtschaftungskosten

680 Für den wirtschaftlichen Wert eines Grundstücks ist nicht der Rohertrag, sondern vielmehr der beim Eigentümer verbleibende **Reinertrag** maßgeblich. Der Reinertrag errechnet sich als Rohertrag abzgl. der Bewirtschaftungskostenanteile des Eigentümers. Als Bewirtschaftungskostenanteile des Eigentümers sind die Bewirtschaftungskosten zu verstehen, die der Eigentümer nicht zusätzlich zur Grundmiete als Umlage dem Mieter in Rechnung stellen kann und demzufolge seinen Ertrag aus dem Grundstück schmälern.

Bewirtschaftungskosten sind in § 19 ImmoWertV. Sie setzen sich zusammen aus:
- Verwaltungskosten,
- Betriebskosten,
- Instandhaltungskosten,
- Mietausfallwagnis,
- Abschreibung.

Grds. sind in der Bewertung Bewirtschaftungskosten anzusetzen, wie sie bei gewöhnlicher Bewirtschaftung nachhaltig entstehen.[890] Hieraus folgt, dass die Bewirtschaftungskosten in üblicher und nachhaltiger Größenordnung anzusetzen sind. So dürfen z.B.

890 Kleiber/Simon/Weyers, Verkehrswertermittlung von Grundstücken, 6. Aufl., S. 1763 f.

überdurchschnittliche Kosten infolge unsachgemäßer Bewirtschaftung oder unterdurchschnittliche Kosten infolge einer Idealbewirtschaftung nicht in Ansatz gebracht werden. Es müssen daher Erfahrungssätze von vergleichbaren Grundstücken angewendet werden.

Es dürfen nur die Bewirtschaftungskostenanteile vom Rohertrag abgezogen werden, die nicht zusätzlich zur Miete als Umlage vom Mieter erhoben werden. D. h., es werden nur die Anteile vom Rohertrag abgezogen, die beim Eigentümer verbleiben.

Das Zurückgreifen auf Erfahrungssätze, die aus vielen vergleichbaren Objekten abgeleitet wurden, ist erforderlich, weil für das Bewertungsobjekt oftmals nur sehr mangelhafte und unvollständige Angaben und Unterlagen verfügbar oder aufbereitbar sind.

(aa) Verwaltungskosten

Verwaltungskosten sind nach § 19 Abs. 2 ImmoWertV definiert als 681

- *Kosten für die zur Verwaltung des Grundstücks erforderlichen Arbeitskräfte und Einrichtungen,*
- *Kosten der Aufsicht sowie*
- *Kosten für die gesetzlichen oder freiwilligen Prüfungen des Jahresabschlusses und der Geschäftsführung.*

Nach § 19 Abs. 2 ImmoWertV sind Verwaltungskosten nach Erfahrungssätzen anzusetzen. Diese Erfahrungssätze bewegen sich in einer Größenordnung von 3 % – 10 % der Nettokaltmiete, überwiegend zwischen 4 % und 7 %.

In vielen Fällen erhält der Verwalter neben diesen Pauschalen eine Auslagenerstattung für Porto, Telefon, Fahrtkosten und Ähnliches.[891]

(bb) Betriebskosten

»*Betriebskosten sind die Kosten, die durch das Eigentum am Grundstück oder durch den* 682 *bestimmungsgemäßen Gebrauch des Grundstückes sowie seiner baulichen und sonstigen Anlagen laufend entstehen*« (§ 19 Abs. 4 ImmoWertV).[892]

Zu den Betriebskosten, die mit den Definitionen der **II. Berechnungsverordnung** (kurz II. BV) im öffentlich geförderten Wohnungsbau übereinstimmen, zählen nach der Anlage zur II. BV insb. die Grundsteuer, Kosten der Wasserversorgung und Entwässerung, Heizungskosten, Sach- und Haftpflichtversicherung und vieles andere mehr.

Diese Betriebskosten werden i. d. R. vom Mieter als Umlage neben der Grundmiete getragen, sofern diese im Mietvertrag vereinbart wurden. Demnach sind Betriebskostenanteile grds. nicht als den Eigentümer belastende Bewirtschaftungskostenanteile vom Rohertrag bzw. der vereinbarten Grundmiete abzuziehen.

---

891 Kleiber/Simon/Weyers, Verkehrswertermittlung von Grundstücken, 6. Aufl., S. 1775 f.

892 Kleiber/Simon/Weyers, Verkehrswertermittlung von Grundstücken, 6. Aufl., S. 1779 f.

Sofern gem. Mietvertrag bestimmte Betriebskosten nicht auf den Mieter entfallen, handelt es sich um nicht umlegbare Betriebskosten. Diese können z.B. Kosten der Aufzugswartung bei einem Mieter des Erdgeschosses sein, sofern der Ausschluss dieser Kosten vertraglich vereinbart wurde.

(cc) Instandhaltungskosten

683 Instandhaltungskosten sind Kosten, die infolge Abnutzung, Alterung und Witterung zur Erhaltung des bestimmungsgemäßen Gebrauchs der baulichen Anlagen während ihrer Nutzungsdauer fortlaufend durchschnittlich aufgewandt werden müssen. Regelmäßige Instandhaltungen sind erforderlich, um die Qualität und damit die Ertragsfähigkeit des Grundstückes nachhaltig zu sichern. Sie umfassen sowohl die Kosten der laufenden Unterhaltung wie auch der Kosten der Erneuerung einzelner Bauteile.

Begrifflich zu unterscheiden sind neben den Instandhaltungskosten die Instandsetzungskosten.

Instandsetzungskosten werden vorrangig erforderlich, wenn infolge unterlassener Instandhaltungsmaßnahmen ein unterdurchschnittlicher baulicher Zustand eingetreten ist oder bauliche Mängel oder äußere Einwirkungen (z.B. Brand, technische Beschädigungen, Setzungen) bzw. Bauschäden aufgetreten sind.[893]

Größere Instandhaltungsaufwendungen umfassen z.B. die Änderung und Erneuerung des Dachs, komplette Erneuerung der Ver- und Entsorgungsleitungen oder Erneuerung des Außenputzes. Kleinere Instandhaltungsaufwendungen sind z.B. das Beheben von Schäden an Installationsgegenständen wie Fenster- oder Türverschlüsse.

Die Ermittlung von durchschnittlichen pauschalierten Instandhaltungsaufwendungen ist in der Praxis schwierig. Deshalb ist es erforderlich, langjährige Durchschnittswerte zu erheben, die nur durch überörtliche Analysen ermittelt werden können.

Für Gewerbegrundstücke betragen die pauschalierten Instandhaltungskosten je nach Zustand zwischen 7% und 25% des Rohertrages bzw. der Nettokaltmiete. Die Instandhaltungskosten für Wohngrundstücke betragen in Anlehnung an die II. Berechnungsverordnung (II. BV) zwischen 7,00€ und 12,50€/m^2 Wohnfläche.

(dd) Mietausfallwagnis

684 Das Mietausfallwagnis ist das Wagnis einer Ertragsminderung, die durch uneinbringliche Mietrückstände oder Leerstehen von Raum, der zur Vermietung bestimmt ist, entsteht. Es dient auch zur Deckung der Kosten einer Rechtsverfolgung auf Mietzahlung, Aufhebung eines Mietverhältnisses oder Räumung. Hierunter sind auch Mietminderungen zu zählen, die aufgrund vorübergehender Mängel bzw. behebbarer Mängel an der Mietsache infolge Mietreduzierung durch den Mieter eintreten.

Das Mietausfallwagnis ist nach Erfahrungssätzen anzusetzen und abhängig von der

893 Kleiber/Simon/Weyers, Verkehrswertermittlung von Grundstücken, 6. Aufl., S. 1786f.

- Höhe der Miete,
- der Nachfrage nach Wohn- und Gewerberaum (eine große Nachfrage bei geringem Angebot reduziert ebenfalls das Mietausfallwagnis infolge Leerstand),
- der Art des Objektes (Mietausfallwagnis ist bei Wohnungen geringer als bei spezifischen Gewerbeobjekten).

Für den **öffentlich geförderten Wohnungsbau** ist nach der II. BV beim Neubau von Wohnraum ein Höchstsatz von 2 % des Rohertrages vorgegeben, der sich auch in der Praxis und in der Grundstückswertermittlung für Wohnbaugrundstücke durchgesetzt hat.

Bei **gewerblich genutzten Grundstücken** wird das Mietausfallwagnis zwischen 2,5 % und 4 % des Rohertrages angesetzt.

Bei bestimmten Immobilien, z. B. Plattenbauten in strukturschwachen Regionen der Neuen Bundesländer ist der Ansatz einer Dauerleerstandsrate als Mietausfallwagnis in Betracht zu ziehen, da ein Großteil einiger Wohnungen seit Jahren leer steht. Dies trifft z. T. auch bei bestimmten Gewerbeimmobilien in mäßigen Lagen zu. Das Mietausfallwagnis kann im Einzelfall auch deutlich über den angegebenen Sätzen liegen, jedoch sollte bei strukturell hohen Leerständen das Mietausfallwagnis i. d. R. nicht höher als mit 10 bis 15% angesetzt werden, da höhere Leerstände auf Dauer wirtschaftlich nicht tragbar sind.[894]

(ee) Abschreibung

Zu den Bewirtschaftungskosten gehört auch die Abschreibung der baulichen und sonstigen Anlagen. Da die Abschreibung aber mit dem Liegenschaftszinssatz berücksichtigt wird, führt die ImmoWertV sie als »berücksichtigungsfähige« Bewirtschaftungskosten nicht auf.[895] **685**

894 Kleiber/Simon/Weyers, Verkehrswertermittlung von Grundstücken, 6. Aufl., S. 1801.

895 Kleiber/Simon/Weyers, Verkehrswertermittlung von Grundstücken, 6. Aufl., S. 1771.

(e) Ableitung des Verkehrswertes aus dem Ertragswert

686 Durch Berücksichtigung der besonderen wertbeeinflussenden Umstände führt man gem. folgendem Ablaufschema den vorläufigen Ertragswert in den Ertragswert über:

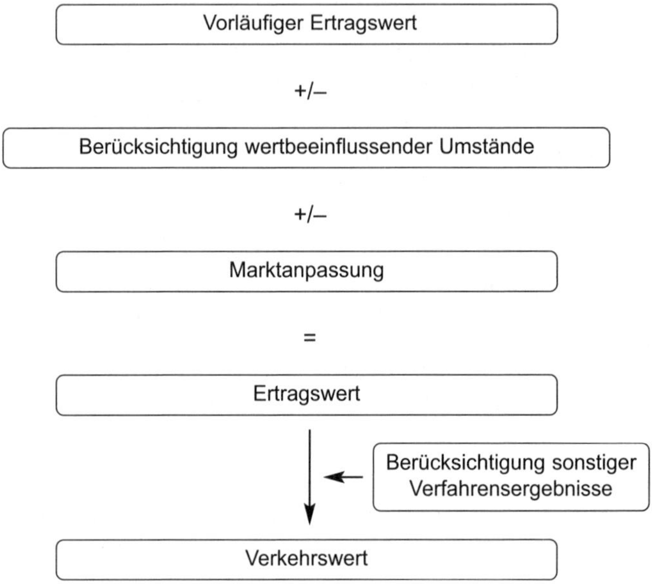

Grds. ist bei sachgemäßer Verwendung der Marktdaten (vorrangig des grundstücksmarktspezifischen Liegenschaftszinssatzes und der ortsüblich nachhaltigen Miete) sichergestellt, dass der Ertragswert unmittelbar bei dem durchschnittlich für vergleichbare Objekte erzielbaren Kaufpreis (d.h. beim Verkehrswert) liegt. Das bedeutet, grds. erfolgt die Marktanpassung bei der Ertragswertermittlung im vorgestellten Modell selbst.

In einigen Ausnahmefällen ist jedoch noch eine zusätzliche Marktanpassung des vorbeschriebenen Rechenergebnisses Ertragswert erforderlich.

Dies kann insb. bei Eintritt wesentlicher Marktveränderungen nach Ableitung der Marktdaten der Fall sein.

687 Hilfreich zur Plausibilitätskontrolle des vom Ertragswert abgeleiteten Verkehrswertes ist z. B. der Vergleich von Maklerfaktoren (Verhältnis von Rohertrag zum Kaufpreis) aus z. B. bereits getätigten Verkäufen ähnlicher Objekte.

Sind für das Bewertungsobjekt neben dem Ertragswert noch andere Verfahrensergebnisse, z. B. ein Sachwert oder ein Vergleichwert ermittelt worden, so sind diese bei der Ableitung des Verkehrswertes sachgemäß hinsichtlich ihrer Eignung zu berücksichtigen.

688 Da die im Ertragswert angesetzten Bewertungsdaten (z. B. ortsübliche Mieten) grds. für Objekte in bauschadens- und baumängelfreiem Zustand, bei ordnungsgemäßer

Bewirtschaftung und üblicher Nutzung abgeleitet wurden, sind diese Daten dann noch hinsichtlich der Auswirkungen der ggf. beim Bewertungsobjekt vorhandenen wertbeeinflussenden Besonderheiten zu korrigieren.

Dies können z. B. Modernisierungs- oder Umbaukosten, Bauschäden, wohnungs- oder mietrechtliche Bindungen, illegale Grundstücksnutzungen u.ä. sein.

Ertragswertverfahren – Fazit* Industrierat 689

Sofern die zur Anwendung des Ertragswertverfahrens notwendigen Kenndaten, insb. der Liegenschaftszinssatz, marktgerecht ermittelt werden, ist das Ertragswertverfahren in der beschriebenen Form gut geeignet, Verkehrswerte zu ermitteln. Schwachpunkt des Verfahrens ist sicherlich die „richtige" Bestimmung oder Schätzung der wirtschaftlichen Restnutzungsdauer der Gebäude. Insb. bei Modernisierungen, jüngeren Anbauten etc. ist die tatsächliche Restnutzungsdauer anzupassen.

Das Ertragswertverfahren wird regelmäßig bei fast allen gewerblich genutzten und bebauten Grundstücken, z.B. Industriegebäuden, Logistik- und Lagerhallen, Büro- und Geschäftshäusern sowie auch bei Betreiberimmobilien (z.B. Hotels, Kinos, Seniorenresidenzen), bei denen die Erzielung von Erträgen im Vordergrund stehen, angewandt.

Ein weiterer Anwendungsbereich ist die wohnwirtschaftlich genutzte Rendite-Immobilie, wie z.B. das Mehrfamilienhaus oder die zu bewertende Wohnanlage.

* Leopoldsberger, Wertermittlung von Immobilien, S. 54

(6) Maklermethode

(a) Anwendungsbereich und Aufbau

Die Maklermethode oder auch **Maklerformel** genannt, ist eine weitere Möglichkeit, 690
für ertragswertorientierte Immobilien zur schnellen und groben Ermittlung von Werten zu gelangen.

Danach kann je nach Baujahr, Zustand und Art der Immobilie das Vielfache der Jahresnettokaltmiete als Wert ermittelt werden. Die große Spanne des Vervielfältigers oder besser Faktors kann zwischen dem 5-fachen und über 20-fachen der Jahresnettokaltmiete betragen und macht auch deutlich, dass diese Methode nur überschlägig ist und zudem gute Standort- und Marktkenntnisse voraussetzt.

Die Standortqualität und das Gebäude sind ausschlaggebend für die Wahl des Vervielfältigers. Der Faktor beinhaltet gleichzeitig die Renditeerwartung für das Projekt. Ein erstklassiger Standort bringt dem Käufer zunächst nur geringe Renditen, dem Verkäufer, abhängig von seinen Erwerbskosten, mitunter eine hohe Wertsteigerung. Ein schlechter Standort muss dem Käufer eine hohe Rendite einbringen, da mit einem hohen Wertzuwachs an diesem Standort nicht zu rechnen ist.

Die Maklermethode ist auch zur Plausibilitätskontrolle von Ergebnissen aus Ertragswert- oder Vergleichswertverfahren geeignet.

(b) Besonderheiten

691 Wie bereits dargestellt, ist Ausgangspunkt des Verfahrens die tatsächlich erzielte Jahresnettokaltmiete, also der Grundstücksrohertrag pro Jahr, der mit einem Faktor multipliziert wird.

Als vereinfachtes, ähnliches Verfahren gilt auch das früher im Schätzwesen angewandte **ungespaltene Ertragswertverfahren** nach der Formel

$$EW = \frac{\text{Jahresrohertrag} - \text{Bewirtschaftungskosten (einschl. AfA)} \times 100}{\text{Zinssatz}}$$

Hier ergeben sich bei der Abschreibung des Werts der baulichen Anlagen Probleme. Das Verfahren ist deshalb nur bei Objekten mit langer Restnutzungsdauer (> 40 Jahre) anwendbar. Obwohl das Verfahren vielfach noch von Kreditinstituten und Versicherungen angewendet wird, ist es in der Schätzpraxis seit Langem durch das genauere, gespaltene Ertragswertverfahren ersetzt worden.

Entsprechende Maklerfaktoren werden von Maklerverbänden, Gutachterausschüssen und großen Maklerbüros ermittelt und publiziert.

Der Immobilien Verband Deutschland (IVD) veröffentlicht solche Faktoren laufend unter Mietenmultiplikatoren. Hierbei handelt es sich um stark vereinfachte Ableitungen.

Es muss aber für eine fundierte Wertermittlung eine Gliederung dieser Faktoren nach klar definierten Objektgruppen und diese wiederum untergliedert nach Gruppen etwa gleicher Restnutzungsdauer erfolgen. Die Ertragsfaktoren sind nämlich, wie Liegenschaftszinssätze, von der Restnutzungsdauer der Gebäude abhängig, insb., wenn diese eine kürzere Restnutzungsdauer als 50 Jahre aufweisen. Die Veröffentlichungen des IVD unterscheiden jedoch nur zwischen alten und neuen Gebäuden bei kurzer Restnutzungsdauer, sodass hier genau untergliedert und geprüft werden muss.

692 **Erfahrungssätze für Jahresrohmietenvervielfältiger für Gewerbeobjekte in sehr guten Lagen deutscher Groß- und Mittelstädte** [896]

Geschäftshäuser (1 A-Lage)	13 – 21
Bürogebäude (1 A-Lage)	13 – 21
Verbrauchermärkte, Einkaufszentren	11 – 12
Lagerhallen, Produktionsstätten (Peripherie)	8 – 10,5

896 DB-Immobilien, Stand II. Quartal 2001.

In der einschlägigen Bewertungsliteratur werden diese Faktoren auch als Ertragsfaktoren bezeichnet. 693

Hier wird wiederum zwischen Reinertrags- und Rohertragsfaktoren unterschieden.

Rohertragsfaktoren gewinnt man, indem die Kaufpreise jeweils in Verhältnis zu den Roherträgen gesetzt werden, während zur Ermittlung von **Reinertragsfaktoren** zunächst die jeweiligen Reinerträge (durch Abzug der Bewirtschaftungskosten von den Roherträgen) ermittelt und wiederum in Verhältnis zu den Kaufpreisen gesetzt werden. Auf diese Weise lässt sich die Genauigkeit der Verkehrswertermittlung unter Anwendung solcher Ertragsfaktoren regelmäßig steigern, denn vergleichsstörende Momente lassen sich damit ausschalten.[897] 694

Die als Ertragsfaktoren in der ImmoWertV bezeichneten Multiplikatoren stellen empirisch abgeleitete Vervielfältiger dar, wie sie im angelsächsischen Raum anstelle der in der Anlage zur WertV aufgeführten finanzmathematischen Vervielfältiger breite Anwendung finden. In der angelsächsischen Wertermittlungspraxis wird der aus dem Verhältnis von Kaufpreisen zu den jeweiligen Erträgen des Objektes abgeleitete Vervielfältiger bildhaft als »Years'Purchase«, abgekürzt Y.P. bezeichnet. Es wird also vom jährlichen Verkaufspreis gesprochen; der im Einzelfall zur Anwendung kommende Y.P. gibt die Zahl der Jahre an, über die der aufsummierte Reinertrag den Ertragswert ergibt.[898]

Grds. bietet sich die Plausibilitätskontrolle mit der Maklermethode an, da eine Vielzahl von empirisch abgeleiteten Verkaufsfällen unterschiedlicher Verbände und Maklerunternehmen als Datenbasis zur Verfügung steht. Jedoch sind im jeweiligen Bewertungsfall individuell die Restnutzungsdauer des Gebäudes sowie andere Imponderabilien (Unwägbarkeiten) des Objektes zu prüfen bzw. in die Bewertung einzubeziehen.

(7) Beleihungswert – Anwendungsbereich und Aufbau

Der Beleihungswert, auch der **Verkehrswert in der Kreditwirtschaft** genannt, wird bei einer Fremdfinanzierung zur Beleihung von Sachen, häufig Immobilien, ermittelt. Bei Beleihungen von Grundstücken, Erbbaurechten sowie Wohnungs- und Teileigentum (Beleihungsobjekte), die zur Deckung von Grundpfandrechten dienen sollen, ist der Beleihungswert nach § 12 Hypothekenbankgesetz zu ermitteln. 695

Dabei wird regelmäßig zunächst mit einer Verkehrswertermittlung der **Marktwert**, also der derzeitige Verkaufserlös einer Immobilie, begonnen.

897 Kleiber/Simon/Weyers, Verkehrswertermittlung von Grundstücken, 6. Aufl., S. 1132.
898 Kleiber/Simon/Weyers, Verkehrswertermittlung von Grundstücken, 6. Aufl., S. 1134 f.

Von dem Verkehrswert, der nach den hier vorgestellten Verfahren zu ermitteln wäre, werden in einem zweiten Schritt je nach internen Vorgaben der jeweiligen Bank **Sicherheitsabschläge** in unterschiedlicher Höhe in Abzug gebracht.[899]

Der so verbleibende Wert ist der Beleihungswert. Das Hypothekenbankgesetz differenziert zusätzlich noch zwischen Verkehrswert und Verkaufswert.

Danach ist der **Verkehrswert** nur eine Momentaufnahme des Wertes, der bei einem Verkauf zum Zeitpunkt der Wertermittlung erzielbar wäre.

696 Der **Verkaufswert** dagegen repräsentiert den Wert, der unter Berücksichtigung aller wertbeeinflussenden Faktoren auch in der Zukunft jederzeit erzielbar sein soll. Die Ermittlung des Verkaufswertes erfolgt aufgrund der dauernden Eigenschaften (Sachwertverfahren) und der nachhaltig erzielbaren Erträge (Ertragswertverfahren). Der Verkaufswert ist demnach ebenfalls abhängig von der Lage des Objektes, der Marktgängigkeit, der Entwicklungsfähigkeit, der Drittverwendungsfähigkeit sowie der Gestaltung und der bautechnischen Qualität des Beleihungsobjektes.

In der Rechtsprechung allerdings ist der Verkaufswert schon immer mit dem Verkehrswert gleichgesetzt worden. Selbst die höchstrichterliche Rechtsprechung des BGH hat dies in der Vergangenheit bestätigt. Der Begriff Verkaufswert wird im Beleihungswesen seit der Aufhebung des § 12 Hypothekenbankgesetz nicht mehr verwandt.[900]

697 Der Beleihungswert eines Objektes darf in keinem Fall den sorgfältig ermittelten Verkaufswert übersteigen. Bei Beleihungsobjekten, deren Verkaufswert im Wesentlichen von ihrem Ertrag bestimmt wird, darf der Beleihungswert den Ertragswert nicht übersteigen. Bei Wohnobjekten, deren Verkaufswert im Wesentlichen vom Sachwert bestimmt wird, sollte sich der Beleihungswert am Sachwert orientieren.

Zur Ermittlung des Beleihungswertes geht heute schon die Praxis dazu über, vom Verkehrswert direkt auszugehen und je nach Objekt – Risikokategorien hieran Sicherheitsabschläge anzubringen. Die Institute sind aufgrund bestehender Vorschriften und hausinterner Anweisungen gehalten, neben den ohnehin vorsichtig zu bemessenden Basiswerten weitere Abschläge in unterschiedlicher Art (Risiko- und Sicherheitsabschlag, Gewerbeabschlag) und Höhe (Sicherheitsabschlag mindestens 10 %, Gewerbeabschlag individuell) von den Einzelwerten für die Beleihungswertermittlung zu beachten.

Diese Sicherheitsabschläge schaffen ein Risikopolster für die Unwägbarkeiten einer langfristigen Beleihung (konjunkturelle Einbrüche, Rezessionen). Beliehen werden können nur Grundstücke, die rechtlich und sachlich verkaufsfähig sind und eine grundpfandrechtliche Belastung ermöglichen.

698 Eine Besonderheit ggü. der Verkehrswertermittlung ist bei der Ermittlung des Beleihungswertes bzgl. der Grundpfandrechte zu beachten. Im Allgemeinen beeinflussen

---

899 Kleiber/Simon/Weyers, Verkehrswertermittlung von Grundstücken, 5. Aufl., S. 1675 f.
900 Kleiber/Simon/Weyers, Verkehrswertermittlung von Grundstücken, 6. Aufl., S. 118 f.

diese nämlich nicht den Verkehrswert, sondern den Preis eines Grundstückes. Banken und Kreditinstitute bewerten jedoch die Grundpfandrechte bei der Ermittlung des Beleihungswertes. Hier ist v.a. die Rangstelle der unterschiedlichen Vorlasten (Eintragungen) im Grundbuch wertbestimmend, da nach HGB die Beleihung der ersten Dreifünftel des Beleihungswertes (60 %) nicht übersteigen darf.[901]

(8) Residualwertverfahren-Anwendungsbereich und Aufbau

Das Residualwertverfahren ist auch als Bauträgerverfahren bekannt. Es ist eine Methode der **Investitionsrechnung**, die die Vorteilhaftigkeit eines Projekts im Wohnungs- und Gewerbeimmobilienbau durch die Ermittlung eines konstruierten Bodenwertes, nämlich des Verkehrswerts des Grundstücks nach vollzogener Entwicklung, zu beurteilen hilft. 699

Das Ergebnis, **Residuum** genannt, ist der Grenzwert, bis zu dem der Preis beim Ankauf eines Grundstücks hingenommen werden kann, ohne die Durchführbarkeit einer Bauinvestition problematisch zu machen.

Dazu wird zurück gerechnet aus einem der vorgesehenen Nutzung des Grundstücks nach vollendeter Bebauung entsprechender Kapitalwert, von dem geschätzte Entwicklungskosten abgezogen werden.

Aus diesem Bodenwert nach Fertigstellung des Bauvorhabens ist noch einmal der Barwert unter Veranschlagung der Bodenwertverzinsung während der Entwicklungszeit herauszurechnen, woraus sich der für die Baulandbeschaffung maßgebliche kalkulatorische Bodenwert herleitet.

Die Aufstellung der Investitionsrechnung muss für einen potenziellen Erwerber plausibel sein.[902]

Vereinfacht lässt sich das Verfahren folgendermaßen darstellen:[903] 700

Verkehrswert (Vergleichswert, Ertragswertverfahren)

./. Bau – und Entwicklungskosten

inkl. Baukosten,

Baunebenkosten,

Baufinanzierungskosten,

Gebühren und Abgaben,

Marketingkosten,

Vermarktungskosten,

901 Kleiber/Simon/Weyers, Verkehrswertermittlung von Grundstücken, 5. Aufl., S. 1675 ff.

902 Falk, Fachlexikon Immobilienwirtschaft, S. 530.

903 Falk, Fachlexikon Immobilienwirtschaft, S. 530.

Unternehmergewinn

= **Residuum**

./. Bereitstellungskosten (Bodenwertverzinsung über Entwicklungszeit)

= **kalkulatorischer Bodenwert**

701 Das Residualwertverfahren ist mit seiner vereinfachten Investitionsrechnung für den Praktiker gut zu handhaben und erfordert v. a. nur eine Datenbasis, die sich aus einer dem Anwender möglichen, meist auf Erfahrungswerten für vertraute lokale Immobilienmärkte beruhenden Marktanalyse ergibt.

Der kalkulatorische Bodenwert dient insb. bei der Ausweisung neuer Baugebiete als Orientierung, wenn es um Verhandlungen mit der Gemeinde geht, auch im Zusammenhang städtebaulicher Verträge.

Das Residualwertverfahren ist variabel im Hinblick auf eine angemessene Rendite und bezieht über den (in der Literatur mit 20 % des Verkehrswertes) angesetzten Unternehmergewinn Risiken der Vermarktung und Vermietung bzw. Verpachtung der Objekte ein.

Insofern ist der neuralgische Punkt, die Einschätzung des Verkehrswertes, relativiert, insb. was die Schwäche der Ermittlung durch das Vergleichswertverfahren bzw. das Ertragswertverfahren angeht.

Das Vergleichswertverfahren ist grds. ein Marktwertverfahren und deshalb von vornherein vorzuziehen. Um das Verfahren auch bei neuerstellten Objekten anwenden zu können, müssen Vergleiche in punkto Reinertrag und Ertragswert möglich sein. Der Ertragswert kann in einem vereinfachten Verfahren ermittelt werden, weil bei neu erstellten Objekten die Restnutzungsdauer gleich der Gesamtnutzungsdauer ist und der Bodenwert deshalb nicht gesondert angesetzt werden muss. Der empirische Vervielfältiger für den Reinertrag besteht einfach im Reziprokwert des Liegenschaftszinses.

Erhebliche Ungenauigkeiten entstehen allerdings in der Annahme über die Höhe des Liegenschaftszinses Differenzen von 0,5 % führen schon zu Änderungen des Vervielfältigers um deutlich mehr als einem Punkt.

Hinzu kommt, dass infolge der schwindenden Differenz von relativ stabilem Liegenschaftszins und niedrigen Kapitalmarktzinsen Ungenauigkeiten besonders anfallen, wenn die Bedingungen der Finanzierung besonders günstig sind, bei Entwicklungszeiten von zwei bis fünf Jahren jedoch Vermarktungsschwierigkeiten zum Ende einer Konjunkturphase hin zu befürchten sind. Weitere Probleme können sich aus falschen Voranschlägen für Baukosten, durch Umfinanzierung oder durch unerwartete Hemmnisse im Genehmigungsverfahren ergeben.[904]

904 Falk, Fachlexikon Immobilienwirtschaft, S. 531.

Residualwertverfahren – Fazit* Industrierat
Trotz einiger Unwägbarkeiten ist das Residualwertverfahren gebräuchlich, weil es dem Datenmaterial nach eng an den Plan der Gesamtentwicklung angelehnt ist. Es ist auch allokativ sinnvoll, da Kaufangebote für Bauland nach der wirtschaftlich extensivsten Nutzung und der preisgünstigsten Realisierung gewichtet werden können, wogegen die in der Immobilienwirtschaft gängigen Bewertungsverfahren unsensibel sind. Gerade die Vereinfachung der Investitionsrechnung erlaubt es, zusätzliche Gegebenheiten eines Teilmarkts, Einflüsse des Makrostandortes (z.B. Einkommensentwicklung) und rechtliche Verhältnisse einzubeziehen. Das klassische Residualwertverfahren wird wegen der vielfältigen Anknüpfung an Erfahrungswerte oft als veraltet angesehen. Anspruchsvollere Methoden der Entwicklergewinnermittlung (Cash-flow-Verfahren), wie sie insb. von institutionellen Anlegern verwendet werden, setzen bisher noch nicht überzeugend dargelegte Verfeinerungen der Marktanalyse voraus.1

702

* Falk, Fachlexikon Immobilienwirtschaft, S. 531

(9) DCF-Methode (Discounted Cashflow-Methode) – Anwendungsbereich und Aufbau

Bereits seit vielen Jahren werden Liquiditätsströme in der Finanzanalyse durch das Barwertverfahren, im englischsprachigen Raum, auch »discounted cashflow method« genannt, erfasst. 703

Diese Barwertmethode gewann, bisher nur im europäischen Raum und den USA bekannt, in den letzten Jahren auch hierzulande eine größere Bedeutung. Insb. institutionelle Immobilienanleger, wie bspw. Fonds und Versicherungsgesellschaften bedienen sich seit Längerem dieser Methode zur Bewertung ihrer Portfolien.

Das Grundprinzip der Barwertmethode besteht in der Abzinsung der Einnahmen und Ausgaben, die sich im Laufe eines Betrachtungszeitraums bzw. der Lebensdauer einer Immobilie ergeben auf einen fixierten Zeitpunkt. Hierunter sind auf der Einnahmenseite die jährlichen Mieterträge und der am Ende der Investitionsrechnung stehende Verkaufserlös der Immobilie zu zählen; auf der Ausgabeseite möglicherweise anfallende Nachinvestitionen. 704

Bei der Barwertmethode handelt es sich im Gegensatz zum Ertragswertverfahren um eine explizite Bewertungsmethode, da sie versucht, die im Investitionszeitraum anfallenden Einnahmen und Ausgaben zu quantifizieren, obgleich dies im Hinblick auf die längerfristigen Zeiträume und die Unvorhersehbarkeit von Mieterträgen, Bewirtschaftungskosten sowie den zeitlichen Anfall von Reparaturaufwendungen nicht immer einfach ist.[905]

905 Falk, Fachlexikon Immobilienwirtschaft, S. 65 f.

Das Barwertverfahren ermöglicht grds. die Ermittlung zweier unterschiedlicher Ergebnisse.

705 Zu unterscheiden sind hierbei der »interne Zinsfuß« und der »Barwert«.

Der **interne Zinsfuß** kann als der Abzinsungsfaktor (Diskontsatz) bezeichnet werden, bei dem die gesamte Abzinsung des Zahlungsstromes einen Barwert null ergibt. Demgegenüber kann bei der **Berechnung des Barwerts** der Wert für eine Immobilie ermittelt werden, den ein potenzieller Käufer unter Zugrundelegung eines bestimmten Diskontsatzes gerade noch zu zahlen bereit ist, um eine für ihn erfolgreiche Investition zu tätigen.

Beim Barwertverfahren besteht des Weiteren die Möglichkeit, unterschiedliche Anlagemöglichkeiten miteinander zu vergleichen, indem der Investor bei einem festgelegten Diskontierungssatz die Barwerte berechnet oder eine Wertung über die internen Zinsfüße erfolgt. Für den Investor stellt sich diejenige Anlagemöglichkeit als vorteilhaft heraus, bei der der höhere Barwert oder interne Zinsfuß erreicht wird. Eine Vergleichbarkeit ist beim Barwert jedoch nur bei einer identischen Annahme des Diskontierungszinssatzes und einer vergleichbaren Laufzeit beider Anlagemöglichkeiten gegeben.

Bei der **Barwertberechnung von Immobilien** ist es erforderlich, dass dem zu bewertenden Objekt kein Kaufpreis zugeordnet wird, sondern dass lediglich die Einnahmeströme inklusive des angenommenen Verkaufspreises auf einen festgelegten Zeitpunkt diskontiert werden.

Als **Diskontsatz** kann der Zinssatz bezeichnet werden, der herangezogen wird, um die Zahlungsströme auf den Bewertungsstichtag abzuzinsen. Die Ermittlung des angemessenen Diskontsatzes ist jedoch nicht immer einfach. Im Regelfall wird auf die Rendite langfristiger Staatsanleihen zurückgegriffen, zu der ein immobilienspezifischer Zuschlag, bedingt durch ein höheres Investitionsrisiko von 1 – 3 % hinzuaddiert wird.

Die Wahl des maßgeblichen Diskontierungszinssatzes ist Aufgabe des Immobilienbewerters. Dieser muss die Einstellungen und Erwartungen der Marktteilnehmer wie Käufer, Berater, Makler usw. auswerten und interpretieren, um zu einem angemessenen Zinssatz zu gelangen. Des Weiteren muss neben den Erfahrungszinssätzen vergangener Transaktionen die zukünftige Erwartung mit einfließen.

706 Die Schwierigkeit des Verfahrens liegt in der korrekten Einschätzung der zukünftigen Zahlungsströme als Prognose. So bedarf es genauer Marktinformationen, um z. B. die Mieterträge und deren Entwicklung einzuschätzen. Auch die Bewertung des Veräußerungserlöses am Ende des Berechnungszeitraumes ist schwierig zu prognostizieren.[906] Dieser Umstand kann jedoch dadurch relativiert werden, dass Zahlungen in der Zukunft, durch die Abzinsung mit der Laufzeit immer geringer werden.

Je weiter die Einnahmen in der Zukunft liegen, umso schwieriger wird deren Einschätzung sein, desto geringer wird aber auch deren Einfluss auf den Gesamtwert sein.

906 Falk, Fachlexikon Immobilienwirtschaft, S. 65 f.

Ein weiterer Kritikpunkt ist der Gesichtspunkt der Wiederanlage der Zahlungen. Es wird unterstellt, dass alle Zahlungen zu einem einheitlichen Zins wieder angelegt werden können. Dies ist jedoch keine realistische Annahme, da sich die Marktzinsen fortlaufend verändern. Zum anderen wird jeweils unterstellt, dass sich alle Zahlungsströme auf ein Investitionsobjekt abgrenzen lassen.

Die Berechnung des Barwertes erweist sich häufig als sehr aufwendig. Bei einem regelmäßigen Abgleich der Zahlungsströme bieten Tabellenkalkulationsprogramme die Möglichkeit, Berechnungen zügig und permanent über Computer durchzuführen.[907]

DCF-Methode-Fazit* Industrierat	707
Das Grundprinzip der Barwertmethode besteht in der Abzinsung der Einnahmen und Ausgaben auf einen fixierten Zeitpunkt, die sich im Laufe eines Betrachtungszeitraums bzw. der Lebensdauer einer Immobilie ergeben. Hierunter sind auf der Einnahmenseite die jährlichen Mieterträge und der am Ende der Investitionsrechnung stehende Verkaufserlös der Immobilie zu zählen; auf der Ausgabeseite möglicherweise anfallende Nachinvestitionen. Die Anwendungsbereiche der Methode ermöglichen vielfältige Vergleiche verschiedener Investitionsmöglichkeiten. Dem Immobilieninvestor wird die Möglichkeit gegeben, die Vorteilhaftigkeit einer Immobilieninvestition, bspw. durch den Vergleich mit anderen Anlagearten. Für offene Immobilienfonds ist die Anwendung der Barwertmethode von besonderer Bedeutung, da hier der Renditevergleich notwendig ist, um die vorhandene Wettbewerbsfähigkeit im Hinblick auf die vielfältigen Kapitalanlagemöglichkeiten zu überprüfen.[1]	

* Falk, Fachlexikon Immobilienwirtschaft, S. 65f

gg) Besondere Werteinflüsse

(1) Umlegungsgebiete

Ein Umlegungsverfahren nach den **§§ 45 ff. BauGB** ist ein hoheitlich angeordnetes Grundstücksaustauschverfahren mit dem Ziel, die notwendigen Erschließungs- und Infrastrukturflächen für ein bestimmtes Baugebiet zu gewinnen und/oder den Verfahrensbeteiligten für die bauliche oder sonstige Nutzung zweckmäßig gestaltete Grundstücke zuzuteilen, die ihrem Einwurf oder Anteil entsprechen. 708

Bei der Umlegung verliert der Eigentümer regelmäßig sein konkretes Land und erhält dafür ein anderes oder anders geschnittenes Grundstück zurück. In der Umlegung ist

907 Falk, Fachlexikon Immobilienwirtschaft, S. 65 f.

also keine Enteignung zu sehen, da der Eigentümer durch sie wertvolleres Land, nämlich Bauland, bekommt.

Die Umlegung ist das für die Bodenordnung in erster Linie vorgesehene Verfahren. Dieses bodenordnende Verfahren dient i. d. R. dazu, einen Bebauungsplan überhaupt anwendbar zu machen.

Die Festsetzungen eines Bebauungsplanes können prinzipiell ohne Rücksicht auf die leer stehenden katastermäßigen Grundstücksgrenzen und -zuschnitte getroffen werden. So kann es vorkommen, dass sich ein im Bebauungsplan festgesetztes Baufenster über mehrere katastermäßig selbstständige Grundstücke erstreckt. Diese Grundstücke gehören häufig unterschiedlichen Eigentümern.

Durch den Bebauungsplan werden die privatrechtlichen Grundstücksgrenzen nicht verändert. Diese Grundstückszuschnitte müssen deshalb in einem bodenordnenden Verfahren an die Festsetzungen des Bebauungsplanes angepasst werden.

Als Verfahren zur Verwirklichung der Festsetzungen eines Bebauungsplanes kommen daneben die freiwillige Umlegung und die Durchführung eines Enteignungsverfahrens in Betracht. Bei nur kleinen Grenzkorrekturen reicht eine sog. Grenzregelung nach den §§ 80 ff. BauGB aus.

Umlegungen werden hauptsächlich als sog. **Erschließungsumlegung** angewandt. Diese wird in einem bisher unbebauten Gebiet durchgeführt und dient dazu, dieses Land für die Erschließung und Neubebauung zu ordnen. Das Umlegungsverfahren wird häufig parallel zum Bebauungsplanverfahren betrieben. Eine Umlegung ist nur zulässig, wenn sie zumindest das Ziel verfolgt, Grundstücke für eine planentsprechende Nutzung nach Lage, Form und Größe zweckmäßig zu gestalten.[908]

Die Umlegung wird durch den **Umlegungsbeschluss** der zuständigen Umlegungsstelle eingeleitet. In diesem Beschluss ist das Umlegungsgebiet zu bezeichnen und die Flurstücke sind einzeln aufzuführen.[909]

Wer einen Umlegungsbeschluss nicht fristgemäß angreift, kann im späteren Verfahren nicht mehr geltend machen, sein Grundstück habe nicht in das Umlegungsgebiet einbezogen werden dürfen.

709 Von Bekanntmachung des Verfahrens an tritt nach § 51 BauGB eine **Veränderungssperre** in Kraft. Sie bewirkt eine Genehmigungspflicht für die Teilung des Grundstückes, die Übertragung des Eigentums an einem Grundstück oder deren Belastung. Weiterhin sind Kauf-, Miet- oder Pachtverträge über das Grundstück, erhebliche Veränderungen der Erdoberfläche oder wesentliche wertsteigernde Veränderungen sowie die Errichtung baulicher Anlagen genehmigungspflichtig. Die Vorschriften zu den Verteilungsregelungen lassen sich folgendermaßen beschreiben:

---

908 Falk, Fachlexikon Immobilienwirtschaft, S. 598 f.

909 Falk, Fachlexikon Immobilienwirtschaft, S. 598 f.

- Die im Umlegungsgebiet gelegenen Grundstücke werden anhand ihrer Fläche rechnerisch zur Umlegungsmasse vereinigt.
- Daraus werden vorweg die im Bebauungsplan festgesetzten Verkehrsflächen und Grünanlagen ausgegrenzt und der Gemeinde oder dem Erschließungsträger zugeteilt (sog. Flächenabzug).
- Die verbleibende Masse ist die Verteilungsmasse.
- Es wird der Soll-Anspruch ermittelt, d.h. der Teil der dem beteiligten Grundstückseigentümer zusteht. Die Ermittlung des Soll-Anspruchs erfolgt nach dem Verhältnis der **Flächen** oder nach dem Verhältnis der **Werte**, in dem ihre früheren Grundstücke vor Umlegung zueinander gestanden haben. Umlegungsbedingte Wertsteigerungen können ganz oder teilweise abgeschöpft werden.
- Den Eigentümern sind aus der Verteilungsmasse nach Möglichkeit Grundstücke in gleicher oder gleichwertiger Lage wie die eingeworfenen Grundstücke zuzuteilen. Größe oder Wert der zuzuteilenden Grundstücke richtet sich nach den Anteilen der Eigentümer, die entweder nach den Flächen oder Wertumlegung errechnet werden.
- Sofern die Soll-Zuteilung nicht mit der errechneten Zuteilung übereinstimmt, findet ein Ausgleich in Geld statt.

Wesentliche Bedeutung im Umlegungsverfahren hat die vollständige oder teilweise **710**
Abschöpfung des Umlegungsvorteils. Der entscheidende Unterschied zwischen Wert- und Flächenumlegung besteht darin, dass bei der Flächenumlegung die Abschöpfung des dort als »Flächenbeitrag« bezeichneten Umlegungsvorteils prozentual begrenzt ist. Bei erstmalig erschlossenen Gebieten darf der Flächenbeitrag nur bis zu 30 % betragen.

Bei unterschiedlichen Umlegungsvorteilen müssen entweder für einzelne Grundstücke oder Grundstücksgruppen unterschiedliche Prozentsätze fest gelegt oder die Umlegungsvorteile für einzelne Grundstücke gesondert ermittelt werden.[910]

Die Ergebnisse des Verfahrens finden sich im **Umlegungsplan** wieder.

Hinsichtlich der Wertermittlung von Grundstücken, die voraussichtlich Gegenstand einer Umlegung sein werden, ist die bei der Bemessung des Wertes der zu erwartende **Flächenbeitrag** einzukalkulieren. Auch ist der **Zeitfaktor** mit einzukalkulieren. Empfehlenswert ist die Einschaltung eines versierten RA, möglichst rechtzeitig, um im Verfahren noch Einfluss nehmen zu können.[911]

(2) Erbbaurecht

(a) Begriff

Die gesetzlichen Regelungen des Erbbaurechtes finden sich in der seit 1919 bestehen- **711**
den Erbbaurechtsverordnung wieder.

910 Falk, Fachlexikon Immobilienwirtschaft, S. 598 f.
911 Falk, Fachlexikon Immobilienwirtschaft, S. 598 f.

712 Das Erbbaurecht stellt ein Recht dar, auf einem fremden Grundstück ein Bauwerk zu haben (**§ 1 ErbbauVO**). Es erstreckt sich auf ein ganzes Gebäude und kann nicht auf einen Teil des Gebäudes oder ein Stockwerk beschränkt werden. Das Erbbaurecht muss sich auf ein ganz bestimmtes, bestehendes oder noch zu errichtendes Bauwerk beziehen.

Das Erbbaurecht bzw. die Nutzungserlaubnis können auch auf **unbebaute Grundstücksflächen** ausgedehnt werden, wenn das Bauwerk wirtschaftliche Hauptsache bleibt.

Das Erbbaurecht ist **veräußerlich** und **vererblich**. Es kann nicht an einem Grundstück bestellt werden, das nicht bebaut werden soll. Das Erbbaurecht wird auf einem eigenen Grundbuchblatt (Erbbaugrundbuch) eingetragen. Es kann wie ein Grundstück mit Grundpfandrechten belastet werden.

Eigentümer des Gebäudes ist der Inhaber des Erbbaurechts, nicht der Grundstückseigentümer.

713 Das Institut des Erbbaurechts wird häufig von Gemeinden eingesetzt.

Vorteile entstehen hierbei für die Gemeinde als Erbbaurechtsgeber als auch für z. B. die bauwilligen Erwerber des Erbbaurechts. Die Gemeinde profitiert vom durch die Bebauung wertvoller werdenden Grundstück. Der Bauwillige kann sich den Kaufpreis für das Grundstück sparen. Allerdings ist bei einer Verwertung bzw. dem Verkauf des Erbbaurechts zu bedenken, das i. d. R. kaum ein Markt für den Verkauf von Erbbaurechten besteht und Banken zur Finanzierung recht restriktiv bei der Kreditvergabe vorgehen.[912]

Der Bestellung eines Erbbaurechts liegt ein schuldrechtlicher, notarieller Vertrag zugrunde. Das Erbbaurecht wird ins Grundbuch eingetragen.

Für das Erbbaurecht ist von dessen Inhaber i. d. R. ein Entgelt oder auch Erbbauzins an den Erbbaurechtsgeber bzw. Grundstückseigentümer zu zahlen. Dieser Erbbauzins wird über die Laufzeit des Erbbaurechtsvertrages in einem Vertrag festgelegt und kann, je nach Vereinbarung, auch angepasst werden. Übliche Erbbauzinssätze liegen je nach Nutzung der Erbbaurechtsgrundstücke zwischen 2,5 % p. a. (Einfamilienhausgrundstücke) und 7 % p. a. (Büro- und Geschäftsgrundstücke), jeweils bezogen auf den Grundstückswert.[913]

---

912 Falk, Fachlexikon Immobilienwirtschaft, S. 193 f.

913 Falk, Fachlexikon Immobilienwirtschaft, S. 192 f.

(b) Typische Erbbauzinssätze[914]

Nutzung der Erbbaurechtsgrundstücke	Erbbauzinssatz %	Spanne
Ein- und Zweifamilienhausgrundstücke	2,5	2,0 – 3,0
Mehrfamilienhausgrundstücke	3,5	3,0 – 4,0
Gemischt genutzte Grundstücke	5,0	4,5 – 5,5
Gewerblich genutzte Grundstücke	6,0	5,5 – 6,5[1)]
Büro- und Geschäftshausgrundstücke	6,5	6,0 – 7,0[2)]

714

1) Mitunter sind hier niedrigere Erbbauzinssätze, etwa 2 – 4 % der marktgerechten Bodenwerte, anzutreffen. Diese ergeben sich auf der Grundlage von Umsatzpachten (meist 3 – 8 % der Gesamterlöse – Mieten ohne USt – aus dem Erbbaugrundstück), worauf ein günstiger »Basis-Erbbauzins« angerechnet wird, oder durch Gewinnbeteiligungen (z. B. 20 – 25 % des Handelsbilanzgewinns nach Steuern) und geringere Erbbauzinsen. Für eine Gewinnbeteiligung ist regelmäßig ein Mindestbetrag zu zahlen.

2) Im Einzelfall auch bis 10 %.

Wie bereits dargestellt, sind auch **Anpassungen** des Erbbauzinses möglich. Gegen übermäßige Steigerungen wird der Inhaber des Erbbaurechts jedoch durch den § 9a ErbauVO geschützt, wonach die Erhöhung des Zinses nicht unbillig sein darf. Dieser Paragraf gilt jedoch nur bei zu Wohnzwecken errichteten Gebäuden. 715

Die **Laufzeit** eines Erbbaurechtsvertrages wird für eine bestimmte Zeit vereinbart, i. d. R. sind dies 66, 70 oder 99 Jahre. Mit Ablauf des Erbbaurechts fällt das Eigentum an den Gebäuden wieder dem Grundstückseigentümer zu, der dann dem Erbbauberechtigten eine Entschädigung zu zahlen hat.

Zusätzlich kann zwischen den Vertragsparteien vereinbart werden, dass der Grundstückseigentümer vom Erbbauberechtigten nach einer gewissen Zeit den Kauf verlangen darf (**Kaufzwangsklausel**).[915]

Wichtige Regelungen in einem Erbbaurechtsvertrag sind inbes. die zur Errichtung, Instandhaltung und Verwendung des Bauwerkes. Hierbei kann insb. eine Verpflichtung zur Errichtung eines Bauwerkes (Baupflicht) gem. den Festsetzungen eines Bebauungsplanes vereinbart werden. Große Bedeutung hat weiterhin die mögliche Regelung des sog. Heimfallanspruchs. Hierunter ist die Verpflichtung des Erbbauberechtigten zu verstehen, das Erbbaurecht bei Eintritt bestimmter Voraussetzungen auf den Grundstückseigentümer zu übertragen. Dadurch kann der Grundstückseigentümer auf den Erbbauberechtigten Druck ausüben, seine Pflichten (z. B. Instandhaltung des Gebäudes) zu erfüllen. Macht der Grundstückseigentümer von seinem Heimfallanspruch

914 Kleiber/Simon/Weyers, Verkehrswertermittlung von Grundstücken, 6. Aufl., S. 2734.

915 Falk, Fachlexikon Immobilienwirtschaft, S. 192 f.

Gebrauch, muss er für das Erbbaurecht eine angemessene Vergütung an den Erbbauberechtigten zahlen.[916]

In der Wertermittlung von Erbbaurechten ist insb. zu berücksichtigen, dass es hierfür nur einen eingeschränkten Markt bzw. eine verhaltene Nachfrage gibt und Interessenten aus dem Wohn- als auch Gewerbesektor eher Eigentumsgrundstücke – trotz des Finanzierungsvorteils – bevorzugen. Weiterhin bringen Banken bei der Ermittlung des Beleihungswertes die Erbbauzinsreallast von der Beleihungsgrenze in Abzug. Dies bedeutet, dass der über die Laufzeit zu kapitalisierende Erbbauzins zu entsprechend verminderten Beleihungswerten führt.

(3) Beschränkte dingliche Rechte

(a) Wege- und Leistungsrechte

716 Wege und Leitungsrechte zählen zu den nach BGB definierten Dienstbarkeiten. Man unterscheidet:
- Grunddienstbarkeiten,
- beschränkte persönliche Dienstbarkeiten,
- Nießbrauch.

Das gemeinsame Merkmal der Dienstbarkeiten liegt in der Belastung eines fremden Gegenstandes mit einem beschränkten, dinglichen Nutzungsrecht.

Wege-, Überfahrts- oder Leitungsrechte zählen zu den Grunddienstbarkeiten.

Nach dem Begriff der Grunddienstbarkeit muss der Eigentümer des belasteten (dienenden) Grundstücks einzelne Benutzungen dulden oder darf einzelne tatsächliche Handlungen auf dem Grundstück nicht vornehmen oder einzelne aus dem Eigentum fließende Rechte nicht ausüben. Diese Belastung muss zugunsten des jeweiligen Eigentümers eines anderen (»herrschenden«) Grundstücks erfolgen.[917] Sie muss für die Benutzung des herrschenden Grundstücks vorteilhaft sein. Die Grunddienstbarkeit spielt in der Praxis eine erhebliche Rolle.

Wegerechte, Überfahrtsrechte und Leitungsrechte dienen in erster Linie einer Sicherung der Erschließung des herrschenden Grundstücks. Wege- und Überfahrtsrechte kommen v. a. bei Hinterliegergrundstücken (z. B. Zufahrten) in Betracht.[918]

In der Bewertung des Wegerechtes erfolgt ein Wertausgleich üblicherweise in Form einer Rente. Die Höhe der Rente richtet sich allgemein nach der für die entzogene Fläche ortsüblichen Bodenwertverzinsung.

Der Wertvorteil für das herrschende Grundstück besteht im Allgemeinen in der Erhöhung der baulichen Ausnutzung und damit in der Steigerung der Ertragslage. Dieser

---

916 Falk, Fachlexikon Immobilienwirtschaft, S. 192 f.

917 Falk, Fachlexikon Immobilienwirtschaft, S. 167.

918 Falk, Fachlexikon Immobilienwirtschaft, S. 167.

Vorteil entspricht i. d. R. nicht dem Nachteil, den das dienende Grundstück erleidet (z. B. durch Mitbenutzung der ohnehin erforderlichen eigenen Hofzufahrt durch den Berechtigten).

Bei der Wertermittlung des herrschenden Grundstückes ist vom unbelasteten Verkehrswert auszugehen, der um den Geldwert des Vorteils des Wegerechts, zu erhöhen ist. Der Verkehrswert des dienenden Grundstückes ergibt sich wiederum durch die Ermittlung des Verkehrswertes ohne Berücksichtigung des Wegerechtes, abzgl. des Geldwertes der Einschätzung durch das Wegerecht (z. B. Nutzbarkeit, Planungsfreiheit). 717

Die Wertvor- oder Nachteile von Wegerechten können nach Erfahrungssätzen ermittelt werden, eine grds. anwendbare Berechnungsformel gibt es nicht. Die Wertsteigerung kann z. B. über die verbesserte Ertragssituation ermittelt werden. Die Wertminderung der für das Recht beanspruchten Fläche muss i. d. R. geschätzt werden nach Erfahrungswerten.[919]

Leitungsrechte können als Grunddienstbarkeit zugunsten des Eigentümers eines anderen Grundstückes oder als beschränkt persönliche Dienstbarkeit zugunsten einer Versorgungs- oder Verkehrsgesellschaft begründet werden. Leitungsrechte sind im Allgemeinen mit Bau- oder Nutzungsbeschränkungen verbunden. Ein Entschädigungsanspruch für das dienende Grundstück wird grds. anerkannt. Die Höhe der Entschädigung hängt von der durch das Leitungsrecht in Anspruch genommenen Fläche ab. Die Höhe der Wertminderung wird im Allgemeinen nach dem jeweiligen Schutzstreifen bemessen. Ist das Grundstück durch z. B. die ungünstige Lage des Schutzstreifens unbebaubar, ist die Wertminderung auf das gesamte Grundstück zu beziehen. Auch die Überspannung von Grundstücken mit Freilandleitungen führt zu einer Wertminderung.[920]

(b) Wohnungsrecht

Das Wohnungsrecht ist eine beschränkt persönliche Dienstbarkeit, durch die der Berechtigte ein Gebäude oder einen Gebäudeteil unter Ausschluss des Eigentümers als Wohnung nutzen darf. Das Wohnungsrecht ist im Grundbuch in Abteilung II eingetragen. 718

Der Berechtigte ist auch befugt, seine Familie sowie die zur standesgemäßen Bedienung und zur Pflege erforderlichen Personen in die Wohnung aufzunehmen. Sofern das Recht nur auf einen Teil des Gebäudes beschränkt ist, kann der Berechtigte die zum gemeinschaftlichen Gebrauch der Bewohner bestimmten Anlagen und Einrichtungen mit benutzten.[921]

919 Kleiber/Simon/Weyers, Verkehrswertermittlung von Grundstücken, 6. Aufl., S. 2844 f.

920 Kleiber/Simon/Weyers, Verkehrswertermittlung von Grundstücken, 6. Aufl., S. 2857 f.

921 Kleiber/Simon/Weyers, Verkehrswertermittlung von Grundstücken, 6. Aufl., S. 2875; § 1093 BGB.

Bei der Bewertung eines Wohnungsrechtes ist zu beachten, ob es sich um ein entgeltliches oder unentgeltliches Wohnungsrecht handelt. Das für das entgeltliche Wohnrecht zu zahlende Entgelt drückt sich allgemein in der marktüblichen Miete aus. Der Wert des Wohnungsrechtes kann über den Ertragsausfall bei der Betrachtung des betroffenen Objektes als Ertragsobjekt bemessen werden. Hierbei wird über die marktübliche Miete und unter Berücksichtigung der Lebenserwartung des Berechtigten bei angemessenem Liegenschaftszins der Wert des Wohnungsrechtes ermittelt. Dieser Wert ist vom ermittelten Wert des unbelasteten Grundstückes in Abzug zu bringen.[922]

(c) Überbaurecht

719 Ein Überbau einer Grundstücksfläche liegt vor, wenn der Grundstückseigentümer bei der Errichtung eines Gebäudes über die Grundstücksgrenzen hinaus gebaut hat.

Sofern dem Eigentümer kein Vorsatz oder grobe Fahrlässigkeit vorgeworfen werden kann und nach der Grenzüberschreitung nicht sofort Widerspruch erhoben wurde, ist der Überbau zu dulden.

Der Überbau wird wesentlicher Bestandteil des Grundstückes von dem aus überbaut wurde, und nicht des überbauten Grundstückes.

Der betroffene Nachbar wird bei Feststellung des Überbaus durch eine Geldrente entschädigt, für deren Höhe die Zeit der Grenzüberschreitung maßgeblich ist. Wird der Überbau erst zu einem späteren Zeitpunkt entdeckt, so darf die Überbaurente nicht an die zwischenzeitlich geänderten Bodenverhältnisse angepasst werden. Maßgeblich sind die Bodenwertverhältnisse zum Zeitpunkt des Überbaus. Insofern kann wegen der in der Vergangenheit stark gestiegenen Grundstückspreise die Bedeutung einer Überbaurente an Bedeutung verlieren.

Das Rentenrecht geht allen übrigen Rechten vor und ist nicht eintragbar. Es wird jedoch im Grundbuch des anderen Grundstückes als Reallast abgesichert.[923]

Der Berechtigte kann i. Ü. verlangen, dass der Rentenpflichtige ihm den überbauten Anteil seines Grundstückes abkauft.

Der Überbau gehört zu den gesetzlichen (privatrechtlichen) Beschränkungen.

Die Wertermittlung eines Überbaus bzw. einer Überbaurente kann demnach für das überbaute Grundstück und/oder das Grundstück, von dem aus überbaut wurde durchgeführt werden.

Bei überbauten Grundstücken ermittelt sich, vereinfacht dargestellt, der Bodenwert aus dem abgezinsten Bodenwert des überbauten Grundstücksteils zuzüglich dem Barwert der Überbaurente sowie dem Wert des nicht überbauten Grundstücksteils abzgl. eines Abschlages wegen evtl. schlechterer baulicher Ausnutzung.

922 Kleiber/Simon/Weyers, Verkehrswertermittlung von Grundstücken, 6. Aufl., S. 2875 f.
923 Kleiber/Simon/Weyers, Verkehrswertermittlung von Grundstücken, 6. Aufl., S. 2809 f.

Es ergibt sich hierbei i. d. R. ein geringerer Wert als für ein vergleichbares unbelastetes Grundstück, da zumeist der Barwert der Überbaurente wegen der rechtlichen Hindernisse zu gering bemessen ist.

Grundstücke mit Überbaurente bzw. das Grundstück, von dem aus überbaut wurde, werden auf der Grundlage des Bodenwertes des Grundstückes zuzüglich eines Zuschlages für eine evtl. bessere bauliche Ausnutzung abzgl. des Barwertes der Überbaurente bewertet.

Unabhängig vom Gebäudewert, ist der Bodenwert dieses Grundstückes dann höher als der Wert eines vergleichbaren unbebauten Grundstückes, wenn das Maß der tatsächlich vorhandenen baulichen Nutzung durch den Überbau größer ist als das Maß der baurechtlich zulässigen Nutzung. Die evtl. zu zahlende Bodenwertrente wirkt sich wertmindernd aus.[924]

(d) Nießbrauch

Der Nießbrauch, geregelt in den §§ 1030 bis 1089 BGB, ist ein umfassendes Nutzungsrecht, dass eine bestimmte Person – den Nießbraucher – berechtigt, aus einem fremden Gegenstand (Grundstück, Recht oder Vermögen) sämtlichen Nutzen zu ziehen. 720

Es ist ein persönliches, unvererbliches und nicht veräußerbares Recht und erlischt im Allgemeinen mit dem Tode des Berechtigten. Es unterscheidet sich vom Eigentum am Grundstück nur insoweit, dass es dem Nießbraucher kein Recht zur Einwirkung auf die Substanz des Grundstückes gibt. Der Nießbraucher darf ein landwirtschaftliches Grundstück z. B. nicht für den Kiesabbau verwenden.

Dem Nießbraucher stehen alle Einnahmen aus dem Grundstück zu. Dafür trägt er alle durch die ordnungsgemäße Bewirtschaftung des Grundstückes entstehenden Kosten und Lasten.[925]

Dies beinhaltet die sog. »Fruchtziehung«, also z. B. der Erzeugnisse und sonstigen Ausbeute des Gegenstandes. Sachfrüchte wären z. B. die Ernte bei einem landwirtschaftlichen Grundstück, Steinabbau im Steinbruch oder Miet- und Pachtzinsforderungen.

Der Nießbrauch ist folglich das dingliche und somit absolut wirkende Gegenstück zur schuldrechtlichen Pacht. Der Berechtigte hat nicht nur einen Anspruch auf Nutzungsziehung gegen seinen Vertragspartner, sondern ein Recht auf Nutzungsziehung an dem belasteten Gegenstand, das ggü. jedermann wirkt.

Die Bestellung des Nießbrauchs erfolgt bei unbeweglichen Sachen, wie Immobilien nach § 873 BGB durch Einigung und Eintragung ins Grundbuch.

924 Kleiber/Simon/Weyers, Verkehrswertermittlung von Grundstücken, 6. Aufl., S. 2809 f.
925 Kleiber/Simon/Weyers, Verkehrswertermittlung von Grundstücken, 6. Aufl., S. 2832.

Der Nießbrauch kann auch nur an einem Miteigentumsanteil bestellt werden (Bruchteilsnießbrauch) oder sich auf einen Teil der Grundstücksnutzungen beziehen (Quotennießbrauch). Der Nießbraucher wird gegen Beeinträchtigungen seines Rechts wie ein Eigentümer geschützt.

Erfahrungsgemäß wird der Nießbrauch häufig bei der Vermögensübertragung im Wege der vorweggenommenen Erbfolge eingesetzt. Der Übertragende verschafft dem Nachfolger zwar das Eigentum an den Gegenständen, behält sich aber zu seinen Lebzeiten den Nießbrauch vor.

721 Für die Wertermittlung eines Nießbrauchsrechts sind der Geldwert der Nutzung und das Alter des Nießbrauchers von wesentlicher Bedeutung. Ähnlich wie bei der Bewertung des Altenteilrechts besteht beim Nießbrauchsrecht die Unsicherheit in der Bewertung in der Abschätzung der Laufzeit des Rechts. Transaktionen derartig belasteter Grundstückes sind deshalb recht selten, da der Käufer aus dem Grundstück keine Erträge erzielen kann, solange der Nießbraucher lebt. Größere Abschläge von bis zu 50 % vom Verkehrswert sind deshalb keine Seltenheit.[926]

Der Wert des Nießbrauchrechtes ermittelt sich aus dem Reinertrag (Mieteinnahmen abzgl. der Bewirtschaftungskosten), welcher, abhängig von der durchschnittlichen Lebenserwartung des Berechtigten und einem angemessenen Liegenschaftszins, kapitalisiert wird. Das ermittelte Ergebnis wird vom Verkehrswert des unbelasteten Grundstückes abgezogen, sodass sich der Verkehrswert des belasteten Grundstückes ergibt.

(e) Zwangsversteigerungen

722 Die Zwangsversteigerung stellt eine Form der Zwangsvollstreckung in das unbewegliche Vermögen, d. h. in ein Grundstück, dar.

Zuständig hierfür ist als Vollstreckungsgericht das AG, in dessen Bezirk das Grundstück liegt. Das Zwangsversteigerungsverfahren kann nur auf Antrag eines Gläubigers eingeleitet werden.[927] Der Gläubiger muss nachweisen, dass er über einen vollstreckbaren Titel verfügt und dass der Schuldner als Eigentümer des Grundstückes im Grundbuch eingetragen oder Erbe des eingetragenen Eigentümers ist.

Daraufhin ordnet das Gericht die Zwangsversteigerung durch Beschluss an, der von Amts wegen dem Grundstückseigentümer als Schuldner und dem betreibenden Gläubiger zugestellt wird. Außerdem ersucht das Vollstreckungsgericht das Grundbuchamt um Eintragung eines sog. Versteigerungsvermerks.

Damit gilt das Grundstück nebst Zubehör zugunsten des antragstellenden Gläubigers als beschlagnahmt.

Die Beschlagnahme des Grundstückes hat die Wirkung eines Veräußerungsverbots und umfasst auch die Gegenstände, auf die sich bei einem Grundstück die Hypothek

926 Kleiber/Simon/Weyers, Verkehrswertermittlung von Grundstücken, 6. Aufl., S. 2834.
927 Falk, Fachlexikon Immobilienwirtschaft, S. 680.

erstreckt. Demgegenüber umfasst die Beschlagnahme nicht die Miet- und Pachtzinsforderungen sowie die Ansprüche aus einem mit dem Eigentum an dem Grundstück verbundenen Recht auf wiederkehrende Leistungen.

Von der Beschlagnahme an verbleibt dem Schuldner dennoch die Verwaltung und Benutzung des Grundstückes, aber nur innerhalb der Grenzen einer ordnungsgemäßen Bewirtschaftung.

Bevor das Gericht nach der Beschlagnahme des Grundstückes einen Versteigerungs- 723
termin bestimmt, wird zunächst der Grundstückswert durch ein Sachverständigengutachten eingeholt, welches wiederum die Grundlage für die Festsetzung des Verkehrswertes durch das Gericht bildet. Der das Verfahren betreibende Gläubiger kann i. d. R. innerhalb von 14 Tagen dem Gutachten bzw. dem ermittelten Verkehrswert ggü. dem AG widersprechen und um Stellungnahme des Gutachters zu Unklarheiten des Gutachtens bitten.

Mit der öffentlichen Bekanntgabe des Versteigerungstermins wird in einer öffentlichen Verhandlung das betreffende Grundstück dem Meistbietenden zugeschlagen.

Zur Verteilung des Versteigerungserlöses bestimmt das Gericht einen Verteilungstermin und einen Teilungsplan, nach dem dann die Zahlungen an die Berechtigten ausgeführt werden.[928]

Der Zweck der Zwangsversteigerung besteht in der Durchsetzung eines Anspruchs mit staatlichen Mitteln. Der Antrag auf Zwangsversteigerung kann sowohl aufgrund eines dinglichen Anspruchs, bspw. aus einer Grundschuld oder Hypothek, als auch wegen eines persönlichen Anspruchs erfolgen.

Wirtschaftlich sinnvoll sind i. d. R. nur Versteigerungen aus Grundschulden oder Hypotheken, welche möglichst erstrangig im Grundbuch eingetragen sein sollten.

Eine besondere Form ist die Teilungsversteigerung zur Aufhebung einer Gemeinschaft. 724
Die Zwangsversteigerung führt – im Unterschied zur Zwangsverwaltung, die auf den Ertrag des Grundstücks abzielt – zur einer Verwertung der Substanz.

Das Zwangsversteigerungsverfahren im Wege der Zwangsvollstreckung muss durch den Gläubiger beantragt werden. Der Rechtspfleger prüft, ob der Antrag ordnungsgemäß ist und die formalen Voraussetzungen für die Anordnung einer Zwangsversteigerung vorliegen. Die Voraussetzungen sind die Vorlage eines Vollstreckungstitels, die ordnungsgemäße Vollstreckungsklausel sowie die Zustellung des Vollstreckungstitels. Der Beschluss über die Anordnung des Zwangsversteigerungsverfahrens gilt für den Gläubiger als Beschlagnahme des Grundstücks. Im Grundbuch wird ein Vermerk über die Anordnung eines Zwangsversteigerungsverfahrens in Abteilung II eingetragen.

Der Schuldner hat die Möglichkeit, die Einstellung der Zwangsversteigerung zu beantragen. Dieser Antrag muss innerhalb von zwei Wochen ab Zustellung des

928 Falk, Fachlexikon Immobilienwirtschaft, S. 681.

Anordnungs- bzw. Beitrittsbeschlusses gestellt werden. Erfolgsaussichten bei diesem Antrag bestehen, sofern der Schuldner nachweisen kann, die Forderung des Gläubigers binnen sechs Monaten ausgleichen zu können. In diesem Fall wird die Zwangsversteigerung zunächst für max. sechs Monate eingestellt. Hierzu können vom Gericht Auflagen erteilt werden.

Auch der Gläubiger kann die Zwangsversteigerung einstweilen einstellen lassen. Diese Bewilligung kann jederzeit im Verfahren erfolgen, um außergerichtliche Verhandlungen mit dem Schuldner zu führen oder aus verfahrenstaktischen Gründen, um z. B. für ein dem Gläubiger nicht ausreichendes Gebot nicht den Zuschlag erteilen zu lassen. Der Gläubiger kann die einstweilige Einstellung nur zweimal bewilligen. Die dritte Einstellungsbewilligung gilt als Rücknahme des Antrages und führt zur Aufhebung des Verfahrens.

725 Der Versteigerungstermin wird nach erfolgter Festsetzung des Verkehrswertes des Grundstückes bestimmt. Je nach AG liegen zwischen der Anordnung der Zwangsversteigerung bis zur Bestimmung des Versteigerungstermins neun bis zwölf Monate, in Einzelfällen können bis zu 24 Monate vergehen. Der Termin wird im Aushang beim AG und Veröffentlichung im Amtsblatt bekannt gegeben. Zusätzlich erfolgen Veröffentlichungen in Tageszeitungen und zunehmend in den letzten Jahren im Internet.

Im 1. Versteigerungstermin wird zunächst durch den Rechtspfleger das geringste Gebot ermittelt und bekannt gegeben. Es enthält die wegen vorrangiger Grundbucheintragung bestehen bleibenden Rechte und die Kosten des Versteigerungsverfahrens, evtl. bestehende öffentlich-rechtliche Lasten (z. B. Grundsteuern) sowie andere Nebenleistungen oder Rechte.

Die Zeit zur Abgabe von Geboten (Bieterzeit) beträgt i. d. R. 30 Minuten.

Der betreibende Gläubiger kann von jedem Bieter eine Sicherheitsleistung i. H. v. 10 % des Verkehrswertes verlangen. Diese Sicherheit kann sowohl bar als auch über einen von der Zentralbank oder Geschäftsbank bestätigten Scheck oder die Bürgschaftserklärung einer solchen Bank geleistet werden.

Sofern das Meistgebot unterhalb von 7/10 des Verkehrswertes liegt, muss der Zuschlag versagt werden, wenn dies ein Berechtigter (z. B. Gläubiger) beantragt. Liegt das Meistgebot unterhalb von 5/10 des Verkehrswertes, ist der Zuschlag von Amts wegen zu versagen. In beiden Fällen ist ein neuer Versteigerungstermin zu bestimmen, in dem die Grenzen nicht mehr gelten. Sofern keine Gebote abgegeben wurden, wird ein neuer Termin bestimmt, in dem diese vorgenannten Grenzen weiter bestehen bleiben. Finden zwei Termine ohne Gebote statt, ist das Verfahren aufzuheben.

Grds. kann der betreibende Gläubiger jederzeit, unabhängig von der Höhe des Gebots, die Einstellung des Verfahrens bewilligen. Über die Erteilung bzw. Versagung eines Zuschlages entscheidet das AG durch Beschluss.

Nach erteiltem Zuschlag wird durch den Rechtspfleger der Verteilungstermin bestimmt, in dem der Versteigerungserlös nach der gesetzlich festgelegten Rangfolge den Gläubigern zugeteilt wird. 726

Das Eigentum an dem Grundstück geht mit Zuschlagsbeschluss des AG auf den Ersteher über. Die Eintragung im Grundbuch nimmt das Grundbuchamt vor, sobald die Grunderwerbsteuer bezahlt wurde.

Der Erwerb von Grundstücken über eine Zwangsversteigerung bietet den Erstehern im Gegensatz an einem Erwerb im freien Verkauf einige Vorteile. Es fallen im Vergleich zum »klassischen« Verkauf über eine Beurkundung beim Notar keine Notargebühren an. Sofern mit einem vermittelnden Makler keine schriftliche Vereinbarung zur Zahlung einer Provision getroffen wurde, besteht seitens des Erstehers auch keine Zahlungspflicht ggü. dem Makler.

Zudem besteht in einigen Fällen die Möglichkeit, über eine Zwangsversteigerung recht günstig zu Immobilieneigentum zu gelangen. Empfehlenswert ist vor der Teilnahme an einer Zwangsversteigerung jedoch, das Verkehrswertgutachten und weitere Unterlagen beim Rechtspfleger zu prüfen, vorab das Grundstück zu besichtigen und sich ein Gebotslimit in der Versteigerung zu setzen.

Erfahrungsgemäß führt der freie Verkauf eines Grundstückes in vielen Fällen zu besseren Verkaufsergebnissen aus Sicht der Gläubiger als die Verwertung über eine Zwangsversteigerung. Durch die allgemein öffentliche Bekanntmachung des Verfahrens und im Bewusstsein der Notlage des Schuldners werden von interessierten Bietern meist sehr niedrige Gebote abgegeben. Dies trifft insb. auf gewerbliche Grundstücke mit mäßigem Vermietungsstand oder Grundstücke in ländlichen bzw. strukturschwachen Gegenden zu.

Immobilien in guten bzw. gefragten Lagen können mitunter zu einer regen Beteiligung in der Zwangsversteigerung und somit auch zu guten Versteigerungsergebnissen führen. Diese Grundstücke sind jedoch eher seltener in der Zwangsversteigerung anzutreffen, weil sich diese Immobilien aufgrund der guten Lage meist vorab durch den Schuldner selbst oder über einen Makler gut veräußern lassen.

Das Zwangsversteigerungsverfahren wird vom Gläubiger häufig erst betrieben, wenn die gemeinsamen Versuche, mit dem Schuldner eine kurzfristige bzw. bessere Lösung für eine Verwertung zu finden, fehlgeschlagen sind.

Weiterhin sind die entstehenden Kosten des Zwangsversteigerungsverfahrens (Gerichtskosten, Verfahrensauslagen), abgesehen von dem Arbeitsaufwand während der Laufzeit des Verfahrens für den Gläubiger zu berücksichtigen.

Der Umstand, dass die Gebote im Zwangsversteigerungsverfahren insb. wegen der unvollständigen Vermarktungssituation und auch des höheren Risikos für den Ersteigerer (namentlich Ausschluss der Gewährleistung, oftmals keine Besichtigungsmöglichkeit für den Bieter, Haftung des Sachverständigen nur nach Deliktrecht und nicht nach Werkvertragsrecht) durchschnittlich signifikant unterhalb der Vergleichkaufpreise liegen, darf nicht zu Wertabschlägen führen. Dies umso weniger, als immer wieder 727

Objekte auftauchen, bei denen das Meistgebot in der Versteigerung den ermittelten Verkehrswert deutlich übersteigt.

Weiterhin tritt in der Praxis häufig die Frage auf, ob der Sachverständige bei Nichtbesichtigungsmöglichkeit (entsprechend der Gepflogenheit im freien Grundstücksverkehr) einen Risikoabschlag machen kann? Üblich sind hier Wertabschläge von 5 – 10 %. Manchmal gelingt es, mit dem Hinweis auf diesen ggf. erforderlichen Wertabschlag, die Zustimmung zur Objektbesichtigung zu erreichen.

Im Fall bestehen bleibender Rechte ist für den Bieter wichtig zu wissen, welche Wertminderung des Grundstücks durch die bestehen bleibenden Rechte eintritt, um diese bei der Abgabe seines Gebotes (mindernd) zu berücksichtigen.

Deshalb ist es grds. Aufgabe des Sachverständigen, den vor der Zwangsversteigerung gegebenen Verkehrswert des Grundstückes zu ermitteln. Es ist wiederum nicht Aufgabe des Sachverständigen zu erforschen, ob ein Recht in der Zwangsversteigerung bestehen bleibt oder nicht.

728 **Besondere Werteinflüsse – Fazit*** Industrierat

Werteinflüsse von Immobilien stellen sich in Form von Rechten und Beschränkungen an Grundstücken dar. Zu unterscheiden sind grundstücksgleiche Rechte, wie z.B. das Erbbaurecht oder beschränkt dingliche Rechte (Rechte Dritter), wie z.B. das Nießbrauchrecht. Daneben gibt es auch gesetzliche Beschränkungen des Eigentums. Diese untergliedern sich in die privatrechtlichen und die öffentlich-rechtlichen Beschränkungen.

Folgende Grundsätze sind bei der Wertermittlung von Rechten und Belastungen an Grundstücken zu beachten:

Die Werte für das begünstigte und das belastete Grundstück sind nach Inhalt und wirtschaftlichen Auswirkungen des Rechts zu bemessen,

Wird für das Recht eine wiederkehrende, angemessene Gegenleistung erbracht, wirkt sich die Belastung im allgemeinen nicht wertmindernd auf den Grundstückswert aus,

Für die Wertbemessung ist regelmäßig zunächst der Verkehrswert des Grundstückes im unbelasteten Zustand, d.h. ohne Berücksichtigung des Rechts (der Belastung) zu ermitteln. Danach ist die Wertsteigerung (die Wertminderung), die durch das Recht (die Belastung) eintreten kann, zu bemessen und der Wert des unbelasteten Grundstücks entsprechend zu korrigieren.

* Kleiber, Simon, Verkehrswertermittlung von Grundstücken, 1998, S. 1443 f.

hh) Berechnungsbeispiele nach ausgewählten Verfahren

Nachfolgend sind einige Bewertungsbeispiele nach unterschiedlichen Verfahren, dem Sachwertverfahren (Rdn. 730) und dem Ertragswertverfahren (Rdn. 731), dargestellt. 729

Des Weiteren wurde an einem Beispiel die Bewertung eines Wohnungsrechtes (Rdn. 718) und eines Erbbaurechtes (Rdn. 711) aufgezeigt.

(1) Einfamilienhaus

Kurzbewertung 730

Grundstück:	Musterstraße
Ort:	6 ... Musterstadt
Objektart:	**zweigeschossiges Einfamilienhaus mit eingeschossigem Queranbau**
Auftraggeber:	RA ... als Insolvenzverwalter
Auftragsdat.	27.09.2006, Bewertungsstichtag: 27.09.2006

1. Allgemeine Angaben:

Grundbuchauszug vom:	02.03.2006
Grundbuch:	AG Musterstadt; Grundbuch von Musterstadt; Blatt 1914
Gemeinde//Gemarkung:	Musterstadt
Lagebezeichnung:	Musterstraße
Wirtschaftsart:	Hof- und Gebäudefläche
Flur//Flurstück:	Flurstück 495/1
Größe:	453 m²
Eigentümer, Abt. 1:	2a) Harald Mustermann, geboren am 17.11.1936, Miteigentum 1/2 2b) Harriet Mustermann, geb. Muster, geb. am 24.07.1936, Miteigentum 1/2
Grundbuch Abt. 2: Lasten und Beschränkungen	keine
Hinweis:	Dem Grundbuchamt Musterstadt liegt ein bisher noch unerledigter Antrag auf Eintragung eines Vermerks über die Eröffnung des Insolvenzverfahrens vor (Hinweis des Grundbuchamtes auf dem Auszug des Grundbuchs).
Baulasten:	laut Auskunft des Bauamtes keine Eintragungen vorhanden.

2. Bewertungsmerkmale:

Lage, Verkehrsverhältnisse, Infrastruktur:	Am Nordwestrand von Baden-Württemberg, im Musterkreis gelegen. Die Stadt Musterstadt verfügt über ca. 9.500 EW, auf Stadtfläche von rund 440 ha. Entfernungen zu den nächstgel. Städten: Speyer: rund 20 km, Hockenheim etwa 15 km, Heidelberg (Kreisstadt): ca. 40 km; Infrastruktur von Musterstadt: über B xx, B yy Verbindungen an die A 6 und A 61 in ca. 2 km. Bahn-Haltestelle (Trasse Mannheim-Karlsruhe) vorhanden, ca. 20 km Entfernung von Hockenheim-Ring (Motorsport-Rennstrecke); Das Objekt befindet sich in der Stadtmitte, in ›zweiter Reihe‹ zu den Hauptdurchfahrtsstraßen von Musterstadt. Grund- und Hauptschule in der Stadt, Realschule und Gymnasium in Musterheim, Nahversorgung vor Ort. Der Gaststättenbetrieb ist durch die Seitenstraßen-Lage als stark eingeschränkt zu erachten.
Zuschnitt:	Reihengrundstück; etwa Quadratform, Grundstückbreite (Straßenfront Westseite) ca. 20,5 m; Tiefe: ca. 23 m.
Außenanlagen:	Befestigte Zufahrt an der Süd-Westseite des Grundstücks mit Holzschwenkdoppeltor, Hofflächen vorwiegend mit Verbundpflaster; Einfriedungen: Mauer mit ca. 1,6 m Höhe, Wohngebäude ist direkt an der Straße errichtet, keine Begrünung vorhanden.
Beschaffenheit:	eben
Erschließungszustand:	Wasser, Abwasser, Strom vorhanden. Straßenseitige Erschließung über zweispurige Anliegerstraße.

3. Gebäudebeschreibung in Kurzform

(laut Bauzeichnungen bzw. vorliegenden Unterlagen):

Baujahr:	etwa 1930
Kellergeschoss (KG):	voll
Dachgeschoss (DG):	nicht ausgebaut
Sohle:	Stahlbeton
Außenwände:	Mauerwerk massiv, verputzt, weiß gestrichen.
Innenwände:	vorwiegend massives Mauerwerk.
Dachkonstrukt.-eindeckung:	Satteldach in Holzkonstruktion mit Pfanneneindeckung.
Innenwandflächen:	überwiegend tapeziert.
Deckenflächen:	DG: vorwiegend tapeziert, EG: ehemaliges Restaurant mit Holzvertäfelung.

Bodenbeläge:	vorwiegend Teppichbeläge, Küche und Sanitäreinrichtungen mit Fliesenbelägen.
Fenster:	vorwiegend Holz-Fenster mit Isolierverglasung.
Türen:	Türen aus Holz in Holzzargen.
Beheizung:	Öl-Heizung: z. Zt. defekt. Erwärmung über Stahlradiatoren.
Elektroinstallation:	Art und Umfang entsprechen nicht mehr heutigen Anforderungen.
Warmwasser/Wasser:	über Speicherwassererwärmung.
Nebengebäude und Stellplätze:	Pkw-Stellplätze auf dem Grundstück sowie in der Garage.
Baumängel/Bauschäden:	Erheblicher Instandhaltungsstau an Fenstern, Fassade, Balkon, Innenwänden und Fußböden, Garage ohne Tor.
Bauplanungsrecht:	Bebauungsplan »Alter Ortskern«; WA (allgemeines Wohngebiet); II (bis 2-geschossige Bebauung); GRZ: 0,4; Traufhöhe bis max. 6,3 m; Firsthöhe bis max. 11,0 m, Satteldach/Krüppelwalmdach; Dachneigung 28° – 55°, B-Plan von 1998; vordere Baulinie an Grundstücksgrenze, hintere Baugrenze 15 m von Straße entfernt.
Anzahl der Vollgeschosse:	2
Grundflächenzahl (GRZ):	0,36
Geschossflächenzahl (GFZ):	0,73

4. Wertermittlung:

4.1. Bodenwert:

a) Bodenrichtwert nach Auskunft des Gutachterausschusses für Grundstückswerte in Musterstadt			
Bereich:	Musterstraße		
Bodenrichtwert:	200,00 €/m²		
Bezugsgrößen:	Wohnbauflächen ortsübliche Bebauung, Nutzung und Zuschnitt		
b) Bewertung:	Faktor	Kurzbegründung:	
Lage:	1,00	Lage mittig der Richtwertzone.	(Spanne i. d. R. zw. 0,6 – 1,8)
Grundstücksqualität:	1,10	quadratische Zuschnitt, Ecklage.	(Spanne i. d. R. zw. 0,7 – 1,5)

Grundstücksgröße:	1,05	Nachbargrundstück überwiegend größer	(Spanne i. d. R. zw. 0,5 – 2,0)

c) *Berechnung:*		
Fläche in m²:	453 m²	Fl x
Bodenrichtwert:	200,00 €/m²	BRW x
Faktor Lagebewertung:	1,00	Lq x
Faktor Grundstücksqualität:	1,10	Gq x
Faktor Grundstücksgröße:	1,05	Gg = Bodenwert
Bodenwert: (Bodenwert = Fl x BRW x Lq x Gq x Gg)	**95.130,00 €**	= 231,00 €/m²

4.2. Sachwert

ursprüngliches Baujahr:	ca. 1930	
fiktives Baujahr:	1956	1930 1956 (bei Berücksichtigung d. Modernisierungen u. Erweiterungen)
Gesamtnutzungsdauer:	70 Jahre	
Restnutzungsdauer:	20 Jahre	(abhängig von der wirtschaftlichen [!] Restnutzungsdauer)
Bautyp laut NHK 2000	Typ 1.1²	EFH: KG, EG, OG, nicht ausgebautes DG
Ausstattungsstandard	überwiegend **einfache bis mittlere** Ausstattung	
Kostenansatz (Ka)	460,00 €/m²	430,00 € – 525,00 € f. 1946 – 1959
BGF:	416,06 m²	gem. eigener Berechnung
regionaler Korrekturfaktor (rK)	1,00	Baden-Württemberg: 1,00 – 1,10
ortsspezifischer Korrekturfaktor (oK)	0,91	Orte bis 50'000 EW: 0,90 – 0,95
konjunkturbezogener Korrekturfaktor (kK)	0,96	schlechte bis sehr schlechte Konj.
Korrekturfaktor Baunebenkosten (KBnK)	1,16	lt. NHK 2000
Korrekturfaktor Baupreisindex (Kbpi)	1,025	akt. Index, Basis 2000 (Quelle DESTATIS)

Normalherstellungskosten des Gebäudes	198.796,29 €	(= Ka x BGF x rK x oK x kK x KBnK x Kbpi)
besonders zu veranschlagende Bauteile	1.000,00 €	Kellerlichtschächte
Normalkosten bauliche Anlagen	199.796,29 €	
Alterswertminderung	70,50%	nach AGVGA NW, Vogels, Tegevofa, arithmet. Mittel
Zeitwert der baulichen Anlagen	58.939,91 €	(hilfsweise ist auch eine lineare Minderung denkbar)
Wert der Außenanlagen	3.500,00 €	(Anbau, Erschließung Zeitwert)
3.000,00 €	(Garage, Hofpflasterung Zeitwert)	
Zwischenwert	65.439,91 €	
Marktanpassung 5,00%	68.711,90 €	wg. Objektwert. Marktangebot
(bei korrekt gebildeter RND und Alterswertminderung i. d. R. zw. -20 % – +20 %)		
Baumängel/Bauschäden	- 12.000,00 €	Erheblicher Instandhaltungsstau an Fenstern, Fassade, Balkon, Innenwänden und Fußböden, Garage ohne Tor.
SACHWERT o. Wert d. Bodens	**56.712,00 €**	

4.3. Verkehrswert

Sachwert:	56.712,00 €	
Bodenwert:	95.130,00 €	
Verkehrswert	**152.000,00 €**	(gerundet)

5. Ergebnis der Bewertung

Als positiv sind die infrastrukturelle Anbindung, die innerörtliche Nähe sowie das Vorhandensein von vier Zimmern im Dachgeschoss und die sanitären Einrichtungen in beiden Etagen anzusehen. Als werteinschränkend sind v. a. die hohen Instandsetzungskosten und das große Objektangebot in der Umgebung anzusehen.

Als mögliche Kaufinteressenten kommen u. E. vornehmlich Eigennutzer infrage, welche bereit sind, in größerem Umfang Eigenleistungen zu erbringen. Die Vermietung der Flächen oder die weitere Nutzung in Form eines Restaurantbetriebes wird unseres Erachtens als nachrangig oder unwahrscheinlich erachtet.

Insgesamt wird nach sachverständigem Ermessen daher ein Verkehrswert von 152.000,00 € als angemessen erachtet.

Eine Untersuchung von Bodenkontaminationen bzw. Altlasten war nicht Gegenstand des Auftrages, sodass bei tatsächlichem Vorhandensein von Schadstoffen ein entsprechender Kostenfaktor beim Verkehrswert zu berücksichtigen wäre.

aufgestellt: Ort, Datum

Unterschrift

(2) Gewerbeimmobilie

731 **Kurzbewertung**

Grundstück:	Musterweg (Industriegebiet) sog. »Werk xy«
Ort:	4 ... Musterstadt
Objektart:	**dreiteilige Produktions-/Lagerhalle mit ein und zwei Geschossen und Büroflächen**
Auftraggeber:	Musterges. mbH & Co. KG
Auftragsdat.	04.11.2006, Bewertungsstichtag: 06.11.2006

1. Allgemeine Angaben:

Grundbuch:	AG Musterstadt; Grundbuch von Musterheim; Blatt 2988	
Gemeinde//Gemarkung:	...	
Lagebezeichnung:	...	
Wirtschaftsart:	Gebäude- und Freifläche	
Flur//Flurstück:	Flur 21, Flurstück 648 (ehemals Flurstücke 476, 583, 584, 592)	
Größe:	10.841 m^2	
Eigentümer, Abt. 1:	Mustergesellschaft mbH & Co. KG, Musterstadt	
Grundbuch Abt. 2: Lasten und Beschränkungen	lfd. Nr. 1:	Verpflichtung zur kostenfreien Übertragung von Flächen am ... an die Stadt ...
	lfd. Nr. 2:	Vorkaufsrecht für Eigentümer der Grundstücke Flur 21, Flurstücke: 589, 591, 592 (Blatt 0112A, 2259 und 0797A), ranggleich mit der lfd. Nr. 3, zuletzt mit dem belasteten Grundstück Blatt 0122A.
	lfd. Nr. 3:	Grunddienstbarkeit für Eigentümer der Grundstücke Flur 21, Flurstücke: 589, 591, 592, ranggleich mit der lfd. Nr. 2 für ein Grenzbebauungsrecht, zuletzt mit dem belasteten Grundstück Blatt 0122A.

	lfd. Nr. 4:	BpD, Recht zur Verlegung und Unterhaltung einer Kanalleitung für die ..., zuletzt mit dem belasteten Grundstück Blatt 0122A.
	zu Nr. 4:	das Recht lastet auf dem Grundstück, soweit die früheren Flurstücke 583 und 592 betroffen sind.
	zu Nr. 1, 2, 3:	die Rechten lastet auf dem Grundstück, soweit das frühere Flurstück 476 betroffen ist.
Baulasten:	laut Auskunft des Kreis Muster v. 10.11.2006 liegen keine Baulasten vor.	

2. Bewertungsmerkmale:

Lage, Verkehrsverhältnisse, Infrastruktur:	am nordöstlichen Rand von Nordrhein-Westfalen, im Kreis-Muster gelegen. Die ... verfügt über ca. 14.000 EW, wovon rund 8.800 EW in Kernstadt wohnen. Entfernungen zu den nächstgel. Städten: Detmold: ca. 25 km, Paderborn: ca. 45 km, Hameln: ca. 50 km, Bielefeld: ca. 40 km, Hannover: ca. 75 km. Infrastruktur von ...: Über B 252/B 1 Verbindungen an die A 44/A 2. Anschluss an die Regionalbahn vorhanden; das Objekt befindet sich in einer Sackgassenlage im Industriegebiet, welches sich zentral im Ort in der Nähe des Bahnhofs befindet. Nachbarbebauung vornehmlich aus Muster-Werken, Möbel- und Speditionsbetrieben.
Zuschnitt:	unregelmäßig; etwa Pfeifenstilform, Straßenfront etwa 55 m. Grundstückbreite bis ca. 77 m; mittl. Tiefe: bis ca. 210 m.
Außenanlagen:	befestigte Zufahrten, Verkehrsflächen mit Verbundpflaster bzw. Asphalt versehen, Zufahrt im Norden mit Stahlrolltor versehen, Einfriedungen: Norden Stahlmattenzaun, Westen Drahtgeflechtzaun, Osten Nachbargebäude.
Beschaffenheit:	in südliche Richtung leicht fallende Grundstückstopografie.
Erschließungszustand:	Wasser, Abwasser und Kraftstrom vorhanden. Erwärmung über Fernwärme mit Wärmetauscher. straßenseitige Erschließung über ... (Sackgasse).

3. Gebäudebeschreibung in Kurzform:

Baujahr:	Hallenbereich L525a: 1966/67, Hallenbereiche L525b, L525c: 1990 Hallenbereich L526: 1996
Kellergeschoss (KG):	ohne
Dachgeschoss (DG):	ohne

Sohle:	vermutlich Stahlbeton in allen Gebäudeteilen.
Außenwände:	Stahlkonstruktion, Außenwände außenseitig vorwiegend Trapezprofile, teilw. Stahlbetonplatten, innenseitig vorwiegend Mauerwerk oder Stahlbetonplatten. Hallen L 526 mit gedämmten Trapezblechprofilen.
Innenwände:	vorwiegend massives Mauerwerk.
Geschossdecken	im Hallenbereich Stahlkonstruktion mit Spanplattenbelag.
Dachkonstrukt.-eindeckung:	Stahlkonstruktion mit Trapezblechprofileindeckung, oberseitig gedämmt.
Innenwandflächen:	Büros: überwiegend tapeziert und gestrichen, Hallen gestrichen.
Deckenflächen:	Büros mit Rasteneinbaudecken.
Bodenbeläge:	Hallen: vorwiegend Industrieestrich, Halle L 525a mit Steinzeugfliesen; Büroflächen mit Nadelfilz.
Fenster:	Hallen: vorwiegend durch Deckenoberlichter, teilweise senkrechte Fenster. Büroflächen: Holzfenster mit Iso-Verglasung.
Tore:	Althalle L525a mit 6, Halle L526 mit fünf Rampenanlagen mit Überladebrücken und Alu-Rolltoren. Hallenzwischentüren als Stahlfeuerschutz-Schiebetore.
Beheizung:	über Fernwärme mittels Wärmetauscher. Erwärmung im Hallenbereich über Deckenheizstrahler.
Elektroinstallation:	Art und Umfang den Baujahren entsprechend.
Warmwasser/Wasser:	über Durchlauferhitzer im Bürobereich/komplette Sprinklerung vorhanden.
Nebengebäude und Stellplätze:	Pkw-Stellplätze an der Grundstücksnordseite.
Baumängel/Bauschäden:	Instandhaltungsstau Innenanstrich und Durchfeuchtungen Althalle.
Bauplanungsrecht:	Bebauungsplan aus 1982, Ausweisungen: GI b (Industriegebiet), in BauNVO aufgeführte Ausnahmen sind allg. zulässig. Gebäudelängen und -breite von über 50 m teilw. zulässig, beliebige Dachform Haupt- und Nebengebäude bis 18,0 m Höhe zulässig.
Anzahl der Vollgeschosse:	keine Vorgaben im Bebauungsplan

Grundflächenzahl (GRZ):	0,80
Baumassenzahl (BMZ):	9,00

4. Wertermittlung:

4.1. Bodenwert:

a) Bodenrichtwert nach Auskunft des Gutachterausschusses für Grundstückswerte der Stadt Musterstadt

Bereich:	... Industriegebiet	
Bodenrichtwert:	20,00 €/m²	
Bezugsgrößen:	Gewerbeflächen ortsübliche Bebauung und Nutzung	
b) *Bewertung:*	Faktor	Kurzbegründung:
Lage:	0,95	Lage an Rand der Richtwertzone.
Grundstücksqualität:	0,90	Zuschnitt, Sackgassenlage, eingeschränkte Abtrennbarkeit.
Grundstücksgröße:	1,00	gesamt 10.841 m²

c) Berechnung:

Fläche in m²:	10.841 m²	Fl x
Bodenrichtwert:	20,00 €/m²	BRW x
Faktor Lagebewertung:	0,95	Lq x
Faktor Grundstücksqualität:	0,90	Gq x
Faktor Grundstücksgröße:	1,00	Gg = Bodenwert
Bodenwert: (Bodenwert = Fl x BRW x Lq x Gq x Gg)	**205.979,00 €**	= 17,10 €/m²

4.2. Ertragswert

ursprüngliches Baujahr:	1966
fiktives Baujahr:	1985 (bei Berücksichtigung d. Modernisierungen u. Erweiterungen)
Gesamtnutzungsdauer:	40 Jahre
Restnutzungsdauer:	20 Jahre (abhängig von der wirtschaftlichen [!] Restnutzungsdauer)
Hallenflächen L 525a – EG:	ca. 1.970 m²

Hallenflächen L 525a – OG:	ca. 1.970 m²
Rampenflächen L 525a:	ca. 259 m²
Büroflächen L 525a – EG:	ca. 135 m²
Hallenflächen L 525b – EG:	ca. 510 m²
Hallenflächen L 525c – EG:	ca. 1.123 m²
Büroflächen L 525c:	ca. 223 m²
Hallenflächen L 526 – EG:	ca. 438 m²

a. Mieterträge/Roherträge

Gebäude/Bauteil	Nutzfläche = Mietpreis m²/ca.	x €/m²	= Mietpreis monatlich €	x 12 = jährlich
fiktives Baujahr:				1985
Hallenflächen L 525a – EG:	1.970 m²	1,50 €	2.955,00 €	35.460,00 €
Hallenflächen L 525a – OG:	1.970 m²	1,00 €	1.970,00 €	23.640,00 €
Rampenflächen L 525a:	259 m²	2,00 €	518,00 €	6.216,00 €
Büroflächen L 525a – EG:	135 m²	2,50 €	337,50 €	4.050,00 €
Hallenflächen L 525b – EG:	510 m²	1,50 €	765,00 €	9.180,00 €
Hallenflächen L 525c – EG:	1.123 m²	2,00 €	2.246,00 €	26.952,00 €
Büroflächen L 525c:	223 m²	3,00 €	669,60 €	8.035,20 €
Hallenflächen L 526 – EG:	438 m²	2,00 €	876,00 €	10.512,00 €
SUMME	6.628 m²		10.337,10 €	124.045,20 €
Mieteinnahmen/Rohertrag gesamt				**124.045,20 €**

b.

./. Bewirtschaftungskosten	%	
./. Verwaltungskosten	3,0 % (i. d. R. WE n. Einheiten, Gewerbe pauschal)	3.721,36 €

./. nicht umlegbare Betriebskosten	2,5 % (abh. von Vertrag u. örtl. Gegebenheiten)		3.101,13 €
./. Instandhaltungskosten	5,00 €/m^2 p. a. (i. d. R. zw. 3,00 € u. 20,00 € nach Bausubstanz)		33.141,00 €
./. Mietausfallwagnis	5,0 % (abh. v. Betriebszweck u. Mieterstruktur)		6.202,26 €
Summe Bewirtschaftungskosten	37,2 %		46.165,75 €
Reinertrag			77.879,45 €

c ./. Verzinsung des Bodenwertes

Bodenwert gesamt	205.979,00 €	(s. o.)	
Liegenschaftszinssatz %	*9,0 %* (i. d. R. zw. 2,5 – 9,5 % je nach Immobilienart)		
./. Verzinsung des Bodenwertes			**- 18.538,11 €**
Ertrag der baulichen Anlagen			**59.341,34 €**

d. Vervielfältiger

Liegenschaftszinssatz %	9,0 %	
Gesamtnutzungsdauer/Jahre	40	
Restnutzungsdauer/Jahre	20 (abh. v. d. wirtschaftlichen [!] Restnutzungsdauer)	
=> Vervielfältiger ((1+E193) E195)- 1)/ ((1+E193) E195*(E193))	9,13	

e. Ertragswert der baulichen Anlagen

Ertrag der baulichen Anlagen (s. o.)	
x Vervielfältiger (s. o.) =	541.700,17 €
+ **Bodenwert** (s. o.)	205.979,00 €
vorläufiger Ertragswert (Summe)	747.679,17 €
sonstige wertbeeinflussende Umstände	
Instandhaltungsstau Innenanstrich und Durchfeuchtungen Althalle	- 8.000,00 €
Ertragswert	739.679,17 €

Verkehrswert	739.679,17 €

f.

Verkehrswert, gerundet		**739.000,00 €**
(=Rohertrags-Vervielfätiger von: 5,96)		

5. Ergebnis der Bewertung

Als positiv sind die relativ zentrale Lage in der Stadt ..., die bauliche Ausnutzbarkeit, die vorhandenen Rampenanlagen, die teilweise hohen Hallenhöhen, die Sprinkleranlage sowie der geringe Anteil an Büroflächen anzusehen. Als werteinschränkend sind in Anbetracht der Objektgröße v. a. die große Entfernung zu den Autobahnen sowie der vergleichsweise geringe Einzugsbereich anzusehen. Auch ist vor dem Hintergrund einer vorwiegenden Lagernutzung des Objekts im Verkaufsfall die Unterteilung der Althalle in zwei Ebenen als wertmindernd einzuschätzen.

Als mögliche Kaufinteressenten kommen u. E. vornehmlich Eigennutzer infrage. Die Vermietung der Flächen an möglicherweise nur einen bzw. wenige Mietinteressenten und das damit verbundene Mietausfallrisiko schränkt den Verkauf an Kapitalanleger ein. Allerdings ist auch der Kreis an Eigennutzern aufgrund der vergleichsweise dezentralen Lage und der Strukturschwäche der Region als stark eingeschränkt zu erachten.

Insgesamt wird nach sachverständigem Ermessen daher ein Verkehrswert von 787.000,00 € als angemessen erachtet.

Eine Untersuchung von Bodenkontaminationen bzw. Altlasten war nicht Gegenstand des Auftrages, sodass bei tatsächlichem Vorhandensein von Schadstoffen ein entsprechender Kostenfaktor beim Verkehrswert zu berücksichtigen wäre.

aufgestellt: Ort, Datum

Unterschrift

(3) Weitere Bewertungsfälle

(a) Verkehrswert des mit einem unentgeltlichen Wohnungsrecht belasteten Grundstücks

732 Es ist der Verkehrswert eines mit einem unentgeltlichen Wohnungsrecht belasteten Einfamilienhausgrundstücks (Beispielrechnung Nr. 12) bzw. eines, mit einem Wohnungsrecht an einer Wohnung belasteten Mehrfamilienhausgrundstücks (Beispielrechnung Nr. 13) zu ermitteln.

Der Berechtigte ist 65 Jahre alt und trägt nur die umlagefähigen Bewirtschaftungskosten (BetrKV).

733 **Beispielrechnung Nr. 12:** Verkehrswert des mit einem unentgeltlichen Wohnungsrecht belasteten Einfamilienhausgrundstücks nach Sachwertverfahren

Annahmen

-	Herstellungswert der baulichen Anlagen	150.000,00 €
-	Bodenwert	60.000,00 €
-	Restnutzungsdauer der baulichen Anlagen	50 Jahre
-	Alter des Berechtigten	65 Jahre
-	durchschnittliche Lebenserwartung des Berechtigten[1)]	16 Jahre
-	Restnutzungsdauer der baulichen Anlagen in 16 Jahren	34 Jahre
-	Alterswertminderung entsprechend 8a (GND 100 Jahre, RND 34 Jahre)	55 %
-	Liegenschaftszinssatz	4 %

[1)] Entspricht dem Versicherungsbarwert ä × einer lebenslänglich monatlich vorschüssig zahlbaren Rente nach der Sterbetafel 2001/2003.

Berechnung

Herstellungswert der baulichen Anlagen		150.000,00 €
Alterswertminderung (GND 100 Jahre; RND 34 Jahre)	55 %	– 82.500,00 €
Sachwert der baulichen Anlagen bei einer RND von 34 Jahren		67.500,00 €
Bodenwert		+ 60.000,00 €
Sachwert		**127.500,00 €**
Sachwert-Marktanpassungsfaktor		× 1,10
Verkehrswert des unbelasteten Grundstücks		**140.250,00 €**
an das Leben gebundener Abzinsungsfaktor [1)] (65 Jahre, 4 %)		× 0,57120

[1)] Berechnungsgrundlage: Versicherungsbarwert einer lebenslänglich, nachschüssig zahlbaren Rente nach der Sterbetafel 2001/2003.

abgezinster Verkehrswert	**80.111,00 €**

jährlicher Vorteil aus

-	Übernahme von Kosten und Belastungen durch den Berechtigten	+ 0,00 €

jährlicher Nachteil aus

-	Übernahme von Kosten und Belastungen (hier Bewirtschaftungskosten nach § 18 WertV, hier Instandhaltungskosten)	- 800,00 €	
Summe		- 800,00 €	

Leibrentenbarwertfaktor[1] für einen 65-jährigen Mann (4 %)	× 11,255	
Belastung des Grundstücks durch das Recht		**- 9.004,00 €**
		71.107,00 €
Verkehrswert des mit einem Wohnungsrecht belasteten Einfamilienhausgrundstücks		**71.000,00 €**

[1] Vgl. Anlage 16 Fn. 1.

734 **Beispielrechnung Nr. 13:** Verkehrswert des mit einem unentgeltlichen Wohnungsrecht an einer Wohnung belasteten Mehrfamilienhausgrundstücks nach Ertragswertverfahren

Annahmen

-	Verkehrswert des unbelasteten bebauten Mehrfamilienhausgrundstücks	740.000,00 €
-	jährlich nachhaltig erzielbare Nettokaltmiete für die Wohnung (Mehrfamilienhaus)	4.800,00 €
-	Liegenschaftszinssatz (Mehrfamilienhaus)	5 %

Berechnung

Verkehrswert des unbelasteten bebauten Grundstücks	**740.000,00 €**

jährlicher Vorteil aus

-	Übernahme von Kosten und Belastungen durch den Berechtigten	+ 0,00 €

jährlicher Nachteil aus

-	entgangene, nachhaltig erzielbare Nettokaltmiete	– 4.800,00 €	
-	Übernahme von Kosten und Lasten	– 0,00 €	
Summe		– 4.800,00 €	
Leibrentenbarwertfaktor[1] für einen 65-jährigen Mann (5 %)		× 10,418	
Belastung des Grundstücks durch das Recht			**– 50.006,00 €**
			689.994,00 €
Verkehrswert des mit einem Wohnungsrecht belasteten Mehrfamilienhausgrundstücks			**690.000,00 €**

1) Berechnungsgrundlage: Versicherungsbarwert einer lebenslänglich, nachschüssig zahlbaren Rente nach der Sterbetafel 2001/2003.

(b) Verkehrswert des Erbbaurechts eines Einfamilienhauses

Es ist der Verkehrswert eines Erbbaurechts an einem Einfamilienhausgrundstück zu ermitteln. 735

Annahmen für die Beispielrechnungen zum Erbbaurecht Nr. 1 bis 5

-	Bodenwert des unbelasteten unbebauten erschließungsbeitragsfreien Grundstücks	60.000,00 €
-	Verkehrswert des unbelasteten bebauten Grundstücks	165.000,00 €
-	Sachwert der baulichen Anlagen	100.000,00 €
-	Restnutzungsdauer der baulichen Anlagen	50 Jahre
-	Restlaufzeit des Erbbaurechtsvertrags	50 Jahre
-	jährlich erzielbarer Erbbauzins (wertgesichert)	748,95 €
-	Liegenschaftszinssatz des unbelasteten Grundstücks	3,0 %
-	Verzinsungsbetrag des Bodenwerts (Liegenschaftszins)	1.800,00 €

Beispielrechnung Nr. 1: Vergleichswertverfahren

Zusätzliche bzw. abweichende Annahmen zur Aufstellung

-	Bodenwertniveau des unbelasteten unbebauten erschließungsbeitragsfreien Grundstücks	100,00 €/m²
-	Wohnfläche	140 m²
-	Wohnflächenpreis (ermittelt aus dem Verhältnis des Verkehrswerts des unbelasteten bebauten Grundstücks und der Wohnfläche = 165.000,00 €/140 m²)	1.179,00 €/m²
-	Vergleichsfaktor für das Erbbaurecht auf den Wert des unbelasteten bebauten Grundstücks in Abhängigkeit von Wohnflächenpreis und Restlaufzeit für frei stehende Einfamilienhäuser ermittelt aufgrund von Untersuchungen	0,85

Berechnung

Verkehrswert des unbelasteten bebauten Grundstücks	165.000,00 €
Vergleichsfaktor	× 0,85
Zwischensumme	140.250,00 €
Zu-/Abschläge wegen besonderer vertraglicher Vereinbarungen	+/- 0,00 €
Verkehrswert des Erbbaurechts	140.000,00 €

Finanzmathematische Methode

Beispielrechnung Nr. 2: Finanzmathematische Methode

Berechnung

Verzinsungsbetrag des Bodenwerts (Liegenschaftszins)	1.800,00 €	
- vertraglich und gesetzlich erzielbarer Erbbauzins	– 748,95 €	
Differenz	1.051,05 €	
Vervielfältiger bei 50 Jahren Restlaufzeit und 3 % Liegenschaftszinssatz	× 25,73	
Bodenwertanteil des Erbbaurechts		**27.044,00 €**

Beispielrechnung Nr. 3: Verkehrswert des Erbbaurechts

Berechnung

Sachwert des Gebäudes (Gebäudewertanteil)	100.000,00 €
Bodenwertanteil des Erbbaurechts	**+ 27.044,00 €**
Finanzmathematischer Wert des Erbbaurechts	**127.044,00 €**
ermittelter Marktanpassungsfaktor für Erbbaurechte	× 1,1
Zwischensumme	139.748,00 €
Zu-/Abschläge wegen besonderer vertraglicher Vereinbarungen	+/- 0,00 €
	139.748,00 €
Verkehrswert des Erbbaurechts	**140.000,00 €**

ii) Bewertung von Land- und Forst-(Wald-) Flächen

(1) Einleitung

736 Die marktgerechte Bewertung land- und forstwirtschaftlicher Flächen gewann in den vergangenen Jahren eine zunehmende Bedeutung. Dies ist hängt nicht zuletzt mit der Nachfrage nach diesen Flächen von neuen Zielgruppen, z. B. aus der Biogasbranche und dem Bereich der erneuerbaren Energien (Windkraft, Solar) zusammen. Diese Nutzungen versprechen vielfach deutlich bessere Bodenerträge.

737 Die Landwirtschaft ist nicht mehr ausschließlich darauf ausgerichtet, Lebensmittel zu produzieren. Energie und nachwachsende Rohstoffe für die industrielle Nutzung leisten mittlerweile einen spürbaren Produktions- und Einkommensbeitrag. Vor allem die Erzeugung erneuerbarer Energien hat sich in den letzten Jahren zu einem Wachstumsmotor in der Landwirtschaft entwickelt. Der Anteil dieser Energieform an der Stromversorgung ist kontinuierlich gestiegen und soll bis 2020 mindestens 35% betragen.[929]

929 Quelle: vlP research 2013.

Immer mehr Investoren aus Europa erwerben in Deutschland größere Areale von Ackerflächen, um durch Anbau von Rohstoffträgern für z. B. die Herstellung von Biogas einträgliche Renditen ihres eingesetzten Kapitals zu erzielen. 738

Zudem werden diese Investitionen größtenteils über Kreditinstitute finanziert, wodurch sich ein verstärkter Bedarf an Wertschätzungen in diesem Bereich ergibt. Auch für die Ermittlung von Bilanzwerten oder Entschädigungswerten (Nutzungsänderung im Zwang) sind Wertermittlungen gefragt. 739

Die Bewertung dieses recht kleinen Teilmarktes erfordert umfangreiches und in diesem Bereich spezielles Fachwissen sowie Erfahrungen des Gutachters. Es genügt nicht die bloße Kenntnis von Vergleichswerten, die mit der jeweiligen Grundstücksgröße multipliziert werden und so zum Ergebnis führen. 740

Vielmehr erfordert es regionale Marktkenntnisse und darüber hinaus sind verschiedene natürliche und rechtliche Faktoren bei der Bewertung zu berücksichtigen. Nicht zuletzt sind Erfahrungen im Verkauf derartiger Flächen für die Wertfindung und den Abgleich der rechnerisch ermittelten Werte hilfreich, um zu marktgerechten Werten zu gelangen.[930] 741

Die nachfolgende Ausarbeitung soll einen Überblick über Märkte, Methoden, Besonderheiten auch im Hinblick auf die Beurteilung der Wertigkeiten im Insolvenz- oder Nachlassfall vermitteln. 742

(2) Definition unbebaute Flächen

Gegenstand dieser Ausarbeitung sind vorrangig Acker und Grünland sowie Forstflächen. Dauerkulturen, Abbauland, Unland, Wasserflächen und sonstige baulich nutzbare Flächen werden in dieser Betrachtung nur von der Begrifflichkeit her erwähnt. 743

Begriffe unbebauter Flächen: 744

– Ackerflächen: 745

Ackerflächen sind alle Flächen, die regelmäßig (auch in mehrjährigen Abständen) gepflügt werden. Auch langfristig stillgelegte Flächen (Stilllegung) gehören dazu. Beinahe 12 Millionen ha Ackerland gab es 2012. Auf etwa 6,5 Mio ha wurde Getreide angebaut.[931]

– Grünlandflächen: 746

Landwirtschaftlich genutzte Flächen, auf denen Gras als Dauerkultur angebaut wird. Dazu zählen Wiesen und Weiden. Diese Flächen können entweder für längere Zeit mit Gräsern eingesät werden oder sind absolutes Grünland, das wegen seiner Bodenqualität, seiner Lage (Hanglage, Bodenfeuchte) nicht »umbrochen« werden kann und damit

930 Quelle: Hyp-Zert-Fachgruppe, Bewertung von unbebauten Grdst. i.d. Landwirtschaft, 2011, S. 9f.

931 Quelle: Agrilexikon.de.

in der Regel nicht als Ackerland brauchbar ist. Von der landwirtschaftlich genutzten Fläche des Bundesgebietes (2012 16,7 Mio. ha) entfallen 4,8 Mio. auf Dauergrünland (29 %) und 11,9 Mio. Hektar auf Ackerflächen.[932]

747 – Forst- und Waldflächen:

Forst- und Waldflächen sind Grundstücke, die sich aus der forst- und waldwirtschaftlichen Benutzung des Grund und Bodens ergeben. Dabei bildet Grundlage i. d. R. Wald nach Bundeswaldgesetz (BWaldG) bzw. der Waldgesetze der jeweiligen Bundesländer. Nach ImmoWertV § 5 sind Waldflächen Flächen der Land- und Forstwirtschaft, die keine Bauerwartung nach sich ziehen.

Nach Bundeswaldgesetz sind Waldflächen jede mit Forstpflanzen bestockte Grünfläche. Hierzu zählen auch kahlgeschlagene oder verdichtete Grundflächen, Waldwege, Waldeinteilungs- und Sicherungsstreifen, Waldblößen und Lichtungen, Waldwiesen, Wildäsungsplätze, Holzlagerplätze, die dem Wald dienen und mit ihm verbunden sind.

Grundflächen, die mit dem Ziel baldiger Holzentnahme bepflanzt werden (Kurzumtriebsplantagen >20 Jahre) sowie Flächen, die gleichzeitig dem Anbau landwirtschaftlicher Produkte dienen gehören nicht zu den Waldflächen im Sinne des Waldgesetzes. Ebenso sind kleine Flächen, die im bebauten Gebiet mit einzelnen Baumgruppen oder Hecken bestockt sind oder als Baumschulen dienen, kein Wald.

Deutschlands Wälder wachsen jährlich um rd. 10.000 ha laut Bundeswaldinventur 2001 und 2002.[933]

Ebenfalls zugenommen hat die Holznutzung in der BRD. Seit 1987 ist die Nutzung in den alten Bundesländern auf 49 674 000 m^3/a gestiegen. Damit ist die Nutzung der Holzvorräte wesentlich geringer als der Zuwachs (der Zuwachs übertraf die Nutzung um 39 %). Dies wirkt sich vor allem auf die Laubbäume und Douglasien aus, da Fichte und Kiefer nach wie vor die am häufigsten verarbeiteten Baumarten sind. Der Bestand der Douglasie hat sich in den alten Bundesländern seit 1987 um durchschnittlich 19,1 m^3/ha*a vergrößert.[934]

Die Gesamtfläche der Bundesrepublik Deutschland enthält 11,1 Mio. Hektar Wald (das entspricht grob einem Drittel des Gesamtgebietes). 29 % der Waldfläche befinden sich im Besitz der Länder (Staatswälder), wohingegen 44 % Privateigentum sind. Der Bund besitzt ca. 409 000 ha Wald (entspricht 4 %), die zumeist aus Flächen entlang Bundeswasserstraßen und Autobahnen o. militärisch genutzte Flächen sind. Daneben gibt es noch die Formen des Körperschaftswaldes (20 %) und des Treuhandwaldes (4 %).[935]

932 Quelle: Agrilexikon.de.

933 Quelle: Wald.de.

934 Quelle: Wald.de.

935 Quelle: Wald.de.

– Dauerkulturen: 748

Hierunter fallen landwirtschaftliche Kulturen, die über mehrere Jahre Erträge liefern. Dazu zählen z. B. Obst, Wein, Hopfen, Spargel und Weihnachtsbaumkulturen.

Die Erträge der Dauerkulturen werden i. d. R. erst nach mehreren Jahren erreicht, wobei die ersten Jahre ertragsfrei sind. Anbaugebiete sind vorrangig klimatisch begünstigte Regionen, wie Oberrhein, Bodensee, Flusstäler in Süddeutschland oder das Alte Land bei Hamburg.

In Regionen mit verbreitetem Anbau von Dauerkulturen haben sich spezielle Teilmärkte für die geeigneten Flächen gebildet. Da die mit Dauerkulturen zu erzielenden Deckungsbeiträge meist deutlich höhere Deckungsbeiträge bewirtschaften als z. B. mit Getreide, liegt das Preisniveau der Bodenwerte erfahrungsgemäß deutlich über denen für Ackerflächen. Ausgenommen sind hier die Weinbau-Steilhanglagen an Mittelrhein und Mosel.

Der Wert des Bodens ist jedenfalls aus Vergleichspreisen herzuleiten.[936]

– Abbauland: 749

Laut § 160 BewG sind Abbauland Betriebsflächen, die durch Abbau der Bodensubstanz überwiegend für den Betrieb nutzbar gemacht werden. Die Bewertung erfolgt gesondert mit dem Einzelertragswert. Bei dem Abbauwert handelt es sich um Kies-, Sand-, Lehmgruben, Steinbrüche, Torfstiche usw.[937]

Erst nach Abschluss von Rekultivierungsmaßnahmen, wenn eine dauerhafte landwirtschaftliche Nutzung wieder möglich ist, kann ein Beleihungswert bzw. ein Verkehrswert nach den üblichen Kriterien ermittelt und ausgewiesen werden.[938]

– Unland und sonstige Flächen: 750

Unland sind Flächen, die nach der Definition Flächen, die nicht nutzbar sind. Hierzu gehören Felsen, Steinriegel, größere Böschungen, Dünen, stillgelegtes und nicht rekultiviertes Abbauland usw.

Wegen fehlender dauerhafter Ertragsfähigkeit ist die Ausweisung eines Beleihungswertes ebenfalls nicht zulässig, auch wenn diese Flächen durchaus einen gewissen Marktwert besitzen können. (z. B. durch jagdliche Aspekte).[939]

936 Quelle: Hyp-Zert-Fachgruppe, Bewertung von unbebauten Grdst. i.d. Landwirtschaft, 2011, S. 95 f.

937 Quelle: Wirtschaftslexikon.gabler.de.

938 Quelle: Hyp-Zert-Fachgruppe, Bewertung von unbebauten Grdst. i.d. Landwirtschaft, 2011, S. 97.

939 Quelle: Hyp-Zert-Fachgruppe, Bewertung von unbebauten Grdst. i.d. Landwirtschaft, 2011, S. 97.

751 – Wasserflächen:

Die Erträge aus Wasserflächen können einerseits aus Pachterlösen, andererseits aus Erträgen der Fischerei bestehen. Auf Grundlage nachhaltiger Pachterlöse kann (unter Berücksichtigung der tatsächlichen Bewirtschaftungskosten) ein Ertragswert ermittelt werden.

In manchen Regionen haben sich Märkte für Teichflächen entwickelt, sodass eine Bewertung auf Basis von Vergleichswerten möglich wird.

Das Eigentum am Grundstück deckt sich nicht zwangsläufig mit dem Eigentum am Fischereirecht (gilt als grundstücksgleiches Recht). In der Praxis übersteigt erfahrungsgemäß das Fischereirecht den Wert des Grundstückes.

Fischereirechte sich in separaten Verzeichnissen aufgeführt (Auskünfte erteilen die unteren Fischereibehörden, auf Kreisebene), sie sind somit verkäuflich, beleihbar und vererbbar. Eine Beleihung ist möglich, wenn sich Grundstück und das Fischereirecht in einer Hand befinden und dieses ebenfalls mit dem gleichen Grundpfandrecht belastet wird.

Vorstellbar ist auch eine vom Grundstück unabhängige Beleihung des Fischereirechts. Für nicht rentierliche Wasserflächen kann kein Beleihungswert dargestellt werden.[940]

752 – Sonstige unbebaute Flächen:

Für das bereits beschriebene Unland oder Ödland besteht im Regelfall keine bzw. nur eine geringe Ertragsfähigkeit, sodass es von einer Beleihung auszuschließen ist.

Eine Hutung ist eine als Weide genutzter Wald: Bei dieser als Waldweide (Hute/Hude) bezeichneten Art der Waldnutzung bzw. Viehhaltung wurde das Nutzvieh in den Wald getrieben; um sich dort Futter zu suchen. Hutungsnutzungen finden sich aktuell in Deutschland fast ausschließlich in hochalpinen Regionen (Almen).

Kurzumtriebsplantagen (auch Energiewald) sind eine Anpflanzung verschiedener schnell wachsender Bäume und Sträucher auf Landwirtschaftsflächen mit dem Ziel, innerhalb kurzer Umtriebszeiten Holz als nachwachsenden Rohstoff zu erzeugen. Die Stecklinge werden in Reihen angepflanzt und, je nach Art und Klima, alle drei bis zehn Jahre maschinell geerntet. Die Standzeit der Kulturen beträgt in der Regel ca. 20 Jahre.

Nach Ablauf der Gesamtnutzungsdauer kann die Fläche nach Wurzelrodung auch wieder zu landwirtschaftlichen Zwecken genutzt werden. Als Standorte dienen meist Flächen mit unterdurchschnittlichen Bodenwertzahlen oder problematischer Topographie. Bewertet werden diese Flächen nach den allgemeinen Regeln der Bewertung unbebauter Landwirtschaftsflächen.[941]

940 Quelle: Hyp-Zert-Fachgruppe, Bewertung von unbebauten Grdst. i.d. Landwirtschaft, 2011, S. 96.

941 Quelle: Hyp-Zert-Fachgruppe, Bewertung von unbebauten Grdst. i.d. Landwirtschaft, 2011, S. 97 f.

(3) Markt für Landwirtschafts- und Waldflächen

Grund und Boden ist immobil und nicht vermehrbar. Der Erwerb von Grund und Boden folgt eigenen Regeln. Auf der einen Seite liegt die Flächensicherung für die Zukunft des landwirtschaftlichen Unternehmens einer Kaufentscheidung zugrunde, andererseits ist Grund und Boden mittlerweile als eigenes »Asset« für Nicht-Landwirte im privaten wie auch im institutionellen Anlegerbereich verankert. Der Bodenmarkt gliedert sich regional stark auf und ist hinsichtlich des Bodenpreisniveaus (auch bei sonst ähnlicher Qualität) regional unterschiedlich. Zugleich besteht unterschiedliche Dynamik in der Entwicklung des Bodenmarktes in den einzelnen Regionen. Insbesondere sind unterschiedliche Preisniveaus in den östlichen und den westlichen Bundesländern festzustellen. 753

Es bestehen stark unterschiedliche Agrarstrukturen in einzelnen Bundesländern, insbesondere im Vergleich der östlichen und westlichen Bundesländer. Man kann zunächst von einem zweigeteilten Bodenmarkt in Ost- und Westdeutschland sprechen. Bei einer detaillierten Bewertung der Entwicklung zeigt sich allerdings ein sehr differenziertes Bild in sehr unterschiedlicher Hinsicht. 754

Ein ähnliches Bild ergibt sich hinsichtlich der Pachtpreise. Die Ursachen sind neben der unterschiedlichen Agrarstruktur sehr vielfältig, ein wesentlicher Punkt hierbei ist aber die Erzeugung erneuerbarer Energien, z. B. in Form von Biogas. Es besteht weiterhin ein starker Nachfragerdruck in Regionen mit guten Agrarstrukturen.

Dies spiegelt sich deutlich in den Immobilienanzeigen der Fachzeitschriften, Internetportalen, Maklerangeboten sowie der Entwicklung der Bodenrichtwerte und der Gebotsentwicklung für BVVG-Flächen[3] wider. Überwiegend sind sehr hohe Summen sowohl je ha als auch insgesamt für Käufer von Agrarland im Spiel. Insbesondere werden große Ackerflächen und große Landwirtschaftsbetriebe für Kapitalanlagen gesucht.

Der Markt für landwirtschaftliche Nutzflächen ist, je nach Region, stark zu differenzieren. Während in den typischen, durch intensive Agrarwirtschaft geprägten, Gebieten (Hildesheimer Börde, Magdeburger Börde, Erfurter Becken, weite Teile Mecklenburg-Vorpommerns, um nur einige Beispiele zu nennen) ein starker Konkurrenzkampf um Fläche besteht, gibt es Regionen, in denen Landwirtschaft aufgrund der natürlichen Verhältnisse (Kleinstflächen, Hanglagen, höher gelegene Gebiete [kurze Vegetationszeit] etc.) wenig attraktiv ist. Die Kenntnis der jeweiligen Makro- und Mikromärkte ist für eine qualifizierte Bewertung unabdingbar.

Vergleiche die Übersicht aus der Zeitung »Der Bodenmarkt« auf der nachstehenden Seite. Zu bemerken ist hier, dass teilweise in Regionen, in denen 2009 noch sinkende Preise beobachtet wurden, in den Jahren 2010 und 2011 diese wieder deutlich anstiegen (z. B. Niederbayern und Oberfranken).[942]

942 Quelle: Hyp-Zert-Fachgruppe, Bewertung von unbebauten Grdst. i.d. Landwirtschaft, 2011, S. 9f.

(4) Ausblick

755 Für gegenwärtige Prognosen hinsichtlich der Preisstabilität bzw. Preisentwicklung auf dem deutschen Bodenmarkt sind die Nahrungsmittel-, Rohstoff- und Energiemärkte von großem Einfluss, letztendlich aber auch die weitere politische Entwicklung hinsichtlich der Förderung erneuerbarer Energien.

Acker- und Grünland (aber auch Waldflächen) sind Anlagegüter, die wenig von temporären Konjunktur- und Preisgefügeschwankungen abhängig sind, die Entwicklungen sind überwiegend nachhaltig und langfristig und (fast) frei von Preisschwankungen nach unten.

Im Ergebnis ist Agrar- und Forstland als besonders nachhaltig, wertstabil und krisenunabhängig zu qualifizieren.

756 Entgegen landläufiger Meinung kommen als Käufer für land- und forstwirtschaftliche Flächen nicht nur Land- oder Forstwirte infrage. In den vergangenen Jahren haben sich land- und forstwirtschaftliche Flächen als spezielles »Anlagegut« etabliert und werden von Nicht-Landwirten als Kapitalanlage nachgefragt. Hierzu gehören neben privaten Anlegern auch Familienstiftungen, Wirtschaftsunternehmen, Energiekonzerne, die Zelluloseindustrie (die drei letzteren teils zur vertikalen Integration), Bodenfonds, Unternehmerfamilien, Agrar-Aktiengesellschaften, Biogasanlagenfonds sowie auch Banken.

Als Motive der Anlegergruppe der Nicht-Landwirte stehen die Risikostreuung und die Spekulation auf eine wertstabile, nachhaltige und inflationssichere Geldanlage im Vordergrund. Eine geringe Rolle spielt die laufende Verzinsung, die, je nach Bodenpreisniveau und Region, zwischen 0,5 und 5 % liegt. Hierbei ist zu beachten, dass die Bodenwertverzinsung aus Wald in der Regel eher niedriger ist.

757 Zur Vollständigkeit sind hier auch der Aufkauf von Flächen für Siedlungsprojekte (Landgesellschaften) und als Konversionsflächen zu nennen.

Die Verkäufer lassen sich in folgende Gruppen untergliedern:
- ganze landwirtschaftliche Betriebe:

Hierbei handelt es sich um Flächen, die zusammen mit Gebäuden, Maschinen und Inventar am Markt angeboten werden. Als Käufer treten in erster Linie Landwirte auf, die im Rahmen der Betriebsgründung oder auch Erweiterung oder im Rahmen des Erwerbs eines Zweitbetriebes zur Nutzung von Skaleneffekte als Käufer auftreten.
- in Auflösung befindliche Erbengemeinschaften,
- Erben von nicht mehr selbst bewirtschafteten Flächen, die bereits im Rahmen des Generationswechsels langjährig verpachtet sind.

Weiterhin sind die regionalen Angebots- und Nachfrageverhältnisse auf dem Markt für landwirtschaftliche Flächen zu beurteilen.

758 Der Gutachter muss daher tiefere Kenntnisse für »diesen« Teilmarkt besitzen, da speziell der Einfluss von Flächengrößen regional in Deutschland unterschiedlich ist. So

erbringen kleinere Flächen an Standorten mit vielen kleinen und mittleren Betrieben relativ gute Preise. An Standorten mit niedergelassenen Großbetrieben werden sie jedoch mit Abschlägen versehen sein. Hier werden für größere zusammenhängende Flächen unter sonst gleichen Bedingungen deutlich höhere Preise gezahlt, wie örtliche Grundstücksmarktberichte aufzeigen.

In den östlichen Bundesländern kommen zusätzlich als Verkäufergruppen hinzu:
- Eigentümer von ehemaligem Bodenreformland:

Die im Zuge der Bodenreform landlosen Bauern zugeteilten Flächen (damals in der Regel 4 bis 10 ha) wurden unter gewissen Kriterien nach der Wiedervereinigung den Bodenreform-Begünstigten eigentumsmäßig zugesprochen. Diese verkaufen die Flächen, meist im Rahmen des Generationswechsels, da nachfolgende Generationen keinen Bezug zum Boden haben.
- Landwirtschaftliche Großbetriebe, die aus Kapitalmangel im Rahmen von »sale and lease back« Verfahren gegen langfristige Rückpacht-Optionen ihr Land an nichtlandwirtschaftliche Investoren veräußern.[943]
- Zwischen 1945 und 1949 im Rahmen der SBZ-Zeit (SBZ = Sowjetische Besatzungszone) enteignetes Land, welches sich heute im Besitz der Bundesrepublik Deutschland befindet und von der BVVG im Zuge des Privatisierungsauftrages in großen wie auch in kleinen Losgrößen (0,5 bis 400 ha) veräußert wird.
- Als Nebenakteure treten die Landgesellschaften als Entwicklungsgesellschaften oder Dienstleister der Straßenbau- und Eisenbahnbau-Gesellschaften auf.

(a) Preisbildung

Die Preisbildung ist ein vielfältiges und regional unterschiedliches Gebilde. Während 759
in den westlichen Bundesländern der Bodenrichtwert die dominante Rolle zur Preisorientierung für Käufer und Verkäufer spielt, ist es in den östlichen Bundesländern die BVVG, die ihr Land über öffentliche Ausschreibungen anbietet und die Höchstgebote im Internet für jedermann einsehbar darstellt, die wertorientierend sind.

Die in der Vergangenheit gezahlten Preise dienen als Preisorientierung. Je nach Ausschreibungsverfahren und Knappheitssituation bildet sich der Preis, wie bei allen anderen knappen Gütern, über Angebot und Nachfrage.

Die Kaufpreise haben sich völlig von dem Ertragswert der Flächen entkoppelt, da nach herrschender Meinung andere Faktoren, wie Inflationsschutz, Zukunfterwartung, steuerliche Gründe (Möglichkeit, Buchgewinne zu neutralisieren), aber auch weiche Faktoren, wie Freude am Besitz land- und forstwirtschaftlicher Flächen oder jagdliche Aspekte, eine Rolle spielen.

943 Quelle: Hyp-Zert-Fachgruppe, Bewertung von unbebauten Grdst. i.d. Landwirtschaft, 2011, S. 32f.

Die Preisbildung erfolgt oft über persönliche Verhandlungen, ebenso häufig jedoch über Chiffre-Anzeigen, d. h. verdeckte Bieterverfahren.[944]

(b) Exkurs: Grundstücksverkehrsgesetz

760 Mit dem Grundstückverkehrsgesetz (GrdstVG), das in den Geschäftsverkehr mit landwirtschaftlichen Grundstücken kontrollierend eingreift, verfolgt der Gesetzgeber in Deutschland vornehmlich den Zweck der Sicherung des Fortbestandes land- und forstwirtschaftlicher Betriebe, indem die Landwirtschaft vor dem Ausverkauf ihres Bodens geschützt wird (mikroökonomischer Aspekt).

Zudem soll durch das Gesetz der Schutz von Natur und Umwelt, indem die Agrarstruktur erhalten und verbessert werden und die Sicherung der Ernährungsvorsorge der Bevölkerung (makroökonomische Aspekte) gewährleistet werden.

Nach dem Gesetz bedarf die rechtsgeschäftliche Veräußerung land- und forstwirtschaftlicher Betriebe der behördlichen Genehmigung in einem besonderen Genehmigungsverfahren (§§ 2 ff. GrdStVG). Nach dem GrdStVG bedarf die Veräußerung eines land- oder forstwirtschaftlich genutzten Grundstücks sowie die Bestellung eines Nießbrauchs an einem solchen Grundstück der Genehmigung der Landwirtschaftsbehörde (§§ 2, 8 GrdstVG). Ist eine Genehmigung nicht erforderlich, wird auf Antrag ein Negativzeugnis erteilt (§ 5 GrdstVG).

Die Genehmigungsbehörde prüft, ob der zu genehmigende Vertrag zu versagen ist. Dies ist der Fall, wenn ein deutlich über dem ortsüblichen liegender Preis (über 150 % des Marktwertes) vereinbart wurde und gleichzeitig ein (anderer) Landwirt Kaufinteresse bekundet.

Es handelt sich dabei also nicht um ein Vorkaufsrecht, bei dem ein Dritter das Recht hat, in einen Vertrag einzutreten. Der Verkäufer kann nicht zu einem Verkauf gezwungen werden, dessen Kaufpreis niedriger ist, als der ursprünglich vereinbarte Preis.

Grundstückverkehrsgesetz in der im Bundesgesetzblatt Teil III, Gliederungsnummer 7810–1, veröffentlichten bereinigten Fassung, zuletzt durch Artikel 108 des Gesetzes vom 17. Dezember 2008 (BGBl. I S. 2586) geändert.[945]

(c) Marktentwicklung landwirtschaftlicher Flächen

761 Der Markt für landwirtschaftliche Grundstücke im Westen Deutschlands ist in den vergangenen Jahrzehnten von großer Konstanz bei leicht steigenden Preisen geprägt. Es ist regional zu differenzieren, da die Bodenpreise, z. B. in Grenzertragsregionen (z. B. schlechte Bodenqualität und/oder Gebirgsgegenden) eher mit rückläufiger Tendenz zu beschreiben sind und der Markt mit besseren Böden als eher stabil und steigend zu

944 Quelle: Hyp-Zert-Fachgruppe, Bewertung von unbebauten Grdst. i.d. Landwirtschaft, 2011, S. 35 f.

945 Quelle: Hyp-Zert-Fachgruppe, Bewertung von unbebauten Grdst. i.d. Landwirtschaft, 2011, S. 36 f.

qualifizieren ist. In Hochpreisregionen (Bodenrichtwerte > 6,00 €), wie beispielsweise in Nordrhein-Westfalen, sinken die Werte geringfügig.

Der Markt ist geprägt von sehr geringen Umsätzen, bedingt durch ein geringes Angebot an Flächen. Landwirtschaftliche Grundstücke, die auf den Markt kommen, werden aufgrund eines Nachfrageüberhangs und guter Eigenkapitalausstattung der Betriebe von diesem quasi aufgesogen.

Es ist von weiterhin konstanten bis leicht steigenden Preisen mit geringem Angebot und hoher Nachfrage auszugehen.

Das Preisniveau für landwirtschaftliche Flächen in den östlichen Bundesländern ist nach wie vor deutlich niedriger als das von Flächen in den westlichen Bundesländern. In den vergangenen Jahren erfolgte jedoch eine starke Angleichung mit jährlichen Steigerungsraten von bis zu 30 %.

Da die Agrarstruktur in den östlichen Bundesländern aufgrund größerer Betriebe und größerer Flächeneinheiten tendenziell besser als die kleingliedrigere Struktur in den westlichen Bundesländern ist, wird von einer weiteren Angleichung der Bodenpreise in Richtung des Preisniveaus der westlichen Bundesländer ausgegangen.

Auch in den östlichen Bundesländern sind die Werte in den einzelnen Regionen differenziert zu beurteilen, insbesondere aufgrund stark unterschiedlicher natürlicher Bedingungen (Bodenpunkte, Niederschlagsmenge und -verteilung, aber auch die Anbieter- und Nachfragerstruktur). Während in einigen Gebieten hauptsächlich die BVVG mit größeren Losgrößen marktbestimmend auftritt, sind in ehemals klein- und mittelbäuerlichen Gegenden, vor allem Thüringen, andere, eher private und ältere Verkäufer preisbestimmend.

Hinsichtlich der Preistendenz gilt auch in diesen Gebieten das oben Gesagte.

Anders als die Entwicklung einiger anderer Märkte, wie z. B. der Aktienmarkt, zeigt 762
der Markt für landwirtschaftliche Flächen kaum oder nur geringe Reaktionen auf exogene Störungen.

Auch starke Einschnitte, wie z. B. die Finanzkrise, lassen (zumindest keinen negativen) Durchschlag auf die Preise für Agrarflächen zu.

Insgesamt wird in den westlichen wie in den östlichen Ländern einen ausgesprochen stabilen Markt für Ackerland, wobei jedoch unbedingt regional zu unterscheiden ist.

Sinngemäß gilt die gleiche Einschätzung für Waldflächen, wobei hier ebenfalls stark nach Bodengüte und Bestand zu differenzieren ist.

Ebenfalls sinngemäß sind die Verhältnisse beim Grünland ähnlich, wobei Grünland generell aufgrund durchweg schlechterer Bodenqualitäten auf niedrigerem Preisniveau gehandelt wird. In absoluten Milchvieh-Veredelungsregionen ist Grünland jedoch zum

Teil teurer (und knapper) als Ackerland und mindestens ebenso begehrt. Auch hier ist eine Einzelfalluntersuchung zwingend.[946]

(d) Datenbasis für die Bewertung

763 Auf die bereits im Buch unter Punkt ee). Rdn. 529 ff. erwähnten Unterlagen wie Grundbuchauszug, Auskunft aus dem Baulastenverzeichnis sind keine Besonderheiten bezüglich land- und forstwirtschaftlicher Grundstücke erwähnenswert. Sie sind jedoch zur Identifizierung der Grundstücke und Beurteilung der rechtlichen Verhältnisse für die Bewertung notwendig.

Wenn auch i.d.R unwahrscheinlich, können ggf. im Baulastenverzeichnis Eintragungen vorhanden sein, die zu prüfen sind.

Der **Auszug aus dem Liegenschaftskataster** mit **Flurkarte** und Liegenschaftsbuch sind zur Identifikation der Lage und der Nutzungen einzelner Flächen hilfreich.

764 Das **Liegenschaftsbuch** bildet den beschreibenden Teil des Liegenschaftskatasters. Es enthält wesentliche Angaben zur den einzelnen Flurstücken (Flurstückskennzeichen, Fläche und Lagebezeichnung/Gebäudeangaben, Eigenschafts- und Eigentümerangaben). Neben den Flurstücks- und Gebäudeangaben sowie den Hinweisen auf öffentlich-rechtliche Festsetzungen anderer Stellen (z. B. Baulast, Denkmalschutz, Natur- und Wasserschutz, Altlasten) beinhaltet das Liegenschaftsbuch die Ergebnisse der Bodenschätzung (Ackerland- bzw. Grünlandschätzung) für landwirtschaftliche Grundstücke.

Die tatsächliche Nutzung der Grundstücke kann von der im Liegenschaftsbuch dargestellten Nutzung abweichen. Die Zulässigkeit der tatsächlichen Nutzung ist zu plausibilisieren. In Zweifelsfällen ist für den Beleihungswert die geringerwertige Nutzung und damit ein konservativer Ansatz zu Grunde zu legen. Maßgeblich für die Marktwertermittlung ist die tatsächliche Nutzung der Flurstücke.

765 **Pacht- und Nutzungsverträge** dienen zum Nachweis von Pachterträgen sowie eventuellen vertraglichen Einschränkungen der Nutzung durch den Eigentümer.

Im Hinblick auf eventuelle Altlasten ist grundsätzlich eine angemessene Recherche vor Ort angezeigt. Sollten Hinweise bzw. Verdacht auf Altlasten vorliegen, ist eine Einsicht in das **Altlastenverzeichnis** zwingend.

Weitere Informationen betreffen die Nutzung, eventuelle Nutzungsbeschränkungen, die Bodenqualität, die Erschließung der Grundstücke sowie sonstige wertbeeinflussende Merkmale.

766 **Topographischen Karten** lassen Rückschlüsse auf die Geländeform/Gefälle von Grundstücken und damit einhergehende Einschränkungen in der Nutzung ableiten.

946 Quelle: Hyp-Zert-Fachgruppe, Bewertung von unbebauten Grdst. i.d. Landwirtschaft, 2011, S. 38 f.

Gegebenenfalls sind sie ein Indikator, auf dessen Grundlage eine Überprüfung der Nutzbarkeit im Rahmen einer Besichtigung erfolgen sollte.

Karten zur großräumigen Einordnung der Grundstücke lassen insbesondere im Außenbereich Flurstücke einfacher identifizieren. Hierzu ist ggf. eine großräumige Kartierung erforderlich, z. B. durch die Deutsche Grundkarte (topographische Karte 1:5000), ggf. in Verbindung mit der topographischen Karte TK 1:25000, eventuell auch mit Licht bzw. Luftbildern.

Der Auszug aus dem **Bebauungsplan** (Bauleitplanung) kann im Hinblick auf Ausgleichsflächen/Schutzgebiete Auskunft geben, inwieweit Grundstücke durch rechtliche Vorschriften und Vorgaben von Bund oder Ländern bei der Bewirtschaftung eingeschränkt werden, ist am Grundstück nicht erkennbar. Die Widmung von Grundstücken, z. B. als Naturschutzgebiet, und die hieraus resultierende Nutzungsbeschränkung ist der Satzung zu entnehmen. 767

Der im Zusammenhang mit der Bauleitplanung und der hieraus resultierenden Versiegelung von Flächen stehende Ausweis von Ausgleichsflächen, z. B. in Gestalt von Grünflächen, Biotopen etc., die einer landwirtschaftlichen Nutzung entzogen sind, sind ebenfalls in den Flächennutzungsplänen darzustellen und in den Bebauungsplänen festzusetzen. Die Ausgleichsflächen müssen nicht im räumlichen Zusammenhang mit einem Baugebiet stehen. Eine diesbezügliche Nutzungseinschränkung ist dem Eigentümer bekannt und zu entschädigen.

Aufsichtsrechtlich dient die Objektbesichtigung der Feststellung der Identität des Beleihungsobjektes, der Lagefeststellung sowie dazu, Ausstattung und Erhaltungszustand zu bestimmen. Der Gutachter hat sich bei unbebauten landwirtschaftlichen Grundstücken vor Ort über die wertbildenden Eigenschaften in angemessenem Umfang zu vergewissern.[947]

jj) Bewertungsmethoden unbebauter Grundstücke

(1) Bewertung landwirtschaftlicher Grundstücke

(a) Bewertungsrechtliche Grundlagen

In der ImmoWertV werden zur Wertermittlung von unbebauten und bebauten Grundstücken 768
- das Vergleichswertverfahren (§§ 15 und 16 ImmoWertV),
- das Ertragswertverfahren (§§ 17,18,19 und 20 ImmoWertV),
- das Sachwertverfahren (§§ 21, 22 und 23 ImmoWertV),

beschrieben. Die Wahl des Verfahrens ist entsprechend zu begründen.

947 Quelle: Hyp-Zert-Fachgruppe, Bewertung von unbebauten Grdst. i.d. Landwirtschaft, 2011, S. 15 f.

(b) Vergleichswertverfahren

769 Regelmäßig werden Werte unbebauter Grundstücke nach dem Vergleichswertverfahren ermittelt, wobei nach dem Verfahren aus vergleichbaren Marktwerten anderer Immobilien der Wert der zu bewertenden Immobilie herzuleiten ist. Dabei ist darzustellen, ob die Vergleichsgrundstücke nach Bodenqualität, Art, Struktur, Größe als vergleichbar zur Ableitung des Wertes herangezogen werden können.

Entsprechende Kenntnis der Marktdaten, Auflistungen von Transaktionen, Daten der Gutachterausschüsse sind hierbei erforderlich.

770 Weiter unterscheidet man die Bewertung im Vergleichswertverfahren im direkten und indirekten Preisvergleich.

Im **direkten Preisvergleich** liegt eine entsprechende vergleichbare Datenbasis mit den Merkmalen des Bewertungsgrundstückes vor, was jedoch in der Praxis recht selten vorkommt.

Im **indirekten Preisvergleich** sind Bewertungsgrundstück und Vergleichsgrundstück unterschiedlich in den Merkmalen und können durch sachgerechte Zu- und/oder Abschläge ausgeglichen werden. Der Vergleich führt jedoch nur zu annähernd richtigen Werten innerhalb gewisser Toleranzen.[948]

Im § 5 der ImmoWertV werden die Flächen der Land- und Forstwirtschaft als land- oder forstwirtschaftliche Nutzflächen definiert. Eine Entwicklung zu Bauland kann im Umkehrschluss zum Bauerwartungsland jedoch nicht erwartet werden. Dies kann allerdings oftmals nur über einen absehbaren Zeitraum ausgeschlossen werden.

Auch Flächen, die nur in eingeschränktem Maße einer land- und forstwirtschaftlichen Nutzung zu dienen bestimmt sind, fallen unter den § 5 ImmoWertV. Dies kann sich z. B. aus Düngebeschränkungen in Wasserschutzgebieten oder aus einer eingeschränkten forstwirtschaftlichen Nutzbarkeit, z. B. als Schutz- oder Bannwald ergeben. Entsprechendes gilt auch für Brachflächen, die durch Maßnahmen zur Reduzierung der landwirtschaftlichen Überproduktion betroffen sind.[949]

Die Begrifflichkeit »absehbarer Zeitraum« ist kein definierter Rechtsbegriff. Nach der Rechtsprechung der Finanzgerichte ist eine absehbare Zeit ein Zeitraum, für den die Entwicklung mit einer Wahrscheinlichkeit übersehen werden kann, besonders in der Richtung, dass sich der Übergang von der landwirtschaftlichen zu einer anderen Nutzung vollziehen werde. In § 69 Abs. 1 BewG wir in Übereinstimmung mit dieser Rechtsprechung ein Zeitraum von 6 Jahren als absehbar angesehen.[950]

948 Quelle: Hyp-Zert-Fachgruppe, Bewertung von unbebauten Grdst. i.d. Landwirtschaft, 2011, S. 21 f.

949 Quelle: Kleiber, Verkehrswertermittlung von Grundstücken 6. Aufl., S. 626; BR-Drucks. 352/88 S. 35 f.

950 Quelle: Kleiber, Verkehrswertermittlung von Grundstücken 6. Aufl., S. 627, u. a. RFH-Urteil vom 30.04.1931 III A 1283/30; BFH-Urteil vom 04.08.1972 III R 47/72.

In strukturschwachen, landwirtschaftlich orientierten Gebieten sind die Zeiträume, in denen eine andere Nutzung zu erwarten ist deutlich länger einzuplanen, als in den unter Siedlungsdruck stehenden Gebieten.

Der BGH hat nicht ausschließen wollen, das landwirtschaftlich genutzte Gebiete ihrer Qualität nach in die Zwischenstufe gehöre; also im weitesten Sinne als Bauland anzusehen sind, »wenn innerhalb von etwa 6 Jahren eine Bebauung nicht zu erwarten ist«.[951] Auf der anderen Seite wurde in der Rechtsprechung eine Nutzungsmöglichkeit, die erst in 30 Jahren realisiert werden soll, nicht als absehbar bezeichnet.[952]

Zur Wertermittlung im Vergleichswertverfahren können hilfsweise regionale Wertansätze nach der Flächenerwerbsverordnung herangezogen werden, die im Wesentlichen aus den Bodenrichtwerten nach § 196 BauGB hergeleitet sind. Diese weisen eine geringe Aktualität auf, da die Richtwerte aus abgeschlossenen Kaufverträgen der Gutachterausschüsse im Ein- oder Zweijahresrhythmus zurückliegend abgeleitet bzw. veröffentlicht werden.[953]

(c) Ertragswertverfahren

Zur Wertermittlung von Landwirtschaftsflächen im Ertragswertverfahren errechnet **771** sich der Ertragswert durch Kapitalisierung der Reinerträge. Diese ergeben sich aus den Roherträgen abzüglich des gewöhnlichen Aufwandes eines Wirtschaftsjahres.

Bei betriebswirtschaftlicher Betrachtungsweise (Unternehmensbewertung) werden Zins- und Pachtaufwendungen berücksichtigt. Des Weiteren wird zur Ermittlung des Reinertrages auch der Lohnansatz für den Betriebsleiter und seine mitarbeitenden nicht entlohnten Betriebsangehörigen in Abzug gebracht. Der sich daraus ergebende Reinertrag wird als Erfolgsanteil des im Betrieb eingesetzten Kapitals einschließlich des Grund und Bodens, der Gebäude, des Viehs, der Vorräte, und aller Betriebseinrichtungen (Geräte und Maschinen) angesehen.

Die Höhe der Pacht orientiert sich an dem erzielbaren Einkommen, insbesondere nach den

- grundstücksindividuellen Besonderheiten, wie Nutzungsart, (Acker bzw. Grünland, natürlicher Ertragskraft des Bodens und Lieferrechte)
- betriebsindividuellen Besonderheiten, wie Qualifikation des Betriebsleiters, Auslastung vorhandener Gebäude und Maschinen sowie deren technischer Stand und Flächenbedarf für die Dungverwertung bei Veredelungsbetrieben,
- lokalen und regionalen Gegebenheiten, wie naturräumliche und klimatische Verhältnisse, regionale Auflagen sowie regionale Ausgleichzahlungen,

951 Kleiber, Verkehrswertermittlung von Grundstücken 6. Aufl., BGH-Urteil vom 08.11.1962 III ZR 86/61.

952 Kleiber, Verkehrswertermittlung von Grundstücken 6. Aufl., BGH-Urteil vom 18.09.1986 III ZR 83/85.

953 Kleiber, Verkehrswertermittlung von Grundstücken 6. Aufl, S. 629.

- fiskalischen Faktoren, wie z. B. EU-Agrarreform, Investitionsförderung, struktur-, sozial-, steuer- und umweltpolitische Maßnahmen (Ausgleichszahlungen),
- gesamtwirtschaftlichen Verhältnissen (z. B. Arbeitslosigkeit, Investitionsneigung usw.).

Der Reinertrag ist unter Berücksichtigung gesetzlicher Vorgaben zu kapitalisieren; der kapitalisierte Reinertrag ist der Ertragswert.

Der Reziprokwert des Verzinsungssatzes stellt den Kapitalisierungsfaktor dar:

Kapitalisierungsfaktor = 100/Verzinsungssatz

Bei einer regionalen Verzinsung z. B. von 5,5% beträgt der Kapitalisierungsfaktor 18.

Bei Erbauseinandersetzungen gehen die Gerichte zur Ermittlung des Ertragswertes in Bayern z. B. vom 18-fachen, in den meisten anderen Bundesländern vom 25-fachen Jahresreinertrag aus.[954]

(d) Besondere Wertmerkmale (Lage, Größe, Bodenqualität)

772 **Lage**

Wertbestimmende Lagemerkmale sind im Allgemeinen:
- die allgemeine Lage des Grundstückes, insbesondere zum Ort,
- die bau- bzw. planungsrechtlichen Ausweisungen in der Regional- und Landesplanung, der Bauleitplanung (Bebauungs- und Flächennutzungsplan),
- Einschränkungen zur Nutzung (z. B. Naturschutzgebiet)
- langfristige fest vereinbarte Pachtverträge,
- Nutzungsart (Acker-, Grünland oder Sonderkulturen)
- Form und Größe des Areals,
- Erschließung bzw. Zuwegung,
- Oberflächengestalt (Hanglage etc.)
- Bodenwert und Bodenqualität (Bonität)
- Bodenverbesserungsmaßnahmen (z. B. Drainage),
- Klima,
- Waldnähe oder sonstige Hindernisse,
- besondere Nutzungen für Intensivkulturen,
- die allgemeine Nachfrage im sog. Innerland- und forstwirtschaftlichen Grundstücksverkehr sowie für außerland- und forstwirtschaftliche Nutzungen (Zahl der Vollerwerbsbetriebe, vergleichbares Pachtpreisniveau),
- Verbund mit Produktionsquoten (z. B. für Milch und Zuckerrüben),
- Aussicht auf eine Flurneuordnung (Flurbereinigungsverfahren),
- Schadstoffbelastungen.

954 Quelle: Kleiber, Verkehrswertermittlung von Grundstücken 6. Aufl. S.647, und Sichtermann, Das Grundstücksverkehrsgesetz 3. Aufl. 1980.

(e) Größe/Zuschnitt

Allgemein gilt im landwirtschaftlichen Bereich, auch im Hinblick auf die Mechanisierung, dass größere Grundstücke zumeist auch zu höheren Preisen gehandelt werden. 773

Einige Gutachterausschüsse ermitteln hierzu Zusammenhänge zwischen Größe, Zuschnitte und Preis und geben diese Daten in Form von Umrechnungskoeffizienten an.

Für das Land Brandenburg hat Kindler (Kindler, R. Zur Ermittlung von Bodenrichtwerten für landwirtschaftliche Flächen GUG, 2002, 263) festgestellt, dass umgekehrt nur für Flächen unter 1 ha. Größe höhere Kaufpreise erzielt werden, während darüber hinaus der Einfluss der Flächengröße unwesentlich ist sei (Oberer Gutachterausschuss, Marktbericht 2007). Bei Fläche unter 1 ha ist der Mittelwert der Flächen bei Ackerland um 75% und bei Grünland um 29% höher als bei Flächen ab 1 ha Größe.

Der Zuschnitt eines rechteckigen Grundstückes mit geraden Grenzverläufen bieten die besten Bewirtschaftungsvoraussetzungen. Nachteile bieten dreieckige Grundstücke und Grenzversprünge.

Wertminderungen, die sich aus einer ungünstigen Grundstücksform ergeben lassen sich aus den zusätzlichen Bewirtschaftungskosten, wie z. B. Arbeitszeitverluste, Maschinenkosten, Saatverluste, Düngeverluste im Randstreifen ermitteln. Die kapitalisierten zusätzlichen Bewirtschaftungskosten können Minderwerte von 0,5 bis 1,5 €/m^2 ausmachen und bei kleinen Flächen sogar den Restwert übersteigen.

Auch die Geländeneigung wirkt sich wertmindernd aus.[955]

(f) Bodenqualität

Bodenpunkte, Ackerzahl, Grünlandzahl 774

Für die Bewertung von Ackerflächen spielt die Güte des Bodens eine wichtige Rolle. In der Reichsbodenschätzung von 1933 wurden allen landwirtschaftlichen Nutzflächen Relativwerte (Bodenpunkte) zwischen 0 und 100 zugewiesen, wobei 0 die schlechteste und 100 die beste Güte darstellt. Je besser die Bodenqualität ist, desto größer ist die Stabilität der Erträge.

Die Schätzung des Ackerlandes erfolgt des Ackerschätzungsrahmens durch kombinierte Bewertung von Bodenart, Zustandsstufe (Bodenentwicklung) und Ausgangsgestein der Böden. Das Ergebnis, die Bodenzahl, drückt Reinertragsunterschiede aus, die bei üblicher und ordnungsgemäßer Bewirtschaftung nur durch den Ertragsfaktor Boden bedingt sind.

Durch Zu- und Abschläge erhält man die Ackerzahl.

Die Schätzung des Grünlandes erfolgt anhand des Grünlandschätzungsrahmens durch eine kombinierte Bewertung der Ertragsfaktoren Bodenart, Bodenzustand,

955 Quelle: Kleiber, Verkehrswertermittlung von Grundstücken 6. Aufl. S. 630 f.

Wasserverhältnisse und Klima. Das Ergebnis, die Grünlandgrundzahl, drückt ebenfalls Reinertragsunterschiede aus. Zusätzlich berücksichtigt werden örtliche Besonderheiten der Geländegestalt sowie Versumpfung, Nassstellen oder Druckwasser, die sich ertragssenkend oder qualitätsmindernd auswirken; sie führen durch Abschläge von der Grünlandgrundzahl zur Grünlandzahl.

Grundsätzlich gilt, dass die Abweichungen zwischen Bodenzahl und Ackerzahl sowie zwischen Grundlandzahl und Grünlandzahl gegenüber der in mittelmaßstäbigen Bodenkarten ausgewiesenen Spannen der Bodenwertzahlen vernachlässigbar sind.

Mit wie vielen Bodenpunkten die zu bewertende Fläche eingestuft ist, kann dem Auszug aus dem Liegenschaftskataster entnommen werden. Für Grünland wird eine Grünlandgrundzahl und für Ackerland eine Ackerzahl ausgewiesen.

Böden mit weniger als 30 Bodenpunkten gelten als landwirtschaftlich sehr eingeschränkt nutzbar.

Mittlere Ackerflächen haben 30 bis 50 Bodenpunkte, gute Ackerflächen 50 bis 60 und sehr gute über 60 Punkte. Die besten Böden mit über 85 Bodenpunkten sind vor allem in sogenannten Börden (z. B. Hildesheimer Börde, Magdeburger Börde und Soester Börde) zu finden.

In der Praxis sind auch Flächen mit bis zu 108 Punkten anzutreffen. Bei Böden mittlerer bis guter Qualität (ca. 30 bis 70 Punkte) hat die Qualitätsbewertung erfahrungsgemäß einen höheren Einfluss auf den Preis als bei sehr guter Qualität.

Hier spielen jedoch regionale Unterschiede eine große Rolle. Die Bodenrichtwerte sollten mit Bezug auf spezielle Bodenqualitäten angegeben werden. Ist dies nicht der Fall, handelt es sich zumeist um regional übliche Bodenqualität bzw. -punkte. Im Rahmen der Bewertung ist zu hinterfragen, auf welche Bodenqualität sich der angegebene Richtwert bezieht und ob die zu bewertende Bodenqualität stark vom regionalen Standard abweicht.

Die Höhe der Zu- und Abschläge für abweichende Bodenqualität kann eventuell aus dem jeweiligen Grundstücksmarktbericht des Gutachterausschusses entnommen und abgeleitet werden.

Zu- und Abschlagskoeffizienten werden oft nicht nur in Abhängigkeit der Bodenqualität, sondern auch aufgrund der Größe der Ackerfläche angegeben. Informationen zu der regionalen Bodenqualität können unter anderem bei der jeweiligen Landwirtschaftskammer oder dem zuständigen Gutachterausschuss eingeholt werden.

In Regionen mit hoher Nutztierdichte und in Randzonen von Ballungsgebieten werden Flächen aber auch weitgehend unabhängig von den Bodenpunkten gehandelt, da sie als Basis, z. B. für Vieheinheiten, unabhängig von der Bodenqualität herangezogen werden. Auch ein hoher Re-Investitionsdruck oder eine hohe Dichte an Biogasanlagen lassen Preise in allen Güteklassen steigen.

Das Finanzamt legt die Ertragsmesszahl (EMZ) für den Steuerbescheid zu Grunde. Bei der EMZ handelt es sich um einen theoretischen Wert, der wie folgt ermittelt wird:

Fläche in Ar (100 m^2) Ackerzahl für die Bewertungsfläche = EMZ

Es ergibt sich also theoretisch für eine 5.000 m^2 große Fläche mit der Ackerzahl 40 die gleiche Ertragsmesszahl wie für eine 10.000 m^2 große Fläche mit der Ackerzahl 20.[956]

Die **Ertragsmesszahl (EMZ)** definiert sich als Produkt der Fläche in Ar und der Acker- und Grundlandzahl (§ 9 Abs. 1 Satz 2 BodSchätzG) und beschreibt die natürliche Ertragsfähigkeit dieser Fläche in Abhängigkeit von der zu wertenden Fläche. Bestehen innerhalb einer Fläche mehrere Teilflächen unterschiedlicher Acker und Grünlandzahlen (Wertzahlen), so bildet die Summe der Produkte der einzelnen Flächen in Ar und der jeweiligen Wertzahl die Ertragsmesszahl der Gesamtfläche (Bonität).

Die Ertragsmesszahl ist im Liegenschaftsbuch angegeben.

Die EMZ definiert sich als die in Quadratmetern angegebene Größe einer Bodenfläche höchster Ertragsfähigkeit (mit der Wertzahl 100), die in Bezug auf den Reinertrag der Fläche gleichwertig mit der jeweiligen Fläche ist.

► Beispiel: 775

Größe der Fläche:	1.400 m ^{2}
Ackerzahl der Fläche:	65
EMZ = 1.400 m ^{2} x 65/100 =	910 m ^{2}

Das bedeutet, die 1.400 m ^{2} große Bodenfläche mit der Wertzahl 65 entspricht einer 910 m ^{2} großen Bodenfläche mit der Wertzahl 100.

Ist aus Vergleichsuntersuchungen der Durchschnittspreis in €/EMZ oder in €/m ^{2} Acker- oder Grünlandzahl bekannt, kann daraus der Verkehrswert abgeleitet werden. Das Preisniveau von Ackerflächen schwankt in erheblichem Maße, sodass durchschnittliche Preise einer Region wenig Aussagekraft haben.

► Beispiel 1:

EMZ (Ertragsmesszahl) des Grundstückes	910 m ^{2}
Durchschnittspreis je EMZ (von 1m ^{2})	0,75 €/m ^{2} EMZ
Grundstücksgröße	1.400 m ^{2}

Vergleichswert: 910 m ^{2} x 0,75 €/m ^{2} = 682,50 €.

Oder per m ^{2} : 682,50 €/1.400 m ^{2} = 0,49 €/m ^{2} = gerundet 0,50 €/m ^{2} .

Beispiel 2:

956 Quelle: Hyp-Zert-Fachgruppe, Bewertung von unbebauten Grdst. i.d. Landwirtschaft, 2011, S. 24 f.

Ackerzahl (AZ) der Fläche	65
Durchschnittspreis je AZ	0,0076 €/m^2
Grundstücksgröße	1.400 m^2

Vergleichswert: 0,0076 €/m^2 x 65 = 0,50 €/m^2 AZ

1.400 m^2 x 0,50 €/m^2 AZ = 700 €.

Im Beispiel 1 erhält man direkt den Gesamtwert des Grundstückes, im Beispiel B zunächst den auf den m^2 Grundstücksfläche bezogenen Bodenwert, der zunächst vielleicht anschaulicher ist.

Manche Gutachterausschüsse ermitteln zur Anpassung der Bodenrichtwerte an Bodenqualität und Größe Zusammenhänge in Form von Umrechnungstabellen, die in den veröffentlichen Grundstücksmarktberichten zu finden sind.

Weitere Quellen für Vergleichswerte erhält man mitunter bei den gemeinnützigen Landgesellschaften[957] oder den regionalen Landwirtschaftskammern (nördliche und westliche Bundesländer) bzw. den Landwirtschaftsämtern (süd- und ostdeutsche Bundesländer). Zudem geben statistische Landesämter sowie das Bundesamt für Statistik Auskünfte z. T. auch über deren Onlineportale.

Ebenso helfen Fachmakler für land- und forstwirtschaftliche Flächen oder auch eigene Kaufpreisstatistiken weiter.[958]

(2) Bewertung forstwirtschaftlicher Grundstücke (Wald)

776 Die ImmoWertV beschreibt Wald im § 5 über den Entwicklungszustand »Flächen der Land- und Forstwirtschaft« als Flächen, die ohne Bauerwartung ausschließlich land- und forstwirtschaftlich nutzbar sind.

Wald i. S. des BWaldG, § 2 ist jede mit Forstpflanzen bestockte Grundfläche. Als Wald gelten auch kahlgeschlagene und verlichtete Grundflächen, Waldwege, Waldeinteilungs- und Sicherungsstreifen, Waldblößen und Lichtungen, Waldwiesen, Wildäsungsplätze, Holzlagerplätze sowie weiter mit dem Wald verbundene und ihm dienende Flächen.

In der Flur oder im bebauten Gebiet gelegene kleinere Flächen, die mit einzelnen Baumgruppen, Baumreihen, oder mit Hecken bestockt sind oder als Baumschulen verwendet werden, sind nicht Wald im Sinne dieses Gesetzes.

Für die Qualifizierung einer Fläche als Wald kommt es nach der Rechtsprechung allein auf die tatsächlichen Verhältnisse an. Dabei sei es unerheblich, wie die Bestockung der Fläche Forstpflanzen entstanden ist. Eine unbebaute Fläche, auf der sich im Wege ungestörter natürlicher Sukzession Forstpflanzen ansiedeln, kann auch dann zu einem

957 www.landgesellschaften.de.

958 Quelle: Kleiber, Verkehrswertermittlung von Grundstücken 6. Aufl. S. 641 f.

Wald im Rechtssinne heranwachsen, wenn sie in einem Bebauungsplan als Wohngebiet ausgewiesen ist.[959]

Grundsätze und Hinweise enthalten auch die Waldwertermittlungsrichtlinien 2000 WaldR 2000. Danach setzt sich der Waldwert aus
- einem Anteil für den Boden und
- dem Holzbestand

zusammen (vgl. auch Waldbewertungsrichtlinien (WBR) des Landes Niedersachsen vom 01.09.1986 20 A 460/84.

Von besonderer Bedeutung ist die vorherige Genehmigung der Forstbehörden im Fall einer Umwandlung des Waldes (Rodung oder Überführung in eine andere Nutzungsart). Bei der Wertermittlung muss insofern geprüft werden ob nachteilige Wirkungen nicht ausgeglichen werden können und ob und in welcher Höhe ggf. Ausgleichsmaßnahmen bzw. die Zahlung einer Walderhaltungsabgabe verlangt werden kann.

(a) Waldboden bzw. Waldbodenwert

Der Wert des Waldbodens wir nach Nr. 5 WaldR und in Zusammenhang mit dem § 194 BauGB durch den Preis bestimmt, der am Wertermittlungsstichtag im gewöhnlichen Grundstücksverkehr ohne Rücksicht auf ungewöhnliche oder persönliche Verhältnisse für Waldboden erzielt worden wäre. 777

Demnach ist der Waldbodenverkehrswert (Bodenanteil) grundsätzlich nach Vergleichspreisen von abgewickelten Verkäufen und vergleichbaren Waldflächen abzuleiten.

Eine Vergleichbarkeit sollte insbesondere nach folgenden Kriterien gegeben sein:
- Lage,
- Funktion,
- Größe,
- Flächengestalt (Arrondierungsgrad),
- Erschließungszustand,
- Bodenbeschaffenheit,
- Ertragsfähigkeit,
- Art und Maß der tatsächlichen und rechtlichen Nutzung (Nr. 5.1 WaldR 2000).

Zu unbewaldeten Wald-Grundstücken liegen i.d.R keine Vergleichspreise vor, da Wald eine Einheit zwischen Wald und eigentlichem Boden darstellt und gehandelt wird. Nur hilfsweise können landwirtschaftliche Vergleichspreise herbeigezogen werden.[960]

Regional können durchschnittliche Verhältnisse des mittleren Waldbodenpreises zum mittleren landwirtschaftlichen Bodenpreis für Ackerflächen geschätzt bzw. ermittelt werden.

959 Kleiber, 2010, BVerwG Beschl. V. 14.5.1986 4 B 76/85.

960 Quelle: Kleiber, Verkehrswertermittlung von Grundstücken 6. Aufl., S. 648 f.

Abhängig vom landwirtschaftlichen Bodenwertniveau liegt das Verhältnis bei 30 – 50% des Niveaus der Ackerlandpreise von bis zu 1,- €/m². Bei Ackerlandpreisen von 1,- € bis zu 3,- € m² liegt das Verhältnis zwischen 20 und 30%. Bei durchschnittlichen Ackerwerten über 3,- €/m² sinkt das Verhältnis meist auf 10 bis 25% ab.[961]

In der WaldR wird ein Verhältnis von 45% angegeben, allerdings auf der Basis eines einzelnen Beispielfalls und ist insofern nicht ohne weitere Prüfung abzuleiten.

Sofern die ermittelten Vergleichspreise und Kaufpreissammlungen auch bei Prüfung ergänzender Informationen keinen hinreichenden Aufschluss über die im gewöhnlichen Geschäftsverkehr gezahlten Preise gibt, kommt eine Wertermittlung nach den Waldbewertungsrichtlinien des Bundes (WaldR) oder nach den Richtlinien des Landes (z. B. WB 95 von Sachsen-Anhalt) in Betracht.

Als vergleichbar können Preise abgeleitet werden, die hinsichtlich
- Gemeindegröße und Bevölkerungsdichte und
- Ertragsfähigkeit ihrer landwirtschaftlichen Flächen (orientiert an der Ertragsmesszahl EMZ)
- vergleichbar sind.

778 ▶ **Beispiel:**

örtlich maßgebender ladwirtschaftlicher Bodenwert: 9.000,- €/ha

Verhältnis der Waldbodenpreise zu den landwirtschaftlichen Bodenpreisen in vergleichbaren Gebieten 45: 100.

Der Waldbodenwert beträgt: 9.000,- €/ha x 45/100 = 4.050,- €/ha.

Der Grundstückswert per m² steigt im Hinblick auf die forstwirtschaftliche Nutzung nach allgemeiner Auffassung wie bei landwirtschaftliche genutzten Flächen auch bei forstwirtschaftlich genutzten Flächen mit zunehmender Grundstücksgröße an.

Hierzu gibt es jedoch auch abweichende Einschätzungen z. B. des Gutachterausschusses Bergisch Gladbach in seinem Grundstücksmarktbericht aus dem Jahre 2009.

Nach Ergebnissen des oberen Gutachterausschusses im Land Brandenburg wurde folgende Abhängigkeit des Bodenpreises (y) von der Flächengröße (x) bei Flächen bis zu 25 ha festgestellt:

Laubholz- und Mischwaldbestand:	y = 8,- € – 0,5 + 0,2087
Nadelholzbestand:	y = 0,004 + 0,204[1]

1 Quelle: Kleiber, Verkehrswertermittlung von Grundstücken 6. Aufl. S. 649 f.

Durch die Ertragsmesszahlen (EMZ), Bodenmesszahlen bzw. Ackerzahlen (AZ) wird die Ertragsfähigkeit landwirtschaftlich genutzter Grundstücke ausgedrückt und gibt

961 Quelle: Hyp-Zert-Fachgruppe, Bewertung von unbebauten Grdst. i.d. Landwirtschaft, 2011, S. 74 f.

Aufschluss über Bodengüte einer Gemarkung. Die Vergleichspreise für Ackerland können auch als €/AZ (15.000,- €/ha bei AZ 60 entspricht so 250 €/AZ) dargestellt werden.

Die Ertragsfähigkeit von Waldboden ist vom jeweiligen Standort abhängig, der in der sogenannten Stamm-Standortgruppe zum Ausdruck kommt. Dieser wird jeweils eine Fruchtbarkeitskennziffer bzw. eine vergleichbare Ackerzahl zugeordnet.

Stamm-Standortgruppen finden Ausdruck in Lageeinstufungen wie z. B. T = Tiefland, U = unteres Bergland, M = mittlere Lagen, H = Hochlagen und K = Kammlagen.[962]

(b) Erholungswälder

Erholungswälder sind Waldflächen, die wegen einer auffallenden Inanspruchnahme durch Erholungssuchende eine besondere Bedeutung für die Erholung der Bevölkerung haben bzw. die deshalb aufgrund eines förmlichen Ausweisungsverfahrens nach Landeswaldgesetz durch die Forstbehörde zu »Erholungswald« erklärt worden sind. 779

Die Grundlage für die Ausweisung von gesetzlichem Erholungswald ist § 33LWaldG. Nach § 33 LWaldG können Wälder förmlich zu Erholungswald erklärt werden, wenn es das Wohl der Allgemeinheit erfordert, Waldflächen für Zwecke der Erholung zu schützen, zu pflegen oder zu gestalten. Infrage kommen dabei Wälder in dicht besiedelten Räumen (Verdichtungsräume), in der Nähe von Städten und größeren Siedlungen, Heilbädern, Kur- und Erholungsorten sowie in Erholungsräumen. Die Erklärung oder Verordnung von Erholungswald nach dem jeweiligen Landeswaldgesetz kann beauflagt werden. Dies können beispielsweise insbesondere Auflagen zur Waldbewirtschaftung, zu Beschränkungen der Jagd, zur Ausstattung mit Erholungseinrichtungen sowie Auflagen zum Verhalten der Waldbesucher sein.

(geoportal B.-W., 13.01.14)

Zu Naherholungsfunktion des Waldes gehört auch eine Nutzung im privaten Bereich. Nach einer Entscheidung des BGH vom 14.03.1968 III ZR 200/65 kann die Lage eines Waldgrundstückes in der Nähe einer guten Straße, das zum Abstellen von Wohnwagen an Wochenenden dient, den Wert so erhöhen, dass dem Wert von landwirtschaftlichen Grundstücken selbst dann gleichkommt, wenn es in einem Landschaftsschutzgebiet liegt.[963]

962 Quelle: Hyp-Zert-Fachgruppe, Bewertung von unbebauten Grdst. i.d. Landwirtschaft, 2011, S. 74 f.

963 Quelle: Kleiber, Verkehrswertermittlung von Grundstücken 6. Aufl. S. 652.

(c) Waldbestand

780 Es gibt verschiedene Methoden bei der Bewertung der Waldbestände. Die jeweiligen ausgewählten Methoden sollten jedoch angemessen mit den Gegebenheiten des Grundstückmarktes für Waldflächen abgestimmt sein.

Folgende Methoden kommen in Betracht:

1. haben Waldbestände die Umtriebszeit bereits überschritten bzw. erreicht, ist als Bestandswert der Abtriebswert (holzkostenfreier Abtriebserlös) zu ermitteln,

2. Jüngere Waldbestände sind nach dem Bestandserwartungswert auf der Basis der Alterswertfaktoren zu ermitteln. Diese Wertermittlung basiert auf degressiven und linearen Funktionen von der Fertigstellung der Kultur bis zum Erreichen der Umtriebszeit. Das Verfahren wird auch mitunter »Blume« genannt.

3. es werden die anfallenden Herstellungskosten ableitend vom Sachwertverfahren für Kulturen und Jungwüchse bis zum Zeitpunkt der Wertermittlung bewertet,

4. Bei größeren Waldeinheiten bzw. Forstbetrieben werden nach dem Ertragswertverfahren die Erträge aus Holzverkauf, Jagdwirtschaft und Nebennutzungen bewertet.[964]

Die Waldbestandsbewertung wird jedoch maßgeblich durch die Holzpreise, die marktgängig sind, bestimmt.

Zur Berücksichtigung des Holzbestandes ist der maßgebliche Entwicklungszustand der Waldfläche bedeutsam. Grundsätzlich ist der Ertragswert des Aufwuchses im Fall einer Enteignung des Grundstückes nicht gesondert zu entschädigen, wenn das Grundstück als baureifes Land eingestuft wurde, weil der Verkehrswert dann durch die bauliche und nicht durch die forstwirtschaftliche Nutzbarkeit bestimmt wird. Wenn jedoch der Bewuchs zusätzlich verwertet werden, so schließt dies infolgedessen nicht aus, »dass der Grundstückseigentümer aus forstlichem Gelände den Nutzen zieht, auf den es nach seiner bisherigen und gegenwärtigen ... Bewirtschaftsform angelegt ist. Die Erwartung einer baulichen Nutzung und der Hiebreife können nämlich nebeneinander bestehen.« Die zur Erzielung des Nutzens erforderlichen Aufwendungen müssen allerdings berücksichtigt bleiben.[965]

781 Die Verkehrswertermittlung der Waldbestände wird unterschieden nach:
- dem Altersklassenwald,
- dem Plenterwald,
- dem Mittelwald,
- dem Niederwald,
- dem Bauernwald.

964 Quelle: Hyp-Zert-Fachgruppe, Bewertung von unbebauten Grdst. i.d. Landwirtschaft, 2011, S. 75 f.

965 Quelle: Kleiber, Verkehrswertermittlung von Grundstücken 6. Aufl. S. 652 f.; BGH Urt. vom 28.04.1969 III ZR 189/66.

Altersklassenwald ist der Wald, der die Umtriebszeit überschritten bzw. erreicht hat. (Kleiber Verkehrswertermittlung von Grundstücken 6. Aufl. S. 653 f.)

Der **Plenterwald** als eine spezielle Form des Dauerwaldes und damit zugleich auch des Hochwaldes ist charakterisiert durch räumlich eng verzahnte Waldentwicklungsphasen und stets mögliche Holznutzungen in kurzen Zeitintervallen und auf kleinster Fläche. Der Struktur- und häufig auch Artenreichtum des Plenterwaldes ergibt sich jedoch ausschließlich aus der Holznutzung (einzelbaumweise bis kleinflächige Baumentnahme), also ohne die Notwendigkeit von Pflanzungen oder Saaten. Diese »Plenterung« wirkt sich auf das benachbarte Neben- und Untereinander aus und erzeugt so Interaktionen zur ankommenden Waldverjüngung, zum Holzzuwachs und zuletzt zu künftigen Erntemöglichkeiten. Plenterwälder sind durch eine besondere Stammzahlverteilung (»Plenterwaldkurve«) geprägt, die davon ausgeht, dass schwache Bäume besonders häufig vorkommen.[966]

Der Begriff »**Mischwald**« ist weder im Allgemeinen noch im forstfachlichen Sprachgebrauch einheitlich bestimmt. Die Bundeswaldinventur definiert Mischwald wie folgt: Es kommen Bäume aus mindestens zwei botanischen Gattungen vor, wobei jede mindestens 10 % Flächenanteil hat. Somit sind auch Buchenwald mit Eiche oder Fichtenwald mit Tanne Mischwald. Mischungen botanischer Arten derselben Gattung wie zum Beispiel von Stieleiche und Traubeneiche sind hingegen kein Mischwald. Bei der Unterscheidung nach Laubwald und Nadelwald gilt Laubwald als gemischt bei einer 10%igen Nadelbaum-Beimischung bzw. umgekehrt.[967]

Niederwald ist seit der Jungsteinzeit übliche Form der Forstwirtschaft, die den leistungsfähigeren Systemen des Hochwaldes und des Mittelwaldes gegenübersteht. Es handelt sich um eine bäuerliche (Brennholz) oder vorindustrielle Nutzungsweise (Gerbrinde). Die Bäume werden alle zwei bis drei Jahrzehnte zur Holzgewinnung geschlagen und erreichen so nie ihr volle Größe (Abb.). Die Erneuerung des Niederwaldes erfolgt dabei durch Stockausschläge. Da diese Nutzungsweise v. a. von Nadelhölzern (Nadelwald) nicht vertragen wird, findet dabei eine allmähliche Auslese statt, hin zu niedrigen buschartigen Bäumen wie Erlen, Hainbuchen und Eichen. Heute findet man Niederwälder noch an den Steilhängen des Mosel- und Rheintales.[968]

Bauernwald ist eine in Bauernbesitz befindliche Waldgröße bis 200 ha, der mit einem landwirtschaftlichen Betriebsteil zusammen als ein Betrieb durch den Betriebsinhaber und seinen Familienangehörigen bewirtschaftet wird. Dem bäuerlichen Waldbesitz wurde historisch eine Ausgleichsfunktion für ungünstige landwirtschaftliche Standorts- und Produktionsbedingungen zugewiesen. Waldbesitz sollte über seine verschiedenen Nutzungsmöglichkeiten neben der Holznutzung auch Waldweide oder zeitweiliges Ackerland das Überleben von landwirtschaftlichen Betrieben in den Mittelgebirgslagen des Landes sichern. Es handelt sich um wildwachsende Flächen mit

966 Waldbesitzerportal 14.01.2015, 13:00 Uhr.
967 Bundeswaldinventur.de, 14.01.2015, 13:00 Uhr.
968 Www.geodz.com, 14.01.15, 14:15 Uhr.

Stockausschlag. Stockausschlag stellt die natürliche Verjüngung durch die Fähigkeit manchen Laubbaumarten (z. B. Eiche, Buche und Linde) sowie weniger Nadelbaumarten zur vegetativen Vermehrung, insbesondere durch Ausschlagung der sogenannten schlafenden Augen des Stockes, z. B. nach einer Winterfällung, dar.[969]

(d) Altersklassenwald – Abtriebswert

782 Der Abtriebswert des Waldbestandes entspricht dem Marktpreis, der beim Verkauf des gefällten und aufgearbeiteten Holzes nach Abzug der Holzerntekosten erzielbar wäre (erntekostenfreier Holzerlös). Dieser ermittelt sich auf der Basis durchschnittlich sortimentsspezifischer Holzerlöse und Holzerntekosten der letzten Jahre mit Rücksicht auf die örtlichen Verhältnisse. Der Abtriebswert stellt zudem einen Zerschlagungs- oder Liquidationswert dar.

Bei der Ermittlung des Abtriebswertes ist folgendermaßen zu verfahren:

Der Holzvorrat ist nach Handelsklassen zu sortieren. Weicht die Aushaltungsgrenze von der nach Nr. 4.3 Abs. 3 WaldR 2000 zu Grunde gelegten Grenze ab, ist der Vorrat im Bereich der betroffenen Sortimente entsprechend zu korrigieren.

Die Waldbestände sind nach ihrem tatsächlichen Zustand nach der gegendüblichen Sortierung oder im Anhalt an Sortenertragstafeln einzuschätzen. Besondere Gütemerkmale sind zu berücksichtigen.

Die Sortenanteile sind mit den in der jeweiligen Gegend nachhaltig erzielbaren Bruttoholzpreisen (Nettoholzpreis + Umsatzsteuer) zu ermitteln. Der Forstabsatzfondbeitrag wird nicht abgezogen. Bei der Ermittlung der nachhaltigen Holzpreise ist von den in größeren Forstverwaltungen im Durchschnitt mehrerer, dem Wertermittlungsstichtag vorangegangener Forstwirtschaftsjahre erzielten Holzpreisen auszugehen. Weiter zu berücksichtigen sind zudem die allgemeine Entwicklung der Holzpreise und die besonderen gegendüblichen Verhältnisse.

Auf Grundlage des ermittelten Holzvorrates, seiner Sortierung und der nachhaltigen Holzpreise ist der Bruttoverkaufserlös des Waldbestandes zu ermitteln.

Holzerntekosten sind die zum Stichtag der Wertermittlung in der jeweiligen Gegend üblichen Kosten, wie z. B. die Kosten des Holzeinschlages unter Berücksichtigung der besonderen Hiebs- und Arbeitsbedingungen, die Kosten der Holzvermessung, der Holzbringung und die anteiligen Lohnnebenkosten. Soweit in der jeweiligen Gegend bei der Holzernte Unternehmereinsatz notwendig wird, ist auch die dabei anfallende Umsatzsteuer einzurechnen.

969 Quelle: Kleiber, Verkehrswertermittlung von Grundstücken 6. Aufl. S. 657.

(e) Wald-Bestandswert – Alterswertfaktorverfahren

Der Bestandswert für ist nach der sog. Blume`schen Formel zu ermitteln:[970] 783

Bestandsabtriebswert im Alter A(u)./. Kulturkosten x Alterswertfaktor + Kulturkosten x Bestockungsfaktor = Bestandswert [971]

Der **Bestandsabtriebswert im Alter** A(u) ist die Differenz zwischen dem Bruttoverkaufserlös für das im Alter gefällte und aufbereitete Holz eines Waldbestandes (Nr. 6.5.1 WaldR 2000) und den dabei anfallenden Holzerntekosten.

Die **Umtriebszeit** u ist nach der gegendüblichen Umtriebszeit bzw. nach dem Betriebswerk bzw. Betriebsgutachten anzusetzen.

Der **Bestockungsfaktor** berücksichtigt in der Formel, dass Regenerationsfähigkeit und Lichtungszuwachs sowie eine von der angewendeten Ertragstafel abweichende waldbauliche Zielbestockung des Bestandes angemessen berücksichtigt werden kann.[972]

Die **Kulturkosten** sind über die Anzahl der Pflanzen und den üblichen Preisen zzgl. Pflanzkosten, Kosten für die Bodenvorarbeiten und Kulturpflegekosten zu kalkulieren. Für gefährdete Baumarten darf der Kostenansatz für den Wildverbissschutz nicht vergessen werden. Hierbei sollten sich für einfache Nadelholzpflanzungen Beträge zwischen 1.500 und 2.500 €/ha ergeben. Die Kosten für Laubholzpflanzungen sollten zwischen 2.000 und 5.000 €/ha betragen. Für solche Baumarten wie Rotbuche oder Fichte/Tanne kann auch eine Naturverjüngung unterstellt und mit deutlich geringeren Beträgen kalkuliert werden.

Die **Alterswertfaktoren** sind in jeder Waldbewertungsrichtlinie der Länder enthalten. Die aktuellen Richtlinien von Sachsen und Niedersachsen lassen sich inklusive der Tabellen mit dem Alterswertfaktoren (für die jeweilige Baumart, Ertragsklasse und Umtriebszeit) von den jeweiligen Internetseiten der Landesforstverwaltungen[973] herunterladen.[974]

(f) Waldrentierungswert

Der Waldrentierungswert wird häufig als Wertuntergrenze bezeichnet.[975] Es handelt 784
sich hierbei um eine Art Ertragswert im Sinne der Bodenreinertragslehre, vorwiegend

970 Quelle: Kleiber, Verkehrswertermittlung von Grundstücken 6. Aufl. S. 653 f.

971 Quelle: Hyp-Zert-Fachgruppe, Bewertung von unbebauten Grdst. i.d. Landwirtschaft, 2011, S. 77.

972 Quelle: Kleiber, Verkehrswertermittlung von Grundstücken 6. Aufl. S., 654 f.

973 Www.landesforsten.de oder www.smul.sachsen.de.

974 Quelle: Hyp-Zert-Fachgruppe, Bewertung von unbebauten Grdst. i.d. Landwirtschaft, 2011 S. 77.

975 Armin Offer in: »Forst und Holz« 64 Heft 10, 2009.

für Flächen ab ca. 50 ha. Die verschiedenen in der Literatur beschriebenen Verfahren sind keine normierten Verfahren.[976]

Die Waldpreisanalyse WAGNER und Gutachtererfahrungen zeigen jedoch, dass der Marktwert von Waldflächen aller Größenklassen in der Regel deutlich darüber liegt.[977] Aus diesem Grund wird auf die Methodik hier nicht näher eingegangen.[978]

c) Mobilienbewertung

aa) Einleitung

785 In vorläufigen Insolvenzverfahren ist es notwendig, ein Verzeichnis aller einzelnen Gegenstände der Insolvenzmasse (§ 151 InsO) aufzustellen und dessen Einzelwerte unter differenzierten Betrachtungsweisen darzustellen. Das so entstandene Masseverzeichnis bildet zusammen mit dem Gläubigerverzeichnis (§ 152 InsO) die Grundlage für eine aussagefähige Vermögensübersicht des Schuldners.

Dieses Kapitel befasst sich mit der Behandlung und der Erstellung von qualifizierten Bewertungen von beweglichem Sachanlagevermögen, von Roh-, Hilfs- und Betriebsstoffen, immateriellen Vermögenswerten sowie von Umlaufvermögen bei Einzelunternehmen und Kapitalgesellschaften. Ferner werden Positionen anderer Verfahrensbeteiligter, insb. der Aus- und Absonderungsberechtigten, analysiert.

Ein durch den vorläufigen Insolvenzverwalter bzw. Gutachter beauftragter, externer Sachverständiger schafft messbare, neutrale Werte zur Transparenz der Vermögenslage zum Vorteil aller Beteiligten.

bb) Funktion des Mobilien-Wertgutachtens

(1) Bedeutung für den (vorläufigen) Insolvenzverwalter/Gutachter

786 Sind keine Vermögensgegenstände wie z. B. Immobilien, Finanzanlagevermögen, Forderungen oder Anfechtungstatbestände in ausreichender Höhe vorhanden, dient das Mobilien-Wertgutachten dem vorläufigen Insolvenzverwalter/Gutachter auch dazu, festzustellen, ob eine die Kosten des Verfahrens deckende Masse vorhanden ist. Es dient im Insolvenzantragsverfahren aber auch mit als Entscheidungsgrundlage bzw. Wertfindung für mögliche Fortführungsverhandlungen.

Eine mit der Erstellung des Mobilien-Wertgutachtens einhergehende Inventarisierung aller Sachanlagegüter sowie des Umlaufvermögens erfüllt darüber hinaus eine wichtige Aufgabe zur Sicherung dieser Vermögenswerte.

---

976 Quelle: Hyp-Zert-Fachgruppe, Bewertung von unbebauten Grdst. i.d. Landwirtschaft, 2011, S 77.

977 Armin Offer in: »Forst und Holz« 64 Heft 10, 2009.

978 Quelle: Hyp-Zert-Fachgruppe, Bewertung von unbebauten Grdst. i.d. Landwirtschaft, 2011, S. 77.

Hilfreich für erste, wichtige Entscheidungen des vorläufigen Insolvenzverwalters/Gutachters ist die Feststellung eines überschlägigen Grobwertes. Dieser überschlägige Wert wird bei einer ersten Betriebsbegehung (einschließlich Zweigbetriebe, Betriebsteile, Baustellen etc.) festgestellt und resultiert aus der Erfahrung des Betrachters der in Augenschein genommenen Sachanlagegüter. Die Zuhilfenahme eines möglichst aktuellen Anlagenspiegels aus der Anlagenbuchhaltung des Unternehmens lässt überdies Rückschlüsse über den Soll-Bestand und ggf. erste Erkenntnisse über Rechte Dritter zu. 787

(2) Bedeutung für das Insolvenzgericht

Ausgehend von den Erkenntnissen des vorläufigen Insolvenzverwalters/Gutachters, die sich neben weiteren Fakten auch auf das Ergebnis des Mobilien-Wertgutachtens stützen, beantragt dieser bei Gericht die Eröffnung des Insolvenzverfahrens oder aber die Abweisung mangels Masse. 788

(3) Bedeutung für die Gläubiger

Gläubiger werden durch das Mobilien-Gutachten in die Lage versetzt, einen detaillierten Überblick über die vorhandenen Sicherheiten zu erlangen. Diese Sicherheiten werden durch die Wertermittlung der Sachanlagegüter und Warenbestände zum Stichtag messbar gemacht. Sich ggf. überlagernde Sicherheiten werden transparent. 789

▶ Beispiel:

Ein Autohändler hat mit seiner Gläubigerbank einen Raumsicherungsübereignungsvertrag über das klar umrissene Gelände seines Verkaufsplatzes und den sich darauf befindlichen Gebrauchtfahrzeugen geschlossen. Da neben dem im Sicherungsvertrag benannten Grundstück noch weitere Verkaufsplätze durch den Autohändler angemietet wurden, von denen die Gläubigerbank keine Kenntnis hatte bzw. die in den Verträgen nicht benannt waren, auf denen sich aber auch zahlreiche Kfz befanden, kam der Feststellung des Fahrzeugbestandes zum Stichtag an den einzelnen Standorten sowie der Feststellung der Einzelwerte eine entscheidende Bedeutung zu.

(4) Bedeutung für den Schuldner

Dem Schuldner liefert das qualifizierte Mobilien-Gutachten realistische Werte aller beweglichen Anlagegüter, immaterieller Anlagegüter sowie des Umlaufvermögens unabhängig von den bekannten, betriebswirtschaftlichen Daten, unter Fortführungs- und Zerschlagungsgesichtspunkten. 790

Eine wesentliche Bedeutung für den Schuldner hat hier auch die Inventarisierung und ggf. Kennzeichnung aller Sachanlagegüter, insb. die der geringwertigen Wirtschaftsgüter, zur Sicherung des Bestandes.

cc) Gutachtengrundsätze

(1) Zweck

791 Die Gutachtenerstellung dient der Ermittlung eines belastbaren, realistischen Wertes unter Liquidations- und Betriebsfortführungsgesichtspunkten sowie zur Sicherung des Sachanlagevermögens mit dem Stichtag der Inventarisierung und der Darstellung von Aus- und Absonderungsrechten.

(2) Inhaltliche Anforderungen

792 Ein qualifiziertes Mobilien-Gutachten soll folgende inhaltliche Anforderungen erfüllen:
- Auftragsdaten,
- Stichtag der Auftragsdurchführung,
- Firmenporträt,
- Erläuterungen zur Wertermittlung,
- Ergänzende Erläuterungen,
- Vollständigkeitserklärung,
- Ergebnis der Bewertung,
- Bewertungsübersicht nach Standorten/Anlagegruppen,
- Drittrechtsaufstellung,
- Einzelbewertung der Gegenstände,
- Fotos,
- Allgemeine Auftragsbedingungen des Sachverständigen.

Die Angaben zu den Auftragsdaten vermitteln grundlegende Informationen wie Auftraggeber, Aktenzeichen, Auftragsumfang; benennen Auskunft gebende Personen des Schuldners i. R. d. Gutachtenerstellung, den Zeitpunkt der Besichtigung des Anlagevermögens und des Umlaufvermögens, nennen den Bewertungsstichtag und die an der Gutachtenerstellung beteiligten Personen. Das Firmenporträt liefert dem außenstehenden Leser allgemeine Informationen über das begutachtete Unternehmen wie Branche und Tätigkeitsschwerpunkte, Spezialitäten, Anzahl der Mitarbeiter und Jahresumsätze.

793 Die Erläuterungen zur Wertermittlung geben Auskunft über Bewertungsarten (Liquidation/going concern) sowie die Kriterien, die zur Ermittlung der Einzelwerte herangezogen wurden. Ergänzende Erläuterungen verweisen auf Besonderheiten i. R. d. Gutachtenerstellung. Als Beispiel können hier ungeklärte Eigentumsverhältnisse, Gründe für besonders hohe Abschläge bei der Bewertung bestimmter Sachanlagegüter oder der Hinweis auf entsorgungspflichtige Gefahrstoffe und damit verbundenen Kosten aufgeführt sein.

Beispiel: Vollständigkeitserklärung 794

Musterfimra
Musterstraße
Musterhausen

Vollständigkeitserklärung

Die Aufklärung und Nachweise, um die Sie gebeten haben, wurden Ihnen vollständig und nach bestem Wissen und Gewissen übergeben.

Dabei haben wir/ich außer unseren/meinen persönlichen Kenntnissen auch die Kenntnisse der übrigen Mitarbeiter des Unternehmens an Sie weitergegeben.

Als Auskunftspersonen haben wir Ihnen die nachfolgend aufgeführten Personen benannt:

Hans Mustermann ______________________________

____

____

Diese Personen sind von uns/mir angewiesen worden, Ihnen alle erforderlichen Auskünfte und Nachweise richtig und vollständig zu geben.

Im Einzelnen wurden folgende Nachweise in Kopie vollständig übergeben:

- Leasingverträge
- Mietkaufverträge
- Mietverträge (Mobilien)
- Sicherungsübereignungsverträge
- Anlagenspiegel
- Kraftfahrzeugbriefe und –scheine
- Informationen zu unter Eigentumsvorbehalt gelieferten Gegenständen des mobilen Anlagevermögens

______________________ ______________________
Ort, Datum Unterschrift

795 Beispiel: Ergebnis der Bewertung

X

6. ERGEBNIS DER BEWERTUNG

Für das aufgelistete bewegliche Anlagevermögen und Umlaufvermögen der

Mustermann GmbH & Co. KG
Musterweg 3
19322 Musterland

kommen wir zu folgender Bewertung:

	Liquidation [€]	Betriebsfortführung [€]
Gesamt-Gutachtenwert	**249.030,00**	**374.825,00**
davon freie Masse	42.650,00	87.070,00
davon Finanzierung	113.100,00	148.600,00
davon Leasing	63.700,00	88.150,00
davon Miete	500,00	730,00
davon Fremdeigentum	29.080,00	50.275,00
davon Anlagevermögen	82.980,00	134.775,00
davon Umlaufvermögen	166.050,00	240.050,00

Der Liquidationsschätzwert versteht sich zzgl. Verwertungsaufgeld und 19 % MwSt.
Der Betriebsfortführungsschätzwert versteht sich zzgl. 19 % MwSt.

INDUSTRIE-RAT GMBH
Alte Rabenstraße 32 · 20148 Hamburg
Tel. (040) 45 01 42-0 · Fax (040) 45 01 42 40
Hamburg, den 15. Februar 2011
PS/KÜ/Jg/Mkb/Up

Freie und Hansestadt Hamburg · öffentlich bestellter und vereidigter Auktionator · UDO H. LAMBERTI 22085 Hamburg · Wirtschafts- und Ordnungsabteilung

Industrierat

Beispiel: Ergebnis der Bewertung/Bewertungsübersicht nach Standorten 796

XII

7. BEWERTUNGSÜBERSICHT / Betriebsfortführung

Standort MUSTERWEG 3, 19322 MUSTERLAND	Gesamt-Gutachten-wert [€]	davon freie Masse [€]	davon Finanzierung [€]	davon Leasing [€]	davon Miete [€]	davon Fremd-eigentum [€]
Gesamtsumme Anlagevermögen	134.775,00	48.820,00	–	34.950,00	730,00	50.275,00
Gesamtsumme Umlaufvermögen	240.050,00	38.250,00	148.600,00	53.200,00	–	–
Gesamt-Gutachterwert	**374.825,00**	**87.070,00**	**148.600,00**	**88.150,00**	**730,00**	**50.275,00**

BEWERTUNG nach Anlagengruppen / Umlaufvermögen

Anlagengruppen	freie Masse [€]	Finanzierung [€]	Leasing [€]	Miete [€]	Fremd-eigentum [€]	Gesamt-Gutachten-wert [€]	Buchwert Stand 31.12.2009
1. Software / Imm. Vermögenswerte (100)	–	–	–	–	–	–	–
2. techn. Anlagen / Maschinen (400)	2.550,00	–	–	–	6.000,00	8.550,00	10.349,00
3. Fuhrpark (520)	4.500,00	–	21.900,00	–	13.200,00	39.600,00	7.873,89
4. Betriebs- und Geschäftsausstattung (690)	41.770,00	–	13.050,00	730,00	31.075,00	86.625,00	89.586,49
Umlaufvermögen (1000)	38.250,00	148.600,00	53.200,00	–	–	240.050,00	–
Summen	**87.070,00**	**148.600,00**	**88.150,00**	**730,00**	**50.275,00**	**374.825,00**	**107.809,38**

Industrierat

XI

7. BEWERTUNGSÜBERSICHT / Liquidation 797

Standort MUSTERWEG 3, 19322 MUSTERLAND	Gesamt-Gutachten-wert [€]	davon freie Masse [€]	davon Finanzierung [€]	davon Leasing [€]	davon Miete [€]	davon Fremd-eigentum [€]
Gesamtsumme Anlagevermögen	82.980,00	30.900,00	–	22.500,00	500,00	29.080,00
Gesamtsumme Umlaufvermögen	166.050,00	11.750,00	113.100,00	41.200,00	–	–
Gesamt-Gutachterwert	**249.030,00**	**42.650,00**	**113.100,00**	**63.700,00**	**500,00**	**29.080,00**

BEWERTUNG nach Anlagengruppen / Umlaufvermögen

Anlagengruppen	freie Masse [€]	Finanzierung [€]	Leasing [€]	Miete [€]	Fremd-eigentum [€]	Gesamt-Gutachten-wert [€]	Buchwert Stand 31.12.2009
1. Software / Imm. Vermögenswerte (100)	–	–	–	–	–	–	–
2. techn. Anlagen / Maschinen (400)	500,00	–	–	–	1.400,00	1.900,00	10.349,00
3. Fuhrpark (520)	3.500,00	–	16.800,00	–	10.200,00	30.500,00	7.873,89
4. Betriebs- und Geschäftsausstattung (690)	26.900,00	–	5.700,00	500,00	17.480,00	50.580,00	89.586,49
Umlaufvermögen (1000)	11.750,00	113.100,00	41.200,00	–	–	166.050,00	–
Summen	**42.650,00**	**113.100,00**	**63.700,00**	**500,00**	**29.080,00**	**249.030,00**	**107.809,38**

Industrierat

Beispiel: Drittrechtsaufstellung 798

Pos.	Bezeichnung	Anlagen-GRP (Nr.)	Rechteart	Eigentümer	Laufzeitende	Schätzwert Liqui (€)	Schätzwert Going (€)	Buchwert (€)	Neuwert (€)	Ablösewert [€]	Ablösung empfohlen
193	1 Satz Reifen-/Aluminiumfelgen	690	Operating-Leasing	Mustersparkasse 61352 Musterland	10/12	11.800,00	14.600,00			zugehörig zu und bewertet in Pos. 324	
324	1 PKW GT-MG 1707	520								28.428,06	nein
322	1 PKW GT-AJ 88	520	Operating-Leasing	Musterbank Niederlassung der FCE Bank plc 50658 Musterland	08/12	7.200,00	8.800,00	0,00	0,00	23.707,47	nein
323	1 PKW GT-AD 1200	520	Operating-Leasing	Muster-Leasing GbR 38722 Musterland	07/12	7.100,00	8.700,00			20.328,87	nein
315	1 Transporter GT-MJ 9600	520	Operating-Leasing	Musterland Leasing GmbH NL Deutschland 41445 Musterland	10/13	12.000,00	14.800,00	0,00	0,00	17.980,21	nein
317	1 Transporter GT-QZ 2854	520			09/10	4.800,00	5.900,00	0,00	0,00	9.402,27	nein
					Summe:	**42.900,00**	**52.800,00**	**0,00**	**0,00**		

Industrierat

799

Mustermann GmbH & Co. KG, 19322 Musterland

23.03.2010

Seite 1

GA-Nr.	Bezeichnung	Inv.-Nr.	Anl.-Grp.	Rechte-Art	Eigentümer	Bemerkung	Liqui-Wert [€]	Going-Wert [€]
								freie Masse
	MUSTERWEG 3, 19322 MUSTERLAND							
	Verkaufsraum							
267	**1 Werbeträger** ca. 1.500 x 1.900 mm, Ablage, ca. 1.000 x 1.200 mm, Vitrine, ca. 600 x 600 x 1.800 mm		690	freie Masse			160,00	230,00
268	**3 Warenschauregale** jeweils 1.000 x 1.600 mm, 2 x 2-seitig-belegbar, fahrbar, Rädersäule, Ø ca. 500 mm, Höhe ca. 1.900 mm, Prospektständer, Ø ca. 800 mm, Höhe ca. 1.700 mm, 4 Ablagen, Stehtisch, Ø ca. 1.000 mm, 3 Prospektständer, ca. 800 x 2.000 mm, beidseitige Ablagen		690	freie Masse			130,00	300,00
270	**1 LCD-Farbfernsehgerät** Fabr. Medion, Typ Matritual, 30142R40 9H 167S		690	freie Masse			160,00	230,00
271	**1 Regal** Metall, ca. 800 x 1.600 mm, 4 Ablagen, Aufschrift "Castrol"		690	freie Masse			10,00	15,00
272	**1 Drucker** Fabr. Kyocera, Typ SS-200D		690	freie Masse			30,00	50,00
273	**1 Bondrucker** Fabr. Siemens Nixdorf, Kassenlade		690	freie Masse			15,00	25,00
274	**1 PC** Fabr. Fujitsu Siemens, Typ Pentium IV/HD, 20"-TFT-Monitor, Fabr. Sonic, Typ IIM20W, Tastatur, Mouse		690	freie Masse			40,00	60,00
275	**1 PC** Fabr. Fujitsu Siemens, Typ Sync Pentium IV, 3½"-Disketten-, DVD-ROM-Laufwerk, 19"-TFT-Monitor, Fabr. Asus, Typ WV192DR, Tastatur, Mouse		690	freie Masse			30,00	50,00
276	**1 PC** Fabr. Fujitsu Siemens, Typ Pentium IV, DVD-ROM-Laufwerk, 15"-TFT-Monitor, Fabr. HP, Typ 1502, Tastatur, Mouse, Laserdrucker, Fabr. Kyocera, Typ FS-1010		690	freie Masse			30,00	50,00

Industrierat

Beispiel: Einzelbewertung der Gegenstände

dd) Erstellung von Wertgutachten

Als Basis für ein Wertgutachten wird oftmals ein der Bilanz anhängiges **Inventarverzeichnis**, ein Anlagengitter, verwendet. 800

Ebenso wie die Bilanz enthält das Inventarverzeichnis (**Anlagengitter**) alle im Betrieb vorhandenen Vermögenswerte. Das Inventar ist ein aufgrund einer Inventur, d. h. einer körperlichen Bestandsaufnahme, aufgestelltes Verzeichnis, dass die Vermögensgegenstände eines Unternehmens art-, mengen-, und wertmäßig im Einzelnen auflistet.

Angegeben werden i. d. R. die Anschaffungs-/Herstellungskosten, die Abschreibungen und die Buchwerte zu einem bestimmten Stichtag. Das Inventarverzeichnis (Anlagengitter) muss alle Gegenstände des Anlagevermögens so lange ausweisen, bis diese aus dem Betrieb ausscheiden. Sind die Gegenstände bereits vollständig abgeschrieben, werden sie mit einem Buchwert von Null geführt.

Das in der Bilanz ausgewiesene Vermögen, der Buchwert, entspricht i. d. R. nicht den 801
tatsächlich vorhandenen Werten, da aufgrund der für die einzelnen Bilanzpositionen anzuwendenden Bewertungsvorschriften starke Abweichungen von den realen Nutz- oder Veräußerungswerten entstehen können. Dies kann zu einer Aufdeckung von stillen Reserven führen.

Bestimmte Gegenstände werden je nach unternehmerischer Tätigkeit als Anlage- oder 802
Umlaufvermögen angesehen. Bspw. stellt ein LKW die Handelsware (Umlaufvermögen) für einen Kfz-Händler dar, während er bei einem Spediteur dem Anlagevermögen zuzurechnen ist.

(1) Arten bilanzrechtlicher Aktivposten

Die Bilanz ist eine stichtagsbezogene Gegenüberstellung von Vermögenswerten und 803
Schulden eines Unternehmens. Die Vermögensseite, auch als Aktivseite oder Aktiva bezeichnet, beschreibt die Verwendung aller im Betrieb eingesetzten Geldmittel, während die Schuldenseite, auch Passivseite oder Passiva genannt, die Geldmittelherkunft, unterteilt in Fremd- und Eigenkapital, darstellt.

Das Vermögen eines Unternehmens besteht aus den folgenden Gruppen: 804

(a) Anlagevermögen

Zum Anlagevermögen zählen Wirtschaftsgüter, die dem Betrieb langfristig dienen sol- 805
len. Als Anlagevermögen wird die Summe aller Wirtschaftsgüter bezeichnet, die in einer Firma oder einer Praxis benötigt werden, um den Geschäfts- oder Praxisbetrieb dauerhaft aufrechtzuerhalten. Zum Anlagevermögen gehören Sachanlagen, immaterielle Vermögensgegenstände und Finanzanlagen.

806 Die Bilanzpositionen sind wie folgt gegliedert:

– **materielles Anlagevermögen (Sachanlagen):**

Sachanlagen lassen sich grds. in bewegliche und nicht-bewegliche Vermögenswerte unterteilen. Zu den nicht-beweglichen Vermögenswerten zählen dabei **Grundstücke und Bauten** (Grundstücke, Gebäude und Grundstücke mit Gebäuden). Bewegliche Vermögenswerte sind dagegen **technische Anlagen und Maschinen** (z. B. Chemieanlagen und Produktionsmaschinen), **andere Anlagen, Betriebs- und Geschäftsausstattung** (z. B. Werkzeuge, Vorrichtungen und Fuhrpark) sowie **Anlagen im Bau**. Diese Anlagegüter unterliegen größtenteils einer ständigen Wertminderung.

– **immaterielles Anlagevermögen:**

807 Immaterielle Vermögensgegenstände sind identifizierbare, nicht-monetäre und nichtkörperliche Vermögenswerte, die ein Unternehmen zur Herstellung oder Lieferung von Gütern und Dienstleistung, zur Vermietung an Dritte oder zu Verwaltungszwecken besitzt. Sie werden in drei Arten unterschieden: **Konzessionen, Rechte und Lizenzen** (z. B. Bewilligungen, Genehmigungen, Konstruktionen, Patente, gewerbliche Schutzrechte, Urheberrechte, Brennrechte, Abbaurechte, Fangrechte, Suchbohrungen, Spielberechtigungen von Sportvereinen oder Software), **Firmen- oder Geschäftswert** (Markenwert oder Firmenwert bildende Faktoren wie z. B. gute Betriebsorganisation, effiziente Verfahren, Fachkenntnisse und Spezialwissen, verkehrsgünstige Lage oder Stammkundschaft) und **geleistete Anzahlungen** (Vorleistungen auf erwartete, künftige Vermögenszugänge).

– **Finanzanlagevermögen:**

Finanzanlagen sind monetäre Vermögensgegenstände im Eigentum des Unternehmens. Zu ihnen gehören **Anteile an verbundenen Unternehmen, Beteiligungen, Wertpapiere des Anlagevermögens** sowie **Ausleihungen an verbundenen Unternehmen, an Unternehmen mit Beteiligungsverhältnis** und **sonstige Ausleihungen**. Diese Bilanzposition wird an dieser Stelle nicht weiter vertieft.

(b) Umlaufvermögen

808 Zum Umlaufvermögen zählen Gegenstände und Vorräte, welche innerhalb eines kurzen Zeitraums umgesetzt werden.

(aa) Roh-, Hilfs-, und Betriebsstoffe

809 Rohstoffe/Werkstoffe sind Hauptbestandteile eines Produktes. Unter diesen Begriffen fasst man alle Güter zusammen, aus denen durch Umformung, Substanzänderung oder Einbau neue Fertigprodukte hergestellt werden. Fast alle diese Güter sind bereits von anderen Betrieben gewonnen, bearbeitet oder erzeugt worden. Was für den Lieferbetrieb ein Endprodukt ist, stellt sich für einen anderen Betrieb, so in den nachfolgenden Beispielen beschrieben, als Ausgangsprodukt (Halbzeuge zählen zu Rohstoffen) dar. Hierunter fallen auch alle Güter, die als fertige Bestandteile in ein Produkt eingebaut werden. Z. B. bei einem Computer sind das Komponenten wie Motherboard,

Festplatte, Arbeitsspeicher, CD-ROM-Laufwerk oder Gehäuse. Nach dem Zusammenbau dieser Komponenten erhält man das Endprodukt, einen funktionsfähigen PC.

Bestandteil eines elektrisch angetriebenen Druckluftkompressors sind u. a. Elektromotor, Verdichterblock, Kühler und Verrohrung. Die Verrohrung wird aus Rohrabschnitten und Flanschen hergestellt. Während bei den erstgenannten Komponenten die fremde Herkunft erkennbar ist, muss bei der Verrohrung festgestellt werden, ob diese in Eigenfertigung hergestellt wurde.

Hilfsstoffe sind Bestandteil der Fertigprodukte, die wert- oder mengenmäßig nur eine 810
untergeordnete Rolle spielen, sodass sich eine genaue Erfassung pro Stück nicht lohnt, z. B. Leim bei der Möbelproduktion, Brennvorrichtungen bei der Porzellanherstellung, Frittierfett bei der Produktion von Pommes-Frites.

Betriebsstoffe werden bei der Produktion verbraucht, gehen aber nicht in das Pro- 811
dukt ein, z. B. Schmierstoffe, Reinigungsmittel oder Energieträger wie Kohle, Dieselöl, Elektrizität.

(bb) Unfertige Erzeugnisse, unfertige Leistungen

Hierunter versteht man noch nicht fertig gestellte Waren, angefangene Arbeiten und 812
lebende Tier- und Pflanzenvorräte, die üblicherweise nicht in diesem Zustand an Dritte geliefert werden, sondern später von den Produzenten weiter bearbeitet bzw. aufgezogen werden.

Bei einem Tierzuchtbetrieb sind dies z. B. Kälber, die noch gemästet werden, bis das Schlachtgewicht erreicht ist. Bei einer Baumschule sind das Setzlinge, die sich im Laufe der Zeit zu Sträuchern und Bäumen entwickeln.

Halbfertige Erzeugnisse sind nicht immer ohne weiteres für den Gutachter erkennbar. 813
Bei der Identifizierung ist der Sachverständige oftmals auf die Hilfe von Mitarbeitern aus dem Unternehmen angewiesen.

Bei einem Unternehmen des Maschinenbaus können ein Elektromotor oder ein Rohr 814
eine Komponente für das Fertigprodukt, somit ein halb fertiges Erzeugnis, oder auch ein Ersatzteil für eine in der Produktion eingesetzte Werkzeugmaschine sein.

(cc) Fertige Erzeugnisse, Fertigprodukte

Fertigprodukte sind produzierte Waren, die zum Verkauf oder zum Versand durch den 815
Produzenten bereitstehen.

(dd) Waren

Waren werden von Unternehmen, insb. Groß- oder Einzelhändlern, zum Zweck des 816
Wiederverkaufs ohne weitere Verarbeitung (abgesehen von einer für den Kunden attraktiven Präsentation) erworben.

(ee) Sonstiges

817 Auf Forderungen aus Lieferungen und Leistungen, kurzfristig gehaltene Wertpapiere, Zahlungsmittel wie Kassenbestände, Guthaben bei Kreditinstituten, aktive Rechnungsabgrenzungsposten und Korrekturposten, soll an dieser Stelle nicht näher eingegangen werden.

(2) Informationsquellen/Informationsgewinnung

818 Die Grundlage eines tragfähigen Gutachtens zur Mobilienbewertung insolvenzbehafteter Unternehmen setzt vollständige Informationen voraus.

Folgende Dokumente sollten vom insolvenzbehafteten Unternehmen zur Verfügung gestellt werden:
- Anlagengitter,
- Buchungsbelege,
- Inventurlisten,
- Warenbestandslisten,
- Drittrechtsverträge,
- Fahrzeugbrief/Fahrzeugschein (Kopien),
- Lagepläne,
- Telefonlisten.

Anhand des Anlagengitters erhält der Sachverständige eine grobe Übersicht der aktivierten Posten mit den Anschaffungs- und Herstellkosten und dem Jahr der Anschaffung. Da die Bilanzen häufig mit dem Kalenderjahr abschließen und somit nicht immer auf dem aktuellsten Stand sind, sind Informationen aus der Buchhaltung des insolvenzbehafteten Unternehmens zu möglichen Zu- und Abgängen und nicht bezahlten oder nicht vollständig bezahlten Anschaffungsrechnungen zu prüfen.

Zu Besonderheiten kann es kommen, sollte das insolvenzbehaftete Unternehmen in der Vergangenheit andere Firmen übernommen haben. Oft sind dann nur der Gesamtübernahmebetrag und das Übernahmedatum für das eingegliederte Anlagevermögen in das Anlagengitter eingestellt worden. Tatsächliche Anschaffungswerte und Anschaffungsjahre können dann oft nicht mehr zurückverfolgt werden.

▶ Beispiel:

> Das mobile Sachanlagevermögen des Unternehmens A ist im Jahr 2009 von einem Dritten, dem Unternehmen B, zum einem Preis × gekauft worden. Im Anlagenspiegel v. 31.12.2010 des Unternehmens B sind die gekauften Einzelwerte für das Anlagevermögen im Verhältnis zum Gesamtwert umgerechnet, oder anhand eines Gutachtens übernommen worden, sodass diese Anschaffungskosten nicht die ursprünglichen Anschaffungskosten des Unternehmens A widerspiegeln.

Evtl. vorhandene Inventur- und Bestandslisten über den Maschinenpark, den Fuhrpark oder andere Gegenstände wie Werkzeuge oder Messmittel stellen ebenfalls wichtige Informationsquellen dar. Des Weiteren bedient man sich der Informationen, die anhand von Maschinenkarten, Kfz-Briefen, Reparaturrechnungen oder Auftragsbestätigungen gewonnen werden können.

Im nächsten Schritt werden die Angaben, die o.g. Unterlagen und Dokumenten entnommen wurden, mit den Aussagen, die man von dem Schuldner und den angestellten Mitarbeitern erhält, abgeglichen. In der Praxis ist es sinnvoll, mit verschiedenen Mitarbeitern aus unterschiedlichen Abteilungen zu sprechen, um möglichst genaue Informationen einholen zu können. Dabei kann es sich um weitere Daten zu Maschinen und deren Funktionsweise oder aber um Hinweise über Zustand, Maschinenstörungen, ausgeführte oder anstehende Reparaturen, Inspektionen sowie Zubehör u.a.m. handeln.

Informationsquellen außerhalb des insolvenzbehafteten Unternehmens können sein: 819
- Steuerberater und Buchprüfer sind z.B. Ansprechpartner für im Unternehmen nicht verfügbare Anlagengitter oder Buchungsbelege über kürzlich getätigte Investitionen. Ehemalige Mitarbeiter, Vermieter und Nachbarn können weitere wertvolle Hinweise in verschiedene Richtungen liefern.
- Bei Leasing- und Finanzierungsinstituten werden zusätzliche Koordinaten zu bestehenden Vertragsverhältnissen, Sicherungsübereignungen etc. eingeholt. Bei Lieferanten können Hintergründe zu Lieferumfang und Besonderheiten der Maschinen eingeholt werden.

Die mithilfe aller Informationsquellen gewonnenen Erkenntnisse dienen dazu, zusammen mit der physischen Aufnahme des mobilen Sachanlage- und Umlaufvermögens eine möglichst vollständige und detailgenaue Erfassung aller Vermögensgegenstände und deren realistische Einschätzung vorzunehmen.

(3) Ermittlung und Zuordnung von Rechten Dritter

▶ Beispiel: 820

Bei einem Leasingfahrzeug ist aufgrund eines Motorschadens ein Austauschmotor eingebaut worden. Den Austauschmotor hat der Leasingnehmer aus eigener Tasche bezahlt. Da es sich bei dem Austauschmotor um ein selbstständiges Wirtschaftsgut handelt, muss dieser im Gutachten gesondert ausgewiesen und, sofern der Austauschmotor vollständig bezahlt ist, in diesem Fall als freie Masse gekennzeichnet werden.

(4) Drittrechtsarten

Nachfolgend dargestellte Drittrechtsarten unterscheiden sich nach Aussonderungs- oder Absonderungsrechten eines Dritten. 821
- **Aussonderungsrecht**
  Wer aufgrund eines dinglichen oder persönlichen Rechts geltend machen kann, dass ein Gegenstand nicht zur Insolvenzmasse gehört, ist kein Insolvenzgläubiger. Sein Anspruch auf Aussonderung des Gegenstands bestimmt sich nach den Gesetzen, die außerhalb des Insolvenzverfahrens gelten. (§ 47 InsO). Bei

aussonderungsberechtigten Gegenständen handelt es sich überwiegend um Fremdeigentum, Miet-, Pacht- sowie Leasingobjekte.

– **Absonderungsrecht**
Absonderungsberechtigte Gläubiger haben ein Recht auf Befriedigung aus einem zum Insolvenzvermögen des Schuldners gehörenden Gegenstand. Unterschieden wird zwischen Absonderungsrechten an unbeweglichen Gegenständen und an beweglichen Sachen und Rechten. Abgesonderte Befriedigung aus unbeweglichen Gegenständen wird durch das ZVG geregelt und erfolgt durch Zwangsversteigerung oder Zwangsverwaltung. Abgesonderte Befriedigung aus beweglichen Sachen und Rechten wird überwiegend durch den Insolvenzverwalter bewirkt. Er darf diese, sofern er sie in seinem Besitz hat, freihändig verwerten und muss den daraus resultierenden Erlös vorrangig zur Befriedigung der gesicherten Ansprüche verwenden. Rechte auf abgesonderte Befriedigung aus beweglichen Sachen und Rechten gewähren u. a. Sicherheitsübereignung, rechtsgeschäftliche und gesetzliche Pfandrechte sowie Zurückbehaltungsrechte. (§§ 49 ff., 165 ff. InsO).

(a) Leasing

822 Die Besonderheiten des Leasingrechts beruhen darauf, dass es sich um ein mehrseitiges (regelmäßig dreiseitiges) Vertragsgeflecht handelt, an dem folgende Mitwirkende beteiligt sein können:

– bei der Beschaffung der spätere Leasingnehmer, der Lieferant, der Hersteller/Garant;
– beim Leasingverhältnis der Leasingnehmer, der Leasinggeber sowie der Hersteller/Garant und – soweit eine Absicherung der Leasingfinanzierung erfolgt – der Sicherungsgeber;
– bei der Beendigung des Leasingvertrages der Leasinggeber und der Erwerber des Leasingobjektes.

823 **Grundzüge des Leasingvertrages**

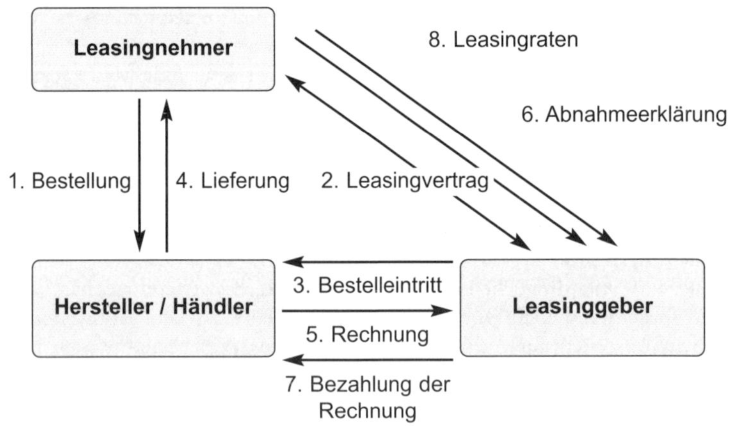

(aa) Leasingvertrag mit Vollamortisation

Bei fast allen Leasingverträgen (Ausnahme Kilometervertrag) erfolgt eine volle Amortisation der entstehenden Kosten: Anschaffungskosten, Verzinsung des eingesetzten Kapitals, Bonitäts- und Objektrisiko-Zuschlag sowie Gewinn. Der Vollamortisationsvertrag bringt diesen Zusammenhang am deutlichsten zum Ausdruck. Hier erbringt der Leasingnehmer während der unkündbaren Grundmietzeit = Vertragslaufzeit des Leasingvertrags die Gesamtamortisation der Kosten. 824

Zur Entfaltung der beabsichtigten steuerlichen und bilanziellen Wirkungen muss das Leasingobjekt dem Leasinggeber steuerlich zugeordnet sein. Die Voraussetzungen hierzu werden im Mobilien-Leasing-Erlass v. 19.04.1971 geregelt. Im Wesentlichen sind es folgende Punkte:

- Die feste unkündbare Grundmietzeit muss mindestens 40 % und darf max. 90 % der betriebsgewöhnlichen Nutzungsdauer (Afa) betragen.
- Die in der Grundmietzeit zu entrichtenden Leasingraten müssen mindestens die oben genannten Kosten decken.
- Zum Ablauf der Grundmietzeit kann der Leasingnehmer entweder:
  - das Leasingobjekt kaufen = Kaufoption. Der Kaufpreis darf dabei nicht niedriger sein als der nach den Afa-Tabellen zu ermittelnde Restbuchwert (lineare Abschreibung) oder der niedrige gemeine Marktwert zum Zeitpunkt der Veräußerung oder
  - den Leasingvertrag verlängern = Verlängerungsoption. Der Verlängerungszeitraum sowie die in diesem Zeitraum zu entrichtenden Leasingraten orientieren sich an dem Restbuchwert oder dem niedrigeren gemeinen Marktwert; oder
  - das Leasingobjekt an den Leasinggeber zurückgeben.

(bb) Leasingvertrag mit Teilamortisation

Auch beim Leasingvertrag mit Teilamortisation hat der Leasinggeber dem Leasingnehmer die gesamten Kosten zu erstatten, der Vertrag sieht jedoch die Amortisation eines Teils der Kosten (Anschaffungskosten, Verzinsung des eingesetzten Kapitals, Bonitäts- und Objektrisikokosten sowie Gewinn) erst nach Ablauf der Grundmietzeit = Vertragslaufzeit vor. Die Kalkulation erfolgt unter Berücksichtigung eines Restwertes (nicht zu verwechseln mit dem Restbuchwert), der in seiner Höhe im Regelfall den Werteverfall des Objektes und die Afa berücksichtigt. Der Leasingnehmer ist in jedem Fall verpflichtet, mindestens den kalkulierten Restwert zu begleichen. 825

Der Teilamortisations-Erlass v. 22.12.1975 regelt die steuerliche Zuordnung zum Leasinggeber. Die feste unkündbare Grundmietzeit muss mindestens 40 % und darf max. 90 % der betriebsgewöhnlichen Nutzungsdauer (Afa) betragen. Der Teilamortisations-Erlass sieht drei Vertragsgestaltungen vor:

- Leasingvertrag mit Andienungsrecht des Leasinggebers:
  Der Leasingnehmer ist verpflichtet – auf Verlangen des Leasinggebers – das Leasingobjekt nach Ablauf der Grundmietzeit zum kalkulatorischen Restwert zu erwerben. Das Andienungsrecht wird im Regelfall vom Leasinggeber ausgeübt, wenn einerseits ein Verlängerungsvertrag nicht zustande kommt und andererseits das

Leasingobjekt einen niedrigeren Marktwert aufweist als der kalkulatorische Restwert. Sollte der Leasinggeber einen höheren Marktwert als den kalkulatorischen Restwert erzielen können, so wird er das Andienungsrecht nicht ausüben, sondern das Objekt zu diesem höheren Wert veräußern. Der Leasinggeber hat keine Optionsrechte, mithin kein Recht auf Erwerb des Leasingobjektes.

- Leasingvertrag mit Aufteilung des Mehrerlöses:
  Nach Ablauf der Grundmietzeit veräußert der Leasinggeber das Leasingobjekt. Sollte der Veräußerungserlös niedriger als der kalkulatorische Restwert sein, ist der Leasingnehmer zum Ausgleich der Differenz verpflichtet. Sollte der Veräußerungserlös höher als der kalkulatorische Restwert sein, wird der Mehrerlös zwischen Leasinggeber (mindestens 25 %) und Leasingnehmer (max. 75 %) aufgeteilt. Auch in diesem Fall hat der Leasingnehmer keinen Anspruch auf Erwerb des Leasingobjektes.
- Kündbarer Vertrag mit Anrechnung des Veräußerungserlöses:
  - Kündigung vor Erreichen der vollen Amortisation:
    Im Fall der Ausübung des Kündigungsrechts vom Leasingnehmer ist eine Ausgleichszahlung i. H. d. durch die bezahlten Leasingraten nicht gedeckten Kosten zu entrichten. Die fällige Ausgleichszahlung ist kein Kaufpreis und begründet ausdrücklich keinen Eigentumserwerb durch den Leasingnehmer. Der Netto-Verwertungserlös wird nach Abzug der direkten Verwaltungskosten zu 90 % auf die Ausgleichszahlung angerechnet. Schließt der Leasingnehmer mit dem Leasinggeber einen neuen und gleichwertigen Vertrag ab, so ist eine darüber hinausgehende Anrechnung des Netto-Verwertungserlöses auf den neuen Vertrag möglich.
  - Kündigung mit oder nach Erreichen der vollen Amortisation:
    Schließt der Leasingnehmer mit dem Leasinggeber einen neuen und gleichwertigen Vertrag ab, so ist eine volle oder teilweise Anrechnung des Netto-Verwertungserlöses auf den neuen Vertrag möglich.

(cc) Leasingvertrag mit Kündigungsrecht gegen Ausgleichszahlung

826 Der kündbare Leasingvertrag ist geregelt im Teilamortisations-Erlass v. 22.12.1975. Er wird auf unbegrenzte Zeit geschlossen und auf der Grundlage der vollen Amortisation über die kalkulatorische Laufzeit kalkuliert. Die Ausgleichszahlung zum Letzten vertraglich ausgewiesenen Kündigungstermin ist in der Zusatzvereinbarung »Kündigungsrecht gegen Ausgleichzahlung« mit 0 % explizit zu nennen.

Die Kündigungstermine und die Höhe der Ausgleichszahlungen zu diesen Zeitpunkten sind Bestandteil der Vorkalkulation. Es wird i. d. R. ein Abschlag auf den Marktzins von 2 % vorbelegt. Durch eine Erhöhung des Abschlages auf z. B. 2,5 % wird mit einem niedrigeren Wert abgezinst, mit der Folge des Ausweises höherer Ausgleichszahlungen.

Die Begrenzung der Vertragslaufzeit auf die bei Voll- und Teilamortisationsverträgen maximal möglichen 90 % der betriebsgewöhnlichen Nutzungsdauer (Afa) entfällt, da dem Leasingnehmer ein ordentliches Kündigungsrecht zu mindestens einem

Zeitpunkt nach Ablauf einer Grundmietzeit von 40 % der betriebsgewöhnlichen Nutzungsdauer (Afa) eingeräumt wird. Solange ein Vertragsverhältnis ungekündigt ist, ist der Leasingnehmer zur Zahlung der Leasingraten – auch über den Zeitraum der kalkulatorischen Laufzeit hinaus – verpflichtet.

Kündbarer Vertrag mit Anrechnung des Veräußerungserlöses:
- Kündigung vor Erreichen der vollen Amortisation:
  Im Fall der Ausübung des Kündigungsrechts vom Leasingnehmer ist eine Ausgleichszahlung i. H. d. durch die bezahlten Leasingraten nicht gedeckten Kosten zu entrichten. Die fällige Ausgleichszahlung ist kein Kaufpreis und begründet ausdrücklich keinen Eigentumserwerb durch den Leasingnehmer. Der Netto-Verwertungserlös wird nach Abzug der direkten Verwaltungskosten zu 90 % auf die Ausgleichszahlung angerechnet. Schließt der Leasingnehmer mit dem Leasinggeber einen neuen und gleichwertigen Vertrag ab, so ist eine darüber hinausgehende Anrechnung des Netto-Verwertungserlöses auf den neuen Vertrag möglich.
- Kündigung mit oder nach Erreichen der vollen Amortisation:
  Schließt der Leasingnehmer mit dem Leasinggeber einen neuen und gleichwertigen Vertrag ab, so ist eine volle oder teilweise Anrechnung des Netto-Verwertungserlöses auf den neuen Vertrag möglich.

(dd) Operate Leasing

(aaa) Hard- und Software-Leasingvertrag

Der Hard- und Software-Leasingvertrag beinhaltet überwiegend die Bestimmungen 827
des normalen Leasingvertrages. Darüber hinaus enthält er aber auch die Besonderheiten, die das Produkt Software (Lizenzrecht, es wird durch die Leasinggesellschaft kein Eigentum an der Software erworben, sondern nur ein Nutzungsrecht) erfordert. Im Regelfall wird EDV auf Basis eines Vollamortisationsvertrag kalkuliert, sodass der Mobilien-Leasing-Erlass v. 19.04.1971 zum Tragen kommt. Eine weitere Gestaltung ist die Verwendung der Zusatzvereinbarung »Kündigungsrecht gegen Ausgleichszahlung«, es greift dann der Teilamortisations-Erlass v. 22.12.1975. Hier gilt es die unterschiedlichen Regelungen zum Ablauf der Grundmietzeit zu beachten.

Bei der Bestimmung der Grundmietzeit gilt in beiden Fällen eine Mindestlaufzeit von 40 % der betriebsgewöhnlichen Nutzungsdauer (Afa). Bei der kündbaren Variante gilt die 90 %-Grenze nicht. Das Nutzungsrecht ist hinsichtlich der Verwertung der Software beschränkt, sodass hierzu die Einwilligung des Herstellers/Lieferanten/Händlers eingeholt werden muss bzw. eine entsprechende Erklärung des Leasingnehmers notwendig ist.

(bbb) Leasingvertrag mit Kilometerabrechnung

Bei diesem Leasingvertrag steht das Fahrzeug mit seiner Beschaffung und Rückgabe 828
zum Ablauf der vereinbarten Vertragslaufzeit im Vordergrund. Über die gewählte Gesamtleistung während der unkündbaren Grundmietzeit und die anschließende Abrechnung der Mehr- oder Minderkilometer wird eine präzise Einschätzung des Objektwertes und somit die Bestimmung des zu kalkulierenden Restwertes möglich. Während

Laufzeit, Laufleistung und Leasingrate für den Leasingnehmer bekannt sind, stellen der kalkulatorische Restwert und evtl. an den Leasinggeber gewährte Rabatte unbekannte Größen dar.

In der Rechtsprechung wird allgemein der Teilamortisations-Erlass v. 22.12.1975 abgewendet, jedoch greifen die dort geregelten Bedingungen zu Laufzeit (40/90-Regel) und zum Ablauf der Grundmietzeit (Andienungsrecht bzw. Mehrerlösbeteiligung) nicht. Als Berechnungsgrundlage wird der Netto-Listenpreis zugrunde gelegt. Die zwischen den Leasinggesellschaften und den Lieferanten/Händler/Hersteller vereinbarten Rabatte sind vertraulich und werden nicht immer in Form einer reduzierten Berechnungsgrundlage an den Leasingnehmer durchgereicht. Bei einer vorzeitigen Beendigung des Vertrages kommt nur ein Objektverkauf an den Leasingnehmer oder einen vom Leasingnehmer benannten Dritten zum Tragen. Sofern die Rückgabe des Fahrzeuges gewünscht ist, ist im Vorfeld eine schriftliche Regelung mit dem Kooperationspartner über den Inzahlungnahmepreis zwingend, eventuelle Differenzen zur Restforderung aus dem Leasingvertrag sind vom Leasingnehmer auszugleichen.

Eine Vertragsverlängerung zum Ablauf der Grundmietzeit ist möglich, der im Grundvertrag kalkulierte Restwert entspricht der Berechnungslage des Verlängerungszeitraums. Über die im jeweiligen Kaufangebot genannten Beträge zur Minderung des Kaufpreises bei Vertragsverlängerungen wird der kalkulierte Restwert zum Ende der Verlängerungsdauer ermittelt, das sonstige Vorgehen entspricht dem Standardprozess.

I. d. R. wird die Rückgabe beim Kooperationspartner vereinbart, individuelle rahmenvertragliche Regelungen sind dabei unbedingt zu beachten. Kosten für die mögliche bundesweite Verbringung werden in der Ursprungskalkulation über den Deckungsbeitrag berücksichtigt.

(ccc) **Short-Term-Leasingvertrag**

829 Ein Short-Term-Leasingvertrag ist für kurzfristige Finanzierungen von Wirtschaftsgütern geeignet, die zur Abdeckung zeitlich begrenzter Aufträge benötigt werden. Nach Ablauf der Nutzung soll das Wirtschaftsgut – ohne weitere Verpflichtung – zurückgegeben werden. Gleichzeitig ist die bilanzneutrale Finanzierung von Bedeutung. Hersteller/Händler benötigen eine Alternative zur Überlassung der Objekte im Wege der Miete. Der Short-Term-Leasingvertrag verbindet den Vorteil der kurzfristigen Finanzierung mit dem der Bilanzneutralität und kommt schwerpunktmäßig bei den Objektgruppen Pkw und Lkw zum Einsatz, insbesondere bei Autovermietungen.

Bei Short-Term-Leasingverträgen ist die Leasingperiode kürzer als 40 % der betriebsgewöhnlichen Nutzungsdauer (Afa). Während der Leasingperiode erfolgt keine volle Amortisation der Anschaffungs- und Finanzierungskosten. Der kalkulierte Restwert wird durch ein verbindliches Kaufangebot eines Dritten – meist des Lieferanten – abgesichert. Mit dem Leasingnehmer wird kein Andienungsrecht vereinbart.

Folgende Unterarten von Short-Term-Leasingverträgen sind möglich:
- fest vereinbarte Leasingperiode
- automatische Verlängerung der Leasingperiode, sofern der Vertrag nicht durch den Leasingnehmer gekündigt wurde
- Zusammenarbeit mit Autovermietungen

Wartungs-/Full-Service-Verträge und/oder Versicherungen können in den Leasingverträgen integriert werden. Aufgrund des Fehlens eines Andienungsrechtes kommt der Teilamortisations-Erlass v. 27.12.1975 hier nicht zur Anwendung. Zur Frage des wirtschaftlichen Eigentums greift die allgemeine Regelung des § 39 Abs. 2 AO, nach der ein Wirtschaftsgut demjenigen zuzurechnen ist, der die Einwirkung Dritter auf das Wirtschaftsgut ausschließen kann. Folglich liegt beim Short-Term-Leasingvertrag das wirtschaftliche Eigentum bei der Leasinggesellschaft.

(ddd) Leasingvertrag ohne Berechnungsgrundlage

Insbesondere i. R. d. Zusammenarbeit mit Vertriebspartnern ergibt es sich, dass der 830
Ausweis der Berechnungsgrundlage = Netto-Anschaffungswert des Leasingobjektes im Leasingvertrag nicht wünschenswert ist. Die Zielsetzung des Vertriebspartners ist der Verkauf über »den kleinen Preis« = Leasingrate. In diesen Fällen kommt der Leasingvertrag ohne Berechnungsgrundlage zum Einsatz. Beim Leasingvertrag ohne Berechnungsgrundlage handelt es sich streng genommen um keine neue Vertragsart, denn er basiert entweder auf der Vollamortisations- oder Teilamortisationsgrundlage. In der Form eines Teilamortisationsvertrages ist zu beachten, dass kein Andienungsrecht integriert ist. Ein Einsatz als kündbarer Vertrag ist nicht möglich, da hier ein Ausweis der Berechnungsgrundlage unvermeidbar ist.

(eee) Sale-and-lease-back (salb)

Im Gegensatz zur üblichen Dreiecksbeziehung (Leasingnehmer, Hersteller/Händler, 831
Leasinggeber) erfolgt bei sale-and-lease-back der Verkauf des Leasingobjektes direkt vom Leasingnehmer an den Leasinggeber. Es wird somit zwischen »echtem« salb und »technischem« salb unterschieden, wobei der Vorgang des Verkaufes durch den Leasingnehmer an den Leasinggeber identisch ist.
- »echtes« salb:
  Der Leasingnehmer verkauft das in seinem Anlagevermögen aktivierte mobile Wirtschaftsgut an den Leasinggeber. Der Kaufpreis wird vom Restbuchwert bestimmt, da ansonsten a.o. Erträge oder Verluste beim Leasingnehmer entstehen. In den seltenen Fällen wird ein Kaufpreis unter Berücksichtigung des Marktwerts des Wirtschaftsobjekts festgesetzt. I. d. R. ist bei »echtem« salb von einer Liquiditätsbeschaffung des Leasingnehmers auszugehen.
- »technisches« salb:
  Beim »technischen« salb soll der Hersteller/Händler absichtlich, entweder auf Wunsch des Leasinggebers oder des Leasingnehmers, ausgeschlossen werden. Die direkte Zahlung des Anschaffungswertes an den Hersteller/Händler – im Auftrag des Leasingnehmers – ist möglich. Hierbei verkauft der Leasingnehmer das

Leasingobjekt, ohne es bereits in seinem Anlagevermögen aktiviert zu haben. Es ist für den Leasingnehmer ein durchlaufender Posten.

(fff) **Flotten-Leasing**

832 Der Flotten-Leasingvertrag kann neben der Leasingkomponente u. a. folgende Dienstleistungen aufweisen, die individuell vereinbart werden können:

- Treibstoff in Form einer Tankkarte
- Wartung
- Reparaturen
- Reifenservice
- Rundfunkgebühren usw.

Der Vertrag wird i. V. m. einem Teilamortisationsvertrag respektive einem Leasingvertrag mit Kilometerabrechnung angeboten. Zum Vertragsende greift die Regelung analog dem Leasingvertrag mit Kilometerabrechnung.

(b) Miete

833 Die Miete ist ein Dauerschuldverhältnis über eine entgeltliche Gebrauchsüberlassung von Sachen und Gegenständen auf Zeit, das durch den Mietvertrag begründet wird. Hierbei verpflichtet sich der Vermieter dem Mieter den Gebrauch der Mietsache während der Mietzeit zu gewähren, die Mietsache dem Mieter in einem zu vertragsgemäßen Gebrauch geeigneten Zustand zu überlassen und sie während der Mietzeit in diesem Zustand zu erhalten. Er hat die auf der Mietsache ruhenden Lasten zu tragen. Der Mieter hingegen ist verpflichtet, dem Vermieter die vereinbarte Miete zu bezahlen.

(aa) Mietkauf

834 Der Mietkaufvertrag ist eine Mischform zwischen Finanzierung und Leasing. Der Mietkauf gleicht dem Leasing in Bezug auf Ratenkauf und Konditionsgestaltung. Besonderes Charakteristikum ist aber, dass das Eigentum am Mietgegenstand **während der gesamten Mietdauer beim Vermieter** liegt, mit Zahlung der letzten Mietrate jedoch automatisch auf den Mieter übergeht (aufschiebend bedingter Eigentumsübergang). Bis zum Zeitpunkt des Eigentumsübergangs erwirbt der Mieter lediglich Anwartschaftsrechte an dem Mietobjekt. Der Vermieter kann den Eintritt des automatischen Eigentumsübergangs nicht verhindern, solange der Mieter seinen Vertragspflichten ordnungsgemäß nachkommt. Der Mieter ist daher als wirtschaftlicher Eigentümer anzusehen mit der Folge, dass er den Mietgegenstand von Anfang an bilanzieren muss.

Bei Mietkauf ist die Umsatzsteuer mit der ersten Rate für den gesamten Mietkaufpreis (=Gesamtsumme aller vom Mieter zu zahlenden Raten) zu zahlen. Das bedeutet beim Mieter einen beträchtlichen Abfluss liquider Mittel, die er sich für die Umsatzsteuer über den Vorsteuerabzug zurückholen kann. Für die Zeitspanne zwischen Zahlung der Mehrwertsteuerschuld und Verrechnung des Vorsteuerbetrages entsteht ein Zinsverlust.

Der Mietkauf steht sowohl abwicklungs- als auch bilanztechnisch dem Ratenkredit nahe. Er hat besondere Bedeutung dort, wo Leasing aus speziellen Gründen nicht eingesetzt werden kann, z. B. bei einigen Fördermitteln, die zur Bedingung haben, dass der Antragsteller selbst bilanziert.

(bb) Sale-and-Mietkauf-back (samb)

Bei dieser Vertragsart ist die Besonderheit, dass der Kunde zugleich Vertragspartner 835
des Mietkaufvertrages und Lieferant des Objektes ist. Der Kunde ist und bleibt somit Eigentümer. Die Leasinggesellschaft schließt mit dem Kunden einen Kaufvertrag über das Objekt ab und überlässt ihm dieses im Rahmen eines Mietkaufvertrages. Dieses Modell findet i. d. R. dann zur Liquiditätszufuhr Anwendung, wenn das Unternehmen keinen steuerlichen Nutzen aus etwaigen Buchgewinnen oder -verlusten generieren kann. Im Unterschied zum Sale-and-lease-back fällt beim Sale-and-Mietkauf-back das Eigentum nach Ablauf der Mietdauer immer an den Leasingnehmer zurück.

(c) Sicherungsübereignung

Die Sicherungsübereignung ist ein Vertrag, durch den der Schuldner dem Gläubiger 836
zur Sicherung einer Schuld das Eigentum an einer beweglichen Sache oder an einer Sachgesamtheit (z. B. Warenlager) überträgt mit der Verpflichtung zur Rückübertragung, sobald die Schuld getilgt ist, oder mit der Vereinbarung, dass das Eigentum nach Erfüllung der Schuld von selbst an den Schuldner zurückfällt. Die Sicherungsübereignung ist ein treuhänderisches Rechtsverhältnis (Treuhandschaft).

Die Sicherungsübereignung hat weitgehend das Pfandrecht verdrängt, da sie im Gegensatz zu diesem eine tatsächliche Übergabe der Ware nicht voraussetzt. Sie ist jedoch nur wirksam, wenn ein Besitzkonstitut vereinbart ist. Die Sicherungsübereignung einer Sachgesamtheit, besonders eines Warenlagers, ist auch in der Weise möglich, dass dem Schuldner die Veräußerung einzelner Waren im Wege eines normalen Geschäftsverkehrs gestattet wird, andererseits jedoch auch die Waren, die erst in Zukunft Bestandteil des Warenlagers werden, von der Sicherungsübereignung erfasst werden.

(d) Pfandrechte

Das Pfandrecht ist ein dingliches Recht eines Gläubigers, eine bewegliche Sache, eine 837
Forderung oder ein Recht des Schuldners zu verwerten, um eine Forderung zu befriedigen. Das Pfandrecht ist streng akzessorisch ausgestaltet, also vom Bestand einer zu sichernden Forderung abhängig. Geregelt ist das Pfandrecht in §§ 1113 bis 1296 BGB.

Pfandrechte werden unterteilt in Grundpfandrechte (Hypotheken, Grundschulden und Rentenschulden, §§ 1113 bis 1203 BGB) und Pfandrechte an beweglichen Sachen und Rechten (§§ 1204 bis 1296 BGB).

Grundpfandrechte werden nach den Regeln, die für die Übertragung des zu verpfändenden Rechts gelten, bestellt. Bei den Pfandrechten an beweglichen Sachen und Rechten wird wiederum unterschieden zwischen gesetzlichen Pfandrechten und vertraglichen Pfandrechten.

Gesetzliche Pfandrechte entstehen allein durch das Vorliegen gesetzlich bestimmter Umstände, ohne dass eine darauf ausgerichtete Einigung vorliegt, während bei vertraglichen Pfandrechten eine vertragliche Vereinbarung vorliegt. Zu den vertraglichen Pfandrechten zählen u. a. das Vermieterpfandrecht, das Speditionspfandrecht und das Werkstattpfandrecht.

Ein vertraglich vereinbartes Pfandrecht an einer beweglichen Sache setzt eine Übergabe der verpfändeten Sache voraus (»Faustpfandrecht«, § 1205 BGB). Da dies im Geschäftsleben nur schwer durchführbar ist, wurde das Pfandrecht weitestgehend durch die Sicherungsübereignung verdrängt.

Die Ausübung eines Pfandrechts kann erfolgen, soweit Pfandreife besteht, also wenn die zu sichernde Forderung fällig ist (§ 1228 BGB). Handelt es sich um bewegliche Sachen, werden diese in einer öffentlichen Versteigerung verkauft. Das Pfandrecht endet, wenn die Forderung erlischt, die dem Pfandrecht zugrunde liegt (Akzessorietät).

Grundschuld und Rentenschuld sind nicht akzessorisch.

(e) Eigentumsvorbehalt

838 Der Vorbehalt des Eigentums ist ein Sicherungsmittel für den Verkäufer einer beweglichen Sache und betrifft somit fast alle Unternehmen gleichermaßen. Er stellt das mit Abstand am weitesten verbreitete und das in seiner Umsetzung einfachste Sicherungsmittel dar. Hierbei unterscheidet man zwischen folgenden Arten des Eigentumsvorbehalts:

(aa) Einfacher Eigentumsvorbehalt

839 Der einfache Eigentumsvorbehalt ist ein Vorbehaltskauf. D. h. es wird immer unter einer Bedingung verkauft. Der Verkäufer behält sich das Eigentum an der Kaufsache zur Sicherung einer Forderung (i. d. R. der Kaufpreisforderung) vor. Tritt die Bedingung ein, geht das Eigentum an der Sache automatisch auf den Käufer über. Bis zu diesem Zeitpunkt ist der Käufer lediglich Besitzer der Sache. Bei Nichtbezahlung kann der Verkäufer die Sache vom Käufer herausverlangen. Um seine schuld- und sachenrechtlichen Wirkungen entfalten zu können, muss der Eigentumsvorbehalt Bestandteil des Kaufvertrages sein und in der sachenrechtlichen Einigung erklärt werden. Fehlt es an einer schuldrechtlichen Vereinbarung im Kaufvertrag, kann der Käufer unbedingte Übereignung verlangen (§ 449 BGB).

(bb) Verlängerter Eigentumsvorbehalt

840 Beim verlängerten Eigentumsvorbehalt erstreckt sich der Eigentumsvorbehalt auch auf die Fälle der Weiterveräußerung und der Weiterverarbeitung. Der Vorbehaltsverkäufer ermächtigt den Vorbehaltskäufer, über die Kaufsache i. R. d. ordnungsgemäßen Geschäftsverkehrs zu verfügen. Dies bedeutet insbesondere, dass der Vorbehaltskäufer die Sache auch weiterverkaufen darf, sodass er dann mit dem durch den Verkauf erzielten Geld meist erst die Raten eines zum Kauf gewährten Kredites bezahlen kann. Im Gegenzug dazu tritt der Vorbehaltskäufer dem Verkäufer im Voraus alle Rechte

aus der Weiterveräußerung ab; der Vorbehaltskäufer wird aber in aller Regel dennoch ermächtigt, die Forderungen aus dem Weiterverkauf für Rechnung des Vorbehaltsverkäufers einzuziehen.

▶ Beispiel:

Ein Großhändler verkauft Waren unter verlängertem Eigentumsvorbehalt an einen Einzelhändler, welcher diese an Kunden verkauft. Der Kunde wird (gutgläubig) Eigentümer; die dem Einzelhändler zustehende Kaufpreisforderung steht dem Großhändler zu.

Um einen Verarbeitungseigentumsvorbehalt handelt es sich, wenn der Vorbehaltsverkäufer mit dem Vorbehaltskäufer eine sog. Verarbeitungsklausel vereinbart. Dies bedeutet, dass auch wenn der Käufer die gekaufte Sache weiterverarbeitet und dadurch (durch Einbau, Verbindung oder Vermischung) gesetzlich Eigentum erwirbt, das Eigentum beim Verkäufer bleiben soll. Das Gesetz geht zwar in Sonderfällen der Verarbeitung oder Umbildung davon aus, dass der Käufer spätestens durch die Weiterverarbeitung Eigentum erlangt; dies kann aber durch eine Verarbeitungsklausel wirksam ausgeschlossen werden. Sollte also ein Käufer bspw. Bretter kaufen, so setzt sich das vorbehaltene Eigentum an diesen Brettern an einem ggf. daraus hergestellten Schrank fort.

▶ Beispiel:

Ein Großhändler verkauft eine Spanplatte unter Verarbeitungseigentumsvorbehalt an einen Schreinerbetrieb, welcher daraus eine Tür herstellt. Das vorbehaltene Eigentum des Großhändlers an der Spanplatte setzt sich an der Tür fort.

(cc) Erweiterter Eigentumsvorbehalt

Der erweiterte Eigentumsvorbehalt ist eine Abwandlung des einfachen Eigentumsvorbehalts. 841 Er ist insbesondere bei laufenden Geschäftsbeziehungen zwischen den Vertragsparteien zu empfehlen. Beim erweiterten Eigentumsvorbehalt geht das Eigentum auf den Vorbehaltskäufer nicht automatisch mit der letzten Ratenzahlung über. Es wird von der Tilgung weiterer Verbindlichkeiten abhängig gemacht. Abgesichert werden nicht nur die konkrete Kaufpreisforderung, sondern sämtliche Forderungen des Verkäufers aus der Geschäftsverbindung mit dem Käufer (sog. Kontokorrentvorbehalt).

▶ Beispiel:

»Die Parteien vereinbaren, dass das Eigentum an der verkauften Sache erst dann auf den Käufer übergeht, wenn alle gegenwärtigen und zukünftigen Forderungen beim Käufer erfüllt sind.«

(f) Globalzession

Bei einer Globalzession werden sämtliche gegenwärtigen und künftigen Forderungen 842 gegenüber Dritten bereits zum Zeitpunkt der Entstehung als Sicherheit an einen

Gläubiger abgetreten. Insbesondere Banken lassen sich oftmals vom Schuldner zur Sicherung ihrer Forderungen dessen Forderungen aus Lieferungen und Leistungen abtreten (Sicherungsabtretung).

(g) Finanzierung

843 Die Finanzierung ist einer von drei Teilbereichen der Finanzwirtschaft und umfasst alle betrieblichen Prozesse zur Bereitstellung und Rückzahlung der finanziellen Mittel, die für eine Investition benötigt werden. Darunter fallen alle Maßnahmen von der Beschaffung bis zur Rückzahlung finanzieller Mittel sowie die damit verbundene Gestaltung der Zahlungs-, Informations-, Kontroll- und Sicherungsbeziehungen zwischen Unternehmen und Kapitalgebern.

Bei der Finanzierung von z. B. Maschinen und Anlagen werden sehr oft Sicherungsübereignungsverträge als Grundvoraussetzung vom Finanzierungsgeber vorausgesetzt.

(h) Hypotheken

844 Der Begriff Hypothek bezeichnet das Recht eines Gläubigers, seine Forderungen durch das Eigentum seines Schuldners zu befriedigen. Dies kann ein Grundstück, ein Wohnungseigentum oder ein Gebäudeeigentum sein. Die Aufnahme einer Hypothek gilt als Sicherheit bei der Aufnahme eines Kredites. Die Hypothek wird ins Grundbuch eingetragen. Bei Mobilien kennen wir die Hypothek in der Schiffsfinanzierung, hier spricht man von einer Schiffbauwerkshypothek oder Schiffshypothek.

(5) Die physische Inventarisierung

845 Die physische Inventarisierung bildet die Grundlage eines Bewertungsgutachtens. Dabei kann die Aufnahme der Gegenstände einzeln oder in Gruppen stattfinden, sowie mit oder ohne Kennzeichnung. Die physische Inventarisierung mit oder ohne Kennzeichnung stellt eine Sicherung der Vermögensgegenstände dar. Hierzu wird der Insolvenzverwalter mit Bestellung vom Insolvenzgericht durch Beschluss nach §§ 21, 22 InsO aufgefordert. Man unterscheidet zwischen der physischen Inventarisierung des Anlagevermögens und der des Umlaufvermögens.

(a) Die physische Inventarisierung des Anlagevermögens

846 Sie dient zur eindeutigen Identifizierung des mobilen Anlagevermögens für Dritte. Sinnvoll ist hier, bei nicht eindeutig wiederzufindenden Gegenständen, wie z. B. Montagearbeitsplätzen, Büroeinrichtungsgegenständen und PC eine zusätzliche Kennzeichnung durch Nummernaufkleber analog zur Aufnahme. Bei gleichartigen Maschinen wie z. B. Kunststoffspritzmaschinen und Spinnmaschinen, bei denen durch möglicherweise fehlende Typenschilder eine eindeutige Identifizierung nicht möglich ist, wird durch die Kennzeichnung bei der Inventarisierung eine eindeutige Identifizierung geschaffen. Dabei bleibt die Nummerierung von der Aufnahme über eine mögliche Verwertung bis hin zur anschließenden Rechnungsstellung konstant. Transparenz für alle Seiten wird dadurch gewährleistet.

Bei der physischen Inventarisierung des Anlagevermögens empfiehlt sich eine strukturierte Vorgehensweise, um eine vollständige Erfassung der Vermögensgegenstände zu erzielen.

Bei einem Maschinenbaubetrieb bietet sich die Inventarisierung anhand des Materialflusses wie folgt an:
- Wareneingang,
- mechanische Bearbeitung,
- Montage,
- Lager,
- Versand,
- Betriebsschlosserwerkstatt,
- Elektrowerkstatt,
- Kfz-Werkstatt,
- Energieversorgung,
- Sozialräume,
- Verwaltung,
- Freigelände,
- Außenstandorte,
- Fuhrpark.

Dem Materialfluss in einem Unternehmen haftet eine gewisse Struktur an, die eine gute Orientierung bei der Inventarisierung darstellt. Bei Großunternehmen ist eine Vorgehensweise nach Abteilungen oder Kostenstellen sinnvoll. Das Einbeziehen von Mitarbeitern aus Unternehmensabteilungen erleichtert eine strukturierte Vorgehensweise.

Bei der Inventarisierung werden alle vorgefundenen Gegenstände überwiegend einzeln, z.T. auch in Gruppen oder pauschalisiert, erfasst. Bei der Beschreibung der Gegenstände sind u.a. die folgenden Kriterien einzuhalten: 847
- Der Gegenstand, der inventarisiert wird, wird so benannt, wie der allgemeine Fachbegriff für diesen Gegenstand lautet. Häufig entsprechen die in den Anlagegittern verwendeten Begriffe der Anlagegüter nicht den Fachbegriffen, sondern eher der umgangssprachlichen Redensart.
- Zur besseren Identifikation werden, sofern vorhanden, Inventarnummern erfasst. Diese dienen zum Abgleich mit dem Anlagenspiegel.
- Nach der Benennung des Gegenstandes mit einem prägnanten Fachbegriff ist es hilfreich, weitere technische Daten des Gegenstandes wie folgt zu erfassen:
- Fabrikat,
- Typ,
- Maschinennummer,
- Verfahrwege,
- Steuerungsart,
- Betriebsstunden,
- Abmessungen/Gewichte,
- Baujahr usw.

Sollten Typenschilder für die Aufnahme o. g. Daten fehlen, findet man in den Schaltschränken der Maschinen häufig Datenblätter oder Bedienungsanleitungen, denen die benötigten Informationen entnommen werden können.

(b) Physische Inventarisierung Umlaufvermögen

848 Das Umlaufvermögen ist streng getrennt vom Anlagevermögen zu inventarisieren. Zur möglichst genauen Erfassung aller Gegenstände des Umlaufvermögens muss entweder eine auf den Stichtag bezogene Inventur durchgeführt oder ein stichprobenartiger Abgleich vollzogen werden. Ein stichprobenartiger Abgleich, möglichst der werthaltigen Positionen, ist jedoch nur möglich, wenn das insolvenzbehaftete Unternehmen entweder über ein gut geführtes Warenwirtschaftssystem verfügt oder erst kürzlich eine vollständige Inventur stattgefunden hat.

Die Artikelbeschreibung sollte Informationen wie Artikelname, Artikelnummer, Menge und Mengeneinheit beinhalten. Bei mehreren Lieferanten gleicher Bauteile ist zu prüfen, ob eine Zuordnung im Hinblick auf mögliche Eigentumsvorbehalte durchführbar ist.

ee) Wertermittlung

849 Als Wertermittlung bezeichnet man den Vorgang der Ermittlung eines verlässlichen Marktwertes, Verkehrswertes oder Beleihungswertes eines beliebigen Wirtschaftsgutes. Der Wert stellt, im Unterschied zum Preis, welcher das Ergebnis einer konkreten Tauschaktion zwischen zwei konkreten Marktteilnehmern ist, die anzunehmende Preisvorstellung einer Gruppe von Marktteilnehmern dar. Aufgrund dessen kann man den Wert auch als objektivierten Preis verstehen. Zwischen dem – subjektiven Einflüssen unterliegenden – Preis und dem Wert sind Abweichungen möglich und auch üblich.

(1) Wertbegriffe

(a) Liquidationswert

850 Als Liquidationswert bezeichnet man den Veräußerungswert eines Wirtschaftsgutes bei Liquidation eines Unternehmens. Bei der Bewertung unter dem Gesichtspunkt der Liquidation werden Einzelwerte ermittelt, die berücksichtigen, dass ein Dritter die Maschinen, die Betriebs- und Geschäftsausstattung sowie den Fuhrpark ohne Gewährleistungsansprüche wie besichtigt ab Standort übernimmt. Weiterhin wird bei der Wertfindung berücksichtigt, dass ein möglicher Käufer die evtl. anfallenden Kosten der De- und Remontage sowie des Transportes trägt.

Der jeweilige Liquidationsschätzwert des mobilen Sachanlagevermögens wird in Abhängigkeit der folgenden Faktoren ermittelt:
- Baujahr,
- Anschaffungswert,
- technischer Zustand,

- Modernität,
- wirtschaftliche Restnutzungsdauer,
- technische Restnutzungsdauer,
- Wiederbeschaffungswert,
- Besichtigungsergebnis.

(b) Fortführungswert (going concern Wert)

Der Fortführungswert eines Wirtschaftsguts wird als derjenige Wertanteil ermittelt, der im Rahmen einer Gesamtveräußerung des Unternehmens (bzw. Unternehmensteils) mit Fortführungsabsicht auf das jeweilige Wirtschaftsgut. Bei der Bewertung unter dem Gesichtspunkt der Betriebsfortführung (going concern) geht man sowohl von den historischen Anschaffungswerten als auch u. U. von den Wiederbeschaffungswerten der einzelnen Wirtschaftsgüter aus. Bei der Schätzung wird unterstellt, dass mit den vorhandenen Maschinen, der Betriebs- und Geschäftsausstattung sowie dem Fuhrpark der bisherige bzw. ein ähnlicher Unternehmenszweck weiterhin verfolgt werden kann. 851

Ebenso werden folgende Bewertungskriterien zugrunde gelegt: 852
- Produktwirtschaftlichkeit bzw. -effizienz,
- Anschaffungswert/Marktwert,
- technischer Zustand,
- Modernität,
- wirtschaftliche Restnutzungsdauer,
- technische Restnutzungsdauer,
- Wiederbeschaffungswert,
- Besichtigungsergebnis,
- Herstellungsjahr.

(c) Anschaffungs- und Herstellungskosten

Die Anschaffungskosten sind ein Begriff aus dem betriebswirtschaftlichen Rechnungswesen. Steuerlich und buchhalterisch ist der Begriff als Untergliederung des weiter gefassten Begriffs der Anschaffungs- und Herstellungskosten zu sehen. In diesem Rahmen werden die Herstellungskosten den Anschaffungskosten eines Wirtschaftsgutes weitgehend gleichgestellt, da der Unternehmer zwischen beiden Möglichkeiten der Erstehung eines Wirtschaftsguts, der Eigenfertigung oder dem Fremdbezug frei wählen können soll. 853

Es handelt sich dabei um die Nettokosten, die bei der Anschaffung einer Maschine, eines Fahrzeugs oder von Teilen der Betriebs- und Geschäftsausstattung anfallen. Anschaffungskosten sind die Aufwendungen, die geleistet werden, um einen Vermögensgegenstand zu erwerben und ihn in einen betriebsbereiten Zustand zu versetzen, soweit sie dem Vermögensgegenstand einzeln zugeordnet werden können.

Zu den Anschaffungskosten zählen nicht nur der Netto-Kaufbetrag, sondern auch sog. Anschaffungsnebenkosten wie Frachtkosten, Zoll und Verpackungskosten sowie alle

Aufwendungen, um den erworbenen Vermögensgegenstand in einen betriebsbereiten Zustand zu versetzen, wobei diese Aufwendungen einzeln zurechenbar sein müssen.

(d) Buchwert

854 Handels- und steuerrechtlich bezeichnet der Buchwert die Anschaffungskosten eines einzelnen Wirtschaftsgutes unter Berücksichtigung der (handelsrechtlichen) Abschreibungen bzw. der (steuerrechtlichen) AfA (Absetzung für Abnutzung). Erfährt ein Wirtschaftsgut im Laufe der Zeit eine Aufwertung, bspw. durch Reparatur, Renovierung oder Modernisierung, so ist eine Wertkorrektur vorzunehmen und der Buchwert zu erhöhen.

(e) Wiederbeschaffungswert

855 Die Wiederbeschaffungskosten eines Gutes stellen die Anschaffungskosten des gleichen oder zumindest eines vergleichbaren Wirtschaftsgutes zum jetzigen Zeitpunkt dar. Zu unterscheiden ist zwischen dem Wiederbeschaffungsneuwert, der den Neukaufpreis eines Gegenstandes ausweist, und dem Wiederbeschaffungszeitwert, der den Kaufpreis eines vergleichbaren, gebrauchten Gegenstandes beziffert.

(g) Substanzwert

856 Der Substanzwert ist ein Begriff aus der Unternehmensbewertung und umfasst die Geldsumme, die aufgewendet werden müsste, um ein Unternehmen zu errichten, das dem Bewertungsobjekt gleicht. Aus betriebswirtschaftlicher Sicht stellt der Substanzwert den Verkehrswert des Umlauf- und Anlagevermögens eines zu bewertenden Unternehmens dar.

(h) Goodwill

857 Als »Goodwill« oder auch als »Geschäftswert« oder »Firmenwert« werden die immateriellen Vermögensposten in einem Unternehmen bezeichnet. Er entsteht bei Übernahme eines Unternehmens und entspricht dem Betrag, welcher ein potentieller Käufer eines Unternehmens bereit wäre, für dieses zu zahlen. Dabei werden sowohl zukünftige Ertragserwartungen einbezogen, als auch der Wert sämtlicher materiellen und immateriellen Werte; Schulden sind hiervon abzuziehen. Der Goodwill berechnet sich dementsprechend aus der Differenz zwischen dem Kaufpreis für ein Unternehmen und dem Substanzwert. Das bedeutet, dass der Goodwill als diejenige Summe bezeichnet werden kann, um die der Kaufpreis den eigentlichen Substanzwert eines Unternehmens übersteigt.

(2) Wertfindung

858 Zur Erläuterung der Wertfindung der zuvor in Abschnitt (1) aufgeführten Wertbegriffe, sollen im Folgenden insb. der Liquidations- und der Fortführungswert genauer betrachtet werden. Um möglichst genaue Werte zu ermitteln, ist es nahezu unumgänglich, externe Sachverständige hinzuzuziehen. Ihre Werte basieren im Wesentlichen auf

Marktwerten, die auf Versteigerungen, bei freien Verkäufen sowie bei aktuellen Marktrecherchen von vergleichbaren Gegenständen sowie sonstigen Anlagengütern ständig ermittelt und aktualisiert werden. Hinzu kommt, dass eine kontinuierliche Markbeobachtung durch Internetrecherchen und Händlerinformationen gewährleistet ist.

Anhand nachfolgender Beispiele soll verdeutlicht werden, was bei der Ermittlung von Liquidations- und Fortführungswerten im konkreten Fall beachtet werden muss. 859

▶ Beispiel 1:

Ein großes Bohrwerk, welches auf einem eigens dafür angeschafften Fundament steht, soll unter Liquidationsgesichtspunkten bewertet werden. Hier gilt es zu beachten, dass die Anschaffungsnebenkosten, also die Herstellkosten für das Fundament, nicht bei der Ermittlung des Liquidationswertes berücksichtigt werden dürfen. Werthaltig ist in diesem Fall nur das Bohrwerk. Somit erfolgt die Bewertung auch nur ausschließlich für das Bohrwerk. Bei der Bewertung unter dem Gesichtspunkt der Betriebsfortführung, müssen hingegen die Gesamtkosten zugrunde gelegt werden, somit auch die Herstellkosten für das Fundament.

▶ Beispiel 2: 860

Bei einer vorzunehmenden Bewertung einer Absaug- und Filteranlage kommt es häufig vor, dass in den Anschaffungskosten die gesamten Montageleistungen, die für den Aufbau und die Installation der Anlage benötigt wurden, enthalten sind. Auch hier ergeben sich Unterschiede bei der Hinzuziehung von Anschaffungs- und Herstellkosten zur Ermittlung der Liquidations- und Betriebsfortführungswerte.

▶ Beispiel 3: 861

Bei der Bewertung von Gesamtanlagen unter dem Gesichtspunkt der Liquidation ist zu prüfen, ob ein Gesamtverkauf der Anlagen an Dritte zum Betrieb an einem neuen Standort realisierbar erscheint. Sollte dies nicht der Fall sein, sind häufig nur wenige Komponenten aus der Gesamtanlage zu verwerten. Die Peripherie z. B. mit Versorgungsleitungen für Strom, Luft, Wasser, Fördertechnik etc. ist dabei wertmäßig nur unter Ausschlachtungsgesichtspunkten anzusetzen. Unter dem Gesichtspunkt der Betriebsfortführung hingegen ergibt sich ein völlig anderer, deutlich höherer Wert.

(3) Wertbeeinflussende Faktoren/Betrachtungsweise

Wertbeeinflussende Faktoren bzw. wertbeeinflussende Betrachtungsweisen können 862
sehr vielfältig sein und sehr unterschiedliche Ausmaße annehmen. Besonders spezielle Marktgegebenheiten oder unvorhergesehene Ereignisse stellen Faktoren dar, die ermittelte, realistisch erscheinende Liquidations- bzw. Fortführungswerte innerhalb von kurzer Zeit völlig verändern können. Spezielle Marktgegebenheiten lassen sich v. a. im technologischen Sektor vorfinden. In Zeiten raschen technologischen Wandels können ganze Technologien von heute auf morgen einen erheblichen Werteverlust erleben.

▶ Beispiel:

Im Jahr 2004 kam es größtenteils zum Zusammenbruch der Großfotolaborbranche durch den technologischen Wandel und den damit verbundenen Einzug der Digitaltechnik bei der Fototechnik und -entwicklung. Das hatte zur Folge, dass bei den Insolvenzen der Firma Kodak Foto Service (KFS) und weiterer Großfotolabore eine Überschwemmung des Marktes mit analoger Gerätetechnik stattfand. Der Absatzmarkt für diese Technik brach zusammen. Das hatte zur Folge, dass bei dem Verkauf dieser Geräte die Bewertungsansätze innerhalb kürzester Zeit nicht mehr realisierbar waren.

863 Spezielle Marktgegebenheiten lassen sich aber auch in länderspezifischen Besonderheiten der Absatzmärkte erkennen. Einfuhrbeschränkungen, andere Klimaverhältnisse oder andere Normen und Zulassungsbeschränkungen können hier genannt werden.

▶ Beispiel 1:

Eine Druckerei soll hinsichtlich eines Verkaufes von Deutschland nach Indien bewertet werden. Da in Indien deutlich wärmere Temperaturen vorherrschen, gilt es bei der Bewertung zu beachten, dass die Produktion mit den Maschinen ohne entsprechend klimatisierte Räume nicht oder nicht lange möglich wäre. Die Druckerei besitzt also je nach Bestimmungsmarkt unterschiedliche Werte.

▶ Beispiel 2:

Nach Russland dürfen nur LKW eingeführt werden, die mindestens die Schadstoffklasse Euro 2 haben. PKW, die nach Bulgarien eingeführt werden, müssen mindestens die Schadstoffklasse Euro 3 haben. LKW, die in die Ukraine eingeführt werden sollen, dürfen nicht älter als acht Jahre sein.

864 Unvorhergesehene Ereignisse können durch neue behördliche Auflagen oder Gesetzesänderungen eintreten.

▶ Beispiel:

Durch die Einführung der Umweltzonen erfuhren Fahrzeuge, die mit Euro I oder Euro II bewertet wurden, innerhalb einer kurzen Zeit einen deutlichen Wertverlust. Wurden Fahrzeuge dieser Umweltklassen kurz vor Bekanntgabe dieser Verordnung bewertet, fehlte dementsprechend diese wertmindernde Information, sodass die Bewertung nach den neuen Erkenntnissen zu hoch ausfiel.

865 Weitere wertbeeinflussende Faktoren liegen zudem in der Ausstattung bzw. im Zubehör von zu bewertenden Anlagegütern. Bei der Bewertung von **Nutzfahrzeugen** und **Anhängern** bspw. kommt es u. a. auf Ausführungsmerkmale wie Fahrerhausgröße, Nutzlast, Achsanzahl, Radstand, Front- oder Heckladekran, Ladebordwand oder Heck- bzw. Seitenkippaufbau an.

866 Ebenfalls wertbeeinflussend auswirken können sich z. B. Inhaltsstoffe von zu bewertenden Behältern. Sind diese entsorgungspflichtig, ändert sich natürlich auch der anzusetzende Wert des Behälters im Maße der Entsorgungskosten.

Des Weiteren spielt die Anbindung der Unternehmen, aus denen die zu bewertenden Anlagegüter stammen, an das öffentliche Verkehrsnetz wie Straße, Schiene oder Wasser eine Rolle. Entstehen zum Abtransport bspw. eines Bearbeitungszentrums wesentlich größere Kosten als im Normalfall, muss dies bei der Bestimmung des Liquidationswertes berücksichtigt werden. 867

(4) Betrachtung von Immobilieneinbauten

Als Immobilieneinbau werden im weitesten Sinne die Güter des Anlagevermögens betrachtet, die nicht mobil sind. Das heißt, sie sind aufgrund ihrer Verbundenheit mit dem Gebäude (der Immobilie) nicht ohne weiteres von diesem trennbar. Zu ihnen zählen z. B.: 868
- Hoch- und Niederspannungsanlagen, Transformatoren, Unterverteilungen,
- Heizungs- und Klimaanlagen,
- Beleuchtungen,
- Energieversorgungsanlagen, Gasübergabestationen.

Diese Gegenstände findet man im Anlagenspiegel des Unternehmens oftmals gesondert aufgeführt, sofern diese vom Unternehmen angeschafft wurden. Im Fall einer Betriebsfortführung stellen diese fest installierten Einrichtungen zumeist einen hohen Wert dar, da die Installationsarbeiten einen erheblichen Kostenfaktor ausmachen.

Bei der Bewertung dieser Anlagen ist zu berücksichtigen, dass es bei einem möglichen Verkauf und der damit verbundenen Ausbringung solcher Einrichtungen zu einer überproportionalen Wertminderung der Immobilie kommen kann. Werden bspw. Klima- und Filteranlagen demontiert, sind fast immer Durchbrüche in Wänden, Decken oder Dächern erforderlich.

Während Immobilieneinbauten i. d. R. hinsichtlich ihres Liquidationswertes nicht bewertet werden, stellen sie im Fall der Betriebsfortführung, wie bereits o.e., oftmals einen sehr großen Wert dar. 869

▶ Beispiel 1:

Ein holzverarbeitendes Unternehmen betreibt eine Späneheizanlage, welche aufgrund ihrer Verbundenheit mit dem Gebäude als Immobilieneinbau anzusehen ist. Das Betreiben einer Späneheizanlage ist wirtschaftlich jedoch nur sinnvoll, wenn die Immobilie auch zukünftig von einem holzverarbeitenden Betrieb (in dem Späne anfallen) genutzt wird. Sollte die Immobilie zukünftig von einem in einer anderen Branche tätigen Betrieb genutzt werden, stellt diese Anlage keinen Wert dar, da sie wirtschaftlich nicht sinnvoll genutzt werden kann.

▶ Beispiel 2:

Ein produzierender Betrieb betreibt innerhalb seiner Immobilie eine leistungsstarke Transformatorenanlage. Aufgrund der Verbundenheit mit dem Gebäude ist auch diese als Immobilieneinbau anzusehen. Sollte die Immobilie nun bspw. als Lager genutzt oder von einem nicht-produzierendem Unternehmen fortgeführt werden, hätte die Transformatorenanlage keinen Wert mehr. Meist wird sie dann abgeklemmt und außer Betrieb genommen. Sollte die Immobilie jedoch von einem Unternehmen einer ebenfalls energieintensiven Branche fortgeführt werden, würde die Transformatorenanlage einen sehr hohen Wert besitzen.

Anhand der beiden Beispiele wird deutlich, dass eine Bewertung eines Anlagegutes hinsichtlich seines Fortführungswertes immer auch in Abhängigkeit seiner weiteren Nutzungsmöglichkeiten steht. Während die Späneheizanlage aus Beispiel 1 nur werthaltig ist, sollte die Immobilie von einem holzverarbeitenden Betrieb genutzt werden, stellt die Transformatorenanlage aus Beispiel 2 schon eine werthaltige Position dar, sobald die Immobilie von einem energieintensiven Unternehmen, unabhängig von der Branche, genutzt wird. Bei der Bewertung von Immobilieneinbauten gilt es daher, diese Unterschiede zu berücksichtigen.

(5) Umlaufvermögen

870 Bei der Bewertung von Umlaufvermögen werden unter Liquidations- sowie auch Betriebsfortführungsgesichtspunkten u. a. die folgenden Faktoren berücksichtigt:
- ABC-Listen (geben Auskunft über die Warenumschlaghäufigkeit),
- Einkaufswert (insb. der MEK = Mittlerer Einkaufswert. Einkaufswert unter Berücksichtigung von Rabatten, Importkosten, Frachtkosten, Skonti, Wechselkursschwankungen),
- Verkaufswert,
- Zustand der Ware,
- Lagerort,
- Lagerdauer,
- Zuordnung und Lagerrichtlinien,
- allgemeine Marktsituation,
- Größenstruktur bei Textilien,
- modische Aktualität bei Textilien,
- regionale Unterschiede,
- Zölle, Einfuhrbeschränkungen,
- Dauer von Produktzyklen,
- Mindesthaltbarkeitsdaten (MHD) bei Lebensmitteln,
- saisonale Gesichtspunkte,
- erwartete Inventurdifferenzen,
- Alter und evtl. Krankheiten bei Tieren.

871 Bei der Bewertung von **Halbfertigteilen** z. B. im Anlagenbau werden unter Liquidationsgesichtspunkten die verbauten Materialien bzgl. ihrer Vermarktungsfähigkeit geprüft und mit Abschlägen je nach Verwertungsmöglichkeit bewertet.

872 Bei der Bewertung unter dem Gesichtspunkt der **Betriebsfortführung** werden die Anschaffungs- und Herstellkosten berücksichtigt und ggf. ein Risikoabschlag eingepreist.

873 Bei der Ermittlung der Liquidationswerte muss auch die **Vermarktungsform** berücksichtigt werden. Bei der Vermarktung von Warenbeständen gibt es oftmals zwei Varianten:
- **Vermarktung an Wiederverkäufer durch Postenverkauf/Liquidationswert I:**
  Die vorhandenen Warenbestände werden als Gesamtpaket bzw. Großpakete ohne

Gewährleistungsansprüche – wie besichtigt – ab Standort an Postenhändler verkauft.
Vorteile: geringe Vertriebskosten, schnelle Realisation der Erlöse, schnelle Räumung der Immobilie, geringe Personalkosten. Nachteil: geringerer Erlös.

– **Vermarktung an Endverbraucher mittels Insolvenzwarenverkauf/Liquidationswert II:**
Die Warenbestände werden in den vorhandenen Ladengeschäften an Endverbraucher in Form eines Räumungs-/Insolvenzwarenverkaufes über einen angemessenen Zeitraum abverkauft. Die Erlöserwartung liegt bei dieser Veräußerungsform um ein vielfaches höher als beim Liquidationswert I. Jedoch sind Nebenkosten für Personal, Werbung, Miete, Wasser, Strom, Buchführung und Abrechnung für den gesamten Verkaufszeitraum zu kalkulieren. Zu berücksichtigen bleibt, dass auch bei einem Räumungsverkauf ein Restbestand von unverkäuflichen Waren verbleibt.
Die Betriebsfortführungswerte basieren auf den Waren-Einkaufswerten unter besonderer Berücksichtigung der Umschlaghäufigkeit und dem wertmäßigen Abzug nicht verkaufbarer Artikel.

▶ Checkliste »Mobilienbewertung« 874

Checkliste „Mobilienbewertung"

	ja	nein
Sind Maßnahmen zur Sicherung der Vermögenswerte notwendig?	☐	☐
Liegt ein Anlagenspiegel vor?	☐	☐
Sind die Vermögensgegenstände im Eigentum des Schuldners?	☐	☐
Existieren Aus- und Absonderungsrechte am Anlagevermögen? (z.B. Leasing, Miete, Finanzierung, Sicherungsübereignung, Eigentumsvorbehalt etc.)	☐	☐
Gibt es überlagernde Sicherheiten?	☐	☐
Sind Aus- und Absonderungsverträge gekündigt?	☐	☐
Ist ggf. eine Ablösung der Drittrechtsverträge möglich und sinnvoll? (Marktwert höher als Restwert).		
Befinden sich Vermögensgegenstände an externen Standorten (z.B. Niederlassungen, Baustellen, Lagerplätze etc.)	☐	☐
Existiert immaterielles Anlagevermögen wie z.B. Patente, Markennamen, Gebrauchsmuster und Internetdomain?	☐	☐
Existiert Umlaufvermögen wie Unfertige- und Fertigerzeugnisse, Roh- Hilfs- und Betriebsstoffe?	☐	☐
Handelt es sich möglicherweise um verderbliche Waren?		
Gibt es Abweichungen hinsichtlich der Wirtschaftsgüter zwischen Sollbestand lt. Anlagenspiegel und physischer Bestandsaufnahme?	☐	☐
Sind diese Abweichungen vom Schuldner belegbar?	☐	☐
Handelt es sich um konventionelle Maschinen?	☐	☐
Handelt es sich um computergesteuerte-Maschinen (z.B CNC- oder SPS gesteuerte Maschinen)?	☐	☐
Handelt es sich um Sondermaschinen- und Anlagen, Einzweckanlagen, Immobilieneinbauten? Z.B. Lackieranlagen, Lagereinrichtungen, Absauganlagen etc.	☐	☐
Handelt es sich um allgemein gebräuchliche Maschinen? Z.B. Fräsmaschine, Drehmaschine, Presse, Autokran, Bagger etc.	☐	☐
Sind in den Anschaffungskosten bei Maschinen und Anlagen z.B. Aufbau- und Inbetriebnahmekosten aktiviert?	☐	☐
Wie sind die räumlichen Gegebenheiten? Ist eine Ausbringung der Maschinen- und Anlagen, ohne bauliche Veränderungen vorzunehmen, möglich?	☐	☐
Wurden die De- und Remontagekosten und Transportkosten berücksichtigt?	☐	☐

d) Forderungen im Überschuldungsstatus

aa) Ansatz dem Grunde nach (Mengengerüst)

875 Laut einer Studie der Deutschen Bundesbank betrug das Forderungsvermögen bei deutschen Klein- und Mittelunternehmen im Jahr 2010 durchschnittlich knapp 30 % der Bilanzsumme. Im Vergleich dazu betrug das Forderungsvermögen bei Großunternehmen rund 33 % der Bilanzsumme. An diesen Zahlen ist deutlich zu erkennen, dass die Position Forderungen erheblichen Einfluss auf die Aussagefähigkeit eines Jahresabschlusses hat.[979] Dieser Position kommt zudem ein hohes Maß an Bedeutung zu, da in ihr auch ein erhebliches **Manipulationspotenzial** steckt. Bei der Erstellung eines Überschuldungsstatus muss daher der Forderungswert genau geprüft werden.

876 Ausgangspunkt für den Überschuldungsstatus ist die **Handelsbilanz**. Gem. § 266 Abs. 2 HGB werden die Forderungen grds. im Umlaufvermögen ausgewiesen. Dabei werden folgende Arten unterschieden:
- **Forderungen aus Lieferungen und Leistungen** (z. B. Forderungen aus Lieferungen und Leistungen, Wechsel aus Lieferungen und Leistungen, zweifelhafte Forderungen, Wertberichtigungen auf Forderungen, Forderungen aus Lieferungen und Leistungen gegen Gesellschafter)
- **Forderungen gegen verbundene Unternehmen** (z. B. Forderungen gegen verbundene Unternehmen, Forderungen aus Besitzwechsel gegen verbundene Unternehmen, Forderungen aus Lieferungen gegen verbundene Unternehmen)
- **Forderungen gegen Unternehmen, mit denen ein Beteiligungsverhältnis besteht** (z. B. Forderungen gegen Unternehmen, mit denen ein Beteiligungsverhältnis besteht; Besitzwechsel gegen Unternehmen, mit denen ein Beteiligungsverhältnis besteht; Forderungen aus Lieferungen und Leistungen gegen Unternehmen, mit denen ein Beteiligungsverhältnis besteht)
- **Sonstige Vermögensgegenstände** (z. B. Sonstige Vermögensgegenstände, Forderungen gegen Vorstandsmitglieder und Geschäftsführer, Forderungen gegen Gesellschafter, Forderungen gegen Personal aus Lohn- und Gehaltsabrechnungen, Kautionen, Umsatzsteuerforderungen, Steuerüberzahlungen)

877 Im handelsrechtlichen Ausweis von Forderungen gibt es eine Ausnahme, die sog. **Ausleihungen**. Sie werden im Anlagevermögen aktiviert. Ausleihungen können nur aus der Hingabe von Kapital entstehen und werden als langfristige Finanzforderungen angesehen.[980]

---

979 Https://www.bundesbank.de/Redaktion/DE/Downloads/Veroeffentlichungen/Monatsberichtsaufsaetze/2012/2012_12_ertragslage.pdf?__blob=publicationFile (Abruf am 20.3.2015).

980 Gräfer, Die Bilanzierung von Forderungen im Jahresabschluss, BBK Nr. 2 v. 21.01.2005, S. 6727.

Grundsätzliche Arbeitsschritte zur Wertfindung im Überschuldungsstatus bei Forderungen: 878

1. Im **ersten Schritt** sind die Forderungen 1:1 in den Überschuldungsstatus zu übernehmen (Mengengerüst).
2. Im **zweiten Schritt** muss die Höhe (Wertegerüst) der einzelnen Forderungen geprüft und ggf. neu festgelegt werden. Im Überschuldungsstatus muss der „wahre Wert" einer Forderung aktiviert werden.

Die Vorgehensweise ist grds. für jede Art von Forderung gleich. Es wird im Folgenden keine weitere Differenzierung zwischen den verschiedenen Forderungsarten vorgenommen.

bb) Ansatz der Höhe nach (Wertegerüst)

(1) Bewertung bei positiver Fortführungsprognose

Fällt die Fortführungsprognose positiv aus, müssen im Verzeichnis **Fortführungswerte** 879
angesetzt werden.[981] Forderungen können grds. mit ihrem Nominalwert bzw. Nennwert angesetzt werden.[982] Bei einer Forderung aus Lieferung und Leistung entspricht der Rechnungsbetrag dem Nennbetrag.[983]

In der Literatur wird häufig angeführt, dass Forderungen grds. mit dem Buchwert, ggf. mit Wertberichtigungen, in den Status zu übernehmen sind.[984] Werden die Begriffe richtig differenziert, müssen Buchwerte und Nennwerte nicht übereinstimmen. Bei Forderungen ist dies in der Praxis häufig der Fall. Dennoch sollte der Unterschied klar sein:

- Eine Erstbewertung von Forderungen erfolgt zum Nennwert.
- Bei einer Folgebewertung wird der Nennwert fortgeschrieben (Buchwert).[985]

Damit Forderungen im Überschuldungsstatus richtig bewertet und eingeschätzt wer- 880
den können, müssen die **handelsrechtlichen Regelungen** bekannt sein.

In der Handelsbilanz herrscht im Umlaufvermögen das sog. **strenge Niederstwert-** 881
prinzip, d.h. dass in der laufenden Buchhaltung, spätestens jedoch am Bilanzstichtag,

981 Jaeger/Müller, § 19 Rn. 46.

982 Jaeger/Müller, § 19 Rn. 60.

983 Gräfer/Sorgenfrei, Rechnungslegung und Bilanzierung, S. 208.

984 Uhlenbruck, in: Gottwald, InsRHdb, § 6 Rn. 52; Uhlenbruck/Uhlenbruck, § 19 Rn. 77 m. w. N.

985 Gräfer, Die Bilanzierung von Forderungen im Jahresabschluss, BBK Nr. 2 v. 21.01.2005, S. 6729 f.

eine Bewertung der Forderungen erfolgen muss. Dabei muss alles berücksichtigt werden, was den Wert einer Forderung mindern könnte. Wertmindernd ist v. a. das Ausfallrisiko. Die Forderung kann ganz oder teilweise ausfallen. Je höher der Kaufmann dieses Risiko einschätzt, desto größer wird die Wertminderung sein. Aber auch Warenrücksendungen, Erlösschmälerungen, Einziehungskosten oder innerbetriebliche Zinsverluste müssen wertmindernd berücksichtigt werden.[986] Dagegen dürfen Prozesskosten, Ersatzlieferungen oder Erlösschmälerungen aus Nacharbeiten die Forderung nicht schmälern.[987]

Es erfolgt hinsichtlich der Bonität einer Forderung eine Einteilung in sichere, zweifelhafte und uneinbringliche Forderungen.

882 Für die Bewertung der Forderungen werden zwei Verfahren angewendet: **Einzelwertberichtigung** oder **Pauschalwertberichtigung**. I. d. R. werden zweifelhafte Forderungen und uneinbringliche Forderungen im Wege einer Einzelwertbewertung berichtigt und die sicheren Forderungen erhalten einen pauschalen Abschlag i. R. d. Pauschalwertberichtigung.

883 **Sichere bzw. vollwertige Forderungen** sind Forderungen, bei denen hinsichtlich ihrer Bonität keine Zweifel bestehen. Erfolgte die Zahlung bereits in dem Zeitraum zwischen Bilanzstichtag und Bilanzersterstellung oder kann mit dem Eingang der Zahlung bei Fälligkeit gerechnet werden, wie z. B. bei Forderungen gegen öffentlich-rechtliche Körperschaften, so liegen sichere Forderungen vor. Sie sind mit dem Nennwert zu bewerten.[988]

884 Ist der Zahlungseingang einer Forderung unsicher, so wird diese Forderung als **zweifelhafte oder dubiose Forderung** bezeichnet. Der Forderungsverlust ist noch nicht eingetreten, wird aber aller Voraussicht nach eintreten. Es wird also nur ein teilweiser Zahlungseingang erwartet. Indizien dafür sind z. B. fruchtlos erfolgte Mahnungen, Kunde verweigert Zahlung wegen Mängeln, negative Auskünfte über die Finanz- und Liquiditätsverhältnisse des Kunden oder Zweifel an der Kreditwürdigkeit des Kunden durch Nichteinlösungen von Schecks, schwebende Rechtsstreite sowie Insolvenzanmeldungen. Mithilfe dieser Anhaltspunkte wird die Höhe des Ausfalls geschätzt.[989] Allerdings darf diese Schätzung nicht auf bloßen Vermutungen und pessimistischen Entwicklungen der Marktlage beruhen.[990]

885 **Uneinbringlich** ist eine Forderung dann, wenn am Bilanzstichtag feststeht, dass die Forderung nicht mehr beglichen wird, d. h. sie wird in voller Höhe ausfallen. Käme es trotzdem zum Ansatz des vollen Nennwerts, so wäre dies ein klarer Verstoß gegen § 253 Abs. 3 Satz 2 HGB i. V. m. § 5 Abs. 1 EStG. Die Bilanz müsste berichtigt werden, denn

986 Herrmann/Heuer/Raupach, EStG/KStG, Anm. 911 zu § 6 EStG.

987 Neufang/Kessler, Deutsche Bilanzierungs-Richtlinien, Gruppe 3/F 59, S. 11.

988 Eisele, Technik des betrieblichen Rechnungswesen, S. 352.

989 Eisele, Technik des betrieblichen Rechnungswesen, S. 353.

990 BFH, 09.05.1961 – I 128/60 S, BStBl. III 1961, S. 336.

uneinbringliche Forderungen müssen abgeschrieben werden. Der beizulegende Wert der Forderung ist Null.[991] In diesem Fall ist aber zu berücksichtigen, dass dann die bereits abgeführte Umsatzsteuer gem. § 17 UStG berichtigt wird. Insoweit entsteht eine korrespondierende Forderung gegenüber dem Finanzamt, die allerdings mit einer etwaigen Umsatzsteuerzahllast aus der Vorsteuerkorrektur kraft Gesetz verrechnet wird.

Grds. gilt, dass sämtliche Forderungen im Überschuldungsstatus zu aktivieren sind. Es dürfen jedoch keine Forderungen aktiviert werden, die **nicht vollwertig** und **nicht durchsetzbar** sind.[992] Die strengen vom Vorsichtsprinzip getragenen Bilanzierungsregeln des HGB, insb. §§ 248 Abs. 2, 252 Abs. 1, 253 und 255 HGB, **gelten im Überschuldungsstatus nicht**. Es müssen bei den Forderungen die »**wahren Werte**« gefunden werden. Daher sind die Wertansätze in der Bilanz nicht als entscheidend zugrunde zu legen.[993] 886

Den wahren Wert einer Forderung zu finden ist in der Praxis schwierig, da nicht vorhergesehen werden kann, 887
- wann,
- ob
- und wie hoch (in voller Höhe oder weniger)

der Zahlungseingang der Forderungen sein wird. Die Bewertungsansätze in der Handelsbilanz können jedoch als eine Art Hilfestellung zur Wertfindung herangezogen werden. Letztlich wird die Ansatzhöhe dadurch bestimmt, dass derjenige Betrag geschätzt wird, der hinreichend wahrscheinlich zufließt.[994] Aus dieser Formulierung ist bereits die Unsicherheit in der handelsrechtlichen Literatur und Praxis ersichtlich. Letztlich geht es also darum, eine sachgerechte Schätzung zu treffen.

Forderungen aus Lieferungen und Leistungen bilden in der Bilanz i. d. R. den Großteil der Forderungen ab. Eine Einzelwertberichtigung jeder Forderung ist meistens sehr zeitaufwendig. Daher muss in der Praxis immer abgeschätzt werden, bei welchen Forderungen bis ins Detail geprüft werden sollte. Durch eine ABC-Anlayse der Kundenforderungen können z. B. Prüfungsschwerpunkte gesetzt werden. 888

▶ **Beispiel:** 889

Bei der XY GmbH wurde eine ABC-Analyse erstellt:

Klasse	Klassengrenze	Anzahl Kunden	Forderungshöhe	Forderung in %
A	ab 1.000.000,00 €	5	20.000.000,00 €	75,5
B	500.000,00 € – 1.000.000,00 €	10	5.000.000,00 €	18,9

991 Falterbaum/Bolk/Reiß/Eberhard, Buchführung und Bilanz, S. 720.

992 Uhlenbruck/Mock, § 19 Rn. 66.

993 Altmeppen, in: Roth/Altmeppen, GmbHG, vor § 64 Rn. 26 m. w. N.

994 Schubert/Roscher, in: BeBiKo, § 253 Rn. 567ff.

C	50.000,00 € – 500.000,00 €	20	1.000.000,00 €	3,8
Rest	0,00 € – 50.000,00 €	30	500.000,00 €	1,9
		65	**26.500.000,00 €**	**100,0**

Wie würden Sie bei der Forderungsbewertung im Überschuldungsstatus vorgehen?

Lösung:

Sinnvoll wäre eine Detailprüfung der A-Klasse-Forderungen. Werden diese fünf Kunden geprüft, dann sind rund 75 % der Forderungsbeträge abgedeckt.

Die anderen 60 Kunden müssen nicht einzeln überprüft werden. Hier würde eine pauschale Bewertung ausreichen.

890 **Bewertung von Forderungen aus Lieferungen und Leistungen**

Arbeitsschritte:

1. Lassen Sie sich eine Offene Posten Liste nach Kunden **und** nach Fälligkeit vorlegen.
2. Erstellen Sie eine kurze ABC-Analyse um Schwerpunkte für die Bewertung zu setzen.
3. Führen Sie Einzelbewertungen nur bei Kunden mit hohen Forderungsbeständen durch.
4. Prüfen Sie, ob z.B. Delkredereversicherungen bestehen.
5. Prüfen Sie, ob es Kunden gibt, die Sicherheiten gegeben haben, z.B. Avale, Bürgschaften.
6. Gibt es Auslandsforderungen? Wenn ja, separat überprüfen.
7. Sind Anzahlungen auf Forderungen geleistet worden? Sind diese in der Buchhaltung richtig verbucht worden?
8. Gibt es Forderungen ggü. öffentlich-rechtlichen Körperschaften?
9. Gibt es Forderungen, die mit Lieferantenverbindlichkeiten aufgerechnet werden können? Bestehen Wechselverbindlichkeiten?
10. Kennen Sie zusätzlich noch Sachverhalte, die zu einer Forderungsminderung führen?
11. Die noch verbleibenden Forderungen sollten über eine pauschale Wertberichtigung bewertet werden.
12. Nach der Abbewertung des verbleibenden Forderungsbestandes müssen die einzelnen Forderungsbestände zu einer Summe zusammen geführt werden:

Forderungsbestand Einzelwertberichtigung	€
+ Forderungsbestand Pauschalwertberichtigung	€
+ Erhaltene Anzahlungen	€
+ Besicherte Forderungen	€
+ Forderungen gg. öffentlich-rechtliche Körperschaften	€
+ Auslandsforderungen	€
+ Forderungen mit sicherem Geldeingang	€
= Wert der Forderungen im Überschuldungsstatus	**€**

Durchführung einer pauschalen Wertberichtigung 891

Ausgangspunkt ist eine Offene Posten Liste zum Bewertungsstichtag. Aus dieser Liste müssen die Fälligkeitszeitpunkte, die Namen und Adressen der Kunden hervorgehen. Über diese Daten können Informationen über die Bonität der Kunden eingeholt werden.

	Forderungen aus Lieferungen und Leistungen	€
-	Aufrechenbare Liefererverbindlichkeiten	€
-	Erhaltene Anzahlungen	€
-	Besicherte Forderungen	€
-	Forderungen gg. öffentlich-rechtliche Körperschaften	€
-	Auslandsforderungen	€
-	Einzelwertberichtigte Forderungen	€
-	Forderungen mit sicherem Geldeingang	€
=	**Forderungsbestand für Pauschalwertberechnung**	**€**

Der Forderungsbestand für die pauschale Wertberichtigung sollte in einer Excel-Tabelle aufbereitet werden. Dabei werden ab dem Fälligkeitszeitpunkt der Forderung folgende Abschläge vorgenommen werden:

Fälligkeit	**Abschlag %**
Bis 3 Monate	0 %
Über 3 Monate	25 %
Über 6 Monate	50 %
Über 9 Monate	75 %
Über 1 Jahr	100 %

Die oben dargestellte Abwertung ist kein Dogma. Mock[995] bietet Abschläge von 20 – 50 % an, wenn die Krise des Unternehmens bekannt geworden ist. Unseres Erachtens ist im Einzelfall zu überprüfen, ob z. B. die quartalsweise Abwertung um 25 % sachgerecht ist. Die Annahmen können zumindest über Vergangenheitswerte plausibilisiert werden. Dabei ist zu untersuchen, wie viel % des Nominalwerts von den »Altforderungen« eingezogen werden konnten. Die heutigen Finanzbuchführungsprogramme lassen aus der offenen Postenbuchhaltung derartige Auswertungen zu. Zu den Erkenntnissen der Vergangenheit kann analog Mock ein pauschaler »Krisen-Abschlag« vorgenommen werden. Bei manchen Branchen (z. B. Bau) muss ein solcher Abschlag vorgenommen

995 Uhlenbruck/Mock § 19 Rn. 139.

werden, da gerade in diesen Branchen die Mängelrügen wir Pilze aus dem Boden schießen. Die Höhe aber ist eine Frage des Einzelfalls und begründungsbedürftig.

892

Bewertungsstichtag:			**31.05.2007**			
Konto	**Name**	**Nr.**	**Fälligkeit**	**Saldo**	**fällig seit**	**nach Abbewertung**
11010	Kunde A	24061	26.03.2007	2.735,00 €	- 35	2.735,00 €
13002	Kunde B	23833	24.01.2007	16.868,00 €	- 96	12.651,00 €
		23840	24.01.2007	3.749,00 €	- 96	2.811,75 €
		24065	26.03.2007	16.868,00 €	- 35	16.868,00 €
13003	Kunde C	23689	07.12.2006	108.955,00 €	- 144	81.716,25 €
		23690	07.12.2006	67.332,00 €	- 144	50.499,00 €
13004	Kunde D	23345	02.10.2006	1.926,00 €	- 210	963,00 €
		23710	27.12.2006	2.023,00 €	- 124	1.517,25 €
13009	Kunde E	24100	02.04.2007	5.091,00 €	- 28	5.091,00 €
15004	Kunde F	23158	24.07.2006	3.480,00 €	- 280	870,00 €
		23257	24.08.2006	3.480,00 €	- 249	1.740,00 €
		23717	27.12.2006	3.654,00 €	- 124	2.740,50 €
15005	Kunde G	23719	27.12.2006	3.132,00 €	- 124	2.349,00 €
15006	Kunde H	23258	24.08.2006	3.480,00 €	- 249	1.740,00 €
		23477	17.11.2006	3.654,00 €	- 164	2.751,46 €
		23718	27.12.2006	3.654,00 €	- 124	2.751,46 €
		23948	24.02.2007	3.749,00 €	- 65	3.749,00 €
				253.830,00 €		**193.543,67 €**

893 Ein weiterer Anhaltspunkt zur Abbewertung von Forderungen ist die Vorgehensweise der einzelnen Kreditinstitute.

Als Sicherheit für Kredite dienen z. B. auch die Forderungsbestände. Die Kreditinstitute sehen in einem Forderungsbestand Risiken, die sie durch eine Abbewertung auffangen. Die Risikoabschläge sind auf den ersten Blick sehr scharf, jedoch sollte beachtet werden, dass die Bewertung auf den Fall abgestellt wurde, dass das Unternehmen in eine Krise gerät und auf die Sicherheit zurückgegriffen werden muss. Die Bewertung von Forderungen bei Kreditinstituten ähneln den Bewertungsgedanken im Überschuldungsstatus: Auch hier wird nach dem realistischen Wert des Forderungsbestandes gesucht. Schon allein deshalb, damit im Krisenfall kein Kreditausfall droht.

Im Folgenden ist ein Muster der Volksbank Lahr zur Bewertung von Globalzessionen abgebildet. Diese Vorlage wird rgm. bei der Sicherheitenbewertung verwendet.[996] 894

Globalzession[1)]

Name:	**KuNr.:**		
Branche:	**EWB:**	**0**	**T€**
Ort:	**Stichtag:**		

Globalzession Buchstaben:	**A - Z**	**Sicherungsübereignung Warenlager mit FA:**	**Ja**

Sind die Forderungslisten älter als 3 Monate, kann den in dieser Aufstellung enthaltenen Forderungen i.d.R. kein Sicherungswert mehr beigemessen werden.
Bei einer alleinigen Globalzession ist, um dem Risiko des verl. Eigentumsvorbehaltes Rechnung zu tragen, mindestens der die Vorräte übersteigende Teil der Lieferanten- und Wechselverbindlichkeiten abzusetzen.

	EURO
Warenlager/Vorräte (Roh- Hilfs-u.Betriebsstoffe,Halb-u.Fertigprodukte,Handelswaren bzw. lt. Vertrag	0

	EURO
+ Forderungen aus L.+L.	0
- Forderungen mit Abtretungsausschluss	0
- Forderungen gegen öffentl. Stellen	0
- Auslandsforderungen	0
- erkennbar zweifelhafte Forderungen	0
= bereinigter Bestand	**0**

		Gesamt	Abschlag%	Wertansatz	
Fälligkeit:	bis 30 Tage	0	0,00	0	
	über 30 bis 90 Tage	0	10,00	0	
	über 90 bis 180 Tage	0	30,00	0	
	über 180 bis 360 Tage	0	60,00	0	
	über 1 Jahr	0	100,00	0	
	Summe ber. Bestand	**0**		**0**	
	./. enthaltene Umsatzsteuer in %		19,00		**0**

- Lieferanten- und Wechselverbindlichkeiten	0
- erhaltene Anzahlungen	0
- bewertbarer Bestand	0
Sicherungswert bei Ansatz von: 30 %	**0**
Pauschaler Verwertungsabschlag von 20 % bei wertberichtigten Engagements:	
Sicherungswert zur Erfassung in KSI:	**0**

Wertansatz i.d.R.: Sicherungsübereignung 40%, Globalzession 25%, Kombination SÜ/Global 30 %

Anmerkungen/Hinweis an den Berater:

Datum:		KSI erfaßt:		Name:		Handzeichen:	

1) Abdruck unter freundlicher Zurverfügungstellung der Volksbank Lahr

(2) Bewertung bei negativer Fortführungsprognose

Bei einer negativen Fortführungsprognose werden die Vermögensgegenstände im Überschuldungsstatus mit dem **Liquidations- bzw. Zerschlagungswert** bewertet.[997] Maßgeblichen Einfluss auf die Zerschlagungswerte hat die Abwicklungsgeschwindigkeit. Liquidationen unter Zeitdruck lassen häufig nur geringere Erlöse erzielen.[998] Er- 895

996 Die Bewertungsvorlagen bei anderen Kreditinstituten sind ähnlich.

997 Jaeger-Müller, § 19 Rn. 48.

998 Jaeger-Müller, § 19 Rn. 49.

fahrungsgemäß nehmen die Mängelanzeigen im Insolvenzverfahren dramatisch zu; zum einen weil im Vorfeld tatsächlich die Qualität nicht mehr gehalten werden konnte und zum anderen, weil die Kunden die Situation auszunutzen versuchen, um sich im Nachhinein einen Rabatt zu erhandeln. Hier wird insbesondere ausgenutzt, dass wesentliche Wissensträger das Unternehmen verlasse.

Die Bewertung der Forderungen erfolgt grds. mit den Buchwerten. Die Bewertungsgrundsätze für die Bewertung bei positiver Fortführungsprognose finden grds. auch hier Anwendung. Allerdings muss immer geprüft werden, ob Wertberichtigungen zu veranlassen sind.[999] Bei einer negativen Fortführungsprognose sind i. d. R. höhere Abschläge an den Forderungen vorzunehmen.

896 **Gründe für höhere Bewertungsabschläge bei negativer Fortführungsprognose**

– Es kommt verstärkt zu Mängelanzeigen. Mängelanzeigen können zu einer Minderung des Forderungsbestandes führen.

▶ Beispiele:

- schlechtere Arbeitsleistung aufgrund fehlender Motivation der Mitarbeiter,
- Kunden prüfen bei Krisenunternehmen die Gewährleistungsansprüche sofort und genauer: Später könnten die Ansprüche sonst nicht mehr verwirklicht werden,
- Kunden versuchen die Unternehmenssituation auszunutzen und tragen unberechtigte Mängelansprüche an das Unternehmen heran.

– Nach dem Bekanntwerden einer Krise wird die Zahlungsmoral der Kunden schlechter. Die Kunden versuchen häufig die Situation auszunutzen, da das Unternehmen mit der Situation überfordert ist.
– Schnelle Abwicklung führt zu Verlusten. Für schnelles Geld ist der Liquidator oder der Unternehmer zu größeren Zugeständnissen bereit.

▶ Beispiel:

- Eine Baufirma hat einen Forderungsbestand zum 31.12.2006 i. H. v. 100.000,00 €. Seit dem letzten halben Jahr hat das Unternehmen mit erheblichen Mängelansprüchen zu kämpfen. Die Qualität der Arbeit hat nachgelassen. Die Gründe hierfür sind in der Krise des Unternehmens zu finden. Die Fortführungsprognose fällt negativ aus. Der Geschäftsführer gibt den Betrieb zum 31.12.2006 auf.

  In diesem Fall muss der Forderungsbestand auf jeden Fall abgewertet werden. Durch die Eröffnung des Insolvenzverfahrens werden erfahrungsgemäß nicht mehr alle Forderungen ordnungsgemäß beigetrieben. Es werden verstärkt Mängelanzeigen an das Unternehmen herangetragen, die nur schwerlich abgewehrt werden können, da die zuständigen Mitarbeiter – wie auch hier – i. d. R. nicht

999 HambKomm-Schröder, § 19 Rn. 32.

mehr in dem Betrieb tätig sind. Die Höhe des Ausfalls kann in diesem Fall mit 50 % geschätzt werden.

(3) Forderungen, die nicht im Überschuldungsstatus berücksichtigt werden

Forderungen, die **erst mit oder im Insolvenzverfahren** geltend gemacht werden können, finden im Überschuldungsstatus keine Berücksichtigung.[1000] Es kommt hier auf die Begründetheit der Ansprüche an. 897

▶ Beispiele hierfür sind:[1001]

- Forderungen aus einer etwaigen Insolvenzanfechtung gem. §§ 129 ff. InsO,
- Anspruch auf Ersatz eines Gesamtschadens gem. § 92 InsO,
- Haftungsansprüche gegen persönlich haftende Gesellschafter gem. § 93 InsO, § 128 HG7B,
- Haftungsansprüche gegen persönlich haftende Kommanditisten gem. §§ 161 Abs. 2, 171 Abs. 2, 172 Abs. 4 HGB,
- Schadensersatzansprüche wegen Insolvenzverschleppung gem. § 92 InsO,
- Forderungen, deren Realisierung gleichwertige Gegenansprüche auslösen würden z. B. Darlehensversprechen,
- Erstattungsansprüche wegen der Verletzung der Masseerhaltungspflicht nach § 92 Abs. 2 AktG, § 64 Satz 1 GmbHG, § 130a Abs. 2 HGB.

(4) Sonderfälle

(a) Forderungen in Fremdwährung

Einen Sonderfall stellen Forderungen aus Lieferung und Leistung in Fremdwährung dar, weil hier neben der Bonität des Schuldners außerdem das Währungsrisiko in die Bewertung der Forderung mit einzubeziehen ist. Im Zeitpunkt der Entstehung erfolgt die Umrechnung zum Geldkurs.[1002] 898

Bei der Bewertung am Bilanzstichtag in der Handelsbilanz wird der Kurs zum Einbuchungszeitpunkt mit dem Kurs am Bilanzstichtag verglichen. Dabei muss das Realisations- und das Imparitätsprinzip beachtet werden, d. h. die Wertminderungen durch Währungsschwankungen werden durch eine außerplanmäßige Abschreibung berücksichtigt. Aufgrund des strengen Niederstwertprinzips im Umlaufvermögen muss eine Abwertung erfolgen. Werterhöhungen dagegen dürfen erst bei ihrem Eingang berücksichtigt werden, weil es sonst zum Ausweis von unrealisierten Gewinnen kommen würde.[1003] 899

1000 Bitter in Scholz GmbHG, vor § 64 Rn. 51.

1001 Jaeger-Müller, § 19 Rn. 62 ff.; Uhlenbruck/Mock, § 19 Rn. 124; a. A. hinsichtlich der Gesellschafterhaftung Gelhausen, in: WP Handbuch 2008, Bd. II, L 184. (Vorauflage).

1002 Schmidt/Weber-Grellet, EStG, § 5 Rn. 270.

1003 Baetge/Kirsch/Thiele, Bilanzen, S. 320 f.

900 Im Überschuldungsstatus müssen die Fremdwährungsforderungen zum amtlichen **Geldkurs des Stichtages** umgerechnet werden.[1004] Es spielt hier – im Gegensatz zum Handelsrecht – keine Rolle, ob nicht realisierte Gewinne ausgewiesen werden oder nicht. Allerdings können die Bonitätsrisiken (länder- oder kundenspezifische Risiken) durchaus höher ausfallen, als für inländische Forderungen, sodass eine Abbewertung der Forderung erfolgen muss. Sind Sicherheiten vorhanden, so müssen diese in der Bewertung berücksichtigt werden.[1005]

► Beispiel:

Die XY GmbH hat am 11.11.2009 Ware aus China bezogen. Der Verkaufspreis betrug 1.000,00 $. Es wurde ein Zahlungsziel bis Ende November 2009 eingeräumt. Zum 31.01.2010 wird ein Überschuldungsstatus erstellt. Die Forderung ist bis dahin nicht bezahlt worden. Der Umrechnungskurs beträgt

a.) 1,20 $/€ zum 11.11.2009,

b.) 1,10 $/€ zum 31.12.2009 (Bilanzstichtag),

c.) 1,00 $/€ zum 31.01.2010 (Aufstellung Überschuldungsstatus).

Mit welchem Wert ist die Forderung in den Überschuldungsstatus zu übernehmen?

Lösung:

Die Forderung wird mit dem Umrechnungskurs zum 31.01.2010 mit 1.000,00 € bewertet. Es muss hier jedoch geprüft werden, ob nicht eine Abbewertung erfolgen muss, da die Forderung seit zwei Monaten überfällig ist. Auslandsforderungen lassen sich schwerer realisieren als Inlandsforderungen.

(b) Forderungen aus schwebenden Geschäften

901 Forderungen aus schwebenden Geschäften werden in der Handelsbilanz nicht angesetzt. Im Überschuldungsstatus kommt ein Ansatz jedoch dann in Betracht, wenn mit der Erfüllung der Forderung zu rechnen ist. Das Recht des Insolvenzverwalters, sich gem. § 103 ff. InsO vom Vertrag zu lösen, bleibt hier außer Betracht.[1006] Allerdings sind diese Forderungen auf den Bewertungsstichtag abzuzinsen (diskontieren).

Verbindlichkeiten, die aus dem aktivierten schwebenden Geschäft be- oder entstehen (Sachleistungsverpflichtungen), müssen entsprechend passiviert werden (vgl. Näheres hierzu unter Rdn. 974 ff.).

1004 Jaeger-Müller, § 19 Rn. 60.

1005 Wolf/Schlagheck, Überschuldung, S. 118.

1006 Uhlenbruck/Uhlenbruck, § 19 Rn. 77 (Vorauflage 13. Aufl. 2010).

(c) Noch nicht fällige Forderungen

Der Wert der noch nicht fälligen Forderungen ist in der Handelsbilanz im Wert der Forderungen enthalten. Eine Forderung aus Lieferung und Leistung entsteht i. d. R. dann, wenn das Unternehmen die Lieferung oder Leistung erbracht hat, aber die Gegenleistung des Schuldners, meist eine Geldzahlung, noch aussteht. Ist die Forderung entstanden, besteht gem. § 246 Abs. 1 HGB eine Aktivierungspflicht, diese in der Buchführung und im Jahresabschluss zu berücksichtigen.[1007] Dies folgt auch aus dem Gewinnrealisationsprinzip nach § 252 Abs. 1 Nr. 4 HGB. Das Rechnungsdatum oder die Fälligkeit der Forderung ist für die Aktivierung nicht relevant.[1008] 902

Auch im Überschuldungsstatus werden noch nicht fällige Forderungen angesetzt. Jedoch muss eine Abzinsung auf den Barwert erfolgen.[1009] 903

(d) Besicherte Forderungen

(aa) Allgemeines zur Besicherung von Forderungen

Forderungen können besichert sein, z. B. durch eine Avalbürgschaft, eine Sicherungsübereignung oder eine Delkredereversicherung. Das kann dazu führen, dass eine Forderung die eigentlich wertlos ist, aufgrund der Berücksichtigung der Sicherheiten doch als werthaltig anzusehen ist. Bei der Bewertung einer Forderung muss also die Sicherheit berücksichtigt werden. Sicherheiten müssen jedoch grds. vorsichtig bewertet werden. 904

(bb) Forderungen i. V. m. einer Delkredereversicherung

Eine Versicherung gegen Forderungsausfälle wird als Delkredereversicherung bezeichnet. Die Frage, ob diese Versicherung bei der handelsrechtlichen Bewertung einer Forderung mit einfließen muss, ist umstritten. Der Meinungsstreit betrifft letztlich die Frage, ob die Forderung und die Versicherung getrennt oder zusammen zu bewerten sind. Einige sehen hierbei die Forderung und die Versicherung als zwei voneinander unabhängige Sachverhalte, sodass die Versicherung keinen Einfluss auf den Wert einer Forderung hat. Die Forderung wird auf ihren beizulegenden Wert abgeschrieben und die Versicherungsprämien sind als Betriebsausgabe absetzbar. Die Leistungen der Versicherung dürfen als zukünftige und damit nicht realisierte Erlöse nicht realisiert werden, da dies gegen das Realisationsprinzip verstoßen würde.[1010] 905

Die herrschende Meinung besagt jedoch, dass alle Sicherheiten, wie Bürgschaften, Garantien oder Delkredereversicherungen zu beachten sind, wenn die Voraussetzungen für eine Bewertungseinheit erfüllt sind. Um aber das Imparitätsprinzip nicht zu verletzen, müssen strenge Maßstäbe dafür angesetzt werden. Wenn Forderung und Versicherung vom Eintritt desselben Ereignisses abhängen und die Versicherung nur leistet, 906

1007 BFH, 09.02.1978 – IV R 201/74, BStBl. II 1978, S. 370.
1008 BFH, 25.01.1996 – IV R 114/94, BStBl. II 1997, S. 382.
1009 Jaeger-Müller, § 19 Rn. 61.
1010 Knüppe, DB 1985, 2363.

wenn die Forderung ausgefallen ist, ist eine Bewertungseinheit gegeben. Die Forderung ist dann grds. als vollwertig auszuweisen, denn das Unternehmen erhält von der Versicherung den Ausfall. Deshalb besteht aus wirtschaftlicher Sicht kein Grund für eine Wertberichtigung. Dies gilt jedoch nur für den versicherten Teil der Forderung. Ist ein Teil nicht versichert, so muss eine Wertberichtigung für diesen Teil vorgenommen werden, wenn die Forderung zweifelhaft oder uneinbringlich ist.[1011]

U.E. finden diese handelsrechtlichen Grundsätze auch im Überschuldungsstatus ihre Anwendung.

▶ **Beispiel:**

Die Forderung i. H. v. 5.000,00 € ggü. dem Kunden A fällt aus. Die Forderung kann nicht weiter verfolgt werden. Der Kunde ist Hartz IV-Empfänger geworden. Für Forderungsausfälle hat das Unternehmen eine Versicherung,

a.) die 100 % des Forderungsausfalles ersetzt,

b.) die 60 % des Forderungsausfalles ersetzt.

Wie muss die Forderung im Überschuldungsstatus bewertet werden?

▶ **Lösung:**

a.) Die Forderung wird zu 100 %, mit 5.000,00 €, im Überschuldungsstatus angesetzt. Die Versicherung wird voll für den Schaden aufkommen.
b.) Die Forderung muss um 40 % wertberichtigt werden, da die Versicherung nur für 60 % des Forderungsausfalles einsteht. Für den Status wird die Forderung mit 3.000,00 € bewertet.

(e) Unverzinsliche und unterverzinsliche Forderungen

907 Für **langfristige** Forderungen aus Lieferungen und Leistungen ist der Barwert anzusetzen. Langfristig können Forderungen bspw. sein, wenn sie vertragswidrig verspätet bezahlt werden oder Verzugszinsen nicht zu entrichten sind. Der Ansatz mit dem Nennwert würde gegen das Realisationsprinzip verstoßen, da der Zinsanteil sofort mit der Forderungsentstehung realisiert wird und es somit zum Ausweis eines nicht realisierten Gewinnes kommen würde. Der Zins stellt ein Entgelt für ein Kreditgeschäft dar und darf erst während der Laufzeit der Forderung realisiert werden. Dies geschieht durch die jährliche Aufzinsung des Barwertes.[1012] In der Handelsbilanz sind unverzinsliche oder unterverzinsliche Forderungen grds. mit einem angemessenen Zinssatz abzuzinsen. Das Handelsrecht gibt einen gewissen Spielraum für die Höhe des Zinssatzes. Die Orientierung sollte am marktüblichen Zinssatz liegen oder an den eigenen Refinanzierungskosten mit entsprechender Laufzeit.[1013]

1011 Ellrott/Roscher, in: BeBiKo, Rn. 590 zu § 253 HGB.

1012 Baetge/Kirsch/Thiele, Bilanzen, S. 325.

1013 IDW Hb. Band I E 571, Pfleger, in: Gnam, Bilanzhandbuch, Rn. 70 zu 47/1.

Bei **kurzfristigen** Forderungen kann von einer Abzinsung wegen Geringfügigkeit abgesehen werden. Als kurzfristig wird i. d. R. eine Laufzeit bis zu einem Jahr angesehen.[1014] 908

(f) Forderungen ggü. dem Finanzamt

Sollte sich während der Überprüfung der Forderungen herausstellen, dass einzelne Forderungen uneinbringlich sind, muss geprüft werden, ob es sich um einen steuerpflichtigen Umsatz handelte. War dies der Fall, dann muss die Umsatzsteuervoranmeldung korrigiert werden. Es entsteht gem. § 17 Abs. 2 Nr. 1 UStG ein Umsatzsteuererstattungsanspruch. 909

▶ Beispiel:

Bei der Überprüfung der Forderungen zur Aufstellung eines Überschuldungsstatus zum 30.10.2006 stellt sich heraus, dass bei dem Kunden XY vor einem Monat das Insolvenzverfahren eröffnet wurde und die Masseunzulänglichkeit angezeigt wurde. Die Forderung wird in der Buchhaltung mit einem Wert von 119.000,00 € ausgewiesen.

▶ Lösung:

Die Forderung ggü. dem Kunden XY ist im Überschuldungsstatus mit 0,00 € anzusetzen. Die Umsatzsteuerforderungsanmeldung für den Monat September wird korrigiert. Es ergibt sich ggü. dem FA eine Steuerforderung i. H. v. 19.000,00 €, die im Überschuldungsstatus anzusetzen ist.

(19 % USt aus 100.000,00 € Nettoumsatz = 119.000,00 € Forderung)

Grds. sollten Steuererstattungsansprüche kritisch geprüft werden. Häufig ist die Buchführung in der Krisenphase lückenhaft, wenn nicht sogar als mangelhaft zu bezeichnen. Die in der Buchhaltung oder in der Bilanz ausgewiesenen Steuererstattungen erweisen sich im Nachhinein häufig als unzutreffend, da in der Buchhaltung Steuerverbindlichkeiten nicht oder nicht richtig verbucht wurden.[1015] Aufrechnungsgrundlagen des FA zugunsten, als auch zuungunsten, des Unternehmens müssen immer berücksichtigt werden. 910

▶ Praxistipp:

Fordern Sie beim **Finanzamt einen Kontoauszug** an. Mittlerweile geht dies in fast allen Bundesländern über das »Steuerkonto-Online« auch digital. Aus einem Kontoauszug können die Forderungen und Verbindlichkeiten zum Stichtag herausgelesen werden.

1014 Winnefeld, Handbuch der Bilanzierung, F 450 – 460 Anm. 450.

1015 Wolf/Schlagheck, Überschuldung, S. 118.

(g) Verrechnung von Forderungen und Verbindlichkeiten

911 Um zu einer aussagefähigen Bilanz zu gelangen, dürfen nach § 246 Abs. 2 HGB grds. die Positionen der Aktivseite nicht mit Positionen der Passivseite verrechnet werden. Dieses **Saldierungsverbot** ergibt sich aus dem Grundsatz der Vollständigkeit und Klarheit. Eine Saldierung würde den Einblick in die Vermögenslage erschweren, da tatsächliches Vermögen und effektive Schulden nicht ausgewiesen werden. Dies kann zu falschen Folgerungen über die Vermögenslage führen.[1016]

912 Es gibt dennoch **Ausnahmen** von diesem Saldierungsverbot, denn es ist nicht sinnvoll, durch den getrennten Ausweis von Forderungen und Verbindlichkeiten eine Bilanz unnötig zu verlängern. Wird die Aussagefähigkeit durch die Verrechnung sogar verbessert, so ist dies zulässig und widerspricht auch nicht den Grundsätzen ordnungsgemäßer Buchhaltung. Damit es zu einer Verrechnung kommen kann, müssen Voraussetzungen erfüllt sein: Es muss eine Personenidentität gegeben sein, d. h. dass Gläubiger und Schuldner ein und dieselbe Person sein müssen. Zusätzlich müssen die Forderungen und Verbindlichkeiten fällig sein, dies ist z. B. bei einem wechselseitigen Liefer- und Leistungsverkehr der Fall. Ist die Verbindlichkeit noch nicht fällig, so muss sie zumindest erfüllbar sein. Es muss sich zudem um gleichartige Forderungen und Verbindlichkeiten handeln, damit es zur Saldierung kommen kann, d. h. es müssen beiderseitig Gattungsschulden vorliegen. Sind die Forderungen und Verbindlichkeiten auf die Zahlung eines Geldbetrags gerichtet, sind sie grds. aufrechenbar. Sind alle Voraussetzungen erfüllt, können Forderungen und Verbindlichkeiten verrechnet werden. Es besteht allerdings keine Saldierungspflicht.[1017]

U.E. sollte der Saldo dennoch unsaldiert ausgewiesen werden. Lediglich in dem Umfang, in dem eine insolvenzrechtliche Aufrechnungsbeschränkung nicht greift (§§ 95, 96 InsO), sollte saldiert ausgewiesen werden. Während bei den Verbindlichkeiten die Bewertung dem Grund und der Höhe nach sicher ist, besteht bei den Forderungen immer ein gewisses Inkassorisiko. Dieses Risiko lässt sich verlässlich aber nur in dem Umfang eingrenzen, in dem eine insolvenzfeste Aufrechnungslage besteht.

Die Anwendung dieser handelsrechtlichen Regelung ist u. E.? im Überschuldungsstatus sinnvoll. Der Status wird übersichtlicher.

▶ **Beispiel:**

Es bestehen Forderungen aus Lieferungen und Leistungen ggü. der XY GmbH i. H. v. 1.000,00 €. Demgegenüber bestehen Verbindlichkeiten aus Lieferungen und Leistungen i. H. v. 10.000,00 €.

1016 Förschle/Ries, in: BeBiKo, § 246 Rn. 100 (»Klarheit und Übersichtlichkeit«).

1017 Pfleger, Bilanz-Lifting, S. 212.

▶ Lösung:

Im Überschuldungsstatus sollten die Forderungen mit den Verbindlichkeiten verrechnet werden, sodass es zum einem Ausweis von Verbindlichkeiten ggü. der XY GmbH i. H. v. 9.000,00 € kommt.

(h) Forderungen gegen Gesellschafter

Als Forderungen gegen Gesellschafter kommen folgende Ansprüche in Betracht:[1018] 913

(1) noch ausstehende Einlagen,
(2) Forderungen aus § 9 GmbHG,
(3) Forderungen auf Neueinzahlung der Einlage (im Fall einer verdeckten Sacheinlage),
(4) Forderungen aus §§ 30, 31 GmbHG,
(5) Beschlossene Nachschüsse,
(6) Harte Patronatserklärungen (der Muttergesellschaft),
(7) Verlustausgleichsansprüche aus Unternehmensverträgen (§ 302 AktG),
(8) Isolierte Verlustausgleichsansprüche,
(9) Ansprüche aus Liquiditätsausstattungsgarantien,
(10) Ansprüche aus versprochenen Gesellschafterdarlehen,
(11) Schadensersatzansprüche gegen Geschäftsführer nach § 43 GmbHG,
(12) Ansprüche gegen Gesellschafter wegen schuldhafter Schädigung der GmbH,
(13) Konzernrechtliche Ansprüche aus fehlender Konzernleitung.

Generell gilt: 914

Ansprüche der Gesellschaft gegen ihre Gesellschafter sind immer kritisch zu prüfen. Es muss zum einen geprüft werden, ob sich die Ansprüche – angesichts der Machtverhältnisse in der Kooperation – auch außerhalb eines Insolvenzverfahrens tatsächlich verwirklichen lassen.[1019] Zum anderen muss geprüft werden, ob sich die Ansprüche faktisch realisieren lassen. Nur wenn diese Voraussetzungen erfüllt sind, kommt ein Ansatz im Überschuldungsstatus in Betracht.

▶ Beispiel:

Ggü. dem Gesellschafter werden Forderungen i. H. v. 100.000,00 € geltend gemacht. Werden diese Forderungen eingetrieben, dann würde über das Vermögen des Gesellschafters das Insolvenzverfahren eröffnet werden.

▶ Lösung:

Die Forderung ggü. dem Gesellschafter ist im Überschuldungsstatus mit 0,00 € anzusetzen, da sie nicht verwirklicht werden kann.

1018 Bitter, in: Scholz GmbHG, vor § 64 Rn. 52.
1019 Jaeger-Müller, § 19 Rn. 61.

915 Die Ansprüche (2) – (4) können nur dann im Überschuldungsstatus angesetzt werden, wenn sie unstreitig sind. Sollten sie bestritten sein, müssen sie vollwertig und durchsetzbar sein, um im Überschuldungsstatus zum Ansatz zu kommen.[1020]

Zusagen zu einem Gesellschafterdarlehen dürfen nur dann angesetzt werden, wenn sie in der Krise durchsetzbar sind. Die Zusagen müssen einer Ausstattungsgarantie gleich kommen.

Die Ansprüche (11) – (13) können nur dann im Überschuldungsstatus berücksichtigt werden, wenn[1021]
- die Gesellschafter die Bereitschaft zeigen, den Anspruch zu verfolgen,
- die Ansprüche gesichert sind (z. B. anerkannt oder rechtskräftig eingeklagt),
- die Ansprüche vollwertig sind.

(i) Geleistete Anzahlungen

916 Die geleisteten Anzahlungen werden gem. § 266 Abs. 2 HGB unter den **Vorräten** ausgewiesen. Anzahlungen sind Entgelte oder Teile von Entgelten, die vereinnahmt werden, bevor die Leistung oder Teilleistung erbracht wurde. Geleistete Anzahlungen stellen beim zukünftigen Erwerber eine Forderung auf die Waren oder fertigen Erzeugnisse dar.

Im Überschuldungsstatus werden die geleisteten Anzahlungen wie Forderungen bewertet, d. h. es muss überprüft werden ob die Forderung vollwertig und durchsetzbar ist. I. d. R. wird dies bei den geleisteten Anzahlungen der Fall sein. Geleistete Anzahlungen können keine stillen Reserven enthalten, die bei der Erstellung eines Überschuldungsstatus aufgedeckt werden müssten.

▶ Beispiel:

Das Unternehmen leistet eine Anzahlung für die Erstellung eines Jahresabschlusses an den Steuerberater.

Das Bauunternehmen leistet Anzahlungen an die Subunternehmer für die Ausführungen von div. Bauarbeiten.

e) Aktive Rechnungsabgrenzungsposten (ARAP)

917 Aktive Rechnungsabgrenzungsposten sind in der Handelsbilanz gem. § 250 Abs. 1 HGB zu bilden, wenn Ausgaben vor dem Bilanzstichtag Aufwand für eine bestimmte Zeit nach diesem Stichtag darstellen.

▶ Hinweis:

Stille Reserven können in dieser Bilanzposition nicht enthalten sein.

1020 Bitter, in: Scholz GmbHG, vor § 64 Rn. 52.
1021 Bitter, in: Scholz GmbHG, vor § 64 Rn. 52.

aa) Ansatz und Bewertung bei positiver Fortführungsprognose

Die Vorauszahlungen, die Aufwand für eine bestimmte Zeit nach dem Bewertungsstichtag darstellen, können bei einer **positiven Fortführungsprognose** auch weiterhin angesetzt werden. Ein fiktiver Erwerber wäre bereit, die schon erfolgte Leistung, die ihm eigene Aufwendungen in Zukunft erspart, entsprechend abzugelten.[1022] 918

▶ Hinweis:

I. d. R. kann der Wert des aktiven Rechnungsabgrenzungspostens unverändert übernommen werden. Die Bewertung erfolgt mit dem Nominalwert.

▶ Beispiele für ARAPs:

- Disagio/Damnum,
- Leasingsonderzahlungen,
- Vorauszahlungen von Versicherungsprämien,
- Vorauszahlung von Beiträgen,
- Vorauszahlung von Kfz-Steuern,

bb) Ansatz und Bewertung bei negativer Fortführungsprognose

Besteht **keine positive Fortführungsprognose**, kann der aktive Rechnungsabgrenzungsposten nur dann berücksichtigt werden, wenn eine vorzeitige Vertragsauflösung möglich ist und dies zu einem Rückzahlungsanspruch des Schuldners führt.[1023] Ansonsten würden künftige Kostenersparungen i. R. d. Abwicklung aktiviert. Bei einem Disagio, als laufzeitunabhängige Nebenleistung, wird die Aktivierung überwiegend abgelehnt.[1024] 919

Die Bewertung erfolgt mit dem Nominalwert.

▶ Beispiel:

- Vorauszahlungen von Versicherungsprämien,
- Vorauszahlung von Beiträgen,
- Vorauszahlung von Kfz-Steuern.

f) Flüssige Finanzen und Finanzanlagen

aa) Flüssige Mittel

Flüssige Mittel sind mit ihrem Nennbetrag zu aktivieren. Bei Fremdwährungen ist der jeweilige Wechselkurs zum Stichtag zugrunde zu legen. 920

1022 Wolf/Schlagheck, Überschuldung, S. 191 f.

1023 Jaeger-Müller, § 19 Rn. 69; MK/InsO-Drukarczyk/Schüler, § 19 Rn. 96 m. w. N.

1024 Wolf/Schlagheck, Überschuldung, S. 192.

bb) Finanzanlagen

921 Bei den Finanzanlagen sind insb. **Wertpapiere** oder **Beteiligungen** zu beachten. Zum Ansatz und zur Bewertung von **Beteiligungen** wurde bereits unter der Rdn. 411 ff. ausführlich Stellung genommen. Auf die dortigen Ausführungen wird an dieser Stelle verwiesen.

Bei **Wertpapieren** entscheidet für die Bewertung der amtliche Börsenkurs, ansonsten der Marktpreis oder sonstige Kurswerte.[1025]

6. Passivseite der Bilanz

922 Auf der Passivseite des Überschuldungsstatus sind **alle Verbindlichkeiten** zu berücksichtigen, die im Fall einer Verfahrenseröffnung als Insolvenzforderungen (§ 38 InsO) aus der Masse zu befriedigen wären.[1026]

Auf die Fälligkeit der Verbindlichkeiten kommt es nicht an. Die **Fälligkeit** einer Verbindlichkeit ist i. R. d. der Prüfung der Zahlungsunfähigkeit maßgebend.[1027] Der Eröffnungsgrund der Zahlungsunfähigkeit setzt gem. § 17 Abs. 2 Satz 1 InsO voraus, dass der Schuldner nicht mehr in der Lage ist, die fälligen Zahlungspflichten zu erfüllen.

Auf der Passivseite des Überschuldungsstatus sind nachrangige Verbindlichkeiten i. S. d. § 39 InsO zu berücksichtigen. Danach sind Verbindlichkeiten zu passivieren, die im Fall einer Insolvenz **nachrangige Forderungen** gem. § 39 Abs. 1 Nr. 3 und 4 InsO begründen.[1028] Diese begründen grds. vollwertige Verbindlichkeiten aus Gesellschafterdarlehen im Rang des § 39 Abs. 1 Nr. 5 InsO sind im Überschuldungsstatus ebenfalls zu passivieren. Nach alter Rechtslage vor Inkrafttreten des MoMiG waren Verbindlichkeiten aus eigenkapitalersetzenden Gesellschafterleistungen im Rang des § 39 Abs. 1 Nr. 5 InsO ebenfalls zu passivieren. Dafür sprach nach Ansicht des BGH auch der Umstand, dass die kapitalersetzenden Gesellschafterforderungen in der Krise ihren Charakter als Verbindlichkeiten beibehielten und nicht zu statutarischem Eigenkapital wurden, sondern lediglich in der existenzbedrohenden Situation nicht durchsetzbar waren.[1029] Lediglich im Fall eines Rangrücktritts kann eine Passivierung unterbleiben[1030]

923 **Nicht zu passivieren** sind solche Verbindlichkeiten, welche erst aufgrund der Eröffnung des Insolvenzverfahrens **entstehen.**[1031] Insb. bleiben deshalb **Verfahrenskosten** und **Masseverbindlichkeiten** gem. §§ 54, 55 Abs. 1 Nr. 1 InsO außer Ansatz.[1032] An-

1025 Uhlenbruck/Mock, § 19 Rn. 141.
1026 Begr. zu RegE, § 23.
1027 Vgl. oben Rn. 10.
1028 Vgl. HK/Kirchhof, § 19 Rn. 23.
1029 BGH, 08.01.2001 – II ZR 88/99, ZInsO 2001, 260 ff.
1030 Vgl. Rdn. 926, 927.
1031 Müller/Haas, in: Kölner Schrift zur InsO, S. 1799, 1808 Rn. 23.
1032 AG Göttingen, 22.08.2002 – 71 IN 65/01, ZInsO 2002, 945.

dernfalls müsste das Gesellschaftsvermögen, um nicht überschuldet zu sein, bei Ansatz von Liquidationswerten nicht nur für die Befriedigung aller Gläubiger, sondern auch für die Kosten eines Verfahrens hinreichen, das bei fehlender Überschuldung gerade nicht stattfinden soll.[1033] Der Überschuldungsstatus darf Rechtsfolgen eines eröffneten Verfahrens nicht vorwegnehmen.[1034]. Dies ergibt sich auch aus dem anzuwendenden Stichtagsprinzip.

Es ist nicht Zweck der Überschuldungsprüfung, solche Kosten zu antizipieren, die typischerweise erst und nur durch eine Verfahrenseröffnung, den u. U. mehrjährigen Verfahrensfortgang bis hin zu einer Verfahrensbeendigung entstehen.[1035]

Die Passiva sind im Überschuldungsstatus zu **bewerten**. Die Verbindlichkeiten werden im Überschuldungsstatus grds. mit ihrem **Nennwert** angesetzt.[1036] Die Verbindlichkeit ist mit dem Betrag im Überschuldungsstatus anzusetzen, der zur vollständigen Tilgung am Stichtag erforderlich ist.

Auch die Passivseite des Überschuldungsstatus soll ausgehend von der Gliederung der Passivseite der handelsrechtlichen Bilanz erstellt werden. Die Passivseite der Handelsbilanz gliedert sich gem. § 266 Abs. 3 HGB wie folgt:

A. *Eigenkapital:*
 I. *Gezeichnetes Kapital*
 II. *Kapitalrücklage*
 III. *Gewinnrücklagen*
  1. *gesetzliche Rücklage*
  2. *Rücklage für eigene Anteile*
  3. *satzungsmäßige Rücklagen*
  4. *andere Gewinnrücklagen*
 IV. *Gewinnvortrag/Verlustvortrag*
 V. *Jahresüberschuss/Jahresfehlbetrag*

B. *Rückstellungen:*
 1. *Rückstellungen für Pensionen und ähnliche Verpflichtungen*
 2. *Steuerrückstellungen*
 3. *sonstige Rückstellungen*

C. *Verbindlichkeiten:*
 1. *Anleihen, davon konvertibel*

1033 Scholz/Emmerich-K. Schmidt, GmbHG, Vor § 64 Rn. 33.
1034 Uhlenbruck/Mock, § 19 Rn. 200.
1035 Steffan, in: WP Handbuch 2014, Bd. II, Kap. S, Rn. 263.
1036 BGH, 27.10.1982 – VIII ZR 187/81, NJW 1983, 676, 677.

2. *Verbindlichkeiten ggü. Kreditinstituten*
3. *erhaltene Anzahlungen auf Bestellungen*
4. *Verbindlichkeiten aus Lieferungen und Leistungen*
5. *Verbindlichkeiten aus der Annahme gezogener Wechsel und der Ausstellung eigener Wechsel*
6. *Verbindlichkeiten ggü. verbundenen Unternehmen*
7. *Verbindlichkeiten ggü. Unternehmen, mit denen ein Beteiligungsverhältnis besteht*
8. *sonstige Verbindlichkeiten, davon aus Steuern, davon i. R. d. sozialen Sicherheit*

D. *Rechnungsabgrenzungsposten*

Die Berücksichtigung der jeweiligen Positionen auf der Passivseite des Überschuldungsstatus soll im Folgenden in zwei Schritten geprüft werden.

1. Schritt	**Ansatz dem Grunde nach – Mengengerüst:** In einem ersten Schritt wird geprüft, ob die jeweilige Position dem Grunde nach im Überschuldungsstatus anzusehen ist.
2. Schritt	**Ansatz der Höhe nach – Wertgerüst:** Steht als Ergebnis des ersten Prüfungsschrittes fest, dass eine Position im Überschuldungsstatus anzusehen anzusetzen ist, stellt sich nunmehr die Frage, in welcher Höhe dies zu erfolgen hat. Dies ist Gegenstand des zweiten Prüfungsschrittes.

Bei der Aufstellung des Überschuldungsstatus ist das **Stichtagsprinzip** zu beachten. Dieser ist unterschiedlich, je nach Anlass der Bewertung zu beurteilen. Dient der Überschuldungsstatus der Prüfung des Insolvenzgrundes zum Zwecke der Eröffnung des Insolvenzverfahrens, ist Stichtag der Prüfung der Zeitpunkt der Verfahrenseröffnung. Für den Haftungsprozess wegen Insolvenzverfahrensverschleppung kommt es darauf an, wann die Überschuldung eingetreten ist und zu welchem Zeitpunkt eine antragspflichtige Person Kenntnis vom Vorliegen der Überschuldung nehmen musste[1037]. Bei der Prüfung ist jeweils das zum Prüfungsstichtag verfügbare Wissen zu berücksichtigen (Ex-Ante-Betrachtung)[1038]. Daher ist es unbeachtlich, ob die zu diesem Zeitpunkt vorgenommenen und sachgerechten Prognosen sich später als falsch herausstellen[1039].

a) Eigenkapital

924 Bei den Eigenkapitalpositionen der Handelsbilanz handelt es sich gem. § 266 Abs. 3 HGB im Einzelnen um die Posten

1037 Uhlenbruck/Mock, § 19 Rn. 59.

1038 OLG Schleswig, 11.02.2010, Az.: 5 U 60/09).

1039 Uhlenbruck/Mock, § 19 Rn. 60.

A. I. Gezeichnete Kapital

A. II. Kapitalrücklage

A. III. Gewinnrücklage

A. IV. Gewinnvortrag/Verlustvortrag

A. V. Jahresüberschuss/Jahresfehlbetrag

Die Eigenkapitalpositionen i. S. d. § 266 Abs. 3a HGB bleiben im Überschuldungsstatus **außer Ansatz**. Bei den Eigenkapitalpositionen handelt es sich nicht um »echte« Verbindlichkeiten der Schuldnergesellschaft.[1040] Der Überschuldungsstatus soll durch Gegenüberstellung von Aktiv- und Passivvermögen gerade erst zeigen, ob noch ein positives Eigenkapital vorhanden ist oder ob eine Überschuldung besteht.[1041] Anstelle dieser Posten ergibt sich im Überschuldungsstatus als Differenz zwischen Vermögen und Schulden das (positive oder negative) Reinvermögen.[1042]

Von den Eigenkapitalpositionen des § 266 Abs. 3a HGB abzugrenzen waren sog. eigenkapitalersetzende Gesellschafterleistungen nach altem Recht vor Einführung des MoMiG.[1043] Mit Inkrafttreten des MoMIG wurde das Eigenkapitalersatzrecht ersatzlos gestrichen

Die neue Regelung knüpft an den Tatbestand eines Darlehens oder einer darlehensgleichen Rechtshandlung, § 39 Abs. 4 InsO. Die bisherige Unterscheidung zwischen kapitalersetzenden und »normalen« Gesellschafterdarlehen wurde aufgegeben. Damit auch das Merkmal der Krise.[1044]

Die Rechtsfolge nach dem MoMiG ist eine ausschließlich insolvenzrechtliche Folge. Diese Darlehen werden in der Insolvenz generell als nachrangig eingestuft, § 39 Abs. 1 Nr. 5 InsO. Die Rückzahlung dieser Darlehen unterliegt den strengen Anfechtungsregeln des § 135 InsO. Eine Besicherung dieser Darlehen ist bis zu 10 Jahren, eine Befriedigung dieser Darlehen bis zu einem Jahr vor dem Antrag auf Eröffnung des Insolvenzverfahrens anfechtbar.

In die Neuregelungen wurde im Übrigen ein sog. Kleinbeteiligungsprivileg mit aufgenommen. Rechtsformunabhängig soll künftig nichtgeschäftsführende Gesellschafter, die mit 10 % oder weniger beteiligt sind, von den Sonderregelungen ausgenommen sein, § 39 Abs. 5 InsO. Ebenso ist ein Sanierungsprivileg enthalten.

1040 Lutter, ZIP 1999, 641, 644; Steffan, in: WP Handbuch 2014, Bd. II, Rn. S Rn. 299; Uhlenbruck/Mock, § 19 Rn. 196.

1041 HambKomm-Schröder, § 19 Rn. 38.

1042 Steffan, WP Handbuch 2014, Bd. II, S Rn. 299146.

1043 Zum Ansatz eigenkapitalersetzender Gesellschafterleistungen vgl. Rdn. 910, 924.

1044 Vgl. hierzu ausführlich unten Rdn. 1009 ff.

aa) Stamm- oder Grundkapital

925 Das Stamm- oder Grundkapital ist Haftkapital einer Gesellschaft. Für den Fall der Eröffnung eines Insolvenzverfahrens besteht keine aus der Insolvenzmasse bzw. deren Verwertungserlös zu bedienende Verbindlichkeit. Als Haftkapital ist das Stamm- oder Grundkapital i. d. R. verloren.[1045] Nicht eingeforderte Stammeinlagen können, bei Werthaltigkeit des Anspruchs, in einer Überschuldungsbilanz aktiviert werden.

bb) Sonderposten mit Rücklagenanteil und Zuschüsse

926 Die Bildung von Sonderposten in der Handelsbilanz können nach § 247 Abs. 3 HGB Passivposten, die für Zwecke der Steuern vom Einkommen und vom Ertrag zulässig sind, gebildet werden. Diese sind als Sonderposten mit Rücklageanteil auszuweisen.

Bei dem Sonderposten mit Rücklageanteil handelt es sich um einen **Mischposten**, dem neben einem Eigenkapitalanteil auch ein Fremdkapitalanteil (latente Steuerrückstellung) immanent ist, denn die Bildung des Sonderpostens bedeutet grds. keine endgültige Steuerbefreiung, diese wird vielmehr nur in die Folgeperioden verschoben.[1046] Soweit zum Stichtag der Überschuldungsprüfung feststeht, dass der Posten endgültig steuerfrei bleibt, hat er Eigenkapitalcharakter.[1047]

cc) Gewinnvortrag/Jahresüberschuss

927 Ein Gewinnvortrag oder ein Jahresüberschuss, handelsrechtlicher Bestandteil des Eigenkapitals, bleiben im Überschuldungsstatus ebenfalls außer Ansatz.[1048]

b) Verbindlichkeiten und Rückstellungen

aa) Verbindlichkeiten

(1) Grundsätzliches

928 Unter **Verbindlichkeit** versteht man eine dem Inhalt und der Höhe nach **konkret** bestehende **Verpflichtung** ggü. einem Dritten, die erzwingbar ist und die eine wirtschaftliche Belastung darstellt.

(a) Ansatz dem Grunde nach – Mengengerüst

929 Im Überschuldungsstatus sind sämtliche gegenwärtigen Verbindlichkeiten zu berücksichtigen, welche im Fall einer Eröffnung des Insolvenzverfahrens Insolvenzforderungen begründen können.[1049]

1045 Scholz/Emmerich-K. Schmidt, GmbHG, vor § 64 Rn. 28.
1046 Wolf/Schlagheck, Überschuldung, S. 131.
1047 Uhlenbruck/Uhlenbruck, § 19 Rn. 52.
1048 Uhlenbruck/Mock, § 19 Rn. 197.
1049 BGH, 27.10.1982 – VIII ZR 187/81, ZIP 1982, 1435.

Verbindlichkeiten sind deshalb grds. im Überschuldungsstatus dem Grunde nach zu passivieren. Ob die Verbindlichkeit bereits zum Stichtag zur Zahlung fällig ist, spielt i. R. d. Überschuldungsprüfung keine Rolle. Verbindlichkeiten sind unabhängig von der Fälligkeit dem Grunde nach zu passivieren.

(b) Ansatz der Höhe nach – Wertgerüst

Verbindlichkeiten sind im Überschuldungsstatus mit ihrem **Nennwert** zu passivieren, wobei maßgeblich ist, mit welchem Betrag sie ggü. der Insolvenzmasse geltend gemacht werden könnten.[1050] Die Verbindlichkeit ist mit dem Betrag im Überschuldungsstatus anzusetzen, der zur vollständigen Tilgung am Stichtag erforderlich ist.[1051] 930

Soweit die Verbindlichkeit unstreitig besteht und die Höhe der Forderung eindeutig bestimmt oder bestimmbar ist, ist der Nennwert ohne Weiteres bestimmt oder zumindest bestimmbar.

Der Wertansatz im Überschuldungsstatus bereitet in diesen Fällen keine größeren Probleme. Soweit Verbindlichkeiten unstreitig und folgerichtig in der Handelsbilanz passiviert sind, erscheinen diese mit dem gleichen Wert in der Überschuldungsbilanz. 931

In der Praxis von großer Bedeutung sind aber gerade auch solche Verbindlichkeiten, deren Bestehen dem Grunde nach oder der Höhe nach zwischen den Beteiligten streitig ist. In diesen Fällen bereitet die Bestimmung des Nennwertes große Schwierigkeiten.[1052] Streitige Verbindlichkeiten fließen als Rückstellungen in den Überschuldungsstatus ein.

(2) Betagte Verbindlichkeiten

(a) Ansatz dem Grunde nach – Mengengerüst

Betagte und befristete Verbindlichkeiten sind im Insolvenzstatus zu passivieren, da sie im Insolvenzverfahren ebenfalls nach § 41 InsO gegenüber der Insolvenzmasse geltend gemacht werden kann[1053] 932

Als Ausnahme hiervon sind noch nicht fällige Verbindlichkeiten aus Zug-um-Zug zu erfüllenden Dauerschuldverhältnissen nicht zu passivieren.[1054] 933

▶ **Beispiele:**

- Sukzessivlieferungsverträge,
- Geschäftsraummiete,
- Arbeitsverhältnis.

1050 K. Schmidt/Uhlenbruck, Die GmbH in Krise, Sanierung und Insolvenz, Rn. 512.

1051 Harz/Baumgartner/Conrad, ZInsO 2005, 1304, 1310.

1052 Zu den Kriterien vgl. Rdn. 954 ff.

1053 Scholz/Bitter, vor § 64 Rn. 60, Uhlenbruck/Mock § 19 Rn. 150.

1054 Scholz/Emmerich-K. Schmidt, vor § 64 Rn. 29.

Demgegenüber sind rückständige Zahlungen aus Dauerschuldverhältnissen als Verbindlichkeiten mit ihrem Nennwert zu passivieren.

(b) Ansatz der Höhe nach – Wertgerüst

934 **Betagte Verbindlichkeiten** sind der Höhe nach im Anwendungsbereich des § 41 Abs. 2 InsO mit ihrem **Barwert** anzusetzen. Voraussetzung ist, dass eine unverzinsliche Forderung vorliegt.

Definition Barwert:

Als Barwert oder Gegenwartswert wird der heutige Wert eines in der Zukunft erwarteten Geldbetrages bezeichnet. Man erhält den Barwert durch Abzinsung des künftigen Geldbetrages mit einem Kapitalzinssatz, der Ausdruck einer alternativ erreichbaren Verzinsung ist (Opportunitätskosten).

Der Barwert der betagten Verbindlichkeit ist demnach durch **Abzinsung** zu ermitteln. Die so abgezinste Verbindlichkeit ist im Überschuldungsstatus zu passivieren.[1055]

Verzinsliche Forderungen fallen nicht in den Anwendungsbereich des § 41 Abs. 2 InsO und sind deshalb mit ihrem Nennwert zu passivieren.

(3) Bedingte Verbindlichkeiten

(a) Ansatz dem Grunde nach – Mengengerüst

935 Bedingte Verbindlichkeiten sind im Überschuldungsstatus dem Grunde nach zu passivieren. Die Bedingung ist sowohl in Form einer aufschiebenden Bedingung als auch in Form einer auflösenden Bedingung möglich.

- **Auflösend** bedingte Verbindlichkeiten werden im Fall einer Verfahrenseröffnung, solange die Bedingung nicht eingetreten ist, wie unbedingte Verbindlichkeiten behandelt.[1056]
- **Aufschiebend** bedingte Verbindlichkeiten sind ebenfalls dem Grunde nach zu passivieren, sofern nicht die Möglichkeit des Bedingungseintritts so fernliegt, dass aus Sicht des Forderungsinhabers der Forderung kein Vermögenswert zukommt.[1057]

(b) Ansatz der Höhe nach – Wertgerüst

936 **Bedingte Verbindlichkeiten** sind nach der Wahrscheinlichkeit des Bedingungseintritts zu passivieren.[1058] Dies kann jedoch nur für die Fallgruppe der **aufschiebenden Bedingung** gelten. Hier sind zum Stichtag die Bedingungsvoraussetzungen noch nicht erfüllt. Auch beinhaltet die InsO keine Fiktion des Bedingungseintritts für den Fall der Eröffnung eines Insolvenzverfahrens. **Maßgeblich** für den Ansatz der Höhe nach einer

1055 Scholz/Bitter, vor § 64 Rn. 60.
1056 Umkehrschluss aus § 42 InsO.
1057 Umkehrschluss aus § 191 Abs. 2 InsO.
1058 HambKomm-Schröder, § 19 Rn. 40.

aufschiebend bedingten Verbindlichkeit ist deshalb der **Grad der Wahrscheinlichkeit des Bedingungseintritts**. Teilweise wird auch die Auffassung vertreten, dass bedingte Verbindlichkeiten grundsätzlich nicht voll zu passivieren sind. Sie sollen vielmehr wie ungewisse Verbindlichkeiten berücksichtigt werden[1059].

Für die Fallgruppe der auflösend bedingten Verbindlichkeiten bietet die InsO in § 42 InsO eine gesetzliche Fiktion. Diese werden demnach wie unbedingte Verbindlichkeiten behandelt und sind nach den allgemeinen Grundsätzen zu passivieren.[1060]

Die o. g. Grundsätze gelten **unabhängig** davon, ob im konkreten Fall aufgrund des Ergebnisses der **Fortbestehensprognose** Fortführungs- oder aber Liquidationswerte zum Ansatz kommen.

(4) Einzelne, sehr hohe Verbindlichkeit

(a) Ansatz dem Grunde nach – Mengengerüst

Hängt eine mögliche Überschuldung von einer einzelnen, sehr hohen Forderung ab, so gelten die allgemeinen Grundsätze. Für die Beurteilung der Zahlungsunfähigkeit hat das LG Stendal (Urt. v. 24.05.1994 – 22 T 40/94, ZIP 1994, 1035) zwar entschieden, dass eine einzelne sehr hohe Verbindlichkeit nur dann zu passivieren ist, wenn diese bewiesen ist. Dieser Auffassung kann jedoch in dieser Pauschalität nicht gefolgt werden. Zutreffend ist selbstverständlich, dass die Verbindlichkeit dann im Überschuldungsstatus anzusetzen ist, wenn diese unstreitig oder bewiesen ist. Liegen diese Voraussetzungen jedoch nicht vor, so gelten die allgemeinen Grundsätze für die Passivierung streitiger Verbindlichkeiten (vgl. unten Rdn. 953). 937

(b) Ansatz der Höhe nach – Wertgerüst

Unstreitige, bewiesene oder bereits titulierte Verbindlichkeiten sind mit ihrem Nennwert im Überschuldungsstatus zu passivieren. 938

Ist die Verbindlichkeit allerdings zwischen den Parteien streitig, so ist bei sehr hohen Verbindlichkeiten der Wertansatz in der Überschuldungsbilanz problematisch. Dies gilt umso mehr, wenn von der Bewertung dieser Verbindlichkeit die Insolvenzreife abhängt. Es ist gerade auch deshalb problematisch, dass auch nur eine teilweise Passivierung der streitigen Verbindlichkeit Auslöser eines negativen Überschuldungsstatus sein kann.

In diesem Fall stehen sich zwei Interessen gegenüber. Das Erhaltungsinteresse der Gesellschaft auf der einen Seite, und der Gläubigerschutz auf der anderen Seite. Eine zu vorsichtige Bewertung könnte möglicherweise eine Gesellschaft voreilig in die Insolvenz führen. In diesem Fall sähe sich der Geschäftsführer möglicherweise Untreuevorwürfen der Gesellschafter ausgesetzt. Eine zu optimistische Bewertung könnte das

1059 Scholz/Bitter, vor § 64 Rn. 60, vgl. auch Rdn. 963 ff.

1060 K. Schmidt/Uhlenbruck, Die GmbH in Krise, Sanierung und Insolvenz, Rn. 512.

Sterben einer nicht überlebensfähigen Gesellschaft künstlich hinauszögern, mit der Folge, dass nicht durch das Haftungsvermögen zulasten der Gläubiger ausgezehrt ist, sondern der Geschäftsführer sich der Verletzung der Insolvenzantragspflicht nach § 15 a InsO haft- und strafbar gemacht hat.

Ziel eines Überschuldungstatus ist es, die wahren Werte abzubilden. Man wird deshalb nicht grundsätzlich von Berücksichtigung streitiger, auch sehr hoher Verbindlichkeiten absehen können. Es gibt keinen Grundsatz, dass auch eine ernsthaft bestrittene Verbindlichkeit außer Ansatz gelassen werden kann, wenn hiervon die Überschuldung oder Nicht-Überschuldung abhängt[1061]. Es ist vielmehr vom Grundsatz auszugehen, dass Verbindlichkeiten grundsätzlich passiviert werden müssen. Dies gilt für streitige Verbindlichkeiten jedenfalls dann, wenn der Schuldner mit einer Inanspruchnahme ernsthaft rechnen muss[1062]. Uhlenbruck will eine Ausnahme von der Passivierungspflicht dann anerkennen, wenn die bestrittene Forderung noch der Klärung in einem gerichtlichen Prozessverfahren bedarf oder sie noch nicht rechtskräftig entschieden worden ist. In diesen Fällen wird man von einer streitigen, den Insolvenzgrund ausmachenden Verbindlichkeit absehen können[1063]. Diese Auffassung überzeugt nicht. Die Frage der Rechtskraft einer gerichtlichen Klärung kann nicht ausschlaggebend für die Passivierung sein, da der Schuldner, welcher die Verbindlichkeit mit fadenscheinigen Argumenten streitig stellt und den Gläubiger zur gerichtlichen Geltendmachung zwingt, privilegiert.

Eine Ausnahme wird lediglich on Fällen rechtsmissbräuchlichen Verhaltens zu ziehen sein. Das schuldnerische Unternehmen kann dann von der Passivierung der streitigen Verbindlichkeit Abstand nehmen, wenn der Anspruch nicht nach der subjektiven Einschätzung des in Anspruch Genommenen, sondern nach objektiven Kriterien als evident unzutreffend oder rechtsmissbräuchlich eingestuft werden konnte.

In der Praxis dürften die Fälle objektiv rechtsmissbräuchlichen Verhaltens die Ausnahme sein. Praxisrelevant sind solche streitigen Verbindlichkeiten unterhalb der Schwelle eines rechtsmissbräuchlichen Verhaltens, deren Bestehen zwischen den Parteien aus tatsächlichen oder rechtlichen Gründen streitig sind.

Geht der Schuldner zwar nicht ernsthaft von einer vollen Inanspruchnahme aus, kann diese aber auch nicht ausgeschlossen werden, so ist dieser Unsicherheit über die Bildung einer Rückstellung Rechnung zu tragen. Diese Grundsätze gelten unabhängig von der Höhe der Forderung und unabhängig von der Frage, ob die einzelne streitige Verbindlichkeit bzw. die hierauf zu bildenden Rückstellung Insolvenzauslöser ist. Der Auffassung, dass es aber im Fall Erfolg versprechender Erfolgsaussichten gerechtfertigt

1061 K. Schmidt, § 19 Rn. 40.

1062 Vgl. OLG Naumburg, 24.11.2006 – 10 U50/06 – DStR 2007, 1220.

1063 Uhlenbruck/Mock, § 19 Rn. 20.

sein kann, von einer Passivierung der Rückstellung abzusehen[1064], kann so nicht gefolgt werden[1065].

(5) Verbindlichkeiten im Anwendungsbereich der §§ 32a, b GmbHG a. F.

Das Eigenkapitalersatzrecht des §§ 32a, b GmbHG a. F. wurde durch das MoMiG ersatzlos gestrichen. Allerdings finden die Regelungen des Eigenkapitalersatzrechts noch auf alle bis spätestens zum 18.10.2008 eröffneten Insolvenzverfahren Anwendung. Die folgenden Ausführungen beziehen sich alleine auf die Rechtslage vor Inkrafttreten des MoMiG. 939

Das Eigenkapitalrecht der §§ 32a, b GmbHG a. F. stellte eine Einschränkung des Grundsatzes der Finanzierungsfreiheit des Gesellschafters dar. Ihren Rechtsgrund fanden die Regeln des Eigenkapitalrechts in der Finanzierungsverantwortung der Gesellschafter.

(a) Ansatz dem Grunde nach – Mengengerüst

Die Frage der Passivierungspflicht sog. eigenkapitalersetzender Gesellschafterleistung war in der Vergangenheit heftig umstritten.[1066] Der BGH hatte die Frage der Passivierungspflicht in einem Grundsatzurteil abschließend entschieden.[1067] Eigenkapitalersetzende Gesellschafterleistungen waren nach der Rechtsprechung des BGH unbesehen ihrer Sonderstellung im Insolvenzverfahren zu **passivieren**, auch wenn der Gesellschaft analog § 30 GmbHG ein Leistungsverweigerungsrecht zustand oder wenn ihre Durchsetzung in der Insolvenz nach § 32a GmbHG ausgeschlossen war.[1068] 940

Eine Passivierungspflicht **entfiel** nur, soweit der Gesellschafter einen qualifizierten **Rangrücktritt** vereinbart hatte.[1069]

Exkurs:

Demgegenüber bleibt die Pflicht zur Passivierung in der Handels- und Steuerbilanz gem. §§ 246 Abs. 1, 249 Abs. 1 Satz 1 HGB bestehen.[1070]

(b) Ansatz der Höhe nach – Wertgerüst

I. R. d. Anwendungsbereiches der §§ 32a, b GmbHG a. F. war ausschließlich die Frage umstritten, ob diese dem Grunde nach zu passivieren sind. Nachdem der BGH sich 941

1064 So Uhlenbruck/Mock, § 19 Rn. 204.

1065 Vgl. zur Frage der Rückstellungsbildung für streitige Verbindlichkeiten im Einzelnen unter Rdn. 963 ff.

1066 Zum Meinungsstand vgl. Uhlenbruck/Uhlenbruck, 13. Aufl. § 19 Rn. 69.

1067 BGH, 08.01.2001 – II ZR 88/99, ZInsO 2001, 260 ff.

1068 K. Schmidt/Uhlenbruck, Die GmbH in Krise, Sanierung und Insolvenz, Rn. 909.

1069 Zu den Anforderungen im Einzelnen, vgl. Rdn. 597.

1070 BFH, 10.11.2005 – IV R 13/04, ZInsO 2006, 212, 214.

für die Passivierungspflicht ausgesprochen hat, galten für den Ansatz der Höhe nach die allg. Grundsätze.

(6) Langfristige unverzinsliche Verbindlichkeiten

(a) Ansatz dem Grunde nach – Mengengerüst

942 Der Ansatz der langfristig unverzinslichen Verbindlichkeiten dem Grunde nach ist sowohl bei positiver als auch bei negativer Fortbestehensprognose unproblematisch zu bejahen.

(b) Ansatz der Höhe nach – Wertgerüst

943 Bei **negativer Fortbestehensprognose** sind langfristig unverzinsliche Verbindlichkeiten auf den Barwert abzuzinsen, da sie gem. §41 Abs. 2 InsO im eröffneten Verfahren nur mit diesem Wert berücksichtigt werden.[1071]

Für den Fall einer **positiven Fortbestehensprognose** wird die Frage der Bewertung langfristiger unverzinslicher Verbindlichkeiten im Überschuldungsstatus nicht einheitlich beantwortet.

944 Uneinigkeit besteht darüber, ob langfristig unverzinsliche Verbindlichkeiten auch im Fall einer positiven Fortbestehensprognose mit dem Nennwert oder aber mit dem abgezinsten Barwert passiviert werden müssen.

Teilweise wird die Auffassung vertreten, wonach auch langfristig unverzinsliche Verbindlichkeiten nach den allgemeinen Grundsätzen mit dem Nennwert, also mit dem Rückzahlungsbetrag anzusetzen.[1072]

Demgegenüber wird die abweichende Auffassung vertreten, wonach auch im Fall einer positiven Fortbestehensprognose der abgezinste Barwert zu passivieren ist. Bei positiver Fortbestehensprognose ist zu unterstellen, dass die Gesellschaft den Zinsanteil bis zur Fälligkeit erwirtschaften wird.[1073]

Die unterschiedlichen Ansätze werden vor allen Dingen bei langfristigen Verbindlichkeiten zu unterschiedlichen Ergebnissen kommen. Für die **Praxis** ist aber zu beachten, dass der Anwendungsbereich **äußerst gering** ist. Im Wirtschaftsleben wird zwischen unterschiedlichen Rechtsträgern kaum ein Sachverhalt bestehen, der für eine tatsächliche Unverzinslichkeit spricht.

945 M.E. ist, unbesehen des in der Praxis geringen Anwendungsbereichs, im Überschuldungsstatus nach den allg. Grundsätzen der Nennwert anzusetzen. Die Argumentation der Gegenmeinung berücksichtigt nicht, dass der Prognosezeitraum i. R. d. Fortbestehensprognose i. d. R. auf das laufende Wirtschaftsjahr und das Folgejahr beschränkt

---

1071 K. Schmidt/Uhlenbruck, Die GmbH in Krise, Sanierung und Insolvenz, Rn. 909.
1072 K. Schmidt/Uhlenbruck, Die GmbH in Krise, Sanierung und Insolvenz, Rn. 909 m. w. N.
1073 Gelhausen, in: WP Handbuch 2006, Bd. II, L Rn. 149.

ist,[1074] während die **Laufzeit** der zu passivierenden Verbindlichkeit **erheblich länger** sein kann. In diesem Fall würde dies auf eine Ausdehnung des Prognosezeitraumes hinauslaufen. Die Unterstellung der Erwirtschaftung der Zinsanteile ist nur dann systemgerecht, wenn die Laufzeit der Verbindlichkeit kleiner oder gleich des Prognosezeitraumes ist. Für Verbindlichkeiten mit einer Laufzeit innerhalb des Prognosezeitraumes wird der unterschiedliche Ansatz in der Praxis aber in den meisten Fällen nur geringfügig abweichende Passivwerte ergeben.

Insgesamt ist dem Ansatz des Nennbetrags für den Fall einer positiven Fortbestehensprognose der Vorzug zu geben.

(7) Besicherte Verbindlichkeiten, Freistellungsansprüche

(a) Ansatz dem Grunde nach – Mengengerüst

Verbindlichkeiten sind auch dann zu passivieren, wenn für sie Sicherheiten bestellt 946
sind. Dieser Grundsatz gilt unabhängig von der Art der bestellten Sicherheit.

Als bestellte Sicherheiten kommen in der Praxis insb. in Betracht:
- Bürgschaft,
- Sicherungsübereignung,
- Sicherungszession,
- Garantieversprechen,
- Immobiliarsicherheiten.

Verbindlichkeiten sind im Überschuldungsstatus anzusetzen, auch wenn zu deren Besicherung Eigentumsvorbehaltsrechte oder Sicherungsübereignungen bestehen, oder Pfandrechte bestellt sind. Die Passivierungspflicht ist auch dann zu beachten, wenn eine Verbindlichkeit durch eine Einstandspflicht eines Dritten gesichert ist.

Dingliche Sicherheiten, die Dritte für Verbindlichkeiten des Schuldners gewährt haben, sowie Bürgschaften und Garantieversprechen bleiben unberücksichtigt, da der Schuldner primär verpflichtet sei und den Sicherungsgebern im Fall der Inanspruchnahme Regressansprüche zustehen.[1075] Erfüllt der Sicherungsgeber die Verbindlichkeit im Außenverhältnis, geht die Forderung des Gläubigers kraft Gesetzes auf ihn über; bspw. bei der Bürgschaft gem. § 774 Abs. 1 Satz 1 BGB. Die Verbindlichkeit besteht nunmehr gegen den vormaligen Sicherungsgeber. Letztlich führt die Erfüllung einer drittbesicherten Verbindlichkeit durch den Sicherungsgeber lediglich zu einem Gläubigerwechsel.

Die Berücksichtigung der von dritter Seite besicherten Forderungen, die auch im In- 947
nenverhältnis von diesem vollständig zu übernehmen ist, im Überschuldungsstatus wird nicht einheitlich beantwortet.

1074 Vgl. unter Rdn. 304 ff.

1075 Vgl. Hachenburg/Ulmer, GmbHG, § 63 Rn. 47; KPB/Pape, § 19 Rn. 11; Uhlenbruck, in: Braun/Uhlenbruck, Unternehmerinsolvenz, S. 295; Kuhn/Uhlenbruck, § 102 Rn. 6m.

Während teilweise die Auffassung vertreten wird, dass diese Verbindlichkeiten im Überschuldungsstatus nicht zu passivieren sind,[1076] geht die abweichende Meinung davon aus, dass die Passivierungspflicht bestehen bleibt, gleichzeitig aber der Freistellungsanspruch ggü. dem Dritten im Überschuldungsstatus aktiviert werden kann.[1077]

948 Der letztgenannten Ansicht ist m. E. der Vorzug zu geben. Das schuldnerische Unternehmen bleibt primär verpflichtet. Auch eine Besicherung durch einen Dritten lässt die Verbindlichkeit im Außenverhältnis nicht entfallen. Dass dem Schuldner ggü. dem Dritten ein aktivierungsfähiger Freistellungsanspruch zusteht, ändert daran nichts. Die Verbindlichkeit und der aktivierungsfähige Freistellungsanspruch dürfen in der Überschuldungsbilanz aus Gründen der Transparenz auch nicht saldiert werden.[1078]

Letztlich besagt das Bestehen eines Freistellungsanspruches auch noch nichts über dessen Durchsetzbarkeit. Der Freistellungsanspruch ist deshalb nach den allgemeinen Grundsätzen zu bewerten.

Beide Ansichten führen deshalb – wirtschaftlich – nur dann zum gleichen Ergebnis, wenn der Freistellungsanspruch ggü. dem Dritten unstreitig, voll werthaltig und nicht einredebehaftet ist.

949 I. Ü. ist der Freistellungsanspruch ebenfalls nach dessen Durchsetzbarkeit zu bewerten.

950 ▶ Hinweis:

Von diesem Grundsatz ist nur dann eine **Ausnahme** zu machen, wenn der Dritte die Verbindlichkeit ggü. dem Gläubiger mit befreiender Wirkung übernommen und dabei ggü. dem Schuldunternehmen auf seine Rückgriffsansprüche aus §§ 670, 774 BGB verzichtet hat. Hier ist die Verbindlichkeit wegen der Schuld befreienden Wirkung im Außenverhältnis nicht mehr im Überschuldungsstatus anzusetzen.[1079]

951 Die oben genannten Grundsätze geltend i. Ü. für **alle Freistellungsansprüche:**

▶ Beispiel:

Ggü. dem Generalunternehmer X werden seitens des Bauherrn zwei voneinander abgrenzbare Gewährleistungsansprüche im Gesamtumfang von 100.000,00 € geltend gemacht. Diese sind unstreitig. Die Verantwortlichkeiten können geklärt werden. Der dem Gewährleistungsanspruch Nr. 1 zugrunde liegende Mangel im Umfang von 70.000,00 € geht auf ein Verhalten des Subunternehmers A zurück, der dem Anspruch Nr. 2 zugrunde liegende Mangel im Umfang von 30.000,00 € geht auf ein Verhalten des Subunternehmers B zurück. Beide Subunternehmer sind im Innenverhältnis zum Generalunternehmer verpflichtet, den Schaden zu tragen.

1076 HK/Kirchhof, § 19 Rn. 23.

1077 Steffan, in: WP-Handbuch 2014, Bd. II, S 303.

1078 Zur Frage der Saldierung vgl. auch Rdn. 368.

1079 Gelhausen, in: WP-Handbuch 2014, Bd. II, S 303.

Der Generalunternehmer hat sowohl gegen Subunternehmer A, als auch gegen Subunternehmer B einen Freistellungsanspruch.

Auch hier stellt sich die Frage, wie die Verbindlichkeiten und Freistellungsansprüche in einem Überschuldungsstatus des Generalunternehmers zu berücksichtigen sind?

Würde man der o. g. teilweise vertretenen Auffassung folgen, wären seitens des Generalunternehmers ggü. dem Bauherrn bestehenden Verbindlichkeiten nicht zu passivieren, da ggü. den Subunternehmern A und B Freistellungsansprüche in gleicher Höhe bestehen.

Zutreffend sind die Verbindlichkeiten zu passivieren und die Freistellungsansprüche sowohl ggü. A als auch ggü. B gesondert zu aktivieren. Die Ansprüche sind nicht zu verrechnen. In welcher Höhe die Ansprüche aktiviert werden, hängt davon ab, mit welcher Wahrscheinlichkeit die Ansprüche durchgesetzt werden können.

Der Unterschied beider Auffassungen wird dann deutlich, wenn A aufgrund seiner wirtschaftlichen Lage die Eröffnung des Insolvenzverfahrens beantragen muss.

In diesem Fall bleibt die Außenverbindlichkeit des Generalunternehmers bestehen. Der Freistellungsanspruch gegen A ist nicht mehr werthaltig und deshalb nicht mehr zu aktivieren.

Die Überschuldungsbilanz wäre nach zutreffender Ansicht in der Variante vereinfacht wie folgt darzustellen:

Aktiva	**Passiva**
0,00 € Anspruch gegen A	Gewährleistung 100.000,00 €
30.000,00 € Anspruch gegen B	

(b) Ansatz der Höhe nach – Wertgerüst

Nachdem die Frage des Ansatzes der Verbindlichkeit dem Grunde nach geklärt ist, bestehen für den Ansatz der Höhe nach keine Besonderheiten. Die Verbindlichkeit ist nach den allgemeinen Grundsätzen mit dem Barwert zu passivieren. 952

(8) Streitige Verbindlichkeiten

Der Ansatz und die Bewertung streitiger Verbindlichkeiten im Überschuldungsstatus bereitet in der Praxis erhebliche Schwierigkeiten. 953

Zutreffend werden streitige Verbindlichkeiten ggf. als Rückstellungen im Überschuldungsstatus passiviert. Auf die dortigen Ausführungen wird an dieser Stelle verwiesen.[1080]

1080 Vgl. im Einzelnen unter Rn. 911 ff.

(9) Rentenverpflichtungen

954 Die Thematik der betrieblichen Altersvorsorge wird bei dem Unterpunkt Rückstellungen umfassend behandelt.[1081]

955 ▶ Checkliste

Checkliste „Verbindlichkeiten"		✔	
A.	Ansatz dem Grunde nach - Mengengerüst	ja	nein
1.	Bestehen Verpflichtungen ggü. Dritten ?		
2.	Sind diese nach Inhalt und Höhe konkret?	☐	☐
3.	Sind die Verbindlichkeit seitens des Dritten durchsetzbar?	☐	☐
4.	In Höhe welchen Betrages kann der Dritte die Forderung geltend machen?	☐	☐
5.	Sind die Verbindlichkeiten betagt ?	☐	☐
6.	Handelt es sich um ein Zug um Zug Geschäft ?	☐	☐
7.	Sind die Verbindlichkeiten bedingt?	☐	☐
8.	Ist die Verbindlichkeit aufschiebend bedingt?	☐	☐
9.	Ist der Bedingungseintritt fernliegend ?	☐	☐
10.	Besteht nur eine einzelne, sehr hohe Verbindlichkeit ?	☐	☐
11.	Wurde eine Gesellschafterleistung in der Krise gewährt ?	☐	☐
12.	Wurde ein Rangrücktritt erklärt ?	☐	☐
13.	Wurden für die Verbindlichkeit von Dritter Seite eine Sicherheit gewährt ?	☐	☐
14.	Hat der Sicherungsgeber auf mögliche Rückgriffsansprüche verzichtet ?	☐	☐
15.	Ist das Bestehen der Verbindlichkeit streitig ?	☐	☐
B.	Ansatz der Höhe nach - Wertegerüst		
1.	Wurde die Verbindlichkeit zum Stichtag abgezinst ?	☐	☐
2.	Liegt eine aufschiebende Bedingung vor und ist der Bedingungseintritt wahrscheinlich?	☐	☐
3.	Wurde eine einzelne sehr hohe Verbindlichkeit nachgewiesen	☐	☐
4.	Bestehen langfristige unverzinsliche Verbindlichkeiten bei negativer Fortbestehensprognose ?	☐	☐
5.	Bestehen langfristige unverzinsliche Verbindlichkeiten bei positiver Fortbestehensprognose ?	☐	☐
6.	Sind die Verbindlichkeiten besichert ?	☐	☐
7.	Ist der bestehende Freistellungsanspruch ggü. dem Dritten werthaltig ?	☐	☐
8.	Sind Verbindlichkeiten zwischen den Parteien streitig ?	☐	☐
C.	Besonderheiten		
1.	Betagte Verbindlichkeiten ?	☐	☐
2.	Bedingte Verbindlichkeiten ?	☐	☐
3.	Einzelne, sehr hohe Verbindlichkeiten ?	☐	☐
4.	Verbindlichkeiten ggü. Gesellschaftern in der Krise ?	☐	☐
5.	Langfristige, unverzinsliche Verbindlichkeiten ?	☐	☐
6.	Rentenverpflichtungen ?	☐	☐

1081 Vgl. im Einzelnen unter Rn. 911 ff.

bb) Rückstellungen

(1) Handelsrechtliche Betrachtungsweise

Der Begriff der Rückstellung bezeichnet Passivposten, die die durch das abgelaufene Geschäftsjahr veranlassten Schulden erfassen, deren exakte wirtschaftliche Daten (z. B. Existenz und Höhe) am Abschlussstichtag noch offen sind.[1082] 956

Rechtsgrundlage für die Bildung von Rückstellungen sind die §§ 249, 253 Abs. 1 Satz 2 HGB: In § 249 HGB ist die Frage geregelt, wann Rückstellungen **dem Grunde nach** anzusetzen sind, während sich § 253 Abs. 1 Satz 2 HGB mit deren Bewertung, also **die Höhe** der zu bildenden Rückstellung befasst.

Das Bilanzrechtsmodernisierungsgesetz (BilMoG) hat die Bewertungsvorschriften neu gefasst. Gem. § 253 Abs. 1, Satz 2 HGB sind Rückstellungen i. H. d. nach vernünftiger kaufmännischer Beurteilung notwendigen Erfüllungsbetrags anzusetzen.

Soweit die tatbestandlichen Voraussetzungen erfüllt sind, sind die jeweiligen Rückstellungen zu bilden. Es besteht eine **Pflicht zur Bildung der Rückstellungen**. Es besteht somit kein Wahlrecht.[1083] Ein Wahlrecht gewährt das HGB ausnahmsweise nur für bestimmte Aufwandsrückstellen, insb. gem. § 249 Abs. 1 Satz 3 HGB und § 249 Abs. 2 HGB.

Die allgemeinen Bilanzierungsvorschriften des Handelsrechts erkennen die Bildung von Rückstellungen für fünf verschiedene Fälle abschließend an. Rückstellungen sind nach § 249 HGB zu bilden für 957

- Ungewisse Verbindlichkeiten,
- Drohende Verluste aus schwebenden Geschäften,
- im Geschäftsjahr unterlassene Aufwendungen für Instandhaltung, die im folgenden Geschäftsjahr innerhalb von drei Monaten, oder für Abraumbeseitigung im folgenden Geschäftsjahr nachgeholt werden,
- Gewährleistungen, die ohne rechtliche Verpflichtung erbracht werden,
- für ihrer Eigenart nach genau umschriebene, dem Geschäftsjahr oder einem früheren Geschäftsjahr zuzuordnende Aufwendungen gebildet werden, die am Abschlussstichtag wahrscheinlich oder sicher, aber hinsichtlich ihrer Höhe oder des Zeitpunkts ihres Eintritts unbestimmt sind.

Neben der Frage, **wann** die Rückstellung dem Grunde nach zu bilden ist, ist die Frage zu behandeln, in welcher **Höhe** die Rückstellung zu bilden ist.

Nach § 252 Abs. 1 Nr. 4 HGB ist in der Handelsbilanz **vorsichtig** zu bewerten, namentlich sind alle vorhersehbaren Risiken und Verluste, die zum Abschlussstichtag entstanden sind, zu berücksichtigen, selbst wenn diese erst zwischen dem Abschlussstichtag

1082 Adler/Düring/Schmaltz, Rechnungslegung, § 275 Rn. 73.

1083 Clemm/Erle, in: BeBiKo, § 249 Rn. 6.

und dem Tag der Aufstellung des Jahresabschlusses bekannt geworden sind (sog. strenges Vorsichtsprinzip).

(2) Rückstellungen in der Überschuldungsbilanz

958 Auch in der Überschuldungsbilanz sind Rückstellungen zu bilden. Die Bildung der Rückstellungen erfolgt ebenfalls in den Fällen, in denen eine Verbindlichkeit entweder dem Grunde oder der Höhe nach oder aber sowohl dem Grunde als auch der Höhe nach nicht feststeht.

Die besondere Schwierigkeit der zu bildenden Rückstellung im Überschuldungsstatus liegt in einer realistischen Einschätzung der Risiken und im besonderen Fall daran, dass von der Höhe der danach zu beziffernden Rückstellung die Überschreitung der Überschuldungsgrenze abhängen kann.[1084]

959 Bei der Erstellung des Überschuldungsstatus müssen im Vergleich zur Handelsbilanz die **unterschiedlichen Zielrichtungen** berücksichtigt werden.

Der **handelsrechtliche Ansatz** ist geprägt durch den Grundsatz der Vorsicht gem. § 252 Abs. 1 Nr. 4 HGB. In der Handelsbilanz sind Rückstellungen zu bilden, damit es wegen der periodischen Gewinnermittlung nicht zu ungerechtfertigten Gewinnausschüttungen kommt.[1085]

960 **Ziel des insolvenzrechtlichen Überschuldungsstatus** ist es demgegenüber, den vermögensrechtlichen status quo der Gesellschaft widerzuspiegeln, also den wahren Wert des Vermögens, der im Fall der Insolvenz zur Befriedigung der Gläubiger zur Verfügung steht, und die realen Forderungen.[1086]

961 ► Praxistipp:

> Zu beachten ist, dass insb. Risiken aus möglichen Schadensersatzverpflichtungen in der Praxis zu erheblichen Bewertungsproblemen führen. Die besondere Schwierigkeit liegt in der realistischen Einschätzung des zugrunde liegenden Sachverhalts. In der Praxis wird die Problematik gerade in den Fällen gesteigert, in denen erst durch die Bewertung einer Rückstellung die Überschuldungsgrenze überschritten wird. Dies gilt vornehmlich für drohende Schadensersatzverpflichtungen, die vom Schuldner dem Grunde nach oder der Höhe nach bestritten werden und womöglich noch keiner gerichtlichen Entscheidung zugeführt worden sind.

962 Nach dem Willen des Gesetzgebers besteht auch und gerade bei streitigen Verbindlichkeiten das Erfordernis, deren **wahren Wert** in der Überschuldungsbilanz zu passivieren.

1084 Müller/Haas, in: Kölner Schrift zur InsO, S. 1799, 1812 Rn. 31.

1085 Adler/Düring/Schmaltz, Rechnungslegung, § 252 Rn. 75.

1086 Begr. RegE zu § 23 (entspricht § 19 InsO), BT-Drucks. 12/2443, S. 115.

In diesen Fällen ist es fraglich, ob die Rückstellung ebenso wie in der Handelsbilanz zu bewerten ist. Nach § 253 HGB kommt in der Handelsbilanz das dort kodifizierte strenge Vorsichtsprinzip zur Anwendung.

In der Überschuldungsbilanz kommen aufgrund der unterschiedlichen Zielrichtungen die strengen Ansatz- und Bewertungsvorschriften der §§ 249 ff., 252 ff. HGB nicht zur Anwendung.[1087] Insbesondere gilt auch das strenge Vorsichtsprinzip nicht.[1088] Die Bewertung ist deshalb jeweils vor dem Hintergrund der unterschiedlichen Zielsetzungen der Handelsbilanz auf der einen Seite und des Überschuldungsstatus auf der anderen Seite vorzunehmen. Im Rahmen der Überschuldungsprüfung sind aus dem Sinn und Zweck des Gläubigerschutzes die Aktiv- und Passivposten im Rahmen eines Überschuldungsstatus vorsichtig anzusetzen[1089].(Zu) optimistische Wertansätze würden die Gläubigerinteressen gefährden. Letztlich dient der Überschuldungsstatus der Ermittlung des Schuldendeckungspotentials eine Gesellschaft. Die Frage des Wertansatzes ist für die folgenden Konstellationen **gesondert** zu beantworten:

(a) Rückstellungen für ungewisse Verbindlichkeiten, streitige Verbindlichkeiten

(aa) Ansatz dem Grunde nach – Mengengerüst

Handelsrechtlich ist eine Rückstellung gem. § 249 Abs. 1 Satz 1 Fall 1 HGB dem 963
Grunde nach zu bilden »für eine ungewisse Verbindlichkeit«, die gegeben ist bei einer Außenverpflichtung, die rechtlich entstanden oder wirtschaftlich verursacht und eben **ungewiss** ist.[1090]

Im Überschuldungsstatus sind die Rückstellungen unabhängig davon zu bilden, dass die jeweilige Rückstellung bereits in der Handelsbilanz Berücksichtigung gefunden hat. Die Überschuldungsbilanz ist **unabhängig** von der Handelsbilanz zu erstellen.

Im Überschuldungsstatus sind grds. die »wahren« Werte anzusetzen. Gerade bei der Frage des Ansatzes streitiger Verbindlichkeiten im Überschuldungsstatus wird das bestehende, von unterschiedlichen Interessen geprägte Spannungsfeld deutlich. Aus Sicht des Unternehmens steht der Erhalt des Rechtsträgers im Vordergrund. Die Tendenz des schuldnerischen Unternehmens geht dahin, streitige Verbindlichkeiten entweder gar nicht zu passivieren oder zumindest in möglichst kleinem Umfang. Die Gläubiger hingegen haben Interesse an einer möglichst vollständigen Befriedigung ihrer Forderung. Bei schuldnerischen Unternehmen mit beschränktem Haftungsvermögen gibt es durchaus Interesse an einer möglichst frühzeitigen Insolvenzantragstellung. Gerade in Fällen aussichtsloser Sanierungsversuche kann so das Ausbluten der Haftungsmasse verhindert werden.

1087 Kraft, in: WP-Handbuch 2012, Bd. I, V 34.
1088 Drukarczyk/Schüler, in: Kölner Schrift zur InsO, S. 134.
1089 Uhlenbruck/Mock, § 19 Rn. 81, OLG Schleswig, 11.02.2010; Az. 5 U 60/09.
1090 Adler/Düring/Schmaltz, Rechnungslegung, § 249 Rn. 43 ff.

Der Geschäftsführer bewegt sich innerhalb dieses Spannungsfeldes. Beantragt er aufgrund der Passivierung einer streitigen Verbindlichkeit die Eröffnung des Insolvenzverfahrens und stellt sich im Nachhinein heraus, dass ein Anspruch des Gläubigers nicht bestand, so sieht sich der Geschäftsführer möglichen Haftungsansprüchen vonseiten der Gesellschaft ausgesetzt (§ 43 Abs. 1 GmbHG). Unterlässt der Geschäftsführer eine rechtzeitige Insolvenzantragstellung, weil er – in der ex-post-Betrachtung fälschlicherweise – auf eine Passivierung der streitigen Verbindlichkeit im Überschuldungsstatus verzichtet hatte, so sieht er sich möglichen Ansprüchen der Gläubiger und ggf. auch des Insolvenzverwalters ausgesetzt (§ 64 GmbHG, § 823 Abs. 2 BGB).

(bb) Ansatz der Höhe nach – Wertgerüst

964 Nach den oben (Rdn. 363) dargestellten Grundsätzen findet das Vorsichtsprinzip des § 253 Abs. 1 Satz 2 HGB für die Bewertung der Höhe der zu bildenden Rückstellung im Überschuldungsstatus keine Anwendung. Nach der Zielsetzung der Überschuldungsprüfung sind die ungewissen Verbindlichkeiten mit den wahren Werten anzusetzen. Die **Bewertung** und Beurteilung birgt gerade für den Geschäftsführer einer GmbH ein **hohes Risiko**.

Auf der einen Seite erscheint eine zu vorsichtige Bewertung der streitigen Verbindlichkeit wenig sinnvoll, wenn gerade durch deren Passivierung eine Überschuldung eintritt, der Geschäftsführer nunmehr verpflichtet ist, Antrag auf Eröffnung des Insolvenzverfahrens zu stellen[1091] und es sich später herausstellt, dass die Verbindlichkeit nicht besteht.

Auf der anderen Seite läuft der Geschäftsführer einer GmbH Gefahr, sich bei einer Nichtberücksichtigung einer streitigen Verbindlichkeit im Überschuldungsstatus, wegen einer Insolvenzverfahrensverschleppung strafbar zu machen.[1092] Stellt sich im Nachhinein entgegen der Einschätzung des Geschäftsführers zum Stichtag das Bestehen der Verbindlichkeit heraus, so ist die Überschuldungsbilanz **nachträglich zu korrigieren**. Die streitbefangene Verbindlichkeit bestand schon zum Stichtag der Überschuldungsbilanz. § 19 InsO aber erfordert eine korrekte Saldierung von Aktiva und Passiva, nicht eine Berücksichtigung irgendwelcher Eventualitäten, wenn doch Genaueres bekannt ist.[1093] Die Überschuldungsbilanz ist **retrospektiv** zu korrigieren.

965 Die Findung des **wahren Wertes** der zu bildenden Rückstellung **zum Stichtag** spielt deshalb für die Praxis eine sehr große Rolle. Weder in der Literatur noch in der Rechtsprechung hat die Beantwortung dieser Frage große Berücksichtigung gefunden.

▶ Beispiel:

Der Sachverhalt entspricht in verkürzter Form dem Urteil des AG Hamburg v. 20.08.2004 – 67a 346/04 zugrunde liegenden Sachverhalt:

1091 Vgl. § 15 a InsO.

1092 Vgl. § 15 a Abs. 4 InsO.

1093 Schmidt/Roth, ZInsO 2006, 236 ff.

Die Schuldnerin ist eine Liquidationsgesellschaft, die Rechtsnachfolgerin der Hamburger Stahlwerke GmbH (HSW) ist. Letztere zählte zu den großen Hamburger Unternehmen, die über Jahre im Zentrum der öffentlichen Aufmerksamkeit stand. Hierzu trug nicht zuletzt das Konkursverfahren aus dem Jahr 1983 bei.

Die EU-Kommission qualifizierte Mitte der 90er Jahre an die Vorgängerin der Schuldnerin gewährte Finanzierungshilfen der HL (Hamburgische Landesbank, heute: HSH Nordbank AG) i. H. v. ca. 71 Mio. €, für die ein Kreditauftrag (§ 778 BGB) der Freien und Hansestadt Hamburg (FHH) vorgelegen haben soll, als Beihilfe.

Kurz nach der Kreditvergabe fanden diverse gesellschaftsrechtliche Transaktionen statt. Am 31.10.1995 forderte die EU-Kommission die FHH auf, die der Rechtsvorgängerin der Schuldnerin gewährte Beihilfe zurückzufordern. Mit Urt. v. 02.04.2004 (1 U 119/00) gab das OLG Hamburg einer Teilklage der FHH i. H. v. ca. 500.000,00 € statt und ließ die Revision gegen dieses Urteil nicht zu. Hiergegen erhob die Schuldnerin am 21.04.2004 Nichtzulassungsbeschwerde beim BGH, über die noch nicht entschieden ist. Ungeachtet dieser Nichtzulassungsbeschwerde verlangte die FHH mit Schreiben v. 11.08.2004 Zahlung des ausgeurteilten Teilbetrages bis spätestens zum 30.09.2004 und wies ausdrücklich darauf hin, dass die FHH aufgrund der Kommissionsentscheidung die gesamte Beihilfe i. H. v. ca. 71 Mio. € zurückfordern müsse, auch wenn dies zur Insolvenz der Schuldnerin führen würde. Am 05.08.2004 beantragte die Schuldnerin die Eröffnung des Insolvenzverfahrens über ihr Vermögen. Am selben Tag bestellte das Gericht RA U. zum »starken« vorläufigen Insolvenzverwalter

Wie bereits dargestellt, kann bei der Frage der Rückstellungsbildung nicht auf die handelsrechtlichen Grundsätze zurückgegriffen werden. Insbesondere das Vorsichtsprinzip findet bei der Überschuldungsprüfung keine Anwendung. Streitige Verbindlichkeiten sind nach dem Willen des Gesetzgebers mit ihrem wahren Wert anzusetzen. 966

Letztlich ist für die Höhe der zu bildenden Rückstellung bei einer streitigen Verbindlichkeit die **Wahrscheinlichkeit der Inanspruchnahme**. 967

In der Praxis bereitet die sachgerechte Bewertung einer streitigen Verbindlichkeit große Schwierigkeiten. Insb. besteht die Gefahr, dass rein subjektive Einschätzungen diese Bewertung beeinflussen. Diese Gefahr ist umso größer, als dass von der Bewertung streitiger Verbindlichkeiten eine Insolvenzantragpflicht abhängt.

Konkret stellt sich aber in der Praxis die Frage, der Schuldner bei einer Wahrscheinlichkeit der Inanspruchnahme von 51 % die Verbindlichkeit in voller Höhe passivieren muss und umgekehrt, ob bei einer Wahrscheinlichkeit von 49 % insgesamt von einer Passivierung absehen kann. Des weiteren stellt sich die Frage, ob ggf. Rückstellungen über Teilbeträge gebildet werden müssen.

Schmidt/Roth wollen die Problematik einer sachgerechten Bewertung streitiger Verbindlichkeiten durch einen pauschalierten Ansatz je nach Verfahrensstand erreichen. Damit wollen sie dem Geschäftsführer eine objektivierte Entscheidungshilfe an die 968

Hand geben. Subjektive Einschätzungen spielen hierbei praktisch keine Rolle. Damit wollen Schmidt/Roth der Gefahr von Manipulationen begegnen. Dies ließe sich nur über pauschalierte Vermutungen erreichen, die zu Teilansätzen führen, aber stets im Einzelfall anhand besonderer Begründungen Abweichungen erfahren könnten.

969 Nach dieser Auffassung ist von einer **abgestuften Bewertung streitiger Verbindlichkeiten** auszugehen:[1094]

Wertansatz	**Fallgruppe**
0 %:	Ein Ansatz von 0 % kommt nur ausnahmsweise und zwar dann in Betracht, wenn die Behauptung einer Forderung durch den Gläubiger evident unzutreffend oder rechtsmissbräuchlich ist.
2 % bis 5 %:	Eine »Lästigkeitsprämie« von 2 % – 5 % hat sich in praxi eingebürgert, um Gläubiger oder sonstige Teilnehmer des Wirtschaftsverkehrs dazu zu bewegen, an sich wirtschaftlich wertlose, weil im Ernstfall mit an Sicherheit grenzender Wahrscheinlichkeit nicht durchsetzbare Rechtspositionen aufzugeben. Es handelt sich dabei um solche Rechtspositionen, wegen derer ein vernünftiger Gläubiger keinen Prozess anstrengen würde.
mindestens 10 %, i. d. R. jedoch 15 % als Untergrenze:	Ist wegen der Verbindlichkeit ein Rechtstreit anhängig, so besteht generell ein Prozessrisiko und ein Kostenrisiko – und ein Vergleich ist auch nicht umsonst zu haben. 10 % sollten hier als absolute Untergrenze gelten, auch wenn der Schuldner der Auffassung ist, seine Inanspruchnahme erfolge gänzlich zu Unrecht. Allerdings hat sich die Berücksichtigung je nach Einzelfall zu steigern. Kommt es etwa auf kaum berechenbare Tatsachenerhebungen an, so sollten 50 % der geltend gemachten Forderung angesetzt werden, zumal noch Prozesskosten drohen.
50 % als Untergrenze:	Ist dagegen ein Prozess bereits in erster Instanz verloren gegangen, sollte die Untergrenze 50 % betragen. Nicht nur, dass viele Ergebnisse, wie etwa Beweiserhebung der ersten Instanz, auch in der Berufungsinstanz verwertet werden. Für Bewertungszwecke hat es ein starkes Gewicht, was ein Gericht nach Ausschöpfung aller angebotenen Beweismittel ausgeurteilt hat. Zu bedenken ist v. a., dass jeder Gutachter, der im Auftrag eines Unternehmens die Rechtslage oder die Aussichten des Prozessausgangs ermitteln soll, eine weniger solide Tatsachenbasis vorfindet, als das Gericht.
80 % als Untergrenze:	Ist zudem die Berufung verloren gegangen und die Revision anhängig, sollten 80 % als Untergrenze angenommen werden, weil die Aussichten, im Wege der Revision weiterzukommen, üblicherweise doch als eher gering einzuschätzen sind.

1094 Schmidt/Roth, ZInsO 2006, 236 ff.

100 %:	Wenn die Verbindlichkeit rechtskräftig festgestellt ist; in diesem Fall ist sie jedoch nicht mehr streitig und gehört streng genommen nicht mehr in diesen Kontext.

Das AG Hamburg hat den obigen Beispielssachverhalt mit einer vergleichbaren schematischen Begründung wie folgt entschieden:

▶ Amtlicher Leitsatz:

- Eine durch ein nicht rechtskräftiges Urteil eines OLG titulierte Forderung muss in der Überschuldungsbilanz auch dann mit zumindest 95 % der Forderung passiviert werden, wenn das Urteil schwierige bereicherungsrechtliche Fragen aufwirft, die mit guten Gründen auch anders beurteilt werden könnten. Darauf, ob das Urteil vor dem BGH Bestand haben wird, kommt es nur dann an, wenn das Urteil evident einer gefestigten BGH-Rechtsprechung widerspricht.
- Sofern lediglich eine Teilklage (hier: über 500.000,00 €) erfolgreich erhoben worden ist, gilt die Passivierungspflicht für die gesamte Forderung (hier: 71 Mio. €), weil davon auszugehen ist, dass das LG als erste und das OLG als zweite Instanz im Fall der Geltendmachung der restlichen Forderung der im OLG-Urteil vertretenen Rechtsauffassung folgen bzw. diese bestätigen würden. Aspekte der innergerichtlichen Geschäftsverteilung beim OLG spielen keine Rolle.

Der Auffassung von Schmidt/Roth ist in der Pauschalität nicht zuzustimmen.[1095] Der bloße Verfahrensstand sagt nicht über den wahren Wert einer streitigen Verbindlichkeit aus. Es wäre nicht sachgerecht, die Rückstellung mit dem Zeitpunkt der Klageeinreichung durch den Gläubiger zu erhöhen, bloß weil der Anspruch nunmehr rechtshängig ist. Dieser Umstand allein sagt noch nicht über den wahren Wert der anzusetzenden Rückstellung aus.

Eine pauschalierte Betrachtung und Bewertung streitiger Verbindlichkeiten führt nicht zu sachgerechten Bewertungsansätzen in der Überschuldungsbilanz. Der Geschäftsführer ist vielmehr verpflichtet, den konkreten Sachverhalt sachgerecht zu bewerten. Hierbei darf er sich selbstverständlich nicht von bloßen Hoffnungen leiten lassen. Vielmehr hat der Geschäftsführer, wie auch bei der Bewertung der übrigen Aktiva und Passiva, die streitige Verbindlichkeit mit der Sorgfalt eines ordentlichen Geschäftsmannes zu bewerten. Hierbei hat der Geschäftsführer den der streitigen Verbindlichkeit zugrunde liegenden Sachverhalt umfassend aufzuarbeiten und einer juristischen Würdigung zu unterziehen. Auf diesem Wege sind die Erfolgsaussichten der Klage und damit der Grad der Wahrscheinlichkeit der Inanspruchnahme zu bewerten. Der Verfahrensstand wird in diese Bewertung einfließen, da bspw. die Verteidigungsmöglichkeiten in höheren Instanzen eingeschränkt sind. Hierzu wird der Geschäftsführer selbst nur in Ausnahmefällen in der Lage sein. Nach allgemeinen Grundsätzen muss sich der Geschäftsführer im Zweifel von einem Fachmann beraten lassen.

1095 So im Ergebnis auch Spliedt, in Runkel, § 1 Rn. 61.

▶ **Praxistipp:**

Zur Vermeidung der eigenen Haftung sollte der Geschäftsführer ein externes Gutachten über die Prozessaussichten einholen. Alternativ ist eine Stellungnahme des prozessführenden Anwalts einzuholen.

Maßgebend für die Abbildung des wahren Wertes ist deshalb der Erwartungswert[1096]. Je nach dem Grad der Wahrscheinlichkeit der Inanspruchnahme sind dabei Abschläge vom Nominalwert der Forderung zu machen[1097]. Besteht eine Wahrscheinlichkeit der Inanspruchnahme in Höhe von 25 %, so ist in Höhe von 25 % des Nominalbetrages zzgl. der anfallenden Prozesskosten eine Rückstellung zu bilden. Sofern lediglich einzelne, sehr hohe Verbindlichkeiten streitig sind, führt dieser Ansatz durchaus zu Verzerrungen, da in der Praxis eine Verurteilung exakt in der Höhe der gebildeten Rückstellung unwahrscheinlich ist. Im Fall, des nach der Einschätzung des überwiegend wahrscheinlichen Obsiegens, ist die Gesellschaft mit keiner Verbindlichkeit belastet. Diese Verzerrungen sind jedoch im Sinne des Gläubigerschutzes hinzunehmen. Mit der Mehrzahl streitiger Sachverhalte wird durch die Bildung des Erwartungswertes die wahren Vermögensverhältnisse möglichst zutreffend abgebildet[1098].

Die Frage der Abbildung streitiger Verbindlichkeit im Überschuldungsstatus ist insgesamt höchstrichterlich noch nicht geklärt. Auch unterinstanzliche Rechtsprechung existiert praktisch nicht.

970 Für einzelne streitige Verbindlichkeiten, von deren Bestehen die Überschuldung abhängt, gelten die oben genannten Grundsätze[1099].

(b) Eventualverbindlichkeiten

971 Eventualverbindlichkeiten können wie folgt bestehen:
- Gewährleistungsverträge
- Bürgschaften
- Garantien

(aa) Ansatz dem Grunde nach – Mengengerüst

972 Eine Rückstellung ist dem Grunde nach zu bilden, wenn mit einer Inanspruchnahme gerechnet werden kann. Auch hier ist der Grad der Wahrscheinlichkeit der Inanspruchnahme zu bewerten.

1096 So i. E. Steffan, in: WP-Handbuch 2014, Bd. II, S 303.

1097 Bitter, in: Scholz vor. § 64 Rn. 60.

1098 Zum Erwartungswert und den Methoden vgl. Rdn. 220 ff.

1099 Vgl. Rdn. 938.

(bb) Ansatz der Höhe nach – Wertgerüst

Die Rückstellung ist – unabhängig vom Ergebnis der Fortbestehensprognose – insoweit zu passivieren, als mit einer Inanspruchnahme gerechnet werden muss.[1100] 973

► Hinweis:

Muss aufgrund des vorliegenden Sachverhalts mit einer Inanspruchnahme aus einer Bürgschaft gerechnet werden, kann gleichzeitig eine **Rückgriffsforderung aktiviert** werden, auch wenn die Forderung erst mit Befriedigung des Gläubigers auf den Bürgen übergeht.[1101] Es ist jedoch im **Einzelfall zu prüfen**, ob der Rückgriffsanspruch **werthaltig** ist. In der Praxis erfolgt die Inanspruchnahme des Bürgen gerade aufgrund der fehlenden Werthaltigkeit der Forderung gegen den Hauptschuldner. Der Rückgriffsanspruch darf aber nur insoweit aktiviert werden, als eine Realisierung wahrscheinlich ist.

(c) Schwebende Geschäfte und Drohverlustrückstellungen

Schwebend i.d.S. sind solche Geschäfte, bei denen zumindest die Hauptleistung noch nicht bewirkt ist.[1102] Im Jahresabschluss werden schwebende Geschäfte nach handelsrechtlichen Grundsätzen nicht abgebildet. Im Regelfall stehen sich Leistung und Gegenleistung gleichwertig ggü., sodass aus Vereinfachungsgründen auf eine Darstellung verzichtet wird.[1103] 974

Stehen sich Leistung und Gegenleistung aber nicht mehr gleichwertig ggü., so droht ein Verpflichtungsüberschuss aus dem Geschäft. Die Bildung von sog. Drohverlustrückstellungen in der **Handelsbilanz** ist unstreitig. Drohverlustrückstellungen sind von der Regelung des 249 Abs. 1 Satz 1 HGB erfasst, wobei unter dem Begriff der Drohrückstellung Rückstellungen für **drohende Verluste aus schwebenden Geschäften** erfasst werden.

Als schwebende Geschäfte kommen vor allen Dingen Dauerschuldverhältnisse in Betracht, insb.: 975
- Miete, Pacht,
- Leihe,
- Darlehensvertrag,
- Dienstvertrag,
- Zulieferverträge,
- Franchisingverträge,
- Leasingverträge.

1100 Uhlenbruck/Mock, § 19 Rn. 154.
1101 Uhlenbruck/Mock, § 19 Rn. 154.
1102 Adler/Düring/Schmaltz, Rechnungslegung, § 246 Rn. 183.
1103 Zur Aktivierung von Forderungen aus schwebenden Geschäften vgl. oben Rdn. 889.

Ebenso unterfallen nicht vollständig erfüllte auf einmalige Leistung gerichtete Beschaffungs- und Absatzgeschäfte dem Begriff des schwebenden Geschäftes.

976 ▶ Hinweis:

Auch sofern ein Unternehmen in Vermögensverfall geraten ist und es nicht mehr in der Lage ist, die Leistungen aus einem Dauerschuldverhältnis zu erfüllen, besteht keine einseitige Möglichkeit, das Schuldverhältnis außerhalb der ordentlichen Kündigungsmöglichkeit schnell zu beenden. Eine **außerordentliche Kündigungsmöglichkeit besteht nicht**. Das eigene wirtschaftliche Unvermögen eines Unternehmens, die Pflichten aus einem Dauerschuldverhältnis zu erfüllen, eröffnet daher im Regelfall keine Möglichkeit, sich von der eingegangenen Verpflichtung loszusagen.[1104]

977 In der Überschuldungsbilanz ist die Frage, wann eine Drohverlustrückstellung dem Grunde und der Höhe nach zu bilden ist.

Abzugrenzen ist die Fallgruppe der Drohverlustrückstellungen von der Fallgruppe der ungewissen, bzw. streitigen Verbindlichkeiten.[1105] Der Unterschied zu einer Rückstellung für ungewisse Verbindlichkeit besteht dem Grunde nach darin, dass dort künftige Aufwendungen bereits realisierten Erträgen zugerechnet werden, was einen sog. Erfüllungsrückstand zur Folge hat, während bei einer Drohverlustrückstellung der Überschuss künftiger Aufwendungen über künftige Erträge passiviert wird (sog. Verpflichtungsüberschuss).[1106]

(aa) Ansatz dem Grunde nach

978 Im Überschuldungsstatus ist das schwebende Geschäft als solches darzustellen.

Dies wird in der Literatur nicht einheitlich beantwortet. Teilweise wird die Meinung vertreten, dass lediglich ein Verpflichtungsüberschuss dem Grunde nach auf der Passivseite anzusetzen sei. Würden sich Leistung und Gegenleistung gleichwertig gegenüberstehen, so solle das Geschäft analog der Handelsbilanz auch in der Überschuldungsbilanz nicht dargestellt werden.[1107] Demgegenüber könnte gerade auch die Notwendigkeit einer transparenten Darstellung der Risikosituation auch für die Darstellung des schwebenden Geschäfts selbst sprechen.

▶ Beispiel:

Das Unternehmen A verpflichtet sich ggü. B zur Herstellung bestimmter Gussteile in einer Stückzahl von 1000. Zwischen beiden Unternehmen wird ein Kaufpreis von 100,00 € je Stück fest vereinbart. A verpflichtet sich sowohl zur Rohstoffbeschaffung

1104 MK/BGB-Roth, § 242 Rn. 755.

1105 Vgl. dort Rdn. 952 ff.

1106 Wolf, in: Wolf/Schlagheck, Überschuldung, S. 141.

1107 Haas/Scholl, ZInsO 2002, 645.

als auch zur Verarbeitung der Rohteile zum vertraglich vereinbarten Gussteil. Im Zeitpunkt des Vertragsschlusses beläuft sich der Wiederbeschaffungswert der benötigten Rohteile auf 50.000,00 €. Aufgrund einer Rohstoffknappheit steigt der Wiederbeschaffungswert innerhalb kurzer Zeit auf 130.000,00 € bezogen auf die benötigte Menge.

Nach der ersten Auffassung wäre das Geschäft – stark vereinfacht – im Überschuldungsstatus wie folgt darzustellen: 979

Aktiva	**Passiva**
	30.000,00 €

Die zweite Auffassung würde das Geschäft wie folgt abbilden: 980

Aktiva	**Passiva**
100.000,00 €	130.000,00 €

Aus Transparenzgründen ist von einer Bilanzkürzung abzusehen. Deshalb ist auch das schwebende Geschäft selbst abzubilden. Die Abbildung des gesamten Geschäfts lässt das bestehende Risikopotenzial transparenter werden. 981

Im Beispiel kann aufgrund des ersichtlichen Gesamtvolumens das Risiko und der Umfang einer möglichen Drohverlustrückstellung, bspw. bei weiterer Verteuerung der Rohstoffpreise, besser beurteilt werden.

Das schwebende Geschäft mit dem daraus resultierenden Verpflichtungsüberschuss ist in der Überschuldungsbilanz dem Grunde nach darzustellen.

Der Auffassung von Uhlenbruck/Mock, wonach Rückstellungen für drohende Verluste aus schwebenden Geschäften nicht zu passivieren seien, da sich daraus keine hinreichend konkreten Belastungen für die Insolvenzmasse ergeben[1108], kann jedenfalls nicht gefolgt werden. Wobei auf der Aktivseite vertreten wird, dass der voraussichtliche Gewinn aus einem schwebenden Geschäft aktiviert werden könne[1109]. Das Absehen von einer Rückstellungsbildung widerspräche dem Stichtagsprinzip.

Ein Sonderfall liegt vor bei Kaufvertrag und Lieferung unter **einfachem Eigentumsvorbehalt** als schwebendes Geschäft. 982

Der Verkäufer behält sich aus einem einmaligen Beschaffungsgeschäft, bspw. der Lieferung einer Maschine, das Eigentum an dem gelieferten Gegenstand vor.

Folgt man der teilweise vertretenen Auffassung, wonach insb. Aussonderungsgut mit Hinweis auf § 47 InsO im Überschuldungsstatus nicht aktivierungsfähig ist, kann in diesem speziellen Fall folgerichtig dann auch **nicht** die noch offene Kaufpreisverpflichtung

1108 Uhlenbruck/Mock, § 19 Rn. 160.
1109 Uhlenbruck/Mock, § 19 Rn. 67.

passiviert werden. Als Passivposten muss im Einzelfall lediglich ggf. ein aus der Nichterfüllung resultierender Schadensersatzanspruch gebildet werden.

Sofern, wie überwiegend vertreten, eine Saldierung auf der Aktivseite nicht vorgenommen wird, ist auch der aussonderungsfähige Gegenstand zu aktivieren, die noch offene Verbindlichkeit gleichzeitig zu passivieren.

(bb) Ansatz der Höhe nach

983 Der Ansatz der Rückstellung der Höhe nach ist war in der Literatur streitig. Dieser Streit ist jedoch dogmatischer Natur und hat auf die Höhe der zu bildenden Rückstellung keine Auswirkung.

Teilweise wird die Auffassung vertreten, dass die Rückstellung **unabhängig** vom Ergebnis der Fortbestehensprognose zu bilden ist; denn sowohl bei Fortführung der werbenden Tätigkeit der Gesellschaft als auch im Liquidationsstadium müsse mit einer Belastung des Gesellschaftsvermögens in dieser Höhe gerechnet werden.[1110]

Nach a. A. lässt eine **negative Fortbestehensprognose** und die einhergehende insolvenzrechtliche Lösungsmöglichkeit vom schwebenden Geschäft zumindest die Passivierungspflicht bzgl. des Verpflichtungsüberschusses entfallen, wenn eine Insolvenz wahrscheinlich ist. Die Drohverlustrückstellung ist aufzulösen. In diesem Fall ist jedoch eine Rückstellung für den drohenden Schadensersatzanspruch (§§ 103 Abs. 2, 109 Abs. 1 Satz 2) zu bilden.[1111]

Letztlich kommen beide Ansichten zum selben Ergebnis, wobei die Argumentation der erstgenannten Ansicht der Vorzug zu geben ist.

984 Die Folgen eines Insolvenzverfahrens, vorliegend namentlich die Lösungsmöglichkeit des Insolvenzverwalters gem. § 103 InsO, dürfen nicht vorweggenommen werden.[1112] Der aus der Lösungsmöglichkeit des Insolvenzverwalters resultierende Schadensersatzanspruch entsteht erst infolge der Eröffnung des Insolvenzverfahrens.

Speziell i. R. d. Überschuldungsbilanz ist die Betrachtung der zu bildenden Drohverlustrückstellung **ausschließlich zukunftsorientiert**. Maßgeblich ist allein die Restlaufzeit. Die schon in der Vergangenheit erbrachten Leistungen bleiben außer Betracht.[1113]

1110 HK/Kirchhof, § 19 Rn. 24.

1111 Wolf/Schlagsteck, Überschuldung, S. 142.

1112 Vgl. auch Jäger/Müller, § 19 Rn. 71.

1113 Eine Gesamtbetrachtung wird teilweise für die Bildung der Drohverlustrückstellung in der Handelsbilanz vertreten, so BFH, 03.02.1993 – I R 37/91, BB 1993, 895.

(d) Rückstellungen, Rechtsverhältnisse ohne Rechtsanspruch

(aa) Ansatz dem Grunde nach – Mengengerüst

Rückstellungen für mögliche Leistungen an einen Dritten, welche aus Kulanzgründen ohne einen zugrunde liegenden Rechtsanspruch erbracht werden sollen, sind schon dem Grunde nach nicht zu bilden. In den Überschuldungsstatus sind nur Verbindlichkeiten bzw. Rückstellungen im Hinblick auf zukünftige Verbindlichkeiten zu bilden. In diesem Fall fehlt es aber gerade an einer echten Verbindlichkeit. Ebenso sind keine Rückstellungen für Gewährleistungen zu bilden, die ohne rechtliche Verpflichtung erbracht werden sollen. 985

(bb) Ansatz der Höhe nach – Wertgerüst

Der Ansatz der Rückstellung scheidet schon dem Grunde nach aus. Ausführungen zum Ansatz der Höhe sind obsolet. 986

(3) Rückstellungen für Einstellung des Geschäftsbetriebs, Sanierungskosten, Ansprüche aus Sozialplänen

(a) Ansatz dem Grunde nach – Mengengerüst

Wie bereits oben dargelegt (Rdn. 923) darf die Überschuldungsbilanz nicht die Folgen eines eröffneten Verfahren vorwegnehmen. Insb. bleiben solche Verbindlichkeiten außer Betracht, die gerade erst aufgrund der Verfahrenseröffnung entstehen. 987

Ob für die Kosten einer **Einstellung des Geschäftsbetriebs** im Überschuldungsstatus Rückstellungen zu bilden sind, wird nur im Fall einer **negativen Fortbestehensprognose** relevant. Nur in diesem Fall ist von einer Liquidation auszugehen. **Sanierungskosten** werden demgegenüber ausschließlich bei einer **positiven Fortbestehensprognose** entstehen.

Im Einzelnen ist wie folgt zu **differenzieren**:

Bei einer **positiven Fortbestehensprognose** werden aufgrund der Fortführungsprämisse **Abwicklungskosten** nicht entstehen. Der Ansatz von Abwicklungskosten scheidet deshalb schon dem Grunde nach aus.

Etwas anderes kann sich jedoch dann ergeben, wenn die **Fortführungsprognose** nur dann **positiv** ausfällt, wenn bestimmte nachhaltige Sanierungsmaßnahmen durchgeführt werden. Ist z. B. eine Teilbetriebsstilllegung beschlossen und sind die Voraussetzungen der §§ 111 BetrVG erfüllt, sodass mit dem Entstehen von Sozialansprüchen ernsthaft zu rechnen ist, sind die Verbindlichkeiten in voller Höhe auszuweisen.[1114] Die Begrenzungsmöglichkeiten der §§ 123 ff. InsO bleiben unberücksichtigt. 988

1114 Uhlenbruck/Mock, § 19 Rn. 162 m. w. N.

989 Darüber hinaus sind bei **positiver Fortbestehensprognose** bei Durchführung nachhaltiger Sanierungsmaßnahmen Rückstellungen für **sämtliche Abwicklungskosten** aus der Teilbetriebsstilllegung dem Grunde nach zu bilden.

990 Im Fall einer **negativen Fortbestehensprognose** wird der Ansatz der **Abwicklungskosten** im Überschuldungsstatus nicht einheitlich beantwortet:

Wie bereits oben dargestellt (Rdn. 923), sollen die Folgen eines **Insolvenzverfahrens** im Überschuldungsstatus **nicht vorweggenommen** werden. Aus diesem Grund werden mögliche Verfahrenskosten eines Insolvenzverfahrens im Überschuldungsstatus nicht passiviert.

Nach überwiegender Auffassung sind jedoch im Überschuldungsstatus Rückstellungen für die Kosten einer **außergerichtlichen Liquidation** zu bilden.[1115] Dies trifft gerade dann zu, wenn insb. wegen bereits aufgedeckter stiller Reserven nicht erwartet werden kann, diese Kosten aus während der Abwicklung erzielbaren Erträgen zu decken.[1116] Reichen die Mittel der Schuldnergesellschaft nicht aus, um die Abwicklung unter vollständiger Befriedigung sämtlicher Gläubiger zu gewährleisten, muss ein Insolvenzverfahren durchgeführt werden.[1117]

Die **Argumentation überzeugt** und steht nicht im Widerspruch der Prämisse, dass Folgen eines Insolvenzverfahrens im Überschuldungsstatus nicht vorweggenommen werden dürfen. Mit dem Ansatz der außergerichtlichen Abwicklungskosten soll erst geklärt werde, ob bei negativer Fortbestehensprognose ein Insolvenzverfahren überhaupt erforderlich ist. Sofern dies der Fall sein sollte, bleiben die hieraus resultierenden Verfahrenskosten und Masseverbindlichkeiten außer Ansatz.

Nach einem Urteil des KG sind deshalb auch die Kosten der Einstellung des Geschäftsbetriebes bei der Überschuldungsbilanz zu berücksichtigen.[1118]

(b) Ansatz der Höhe nach – Wertgerüst

991 Für sämtliche Abwicklungskosten sind i. H. d. Barwertes im Überschuldungsstatus Rückstellungen zu bilden. Wie bereits oben dargestellt (Rdn. 988) kommen für den Bereich der Sozialplanrückstellungen die insolvenzrechtlichen Spezialregelungen über Sozialpläne der §§ 123, 124 InsO bei der Überschuldungsermittlung nicht zur Anwendung.

Grds. bestehen zwischen der Teilbetriebsstilllegung im Fall einer positiven Fortbestehensprognose zu Sanierungszwecken oder einer Gesamtbetriebsstilllegung zu Liquidationszwecken keine Unterschiede.

1115 Baumbach/Hueck/Schulze-Osterloh, GmbHG, § 64 Rn. 26, 27.

1116 Haas/Müller, in: Kölner Schrift zur InsO, S. 1813 Rn. 33.

1117 Jäger/Müller, § 19 Rn. 78.

1118 KG, 01.11.2005 – 7 U 49/05, ZInsO 2006, 437 ff.; die Nichtzulassungsbeschwerde vor dem BFH (II ZR 303/05) wurde als unbegründet zurückgewiesen.

Dass im Einzelfall jedoch auch gravierende Unterschiede bestehen soll das Beispiel der Kosten von **aufbewahrungspflichtigen Unterlagen** verdeutlichen. 992

▶ Beispiel:

Das Unternehmen A beschließt zu Sanierungszwecken einen Teilbetrieb stillzulegen. Die Stilllegung ist für eine positive Fortbestehensprognose zwingend erforderlich. Im Teilbetrieb ist eine große Menge aufbewahrungspflichtiger Unterlagen gelagert. Das Unternehmen beschließt, die Unterlagen in einer ohnehin vom Unternehmen genutzte Betriebsimmobilie einzulagern. Gesonderte Einlagerungskosten entstünden nicht. Das Unternehmen A verzichtet im Überschuldungsstatus auf die Bildung einer Rückstellung für Einlagerungskosten.

Das Unternehmen B muss aufgrund einer negativen Fortbestehensprognose den Gesamtbetrieb stilllegen. In der Betriebsimmobilie sind ebenfalls große Bestände aufbewahrungspflichtiger Unterlagen vorhanden. Da im Fall einer Liquidation die Immobilie als Lagerfläche nicht mehr zur Verfügung stehen wird, sieht das Unternehmen B als einzige Möglichkeit, die Unterlagen extern einzulagern. Das seitens des Unternehmen B eingeholte Angebot eines professionellen Einlagerungsservices lautet aufgrund des Umfangs der vorhandenen Unterlagen auf 200.000,00 €. Das Unternehmen B beschließt im Überschuldungsstatus, eine Rückstellung in dieser Höhe zu bilden.

Das Beispiel verdeutlicht, dass im Einzelfall erhebliche Unterschiede der Wertansätze bestehen können. Die entstehenden Kosten sind jeweils im Einzelfall gesondert unter Fortführungs- und Liquidationsgesichtspunkten zu ermitteln.

(4) Pensionsrückstellungen

Exkurs: 993

Dem Arbeitgeber stehen folgende Möglichkeiten der Altersversorgung offen:

- **Direktversicherung**: Abschluss einer Lebensversicherung auf den Arbeitnehmer (Bezugsberechtigter) durch den Arbeitgeber (Versicherungsnehmer). Finanzierung erfolgt durch Prämienzahlung des Arbeitgebers und regelmäßig durch den Arbeitnehmer in Form einer Gehaltsumwandlung; Rückzahlung durch LV an den Arbeitnehmer als Pensionär.
- **Pensionskassen** = rechtsfähige Einrichtung, die der Versicherungsaufsicht unterliegt (VvaG) und von einem oder mehreren Unternehmen getragen wird. Ausschließlicher Zweck ist Gewährung von bAV-Leistungen. Finanzierung erfolgt über Beiträge des AG an Pensionskasse, Vermögensanlage wie bei Versicherungsgesellschaften (Deckungsstockfähigkeit), unterliegen der Versicherungsaufsicht. Steuerfreie Rückzahlung durch Pensionskasse.
- **Unterstützungskassen** = rechtlich selbstständige Einrichtung des Arbeitgebers (oder mehrerer Unternehmen); Finanzierung durch begrenzte Beiträge des Arbeitgebers und damit Aufbau des Rentenvermögens; z. T. Rückgewähr von Darlehen der Unterstützungskasse an Arbeitgeber; Rückzahlung an Arbeitnehmer durch Unterstützungskasse.

- **Direktzusage**: Arbeitgeber verpflichtet sich ohne Zwischenschaltung eines dritten Versorgungsträgers, Leistungen an den Arbeitnehmer zu geben; Versorgungsträger ist das Unternehmen. Arbeitnehmer leisten keine eigenen Beiträge. Anspruch auf Leistung entsteht mit Eintreten des Versorgungsfalles.
- **Pensionsfonds**: Ähnlich einer Pensionskasse, aber freiere Auswahl bei der Vermögensanlage. Pensionsfonds unterliegen der staatlichen Kontrolle, nicht jedoch der Versicherungsaufsicht. Insolvenzschutz durch Pensionssicherungsverein.

Bei **Pensionsrückstellungen** ist nach dem Ausgang der Fortbestehensprognose zu differenzieren und zu unterscheiden nach laufenden Pensionsverpflichtungen bzw. verfallbaren und unverfallbaren Pensionsanwartschaften.

Auch wenn die Anspruchsvoraussetzungen für das Bestehen eines Ruhegeldanspruches nach der jeweiligen Versorgungsordnung noch nicht erfüllt sind, kann bereits eine geschützte Anwartschaft vorliegen.[1119] Eine Anwartschaft ist ein aufschiebend bedingter Versorgungsanspruch, der mit Eintritt der Bedingung zum Vollrecht erstarkt.[1120]

Unverfallbar ist eine Versorgungsanwartschaft gem. § 1b Abs. 1 BetrAVG, wenn der Arbeitnehmer das 25. Lebensjahr vollendet hat und die Versorgungszusage mindestens fünf Jahre bestanden hat.

994 ▶ Hinweis:

Für den Bereich der Rückstellungen für Pensionen und Anwartschaften ist Art. 28 Abs. 1 Satz 1 EGHGB zu beachten:

Für eine laufende Pension oder eine Anwartschaft auf eine Pension aufgrund einer unmittelbaren Zusage braucht eine Rückstellung nach § 249 Abs. 1 Satz 1 des Handelsgesetzbuchs nicht gebildet zu werden, wenn der Pensionsberechtigte seinen Rechtsanspruch vor dem 01.01.1987 erworben hat oder sich ein vor diesem Zeitpunkt erworbener Rechtsanspruch nach dem 31.12.1986 erhöht.

995 Für Altzusagen vor dem 01.01.1987 besteht die Möglichkeit, dass in Ausübung des Wahlrechtes handelsrechtlich keine Rückstellungen gebildet wurden. Deshalb ist stets zu prüfen, ob bei den in der Handelsbilanz ausgewiesenen Rückstellungen auch für Versorgungszusagen vor dem 01.01.1987 gebildet wurden.

Kapitalgesellschaften müssen bei Anwendung des Art. 28 Abs. 1 EGHGB die in der Bilanz nicht ausgewiesenen Rückstellungen für laufende Pensionen, Anwartschaften auf Pensionen und ähnliche Verpflichtungen jeweils im Anhang und im Konzernanhang in einem Betrag angeben.

(a) Ansatz dem Grunde nach – Mengengerüst

996 **Laufende Pensionsverpflichtungen** sind generell dem Grunde nach zu passivieren.

1119 Küttner, Personalhandbuch, Kap. 102, Rn. 36.

1120 Schaub, Arbeitsrechtshandbuch, § 81 Rn. 126.

Ebenfalls dem Grunde nach zu passivieren sind Pensionsverpflichtungen ggü. **Gesellschaftern.**[1121] Pensionsverpflichtungen ggü. einem **Gesellschafter-Geschäftsführer** sind dann dem Grunde nach zu passivieren, wenn die Gesellschaft diesem eine Versorgungszusage erteilt und diese als vertraglich unverfallbar ausgestaltet hat. In diesem Fall finden auf den Geschäftsführer die Regelungen des BetrAVG Anwendung.[1122] I. Ü. fällt der Gesellschafter-Geschäftsführer nicht in den Anwendungsbereich des BetrAVG, da er kein Arbeitnehmer ist.

Für **unverfallbare** Versorgungsanwartschaften sind ebenfalls dem Grunde nach Rückstellungen zu bilden.[1123]

Bei **verfallbaren** Versorgungsanwartschaften ist schon bei dem Ansatz dem Grunde nach zwischen positiver und negativer Fortbestehensprognose zu differenzieren.

Bei **positiver Fortbestehensprognose** sind für verfallbare Versorgungsansprüche un- 997
problematisch in der Überschuldungsbilanz Rückstellungen zu bilden. Im Fall einer positiven Fortbestehensprognose kann selbst bei einem Verkauf eines Betriebes oder Teilbetriebes von einer Rückstellungsbildung auch dann nicht abgesehen werden, wenn die Arbeitsverhältnisse einschließlich der Pensionsanwartschaften gem. **§ 613a BGB** auf den Erwerber übergehen.[1124]

Demgegenüber wird die Frage, ob bei **negativer Fortbestehensprognose** Rückstellungen 998
für verfallbare Versorgungsanwartschaften zu bilden sind, **nicht einheitlich** beantwortet.

Bei verfallbaren Versorgungsanwartschaften ist daran zu denken, dass der Arbeitnehmer im Allgemeinen seine Pensionszusage verliert, wenn das Dienstverhältnis infolge der Insolvenz des Arbeitgebers beendet wird, bevor der Pensionsfall eingetreten ist; denn die Voraussetzungen, an die ein Versorgungsanspruch i. d. R. geknüpft ist, sind dann nicht mehr erfüllt.[1125] Wenn die Anwartschaft erlischt, sind die Pensionsansprüche auch bei der Liquidation nicht zu berücksichtigen und infolgedessen in der Überschuldungsbilanz nicht anzusetzen. Nach teilweise vertretener Auffassung bleiben verfallbare Pensionsanwartschaften bei negativer Fortbestehensprognose oder Teilbetriebsstilllegung außer Ansatz.[1126]

Nach a. A. entfällt die Passivierung nur dann, wenn die Versorgungsanwartschaft – tatsächlich – **gekündigt** wird und der Kündigung keine rechtlichen Hindernisse entgegenstehen. In diesem Fall erlischt die Verpflichtung. **Nicht ausreichend** ist es, wenn die bloße **Möglichkeit zur Kündigung** besteht.[1127] Soweit eine Kündigung nicht wirksam ausgesprochen ist, sind auch die verfallbaren Versorgungsanwartschaften, sowohl bei positiver als auch bei negativer Fortbestehensprognose, dem Grunde nach zu passivieren.

1121 Vgl. BGH, 10.07.1997 – IX ZR 161/96, BGHZ 136, 220–227.

1122 BGH, 17.12.2001 – II ZR 222/99, ZIP 2002, 364–365.

1123 HK/Kirchhof, § 19 Rn. 25.

1124 Kraft, in: WP Handbuch Vorauflage 2006, Bd. I, V 45.

1125 Kraft, in: WP Handbuch 2012, Bd. I, V 60.

1126 Gelhausen, in: WP Handbuch 2006, Bd. II, L 176.

1127 K. Schmidt/Uhlenbruck, Die GmbH in Krise, Sanierung, Insolvenz, Rn. 914.

999 Im Überschuldungsstatus sind m.M. nach diejenigen Verbindlichkeiten anzusetzen, die im Fall einer Insolvenz Insolvenzforderungen begründen. Regelmäßig werden Arbeits- und Dienstverhältnisse mit dem in Insolvenz geratenen Rechtsträger beendet. Nur ausnahmsweise im Fall einer erfolgreichen Sanierung i.R.e. Insolvenzplanverfahrens bestehen – zumindest teilweise – Dienst- und Arbeitsverhältnisse mit dem insolventen Rechtsträger weiter. Ein **Insolvenzplanverfahren scheidet** jedoch gerade bei negativer Fortbestehensprognose mit an Sicherheit grenzender Wahrscheinlichkeit **aus.** Letztlich werden in diesen Fällen die Arbeits- und Dienstverhältnisse mit dem insolventen Rechtsträger regelmäßig beendet. Aus diesem Grund ist m. E. eine **tatsächliche Kündigung** der Versorgungsanwartschaft **nicht erforderlich.** Eine verfallbare Versorgungsanwartschaft ist demnach generell bei negativer Fortbestehensprognose nicht zu passivieren.

(b) Ansatz der Höhe nach – Wertgerüst

1000 Die Bewertung der Pensionsrückstellung im Überschuldungsstatus ist je nach **Ergebnis der Fortführungsprognose** zu differenzieren:

Laufende Rentenzahlungen werden in der **Handelsbilanz** gem. § 253 Abs. 1 Satz 2 HGB mit dem Barwert bewertet.

Auch in der **Überschuldungsbilanz** wird – vorbehaltlich wirksam vereinbarter Kürzungsmöglichkeiten für den Krisenfall – der nach **versicherungsmathematischen Grundsätzen ermittelte Rentenbarwert** vorgeschlagen,[1128] da für diese Pensionsverpflichtungen eine Gegenleistung nicht mehr zu erwarten ist.[1129] Der **Barwert** beinhaltet das kapitalmarktgerecht abgezinste Kapital, welches zur Befriedigung der Rentenansprüche nach versicherungsmathematischen Grundsätzen aufgebracht werden muss. Der Berechnung werden die Heubeck`schen Tabellen zugrunde gelegt.

▶ Hinweis:

Der Rentenbarwert nach den **Heubeck'schen Tabellen** ergibt sich aus den abgezinsten Verpflichtungen des Unternehmens zur Erfüllung der zugesagten Pensionsleistungen. Der Rentenbarwert beinhaltet die **statistischen Lebenserwartungen** und den für die steuerwirksamen Rückstellungen vorgeschriebenen Rechnungszins von 6 % netto p. a.

1001 ▶ Hinweis:

Die Berechnung des Rentenbarwertes nach den versicherungsmathematischen Grundsätzen geht, wie die Praxis zeigt, **weit an der Realität vorbei.** Diese berücksichtigt nicht die zunehmende Lebenserwartung der Bevölkerung. Die Lebenswertartung entwickelte sich wie folgt:

1128 Hachenburg/Ulmer, GmbH, § 63 Rn. 48; Braun/Uhlenbruck, Unternehmensinsolvenz, S. 296; KPB/Pape, § 19 Rn. 13.

1129 Kraft, in: WP Handbuch 2006 Vorauflage, Bd. I, Kap. V, Rn. 40.

Schaubild: Entwicklung der Lebenserwartung Neugeborener seit 1871/81 1002

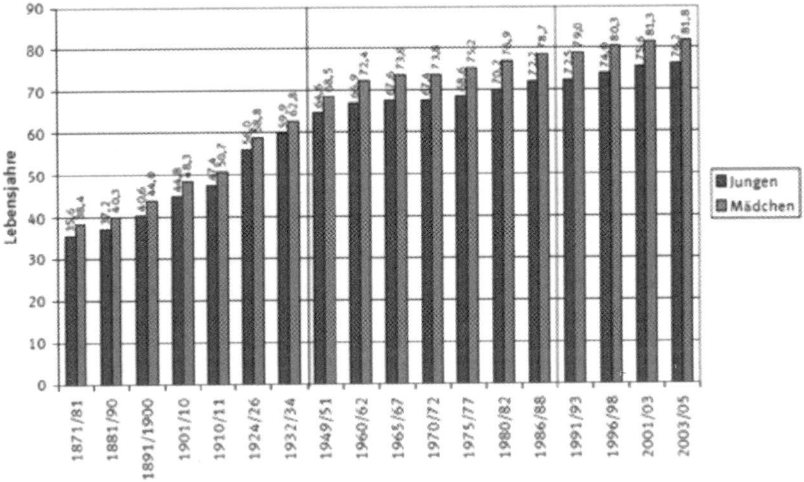

Die versicherungsmathematische Berechnung der Rentenbarwerte legt zum Stichtag 1003
die jeweils aktuelle Lebenserwartung zugrunde.

Die Sterbetabelle basiert auf der Feststellung des Personenkreises, von dem bereits die meisten erfassten Personen verstorben sind.

▶ Beispiel:

Die statistische Lebenserwartung eines Mannes liegt bei 81 Jahren. Hier ist hauptsächlich der Personenkreis dieser Altersgruppe zu betrachten und statistisch auszuwerten. Eine Betrachtung für einen 20-jährigen würde nicht hilfreich sein, denn dafür wäre die Lebenserwartung eines heute 20-jährigen und nicht die statistische Lebenserwartung der in der Vergangenheit Verstorbenen erforderlich.

Aufgrund der ständig zunehmenden Lebenserwartung müsste bei der Bildung der Rückstellung die längere Lebensdauer und damit auch die längere Bezugsdauer berücksichtigt werden. Nach einer Prognose der Bundeszentrale für politische Bildung (2005) wird die statistische Lebenserwartung im Jahr 2050 für Frauen bei 88,2 Jahren, sowie für Männer bei 83,7 Jahren liegen.

▶ Beispiel:

Bei einer Pensionszusage i. H. v. 1.000,00 € pro Monat zum Alter 65 errechnet sich nach der aktuellen Heubeck'schen Tabelle ein Rentenbarwert i. H. v. 117.881,00 € (Rechnungszins 6 % netto p. a., statistisches Lebensendalter[Mann] ca. 80 Jahre). Bei Steigerung der statistischen Lebenserwartung eines heute 30-jährigen auf z. B. Alter 85 erhöht sich der benötigte Kapitalbedarf zur Erfüllung der Pensionsverpflichtung (bei Anlage zu Pensionsbeginn mit 3 % netto p. a.) auf ca. 181.000,00 €.

Der so errechnete Rentenbarwert zum Stichtag liegt deshalb um ca. 50 % höher als derjenige, welcher nach der Heubeck`schen Sterbetafel errechnet wurde. Da die in der Überschuldungsbilanz abzubildenden Rückstellungen die »wahren Werten« bilden müssen, ist die Rückstellung entsprechend den steigenden Lebenserwartungen anzupassen.

▶ Praxistipp:

Die höhere Lebenserwartung ist in die versicherungsmathematische Berechnung der Barwerte schon mit einzubeziehen.

1004 Eine **Kürzung** laufender **Pensionsverpflichtungen** und **unverfallbarer Pensionsanwartschaften** ist nach der BAG-Rechtsprechung möglich, wenn sich das Unternehmen in einer wirtschaftlichen Notlage befindet und die erfolgreiche Sanierung des Unternehmens erwartet werden kann.[1130] Die Möglichkeit zur Kürzung besteht allerdings nur, sofern und soweit der gekürzte Teil durch den PSVaG übernommen wird. Dieser ist deshalb einzuschalten. Ggf. kann die Frage der Berechtigung zur Kürzung über eine Feststellungsklage geklärt werden. Im Fall der Zustimmung durch den PSVaG oder bei Vorliegen einer positiven Entscheidung durch das erkennende Gericht können Versorgungsansprüche unter Berücksichtigung der Kürzung passiviert werden.

▶ Praxistipp:

Es ist zu beachten, dass Rentenzahlungen bzw. Barwerte künftiger Rentenzahlungen einen erheblichen Umfang annehmen können.

1005 ▶ **Beispiel**

Zur Verdeutlichung des Umfanges der Rückstellungen in der Praxis anhand der SAP AG, Geschäftsbericht 2006: [1131]

Die Rückstellungen für Pensionen und ähnliche Verpflichtungen setzen sich wie folgt zusammen:

2006		2005
Tsd. €		Tsd. €
für inländische Pensionspläne (leistungsorientiert)	8.174	13.410
für ausländische Pensionspläne (leistungsorientiert)	32.630	19.280

1130 W. Müller, in: WP Handbuch 2006 Vorauflage, Bd. I, R 2074 f. mit Verweisen auf Lit. und Rspr.

1131 Quelle: Homepage www.sap.de.

nicht in der Fußnote erfasste leistungsorientierte Pläne	285	4.806
leistungsorientierter Pläne	41.089	37.496
aus mitarbeiterfinanzierten Plänen	190.550	146.123
Pensionspläne	231.639	183.619

Nicht nur in einem Unternehmen in der oben genannten Größe, auch in jedem anderen Unternehmen kann deshalb eine entsprechende Kürzung der Rentenzahlungen das Ergebnis der Überschuldungsprüfung in nicht nur unerheblichem Maße beeinflussen.

Bei **positiver Fortbestehensprognose** ist für die Bildung einer Rückstellung für **unverfallbar gewordene Pensionsanwartschaften** danach zu **differenzieren**, ob der jeweilige Mitarbeiter noch **aktiv im Unternehmen arbeitet.** 1006

Bei noch **aktiven Mitarbeitern** sind Rückstellungen für unverfallbar gewordene Pensionsanwartschaften i. H. d. **Teilwertes** zu bilden.[1132]

Dessen Grundprinzip besteht darin, den Versorgungsaufwand gleichmäßig über die gesamte Dienstzeit des Begünstigten zu verteilen. Der **Teilwert** einer Pensionsverpflichtung ermittelt sich als **Differenz** zwischen dem vollen Barwert der zukünftigen Versorgungsleistung und dem Barwert der während der restlichen Dienstzeit noch ausstehenden gleichbleibenden Jahresbeträge.

Barwert künftige Pensionsleistung

./. Barwert der künftigen Gegenleistung

Teilwert

Rückstellungen für unverfallbar gewordene Versorgungsanwartschaften bereits **ausgeschiedener Mitarbeiter** werden demgegenüber mit dem **vollen Anwartschaftsbarwert** gebildet. In diesem Fall kann mit Gegenleistungen nicht mehr gerechnet werden. 1007

Soweit die **Fortbestehensprognose** zu einem **negativen** Ergebnis kommt, ist die **Pensionsverpflichtung** mit ihrem **Barwert** zu passivieren. Im Fall einer Liquidation können Sanierungshilfen des Pensionssicherungsvereins oder die Realisierung von Kürzungsvorbehalten wegen verminderter Leistungsfähigkeit des Unternehmens nicht erwartet werden.[1133] 1008

Eine Kürzung wegen wirtschaftlicher Notlage ist bei nicht Erfolg versprechenden Sanierungsaussichten – unter Berücksichtigung einer evtl. Anspruchskürzung – und deshalb absehbarer Betriebseinstellung **grds. nicht möglich.**[1134] Der Verzicht der Rentenemp-

1132 Uhlenbruck, in: Gottwald, InsRHdb, § 6 Rn. 48.

1133 Hachenberg/Ulmer, GmbHG, § 63 Rn. 57; Uhlenbruck, in: Gottwald, InsRHdb, § 6 Rn. 48.

1134 So Hachenburg/Ulmer, GmbHG, § 63 Rn. 48.

fänger trägt dann nicht zum Erhalt des Unternehmens bei und würde ihren quotalen Anteil am Liquidationserlös zugunsten anderer Anspruchsgruppen senken.[1135]

Auch **entfällt** die Passivierungspflicht der Pensionsverpflichtungen im Überschuldungsstatus **nicht** deswegen, weil der Pensions- und Sicherungsverein aG im Insolvenzfall für diese einzutreten hat, denn die Ansprüche gehen gem. § 9 Abs. 3 BetrVG im Insolvenzfall auf den Träger der Insolvenzsicherung über, sodass die Passivseite nicht, auch nicht z. T., entlastet wird. Es findet lediglich ein Gläubigerwechsel statt.[1136]

Ebenso wenig lässt der Abschluss von **Rückdeckungsversicherungen** die Passivierungspflicht dem Grunde nach entfallen, noch ändert sich die zu passivierende Rückstellung der Höhe nach.

▶ Definition:

Die **Rückdeckungsversicherung** ist eine Lebensversicherung, die ein Arbeitgeber auf das Leben eines Arbeitnehmers abschließt, um die Erfüllbarkeit einer dem Arbeitnehmer erteilten Pensionszusage sicherzustellen. Bezugsberechtigt ist der Arbeitgeber, weil er die mit der Pensionszusage zugesagte Versorgung direkt ggü. dem Arbeitnehmer schuldet. Die Höhe der Absicherung ist frei wählbar, d. h., die erteilte Pensionszusage kann in vollem Umfang oder auch nur z. T. mit der Rückdeckungsversicherung abgedeckt werden.

▶ Hinweis:

Ansprüche aus Rückdeckungsversicherungen können im Überschuldungsstatus als Aktivposten angesetzt werden.[1137]

1009 Im Fall einer **negativen Fortbestehensprognose** ist für den Bereich der **Anwartschaften** zwischen den verfallbaren und unverfallbaren **zu differenzieren**:

Die Bildung von Rückstellungen für **verfallbare Versorgungsanwartschaften** scheidet bei negativer Fortbestehensprognose schon dem Grunde nach aus.

Demgegenüber sind zukünftige Verbindlichkeiten aus **unverfallbaren Pensionsanwartschaften** in der Überschuldungsbilanz mit dem **Barwert** anzusetzen.

1010 ▶ Hinweis:

Neuzusagen unterliegen (seit Inkrafttreten des BiRiLiG, vgl. Art. 28 EGHGB) – abweichend von sog. Altzusagen, für die ein Passivierungswahlrecht bestand – einer Passivierungspflicht.

1135 Drukarczyk, ZGR 1979, 571.

1136 Lutter/Hommelhoff, GmbHG, § 64 Rn. 19.

1137 Uhlenbruck/Mock, § 19 Rn. 208.

(5) Rückstellungen wegen Altersteilzeit im sog. Blockmodell

Arbeitgeber und Arbeitnehmer vereinbaren, dass ein Arbeitnehmer die Vergütung für künftig zu leistende Mehrarbeit nach erbrachter Mehrarbeit nicht sofort ausbezahlt erhält, sondern dieser Betrag beim Arbeitgeber nur betragsmäßig erfasst wird und erst im Zusammenhang mit einer vollen oder teilweisen Arbeitsfreistellung **vor Beendigung des Dienstverhältnisses** zur Auszahlung gelangt.[1138] 1011

Die Altersteilzeit ist ggü. den Ansprüchen aus betrieblicher Altersversorgung[1139] **abzugrenzen.** Eine Zusage auf Leistungen der betrieblichen Altersversorgung liegt nur vor, wenn das Dienstverhältnis im Zeitpunkt des **Versorgungsfalles formal beendet** ist.

(a) Ansatz dem Grunde nach – Mengengerüst

Ansprüche der Arbeitnehmer aus der Altersteilzeit sind in jedem Fall dem Grunde nach passivierungspflichtig. 1012

(b) Ansatz der Höhe nach – Wertgerüst

Die Höhe der zu passivierenden Verbindlichkeit umfasst die Entgeltansprüche der Arbeitnehmer sowie die Arbeitgeberanteile zu Sozialversicherung. Ansprüche aus Altersteilzeit begründen Insolvenzforderungen i. S. d. § 38 InsO. 1013

Für die Höhe der zu bildenden Rückstellung im Blockmodell ist zwischen der Arbeitsphase und der Freizeitphase zu differenzieren.

In der **Arbeitsphase** wird aufgrund des Vorleistungscharakters der erbrachten Mehrarbeit eine Rückstellung des Erfüllungsrückstandes gebildet. Diese ist dann innerhalb der **Freizeitphase** ratierlich aufzulösen. Für den Aufstockungsbetrag ist eine Rückstellung über den gesamten Barwert zu bilden.[1140]

Demgegenüber ist bei dem sog. **Gleichverteilungsmodell, auch Teilzeitmodell**, eine Rückstellung nur i. H. d. Barwertes der Aufstockungsbeträge zu passivieren. 1014

(6) Rückstellungen für unterlassene Aufwendungen, Instandhaltung oder Abraumbeseitigung (§ 249 Abs. 1 Nr. 1 HGB)

(a) Ansatz dem Grund nach – Mengengerüst

Rückstellungen für unterlassene Aufwendungen, für Instandhaltung oder Abraumbeseitigung (§ 249 Abs. 1 Nr. 1 HGB) werden nicht angesetzt. Hier handelt es sich um Verpflichtungen 1015

1138 Zu den weiteren Voraussetzungen Küttner, Personalhandbuch, Kap. 9.

1139 Vgl. oben Rdn. 982 ff.

1140 Wolf/Schlagheck, Überschuldung, S. 140; **a. A.** BFH, 30.11.2005 – I R 110/04, BStBl. II 2007, S. 251 ff.

ggü. Dritten und nicht um Verbindlichkeiten.[1141] Der Ansatz entfällt deshalb schon dem Grunde nach und dies unabhängig von dem Ergebnis der Fortbestehensprognose.

(b) Ansatz der Höhe nach – Wertgerüst

1016 Hier bedarf es keiner Ausführungen. Die Bildung dieser Rückstellungen scheidet in jedem Fall schon dem Grunde nach aus.

1141 Uhlenbruck, in: K. Schmidt/Uhlenbruck, Die GmbH in Krise, Sanierung, Insolvenz, Rn. 913.

▶ Checkliste 1017

Checkliste „Rückstellungen“			
A.	**Ansatz dem Grunde nach - Mengengerüst**	**ja**	**nein**
1.	Bestehen dem Grunde nach oder der Höhe nach ungewisse Verbindlichkeiten?		
2.	Ist mit einer Inanspruchnahme ernstlich zu rechnen?	☐	☐
3.	Wurden Gewährleistungsverträge vereinbart?	☐	☐
4.	Wurden Sicherheiten wie Bürgschaften oder Garantien für fremde Verbindlichkeiten gewährt?	☐	☐
5.	Bestehen Dauerschuldverhältnisse?	☐	☐
6.	Bestehen einmalige Beschaffungs- und Absatzgeschäfte, die bislang noch nicht vollständig erfüllt sind?	☐	☐
7.	Droht aus einem Dauerschuldverhältnis oder aus einem nicht erfüllten Beschaffungs- oder Absatzgeschäft ein?	☐	☐
8.	Wurde ein einfacher Eigentumsvorbehalt vereinbart?	☐	☐
9.	Ist die Einstellung des Geschäftsbetriebs aufgrund einer negativen Fortbestehensprognose unausweichlich?	☐	☐
10.	Ist die Stilllegung eines Teilbetriebs für eine positive Fortbestehensprognose unausweichlich?	☐	☐
11.	Entstehen Abwicklungskosten?	☐	☐
12.	Entstehen Sozialkosten?	☐	☐
13.	Bestehen laufende Pensionsverpflichtungen?	☐	☐
14.	Besteht eine Versorgungsanwartschaft?	☐	☐
15.	Ist diese unverfallbar?	☐	☐
16.	Bestehen im Unternehmen Altersteilzeit?	☐	☐
17.	Ist ein sog. Blockmodell vereinbart?	☐	☐
18.	Befindet sich diese noch in der Arbeitsphase?	☐	☐
B.	**Ansatz der Höhe nach - Wertegerüst**		
1.	Ist eine streitige Verbindlichkeit evident unzutreffend oder rechtsmissbräuchlich?	☐	☐
2.	Ist eine Verbindlichkeit seitens des Gläubigers nicht durchsetzbar?	☐	☐
3.	Besteht ein gewis?	☐	☐
4.	Wird in einem Prozess voraussichtlich eine Beweiserhebung erforderlich sein?	☐	☐
5.	Wurde bereits eine Berufung verloren und ist die Revision anhängig?	☐	☐
6.	Wurde eine Verbindlichkeit rechtskräftig festgestellt?	☐	☐
7.	Ist eine Inanspruchnahme aus einer gewährten Sicherheit ernstlich zu erwarten?	☐	☐
8.	Ist ein möglicher Freistellungsanspruch gegen den Hauptschuldner, unstreitig, werthaltig und durchsetzbar?	☐	☐
9.	Besteht im Fall einer Insolvenz eine Lösungsmöglichkeit aus einem Dauerschuldverhältnis oder noch nicht erfüllten Beschaffungs- oder Absatzgeschäft?	☐	☐
10.	Wird aus einem Dauerschuldverhältnis oder noch nicht erfüllten Beschaffungs- oder Absatzgeschäft ein Verpflichtungsüberschuss entstehen?	☐	☐
11.	Wurden die Abwicklungskosten prognostiziert?	☐	☐
12.	Ist die Höhe der Sozialansprüche bekannt?	☐	☐
13.	Ist die Höhe der laufenden Pensionen und Anwartschaften bekannt?	☐	☐
14.	Bestehen Kürzungsmöglichkeiten?	☐	☐
15.	Können Pensionszusagen gekündigt werden?	☐	☐
16.	Wurden die Rückstellungen der tatsächlichen Lebenserwartung angepasst?	☐	☐
17.	Sind die Mitarbeiter mit Versorgungsanwartschaften noch aktiv im Unternehmen beschäftigt?	☐	☐
18.	Wurden Rückdeckungsversicherungen abgeschlossen?	☐	☐
C.	**Besonderheiten**		
1.	Ungewisse und streitige Verbindlichkeiten	☐	☐
2.	Eventualverbindlichkeiten	☐	☐
3.	Schwebende Geschäfte und Drohverlustrückstellungen	☐	☐
4.	Rechtsverhältnisse ohne Rechtsanspruch	☐	☐
5.	Einstellung des Geschäftsbetriebes, Sanierungskosten, Sozialpläne	☐	☐
6.	Pensionen und Anwartschaften, Altersteilzeit	☐	☐
7.	Aufwendung, Instandhaltung	☐	☐

c) Rechnungsabgrenzungsposten

1018 **Passive Rechnungsabgrenzungsposten** enthalten vorgezogene Einnahmen, die erst für eine bestimmte Zeit nach dem Bilanzstichtag den Ertrag darstellen (§ 250 Abs. 2 HGB).

▶ Beispiel:

Der Mieter zahlt am 30.12.2005 die Miete an den Vermieter für Januar 2006. Die Miete, die bereits am 30.12.2005 bei der Bank eingeht, darf nicht im Geschäftsjahr 2005 gebucht werden. Die Gegenbuchung erfolgt deshalb auf dem Konto »passive Rechnungsabgrenzung«. Im Geschäftsjahr 2006 erfolgt die Buchung ergebniswirksam auf dem Konto »Mieterträge«.

Soweit passive Rechnungsabgrenzungsposten einen Vorleistungscharakter aufweisen, sind sie als Verbindlichkeiten im Überschuldungsstatus zu passivieren.[1142]

Im obigen Beispiel wäre die Mietvorauszahlung bei einem Überschuldungsstatus zum 31.12.2005 zu passivieren.

d) Erhaltene Anzahlungen

1019 Anzahlungen sind Vorleistungen auf ein schwebendes Geschäft. Für erhaltene Anzahlungen auf Bestellungen (§ 268 Abs. 5 Satz 2 HGB) gelten die Ausführungen zu den passiven Rechnungsabgrenzungsposten entsprechend. Die erhaltenen Anzahlungen sind aufgrund des Vorleistungscharakters zu passivieren.

e) Sonderfälle

aa) Gesellschafterdarlehen

1020 Wie bereits oben dargestellt, war in der Vergangenheit die Behandlung von sog. eigenkapitalersetzenden Gesellschafterleistungen, insb. den sog. eigenkapitalersetzenden Gesellschafterdarlehen streitig. In seinem Grundsatzurteil v. 08.01.2001 entschied der BGH:

Forderungen eines Gesellschafters aus der Gewährung eigenkapitalersetzender Leistungen sind, soweit für sie keine Rangrücktrittserklärung abgegeben worden ist, in der Überschuldungsbilanz zu passivieren.

Der BGH stellte klar, dass ein Verzicht nicht erforderlich sei, um eine Passivierungspflicht im Überschuldungsstatus zu vermeiden. Vielmehr entschied der BGH, dass die Abgabe eines **qualifizierten Rangrücktritts** ausreichend, aber auch erforderlich sei.

1021 In der Folgezeit waren die Anforderungen, die an einen qualifizierten Rangrücktritt zu stellen sind, streitig.

1142 Harz/Baumgartner/Conrad, ZInsO 2005, 1304, 1310.

Zur Frage, welchen **Inhalt** die Rangrücktrittserklärung haben muss, wurden im Wesentlichen drei Meinungen vertreten:

- Befriedigung nach Maßgabe von **§ 39 Abs. 1 Nr. 5**, also mit dem Rang, der ihr, sofern die Forderung tatsächlich kapitalersetzenden Charakter hat, ohnehin zukommt.[1143]
- Befriedigung im Rang gem. der Auslegungsregel des **§ 39 Abs. 2**, d. h. nach den in § 39 Abs. 1 aufgeführten nachrangigen Verbindlichkeiten.[1144]
- Gleichstellung mit den Forderungen auf Auskehr eines (in der Praxis kaum denkbaren) **Liquidationserlöses gem. § 199 Satz 2.**[1145]

Durch das Gesetz zur Modernisierung des GmbH-Rechts und zur Bekämpfung von Missbräuchen (MoMiG), welches am 1.11.2008 in Kraft getreten ist, hat der Gesetzgeber die Regelungen über die Behandlung von Gesellschafterleistungen in Krise und Insolvenz grundlegend geändert. 1022

(1) Wegfall der §§ 32a, b GmbHG

Durch das MoMiG sind die Vorschriften des Eigenkapitalersatzrechts der §§ 32a und 32b GmbHG ersatzlos aufgehoben. Die Regelungen über die Gesellschafterleistungen wurden aus dem Gesellschaftsrecht gestrichen und in die InsO aufgenommen. Die Differenzierung zwischen »normalen« und eigenkapitalersetzenden Gesellschafterleistungen ist weggefallen. Ebenso hat der Gesetzgeber auf das Merkmal der Krise verzichtet. 1023

Durch diese Neuerung wollte der Gesetzgeber Rechtssicherheit schaffen. Die Organe und Gesellschafter der gesunden GmbH sollen laut Gesetzesbegründung einen einfachen und klaren Rechtsrahmen vorfinden.

(2) Generelle Nachrangigkeit von Gesellschafterforderungen

Durch das MoMiG wird eine generelle Nachrangigkeit von Gesellschafterdarlehen im Insolvenzfall festgelegt. Der Entwurf sieht folgende Neuregelung des § 39 Abs. 1 Nr. 5 InsO (Nachrangige Insolvenzgläubiger) vor: 1024

(a) Änderung des § 39 InsO

In § 39 InsO sind solche Forderungen aufgeführt, welche in einem Insolvenzverfahren nachrangig, also nach den Insolvenzforderungen des § 38 InsO bedient werden. 1025

Abs. 1 Nr. 5 wurde durch das MoMiG wie folgt gefasst:

(1) Im Rang nach den übrigen Forderungen der Insolvenzgläubiger werden in folgender Rangfolge, bei gleichem Rang nach dem Verhältnis ihrer Beträge, berichtigt:

1143 Bauer, ZInsO 2001, 486, 49; Habersack/Mayer, NZG 2001, 365 f; Paulus, ZGR 2002, 320, 327 ff.; Wittig, NZI 2001, 169, 173 f.; Uhlenbruck/Uhlenbruck, 13. Vorauflage § 19 Rn. 72.

1144 Altmeppen, ZIP 2001, 240, 241; Felleisen, GmbHR 2001, 195, 197.

1145 Goette, DStR 2001, 179; HK/Kirchhof, § 19 Rn. 26.

1 – 4. (...)

5. nach Maßgabe der Abs. 4 und 5 Forderungen auf Rückgewähr eines Gesellschafterdarlehens oder Forderungen aus Rechtshandlungen, die einem solchen Darlehen wirtschaftlich entsprechen.

Folgende Abs. 4 und 5 wurden angefügt:

> »(4) Abs. 1 Nr. 5 gilt für Gesellschaften, die weder eine natürliche Person noch eine Gesellschaft als persönlich haftenden Gesellschafter haben, bei der ein persönlich haftender Gesellschafter eine natürliche Person ist. Erwirbt ein Gläubiger bei drohender oder eingetretener Zahlungsunfähigkeit der Gesellschaft oder bei Überschuldung Anteile zum Zweck ihrer Sanierung, führt dies bis zur nachhaltigen Sanierung nicht zur Anwendung von Abs. 1 Nr. 5 auf seine Forderungen aus bestehenden oder neu gewährten Darlehen oder auf Forderungen aus Rechtshandlungen, die einem solchen Darlehen wirtschaftlich entsprechen.
>
> (5) Abs. 1 Nr. 5 gilt nicht für den nicht geschäftsführenden Gesellschafter einer Gesellschaft i. S. d. Abs. 4 Satz 1, der mit zehn Prozent oder weniger am Haftkapital beteiligt ist.«

(b) Auswirkungen auf den Überschuldungsstatus

1026 Während des Gesetzgebungsverfahrens war in einem RegE die Änderung des § 19 Abs. 2 InsO dergestalt vorgesehen, wonach Forderungen auf Rückgewähr von Gesellschafterleistungen im Rang des § 39 Abs. 1 Nr. 5 InsO in einem Überschuldungsstatus nicht zu passivieren sind. Letztlich fand diese Formulierung jedoch keine Zustimmung im Rechtsausschuss.

1027 Auch nach Inkrafttreten des MoMiG sind Forderungen auf Rückgewähr von Gesellschafterleistungen grds. zu passivieren. Der neu gefasste § 19 Abs. 2 Satz 2 InsO macht hiervon jedoch unter folgenden Voraussetzungen eine Ausnahme:

> »Forderungen auf Rückgewähr von Gesellschafterdarlehen oder aus Rechtshandlungen, die einem solchen Darlehen wirtschaftlich entsprechen, für die gemäß § 39 Abs. 2 zwischen Gläubiger und Schuldner der Nachrang im Insolvenzverfahren hinter den in § 39 Abs. 1 Nr. 1 bis 5 bezeichneten Forderungen vereinbart worden ist, sind nicht bei den Verbindlichkeiten nach Satz 1 zu berücksichtigen.«

Demnach ist auch weiterhin ein Rangrücktritt erforderlich, damit von der grds. bestehenden Passivierungspflicht abgesehen werden kann. Geklärt wurde im Zuge des MoMiG der Streit über die erforderliche Rangtiefe eines Rangrücktritts. Nach der ausdrücklichen gesetzlichen Regelung des § 19 Abs. 2 Satz 2 InsO ist ein Rangrücktritt in den Rang des § 39 Abs. 2 InsO erforderlich. Sofern diese Voraussetzung erfüllt ist, sind alle Rückgewähransprüche von Gesellschafterdarlehen, aber auch von sonstigen gleichgestellten Leistungen in einem Überschuldungsstatus nicht zu passivieren.

Durch diese Regelung hat der Gesetzgeber erfreulicherweise eine seit vielen Jahren strittige Frage geklärt.

Ebenso durch das MoMiG geklärt wurde die vormals strittige Frage der erforderlichen Rangtiefe. Eine Passivierung im Überschuldungsstatus kann unterbleiben, wenn Schuldner und Gläubiger gemäß § 39 Abs. 2 InsO einen Nachrang im

Insolvenzverfahren hinter den in § 39 Abs. 1 Nr. 1 bis Nr. 5 InsO bezeichneten Forderungen vereinbaren.

Fraglich ist allerdings weiterhin, wie der Rangrücktritt konkret ausgestaltet werden muss. Vor der Gesetzesänderung durch das MoMiG hatte der BGH einen »qualifizierten« Rangrücktritt gefordert.[1146] Danach musste der Rangrücktritt auch auf die Zeit vor der Eröffnung eines Insolvenzverfahrens beziehen. Eine reine Regelung der Verteilungsreihenfolge im Insolvenzverfahren sollte nicht ausreichend sein. Ein Forderungsverzicht bedurfte es aber nicht[1147].

Diese Frage wird durchaus kontrovers diskutiert. Zum einen ist schon die Rechtsnatur der Rangrücktrittsvereinbarung streitig. Teilweise wird hierin ein bedingter Forderungserlass gesehen[1148], andere betrachten diese als pactum de non petendo und damit als Stundungsvereinbarung[1149]. Nach der aktuellen Rechtsprechung des BGH kann beiden Ansichten nicht gefolgt werden.Danach liefe ein bedingter Forderungsverzicht dem Parteiwillen entgegen, weil er zu dem überschießende Ergebnis führen würde, dass infolge des Verzichts akzessorische Sicherheiten erlöschen und der Anspruch auf Verzinsung der Forderung entfällt. Auch die Annahme eines pactum den non petendo erscheint nicht sachgerecht, weil dadurch ein bloßes, in seiner Ausübung vom Belieben des Schuldners abhängiges Leistungsverweigerungsrecht begründet wird und die Forderung ungeachtet der Stundungsvereinbarung weiterhin im Überschuldungsstatus zu berücksichtigen ist[1150]. Die Rangrücktrittsvereinbarung bildet vielmehr einen verfügenden Schuldänderungsvertrag (§ 311 Abs. BGB). Aufgrund dieses Vertrages wird die Forderung mit dinglicher Kraft dahin umgewandelt, dass sie nicht mehr zu passivieren. Die Forderung bildet im Verhältnis zu den übrigen Gläubigern haftendes Kapital. Der Forderung wird eine nachrangige Stellung zugewiesen, die eine Befriedigung nur aus freiem nicht zur Schuldendeckung benötigtem Vermögen der Gesellschaft gestattet. Der Bestand der Forderung als solches wird nicht geändert, sodass Sicherungsrechte nicht berührt werden[1151]

Auch nach den Neuregelungen durch das MoMiG nicht geklärt ist, ob neben der Vereinbarung einer insolvenzrechtlichen Verteilungsreihenfolge auch die Regelung einer vorinsolvenzrechtlichen Durchsetzungssperre erforderlich sein soll. Die Frage wird deshalb kontrovers diskutiert, weil § 19 Abs. 2 Satz 2 InsO lediglich von einem vereinbarten Nachrang im Insolvenzverfahren spricht. Dem Wortlaut jedenfalls zufolge bedarf es keiner Durchsetzungssperre für die Zeit vor der Insolvenz. Dies ist allerdings vor dem Hintergrund problematisch, als dass die Frage einer bestehenden Insolvenzantragspflicht wegen Eintritts einer Überschuldungssituation gerade den Zeitraum

1146 BGH, 08.01.2001 – II ZR 88/99.

1147 BGH, 08.01.2001 – II ZR 88/99.

1148 Haack, KTS 1980, 309, 312, BFH, 30.05.1990 – I R 41/87, anders aber nunmehr BFH, NZG 2004, 686, 687).

1149 K. Schmidt, § 39 Rdn. 22.

1150 BGH, 05.03.2015 – IX ZR 133/14.

1151 Zum Ganzen BGH, 05.03.2015 – IX ZR 133/14.

vor der Insolvenz betrifft. Es erscheint deshalb fraglich, ob eine reine Vereinbarung einer insolvenzrechtlichen Verteilungsreihenfolge bei der Beurteilung der Überschuldung i. S. d. § 19 InsO ausreichend. Die bislang wohl h. M. hielt eine Insolvenzrechtliche Verteilungsreihenfolge für ausreichend, während die Gegenansicht eine Durchsetzungssperre forderte mit dem Argument, dass ohne die Durchsetzungssperre die wahre Fähigkeit der Schuldendeckung für den vorinsolvenzlichen Zeitraum verborgen bliebe[1152]

Der BGH hat zu dieser Frage nunmehr Stellung bezogen. Zur Vermeidung einer eventuellen Insolvenzantragspflicht (§ 15a InsO) muss der Rangrücktritt auch den Zeitraum vor Verfahrenseröffnung erfassen. Nach der Begründung des BGH kann eine Forderung nicht vor Verfahrenseröffnung durchsetzbar sein, nach Verfahrenseröffnung aber ausgeblendet werden, wenn es um die Feststellung der Überschuldung geht[1153]. Der Überschuldungsstatus würde die Schuldendeckungsfähigkeit andernfalls nicht zutreffend abbilden, wenn eine vorinsolvenzliche Durchsetzungssperre fehlte[1154].

Schließlich ist streitig, ob es für die Wirksamkeit des Rangrücktritts einer ausdrücklichen Vereinbarung bedarf, oder ob ein solcher auch durch Auslegung begründet werden kann. Die Formulierung Rangrücktritt ist zunächst insoweit unpräzise, als eine einseitige Erklärung nicht ausreicht, vielmehr eine Vereinbarung zwischen dem Schuldner und dem Gläubiger erforderlich ist[1155]. Fraglich ist, ob die Rangrücktrittsvereinbarung ausdrücklich als solche zu bezeichnen ist, oder ob eine solche auch durch Auslegung ermittelt werden kann. Teilweise wird die Auffassung vertreten, dass der Rangrücktritt ausdrücklich vereinbart werden muss, wobei die Annahmeerklärung auch durch konkludentes Handeln erfolgen kann[1156].

Der BGH stellt an die Ausgestaltung der Rangrücktrittserklärung keine so hohen Anforderungen. Nach der Rechtsprechung des BGH ist die Vereinbarung der Auslegung zugänglich. Die Vertragsauslegung hat in erster Linie den von den Parteien gewählten Wortlaut der Vereinbarung und den in diesem zu entnehmenden objektiv erklärten Parteiwillen zu berücksichtigen[1157]. Maßgebend ist der Einfluss, den das Interesse der Parteien auf den objektiven Erklärungswert ihrer Äußerungen bei deren Abgabe hatte[1158]

Nach der Rechtsprechung des BGH kann bei einer im engen Wortsinn unzureichenden Vereinbarung im Wege der Auslegung ergeben, dass ein umfassender Rangrücktritt

1152 Zum Meinungsstand Bitter, in: Scholz GmbHG, Vor. § 64 Rn. 65.

1153 BGH, 05.03.2015 – IX ZR 133/14.

1154 BGH, 01.03.2010 – II ZR 13/09.

1155 Bitter, in: Scholz GmbHG, § 64 Anh., Rn. 361.

1156 MK/InsO-Ehricke, § 39 Rn. 63 mit Verweis auf BGH WM 1998, 944, 947, i. E. auch Hirte in Uhlenbruck, § 39 Rn. 49; für den Verzicht auf Zugang der Annahmeerklärung ebenso Bitter, in: Scholz, § 64 Anh., Rn. 362.

1157 BGH, 05.03.2015 _ IX ZR 133/14.

1158 BGH, 17.12.2009 – IX ZR 214/08.

gewollt war. Voraussetzung ist allerdings, dass die vertragliche Vereinbarung den unmissverständlichen Willen der Parteien zum Ausdruck bringt, dass der Gläubiger die Befriedigung nur verlangen kann, wenn sich bei der Schuldnerin keine auch nur drohende Insolvenzreife verwirklicht[1159]

Der BGH hat explizit klargestellt, dass eine Rangrücktrittsvereinbarung nicht nur mit einem Gesellschafter, sondern auch mit einem außenstehenden Dritten vereinbart werden kann.[1160]

Strenge Anforderungen stellt der BGH an die zeitliche Wirkung des Rangrücktritts. Nach der Rechtsprechung des BGH muss der Gläubiger aufgrund der Rangrücktrittsvereinbarung dauerhaft gehindert sein, seine Ansprüche geltend zu machen. Unzureichend ist ein lediglich zeitlich begrenzter Rangrücktritt[1161].

Nicht nur die zeitliche Befristung, sondern auch die Einräumung eines einseitigen Widerrufs- oder Kündigungsrecht, führen zur Passivierungspflicht[1162]. Wird der ursprünglich unbefristete und ohne Widerrufs- oder Kündigungsrecht ausgestaltete Rangrücktritt nachträglich einvernehmlich aufgehoben, so ist die Forderung ex nunc zu passivieren[1163]

bb) Einlagen stiller Gesellschafter

Die Einlage eines stillen Gesellschafters geht gem. § 230 Abs. 1 HGB in das Vermögen 1028
des Inhabers des Handelsgeschäfts über. Die stille Einlage hat nach dem gesetzlichen Leitbild der §§ 230 ff. HGB – sog. typisch stille Gesellschaft – Schuldcharakter. Nach dem gesetzlichen Leitbild hat die stille Einlage Fremdkapitalcharakter.[1164]

Der stille Gesellschafter ist nach § 236 Abs. 1 HGB mit seiner Forderung **Insolvenzgläubiger**, sodass diese passiviert werden muss. Dies gilt auch dann, wenn er nicht nur am Gewinn, sondern auch am Verlust beteiligt ist.

Besteht allerdings eine Verlustbeteiligung, so ist zu beachten, dass die Teilnahme am Insolvenzverfahren nach der vorstehend genannten Vorschrift nur insoweit zulässig ist, als die Einlage den Betrag des auf sie entfallenden Anteils am Verlust übersteigt. Nur in dieser Höhe kann sie auch im Überschuldungsstatus Berücksichtigung finden. Ist die **Einlage** durch Verluste **vollständig aufgezehrt**, so **entfällt** eine **Passivierungspflicht** vollständig.[1165]

1159 BGH 05.03.2013 – IX ZR 133/14.

1160 BGH, 05.03.15 – IX ZR 133/14.

1161 BGH, 05.03.15 – IX ZR 133/14.

1162 Bitter, in: Scholz GmbHG, vor § 64 Rn. 67.

1163 So i. E. auch Bitter, in: Scholz GmbHG vor § 64 Rn. 64.

1164 BGH, 21.03.1983 – II ZR 139/82, NJW 1983, 1855, 1856.

1165 Jäger/Müller, § 19 Rn. 104.

Ist ein Rangrücktritt für die Rückforderungen der Einlage vereinbart worden, so gelten die Ausführungen zum Rangrücktritt entsprechend.

cc) Genussrechte

1029 Ein **Genussrecht** ist ein rein **schuldrechtliches Kapitalüberlassungsverhältnis.** Das Genussrecht ist gesetzlich nicht geregelt. Die Einzelheiten dieses Kapitalüberlassungsverhältnisses sind in den sog. Genussrechts-Bedingungen geregelt.

Wesentliche Merkmale von Genussrechten sind:
- der Anleger/Investor **überlässt** einem Unternehmen **Kapital** für eine bestimmte Zeit,
- als Gegenleistung für die Kapitalüberlassung ist der Anleger/Investor an dem **wirtschaftlichen Ergebnis** des Unternehmens (Jahresergebnis oder Bilanzergebnis) **beteiligt**.

Bei Genussrechten hängt die Frage der Passivierungspflicht und der Bewertung eines etwa rückzahlbaren Genusskapitals davon ab, wie die getroffenen Vereinbarungen im Hinblick auf ihre Einordnung als Fremd- oder Eigenkapital im Einzelfall beschaffen sind.[1166]

Gerade im Kreditgewerbe sind die Konditionen so ausgestaltet, dass das gewährte Kapital Quasi-Eigenkapital darstellt.

1030 ▶ Hinweis:

Gerade für kleine und mittlere Unternehmen sind die insb. von den öffentlichen Förderbanken aufgelegten Genussrechtsprogramme im Hinblick auf Basel II zur Verbesserung der Eigenkapitalquote eine interessante Finanzierungsalternative. Mit diesem Finanzierungselement kann ein besseres Rating erzielt werden.

1031 Zur Gleichstellung mit **haftendem Eigenkapital** ist im Ergebnis erforderlich, dass folgende **Voraussetzungen kumulativ** erfüllt sind:[1167]
- Nachrangigkeit im Insolvenz- bzw. Liquidationsverfahren, wobei die Verteilung eines verbleibenden Liquidationsüberschusses unter den Genussrechtsinhabern und Gesellschaftern – wie schon in der Rangrücktrittserklärung – für die Eigenkapitalqualität unerheblich ist.
- Verlustbeteiligung bis zur vollen Höhe,
- Erfolgsabhängigkeit der Vergütung,
- Längerfristigkeit der Kapitalüberlassung.

▶ Praxistipp:

Die Vereinbarung eines Genussrechts kann auch ein **wichtiges Sanierungsinstrument** sein. Insb. besteht die Möglichkeit, durch Vereinbarung Fremdverbindlichkeiten,

1166 Müller/Haas, in: Kölner Schrift zur InsO, S. 1822.

1167 Wolf/Schlagheck, Überschuldung, S. 171.

bspw. Lieferantenverbindlichkeiten in Genussrechtskapital zu wandeln. Die Vereinbarung kann durchaus für beide Seiten positiv sein. So erhält der Lieferant eine weitaus höhere Verzinsung als auf dem Kapitalmarkt, das Unternehmen kann bei entsprechender vertraglicher Gestaltung seine Eigenkapitalquote steigern.

▶ Checkliste »Sonderfälle« 1032

Checkliste „Sonderfälle"		✓
A. Eigenkapitalersetzende Gesellschafterdarlehen	ja	nein
1. Wurden seitens eines oder mehrerer Gesellschafter Darlehen gewährt?	☐	☐
2. Wurden sonstige Leistungen gewährt?	☐	☐
3. Wurden diese Leistungen in einem Zeitpunkt gewährt, in welchem der Gesellschaft auf dem Kapitalmarkt keine Mittel mehr ausgereicht wurden?	☐	☐
4. Wurde eine Rangrücktrittserklärung abgegeben?	☐	☐
B. Stille Beteiligung		
Ist eine Teilnahme auch am Verlust vereinbart?	☐	☐
Wurde Einlage bereits durch Verluste teilweise aufgezehrt?	☐	☐
Wurde Einlage bereits durch Verluste vollständig aufgezehrt?	☐	☐
C. Genussrechte		
Wurde eine Nachrangigkeit im Insolvenz- bzw. Liquidationsverfahren vereinbart (wobei die Verteilung eines verbleibenden Liquidationsüberschusses unter den Genussrechtsinhabern und Gesellschaftern – wie schon in der Rangrücktrittserklärung – für die Eigenkapitalqualität unerheblich ist)?	☐	☐
Ist eine Verlustbeteiligung bis zur vollen Höhe vereinbart?	☐	☐
Ist die Vergütung erfolgabhängig?	☐	☐
Wurde das Kapital längerfristig überlassen?	☐	☐

IV. Überschuldung und Zahlungsunfähigkeit aus Sicht der Strafverfolgung

1. Allgemeines

Da mit Unternehmenskrisen Gefahren für andere, meist Gläubiger und Arbeitnehmer, 1033
aber auch den Fiskus verbunden sind, hat der Gesetzgeber **zivilrechtliche Normen zum Gläubigerschutz** geschaffen, die durch das Insolvenzstrafrecht unterstützt werden.[1168]

Aus diesem Grund ist es naheliegend, dass sich im Zusammenhang mit Unternehmensinsolvenzen immer wieder strafbare Handlungen feststellen lassen.

Aufgrund der 2008 eingetretenen Finanz- und Wirtschaftskrise wurde erwartet, dass es zum verstärkten Auftreten von Insolvenzen und somit auch von **Insolvenzkriminalität** kommen wird.

Die Polizeiliche Kriminalstatistik (PKS) für das Jahr 2009 weist 5.152 Fälle von Insolvenzstraftaten nach dem StGB aus.[1169] Dies stellt im Vergleich zum Jahr 2008

1168 Vgl. Bieneck, in: Müller-Gugenberger/Bieneck, Wirtschaftsstrafrecht, § 75 Rn. 2.

1169 Http://www.bundeskriminalamt.de/pks/pks2009/download/pks2009_imk_kurzbericht.pdf.

einen Anstieg von 23 Fällen bzw. 0,4 % dar. Hierbei handelt es sich um die sogenannten Bankrottstraftaten der §§ 283 bis 283d des StGB. Die nicht im StGB geregelten Formaldelikte der Insolvenzverschleppung nach § 84 GmbHG (jetzt: § 15a InsO[1170]) bzw. den §§ 130b, 177a HGB sind in der PKS des Jahres 2009 mit 6.308 Fällen enthalten (2008: 6.247 Fälle).

Es kann somit festgestellt werden, dass die im Zusammenhang mit der Finanz- und Wirtschaftskrise prognostizierte Zunahme Insolvenzkriminalität bislang ausgeblieben ist.

1034 Hierfür gibt es verschiedene Erklärungen. Zum einen liegt es sicherlich an der Änderung des § 19 Abs. 2 Satz 1 InsO durch das Finanzmarktstabilisierungsgesetz.[1171] Diese Änderung, die zunächst bis zum 31.12.2013 zeitlich befristet war zwischenzeitlich jedoch entfristet wurde, bewirkt, dass der **Insolvenzgrund der Überschuldung ausgeschlossen** ist, sofern für das Unternehmen eine **positive Fortbestehensprognose** besteht. Dies bedeutet eine Rückkehr zum Überschuldungsbegriff der sogenannten modifizierten zweistufigen Methode, die vor Inkrafttreten der InsO aufgrund der höchstrichterlichen Rechtsprechung galt.[1172] Ein anderer Grund ist darin zu sehen, dass die Insolvenzantragstellung oft erst verspätet erfolgt und somit die Anzahl der beantragten Insolvenzverfahren nur einen Teil der tatsächlich insolvenzreifen Unternehmen repräsentiert.[1173]

Nicht zuletzt zeigt die Praxis der Strafverfolgung im Bereich der Insolvenzkriminalität auch, dass die Zahl der Insolvenzen dem Konjunkturverlauf zeitversetzt folgt. D. h., dass gefährdete Unternehmen zwar den Konjunktureinbruch und die Talsohle noch überstehen, oft jedoch in der Phase des Aufschwungs **nicht mehr über ausreichende Ressourcen verfügen**, um nun erforderliche Investitionen oder Neueinstellungen durchzuführen. Die betroffenen Unternehmen verlieren in dieser Phase sehr schnell ihre Wettbewerbsfähigkeit und werden insolvent, obwohl sie den Konjunktureinbruch zunächst überstanden hatten.

1035 Unabhängig von den o. g. Insolvenzdelikten im eigentlichen Sinne treten im Zusammenhang mit insolvenzreifen Unternehmen eine **Vielzahl weiterer Delikte** auf. Diese werden in der PKS jedoch nicht den Insolvenzdelikten, sondern den Wirtschafts- bzw. Vermögensdelikten zugeordnet.

Die nachfolgenden Ausführungen sollen keinesfalls eine juristisch geprägte Darstellung der Insolvenzdelikte sein. Dies bleibt der (wirtschafts-) strafrechtlichen Fachliteratur überlassen.[1174] Hier sollen vielmehr unter kriminalistischen Gesichtspunk-

1170 Geändert durch das Gesetz v. 23.10.2008 (BGBl. I, S. 2026) mit Wirkung v. 01.11.2008.

1171 Gesetz v. 17.10.2008 (BGBl. I, S. 1982 ff.).

1172 Vgl. Wolf, Die Neuordnung des Überschuldungsbegriffs, in: StuB 2008, 874.

1173 Vgl. Schmittmann, Steuerberater im Visier von Insolvenzverwaltern, in: StuB 2009, 696.

1174 Vgl. z. B. Müller-Gugenberger/Bieneck, Wirtschaftsstrafrecht, Wabnitz/Janowsky, Handbuch des Wirtschafts- und Steuerstrafrechts, Bittmann, Folker, Insolvenzstrafrecht u. a.

ten die **Deliktsphänomene** beschrieben werden, bei denen Unternehmenskrisen in Form von Überschuldung oder Zahlungsunfähigkeit von Bedeutung sind, um so Unternehmensverantwortlichen und deren Beratern die Möglichkeit zu geben, rechtzeitig gegenzusteuern. Nicht eingegangen wird an dieser Stelle auf die sogenannten Verlustanzeigedelikte, da ein Verlust von mehr als der Hälfte des Stammkapitals noch nicht zwingend eine Krise in Form von Zahlungsunfähigkeit oder Überschuldung bedeuten muss.

1036 Das Erkennen und Bearbeiten strafbarer Handlungen im Zusammenhang mit Insolvenzen erfordert **betriebswirtschaftliche Kenntnisse**, da ein wesentliches Strafbarkeitskriterium eine Unternehmenskrise ist. Diese wird vom Insolvenzstrafrecht als Überschuldung oder Zahlungsunfähigkeit definiert.[1175] Dieser Abschnitt soll nicht betriebswirtschaftlich vorgebildeten Mitarbeitern von Polizeidienststellen und Staatsanwaltschaften dabei helfen, die betriebswirtschaftlichen Instrumente zur Feststellung von Überschuldung kennen und anwenden zu lernen.

Umgekehrt soll dieser Abschnitt den nicht strafrechtlich ausgebildeten Beratern und Wirtschaftsprüfern die erforderlichen Kenntnisse zur Beurteilung der Tatbestandsmäßigkeit der Handlungen und Identifizierung dieser Taten sowie Feststellung des verantwortlichen Täterkreises liefern. Dieses Wissen ermöglicht dann im günstigsten Fall, durch gezielte Beratung Straftaten zu verhindern.

Für beide Zielgruppen gilt jedoch gleichermaßen, was Zirpins bereits 1937 wie folgt beschrieb:[1176]

> »Man sucht niemanden hinter dem Busch, wenn man dieses Versteck nicht kennt. D. h. erst die Kenntnis der Möglichkeiten, der Mittel und Wege des Täterkreises und der Gründe und Ziele versetzt uns in die Lage, Gefahrenquellen zu erfassen, die Stärken und Schwächen des Gegners auszukundschaften und die geeigneten Gegenmittel – Methoden zur Aufklärung – herauszufinden.«

Die folgenden Ausführungen sollen zeigen, bei welchen Straftaten eine Unternehmenskrise in Form von Zahlungsunfähigkeit und Überschuldung von Bedeutung ist und wie die Strafverfolgungsbehörden darauf reagieren. Hieraus ergeben sich wichtige Beratungsansätze zur Vermeidung der Strafbarkeit des Mandanten oder sogar der eigenen Strafbarkeit des Beraters.

2. Klassifizierung von Kriminalinsolvenzen

1037 Die Krise als solche hat **kriminogene Wirkung**. Sie führt einerseits zu Unterlassungsdelikten, aber auch zu aktiven Delikten. Aktiv begangen werden Delikte insb. im Rahmen einer falschen Strategie, die Krise zu bekämpfen oder aber wenn die Krise nur Mittel zum Zweck ist.[1177]

1175 Vgl. Bieneck, in: Müller-Gugenberger/Bieneck, Wirtschaftsstrafrecht, § 75 Rn. 3.

1176 Vgl. Zirpins, Kriminalistische Buchprüfung.

1177 Vgl. Bieneck, in: Müller-Gugenberger/Bieneck, Wirtschaftsstrafrecht, § 75 Rn. 9.

In der Praxis der Strafverfolgung im Bereich Wirtschafts- und Insolvenzkriminalität lässt sich immer wieder feststellen, dass **Insolvenzkriminalität in verschiedenen Ausprägungen** vorkommen kann, wobei nach statistischen Untersuchungen das Vorliegen einer Insolvenzverschleppung den Regelfall darstellt, die Beachtung der Fristen zur Stellung des Insolvenzantrags hingegen die Ausnahme.[1178] Hier wird dabei von folgenden **Gruppen sog. Kriminalinsolvenzen** ausgegangen:

- Insolvenzen, bei denen nur Formaldelikte vorliegen
- Insolvenzen, bei denen mit Eintritt der Krise weitere Straftaten begangen werden
- Insolvenzen, bei denen Straftaten zum Eintritt der Krise führen und
- Insolvenzen von Unternehmen, die ausschließlich bzw. überwiegend zur Begehung von Straftaten gegründet worden sind.

Die Abgrenzung zwischen den einzelnen Gruppen kann nicht immer scharf erfolgen. Es existieren sowohl fließende Übergänge als auch Mischformen.

1038 Zur ersten Gruppe – Insolvenzen, bei denen nur **Formaldelikte** vorliegen – ist auszuführen, dass diese Delikte (Insolvenzverschleppung, verspätete oder gar keine Bilanzerstellung ...) sehr häufig sind. Den Tätern ist hierbei zugute zu halten, dass sie **häufig aus Unkenntnis** oder sogar aus nachvollziehbaren Motiven handeln. So ist immer wieder festzustellen, dass – insb. bei inhabergeführten Unternehmen – eine Familientradition erhalten werden sollte oder sogar aus evtl. falsch verstandener Verantwortung für die Arbeitsplätze der Beschäftigten der Insolvenzantrag nicht rechtzeitig gestellt wird. Die Bilanz wird in diesen Fällen zu spät oder gar nicht erstellt, weil es meist am Geld hierzu fehlt. Oftmals wird gutgläubig vorgetragen, selbst von Steuerberatern, dass man die Bilanz nicht verspätet erstellt habe, da die Finanzbehörden Fristverlängerung gewährt haben.

1039 ▶ Praxishinweis:

Die Gewährung einer eventuellen Fristverlängerung durch die Finanzverwaltung bzgl. der Abgabe der Steuererklärungen und somit auch der Steuerbilanz berührt die handelsrechtlichen Pflichten zur fristgerechten Erstellung des Jahresabschlusses nach § 264 Abs. 1 HGB nicht.

1040 Obwohl man dieser Tätergruppe bescheinigen kann, dass bei ihnen keinerlei »kriminelle Energie« feststellbar ist, verwirklichen sie **erhebliche Straftatbestände** (Insolvenzverschleppung nach § 15a InsO, Bankrott nach § 283 StGB). Diese Straftatbestände können wiederum erhebliche zivilrechtliche Haftungstatbestände (§ 64 GmbHG, § 823 BGB) auslösen. Dieses Risiko kann auch auf einen Berater übergehen.

1041 Die nächste Stufe stellen Insolvenzen dar, bei denen durch die Verantwortlichen des Unternehmens **mit Eintritt der Krise** weitere Straftaten (neben den vorstehend beschriebenen Formaldelikten) begangen werden. Hierbei ist oft der sog. Eingehungsbetrug zum Nachteil von Lieferanten sowie das Vorenthalten und Veruntreuen von Arbeitsentgelt nach § 266a StGB festzustellen. Des Weiteren sind Betrugshandlungen

1178 Vgl. Pape, Der neue insolvenzrechtliche Überschuldungsbegriff, in: NWB 2009, 61.

zum Nachteil von Kapitalgebern (Banken, privaten Darlehensgebern, neuen Gesellschaftern ...) in dieser Stufe oft vertreten.

In dieser Phase kann auch beobachtet werden, dass die bisherigen Unternehmensverantwortlichen sich der Dienste eines sogenannten **gewerbsmäßigen Firmenbestatters** bedienen. Diese bewerben ihre Dienstleistungen im Internet oder im Kleinanzeigenteil überörtlicher Tageszeitungen unter der Rubrik »Geschäftliches« mit Aussagen wie: »Insolvenz vermeiden – wir wickeln Ihre GmbH ohne für Sie schädliches Insolvenzverfahren ab – Ihr guter Name bleibt für Ihre weitere Geschäftstätigkeit erhalten ... Keine Rechts- und Steuerberatung«.[1179]

Das **Modell der Firmenbestattung** läuft i. d. R. so ab, dass die Geschäftsanteile der in- 1042
solvenzreifen Gesellschaft für einen EUR abgetreten werden, gleichzeitig wird an den Firmenbestatter eine »Servicegebühr« von mehreren Tausend EUR bezahlt, der bisherige Geschäftsführer legt sein Amt nieder.[1180] Der Firmenbestatter verlegt i. d. R. den Sitz der GmbH, ändert die Firma und bestellt einen neuen Geschäftsführer.[1181] Bei diesen handelt es sich meist um nicht greifbare Personen mit Wohnsitz im Ausland oder Personen aus sozialschwachem Milieu häufig ohne Wohnsitz, die das Amt gegen eine geringfügige Bezahlung übernehmen, ohne zu wissen was sie tun. Dies alles dient ausschließlich dem Zweck, sich von dem insolvenzreifen Unternehmen zu trennen, ohne in das eigentlich unvermeidbare Insolvenzverfahren mit einbezogen zu werden.[1182] In vielen Fällen wird auch durch den Firmenbestatter bzw. den eingesetzten **Strohmanngeschäftsführer** kein Insolvenzantrag gestellt; man kümmert sich in der Folge nicht mehr weiter um die Gesellschaft. Die Gläubiger, die sich an den neuen Geschäftsführer wenden, müssen feststellen, dass dieser nicht greifbar ist. Die Altgesellschafter und -geschäftsführer setzen ihre Geschäftstätigkeit mit einem neuen Rechtsträger fort. Sofern – und dies ist der Regelfall – bereits bei Übertragung der Gesellschaftsanteile und Niederlegung des Geschäftsführeramtes Insolvenzreife bestand, machen sich die Altverantwortlichen der Insolvenzverschleppung schuldig. U. U. kommt noch Bankrott oder Untreue in Betracht, da der Gesellschaft Mittel (z. B. für die Servicegebühr) entzogen werden. Auch Betrugsdelikte zum Nachteil der Gläubiger sind denkbar.[1183] Der Gesetzgeber hat auf diese Missstände reagiert, indem er durch das MoMiG[1184] die

1179 Vgl. Singer/Greck, »Firmenbestatter« erkennen und Mandanten schützen, in: StuB 2006, 82.

1180 Vgl. Beck, in: Wabnitz/Janovsky, Handbuch des Wirtschafts- und Steuerstrafrechts, Kap. 6 Rn. 55a.

1181 Vgl. Singer, Anfechtbare Rechtshandlungen bei »Firmenbestattung« einer GmbH, in: StuB 2006, 446.

1182 Vgl. Himmelskamp/Schmittmann, Der faktische Geschäftsführer – Strafrechtliche Verantwortlichkeit, in: StuB 2006, 406.

1183 Vgl. Beck, in: Wabnitz/Janovsky, Handbuch des Wirtschafts- und Steuerstrafrechts, Kap. 6 Rn. 55a.

1184 Gesetz zur Modernisierung des GmbH-Rechts und zur Bekämpfung von Missbräuchen v. 23.10.2008, BGBl. I, S. 2026.

Strafbarkeit der Insolvenzverschleppung bei Führungslosigkeit auf die Gesellschafter ausdehnte.

1043 ▶ Praxishinweis:

Um Ihren Mandanten vor den straf- und haftungsrechtlichen Risiken einer Firmenbestattung schützen zu können, sollten Sie Überschuldung und Zahlungsunfähigkeit kennen sowie die unseriösen Angebote gewerbsmäßiger Firmenbestatter erkennen können.[1185] Sollte Ihr Mandant entgegen Ihren Rat doch auf solch ein Angebot eingehen, dokumentieren Sie beweissicher, dass Sie ihn auf die Risiken hingewiesen haben.[1186]

1044 **Straftaten führen dann zum Eintritt der Krise**, die nach strafrechtlichem Verständnis aus Überschuldung, drohender oder eingetretener Zahlungsunfähigkeit besteht,[1187] wenn dem Unternehmen Mittel entzogen werden, ohne die Insolvenzreife eintreten wird. Das dominierende Delikt ist die Untreue durch **Verwendung von Mitteln der Gesellschaft für gesellschaftsfremde Zwecke**. Eine Untreue kann aber auch darin bestehen, dass die Verantwortlichen, ohne eigennützig zu handeln, Mittel der Gesellschaft für Geschäfte einsetzen, die sie bei Inanspruchnahme der gebotenen Sorgfalt besser unterlassen hätten (bspw. Spekulationen). Die Vorschriften des Bankrottstrafrechts kennen einen entsprechenden Tatbestand für unwirtschaftliche Geschäfte (§ 283 Abs. 1 Nr. 2, 3 StGB).

1045 Die letzte Gruppe stellen schließlich Insolvenzen von Rechtsträgern dar, die **zur ausschließlichen oder überwiegenden Begehung von Straftaten gegründet** worden sind. So sehr dies auch zunächst erstaunen mag, sind diese Fälle im Wirtschaftsleben, insb. in der Praxis der Strafverfolgung, sehr häufig anzutreffen. Die Beispiele reichen dabei vom klassischen Stoßbetrug[1188] bis zum Umsatzsteuerkarussell. Weiterhin handelt es sich um Wettbewerbs- und Betrugsdelikte mit vermeintlichen Gewinnspielen, Kaffeefahrten, Verleitung zu Anrufen auf gebührenpflichtigen Mehrwertnummern ohne Erbringung der ausgelobten Gegenleistung oder Abonnementfallen und Lotterieschwindel.

Bei diesen Unternehmen stellt sich die Frage, ob bei einem derart **kriminellen Geschäftsmodell** überhaupt jemals davon ausgegangen werden konnte, dass handelsrechtlich eine positive Fortführungs- bzw. insolvenzrechtlich eine positive Fortbestehensprognose bestanden hat.

1185 Vgl. Singer/Greck, »Firmenbestatter« erkennen und Mandanten schützen, in: StuB 2006, 82.

1186 Vgl. Singer/Greck, »Firmenbestatter« erkennen und Mandanten schützen, in: StuB 2006, 82, 83.

1187 Vgl. Bieneck, in: Müller-Gugenberger/Bieneck, Wirtschaftsstrafrecht, § 75 Rn. 3.

1188 Zum Begriff des Stoßbetruges vgl. Rdn. 1055.

3. Insolvenzstraftaten

a) Grundsätzliches

Wie vorstehend beschrieben ist das Erkennen von Straftaten, die im Zusammenhang mit Insolvenzen auftreten können, für Berater und Wirtschaftsprüfer wichtig, um sie durch gezielte Beratung zu verhindern oder aber sich im schlimmsten Fall von der Mithaftung oder dem Vorwurf der Beihilfe bzw. Mittäterschaft exkulpieren zu können. 1046

b) Kenntniserlangung durch die Strafverfolgungsbehörden

Strafverfolgungsbehörden können auf verschiedenen Wegen Kenntnis von Insolvenzstraftaten erlangen. In Betracht kommen hierbei Presseberichterstattungen, Strafanzeigen (häufig durch Lieferanten, die sich betrogen fühlen) und anonyme Hinweise.[1189] 1047

Von besonderer Bedeutung ist hierbei allerdings die **Anordnung über die Mitteilung in Zivilsachen (MiZi)**. Nach Nr. XIIa MiZi sind die Insolvenzgerichte verpflichtet, die Staatsanwaltschaften über die Eröffnung bzw. Abweisung mangels Masse eines Insolvenzverfahrens zu informieren. Dieses Instrument wird von den verschiedenen Staatsanwaltschaften in den einzelnen Bundesländern unterschiedlich gehandhabt.[1190] 1048

I. d. R. werden aufgrund der MiZi durch die Staatsanwaltschaften die Insolvenzakten bei den Insolvenzgerichten angefordert. Anschließend werden die Akten entweder durch den Staatsanwalt selbst oder, sofern vorhanden, durch einen Wirtschaftsreferenten[1191] auf das Vorliegen eines Anfangsverdachts strafbarer Handlungen überprüft. Es ist auch üblich, die Insolvenzakten zur Auswertung der zuständigen Kriminalpolizeidienststelle zukommen zu lassen. Dabei ist der zur Auswertung wichtigste Bestandteil der Insolvenzakte das **Gutachten über die Frage der Eröffnungsfähigkeit** des Insolvenzverfahrens nach § 5 InsO. Diesem Gutachten lassen sich in aller Regel bereits deutliche Hinweise auf Insolvenzverschleppung, dolose Handlungen oder Beitragshinterziehung entnehmen.

Das Ergebnis dieser Auswertung der Insolvenzakte entscheidet dann, ob durch den Staatsanwalt ein **Ermittlungsverfahren** eingeleitet wird oder nicht. I. d. R. wird i. R. d. Überprüfungsverfahren ein sog. AR-Aktenzeichen vergeben; dies bedeutet, dass ein Ermittlungsverfahren noch nicht förmlich eingeleitet worden ist. Bei Vorliegen eines Anfangsverdachts ist der Staatsanwalt nach § 152 Abs. 2 StPO verpflichtet, ein Ermittlungsverfahren einzuleiten. Dementsprechend wird aus dem AR- dann ein Js-Aktenzeichen. Ggf. werden zur Beantwortung der Frage, ob ein förmliches Strafverfahren einzuleiten ist, durch den Staatsanwalt noch weitere Ermittlungen vorgenommen bzw. verfügt.

1189 Vgl. Bittmann, Insolvenzstrafrecht, § 1 Rn. 2.

1190 Vgl. Bittmann, Insolvenzstrafrecht, § 1 Rn. 10.

1191 Bei Wirtschaftsreferenten handelt es sich um kaufmännisch vorgebildete Mitarbeiter der Staatsanwaltschaften, i. d. R. verfügen diese über ein betriebswirtschafltliches Hochschulstudium.

1049 ▶ Praxishinweis:

Aufgrund der MiZi muss davon ausgegangen werden, dass die StA von jeder Insolvenz Kenntnis erlangt und die Insolvenzakte bzgl. der Frage des Vorliegens von Straftaten auswertet.

1050 Außer durch die MiZi kann die StA/Polizei jedoch auch auf anderem Wege von einer Insolvenz bzw. dem Verdacht von Insolvenzstraftaten Kenntnis erlangen. Diese Kenntniserlangung hat insb. dann Bedeutung, wenn auf dem Wege über die MiZi die StA noch nicht informiert worden ist oder aber sich aus der Insolvenzakte, insb. dem Gutachten über die Eröffnungsfähigkeit, keine Anhaltspunkte auf Straftaten ergeben.

Diesbezüglich ist anzumerken, dass es zwar nicht die Aufgabe des Gutachters/Insolvenzverwalters ist, strafrechtliche Ermittlungen durchzuführen, wohl aber Anfechtungstatbestände aufzudecken.[1192] Aus Straftaten lassen sich jedoch in zahlreichen Fällen Anfechtungstatbestände ableiten, die aufzuzeigen ureigenste Aufgabe des Gutachters gewesen wäre.

1051 Häufig erlangen die Strafverfolgungsbehörden **durch Strafanzeigen Dritter** Kenntnis von Insolvenzstraftaten. Hierbei sind besonders Lieferanten zu nennen, die sich betrügerisch geschädigt fühlen, da ihre Forderungen i. R. d. Insolvenz ganz oder teilweise ausfallen.

Neben Lieferanten treten auch die **Krankenkassen** häufig als Anzeigeerstatter wegen Verdachts der Beitragsvorenthaltung (§ 266a StGB) auf. Die Praxis zeigt, dass bei strafrechtlich relevanten Insolvenzen zumindest diese Norm in den meisten Fällen verletzt wird. Der Grund hierfür ist darin zu sehen, dass aus Sicht vieler Unternehmensverantwortlicher die Bezahlung der Sozialversicherungsbeiträge nicht zwingend notwendig ist, um den Betrieb fortzuführen (anders als bei Arbeitnehmern oder Lieferanten).[1193]

Die Ahndung dieses Deliktes ist bei den Staatsanwaltschaften relativ beliebt, da es leicht und eindeutig nachzuweisen ist.

1052 Auch **anonyme Strafanzeigen** sind keineswegs selten. Dabei muss jedoch festgestellt werden, dass die Intensität der durch anonyme Strafanzeigen ausgelösten Ermittlungen stark variieren kann. Dies hängt überwiegend von der Qualität der anonymen Anzeige ab. Diese kann von nicht belegten, pauschalierenden Beschuldigungen bis zu sehr dezidierten und mit Unterlagen belegten Sachverhaltsschilderungen reichen.

1053 Des Weiteren sind **Presseberichterstattungen** über das Insolvenzverfahren häufig Hinweise auf Straftaten zu entnehmen. So lässt sich aus Pressemitteilungen des Insolvenzverwalters, dass kaum verwertbares Vermögen vorhanden sei oder Löhne längere Zeit rückständig seien, durchaus der Verdacht ableiten, dass eine aufgrund

1192 Vgl. Wessel, Der Sachverständige im Insolvenzeröffnungsverfahren, in: NWB 2001, 3169, 3174.

1193 Vgl. Einmahl, Die Risiken bei der Nichtzahlung von Sozialversicherungsbeiträgen, in: StuB 2005, 426.

Zahlungsunfähigkeit bestehende Insolvenzantragspflicht nicht rechtzeitig beachtet wurde.

c) Insolvenzdelikte im engeren Sinne

In der Literatur findet sich i. d. R. die folgende Systematisierung von Insolvenzdelikten:[1194] 1054

Insolvenzdelikte	
im engeren Sinne	im weiteren Sinne
Bankrott § 283 StGB Besonders schwerer Fall des Bankrotts § 283a StGB Verletzung der Buchführungspflicht § 283b StGB Gläubigerbegünstigung § 283c StGB Schuldnerbegünstigung § 283d StGB	Insolvenzverschleppung § 15a InsO Betrug § 263 StGB Kreditbetrug § 265b StGB Untreue § 266 StGB Vorenthalten und Veruntreuen von Arbeitsentgelt § 266a StGB Urkundenfälschung § 267 StGB Steuerhinterziehung § 370 AO

aa) Bankrott (§§ 283, 283a StGB)

Beim Bankrott handelt es sich um die Kernvorschrift des Insolvenzstrafrechts.[1195] Mit 1055
Freiheitsstrafe bis zu fünf Jahren oder mit Geldstrafe wird bestraft, wer

- bei drohender oder eingetretener Zahlungsunfähigkeit und/oder Überschuldung, Vermögensbestandteile beiseiteschafft, zerstört oder verheimlicht (**Nr. 1**),
- Vermögen in einer Weise verschleudert, die einer ordnungsgemäßen Wirtschaft widerspricht (**Nr. 2**); des Weiteren das in der Praxis wenig relevante Eingehen von Verlust oder Spekulationsgeschäften sowie der Verbrauch übermäßiger Beträge durch Spiel, Wette oder unwirtschaftliche Ausgaben;
- auf Kredit beschaffte Waren oder Wertpapiere unter Wert veräußert oder sonst in einer ordnungsgemäßen Wirtschaft widersprechenden Weise veräußert oder abgibt (**Nr. 3**);
- Rechte anderer vortäuscht oder erdichtete Rechte anerkennt (**Nr. 4**);
- Handelsbücher nicht führt oder diese so führt, dass der Überblick über das Vermögen erschwert ist (**Nr. 5**);
- Handelsbücher oder Unterlagen, bzgl. derer er aufbewahrungspflichtig ist, vor Ablauf der Aufbewahrungsfristen beiseiteschafft, verheimlicht, zerstört oder beschädigt und dadurch die Übersicht über seinen Vermögensstand erschwert (**Nr. 6**);

1194 Vgl. Weyand, Insolvenzdelikte, S. 27.

1195 Vgl. Wegner, in: Achenbach/Ransiek, Handbuch Wirtschaftsstrafrecht, Kap. VII 1 Rn. 1.

- entgegen dem Handelsrecht Bilanzen so aufstellt, dass die Übersicht über sein Vermögen erschwert ist, oder es unterlässt, die Bilanz bzw. das Inventar in der vorgeschriebenen Zeit aufzustellen (**Nr.** 7)
- oder in einer anderen, den Anforderungen einer ordnungsgemäßen Wirtschaft grob widersprechenden Weise seinen Vermögensstand verringert oder seine wirklichen geschäftlichen Verhältnisse verheimlicht oder verschleiert (**Nr. 8**).

1056 Einen Überblick über die Bankrotthandlungen gibt folgendes Schaubild:[1196]

Bankrotthandlungen			
Vermögensverschiebungen	**Unwirtschaftliche Geschäfte**	**Scheingeschäfte**	**Buchführungs-Verstöße**
§ 283 Abs. Nr. 1 StGB	§ 283 Abs. 1 Nr. 2, 3 StGB	§ 283 Abs. 1 Nr. 4 StGB	§ 283 Abs. 1 Nr. 5 – 7 StGB
Beiseiteschaffen, Verheimlichen, Zerstören usw.	Verlust-, Spekulations- und Differenzgeschäfte Unwirtschaftliche Ausgaben Spiel, Wette Schleudergeschäfte	Erhöhung der Verbindlichkeiten	Mangelhafte Buchführung Mangelhafte Bilanzerstellung Einwirkung auf Buchführungsunterlagen
Auffangtatbestand **§ 283 Abs. 1 Nr. 8 StGB**			

1057 Eine der vorstehend beschriebenen Taten ist jedoch nur dann strafbar, wenn der Täter seine Zahlungen eingestellt hat oder über sein Vermögen das Insolvenzverfahren eröffnet bzw. mangels Masse abgewiesen wurde (§ 283 Abs. 6 StGB). Ohne diese – als **objektive Bedingung der Strafbarkeit** bezeichnete – Voraussetzung ist kein strafbarer Bankrott gegeben.[1197] Des Weiteren ist zwingend notwendig, dass der Täter innerhalb einer Unternehmenskrise handelt oder diese durch die Handlungen herbeiführt,[1198] wobei das Insolvenzstrafrecht unter einer Unternehmenskrise die Überschuldung sowie die drohende oder eingetretene Zahlungsunfähigkeit versteht (§ 283 Abs. 1 StGB). Handelt der Täter innerhalb einer Krise, so bleibt er dennoch straffrei, wenn das Unternehmen erfolgreich saniert werden kann und es nicht zum Eintritt der objektiven Bedingung der Strafbarkeit kommt.

1196 Nach Bieneck, in: Müller-Gugenberger/Bieneck, Wirtschaftsstrafrecht, § 75 Rn. 99.
1197 Vgl. Bieneck, in: Müller-Gugenberger/Bieneck, Wirtschaftsstrafrecht, § 76 Rn. 81 ff.
1198 Vgl. Bieneck, in: Müller-Gugenberger/Bieneck, Wirtschaftsstrafrecht, § 76 Rn. 90.

Beim Bankrott handelt es sich um ein **echtes Sonderdelikt**, dass nur der (Insolvenz-) Schuldner begehen kann.[1199] In den Fällen, in denen der Schuldner keine natürliche Person ist, richtet sich die strafrechtliche Verantwortlichkeit nach § 14 StGB. Diese Vorschrift dehnt die eigentliche Strafbarkeit des Unternehmens, die dem deutschen Strafrecht fremd ist, auf dessen Vertreter aus.[1200] 1058

In besonders schweren Fällen beträgt die Freiheitsstrafe sechs Monate bis zehn Jahre (§ 283a StGB). Ein besonders schwerer Fall liegt vor, wenn der Täter aus Gewinnsucht handelt oder wissentlich viele Personen in die Gefahr des Verlustes ihrer ihm anvertrauten Vermögenswerte oder in wirtschaftliche Not bringt. 1059

bb) Verletzung der Buchführungspflicht (§ 283b StGB)

Diese Norm greift die Bankrotthandlungen des § 283 Abs. 1 Nr. 5 – 7 StGB noch einmal auf. Für einen Bankrott i. S. v. § 283 StGB ist das Handeln in der Krise des Unternehmens erforderlich. In der Praxis kommen Buchführungsdelikte jedoch auch außerhalb der Krise vor bzw. oft ist der Nachweis, dass bereits eine Krise vorlag nur schwer möglich. In diesen Fällen schließt der Tatbestand »Verletzung der Buchführungspflicht« eine sonst auftretende Strafbarkeitslücke.[1201] Die Strafandrohung beträgt Freiheitsstrafe bis zu zwei Jahren oder Geldstrafe und ist somit niedriger als in § 283 StGB. Der BGH verlangt jedoch, dass es zwischen der Tathandlung und der Krise einen Zusammenhang geben müsse.[1202] Die objektive Bedingung der Strafbarkeit (§ 283 Abs. 6 StGB) muss jedoch auch hier erfüllt sein. 1060

cc) Gläubigerbegünstigung (§ 283c StGB)

Es wird mit zwei Jahren Freiheitsstrafe oder Geldstrafe bestraft, wer einen Gläubiger dadurch begünstigt, dass er ihm eine Sicherung oder Befriedigung zukommen lässt, die der Gläubiger nicht in dieser Art oder zu diesem Zeitpunkt beanspruchen kann (**Inkongruenz**). Die Inkongruenz deckt sich mit derjenigen in den Anfechtungstatbeständen des § 131 InsO, sodass die dortige Rechtsprechung anwendbar ist.[1203] Eine wertmäßig abweichende Befriedigung ist als Bankrott oder Untreue, nicht als Gläubigerbegünstigung strafbar.[1204] Auch bei diesem Delikt ist die objektive Bedingung der Strafbarkeit nach § 283 Abs. 6 StGB zu beachten. Strafbar ist nur das Handeln bei Zahlungsunfähigkeit, auf drohende Zahlungsunfähigkeit oder Überschuldung kommt es insoweit nicht an.[1205] 1061

1199 Vgl. Wegner, in: Achenbach/Ransiek, Handbuch Wirtschaftsstrafrecht, Kap. VII 1 Rn. 1.
1200 Vgl. Wegner, in: Achenbach/Ransiek, Handbuch Wirtschaftsstrafrecht, Kap. VII 1 Rn. 7.
1201 Vgl. Bittmann, Insolvenzstrafrecht, § 13 Rn. 1.
1202 A. A. Bittmann, Insolvenzstrafrecht, § 13 Rn. 7.
1203 Vgl. Bieneck, in: Müller-Gugenberger/Bieneck, Wirtschaftsstrafrecht, § 79 Rn. 21.
1204 Vgl. Bieneck, in: Müller-Gugenberger/Bieneck, Wirtschaftsstrafrecht, § 79 Rn. 1.
1205 Vgl. Bieneck, in: Müller-Gugenberger/Bieneck, Wirtschaftsstrafrecht, § 79 Rn. 1.

Maßgeblich ist die Inkongruenz der Leistungen, d. h. der Gläubiger kann zwar dem Grunde nach eine Leistung beanspruchen, nicht aber auf die hingegebene Art und Weise oder nicht zu diesem Zeitpunkt.

1062 ▶ Praxishinweis:

Die Rechtsprechung bzgl. § 283c StGB ist sehr stringent. Es ist daher genau darauf zu achten, ob der Gläubiger die gewährte Befriedigung verlangen konnte. So ist bspw. die Übertragung von Waren oder Vermögensgegenständen des Anlagevermögens mit Strafe bedroht, wenn der Gläubiger vertraglich »nur« Anspruch auf Bezahlung hatte.[1206] Es ist jedoch zulässig, dass der Steuerberater seine weitere Tätigkeit für den Schuldner von Vorauszahlungen abhängig macht. Nicht zulässig ist jedoch die Befriedigung bereits entstandener, aber noch nicht fälliger, Forderungen.[1207]

dd) Schuldnerbegünstigung (§ 283d StGB)

1063 Mit Freiheitsstrafe bis zu fünf Jahren oder Geldstrafe wird bestraft, wer 1. in Kenntnis der Zahlungsunfähigkeit eines anderen oder 2. nach dessen Zahlungseinstellung, in einem (vorläufigen) Insolvenzverfahren Bestandteile von dessen Vermögen, das zur Masse gehören würde, mit dessen Einwilligung oder zu dessen Gunsten beiseiteschafft oder in einer den Anforderungen einer ordnungsgemäßen Wirtschaft widersprechenden Weise zerstört, beschädigt oder unbrauchbar macht.

Es handelt sich faktisch um **Beihilfe zur Tathandlung** des § 283 Abs. 1 Nr. 1 StGB. Diese wird durch § 283d StGB zu einem eigenen Tatbestand, wobei jedoch eine eigene Tathandlung des Schuldners nicht erforderlich ist.[1208]

d) Sonstige Straftaten mit Relevanz von Zahlungsunfähigkeit bzw. Überschuldung

aa) Insolvenzverschleppung (§ 15a InsO)

1064 Nach dieser Vorschrift wird mit Freiheitsstrafe bis zu drei Jahren oder Geldstrafe bestraft, wer es als Mitglied des Vertretungsorgans oder als Abwickler einer juristischen Person ohne schuldhaftes Zögern, spätestens jedoch drei Wochen nach Eintritt von Überschuldung und/oder Zahlungsunfähigkeit unterlässt, einen Insolvenzantrag zu stellen. § 15a Abs. 1 InsO ersetzt somit die früheren Strafvorschriften der § 84 Abs. 1 Nr. 2 GmbHG, § 401 Abs. 1 Nr. 2 AktG und § 148 Abs. 1 Nr. 2 GenG. Inhaltlich ist jedoch keine Änderung festzustellen.

Die Vorschrift gilt auch für Personengesellschaften, bei denen kein Gesellschafter eine natürliche Person ist (Kapitalgesellschaft & Co. OHG, Kapitalgesellschaft & Co. KG).

1206 Vgl. Bieneck, in: Müller-Gugenberger/Bieneck, Wirtschaftsstrafrecht, § 79 Rn. 28.
1207 Vgl. Bittmann, Insolvenzstrafrecht, § 14 Rn. 29.
1208 Vgl. Bittmann, Insolvenzstrafrecht, § 22 Rn. 2.

Im Fall der **Führungslosigkeit der Gesellschaft** geht diese Pflicht auf die Gesellschafter über.[1209] Diese Regelung allerdings ist ein Novum durch das MoMiG.[1210] Hierdurch sollte der Praxis Rechnung getragen werden, durch Bestellung eines neuen Geschäftsführers (der meist nicht greifbar ist) und Übertragung der Gesellschaftsanteile die Insolvenzantragspflicht zu umgehen (Firmenbestattung).[1211]

Straftaten, die in der Praxis im Zusammenhang mit Unternehmenskrisen festzustellen **1065**
sind, beschränken sich nicht auf die Insolvenzverschleppung (§ 15a InsO) sowie die Insolvenzstraftaten der §§ 283 bis 283d StGB. Teilweise ist auch bei weiteren Straftaten das Vorliegen einer Krise zur Tatbestandserfüllung erforderlich. Ein Betrug beispielsweise kann dann vorliegen, wenn bei Aufgabe einer Bestellung die Zahlungsunfähigkeit verschwiegen wird.

Die nachfolgenden Ausführungen sollen einen Überblick über die Straftaten geben, die oft im Rahmen von strafrechtlichen Ermittlungsverfahren bzgl. Insolvenzen festgestellt werden und bei denen die Unternehmenskrise bedeutsam ist:

bb) Betrug (§ 263 StGB)

Sowohl im Zusammenhang mit Unternehmens- aber auch mit Verbraucherinsolven- **1066**
zen lassen sich oft Betrugsdelikte feststellen.[1212] Beim Betrug handelt es sich um den **Kerntatbestand des Wirtschaftsstrafrechts.**[1213]

Die im Zusammenhang mit Insolvenzen am häufigsten vorkommende Form des Betruges ist der **Warenkreditbetrug**. Dabei wird davon ausgegangen, dass der Täter in Kenntnis seiner eigenen Zahlungsunfähigkeit Bestellungen vornimmt.[1214] Durch den Bestellvorgang täuscht er konkludent den Lieferanten über seine Zahlungsfähigkeit.[1215] Dieser wird betrügerisch geschädigt, wenn der Täter später die gelieferte Ware/erbrachte Dienstleistung nicht bezahlen kann. Ein Warenkreditbetrug ist nicht anzunehmen, wenn die Lieferbeziehung schon lange Zeit bestanden hatte und der Lieferant über die Zahlungsschwierigkeiten des Täters informiert gewesen ist (z. B. wiederholte Lieferungen trotz schleppender Zahlungen und häufiger Mahnungen).[1216] Oft ist auch die sog. »Lieferantenreiterei« festzustellen, d. h. Täter, die wissen, dass sie nicht zahlen können, wechseln ständig die Lieferanten, um wieder in den Genuss von Zahlungszielen zu kommen.

1209 Vgl. Wegner, Aktuelle Entwicklungen im Insolvenzrecht, in: HRRS 2009, 32, 35.

1210 Gesetz zur Modernisierung des GmbH-Rechts und zur Bekämpfung von Missbräuchen v. 28.10.2008, BGBl. I, S. 2026 ff.

1211 Himmelskamp/Schmittmann, Der faktische Geschäftsführer – strafrechtliche Verantwortlichkeit, in: StuB 2006, 406.

1212 Vgl. Bittmann, Insolvenzstrafrecht, § 15 Rn. 1.

1213 Vgl. Janssen, in: Achenbach/Ransiek, Handbuch Wirtschaftsstrafrecht, Kap. V Rn. 4.

1214 Vgl. Bittmann, Insolvenzstrafrecht, § 15 Rn. 84.

1215 Vgl. Nack, in: Müller-Gugenberger/Bieneck, Wirtschaftsstrafrecht, § 85 Rn. 5.

1216 Vgl. Nack, in: Müller-Gugenberger/Bieneck, Wirtschaftsstrafrecht, § 48 Rn. 22.

Eine besondere Form des Warenkreditbetruges ist der sog. **Stoßbetrug**. Hierbei werden Waren nur bestellt, um sie schnell wieder abzustoßen, oft zu Preisen, die unter den eigentlichen Einkaufspreisen liegen. Die Bezahlung des Lieferanten ist nicht vorgesehen. In der Praxis ist nicht selten festzustellen, dass Firmen nur zu diesem Zweck gegründet werden. Um das Vertrauen des Lieferanten zu erwecken, werden oftmals anfänglich kleinere Bestellungen getätigt, die bezahlt werden. Anschließend wird das Bestellvolumen erheblich ausgeweitet und die Lieferanten bzgl. der Zahlung hingehalten. Wenn diese schließlich merken, dass sie betrogen worden sind, sind die Täter i.d.R. nicht mehr greifbar.

1067 ▶ Praxishinweis:

Seien Sie bei neuen Kundenbeziehungen vorsichtig, wenn das bisherige Bestellvolumen innerhalb kurzer Zeit um ein Vielfaches ausgeweitet wird.

1068 Des Weiteren lässt sich Betrug oft im Zusammenhang mit Finanzierungen feststellen, wenn Geldgeber (Banken, private Darlehensgeber, Factoringgesellschaften, Private-Equity-Geber ...) **mittels manipulierter Unterlagen** (betriebswirtschaftliche Auswertungen, Monats-, Quartals- oder Jahresabschlüsse) getäuscht werden.

cc) Kreditbetrug (§ 265b StGB)

1069 Mit Freiheitsstrafe bis zu drei Jahren oder Geldstrafe wird bestraft, wer ggü. einem Betrieb oder Unternehmen im Zusammenhang mit der Gewährung, Belassung oder Veränderung der Bedingungen eines Kredits für einen Betrieb oder Unternehmen bzw. vorgetäuschtem Betrieb oder Unternehmen unrichtige oder unvollständige Angaben macht oder unrichtige oder unvollständige Unterlagen vorlegt.

Die Vorschrift gewährt **strafrechtlichen Schutz im Vorfeld der Betrugsstrafbarkeit**, da es auf das Entstehen eines Irrtums und einen Vermögensschaden nicht ankommt.[1217]

Die in der Vorschrift ebenfalls enthaltene Definition des Betriebes bzw. Unternehmens ist sehr weit gefasst.[1218]

dd) Untreue (§ 266 StGB)

1070 Wie beim Betrug auch handelt es sich bei der Untreue um ein Vermögensdelikt. Die Untreue setzt voraus, dass der Täter eine Treuepflicht (z.B. aufgrund vertraglicher Regelungen) bzgl. fremden Vermögens hat. Durch die **Verletzung dieser Treuepflicht** oder **Missbrauch der Befugnis über fremdes Vermögen zu verfügen** wird das Vermögen des anderen geschädigt oder gefährdet. Eine eigene Bereicherung des Täters ist zur Tatbestandserfüllung nicht erforderlich. Anders als bei den bisher dargestellten Delikten ist der **Versuch nicht strafbar**.[1219] Ähnlich wie beim Betrug findet auch

1217 Vgl. Lenckner/Perron, in: Schönke/Schröder, StGB, § 265b Rn. 3.

1218 Vgl. Janssen, in: Achenbach/Ransiek, Handbuch Wirtschaftsstrafrecht, Kap. V Rn. 205.

1219 Vgl. Bittmann, Insolvenzstrafrecht, § 16 Rn. 2.

hier die Lehre von der Vermögensgefährdung Anwendung.[1220] Dies führt dazu, dass Strafbarkeit, trotz der fehlenden Strafbarkeit des Versuchs, vorliegen kann, obwohl ein Vermögensschaden noch gar nicht eingetreten ist. Die **Strafbarkeit** wird insoweit **vorverlagert**.

Gerade in der Bekämpfung der Wirtschaftskriminalität kommt dem Vermögensdelikt Untreue eine große Bedeutung zu, da es bei zahlreichen dubiosen Geschäftsgebaren, früher als bei anderen Delikten, möglich ist, ein Ermittlungsverfahren einzuleiten.[1221] Es sei dahingestellt, ob es in diesen Fällen dann tatsächlich zu einer Sanktionierung wegen Untreue oder wegen anderer Delikte bzw. zu einer Verfahrenseinstellung kommt.

In der Vergangenheit richtete sich die Frage, ob im Zusammenhang mit Insolvenzen eine Untreue oder Bankrott durch Beiseiteschaffen vorlag nach der sogenannten Interessentheorie. Danach ging die Rechtsprechung davon aus, dass es sich um Bankrott i. S. v. § 283 Abs. 1 Nr. StGB handelte, wenn ein Organ der Gesellschaft Vermögen im Interesse der Gesellschaft (um bspw. Gläubiger zu bezahlen) beiseitegeschafft hatte. Lagen jedoch ausschließlich eigennützige Motive des Täters – auch zugunsten eines Dritten – vor, war nach der Interessentheorie von Untreue auszugehen.

Da diese Sichtweise jedoch in einigen Fällen zu Strafbarkeitslücken führte, hat der 3. Strafsenat des BGH mit Beschluss v. 10.02.2009 die Interessentheorie aufgegeben.[1222] Dem hat sich der 1. Strafsenat mit Beschluss v. 01.09.2009 angeschlossen.[1223] Die Anwendung der Interessentheorie konnte dazu führen, dass das Beiseiteschaffen von Vermögen – bei vorliegendem Einverständnis der Gesellschafter – dann nicht bestraft werden konnte, wenn der Geschäftsführer eigennützig gehandelt hat. Bankrott konnte in diesen Fällen nicht angenommen werden, da dieser nach der Interessentheorie ein Handeln im Interesse der Gesellschaft voraussetzte. Untreue konnte jedoch ebenfalls nicht angenommen werden, solange vom Einverständnis der Gesellschafter ausgegangen werden musste. Dies war bei der Ein-Mann-GmbH regelmäßig der Fall. Im Gegensatz dazu konnte der Einzelkaufmann in vergleichbaren Fällen wegen Bankrott belangt werden, da die Interessentheorie hier keine Anwendung fand.[1224]

Nunmehr stellt der BGH nicht mehr darauf ab, dass der Vertreter im Interesse der Gesellschaft, sondern ob er in deren Geschäftskreis handelt, da die Interessentheorie bei den ureigensten Bankrottdelikten, nämlich dem Aushöhlen der Gesellschaft oft zur Nichtanwendbarkeit des Insolvenzstrafrechts geführt hat.[1225] Dadurch muss zukünftig nicht mehr die Untreue als Delikt zum Schutz der Gläubigerinteressen »missbraucht«

1220 Vgl. Seier, in: Achenbach/Ransiek, Handbuch Wirtschaftsstrafrecht, Kap. V 2 Rn. 32.

1221 Vgl. Seier, in: Achenbach/Ransiek, Handbuch Wirtschaftsstrafrecht, Kap. V 2 Rn. 21.

1222 BGH, 10.02.2009 – 3 StR 372/08, ZInsO 2009, 1011.

1223 BGH, 01.09.2009 – 1 StR 301/09, wistra 2009, 475 = NStZ-RR 2009, 373.

1224 Vgl. Schwarz, Die Aufgabe der Interessenformel des BGH – Alte Besen kehren gut?, in: HRRS 2009, 341, 343.

1225 Vgl. Schwarz, Die Aufgabe der Interessenformel des BGH – Alte Besen kehren gut?, in: HRRS 2009, 341, 342.

werden, zumal diese bei Einverständnis der Gesellschafter in zahlreichen Fällen ausgeschlossen war.[1226]

1071 Eine in der Praxis häufig vorkommende Form der Untreue sind »**Entnahmen**« des Geschäftsführers **für private Zwecke**. Häufig wird gerade bei einem in eine Einmann-GmbH umgewandelten Einzelunternehmen das frühere Entnahmeverhalten beibehalten. Zwar ist das Vermögen der juristischen Person strikt von der ihres Alleingesellschafters zu trennen, dennoch ist es diesem wirtschaftlich zuzurechnen. Solange die Gesellschafter dem Verhalten des Geschäftsführers zustimmen, unabhängig davon ob die Gesellschaft nur einen oder mehrere Gesellschafter hat, und es sich nicht um einen existenzvernichtenden Eingriff handelt, scheidet eine Strafbarkeit aus.[1227] Beim Alleingesellschaftergeschäftsführer ist dieses Einverständnis naturgemäß anzunehmen. Dennoch konnte, selbst nach der Interessentheorie auch in diesen Fällen das Handeln des Geschäftsführers strafbar sein. Dies ist immer dann der Fall, wenn die Tat in einer Krise erfolgt oder aber eine solche auslöst (Angriff des Stammkapitals, Herbeiführen der Überschuldung oder Zahlungsunfähigkeit).[1228] Durch die Aufgabe der Interessentheorie ist nunmehr auch in diesen Fällen die Anwendbarkeit des Insolvenzstrafrechts problemlos möglich.

1072 Nicht selten sind in der Praxis auch Ermittlungen gegen Verantwortliche von Kreditinstituten wegen **Untreue im Zusammenhang mit notleidenden Großkrediten**, wenn der Verdacht besteht, dass diese Personen ihre Verpflichtungen nach den §§ 13, 13a u 18 KWG verletzt haben.[1229]

ee) Vorenthalten und Veruntreuen von Arbeitsentgelt (§ 266a StGB)

1073 Mit Freiheitsstrafe bis zu fünf Jahren oder Geldstrafe wird bestraft, wer als Arbeitgeber der Einzugsstelle Arbeitnehmeranteile zur gesetzlichen Sozialversicherung vorenthält.

Dieses Delikt ist in der Unternehmenskrise häufig festzustellen.[1230] Aus Sicht der Unternehmensverantwortlichen ist die Abführung der Sozialversicherungsbeiträge nicht unbedingt notwendig, um die Geschäftstätigkeit aufrechtzuerhalten. Aus diesem Grund werden oft vorrangig Arbeitnehmer oder Lieferanten bezahlt.[1231]

1226 Vgl. Schwarz, Die Aufgabe der Interessenformel des BGH – Alte Besen kehren gut?, in: HRRS 2009, 341, 346.

1227 Vgl. Bittmann, Insolvenzstrafrecht, § 16 Rn. 93.

1228 Vgl. Bittmann, Insolvenzstrafrecht, § 16 Rn. 97.

1229 Vgl. Seier, in: Achenbach/Ransiek, Handbuch Wirtschaftsstrafrecht, Kap. V 2 Rn. 118.

1230 Vgl. Gercke/Leimenstoll, Vorenthalten von Sozialversicherungsbeiträgen (§ 266a StGB) – Ein Leitfaden für die Praxis, in: HRRS 2009, 442.

1231 Vgl. Einmahl, Die Risiken bei der Nichtzahlung von Sozialversicherungsbeiträgen, in: StuB 2005, 426.

Zwingende Voraussetzung für die Strafbarkeit ist jedoch die **Fälligkeit der Beiträge.**[1232] Nicht fällig i. S. d. Norm sind die Beiträge, sofern Stundungsvereinbarungen bestehen.[1233] Die Stundung muss jedoch ausdrücklich gewährt werden, eine stillschweigende Stundung durch die Einzugsstelle beseitigt weder die Fälligkeit noch die Strafbarkeit.[1234] Eine strafbewehrte Beitragspflicht besteht auch dann nicht, wenn die Zahlung aufgrund fehlender Liquidität dem Schuldner unmöglich ist.[1235] Die Anforderungen der Rechtsprechung sind jedoch hoch. Die Beitragszahlung hat Vorrang vor allen anderen Verbindlichkeiten. Der Schuldner der Sozialversicherungsbeiträge muss, um die Strafbarkeit zu vermeiden, schlimmstenfalls die Nichtzahlung aller anderen Verbindlichkeiten in Kauf nehmen.[1236]

▶ Praxishinweis: 1074

Sollte aufgrund von Liquiditätsproblemen die Abführung der Sozialversicherungsbeiträge nicht oder nicht in voller Höhe möglich sein, besteht sofortiger Handlungsbedarf. Zu empfehlen sind hierbei entweder Stundungsvereinbarungen mit den Krankenkassen (diese verschieben die Fälligkeit) oder aber, wenn die Auszahlung von Nettolöhnen, Lohnsteuer und Sozialversicherungsbeiträgen zugleich nicht möglich ist, die anteilige Kürzung der Nettolöhne. Nicht zuletzt empfiehlt sich aber spätestens in dieser Phase darüber nachzudenken, ob nicht ein Insolvenzantrag angezeigt wäre.

4. Feststellung von Insolvenzgründen im Strafverfahren

a) Unterschiede zum Insolvenzverfahren

Im Insolvenz(eröffnungsverfahren) wird das Gericht entweder einen **vorläufigen Insolvenzverwalter** (§ 22 InsO) oder aber einen (isolierten) **Sachverständigen** (§ 5 InsO) bestellen. 1075

Dieser Sachverständige hat u. a. die Aufgabe, die Insolvenzgründe festzustellen sowie zu prüfen, ob im Fall der Insolvenzeröffnung anfechtbare Rechtshandlungen vorliegen. Aus diesen anfechtbaren Rechtshandlungen können sich dann wiederum Ansprüche für die Insolvenzmasse ergeben.[1237]

1232 Vgl. Gercke/Leimenstoll, Vorenthalten von Sozialversicherungsbeiträgen (§ 266a StGB) – Ein Leitfaden für die Praxis, in: HRRS 2009, 442, 445.

1233 Vgl. Einmahl, Die Risiken bei der Nichtzahlung von Sozialversicherungsbeiträgen, in: StuB 2005, 426.

1234 Vgl. Gercke/Leimenstoll, Vorenthalten von Sozialversicherungsbeiträgen (§ 266a StGB) – Ein Leitfaden für die Praxis, in: HRRS 2009, 442, 446.

1235 Vgl. Einmahl, Die Risiken bei der Nichtzahlung von Sozialversicherungsbeiträgen, in: StuB 2005, 426.

1236 Vgl. Einmahl, Die Risiken bei der Nichtzahlung von Sozialversicherungsbeiträgen, in: StuB 2005, 426.

1237 Vgl. Wessel, Der Sachverständige im Insolvenzeröffnungsverfahren, in: NWB 2001, 3173.

Da, wie bereits oben ausgeführt, das Sachverständigengutachten für die Ermittlungsbehörde die **wichtigste Informationsquelle** zur Gewinnung eines Anfangsverdachtes auf strafbare Handlungen ist, kommen den Feststellungen des Sachverständigen zu den Insolvenzgründen und anfechtbaren Handlungen in der Praxis besondere Bedeutung zu.

Zwar hat der Sachverständige im Insolvenzeröffnungsverfahren lediglich festzustellen, ob zum Zeitpunkt der Antragstellung Insolvenzgründe vorlagen, hieraus lassen sich jedoch bereits Rückschlüsse darauf ziehen, ob bereits zu einem früheren Zeitpunkt Insolvenzgründe vorlagen und ob sich daraus Verdachtsmomente für strafbare Handlungen ergeben.

1076 So kann die im Eröffnungsverfahren festgestellte Überschuldung so gravierend sein, dass daraus der Verdacht abgeleitet werden kann, dass sie bereits seit Längerem besteht, mithin zumindest von einer Insolvenzverschleppung i. S. v. § 15a InsO auszugehen ist.

Aus der Art, Zusammensetzung und Höhe der festgestellten Verbindlichkeiten lassen sich oft **erste Verdachtsmomente** gewinnen, ob Zahlungsunfähigkeit seit Längerem gegeben ist (z. B. offene Sozialversicherungsbeiträge, ausstehende Lohn- und Gehalts- sowie Steuerzahlungen, erhebliche Lieferantenverbindlichkeiten).

Des Weiteren enthalten die Sachverständigengutachten idealerweise – in der Praxis leider nicht immer – eine Zusammenfassung der Daten der letzten vorliegenden Jahresabschlüsse, sodass aus diesen ebenfalls Anhaltspunkte dafür gewonnen werden können, wie lange eine **(bilanzielle) Überschuldung** bereits besteht, seit wann das **Stammkapital angegriffen** ist und – durch Kennzahlenbildung – seit wann möglicherweise Liquidationsprobleme bestehen. Diese Feststellungen sind dann der Ausgangspunkt für weitere Ermittlungen.

Da es auch Aufgabe des Gutachters ist, **anfechtbare Rechtshandlungen** festzustellen, die dann i. R. d. eröffneten Insolvenzverfahrens durch den Verwalter bspw. nach § 823 BGB i. V. m. der jeweiligen Strafvorschrift durchgesetzt werden können, lassen sich im Idealfall auch Hinweise auf weitere Straftaten, wie Untreue oder Bankrott dem Gutachten entnehmen.[1238]

Zusammenfassend lässt sich feststellen, dass die Ausführungen des Gutachters Hinweise auf strafrechtlich relevantes Verhalten geben. Da jedoch der Gutachter eine völlig andere Aufgabenstellung als die Strafverfolgungsbehörden hat, ist ein so gewonnener Anfangsverdacht durch weitere Ermittlungen zu erhärten bzw. zu belegen. Der bedeutendste Unterschied liegt sicherlich darin, dass der Gutachter Feststellungen zu den Insolvenzgründen nur für den Zeitpunkt der Insolvenzantragstellung zu treffen hat. Die Strafverfolgungsbehörden interessieren sich dabei jedoch für zurückliegende Zeitpunkte.

1238 Vgl. Wessel, Der Sachverständigte im Insolvenzeröffnungsverfahren, in: NWB 2001, 3174.

b) Überschuldung

Die Feststellung der Überschuldung für strafrechtliche Zwecke unterscheidet sich, abgesehen vom Zeitpunkt, grds. nicht von der Feststellung für insolvenzrechtliche Zwecke. 1077

Auch für strafrechtliche Zwecke ist die Überschuldung in einer Überschuldungsbilanz festzustellen.[1239] Diese Überschuldungsbilanz, auch Überschuldungsstatus genannt, dient der Feststellung, welche Vermögenswerte im Zerschlagungsfalle zur Befriedigung der Gläubiger zur Verfügung stehen.[1240]

Nur bei Kapitalgesellschaften und Personenhandelsgesellschaften, bei denen kein Gesellschafter eine natürliche Person ist, stellt die Überschuldung einen Insolvenzantragsgrund dar. Strafbarkeit nach § 15a InsO beschränkt sich somit auf diesen Personenkreis. Anders verhält es sich jedoch mit den Bankrottstraftaten. Deren Voraussetzung ist eine Unternehmenskrise in der Ausprägung Zahlungsunfähigkeit oder Überschuldung. So kann bei einem Einzelunternehmen strafbarer Bankrott vorliegen, wenn die sanktionierten Handlungen bei eingetretener Überschuldung begangen werden, obwohl diese keinen Insolvenzgrund für das Einzelunternehmen darstellt.[1241] Die objektive Bedingung der Strafbarkeit (Eröffnung oder Abweisung mangels Masse des Insolvenzverfahrens) ist jedoch zwingende tatbestandliche Voraussetzung. 1078

▶ Praxishinweis: 1079

Auch Unternehmen, bei denen es sich nicht um Kapitalgesellschaften oder Personenhandelsgesellschaften handelt, bei denen keine natürliche Person persönlich haftender Gesellschafter ist, können bei Überschuldung Straftatbestände des Bankrotts (§§ 283 ff. StGB) verwirklichen, obwohl die Überschuldung bei diesen keinen Insolvenzantragsgrund darstellt. Zwingende Voraussetzung ist jedoch, dass die sich in der Überschuldung zeigende Unternehmenskrise zur Zahlungsunfähigkeit führt und ein Insolvenzverfahren eröffnet oder mangels Masse abgewiesen wird.

Da die Feststellung der Überschuldung stark von der Frage der **Bewertung im Überschuldungsstatus**, insb. der Bewertung der Vermögensgegenstände abhängt, wird in der Praxis der Strafverfolgung der Tatvorwurf selten allein auf den Tatbestand der Überschuldung gestützt.[1242] In einfachen Fällen, bei denen die Überschuldung evident ist und keine oder kaum verwertbare Aktiva vorhanden sind, mag dies angebracht sein. Diese Fälle sind in der Praxis nicht selten.[1243] 1080

Bei Unternehmen, die jedoch über nicht unerhebliche Aktiva verfügen, ist die Feststellung der Überschuldung für strafrechtliche Zwecke mit einem unverhältnismäßig

1239 Vgl. Bittmann, Insolvenzstrafrecht, § 7 Rn. 59.

1240 Vgl. Bieneck, in: Müller-Gugenberger/Bieneck, Wirtschaftsstrafrecht, § 76 Rn. 9.

1241 Vgl. Weyand, Insolvenzdelikte, S. 40.

1242 Vgl. Weyand, Insolvenzdelikte, S. 46.

1243 Vgl. Bieneck, in: Müller-Gugenberger/Bieneck, Wirtschaftsstrafrecht, § 76 Rn. 5.

hohen Aufwand verbunden. V. a. zur Bewertung des Anlagevermögens muss hierbei häufig auf (kostenpflichtige) externe Sachverständige zurückgegriffen werden.

1081 Aufgrund der aktuell geltenden Fassung des § 19 InsO durch das Finanzmarktstabilisierungsgesetz[1244] (FMStG) und das Finanzmarktstabilisierungsgesetzänderungsgesetz[1245] (FMStGÄndG) **beseitigt eine positive Fortbestehensprognose alleine den Antragsgrund der Überschuldung.**[1246] Durch diese Regelung wird, mittlerweile befristet, der Insolvenzgrund der Überschuldung in den Hintergrund gedrängt. Im Hinblick darauf, dass diese Vorschrift jedoch aus gesamtwirtschaftlichen Interessen quasi über Nacht geändert worden ist, bleibt abzuwarten, welche Auswirkungen dies in der Praxis auf die Durchsetzung des staatlichen Strafanspruchs haben wird.[1247] Die Argumentation, dass das Unrecht gering ist, wenn der Staat alleine aus wirtschaftlichen Interessen die zugrunde liegenden zivilrechtlichen Rahmenbedingungen derart schnell ändert, ist sicherlich nicht unbegründet.[1248]

Wenn jedoch augenblicklich bereits im Insolvenzrecht die Überschuldung durch das FMStG an Bedeutung verloren hat, gilt das umso mehr für das Insolvenzstrafrecht, da bei zweifelhaften Fortbestehensprognosen aufgrund des Grundsatzes »in dubio pro reo« im Zweifel zugunsten des Beschuldigten eher von einer positiven Fortbestehensprognose auszugehen sein wird.

Besonders zu würdigen ist die Fortführungsprognose bei Unternehmen mit kriminellen Geschäftsmodell, also bei Unternehmen deren Geschäftstätigkeit überwiegend oder ausschließlich in der Begehung von Straftaten besteht.

1082 Nach § 252 Abs. 1 Nr. 2 HGB ist bei der Bilanzierung von der Fortführung der Unternehmenstätigkeit auszugehen, sofern dem nicht tatsächliche oder rechtliche Gegebenheiten entgegenstehen. Die **Fortführung der Unternehmenstätigkeit** stellt somit **den handelsrechtlichen Regelfall** dar. Aus der Formulierung des § 19 Abs. 2 InsO »... es sei denn die Fortführung ist nach den Umständen überwiegend wahrscheinlich ...« ergibt sich, dass insolvenzrechtlich zunächst von der Zerschlagung als Regelfall auszugehen ist. Sowohl die handelsrechtliche Fortführungsprognose als auch die insolvenzrechtliche Fortbestehensprognose sind Prognosen über die mittelfristige Fähigkeit des Unternehmens, seine Schulden bedienen zu können. Es handelt sich somit um **Zahlungsfähigkeitsprognosen.**[1249] Der Prognosezeitraum im Handelsrecht beschränkt sich i. d. R. auf das folgende Geschäftsjahr (kann je nach Produktionszyklen im Einzelfall jedoch

1244 Gesetz zur Umsetzung eines Maßnahmenpaketes zur Stabilisierung des Finanzmarktes (Finanzmarktstabilisierungsgesetz) v. 17.10.2008, BGBl. I, S. 1982.

1245 Gesetz zur Erleichterung der Sanierung von Unternehmen (Finanzmarktstabilisierungsgesetzänderungsgesetz) v. 24.09.2009, BGBl. I, S. 3151.

1246 Vgl. Lüdenbach/Hoffmann, Finanzmarktkrise und HGB-Abschluss 2008, in: StuB 2009, 1, 11.

1247 Vgl. Wegner, Aktuelle Entwicklungen im Insolvenzstrafrecht, in: HRRS 2009, 32, 34.

1248 Vgl. Wegner, Aktuelle Entwicklungen im Insolvenzstrafrecht, in: HRRS 2009, 32, 34.

1249 Vgl. Nickert, FAQs zur Fortbestehensprognose, in: NWB 2009, 318, 320.

länger oder kürzer sein). Insolvenzrechtlich erstreckt sich der Prognosezeitraum i. d. R. auf die nächsten zwei Geschäftsjahre. Wenn man nun einen Rechtsträger betrachtet, der ausschließlich oder überwiegend zur Begehung von Straftaten/Gesetzesverstößen gegründet worden ist, könnte man bei oberflächlicher Betrachtung versucht sein, zu argumentieren, dass ein **Going-Concern** anzunehmen ist, solange das Unternehmen zahlungsfähig ist. Im Schrifttum wird diese Fragestellung trotz der erheblichen Praxisrelevanz nicht diskutiert. Es herrscht in der Literatur jedoch Einigkeit darüber, dass ein zukünftiges Verbot der bisher legalen Geschäftstätigkeit, bspw. durch **Widerruf oder Nichtverlängerung einer erforderlichen behördlichen Genehmigung**, zur Aufgabe der Going-Concern-Prämisse führen muss.[1250] Wenn jedoch bereits ein zukünftiges Verbot, ohne ausreichende Alternativen des Unternehmens, zwingend zur Aufgabe der Going-Concern-Prämisse führt, so gilt dies umso mehr für Geschäftstätigkeiten, die schon immer untersagt, sogar strafbewehrt untersagt, waren. Aber selbst wenn man sich auf die Frage der Aufrechterhaltung der Zahlungsfähigkeit beschränkt, kann man im Wesentlichen zu keinem anderen Ergebnis kommen. Da aufgrund jederzeit denkbarer Maßnahmen der Strafjustiz insb. durch die Instrumente der Vermögensabschöpfung (»Kontensperrungen«) sich solche Unternehmen tagtäglich aufs Neue der Gefahr ausgesetzt sehen, dass ihre Zahlungsfähigkeit behördlicherseits auf Null reduziert wird, ist eine verlässliche, belastbare Zahlungsfähigkeitsprognose über den gesamten erforderlichen Prognosezeitraum weder handels- noch insolvenzrechtlich möglich.

▶ Praxishinweis: 1083

Auch wenn der Gesetzgeber eine Dokumentation der Fortbestehensprognose nicht fordert, sollte diese in geeigneter Form schriftlich dokumentiert werden, um sich so leichter von strafrechtlichen Vorwürfen exkulpieren zu können.

Des Weiteren ist im Strafverfahren darauf zu achten, dass die Beurteilung der Überschuldung im **Kontext des damaligen Erkenntnishorizontes** der Unternehmensverantwortlichen zu geschehen hat und **keinesfalls** die Vermögenssituation in einer **Rückschau** beurteilt werden darf.[1251] 1084

c) Zahlungsunfähigkeit

Der Begriff der Zahlungsunfähigkeit im Insolvenz- und Strafrecht ist identisch.[1252] 1085
Diese **strenge Zivilrechtsakzessorietät** ist nicht zu beanstanden.[1253] Strafbar ist nach § 15a InsO die Verletzung einer zivilrechtlichen Pflicht, namentlich der Pflicht, rechtzeitig Insolvenzantrag zu stellen. Im Hinblick auf die Einheit der Rechtsordnung wäre

1250 Vgl. Melcher, Aufdeckung wirtschaftskrimineller Handlungen durch den Abschlussprüfer, S. 87; Scheffczyk, Untersuchung der rechtlichen Überschuldung bei der Jahresabschlussprüfung im Rahmen der Going-Concern-Annahme, S. 274.

1251 Vgl. Wegner, Aktuelle Entwicklungen im Insolvenzstrafrecht, in: HRRS 2009, 32, 34.

1252 Vgl. Wegner, Aktuelle Entwicklungen im Insolvenzstrafrecht, in: HRRS 2009, 32, 33.

1253 Vgl. Bieneck, in: Müller-Gugenberger/Bieneck, Wirtschaftsstrafrecht, § 75 Rn. 48.

es daher systemwidrig, wenn das Strafrecht die Zahlungsunfähigkeit anders beurteilen würde als das Zivilrecht.[1254]

Die Zahlungsunfähigkeit spielt jedoch nicht nur bei den Insolvenzstraftaten (§ 15a InsO, §§ 283 ff. StGB) eine Rolle, sondern wirkt indirekt auch bei Betrugsdelikten, soweit bspw. im Rahmen von Bestellungen über die Zahlungsfähigkeit getäuscht wird.[1255]

Da, wie vorstehend beschrieben, die Zahlungsunfähigkeit mit wesentlich geringerem Aufwand festzustellen ist als die Überschuldung, ist die Feststellung der Zahlungsunfähigkeit die von den Strafverfolgungsbehörden **bevorzugte Methode zur Beurteilung der Insolvenzreife des schuldnerischen Unternehmens.** Bei der Feststellung der Zahlungsunfähigkeit für strafrechtliche Zwecke sind grds. zwei verschiedene Methoden möglich, die in der Praxis jedoch oft gleichzeitig zur Anwendung kommen und beide durch den BGH zugelassen werden.[1256] Die **betriebswirtschaftliche Methode** und die **wirtschaftskriminalistische Methode** stehen **gleichrangig** nebeneinander.[1257] Es ist jedoch in beiden Fällen notwendig festzustellen, ab wann Zahlungsunfähigkeit vorlag **und** ab wann die Verantwortlichen hiervon Kenntnis hatten. Im Insolvenzrecht findet die wirtschaftskriminalistische Methode keine Anwendung.[1258]

1086 Ebenso wie im Insolvenzrecht sind bloße **Zahlungsstockungen** strafrechtlich nicht von Belang.[1259] Diese liegen nach der neueren Rechtsprechung des BGH[1260] vor, wenn der Zeitraum nicht überschritten wird, den eine kreditwürdige Person benötigt, um sich die notwendigen Mittel innerhalb von **max. drei Wochen** zu beschaffen. Soweit die Liquiditätslücke nicht mehr als **10 % der Gesamtverbindlichkeiten** betrage, sei regelmäßig von Zahlungsfähigkeit (Zahlungsstockung) auszugehen. Wenn die Lücke über diesen Wert hinaus anwächst, liegt i. d. R. Zahlungsunfähigkeit vor.[1261] Diese Abgrenzung ist nach der Rechtsprechung des 1. Strafsenates (BGH, 23.05.2007 – 1 StR 88/07)

1254 Vgl. Natale/Bader, Der Begriff der Zahlungsunfähigkeit im Strafrecht, in: wistra 2008, 413, 414.

1255 Vgl. Natale/Bader, Der Begriff der Zahlungsunfähigkeit im Strafrecht, in: wistra 2008, 413.

1256 BGH, 17.02.1993 – 3 StR 474/92, wistra 1993, 184; BGH, 20.07.1999 – 1 StR 668/98, wistra 2000, 18.BGH vom 30.08.2011, 2 StR 652/10, BGH vom 15.09.2011, 3 StR 118/11, BGH vom 19.02.2013, 5 StR, 427/12, BGH vom 21.08.2013, 1 StR 665/12.

1257 Vgl. Bittmann, Insolvenzstrafrecht, § 11 Rn. 68.

1258 Vgl. Weyand, Nachweis der Zahlungsunfähigkeit durch wirtschaftskriminalistische Beweisanzeichen, in: BBK 2005, 663, 665.

1259 Vgl. Weyand, Nachweis der Zahlungsunfähigkeit durch wirtschaftskriminalistische Beweisanzeichen, in: BBK 2005, 663.

1260 BGH, 24.05.2005 – IX ZR 123/04, NJW 2005, 3062.

1261 Vgl. Weyand, Abgrenzung von Zahlungsunfähigkeit und Zahlungsstockung, in: BBK 2005, 855.

in das Strafrecht zu übertragen.[1262] Allerdings ist anzumerken, dass es sich bei der 10 %-Grenze um eine **widerlegbare Vermutung** handelt. So ist es im Einzelfall möglich, dass Zahlungsfähigkeit auch bei einer größeren Lücke gegeben ist bzw. umgekehrt auch bei einer geringeren Lücke schon Zahlungsunfähigkeit bestehen kann. Da das strafrechtliche Beweisrecht jedoch keine Vermutungsregeln kennt, ist diese Grenze nur i. R. d. **richterlichen Beweiswürdigung** nach § 261 StPO relevant, sie wird sich dabei in Zweifelsfällen über die Entscheidungsregel in dubio pro reo im Urteil wiederfinden.[1263] Bindend für das Strafverfahren ist diese Grenze jedoch nicht.

aa) Betriebswirtschaftliche Methode

Da sich grds. die Feststellung der Zahlungsunfähigkeit nach dieser Methode im Straf- 1087
verfahren nicht vom Insolvenzverfahren unterscheidet, soll auf vertiefende Ausführungen an dieser Stelle verzichtet werden. Es muss jedoch noch einmal darauf hingewiesen werden, dass der **Zeitpunkt,** auf den die **Insolvenzreife** festzustellen ist, oft eine anderer ist als im Insolvenzverfahren. Während der Gutachter sich oft darauf beschränkt, das Vorliegen von Insolvenzgründen für den Zeitpunkt der Antragstellung bzw. Eröffnung des Verfahrens zu prüfen, ist für strafrechtliche Zwecke ein weiter in der Vergangenheit liegender Zeitpunkt von Relevanz.

Auf Folgendes ist an dieser Stelle jedoch hinzuweisen: Gerade in der Anfangsphase, in 1088
der aufgrund der MiZi überprüft wird, ob überhaupt Anhaltspunkte für strafbares Verhalten vorliegen, liegen den Strafverfolgungsbehörden zunächst recht **wenig Daten** des schuldnerischen Unternehmens vor. Sofern der Gutachter in seinem Gutachten Daten zur Liquiditätssituation des Unternehmens bzw. **Daten der Jahresabschlüsse** aufgeführt hat, kann auf diese zurückgegriffen werden. Andernfalls bleiben zunächst nur die im Internet veröffentlichten (www.unternehmensregister.de) Jahresabschlüsse als Informationsquelle. Diese haben jedoch zwei erhebliche Nachteile. Zum einen müssen viele Unternehmen aufgrund ihrer Rechtsform und Größe keinen oder aber nur einen verkürzten Jahresabschluss veröffentlichen, sodass nur **sehr komprimierte Daten** für einen bestimmten Stichtag zur Verfügung stehen. Zum anderen ist in der Praxis immer wieder festzustellen, dass krisenbehaftete Unternehmen ihrer Veröffentlichungspflicht nach wie vor nur sehr schleppend nachkommen. Dies hat zur Folge, dass aktuelles Datenmaterial oft nicht vorliegt bzw. Zeitreihenvergleiche nicht möglich sind.

Dennoch empfiehlt es sich aufgrund dieser Daten zunächst die Liquiditätsgrade festzu- 1089
stellen. Diese eignen sich zur Beantwortung der Frage, ob bzw. ab wann sich das Unternehmen in Liquiditätsschwierigkeiten befunden haben könnte. Sie eignen sich jedoch nicht, justiziabel festzustellen, ob Zahlungsunfähigkeit vorlag oder nicht.

1262 Vgl. Natale/Bader, Der Begriff der Zahlungsunfähigkeit im Strafrecht, in: wistra 2008, 413.

1263 Vgl. Natale/Bader, Der Begriff der Zahlungsunfähigkeit im Strafrecht, in: wistra 2008, 413, 415.

1090 Dies liegt zum einen daran, dass die Kurzfristigen Verbindlichkeiten im Nenner der Liquiditätsgrade eine Fristigkeit von bis zu einem Jahr haben. Eine weitere Aufgliederung der Fristigkeiten lässt sich den Jahresabschlüssen nicht entnehmen. Zur exakten Feststellung der **Zahlungsunfähigkeit im insolvenzrechtlichen Sinne** müssten die Verbindlichkeiten einbezogen werden, die innerhalb des folgenden Monats fällig werden.[1264] Umgekehrt dürften dann aber auch bei den Liquiditäten 2. und 3. Grades im Zähler nur die innerhalb dieser Zeit liquidierbaren kurzfristigen Vermögensbestandteile erfasst werden. Diese Unterscheidung ist jedoch in dieser frühen Phase des Ermittlungsverfahrens aufgrund fehlender Daten nicht möglich. Wenn diese Daten vorliegen würden, könnte man jedoch gleich einen Finanzplan aufstellen, mit dem sich wesentlich genauer der Zeitpunkt der Zahlungsunfähigkeit feststellen ließe.

1091 In der Literatur wird gelegentlich gefordert, dass die Liquidität 2. Grades mindestens 100 %, die Liquidität 3. Grades mindestens 200 % betragen sollte. Dies begegnet z. T. erheblicher Kritik.[1265] Es ist in jedem Fall darauf hinzuweisen, dass die Liquiditätsgrade eine Zeitpunktbetrachtung sind und **Ein- und Auszahlungen nach dem Bilanzstichtag** in dieser keinen Niederschlag finden. Die Kennzahlen sind somit mit erheblichen Unsicherheiten behaftet. Des Weiteren ist die Festlegung absoluter Vorgabewerte für die Kennzahlen als problematisch anzusehen. Wesentlich aussagekräftiger ist es, die Liquiditätsgrade des schuldnerischen Unternehmens nicht mit festgelegten absoluten Werten, sondern mit **Durchschnittswerten der Branche** zu vergleichen.[1266] Es ist anzumerken, dass diese Kennzahlen durch sog. Windowdressing[1267] relativ leicht zu beeinflussen sind.

1092 ▶ Praxishinweis:

Trotz der berechtigten Kritik an den Liquiditätsgraden sind diese als Kennzahlen weitverbreitet und akzeptiert. Sie eignen sich insb. als Indikator, ab welchem Zeitpunkt erstmalig Liquiditätsprobleme aufgetreten sind und helfen so den Ermittlungsbehörden den tatrelevanten Zeitraum einzugrenzen.

1093 Wenn jedoch der Anfangsverdacht bejaht ist und die entsprechenden Daten vorliegen (entweder werden sie durch den Insolvenzverwalter zur Verfügung gestellt oder durch strafprozessuale Maßnahmen durch die Ermittlungsbehörden selbst erhoben) ist die betriebswirtschaftliche **Methode die Methode der Wahl** die Aufstellung eines Finanzplanes.[1268] In diesem werden Einzahlungen und Auszahlungen, vorhandene Zahlungsmittel, fällige und in Kürze fällig werdende Verbindlichkeiten, nicht ausgeschöpfte

1264 Vgl. Weyand, Insolvenzdelikte, S. 58.

1265 Vgl. Baetge/Kirsch/Thiele, Bilanzanalyse, S. 265.

1266 Vgl. Baetge/Kirsch/Thiele, Bilanzanalyse, S. 267.

1267 Unter Windowdressing versteht man die bewusste Beeinflussung einzelner Kennzahlen zum Bilanzstichtag hin. Bspw. lassen sich die Liquiditätsgrade durch die Aufnahme kurzfristigen Fremdkapitals positiv beeinflussen.

1268 Vgl. Bittmann, Insolvenzstrafrecht, § 11 Rn. 69.

Kreditlinien und Liquiditätsreserven gegenübergestellt.[1269] Die Gegenüberstellung erfolgt im Idealfall wöchentlich, sodass der Zeitpunkt der Zahlungsunfähigkeit genau bestimmt werden kann. In jedem Fall sollten die Intervalle der Feststellung unter dem maßgeblichen Zeitraum von drei Wochen liegen.[1270] Natale/Bader sprechen sich sogar für eine vereinfachte Methode aus. Nach dieser Meinung würde es genügen, die älteste noch offene Forderung festzustellen; solange diese »nicht ganz unmaßgeblich sei« und ihre Fälligkeit im Zeitpunkt der Insolvenzantragstellung länger als drei Wochen zurück liegen würde, sei der objektive Tatbestand erfüllt.[1271] Hierbei komme dem tatsächlichen Zahlungsverhalten des Täters (nach Ausschöpfung der Kreditlinien und Finanzierung über Lieferantenkredite) und dem Hinhalten der Gläubiger – insb. bzgl. der Sozialversicherungsbeiträge – große Bedeutung zu.[1272]

► Praxishinweis: 1094

Neben der Strafnorm des § 266a StGB kommt der pünktlichen und vollständigen Bezahlung der Sozialversicherungsbeiträge bei Unternehmen in der Krise erhebliche Bedeutung zu, da das Nichtabführen der Sozialversicherungsbeiträge erhebliche Indizwirkung für die Zahlungsunfähigkeit hat.[1273] So ist regelmäßig von Zahlungsunfähigkeit auszugehen, wenn das Unternehmen mit den Gesamtsozialversicherungsbeiträgen mehr als sechs Monate im Rückstand ist.[1274]

bb) Wirtschaftskriminalistische Methode

Da sehr oft die zusammengebrochenen Unternehmen über kein geordnetes Zahlenmaterial verfügen oder aber die Täter es bewusst unterlassen haben Bücher zu führen bzw. diese möglicherweise rechtzeitig beiseitegeschafft oder vernichtet haben, lässt die Rechtsprechung es zu, die Zahlungsunfähigkeit nach der sog. wirtschaftskriminalistischen Methode zu ermitteln.[1275] 1095

1269 Vgl. Weyand, Nachweis der Zahlungsunfähigkeit durch wirtschaftskriminalistische Beweisanzeichen, in: BBK 2005, 663, 664.

1270 Vgl. Natale/Bader, Der Begriff der Zahlungsunfähigkeit im Strafrecht, in: wistra 2008, 413.

1271 Vgl. Natale/Bader, Der Begriff der Zahlungsunfähigkeit im Strafrecht, in: wistra 2008, 413, 415.

1272 Vgl. Natale/Bader, Der Begriff der Zahlungsunfähigkeit im Strafrecht, in: wistra 2008, 413.

1273 Vgl. Bittmann, in: Bittmann, Insolvenzstrafrecht, § 11 Rn. 71.

1274 Vgl. Wegner, in: Achenbach/Ransiek, Handbuch Wirtschaftsstrafrecht, Kap. VII 1 Rn. 82a.

1275 Vgl. Weyand, Nachweis der Zahlungsunfähigkeit durch wirtschaftskriminalistische Beweisanzeichen, in: BBK 2005, 663, 664.

Diese Methode berücksichtigt nicht die finanzielle Situation anhand vorliegendem Zahlenmaterials, sondern folgert die Zahlungsunfähigkeit aus dem aggregierten Vorliegen bestimmter Beweisanzeichen.[1276]

1096 Die nachfolgende Aufzählung, die nicht als abschließend anzusehen ist, enthält die wichtigsten dieser Beweisanzeichen:
- Rücklastschriften
- Nichteinlösung von Schecks
- Zwangsvollstreckungsmaßnahmen
- Wechseln der Hausbank
- Fruchtlose Pfändungen
- Häufiger Lieferantenwechsel (Lieferantenreiterei)
- Lieferanten bestehen auf Vorkasse
- Sehr hohes Kreditorenziel (= Verbindlichkeiten aus Lieferungen und Leistungen/ Wareneinsatz x 365)
- Hohe kurzfristige Verbindlichkeitenstruktur (= kurzfristige Verbindlichkeiten/Verbindlichkeiten)[1277]
- Überziehungen der Kontokorrentlinie
- Kreditkündigungen
- »Umleiten« von Einzahlungen auf unternehmensexterne Konten
- Versuche, sich über unseriöse Kreditangebote zu finanzieren
- Suche nach Investoren
- Abgabe der eidesstattlichen Versicherung/Haftbefehle
- Nichtzahlung von Sozialabgaben und Steuern
- Nichtzahlung von Löhnen, Gehältern und Lieferanten
- Nichtreagieren auf Mahnungen, Vollstreckungsandrohungen
- Geschäftsführer/leitende Mitarbeiter sind telefonisch nicht zu erreichen/lassen sich verleugnen
- Rechnungswesen nicht auf dem aktuellen Stand
- Insolvenzanträge durch Gläubiger, die bei Bezahlung wieder zurückgenommen werden
- Verstärkte Inanspruchnahme von Wechseln als Zahlungsmittel
- Die Kunden werden um hohe Anzahlungen/Zahlungen vor Fälligkeit gebeten, dafür werden hohe Preisnachlässe gewährt (Liquidität vor Ertrag)
- Akzeptanz von Verlustgeschäften/Verkauf unter Einstandspreisen, um Zahlungsmittel zu erhalten (Liquidität vor Ertrag)
- Finanzierung durch Vorsteuerguthaben aus ungewöhnlich hohen Eingangsrechnungen, deren Bezahlung weder geplant noch möglich ist (möglicherweise Scheinrechnungen)
- Scheck- und Wechselreiterei
- Kreditbetrügereien

1276 Weyand, Insolvenzdelikte, S. 61 – 62.

1277 Vgl. Baetge/Kirsch/Thiele, Bilanzanalyse, S. 241.

- Einseitige Bevorzugung einzelner Gläubiger
- Austauschen des Geschäftsführers
- Verlegen des (juristischen) Unternehmenssitzes in einen anderen Amtsgerichtsbezirk
- Gewerbsmäßige Firmenbestattung

In der Praxis werden die im konkreten Einzelfall vorliegenden Merkmale in eine Tabelle oder ein sog. **Warnzeichendiagramm** eingetragen.[1278] Diese lässt sich anschließend mit der Sortierfunktion einfach nach den Eintrittsdaten der Merkmale chronologisch sortieren.[1279] In der überwiegenden Zahl der Fälle ist es möglich, auf einen Blick aus dieser Tabelle zu erkennen, ab welchem Zeitpunkt die **Krisenmerkmale** derart geballt vorliegen, dass von Zahlungsunfähigkeit ausgegangen werden kann.[1280] Insb. der subjektive Nachweis, wann die Geschäftsleitung von der Zahlungsunfähigkeit Kenntnis hatte, ist durch die wirtschaftskriminalistische Methode leichter zu führen als durch die betriebswirtschaftliche, da es ausnahmslos Handlungen sind, die ohne Kenntnis bzw. Mitwirken der Verantwortlichen nicht möglich sind.[1281] 1097

Die Zulässigkeit der sog. wirtschaftskriminalistischen Methode im Strafrecht wurde durch die neuere Rechtsprechung des BGH ausdrücklich bestätigt. Allerdings nimmt der BGH in den Beschlüssen vom 19.02.2013 und vom 21.08.2013 deutliche Einschränkungen vor. Im Beschluss vom 19.02.2013 konstatiert der Senat, dass die wirtschaftskriminalistische Methode zwar generell möglich, aber ohne Feststellungen zu einem Liquiditätsstatus regelmäßig unzutreffend sei. Diese Feststellung erscheint zunächst widersprüchlich. Analysiert man den Beschluss jedoch genauer, wird schnell offenbar, dass eine landgerichtliche Entscheidung zu Grunde liegt, bei der die Kammer auf die Feststellung der Zahlungsunfähigkeit keine allzu große Mühe aufgewendet zu haben scheint. Der Senat kritisiert insbesondere, dass das LG keines der klassischen wirtschaftskriminalistischen Beweisanzeichen, die auf eine konkrete Existenzgefährdung hinweisen berücksichtigt hat. Im Urteil des LG wurde, so der BGH, keines der klassischen Anzeichen für Existenzgefährdung berücksichtigt. Hierbei handle es sich insbesondere um fruchtlose Pfändungen und sonstige Vollstreckungsversuche. Erschwerend kam hinzu, dass das einzige Konto der schuldnerischen Gesellschaft noch ein Guthaben aufgewiesen habe. Daher war in diesem Fall die Feststellung der Zahlungsunfähigkeit ohne betriebswirtschaftliches Gutachten unzureichend.

Ähnlich verhält es sich auch mit dem Beschluss des 1. Senates vom 21.08.2013. Dankenswerter Weiße listet der Senat diejenigen wirtschaftskriminalistischen Warnzeichen, die seiner Ansicht nach besonders aussagekräftig sind auf. Hierbei handelt es sich um:
- Erklärung nicht zahlen zu können
- Nichtbeachten von Rechnungen und Mahnungen

1278 Vgl. Wegner, in: Achenbach/Ransiek, Handbuch Wirtschaftsstrafrecht, Kap. VII 1 Rn. 81.
1279 Vgl. Bittmann, Insolvenzstrafrecht, § 11 Rn. 71.
1280 Vgl. Weyand, Insolvenzdelikte, S. 63.
1281 Vgl. Wegner, in: Achenbach/Ransiek, Handbuch Wirtschaftsstrafrecht, Kap. VII 1 Rn. 83.

- Erfolglose Vollstreckungen
- Nichtzahlung von Personalkosten insbesondere Sozialversicherungsbeiträge
- Nichtzahlung sonstiger betrieblicher Kosten
- Scheck- und Wechselproteste
- Gläubigeranträge auf Eröffnung des Insolvenzverfahrens

Bei vorstehenden Beweisanzeichen handelt es sich ausschließlich um solche, denen zwingend fällige Verbindlichkeiten zugrunde liegen.

Zusammenfassend lässt sich sagen, dass der BGH die Feststellung der Zahlungsunfähigkeit nach der wirtschaftskriminalistischen Methode immer dann als ausreichend ansieht, wenn genügend Merkmale vorliegen, die auf fällige, nichtbezahlte Verbindlichkeiten zurückzuführen sind.[1282] Anderen Merkmalen, die insbesondere Rückschlüsse auf das Verhalten des Schuldners zulassen (Lieferantenreiterei, Kreditbetrügereien...) sind für sich alleine nicht geeinigt, die Zahlungsunfähigkeit ohne Mindestfeststellungen zur Liquidität (Liquiditätsstatus) zu belegen. Dennoch besitzen diese Merkmale, wenn sie zusätzlich aufgeführt werden, eine hohe prognostische Aussagekraft. Sie zeigen auf, dass der Schuldner ein Verhalten an den Tag legte, dass von vorneherein erkennbar (und wohl auch gewollt) nicht geeignet war, die Krise nachhaltig zu beseitigen.

1098 Wenn die Insolvenzakte – v. a. das Gutachten über die Eröffnungsfähigkeit – ausgewertet ist, erfolgt eine **Vielzahl sog. standardisierter Abfragen** (Krankenkassen, Rentenversicherung, FA, Gerichtsvollzieher, Mahngericht, Gewerbeamt, Gewerbeaufsichtsamt, Kammern, Handelsregister, Internetveröffentlichungen ...). Aus diesen lassen sich bereits viele wirtschaftskriminalistische Beweisanzeichen ableiten.[1283]

Es ist festzuhalten, dass mit der wirtschaftskriminalistischen Methode die Zahlungsunfähigkeit i. d. R. für einen späteren Zeitpunkt festgestellt wird als mit der betriebswirtschaftlichen Methode.[1284] Dies liegt daran, dass die vorstehend genannten Beweisanzeichen eine Folge der Liquiditätsschwierigkeiten sind, welche sich mit einem betriebswirtschaftlichen Gutachten für einen früheren Zeitpunkt feststellen lassen würden.[1285] Dennoch ist die **wirtschaftskriminalistische Methode** in der Praxis der Strafverfolgung die Methode der Wahl, da sie einfach und ohne umfangreiche betriebswirtschaftliche Kenntnisse anzuwenden ist.[1286] Weiterhin verursacht die Anfertigung eines betriebswirtschaftlichen Liquiditätsgutachten meist erhebliche Kosten.[1287] Außerdem ist in den meisten Fällen die Insolvenzverschleppung so deutlich, dass auch

1282 Vgl. Schreiber, Feststellung der Zahlungsunfähigkeit durch wirtschaftskriminalistische Beweisanzeichen, in BBK 2014, S. 1019.

1283 Vgl. Bieneck, in: Müller-Gugenberger/Bieneck, Wirtschaftsstrafrecht, § 76 Rn. 54.

1284 Vgl. Wegner, in: Achenbach/Ransiek, Handbuch Wirtschaftsstrafrecht, Kap. VII 1 Rn. 82.

1285 Vgl. Bittmann, Insolvenzstrafrecht, § 11 Rn. 72.

1286 Vgl. Bittmann, Insolvenzstrafrecht, § 11 Rn. 74.

1287 Vgl. Weyand, Nachweis der Zahlungsunfähigkeit durch wirtschaftskriminalistische Beweisanzeichen, in: BBK 2005, 663, 664.

mit dieser Methode ein Zeitraum von mehreren Monaten oder sogar Jahren festgestellt werden kann.

▶ Praxishinweis: 1099

Auch wenn im Insolvenzrecht die wirtschaftskriminalistische Methode keine Rolle spielt, ist ihre Bedeutung im Strafverfahren so groß, dass steuerliche Berater und Mitarbeiter im Rechnungswesen mit dieser Methode vertraut sein sollten.[1288] Insb. ein mit der Erstellung der Buchhaltung beauftragter Steuerberater sollte die Entwicklung dieser Beweisanzeichen genau beobachten, um rechtzeitig reagieren zu können und dadurch sich selbst und seinen Mandanten vor strafrechtlichen Vorwürfen schützen.

Es empfiehlt sich daher die Einrichtung eines »Frühwarnsystems«. Die mit dem Rechnungswesen betrauten Mitarbeiter sollten über die wirtschaftskriminalistische Methode informiert bzw. geschult sein. Bei entsprechend kritischen Mandanten sollten auftretende Anzeichen in einer Tabelle erfasst werden. Anhand dieser Tabelle kann dann der verantwortliche Berufsträger den Handlungsbedarf beurteilen.

d) Praktische Vorgehensweise

Allgemeingültige Ausführungen zum Ablauf eines Insolvenzstrafverfahrens lassen sich, 1100
da die Strafverfolgung in der Zuständigkeit der Länder liegt, nur in gewissen Grenzen machen. Selbst innerhalb eines Bundeslandes sind die Vorgehensweisen, abhängig von der quantitativen und qualitativen personellen Ausstattung der Dienststellen, unterschiedlich. Dennoch kann man von einem **bestimmten Schema** bzgl. der Vorgehensweise bei den Ermittlungen ausgehen.

Wenn eine StA von einer Insolvenz Kenntnis erlangt, wird sie zunächst ein **Vorermittlungsverfahren** (AR) einleiten. Dieses wird ohne weitere Konsequenzen eingestellt, wenn sich ein Anfangsverdacht nicht ergibt. Wenn sich aus den Vorüberprüfungen ein Anfangsverdacht ergibt, wird ein **förmliches Ermittlungsverfahren** (Js) eingeleitet. In einigen Fällen besteht jedoch bereits bei Kenntniserlangung ein so hoher Verdachtsgrad, z. B. bei Strafanzeigen oder entsprechender Presseberichterstattung, dass von Anfang an ein Ermittlungsverfahren eingeleitet wird.

1288 Vgl. Weyand, Nachweis der Zahlungsunfähigkeit durch wirtschaftskriminalistische Beweisanzeichen, in: BBK 2005, 663, 668.

1101 Diese Vorgehensweise verdeutlicht die folgende Abbildung:

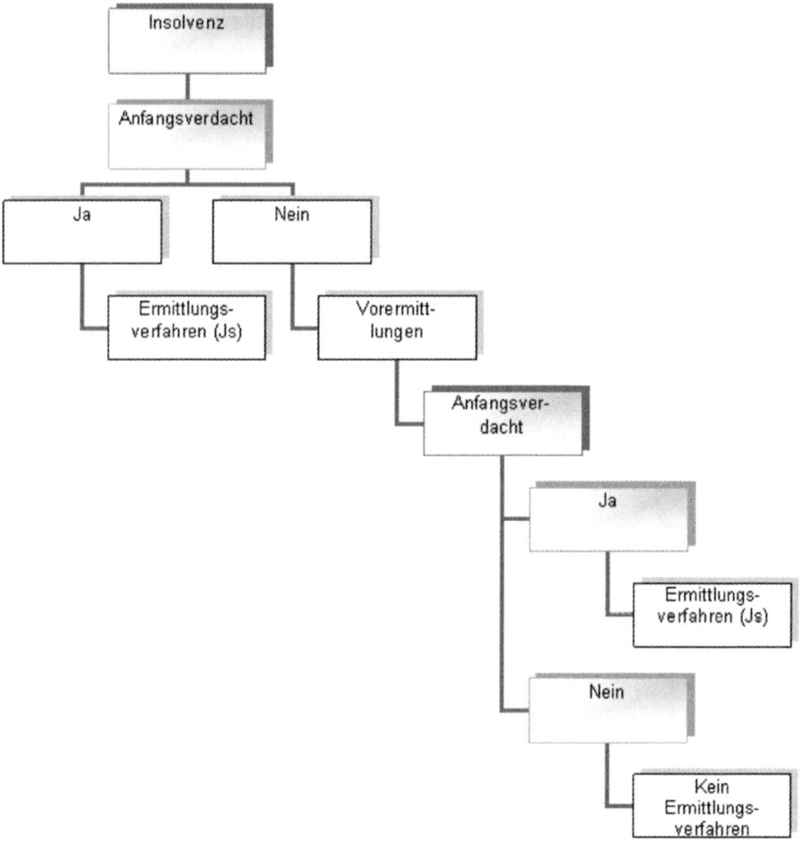

1102 I. d. R. erfährt die StA aus den MiZi[1289] von einer Insolvenz. Der erste Ermittlungsschritt ist die **Beiziehung der Insolvenzakte**, insb. des Sachverständigengutachtens. Die Auswertung der MiZi erfolgt dann, regional unterschiedlich, entweder durch den Staatsanwalt persönlich, oder soweit vorhanden, durch den dortigen **Wirtschaftsreferenten**. In manchen Landgerichtsbezirken leitet der StA die Insolvenzakte jedoch zur Auswertung der örtlich zuständigen **Kriminalpolizei** zu. Dort wird sie entweder durch speziell ausgebildete Kriminalbeamte, welche zumindest in Baden-Württemberg und Bayern teilweise über ein wirtschaftswissenschaftliches Hochschulstudium und einschlägige Berufserfahrung verfügen, oder die polizeilichen **Sachverständigen für Buchprüfung** ausgewertet. Bei den Sachverständigen für Buchprüfung handelt es

1289 Mitteilung in Zivilsachen.

sich um Wirtschaftswissenschaftler oder Bilanzbuchhalter, die mit der Auswertung von Buchhaltungsunterlagen sowie der Erstellung von Gutachten zur Überschuldung oder Zahlungsunfähigkeit betraut sind.

Dem Eröffnungsgutachten des Sachverständigen lassen sich bereits die **wichtigsten Straftatbestände** entnehmen (sofern dieses den Mindestanforderungen eines solchen Gutachtens genügt, was in der Praxis nicht immer der Fall ist): 1103

- Wenn der Gutachter Ausführungen zum Zeitpunkt des Eintritts von Überschuldung/Zahlungsunfähigkeit getroffen hat, lässt sich anhand des Gutachtens die Frage der Insolvenzverschleppung bereits hinreichend beantworten.
- Eine Insolvenzverschleppung kann auch angenommen werden, wenn im Gutachten keine Ausführungen zum Zeitpunkt gemacht wurden, die Überschuldung oder Zahlungsunfähigkeit jedoch so gravierend ist, dass sie schon länger als drei Wochen bestanden haben muss.
- Aus den Ausführungen des Gutachters zum Rechnungswesen lassen sich Hinweise auf Bilanzdelikte gewinnen.
- Aus der Gläubigerliste lassen sich Hinweise auf eine Beitragsvorenthaltung gewinnen.
- Sofern der Gutachter Ausführungen zu Anfechtungsgründen gemacht hat, lassen sich dort i. d. R. Hinweise auf andere Straftaten wie z. B. Bankrott oder Untreue gewinnen.

Das **Ergebnis dieser Auswertung** geht in Form eines Berichtes zurück an die StA. Dort 1104
wird dann über die Einleitung eines Ermittlungsverfahrens entschieden. Im Idealfall kann der Staatsanwalt aufgrund dieses Berichtes bereits eine Verfügung über die noch zu tätigen Ermittlungshandlungen treffen.

In den meisten Fällen lässt sich das Verfahren so praktikabel, bspw. auf den Vorwurf der Beitragsvorenthaltung, beschränken. In diesen Fällen werden dann noch Informationen der Krankenkassen eingeholt, eine Beschuldigtenvernehmung durchgeführt und das Verfahren abgeschlossen.

In komplizierteren bzw. schwereren Fällen werden jedoch umfangreichere Ermittlungen zum Zeitpunkt der Insolvenzreife und zu anderen Delikten durchgeführt.

Der Nachweis der Insolvenzreife gelingt meist mit der vorstehend beschriebenen wirtschaftskriminalistischen Methode. Die Erstellung eines Zahlungsunfähigkeits- oder Überschuldungsgutachtens bleibt auf wenige Fälle beschränkt.

5. Täterkreis

Als Täter sind sowohl Organe der Gesellschaft als auch dritte Personen denkbar. Ge- 1105
rade bei Unternehmen in der Krise, welche unter intensiverer Beobachtung durch ihre Steuerberater, Wirtschaftsprüfer, Banken ... stehen (sollten), ist es möglich, dass strafbares Verhalten auch auf diese durchschlägt.

a) Organe der Gesellschaft

aa) Geschäftsführer

1106 Täter einer Insolvenzverschleppung nach § 15a InsO kann nur derjenige sein, dem die **Pflicht zur Stellung des Insolvenzantrags** obliegt. Dies ist bei der GmbH der Geschäftsführer, bei der AG und der Genossenschaft der Vorstand. Bei einer GmbH & Co. KG als Regelfall der Kapitalgesellschaft & Co. trifft diese Verpflichtung den Geschäftsführer der Komplementär-GmbH; die Kommanditisten dann, soweit sie zur Geschäftsführung berufen sind.

Diese Personen können in Erfüllung ihrer Organstellung für die Gesellschaft auch die Insolvenzdelikte i. S. d. §§ 283 ff. StGB verwirklichen.[1290]

Da bei Einzelunternehmen und nicht-haftungsbeschränkten Personengesellschaften die Insolvenzverschleppung nicht strafbar ist, da keine Antragspflicht besteht, können diese nur Täter der Insolvenzdelikte i. S. d. §§ 283 ff. StGB sein.

Die Insolvenzdelikte im weiteren Sinne sind **keine Sonderdelikte**. Die Beurteilung der Täterschaft richtet sich hierbei nach den **allgemeinen strafrechtlichen Regelungen**, sodass neben den vorstehend genannten Personengruppen jeder infrage kommt, der an den strafbaren Handlungen beteiligt ist. Dies gilt für Angestellte gleichermaßen wie für unternehmensexterne Personen.

bb) Faktische Geschäftsführer

1107 Den faktischen Geschäftsführer treffen die gleichen Pflichten, wie den eingetragenen Geschäftsführer.[1291] Aus diesem Grund gilt auch bzgl. der Strafbarkeit des faktischen Geschäftsführers das Vorstehende.[1292]

Nach dem Urteil des BGH v. 27.06.2005 hat der faktische Geschäftsführer nach dem Gesamterscheinungsbild seines Auftretens und Handelns im Außenverhältnis die Geschicke der Gesellschaft maßgeblich in der Hand.[1293] Dies geht über ein reines Einwirken auf die satzungsmäßige Geschäftsführung innerhalb der Gesellschaft hinaus. Gemäß der übereinstimmenden Rechtsprechung der Strafsenate ist hierzu das Einverständnis der Gesellschafter erforderlich.[1294]

1290 Vgl. Weyand, Insolvenzdelikte, S. 33.

1291 Vgl. Himmelskamp/Schmittmann, Der faktische Geschäftsführer – steuer- und insolvenzrechtliche Verantwortlichkeit, in: StuB 2006, 406.

1292 Vgl. Himmelskamp/Schmittmann, Der faktische Geschäftsführer – Strafrechtliche Verantwortlichkeit, in: StuB 2006, 406.

1293 BGH, 27.06.2005 – II ZR 113/03, ZIP 2005, 1783 ff.

1294 Vgl. Himmelskamp/Schmittmann, Der faktische Geschäftsführer – steuer- und insolvenzrechtliche Verantwortlichkeit, in: StuB 2006, 326, 327.

Zur **Beurteilung der faktischen Geschäftsführung**, insb. bzgl. des Handelns im Außenverhältnis kommen folgende **Indizien** in Betracht:[1295]
- Verhandlungen mit Banken
- Einstellungen und Entlassungen von Arbeitnehmern
- Erstellen von Arbeitszeugnissen
- Ansprechpartner und Auftraggeber des Steuerberaters
- Erteilung von Buchungsanweisungen
- Vertragsverhandlungen mit Kunden
- Vertragsverhandlungen mit Lieferanten
- Kauf oder Veräußerung von Grundstücken
- Das Auftreten in der Korrespondenz als Geschäftsführer
- Treffen von Stundungsabreden
- Handeln mit Generalvollmacht des satzungsmäßigen Geschäftsführers
- Erhalt einer Bezahlung in irgendeiner Form

Es ist möglich, dass der formelle Geschäftsführer strafbewehrte Pflichten auf den faktischen Geschäftsführer übertragen hat. In diesem Fall scheidet seine strafrechtliche Verantwortlichkeit aus, wenn er die tatsächliche Ausführung der Pflichten durch den faktischen Geschäftsführer durch geeignete Maßnahmen überwacht.[1296] Kommt es jedoch zu Straftaten des faktischen Geschäftsführers, beispielsweise eine Insolvenzverschleppung, ist davon auszugehen, dass die Überwachungsmaßnahmen nicht geeignet waren. Aufgrund der Verletzung seiner gesellschaftsrechtlichen Pflichten (Stellung des Insolvenzantrags, Führung der Bücher ...) liegt insoweit auch strafbares Handeln des satzungsmäßigen Geschäftsführers vor.

Ebenso wie alle anderen tatbeteiligten Personen kann der faktische Geschäftsführer **1108**
sich der Insolvenzstraftaten im weiteren Sinne schuldig machen, wenn er an diesen Tathandlungen teilnimmt. Die strafrechtliche Schuld des formellen Geschäftsführers als Strohmann wiegt oft weniger schwer als die des faktischen Geschäftsführers. Dabei sollte man jedoch nicht verkennen, dass gerade diese Strohmänner die wiederholten Taten von hartnäckigen Wirtschaftsstraftätern erst ermöglichen.[1297] So wäre bspw. eine gewerbsmäßige Firmenbestattung ohne Strohmänner kaum denkbar, da das straf-, zivil- und steuerliche Risiko ansonsten zu groß wäre.

cc) Gesellschafter

Nach § 15a Abs. 2 InsO trifft die strafbewehrte Pflicht zur Stellung des Insolvenzan- **1109**
trags die Gesellschafter, falls die Gesellschaft führungslos ist. Diese Regelung wurde

1295 Vgl. Rudolph/Gruber, in: Bittmann, Insolvenzstrafrecht, § 5 Rn. 59 ff.

1296 Vgl. Himmelskamp/Schmittmann, Der faktische Geschäftsführer – Strafrechtliche Verantwortlichkeit, in: StuB 2006, 406, 407.

1297 Vgl. Himmelskamp/Schmittmann, Der faktische Geschäftsführer – Strafrechtliche Verantwortlichkeit, in: StuB 2006, 406, 407.

durch das MoMiG[1298] neu in das Insolvenzstrafrecht aufgenommen. Eine vergleichbare Regelung hat es davor nicht gegeben.

Ein Grund für diese neue Regelung ist die **Häufung von Missbräuchen**, insb. des GmbH-Rechts, durch Verlagerung des Firmensitzes und gewerbsmäßige Firmenbestattungen.

Hierbei war es üblich, die Insolvenzantragspflicht durch (mehrfache) Verlegung des Sitzes des Rechtsträgers und Einsetzen von **Strohmanngeschäftsführern** aus dem Ausland oder sozial schwachem Milieu, die häufig das Amt gegen geringes Entgelt übernahmen und auf Fragen nicht einmal mitteilen konnten, bei welcher Gesellschaft sie Geschäftsführer sind, zu umgehen.[1299]

Bzgl. anderer Straftaten gelten die allgemeinen strafrechtlichen Grundsätze zur Täterschaft und Teilnahme. Eine Untreuestrafbarkeit von Gesellschaftern stößt in der Literatur allerdings auf Ablehnung.[1300]

dd) Aufsichtsräte

1110 Im Fall der Insolvenz einer führungslosen AG oder Genossenschaft geht die strafbewehrte Pflicht, rechtzeitig Insolvenzantrag zu stellen, auch auf die Mitglieder des Aufsichtsrats über, sofern diese von der Zahlungsunfähigkeit oder Überschuldung der Gesellschaft Kenntnis haben (§ 15a Abs. 3 InsO).[1301]

Selbst die Stimmenthaltung zu einem Gremiumsbeschluss, auf dessen Grundlage etwas anderes, als das rechtlich Gebotene veranlasst wird, kann eine Strafbarkeit des Aufsichtsrates begründen.[1302] So kann sich ein Aufsichtsrat der Insolvenzverschleppung strafbar machen, wenn er sich, obwohl ein Insolvenzantrag geboten wäre, in einer diesbezüglichen Abstimmung der Stimme enthält.

b) Sonstige Personen

1111 Beratungen sind ein fester Bestandteil des Wirtschaftslebens. Gerade bei krisenbehafteten Unternehmen ist die **Konsultation von Beratern** die Regel.[1303] Insb. die Insolvenzdelikte im weiteren Sinne können auch von außerhalb des Unternehmens stehenden Personen verwirklicht werden. Es sind jedoch auch hier die allgemeinen strafrechtlichen Grundsätze von Täterschaft und Teilnahme zu berücksichtigen.

1298 Gesetz zur Modernisierung des GmbH-Rechts und zur Bekämpfung von Missbräuchen v. 28.10.2008, BGBl. I, S. 2026 ff.

1299 Vgl. Himmelskamp/Schmittmann, Der faktische Geschäftsführer – strafrechtliche Verantwortlichkeit, in: StuB 2006, 406.

1300 Vgl. Seier, in: Achenbach/Ransiek, Handbuch Wirtschaftsstrafrecht, Kap. V 2 Rn. 298.

1301 Vgl. Wegner, Aktuelle Entwicklungen im Insolvenzrecht, in: HRRS 2009, 32, 35.

1302 Vgl. Schmid, in: Müller-Gugenberger/Bieneck, Wirtschaftsstrafrecht, § 30 Rn. 23.

1303 Vgl. Ganz/Geyer, in: Bittmann, Insolvenzstrafrecht, § 28 Rn. 1.

aa) Wirtschaftsprüfer

Generell ist bei Beratern festzustellen, dass sie ein eigenes wirtschaftliches Interesse an der Beratung haben. Dies gilt selbst für Wirtschaftsprüfer, die eine gesetzlich vorgeschriebene Jahresabschlussprüfung durchführen.[1304] Die Ausführungen unter diesem Stichpunkt beschränken sich auf Wirtschaftsprüfer (vereidigte Buchprüfer), die mit einer gesetzlich vorgeschriebenen Jahresabschlussprüfung betraut sind. Üben sie (beratende) Tätigkeiten aus, die nicht ihrem Berufsstand vorbehalten sind, sind sie wie andere Berater, v. a. Steuerberater, zu beurteilen. 1112

In **§ 332 HGB** findet sich für diese Berufsgruppe und ihre Gehilfen ein **eigener Straftatbestand**, sofern über das Ergebnis einer Prüfung unrichtig berichtet wird, wesentliche Prüfungsergebnisse verschwiegen werden oder ein inhaltlich unrichtiger Bestätigungsvermerk erteilt wird. Strafrechtliche Sanktionen nach § 332 HGB sind in der Praxis selten festzustellen.[1305] I. d. R. betreffen sie besonders schwerwiegende Verstöße. 1113

Es ist jedoch festzustellen, dass in der Öffentlichkeit aufgrund Berichterstattungen über spektakuläre Bilanzskandale schon seit Längerem eine Erwartungslücke, bzgl. der Aufgabenstellung des Wirtschaftsprüfers, besteht.[1306] Die Aufdeckung wirtschaftskrimineller Handlungen ist ein zwingender Bestandteil der Jahresabschlussprüfung.[1307] Diese Pflicht trifft den Abschlussprüfer jedoch nur, soweit die festgestellten Taten wesentlich sind und sich auf die Rechnungslegung des Unternehmens ausgewirkt haben.[1308]Straftaten aufzudecken, die nicht wesentlich sind und sich nicht auf die Rechnungslegung ausgewirkt haben, ist demnach nicht Aufgabe des Abschlussprüfers.

Nach § 317 HGB ist der Abschlussprüfer verpflichtet, **systematisch** nach Fehlern des Vorstandes **zu suchen** und diese **aufzudecken**. Er hat zu prüfen, ob der Lagebericht einschließlich des Risikoberichts die wirtschaftliche Situation zutreffend darstellt.[1309] 1114

Um sich selbst vor Reputationsverlusten und zivilrechtlichen Ansprüchen zu schützen, ist es dem Abschlussprüfer jedoch zu empfehlen, über gesetzliche Vorschriften und berufsständische Regelungen hinaus wirtschaftskriminelle Handlungen aufzudecken.[1310]

Nach Seier kann der Wirtschaftsprüfer in allen seinen Einsatzbereichen **Täter einer Untreue zum Nachteil seines Mandanten** sein, indem er es bspw. unterlässt, auf

1304 Vgl. Ganz/Geyer, in: Bittmann, Insolvenzstrafrecht, § 28 Rn. 1.

1305 Vgl. Ganz/Geyer, in: Bittmann, Insolvenzstrafrecht, § 28 Rn. 12.

1306 Vgl. Ruhnke/Schwind, Aufdeckung von fraud im Rahmen der Jahresabschlussprüfung, in: StuB 2006, 731, 733; Kleinmanns, Unterschlagungsprüfung, in: BBK 1999, 613, 624.

1307 Vgl. Melcher, Aufdeckung wirtschaftskrimineller Handlungen durch den Abschlussprüfer, S. 100.

1308 Vgl. Melcher, Aufdeckung wirtschaftskrimineller Handlungen durch den Abschlussprüfer, S. 236.

1309 Vgl. Geyer, in: Bittmann, Folker, Insolvenzstrafrecht, S. 675.

1310 Vgl. Melcher, Aufdeckung wirtschaftskrimineller Handlungen durch den Abschlussprüfer, S. 238.

gesellschaftsschädigendes Verhalten von Geschäftsführern oder Mitarbeitern hinzuweisen.[1311]

bb) Berater

1115 Berater, insb. aber Steuerberater und Wirtschaftsprüfer, sind durch ihre Tätigkeit oft umfassend über die wirtschaftliche Situation ihrer Mandanten informiert. Solche Beratungsmandate können die Gefahr in sich bergen, als Täter oder Teilnehmer selbst Straftatbestände zu verwirklichen.[1312]

Insb. der mit Buchhaltungsarbeiten und Jahresabschlusserstellung betraute **Steuerberater** kann die **Bilanzdelikte** der §§ 283, 283b StGB verwirklichen.

Täter i. S. v. § 14 StGB ist der Steuerberater jedoch nur dann, wenn er die Buchhaltung/den Jahresabschluss eigenverantwortlich zu erstellen hat. Ansonsten kann er Teilnehmer an den Straftaten eines anderen sein.[1313]

1116 ▶ Praxishinweis:

Strafbarkeit wegen Bankrotts ist nur gegeben, wenn die Handelsbilanzen unrichtig erstellt werden. Beschränkt sich der »Fehler« auf Steuerbilanzen, liegt keine Bankrottstrafbarkeit vor.

1117 Es ist nicht auszuschließen, in der Praxis sogar häufig anzutreffen, dass der Berater die **berufsübliche Distanz zum Mandanten verliert** und selbst in die Rolle eines faktischen Geschäftsführers gelangt. In diesem Fall, da er nunmehr zivilrechtlich verpflichtet ist, Insolvenzantrag zu stellen, kann er sogar zum Täter des Sonderdelikts Insolvenzverschleppung werden (§ 15a InsO).[1314]

1118 Der Berater kann sich auch zum **Anstifter der Insolvenzverschleppung** machen, wenn er in Kenntnis der Zahlungsunfähigkeit oder Überschuldung anstatt zur Stellung eines Insolvenzantrags zur Sanierung rät. Aus der Einbindung des Beraters in die Sanierung lässt sich folgern, dass er die Insolvenzreife der Gesellschaft kennt und die Insolvenzverschleppung zumindest billigend in Kauf nimmt.[1315] Gleiches gilt, wenn der Berater aktiv empfiehlt, einen Firmenbestatter zu beauftragen.[1316]

1311 Vgl. Seier, in: Achenbach/Ransiek, Handbuch Wirtschaftsstrafrecht, Kap. V 2, Rn. 366.

1312 Vgl. Geyer, in: Bittmann, Insolvenzstrafrecht, § 28 Rn. 2.

1313 Vgl. Häcker, in: Müller-Gugenberger/Bieneck, Wirtschaftsstrafrecht, § 96 Rn. 3.

1314 Vgl. Geyer, in: Bittmann, Insolvenzstrafrecht, § 28 Rn. 28.

1315 Köhler, in: Wabnitz/Janovsky, Handbuch des Wirtschafts- und Steuerstrafrechts, Kap. 7 Rn. 27.

1316 Vgl. Singer/Greck, »Firmenbestatter« erkennen und Mandanten schützen, in: StuB 2006, 82, 83.

▶ Praxishinweis: 1119

Die Gefahr, im Rahmen eines Sanierungsmandates zum Mittäter oder Anstifter einer Insolvenzverschleppung zu werden, ist sehr groß. Prüfen Sie genau – notfalls unter Hinzuziehung von Fachleuten –, ob für die Sanierung noch genügend Zeit bleibt oder ob nicht ein Insolvenzantrag zwingend erforderlich ist. Sanierungskonzepte lassen sich u. U. auch im Insolvenzverfahren umsetzen.

Sollte der Berater den Täter zwar nicht zur Insolvenzverschleppung angestiftet, ihn 1120
durch seinen Rat bzgl. einer möglichen Sanierung aber in seinem Tatentschluss bestärkt haben, kommt (psychische) **Beihilfe** (§ 27 StGB) in Betracht.[1317]

Bzgl. der Insolvenzstraftaten im weiteren Sinne und der Bankrottdelikte gelten die allgemeinen strafrechtlichen Grundsätze zur Täterschaft und Teilnahme.[1318]

Insb. dann, wenn auf Basis **geschönter Jahresabschlüsse** Kredite vergeben werden, 1121
besteht für den Berater die Gefahr, an einem **Betrug/Kreditbetrug** zumindest teilzunehmen.[1319]

cc) Banken

Kreditinstitute sind bei Großkrediten aufgrund des § 18 KWG verpflichtet, sich die 1122
wirtschaftlichen Verhältnisse des Kreditnehmers offen legen zu lassen. Dies handhaben sie bereits aus eigenen Interessen auch bei kleineren Krediten ähnlich und daher besitzen sie oft einen erheblichen **Informationsvorsprung** vor anderen Gläubigern.[1320]

Der Informationsvorsprung der Bank kann jedoch, insb. bei zahlungsunfähigen oder überschuldeten Unternehmen, das Risiko der Strafbarkeit mit sich bringen. Die Bank ist nicht grds. verpflichtet, Geschäftspartner auf wirtschaftliche Risiken bei Geschäften mit ihren Kreditnehmern hinzuweisen.[1321]

Problematisch kann es jedoch sein, wenn Bank und Kreditnehmer sich auf eine **stille** 1123
Sanierung einigen. Bei dieser werden die Drittgläubiger nicht über den Grad der Unternehmenskrise informiert. Durch die weitere Finanzierung seitens der Bank können diese Drittgläubiger über die Zahlungsfähigkeit des Unternehmens getäuscht werden.[1322] Hieraus können der Bank wirtschaftliche Vorteile entstehen, die sie nicht

1317 Vgl. Cramer/Heine, in: Schönke/Schröder, StGB, § 27 Rn. 12.

1318 Vgl. Häcker, in: Müller-Gugenberger/Bieneck, Wirtschaftsstrafrecht, § 96 Rn. 2.

1319 Vgl. Geyer, in: Bittmann, Insolvenzstrafrecht, § 28 Rn. 38.

1320 Vgl. Scheffczyk, Untersuchung der rechtlichen Überschuldung bei der Jahresabschlussprüfung im Rahmen der Going-Concern-Annahme, S. 109.

1321 Vgl. Scheffczyk, Untersuchung der rechtlichen Überschuldung bei der Jahresabschlussprüfung im Rahmen der Going-Concern-Annahme, S. 111.

1322 Vgl. Scheffczyk, Untersuchung der rechtlichen Überschuldung bei der Jahresabschlussprüfung im Rahmen der Going-Concern-Annahme, S. 111 m. w. N.

erhalten hätte, wenn die Mitgläubiger über das Ausmaß der Unternehmenskrise informiert gewesen wären.[1323]

▶ Beispiel:

Die Bank und das kreditnehmende Unternehmen, welches von Zahlungsfähigkeit bedroht ist, einigen sich auf eine »stille Sanierung«. Die Bank gewährt dem Unternehmen weitere Anzahlungsbürgschaften. Im Vertrauen auf die Kreditwürdigkeit des Unternehmens und die offensichtlich zufriedenstellende Auftragslage entschließen sich die Lieferanten zur weiteren Belieferung des Unternehmens auf Ziel. Die Bank, die über die drohende Zahlungsunfähigkeit des Unternehmens informiert gewesen ist, hat sich ausreichend Sicherheiten (insb. durch Abtretung der Kundenforderungen) geben lassen. Bei der dann eintretenden Zahlungsunfähigkeit entstehen den Lieferanten erhebliche Ausfälle durch die uneinbringlichen Forderungen aufgrund der letzten Lieferungen.

1124 In der Praxis der Strafverfolgung in Wirtschaftsstrafsachen ist immer wieder festzustellen, dass im Rahmen einer Insolvenz seitens der Lieferanten des insolventen Unternehmens Strafanzeigen wegen **Warenkreditbetruges** (§ 263 StGB) gestellt werden. Hierbei handelt es sich oft um flankierende Maßnahmen, um den zivilrechtlichen Ansprüchen mehr Nachdruck zu verleihen. Nicht selten sind jedoch die Fälle, in denen der Lieferant tatsächlich über die wirtschaftliche Situation des Unternehmens (ggf. konkludent durch die Bestellung) getäuscht worden ist. Diese Täuschung könnte durch das Verhalten der Bank noch bestärkt werden. Ein solches Verhalten der Bank kann beispielsweise die Weiter-/Neugewährung von Krediten oder Bürgschaften sein. Dies liegt u. U. im Interesse der Bank, da nur Umsätze generiert werden können, wenn auch die Lieferanten an der Sanierung (über die sie nicht informiert sind) mitwirken. In bestimmten Fallkonstellationen ist daher eine bedingt vorsätzliche Beihilfe zum Warenkreditbetrug durch Verantwortliche der Bank keineswegs undenkbar. Die Bank hätte konkludent über die Zahlungsfähigkeit getäuscht.[1324] Durch Kreditgewährung oder Bürgschaften seitens der Bank, kann bei Lieferanten der Eindruck entstehen, dass das Unternehmen tatsächlich kreditwürdig ist. In der Praxis ist jedoch denkbar, dass die Bank, unter Ausnutzung ihres Informationsvorsprunges, genau diesen Eindruck erwecken wollte, um sich selbst eine finanziell vorteilhafte Position zu verschaffen (z. B. durch Abtretung der neu entstehenden Kundenforderungen).

Im vorstehenden Beispiel ist es denkbar, dass durch den Sanierungsversuch die Insolvenz nur verschleppt wurde, ohne dass jemals ernsthafte Aussicht auf eine Sanierung bestanden haben mag. Die Bank hat sich u. U. nur deshalb an dem »Sanierungsversuch« beteiligt, um sich, unter **Ausnutzung ihres Informationsvorsprungs**

1323 Vgl. Scheffczyk, Untersuchung der rechtlichen Überschuldung bei der Jahresabschlussprüfung im Rahmen der Going-Concern-Annahme, S. 111.

1324 Vgl. Janssen, in: Achenbach/Ransiek, Handbuch Wirtschaftsstrafrecht, Kap. V Rn. 43.

wirtschaftliche Vorteile vor den anderen Gläubigern zu sichern.[1325] In strafrechtlicher Hinsicht ist hier Beihilfe zur Insolvenzverschleppung (§ 15a InsO) denkbar.

▶ Praxishinweis: 1125

Sollten Sie Zweifel an der Zahlungsfähigkeit eines Kunden haben, machen Sie Ihre Entscheidung nicht alleine davon abhängig, dass die Bank diesem weiteren Kredit einräumt. Die Bank ist i. d. R. über die wirtschaftliche Lage besser informiert und ist besser besichert. Sie kann ein erhebliches eigenwirtschaftliches Interesse daran haben, dass Sie oder Ihr Mandant ihren Kunden weiter beliefern.

In extremen Fällen ist es weiterhin denkbar, dass die Bank so viele unternehmerische 1126 Kompetenzen des schuldnerischen Unternehmens an sich zieht, dass ihre verantwortlichen Mitarbeiter in die Funktion eines faktischen Geschäftsführers gelangen.

6. Außerstrafrechtliche Folgen

a) Inhabilität

Unter Inhabilität werden Ausschlussgründe von der Geschäftsführertätigkeit verstan- 1127 den. Diese Gründe wurden mit Inkrafttreten des MoMiG[1326] erheblich ausgeweitet (§ 6 Abs. 2 GmbHG). Davor beschränkten sich die Ausschlusstatbestände auf Verteilungen nach den §§ 283 bis 283d StGB. Nunmehr bestehen folgende Ausschlussgründe, sofern der Täter zu einer Freiheitsstrafe von mindestens einem Jahr verurteilt worden ist:[1327]

- Insolvenzverschleppung (§ 15a InsO)
- Falschangaben ggü. dem Registergericht (§ 82 GmbHG, § 399 AktG)
- Unrichtige Darstellung (§ 400 AktG, § 331 HGB, § 313 UmwG, § 17 PublG)
- Betrug (§ 263 StGB)
- Computerbetrug (§ 263a StGB)
- Subventionsbetrug (§ 264 StGB)
- Kapitalanlagebetrug (§ 264a StGB)
- Kreditbetrug (§ 265b StGB)
- Untreue (§ 266 StGB)
- Vorenthalten und Veruntreuen von Arbeitsentgelt (§ 266a StGB)

Die Sperre gilt für die Dauer von fünf Jahren ab Rechtskraft des Strafurteils.

1325 Vgl. Scheffczyk, Untersuchung der rechtlichen Überschuldung bei der Jahresabschlussprüfung im Rahmen der Going-Concern-Annahme, S. 113.

1326 Gesetz v. 23.10.2008, BGBl. I, S. 2026.

1327 Wegner, Aktuelle Entwicklungen im Insolvenzstrafrecht, in: HRRS 2009, 32, 35.

b) Gewerbeuntersagungen

1128 Die Ordnungsämter können nach § 35 GewO die Ausübung eines Gewerbes bei Unzuverlässigkeit ganz oder teilweise untersagen. Im Fall einer juristischen Person kommt es dabei auf die **Unzuverlässigkeit der gesetzlichen Vertreter** an.[1328]

Zur Unzuverlässigkeit führen die Nichtbezahlung öffentlicher Abgaben wie Steuern und Sozialversicherungsbeiträge. Als besonders schwerwiegend gilt dabei die Nichtabführung treuhänderisch vereinnahmter Gelder wie z. B. USt, Lohnsteuer und Arbeitnehmeranteile zur gesetzlichen Sozialversicherung.[1329]

Ein Verstoß gegen eine Gewerbeuntersagung ist nach § 146 GewO eine Ordnungswidrigkeit; sollte dieser Verstoß beharrlich wiederholt werden, liegt nach § 148 GewO eine Straftat vor.

1328 Vgl. Einmahl, Risiken in der wirtschaftlichen Krise des Unternehmens, in: StuB 2004, 1125.

1329 Vgl. Einmahl, Risiken in der wirtschaftlichen Krise des Unternehmens, in: StuB 2004, 1125.

B. Grundsätze ordnungsgemäßer Gutachtenerstellung

I. Grundsätzliches

Die Grundlagen und der Aufbau von Insolvenzgutachten sollen mithilfe von Verlautbarungen des Instituts der Wirtschaftsprüfer (IDW) dargestellt werden.[1330] 1129

Zwar umfasst der Anwendungsbereich der Verlautbarungen des IDW die handelsrechtlichen Abschlussprüfungen, sie bieten jedoch auch für die Beurteilung der Ordnungsmäßigkeit von Gutachten Hinweise und Hilfestellung. Leitfaden mit Blick auf die Ziele und Grundsätze der Durchführung von Abschlussprüfungen ist der **IDW PS 200**.

Das zu erstellende oder zu prüfende Gutachten muss dem Zweck genügen. Die Aussage des Gutachtens muss stichhaltig, sachgerecht und schlüssig dargestellt werden. Es ist die Visitenkarte des Gutachters und Ausdruck für dessen Glaubwürdigkeit. Ist ein Gutachten unverständlich oder enthält es logische Brüche, kann es nicht verwertet werden.

Als Einstieg ist der zusammenfassende Aufsatz von Franke/Böhme[1331] empfehlenswert. 1130
Außerdem interessant sind die Beiträge von Haarmeyer/Schaprian und Brinkmann.[1332]

1. Stellung des Gutachters

Die Berufsausübung des Gutachters bzw. Sachverständigen im Insolvenzverfahren er- 1131
gibt sich in den Grundzügen aus der InsO. Das Insolvenzgericht bestellt auf Basis des Amtsermittlungsgrundsatzes[1333] den Gutachter. Es handelt sich um eine hoheitliche Maßnahme. Gem. §4 InsO gelten, soweit die InsO nichts Weiteres bestimmt, die Vorschriften der ZPO entsprechend. Im Zusammenhang mit der Sachverständigentätigkeit gelten daher die §§ 402 bis 414 ZPO. Dem Gericht obliegt die Aufsicht über den Gutachter. Es übernimmt eine Leitungs- und Weisungsfunktion, ohne jedoch direkt auf den Inhalt des Gutachtens Einfluss nehmen zu können. Weiterführendes zur Rechtsgrundlage des Gutachterbeschlusses und zur Stellung des Gutachters bzw. vorläufigen (starken) Insolvenzverwalters findet sich bei Holzer »Entscheidungsträger im Insolvenzverfahren«.[1334]

1330 Sämtliche zitierten Verlautbarungen des IDW sind entnommen aus dem Loseblattwerk: Institut der Wirtschaftsprüfer in Deutschland e.V. (Hrsg.): IDW Prüfungsstandards (IDW PS), IDW Stellungnahmen zur Rechnungslegung (IDW RS), IDW Standards (IDW S) einschließlich der dazugehörigen Entwürfe, IDW Prüfungs- und Rechnungslegungshinweise (IDW PH und IDW RH), IDW Verlag GmbH, Stand 21. Erg.Lfg., März 2007.

1331 Franke/Böhme, InsbürO 2005, 242ff.

1332 Haarmeyer/Schaprian, ZInsO 2006, 673ff.; Brinkmann, ZInsO 2006, 679ff.

1333 §5 Abs. 1 Satz 2 InsO (auch i.V.m. §22 Abs. 1 Nr. 3 InsO).

1334 RWS-Skript 284, 3. Aufl.

Die Bestellung des Gutachters ist eine Ermittlungsanordnung des Gerichts. Es bedient sich des Sachverständigen, um über die Begründetheit des Insolvenzantrags entscheiden zu können. Im Wesentlichen wird das Gutachten erstellt, um darüber befinden zu können, ob ein Insolvenzgrund i. S. d. § 16 InsO vorliegt und die Verfahrenskosten (§ 26 InsO) gedeckt sind. Das Gericht konkretisiert den Umfang des Gutachtenauftrags. Somit kann der Auftrag auch die Klärung anderer Fragen beinhalten. Der Gutachter unterliegt ggü. dem Insolvenzgericht einer Informationspflicht, die die Anregung einer vorläufigen (starken) Insolvenzverwaltung als Sicherungsmaßnahme oder einer unverzüglichen Eröffnung des Verfahrens einschließt.[1335] Der bestellte Gutachter unterstützt das Insolvenzgericht, trifft jedoch keine eigenen Entscheidungen.

1132 Der Sachverständige begutachtet also – i. d. R. schriftlich[1336] – das Vorliegen eines Insolvenzgrundes und ob ausreichend Masse vorhanden ist, um mindestens die Verfahrenskosten i. S. d. § 54 InsO begleichen zu können. Ebenfalls Inhalt des Gutachtens ist es, die Frage nach den Aussichten einer Fortführung des schuldnerischen Unternehmens zu beantworten. Es handelt sich um eine höchstpersönliche Tätigkeit. In der Praxis wird der Gutachter jedoch besonders in kleineren Verfahren die Informationsbeschaffung und -auswertung auf Mitarbeiter übertragen. Er leitet und überwacht die Arbeiten, prüft sie und wertet sie rechtlich aus.[1337]

Unabhängig davon, ob es sich um einen isolierten Sachverständigenauftrag handelt, oder ob der vorläufig (starke) Insolvenzverwalter neben der Sicherung der Insolvenzmasse das Gutachten i. R. d. § 22 Abs. 1 Satz 2 Nr. 3, Abs. 2 InsO erstellt, sollten bei der Abfassung gewisse Grundsätze beachtet werden, die auf den folgenden Seiten dargestellt werden.

2. Grundsätze der Gutachtenerstellung

1133 Ist der Gutachter RA, Steuerberater oder Wirtschaftsprüfer, so ist und bleibt er den allgemeinen Berufspflichten und Berufsgrundsätzen verpflichtet.

Es sind dies insb. die Unabhängigkeit und die Eigenverantwortlichkeit. Der Gutachter sollte, bevor er den Auftrag annimmt, stets prüfen, ob Befangenheitsgründe vorliegen, die geeignet sein können, seine Unparteilichkeit zu beeinträchtigen. Als Hauptbefangenheitsgründe kommen in Betracht:
- es besteht oder bestand eine private und/oder berufliche Verflechtung zwischen Gutachter und Schuldner,
- es besteht eine wirtschaftliche bzw. finanzielle Verflechtung zwischen Gutachter und Schuldner.

Unvoreingenommenheit ist die wichtigste Basis für das Gutachten. Außerdem übt der Gutachter seine Tätigkeit verschwiegen aus.

1335 Holzer, Entscheidungsträger im Insolvenzverfahren, Rn. 450.

1336 § 411 Abs. 1 ZPO.

1337 Graeber, NZI 2003, 569 ff.; Pape, ZIP 1993, 737, 741.

Es sollte auf eine klare und verständliche sowie übersichtliche Berichterstattung geachtet werden. Das Gutachten sollte geordnet gegliedert und nachvollziehbar sein. Pauschale Aussagen bieten dem Leser keine Informationen.

Obgleich ein gewissenhaftes Vorgehen selbstverständlich sein mag, und sich Wahrheitstreue, eine verständliche, objektive Sprache und eine unvoreingenommene, problemorientierte Darstellung schon von Berufswegen von selbst versteht, sei dies hier dennoch ausdrücklich erwähnt. Das Gutachten sollte die Grundlagen und Eckpunkte vollständig bzw. umfassend dokumentieren. Der Gläubigerschutz und die Stichtagsbewertung im Überschuldungsstatus stehen im Vordergrund.

Sollte das Gericht das Gutachten als mangelhaft befinden, unterliegt der Gutachter einer Nachbesserungsverpflichtung.

Der Gutachter sollte sich immer vor Augen halten: Das Gutachten ist eine Visitenkarte, Ausdruck seiner fachlichen Kompetenz und kann Folgeaufträge sichern. Der erste Eindruck bei Gericht zählt. Es gibt keine zweite Chance für den ersten Eindruck!

Denkbar ist, dass der Gutachter auch Sachverständigenaufträge, wie z. B. die Bewer- 1134
tung des Vorrats- und Anlagevermögens, vergibt und die Ergebnisse in seinem Gutachten verwertet. Nach dem **IDW PS 322: Verwertung der Arbeit von Sachverständigen** schadet die Verwertung von externen Sachverständigengutachten nicht dem oben angesprochenen Aspekt der Eigenverantwortlichkeit. Der IDW PS 322 soll ausdrücklich auch Anwendung finden, wenn i.R.e. Abschlussprüfung die Arbeit eines externen Sachverständigen verwertet wird. Somit kann der Prüfungsstandard auch für die Erstellung von Gutachten im Insolvenzverfahren Maßstäbe setzen.

Was sind Sachverständige? Welche allgemeinen Anforderungen werden an die Verwer- 1135
tung der Arbeit von externen Sachverständigen gestellt?

Das IDW spricht in diesem Zusammenhang von »Personen, Unternehmen oder sonstige Einrichtungen, soweit sie in Bereichen außerhalb der Rechnungslegung oder Abschlussprüfung über spezielle Fähigkeiten, Kenntnisse und Erfahrungen verfügen und in dieser Eigenschaft tätig werden«. Dies ist eine Ausweitung des Sachverständigen i. S. d. § 36 Gewerbeordnung (GewO).

Bei der Beauftragung ist darauf zu achten, dass der Sachverständige die erforderliche Qualifikation mitbringt, er mithin verlässliche Informationen, Arbeitsergebnisse oder Untersuchungen liefert, die als Grundlage für das Gutachten dienen. Zunächst ist es also wichtig, die **berufliche Qualifikation** und die **fachliche Kompetenz** des Gutachters zu beurteilen. Nicht weniger gewichtig ist dessen **Unparteilichkeit** und **Unbefangenheit**. So muss sich also derjenige, der ein Sachverständigengutachten verwerten will (der Richter oder auch der Gutachter selbst, der einen anderen beauftragt hat), über den Gutachter und dessen Beruf und die Berufsgrundsätze Kenntnis verschaffen; auch die Nähe zum zu begutachtenden Unternehmen ist zu beleuchten, um das Risiko einer vorgefärbten Berichterstattung einschätzen zu können.

Die Anforderung eines externen Sachverständigen ist insb. denkbar in den Bereichen Bewertung des Anlage-/Umlaufvermögens, Verbindlichkeiten, rechtliche Würdigung komplexer Sachverhalte, Einschätzung und Bestimmung von (z. B. Umwelt) Risiken.

1136 Die Grundaussagen des (Insolvenz-) Gutachtens sollten dokumentiert und beigefügt werden – auch zum Nachweis der Stichhaltigkeit. Bei Zweifeln muss der Richter als Adressat des Insolvenzgutachtens oder der verwertende Gutachter weitere Auskünfte einholen oder u. U. einen weiteren Sachverständigen beiziehen.

Bezieht sich der Gutachter auf Arbeitsergebnisse eines externen Sachverständigen, versteht es sich von selbst, dass er hierauf ausdrücklich hinweist. Dennoch liegt die Gesamtverantwortung für die Aussage, die im Gutachten getroffen wird, beim Gutachter selbst.

II. Gestaltung des Gutachtens

1137 Die InsO enthält keine Vorgaben zum Aufbau des Gutachtens. Aufgabe aber auch Ziel des Gutachters ist es, in teilweise kürzester Zeit dem Gericht verwertbare Informationen zur Sicherung und Bewertung der Masse in Art, Umfang und Werthaltigkeit zu beschaffen, aber insb. auch entsprechend darzustellen.

Der Inhalt des Gutachtens sollte an dem Adressaten und auf dessen Informationsbedarf ausgerichtet sein. Allgemeine Erörterungen sind möglichst kurz zu halten, rechtliche Diskussionen ausschließlich hinsichtlich streitiger Punkte auszuführen. Kurzum: die Kunst besteht darin, das Gutachten auf das Wesentliche zu begrenzen. Dem Leser sollen nach Genuss des Gutachtens die Eckpunkte der Beurteilung deutlich sein.

1138 Doch was ist das Wesentliche? Der Prüfungsstandard des **IDW PS 250: Wesentlichkeit i. R. d. Abschlussprüfung** bezieht die Frage der Wesentlichkeit sowohl auf qualitative als auch auf quantitative Gesichtspunkte.

Entsprechend dem Prüfungsstandard besagt das Prinzip der Wesentlichkeit, dass die Prüfung darauf abzielt, »mit hinreichender Sicherheit falsche Angaben aufzudecken, die auf Unrichtigkeiten oder Verstöße zurückzuführen sind und die wegen ihrer Größenordnung oder Bedeutung einen Einfluss auf den Aussagewert der Rechnungslegung für die Abschlussadressaten haben«.[1338] Was für die Prüfung von Jahresabschlüssen gilt, gilt ebenso für die Prüfung und Begutachtung der wirtschaftlichen und rechtlichen Situation des gesamten Unternehmens.

Die Tätigkeit soll danach ausgerichtet werden, die »entscheidungserheblichen Sachverhalte« aufzuspüren und darzustellen. Übertragen auf das Gutachten bedeutet dies, dass dem Leser über die Analyse des Unternehmens und dessen Entwicklung im Gutachten die Entscheidungen des Gutachters deutlich werden sollen. Die ausschlaggebenden Gründe sollten für den Leser nachvollziehbar und überprüfbar sein. Hierzu gehören insb. die entscheidenden Ursachen, die zur Krise und damit zu einem Risiko

1338 IDW PS 250, Tz. 4.

für die Gläubiger geführt haben. Danach ist das für die Zukunft bestehende Risiko zu gewichten.

Der Gutachter hat darauf zu achten, dass er auch über die Wahl der Analysemethoden sicherstellt, dass er alle ausschlaggebenden Ursachen und Entwicklungen registriert und bedacht hat. Das Gutachten sollte die Gründlichkeit seiner Arbeit sichtbar werden lassen. Ein gutes Gutachten zeichnet sich durch Schlüssigkeit und Transparenz aus. Hierbei spielt das eigene Ermessen des Gutachters auf Basis seiner beruflichen Erfahrung eine große Rolle. Die Ermessensgründe sind daher ebenfalls kurz darzulegen, denn nur so können evtl. Fehleinschätzungen aufgedeckt werden.

Entsprechend dem angeführten Prüfungsstandard ist es im ersten Schritt wichtig, dass 1139
der Gutachter sicherstellt, dass die Methoden, die er zur Analyse des Unternehmens und dessen Krise verwendet, mit großer Wahrscheinlichkeit auch die Gründe für die Krise ans Licht bringen. Im zweiten Schritt sind die Erkenntnisse mit Blick auf Sinn und Zweck eines Insolvenzverfahrens – nämlich die gleichmäßige Befriedigung aller Gläubiger – zu werten. Auch die Gründe für die Gewichtung sind offenzulegen. Wie hat sich jener absolute oder relative Wert auf die Entscheidung des Gutachters ausgewirkt? So kann auch eine vom Unternehmer unterlassene Handlung wesentlich sein. Wie spielen die gewonnenen Erkenntnisse zusammen? Aus der Sicht eines objektiven, emotionslosen, mit der Tradition des Unternehmens nicht verbundenen Betrachters ergeben sich andere Erkenntnisse und Beurteilungen der Lage.

Das Gutachten sollte daher folgende Punkte beinhalten:
- qualitative Gesichtspunkte und ihre Auswirkungen,
- quantitative Gesichtspunkte und ihre Auswirkungen,
- rechtliche Aspekte, die zu beachten sind und bisher nicht berücksichtigt wurden.

Hierbei ist immer zu beachten, dass dem Gutachter manchmal mehr, manchmal weniger Zeit für die Analyse und Beurteilung des Unternehmens zur Verfügung steht. Zeitdruck oder Kurzfristigkeit können jedoch niemals ein schlechtes Gutachten, eine nicht plausible Entscheidungsfindung oder gar eine falsche Schlussfolgerung rechtfertigen.

Der Insolvenzrichter wird den Gutachter an jeder Äußerung, aber auch an jeder nicht getätigten Äußerung messen. Nur hinter einem schlüssigen Gutachten verbirgt sich ein guter Insolvenzverwalter. Die Darstellung einer rationellen Vorgehensweise und auf den Punkt gebrachte Ursachen der Krise und schlussendlich die logische Hinführung zu einer Entscheidung sind das A und O, dem Leser eine dienliche Einführung in die Situation des Unternehmens zu geben und ihm zu einer eigenen Entscheidung zu verhelfen. Denn auch der Insolvenzrichter unterliegt in seiner Entscheidung der Eigenverantwortlichkeit. Das Gutachten soll die entscheidungserheblichen Tatsachen und eine fachkundige Einschätzung liefern – es nimmt nicht die Entscheidung vorweg. Bei einem kurzfristig erstellten Gutachten ist auf das Wechselspiel zwischen einer niedrig gesteckten Wesentlichkeitsgrenze und dem Risiko, hierdurch nicht alle Gefahrenpunkte erkannt und in die abschließende Beurteilung einbezogen zu haben, hinzuweisen.

Die Beachtung der Wesentlichkeit im Gutachten ist Ausdruck der eigenen Effizienz und des eigenen Vermögens des Gutachters, eine Entscheidung zu treffen. Nebenschauplätze interessieren nicht.

1140 Nun stellt sich die Frage, wie das Gutachten aufzubauen ist und welchen Inhalt es umfassen soll. Der nächste Abschnitt beschäftigt sich daher mit dem Umfang und den Grenzen der Berichterstattung. Hier kann der Prüfungsstandard **IDW PS 450: Grundsätze ordnungsmäßiger Berichterstattung bei Abschlussprüfungen** hilfreich sein.

Beim Abfassen des Gutachtens müssen der Adressat und dessen Verständnishorizont immer präsent sein. Der Gutachter sollte fein zu unterscheiden wissen zwischen Grundbegriffen des Insolvenzrechts, der Betriebswirtschaftslehre oder des Steuerrechts, die er als bekannt voraussetzen kann, und solchen, die zu problematisieren sind, weil sie entscheidungserheblich sein können. Um es dem Leser zu ermöglichen, die Bedeutung zu begreifen, kann es insoweit auch punktuell erforderlich sein, weiter auszuholen.

1141 Das Gutachten fasst den Gutachtenauftrag, Art und Umfang der Analysen, die Feststellungen und die Ergebnisse der Tätigkeit des Gutachters zusammen. Adressat des Gutachtens ist zunächst das Insolvenzgericht, das den Auftrag erteilt hat und die abschließende Entscheidung trifft, ob das Insolvenzverfahren über das Vermögen des Unternehmens eröffnet wird. Nicht weniger bedeutend sind jedoch die Gläubiger bzw. die Gläubigerversammlung, die darauf ihre weiteren Entscheidungen aufbauen.

Zunächst ist das Unternehmen kurz darzustellen, die Firma genau zu benennen, die Handelsregisternummer und das Registergericht anzugeben. Auch ist der Beurteilungsstichtag deutlich zu machen. Ergeben sich Bewertungen aus anderen Stichtagen, ist darauf hinzuweisen.

1142 Weitere unerlässliche Inhalte des Gutachtens sind Erkenntnisse über
- die Lage des Unternehmens und dessen Besonderheiten; hierzu gehört auch, darzustellen und zu beurteilen, wie die gesetzlichen Vertreter oder Inhaber des Unternehmens die Lage beurteilen und welche Tatsachen die Krise gefördert oder verursacht haben,
- vertragliche Gestaltungen zu nahestehenden Personen,
- Feststellungen zum Risikofrüherkennungssystem,
- Unregelmäßigkeiten, Verstöße gegen gesetzliche Vorschriften (betriebswirtschaftliche Analysen, Rechnungslegung, sonstige Unregelmäßigkeiten sind nach IDW z. B. Verstöße der Vertreter oder Arbeitnehmer gegen Gesetz, Gesellschaftsvertrag, die das Unternehmen einem bestimmten Risiko ausgesetzt haben),
- Unregelmäßigkeiten in der Rechnungslegung, sofern sie für die Insolvenzgründe ausschlaggebend waren: z. B. falsche Angaben im Jahresabschluss.

1143 Es gilt, die folgenden Fragen zu beantworten: Was hat die Entwicklung des Unternehmens beeinträchtigt, es in seinem Bestand gefährdet? Aber auch: Was kann die Entwicklung in der Zukunft gefährden? Auch darauf ist hinzuweisen. Die Tatsachen sind zu schildern und auszuwerten, die möglichen Folgen aufzuzeigen. Auch auf den Grad der Gefährdung bzw. auf die Dringlichkeit, mit der Abhilfe geschaffen werden muss, ist einzugrenzen.

Unterlagen, die geeignet sein könnten, den Adressaten des Gutachtens einen (noch) besseren Einblick in die Unternehmensentwicklung und -situation sowie in die Entscheidungsgründe zu gewährleisten, sollten als Anlagen beigefügt sein. Dies dient der besseren Überschaubarkeit. Insb. ist das Gutachten als Gesamtwerk zu verstehen, das in sich schlüssig und ohne weitere Ergänzungen verständlich sein sollte. Dem Leser muss offengelegt werden, welche Grundlagen und Ergebnisse von wem geprüft bzw. erarbeitet wurden.

Die gutachterliche Stellungnahme beinhaltet auch, die wesentlichen wirtschaftlichen Aspekte der Vergangenheit zu betrachten und nach eigener Einschätzung zu beurteilen. Hierbei ist jedoch darauf zu achten, dass auch die eigene Einschätzung des Gutachters für den Adressaten nur Grundlage für dessen Entscheidung sein kann und soll. Die eigene Darstellung reicht von Erläuterungen der Krisenursachen bis hin zu deren kritischer Würdigung. Unerlässlich sind immer Mehrjahresvergleiche der Bilanz, Gewinn- und Verlustrechnung oder andere zusammenfassende Darstellungen der wirtschaftlichen und finanziellen Entwicklung des Unternehmens.

Hinzuweisen ist stets auf Bereiche, die in ihrer Entwicklung nicht einschätzbar sind, die ein hohes Unsicherheitspotenzial in sich tragen und Entscheidungsspielräume, gar Sanierungsmöglichkeiten eröffnen könnten.

1. Zwingend wiederkehrende Gutachteninhalte

a) Rechnungslegung, Buchführung, Jahresabschluss, internes Kontrollsystem

Die Rechnungslegung bietet Zahlenmaterial der Vergangenheit, lässt auf finanzielle, **1144**
wirtschaftliche Ursachen und Entwicklungen schließen. Soweit sie in Zweifel zu ziehen oder mangelhaft ist, nicht den Grundsätzen ordnungsmäßiger Buchführung oder den gesetzlichen Vorgaben entspricht, muss darauf hingewiesen werden. Beanstandungen sind zu nennen, wenn sie für die Einschätzung der Vermögens-, Finanz- und Ertragslage des Unternehmens von Bedeutung sind.

Eine Auswertung der enthaltenen Angaben hat insb. im Hinblick auf eine mögliche Gläubigerbenachteiligung zwingend zu erfolgen. Waren die Risiken der künftigen Entwicklung korrekt dargestellt? Die Geschäftsführer haften für Falschangaben. Vermittelt der Jahresabschluss ein den tatsächlichen Verhältnissen entsprechendes Bild der Vermögens-, Finanz- und Ertragslage des Unternehmens? Liegt mithin verlässliches Zahlenmaterial für die betriebswirtschaftliche Einschätzung der Unternehmenssituation vor? Der Gutachter muss stets die Bewertungsgrundlagen prüfen und insb. die Ansatzfrage »going concern« oder »non-going concern« entscheiden. War der Bewertungsansatz im letzten Jahresabschluss korrekt? Wurde evtl. über einen falschen Bewertungsansatz die handelsrechtliche Überschuldung vermieden? Welches waren die wertbestimmenden Faktoren? Wurden Ermessensspielräume ausgeschöpft? Mit welchem Ergebnis? Welche Bilanzpolitik wurde verfolgt?

Auswirkungen können und sollten zahlenmäßig dargestellt werden. Auswirkungen auf die Gesamtaussage des Gutachtens sind zu diskutieren. Es sollte auf besondere

Maßnahmen und Aktionen hingewiesen werden, die z. B. nur einmalig die Liquiditäts-/Ertragslage beeinflusst haben.

b) Risikofrüherkennungssystem

1145 Es ist immer darzulegen, ob das begutachtete Unternehmen ein geeignetes Überwachungssystem zur Risikofrüherkennung eingeführt hat. Das Gutachten soll kein detailliertes Organisationsgutachten sein, aber wesentliche Punkte sind hilfreich, um einschätzen zu können, ob das Unternehmen überlebensfähig ist, also eine positive Fortbestehensprognose besitzt. Ist ein solches eingerichtet: Hätten Entwicklungen, die das Unternehmen gefährden, frühzeitig erkannt werden können?

c) Finanzielle und wirtschaftliche Situation des Unternehmens

1146 Hier sind gegenüberstellende Strukturbilanzen, Mehrjahresvergleiche, Cash-Flow-Analysen, Kapitalflussrechnungen, ausgewählte betriebswirtschaftliche Kennzahlen und Planrechnungen hilfreich, um die Finanzlage, Ergebnis-, Kapital- und Vermögensstruktur zu verdeutlichen. Die angeführten Auswertungen sorgen für eine bessere Transparenz und veranschaulichen dem Gutachtenadressat die Lage des Unternehmens. Sie sind unabdingbare Grundlage zur Erleichterung der Entscheidungsfindung – insb. hinsichtlich der Frage der Betriebsfortführung. Für diesen Bereich bietet sich entweder ein eigener Abschnitt im Gutachten oder ein separat erläuterter Anlagenteil an.

Der Gutachter unterliegt ggü. Dritten der Verschwiegenheit. Er darf (und muss) im Rahmen seines Auftrags nur dem Insolvenzgericht ggü. Auskünfte erteilen. Dies gilt auch für die Weitergabe von Unterlagen u. a. nach Beendigung des Auftrags. Daher sei an dieser Stelle ein ausdrücklicher Hinweis erlaubt, dass dafür Sorge zu tragen ist, dass Geschäftsgeheimnisse des schuldnerischen Unternehmens Dritten nicht offenbart werden dürfen.

2. Herangehensweise

1147 An allererster Stelle steht ein gutes Zeitmanagement, da das Gericht den Abgabezeitpunkt des Gutachtens festlegt (§ 411 Abs. 1 ZPO). Wie bereits erwähnt, steht mehr oder weniger Zeit zur Verfügung, die Aufgabe zu bewältigen. Die Informationsbeschaffung ist als kontinuierlicher und dynamischer Prozess zu verstehen. Es gilt, die Vollständigkeit der zu verarbeitenden Informationen zu sichern. Gute Planung, Organisation und Überwachung sind gefragt. Unabhängig von einem möglichen Zeitdruck ist die Arbeit mit Checklisten hilfreich, die an den Einzelfall angepasst werden. So kann z. B. die Sachverhaltsermittlung bereichsweise delegiert werden. Dennoch ist sichergestellt, dass die wesentlichen Informationen vollumfänglich zusammengetragen und verwertet werden. Ist für das Gutachten eine Inventarisierung und Bewertung von Anlage- und Vorratsvermögen durch einen externen Dritten (Verwertungsfirmen) erforderlich, sollte dies vor Beauftragung aus Kostengründen mit dem Gericht abgestimmt werden.

Welche Befugnisse besitzt der Gutachter neben der Möglichkeit, den Inhalt der gerichtlichen Insolvenzakten beizuziehen? 1148

Hier ist zu unterscheiden, ob der Sachverständige auch gleichzeitig das Amt des vorläufigen Insolvenzverwalters innehat oder ob ausschließlich ein Gutachtenauftrag erteilt wurde. So ist der vorläufige Insolvenzverwalter gem. § 22 Abs. 3 InsO berechtigt, die Geschäftsräume zu betreten, die Buchführung einzusehen und weitere Nachforschungen zu betreiben. Seitens des Schuldners besteht eine Auskunftsverpflichtung. All dies gilt im Fall einer isolierten Bestellung zum Gutachter nur mit Einverständnis des Schuldners. Dem Gutachter bleibt selbstredend die Möglichkeit, das Gericht einzuschalten, sofern der Schuldner nicht ausreichend mitwirkt. Im Eröffnungsverfahren ist der Schuldner dem Gericht ggü. gem. § 20 InsO zur Auskunft verpflichtet.

Ist der Gutachter gleichzeitig vorläufiger Insolvenzverwalter, kann für die Anforderung der Auskunft des Schuldners unter entsprechender Anwendung der §§ 97, 98, 101 Abs. 1 Satz 1 und 2, Abs. 2 InsO das Muster »Auskunft des Schuldners anfordern« im Formularbuch Insolvenzrecht verwendet werden.[1339]

Informationsbeschaffung und Sachverhaltsermittlung lassen sich in Anlehnung an die Arbeitsmethoden der Wirtschaftsprüfer einteilen in **sachdienliche Befragungen** des Schuldners und in **analytische Prüfungshandlungen**. 1149

a) Sachdienliche Befragungen

Informationen über die wichtigsten Eckpunkte des Unternehmens erhält der Gutachter insb. durch Befragung des Schuldners und dessen Mitarbeiter sowie weiterer sachkundiger Personen, die nicht zum Unternehmen gehören. Zur Sicherung der Vollständigkeit der Informationen kann die Anlage zur Verlautbarung des IDW HFA 4/1996 dienen. Sie enthält 64 allg. Fragen zum Unternehmen, dem internen Kontrollsystem und zu Unternehmensrisiken sowie zur Bilanz und den Positionen der Gewinn- und Verlustrechnung. Sie ist als Leitfaden sehr umfangreich und muss dem jeweiligen Einzelfall angepasst werden. 1150

Bereits auf die Belange des Gutachters ausgerichtet ist die Checkliste »Unterlagen für Gutachten« im Formularbuch Insolvenzrecht.[1340]

Der Gutachter verschafft sich Einblick in die Geschäftstätigkeit und das rechtliche und wirtschaftliche Umfeld des Unternehmens, d. h. wichtig ist hier die wirtschaftliche Positionierung des Unternehmens unter Beachtung der Branche und der gesamtwirtschaftlichen Entwicklung. Für die Beurteilung sind auch die Wettbewerbs- und Marktverhältnisse von ausschlaggebender Bedeutung. Hierüber lassen sich die wesentlichen Problembereiche, Beziehungen zu nahestehenden Personen, Alleinstellungsmerkmale, 1151

1339 A.-G. Nickert, in: Haarmeyer/Pape/Stephan/Nickert, Formularbuch Insolvenzrecht, Bd. I, S. 137 f.

1340 C. Nickert, in: Haarmeyer/Pape/Stephan/Nickert, Formularbuch Insolvenzrecht, Bd. I, S. 123 ff.

ungewöhnliche Umstände, Unstimmigkeiten und mögliche Chancen für die Fortführung, insb. aber Ursachen für die Krise des Unternehmens erkennen. Der Prüfungsstandard **IDW PS 261: Feststellung und Beurteilung von Fehlerrisiken und Reaktionen des Abschlussprüfers auf die beurteilten Fehlerrisiken** beschäftigen sich mit der Sachverhaltsermittlung und der Feststellung und Beurteilung von Fehlerrisiken auf Unternehmensebene. Auch sei an dieser Stelle auf den hilfreichen Anhang zum **IDW PS 230: Kenntnisse über die Geschäftstätigkeit sowie das wirtschaftliche und rechtliche Umfeld des zu prüfenden Unternehmens i. R. d. Abschlussprüfung** hingewiesen, der zum Aufbau einer Checkliste verwendet werden kann.

Eine ordentliche Dokumentation der Antworten und Nachweise ist unabdingbar.

I. R. d. Befragungen sind Unterlagen wie z. B. Handelsregister- und Grundbuchauszüge, Kopien von Verträgen und Gesellschafterbeschlüssen und interne Planungsunterlagen zu den Akten zu nehmen. Wesentliche Nachweise sollten dem Gutachten als Anlagen beigefügt werden.

1152 Es kann erforderlich werden, Berufsgeheimnisträger, die für das Gutachten sachdienliche Angaben machen können, von der Verschwiegenheit zu entbinden. Hierzu findet sich im Formularbuch Insolvenzrecht ein Muster »Entbindung von der Verschwiegenheit«.[1341]

b) Analytische Prüfungshandlungen

1153 Entsprechend den Ausführungen des **IDW PS 312: Analytische Prüfungshandlungen** gilt: »Analytische Prüfungshandlungen sind Plausibilitätsbeurteilungen von Verhältniszahlen und Trends, durch die Beziehungen von prüfungsrelevanten Daten eines Unternehmens zu anderen Daten aufgezeigt sowie auffällige Abweichungen festgestellt werden«.[1342]

Gemeint ist damit insb. der innerbetriebliche Vergleich mit tatsächlichen Vorjahreszahlen, der Vergleich mit Branchenzahlen,[1343] aber auch der Soll/Ist-Vergleich mit internen Planzahlen. Hieraus entwickelt der Gutachter realistische Planzahlen für die Zukunft zur Einschätzung der Fortbestehensprognose. Die Analyse des Unternehmens beinhaltet auch die Plausibilisierung der wesentlichen Abweichungen.[1344]

1341 C. Nickert, in: Haarmeyer/Pape/Stephan/Nickert, Formularbuch Insolvenzrecht, Bd. I, S. 142.

1342 IDW PS 312 (5).

1343 www.feri.de oder www.feri-research.de.

1344 Zur Wesentlichkeit vgl. IDW PS 250, s. o. Abschnitt Gestaltung des Gutachtens Rdn. 1137 ff.

3. Aufbau und Inhalt

Auf den **IDW PS 450: Grundsätze ordnungsmäßiger Berichterstattung bei Abschlussprüfungen** wurde bereits hingewiesen. Die darin aufgeführten allg. Grundsätze lassen sich auch auf das Abfassen von Gutachten übertragen. 1154

Aufmerksamkeit verdient auch das Mustergutachten in Formularbuch Insolvenzrecht.[1345]

a) Einleitung

Die Einleitung sollte die Eckdaten der Beauftragung beinhalten. Es ist der Auftraggeber und der Adressat des Gutachtens zu benennen, sowie das Beauftragungsdatum und das Datum des Gerichtsbeschlusses wie auch das gerichtliche Aktenzeichen aufzuführen. Unerlässlich ist auch die Angabe des Stichtags, auf den das Gutachten abstellt. 1155

aa) Auftrag und Auftragsdurchführung, Auftragsbedingungen

Der Gutachtenauftrag muss genau wiedergegeben werden. Dies versteht sich schon allein aus Haftungsgründen. Der Auftrag kann auch in Form einer Frage dargestellt werden: 1156

▶ Beispiel:

»War die XY GmbH bereits am 31.12.2006 überschuldet?«

Aus Gründen der Klarheit oder Haftung kann es erforderlich sein, den Auftrag zusätzlich negativ abzugrenzen. Bezogen auf das eben angeführte Beispiel könnte die Abgrenzung lauten:

»Die Prüfung der Zahlungsunfähigkeit zum 31.12.2006 war hingegen nicht Gegenstand meiner Beauftragung.«

▶ Weiteres Beispiel:

»Durch Beschluss des Amtsgericht Musterhausen vom 09.05.07 hat das Gericht i. R. d. § 5 InsO den Unterzeichnenden beauftragt, zu den Voraussetzungen für die Eröffnung eines Insolvenzverfahrens über das Vermögen der XY GmbH Stellung zu nehmen und insbes. die Frage der Zahlungsunfähigkeit i. S. d. § 17 InsO zu untersuchen. Zugleich soll der Gutachter Stellung nehmen zur kostendeckenden Masse eines möglichen Insolvenzverfahrens.

Mit der Erteilung des Gutachtenauftrags wurden zugleich die vorläufige Insolvenzverwaltung angeordnet, im Rahmen von Sicherungsmaßnahmen nach § 21 Abs. 3 InsO Zwangsvollstreckungsmaßnahmen gegen den Schuldner untersagt und nicht vollendete

1345 C. Nickert, in: Haarmeyer/Pape/Stephan/Nickert, Formularbuch Insolvenzrecht, Bd. I, S. 96 ff.

Vollstreckungsmaßnahmen einstweilen eingestellt, soweit sie nicht unbewegliche Gegenstände betreffen.«

bb) Gegenstand, Art und Umfang der Tätigkeit, Zeitraum der Auftragsdurchführung

(1) Was wird begutachtet?

1157 Gegenstand des Gutachtens ist, was beurteilt werden soll: Nämlich das Unternehmen mit seinen Besonderheiten (Tatsachenbasis). Es sind die speziellen Gegebenheiten darzustellen, die Informationen, die der Gutachter erhalten hat, aufzuführen. Welche Unterlagen wurden ihm von wem zur Verfügung gestellt und ausgewertet? Welche Grundlagen sind in das Gutachten eingeflossen? Stets entscheidet der Gutachter darüber, welche Grundlagen er dem Gutachten als Nachweise beifügt und damit dem Adressaten zu dessen Entscheidungsfindung zur Verfügung stellt. Bezogen auf einen Gutachtenauftrag, der die Beurteilung des Vorliegens von Insolvenzgründen umfasst, ist die letzte Handelsbilanz unerlässlich.

Eine Vollständigkeitserklärung des Inhabers des Unternehmens ist einzuholen und dem Gutachten als Anlage beizufügen. Ein Muster findet sich im Formularbuch Insolvenzrecht.[1346]

(2) Wie wird es begutachtet?

1158 Es sollten die Grundzüge, nach denen das Gutachten erstellt wurde – also Art und Umfang der Tätigkeit – offengelegt und Abweichungen zum Üblichen erläutert werden. Es sind dies u. a. die Arbeitsmethoden und Arbeitsbedingungen, die gesetzten Schwerpunkte, Besonderheiten, Gründe für das Beiziehen von externen Sachverständigengutachten und Bestätigungen Dritter.

Nicht zu vernachlässigen sind hier Negativabgrenzungen: Welche Grundlagen wurden nicht geprüft oder konnten nicht geprüft werden, obwohl sie wesentlich sind? Was wurde ungeprüft als richtig unterstellt? Was ist nicht in das Gutachten eingeflossen? Hat die Geschäftsleitung bereitwillig, ausreichend und rechtzeitig alle erbetenen Auskünfte erteilt? Bestehen Zweifel an der Richtigkeit der Auskünfte und der vorgelegten Unterlagen? Wie verlässlich sind die Grundlagen, auf die sich die Aussagen des Gutachtens stützen?

(3) In welchem Zeitraum wurde der Auftrag durchgeführt?

1159 Diese Angabe ist als Referenzzeitraum unerlässlich – auch aus Haftungsgesichtspunkten. Es wird somit deutlich, dass Informationen, die nach dem genannten Zeitraum bekannt werden, sich nicht auf den Inhalt des Gutachtens auswirken konnten.

1346 C. Nickert, in: Haarmeyer/Pape/Stephan/Nickert, Formularbuch Insolvenzrecht, Bd. I, S. 135.

cc) Rechtlicher Hintergrund des Gutachtenauftrags

Darunter sind mögliche rechtliche Besonderheiten zu verstehen, die dem Gutachten zugrunde liegen oder ursächlich für den Gutachtenauftrag sind. Möglicherweise liegt dem Gutachten eine Anzeige gegen den Geschäftsführer wegen Insolvenzverschleppung zugrunde oder es schweben Rechtstreite, die sich wesentlich auf den Fortbestand des Unternehmens auswirken. Neben den allgemeinen inhaltlichen Erläuterungen ist zusätzlich auch die Angabe der sich gegenüberstehenden Parteien erforderlich. 1160

Denkbar sind auch Ausführungen zum allgemeinen rechtlichen Hintergrund der Gutachtenfrage. Sie sollten jedoch immer auf den Wissenshorizont des Adressaten abgestellt werden. Ausufernde schriftliche Diskussionen sind zu vermeiden.

b) Rechtliche und steuerrechtliche Verhältnisse

Unter diesem Punkt wird das Unternehmen unter Auswertung der vorgelegten Gesellschaftsverträge, Beschlüsse, Urkunden und Unterlagen vorgestellt: 1161
- Unternehmensmerkmale (Gründungszeitpunkt, Handelsregisternummer, Gesellschafter, einbezahltes Stammkapital u. v. m.),
- gesellschaftsrechtliche Verhältnisse, (ausländische) Konzernabhängigkeiten,
- Geschäftsfeld,
- Kernkompetenzen,
- Geschäftsrisiken,
- Branchenbesonderheiten,
- rechtliche Rahmenbedingungen,
- Beteiligungsverhältnisse,
- wesentliche Verträge,
- Personal,
- außergewöhnliche rechtliche Gestaltungen.

Auf besondere steuerrechtliche Verhältnisse sollte hingewiesen und die Auswirkungen verdeutlicht werden. Denkbar sind z. B. Ergebnisse aus Steuerfahndungs- oder Betriebsprüfungen, Vollstreckungsvorgänge. Nicht selten bestehen Organschaftsverhältnisse (USt, Körperschaftsteuer, Gewerbesteuer), die in ihren Auswirkungen nicht unterschätzt werden dürfen.

c) Wirtschaftliche Verhältnisse (Vermögens-, Finanz- und Ertragslage)

Hier bietet es sich an, die wirtschaftliche Situation zunächst erschöpfend verbal zu beschreiben. Die Verlässlichkeit und Aussagekraft des Rechnungswesens ist darzustellen. Kann die Buchhaltung als vollständig, wahr und richtig unterstellt werden? Liegen glaubhafte Inventurergebnisse vor? 1162

Daran schließt sich dann eine zahlenmäßige und kritische inhaltliche Auswertung der Jahresabschlüsse der letzten drei – fünf Jahre in Form von Zeitreihen oder Entwicklungsübersichten und von aktuellen Betriebswirtschaftlichen Auswertungen (BWA) an. Abhängig vom Gutachtenauftrag ist das Unternehmen an dieser Stelle auch einer betriebswirtschaftlichen Kennzahlenanalyse zu unterziehen. Die Kennzahlenanalyse erfolgt mit Vorjahreszahlen und Sollzahlen, die Abweichungen werden kritisch hinterfragt, die Ursachen plausibilisiert.

Wichtige Kennzahlen in diesem Zusammenhang sind:
- Eigenkapital- und Umsatzrentabilität,
- Liquiditäts- und Verschuldungsgrade,
- Working Capital,
- Eigenkapitalquote.

Auch die Interpretation einer Kapitalflussrechnung (DRS 2) verschafft einen tieferen Einblick in die möglichen Ursachen der Unternehmenskrise. Die Aussagen der berechneten betriebswirtschaftlichen Kennzahlen sollten kurz dargestellt werden.

1163 Unerlässlich ist je nach Gutachtenauftrag ein Kurzbericht zur Insolvenzprognose auf Basis einer statistischen Diskriminanzanalyse (Prof. Jürgen Hauschildt, Universität Kiel). Das Unternehmen wird klassifiziert und damit eine Aussage über dessen Krisenanfälligkeit in der Zukunft getroffen.[1347] Das Ergebnis der Diskriminanzanalyse ist ein bestimmter Wert, der als Indikator für die zukünftige wirtschaftliche Entwicklung des Unternehmens fungiert. Er zeigt die statistisch ermittelte Eintrittswahrscheinlichkeit einer Insolvenz in den nächsten drei Jahren. Hieraus lässt sich eine positive oder negative Fortführungsprognose ableiten. Diese ist wiederum Grundlage für den Bewertungsansatz der Vermögenswerte und Schulden in einem aufzustellenden Überschuldungsstatus (Fortführungs- oder Zerschlagungswerte).

Die Aussagen der Diskriminanzanalyse zur wirtschaftlichen Situation des Unternehmens stehen als Zwischenergebnis des Gutachtens im Zentrum des Gutachtens. Es sollte auch klargestellt werden, auf welchem Bewertungsansatz der handelsbilanzielle Ausweis basiert.

Je nach Umfang ist es ratsam, die Auswertungen in diesem Abschnitt zu analysieren und das Zahlenmaterial als gesonderte Anlage in das Gutachten einzubeziehen.

1164 Im Gutachten werden nun die einzelnen Vermögensgegenstände und Schulden genauer betrachtet, die Bewertungsansätze hergeleitet und die Werthaltigkeit diskutiert. Die strengen, vom Vorsichtsprinzip getragenen Bilanzierungsregeln des Handelsgesetzbuches (HGB), insb. §§ 248 Abs. 2, 252 Abs. 1, 253 und 255 HGB, gelten im Überschuldungsstatus nicht. Vielmehr müssen stille Reserven bei der Überschuldungsprüfung in Ansatz gebracht werden. Im Gegenzug hierzu sind stille Lasten ebenfalls auszuweisen. Die Unterschiede zum Bewertungsansatz im handelsrechtlichen Jahresabschluss sind deutlich zu machen.

Es bietet sich an, den erstellten Überschuldungsstatus der Übersichtlichkeit wegen dem Gutachten als Anlage beizufügen, auf die immer wieder Bezug genommen werden kann. Besser ist es, den Überschuldungsstatus nicht isoliert zu entwickeln, sondern die Bewertungsansätze den handelsbilanziellen Werten gegenüberzustellen.

1347 Vgl. Salomo/Kögel, in: Hauschildt/Leker, Krisendiagnose durch Bilanzanalyse, S. 221.

aa) Vermögenswerte (Aktiva)

Die einzelnen Bewertungsmethoden und -möglichkeiten wurden in den vorangehenden Kapiteln bereits dargestellt. An dieser Stelle werden daher nur noch (einmal) Besonderheiten skizziert, denen Beachtung geschenkt werden sollte. Es versteht sich von selbst, dass die Bewertungsgrundlagen, wie z. B. das Verwertergutachten, als Anlage dem Gericht zur Verfügung zu stellen sind. 1165

Zu den einzelnen Aktiva können die verschiedenen Bewertungsansätze, Einschätzungen der Unternehmensführung etc. dargestellt oder auch gegenübergestellt werden, soweit sie wesentlich voneinander abweichen. Der eigene Ansatz ist zu begründen. Schwierigkeiten bei der Ermittlung sollten erwähnt werden.

▶ Beispiel:

»Die retrograde Ermittlung der Vermögensgegenstände ist von erheblichen Unsicherheiten geprägt. Für meine Ermittlung gehe ich von den Einschätzungen des Insolvenzverwalters, des öffentlich bestellten und vereidigten Gutachters Max Muster, und zuletzt von der Einschätzung des Schuldners in der Fassung seiner eidesstattlichen Versicherung zur Vorlage beim Insolvenzgericht Musterhausen vom 08.04.2007 aus. Soweit sich diese Einschätzungen decken, werden diese als wahr unterstellt. Ansonsten gehe ich zugunsten des Schuldners von dem höchsten Wert der Aktiva und vom niedrigsten Wert der Passiva aus.«

Es ist auf eine vollständige Einzeldarstellung aller Vermögenswerte zu achten. Daher bietet es sich an, auf fehlende Vermögenswerte hinzuweisen und Negativabgrenzungen vorzunehmen, so z. B. dass selbst geschaffene immaterielle Vermögensgegenstände, welche in der Handelsbilanz nicht aktiviert werden dürfen, nicht feststellbar waren. Der Gutachter legt damit dar, dass er die Existenz stiller Reserven auch insoweit überprüft und nicht vergessen hat. Dies betrifft insb. auch die sog. Sonderaktiva.

Im Bereich der Forderungen dürfen v. a. Forderungsverluste nicht vergessen werden. Außerdem sei nochmals darauf hingewiesen, dass bei der Bewertung von Forderungen Aufrechnungsansprüche außer Ansatz bleiben. Des Weiteren muss berücksichtigt werden, dass diejenigen Ansprüche, die erst in einem eröffneten Insolvenzverfahren geltend gemacht werden können, im Überschuldungsstatus nicht ausgewiesen werden dürfen. Es sind dies z. B. Forderungen aus Insolvenzanfechtung, Ansprüche auf Ersatz eines Gesamtschadens gem. § 92 InsO sowie Haftungsansprüche gegen persönlich haftende Gesellschafter. Abweichend von der Handelsbilanz sind auch Forderungen aus schwebenden Geschäften zu aktivieren, soweit mit ihrer Erfüllung zu rechnen ist.[1348]

Hinsichtlich der aktiven Rechnungsabgrenzungsposten ist der unterschiedliche Wertansatz mit und ohne positive Fortführungsprognose zu beachten.

1348 Vgl. Jaeger-Müller, § 19 Rn. 60 ff.; Harz, ZInsO 2001, 200; K. Schmidt, in: Scholz/Emmerich, GmbHG, vor § 64 Rn. 25.

Am Ende der Ausführungen zu den Aktiva ist der Ausweis einer Gesamtsumme hilfreich.

bb) Schulden (Passiva)

1166 In der Praxis ergeben sich zwischen Handelsbilanz und Überschuldungsstatus nur in einzelnen Positionen Unterschiede.

Auf der Passivseite des Überschuldungsstatus sind alle Verbindlichkeiten zu berücksichtigen, die im Fall einer Verfahrenseröffnung als Insolvenzforderung aus der Masse zu befriedigen wären. Sie sind grds. ohne Rücksicht auf ihre Fälligkeit mit dem Nennwert anzusetzen. Langfristige und unverzinsliche Verbindlichkeiten dürfen mit dem Barwert angesetzt werden. Verbindlichkeiten aus schwebenden Geschäften *müssen* passiviert werden.[1349]

Das handelsbilanzielle Eigenkapital ist nicht in den Überschuldungsstatus zu übernehmen.

Rückstellungen sind auszuweisen, wenn mit einer Inanspruchnahme des Schuldners ernsthaft gerechnet werden kann. Das Augenmerk des Gutachters sollte insb. auf den in der Handelsbilanz *nicht* gebildeten Rückstellungen liegen. Welche Rückstellungen hätten z. B. für Gewährleistung und Schadensersatz in welcher Höhe gebildet werden müssen? Die Gründe für die Bildung sind darzustellen.

Liegen vom Gesellschafter gewährte Darlehen vor, ist zu überprüfen, ob Rangrücktrittserklärungen vorliegen, die einen Ausweis der Verbindlichkeit im Überschuldungsstatus verhindern. Die Rangrücktrittserklärung ist dem Gutachten zwingend als Anlage beizufügen.

Am Ende der Ausführungen zu den Passiva ist der Ausweis einer Gesamtsumme hilfreich. Ergibt sich eine Überschuldung, ist die Angabe der Höhe erforderlich.

Außerdem sollte auf die Gegenüberstellung von Handelsbilanz und Überschuldungsstatus in der Anlage hingewiesen werden.

cc) Der Blick in die Zukunft

1167 Auch Ereignisse oder zu erwartende Entwicklungen nach dem Gutachtenstichtag, die von Bedeutung für die Entscheidungsfindung sein können, sind darzustellen und im Gutachten zu berücksichtigen. Der Blick in die Zukunft darf aus Gründen der Vollständigkeit nicht fehlen. Wurden langfristige Verträge geschlossen oder Garantieerklärungen abgegeben, die in naher Zukunft zu erfüllen sind? Liegen Gesellschafterprotokolle vor, die Ausschüttungen oder andere finanzielle Verpflichtungen enthalten? Sind Rechtsstreitigkeiten anhängig oder drohen sie? Mit welchem Ausgang ist zu rechnen? Besteht die Möglichkeit einer kurzfristigen Kapitalzuführung?

1349 Jaeger-Müller, § 19 Rn. 70 ff.; K. Schmidt, in: Scholz/Emmerich, GmbHG, vor § 64 Rn. 29.

Ebenso wichtig ist eine Risikoberichterstattung hinsichtlich des geschäftlichen Umfelds, der Branche, aber möglicherweise auch bzgl. der Entwicklungen im Personalbereich, der EDV – und dem Insolvenzgutachten immanent: hinsichtlich der finanziellen Verpflichtungen.

d) Insolvenzgründe

Die Darstellung und Beurteilung der Insolvenzgründe beschäftigt sich mit dem eigentlichen Gutachtenauftrag und nimmt damit den zentralsten Raum im Gutachten ein. **1168**

An dieser Stelle soll nun nicht der Inhalt der anderen Beiträge dieses Buches zusammengefasst oder gar wiederholt werden. Vielmehr soll die Aufmerksamkeit des Lesers auf die Inhalte einiger Verlautbarungen des IDW gelenkt werden, die sich speziell mit den Insolvenzgründen beschäftigen.

aa) Die Beurteilung der Fortführung der Unternehmenstätigkeit i. R. d. Abschlussprüfung

I. R. d. Untersuchung der Insolvenzgründe ist es erforderlich, für das Unternehmen eine (positive oder negative) Fortführungsprognose zu stellen. Die Fortführung des Unternehmens ist abhängig vom finanziellen Gleichgewicht und/oder der Ertragskraft. Nach **IDW PS 270** beträgt der Prognosezeitraum mindestens zwölf Monate ab Abschlussstichtag. Kann die Fortführung nicht mehr angenommen werden, wirkt sich dies im Überschuldungsstatus auf die Bewertung der Vermögensgegenstände aus (Einzelveräußerungswerte). **1169**

So hat der Gutachter auf der Basis seiner Eigenverantwortlichkeit zu prüfen, inwieweit die Geschäftsleitung die Chancen der Fortführung der Unternehmenstätigkeit zutreffend einschätzt oder ob Risiken bestehen/bestanden, die den Fortbestand des Unternehmens gefährden.

Soll im Nachhinein beurteilt werden, ob die Geschäftsführung zu einem bestimmten Abschlussstichtag zu Recht von einer positiven Fortführungsprognose ausgegangen ist, ist Folgendes zusätzlich zu beachten: Es dürfen auch im Zeitraum bis zur endgültigen Aufstellung des Jahresabschlusses keine gewichtigen Umstände zutage getreten sein, die darauf hätten schließen lassen, dass das Unternehmen nicht mehr fortgeführt werden kann.

Im Handelsrecht ist grds. von einer positive Fortführungsprognose auszugehen (going concern § 252 Abs. 1 Nr. 2 HGB). Fehlen jedoch in der Vergangenheit nachhaltige Gewinne oder besteht gar eine (drohende) bilanzielle Überschuldung, fehlt die Möglichkeit, liquide Mittel zu schaffen, und sind darüber hinaus kaum oder keine stillen Reserven vorhanden, ist die Fortführungsprognose anhand »aktueller, hinreichend detaillierter und konkretisierter interner Planungsunterlagen, insbes. eines **1170**

Finanzplanes«[1350] einzuschätzen. Der Finanzplan sollte auch umsetzbare Sanierungsmaßnahmen beleuchten.

Dies gilt einerseits für die Geschäftsleitung zu den einzelnen Abschlussstichtagen, aber auch für den Gutachter, der die Fortführungsprognose beurteilen soll. Im Weiteren listet der IDW PS 270 Umstände auf, die Anlass für Fragestellungen sein können, um die Lage des Unternehmens genauer zu beleuchten (sog. bestandsgefährdende Tatsachen).

Dabei ist zu unterscheiden zwischen bestandsgefährdenden Tatsachen, die sich vor dem Zeitpunkt der Gutachtenerstellung ergeben haben, und solchen, die sich für den Zeitraum nach Gutachtenerstellung bereits abzeichnen oder zu erwarten sind. Eine besondere Bedeutung kommt der Einschätzung des Gutachters zu, wie wahrscheinlich oder sicher ihr Eintritt ist.

Es ist auch darauf einzugehen, welche Maßnahmen von der Geschäftsleitung bereits ergriffen wurden, um der negativen Entwicklung des Unternehmens entgegenzusteuern. Der IDW PS 270 rät dem Abschlussprüfer, sich »rettende Vorhaben« der Geschäftsführer – wie z. B. Umschuldung, Einsparungen, Einlagen – schriftlich bestätigen zu lassen.[1351] Dies gilt auch für den Gutachter, denn die vorausschauende Beurteilung der Insolvenzgefahr oder der Möglichkeit der Fortführung des Unternehmens wird sich auch auf die Zusagen, Auskünfte und Einschätzungen der Geschäftsleitung stützen.

Unabdingbar ist ein Einblick in die vergangenen und zukünftigen Zahlungsströme, die letzten Jahresabschlüsse und die vertraglichen Grundlagen für gewährte Darlehen – letzteres insb. mit nahestehenden Personen. Aufschluss über die Entwicklung und Lage des Unternehmens können auch Besprechungs- oder Gesellschafterprotokolle geben. Diese Unterlagen sollten stets zur Akte genommen werden.

bb) IDW Stellungnahme zur Rechnungslegung: Auswirkungen einer Abkehr von der Going Concern-Prämisse auf den handelsrechtlichen Jahresabschluss

1171 Abweichend vom Handelsrecht geht das Insolvenzrecht im Überschuldungsstatus grds. von Zerschlagungswerten aus. Doch wie sind die Vermögenswerte unter Zerschlagungsgesichtspunkten zu bewerten? Hier hilft der IDW RS, HFA 17 als Einstieg in Bewertungsüberlegungen weiter.

Auf der Basis einer negativen Fortführungsprognose rückt die Gewinnermittlung, die im Zeichen einer korrekten Aufwands- und Ertragsperiodisierung steht, in den Hintergrund. Wesentlich ist, das Vermögen, das für die Verwertung oder zeitweise Betriebsfortführung zur Verfügung steht, den Verpflichtungen gegenüberzustellen, die infolge der Auflösung des Unternehmens zu begleichen sind.

Die Eingangskapitel beziehen sich explizit auf die Frage des Ansatzes der Vermögensgegenstände und deren Bewertung hinsichtlich der einzelnen Insolvenzgründe. Es wird

1350 IDW PS 270, Tz. 10; s. hierzu Rdn. 1066 ff.

1351 Vgl. hierzu IDW PS 303.

deutlich, dass der im IDW RS, HFA 17 dargestellte handelsrechtliche Ansatz nicht ungeprüft übernommen werden kann.

Bedeutend ist, dass für die Ansatzentscheidung im Überschuldungsstatus bei negativer 1172
Fortführungsprognose das handelsrechtliche Anschaffungskostenprinzip gerade *nicht* gilt: Es sind nicht nur die fortgeführten Anschaffungskosten auszuweisen, sondern gerade auch die enthaltenen und realisierbaren stillen Reserven! Nichtsdestotrotz ist beim Ansatz des Zeitwertes im Überschuldungsstatus die voraussichtliche Dauer der Liquidation zu berücksichtigen. Im Bereich der Verpflichtungen ist bei Wegfall der positiven Fortführungsprognose der zukünftige Aufwand in vollem Umfang zu berücksichtigen, da nicht mehr damit gerechnet werden kann, dass sich der nach dem Stichtag entstehende Aufwand im laufenden Geschäftsbetrieb erwirtschaften lässt. Des Weiteren ist Sonderkündigungsrechten im Bereich der Verbindlichkeiten Rechnung zu tragen. Ggf. ist hierauf erläuternd hinzuweisen.

Mit dem IDW RS, HFA 17 sollte also kritisch gearbeitet werden, obgleich er wertvolle Hinweise auch für die Bewertung im Überschuldungsstatus enthält.

cc) Empfehlungen zur Prüfung eingetretener oder drohender Zahlungsunfähigkeit bei Unternehmen

Der Prüfungsstandard IDW S 11 bietet Hinweise zur Prüfung der beiden Insolvenz- 1173
gründe Zahlungsunfähigkeit und drohende Zahlungsunfähigkeit.

Grundlage zur Beurteilung der Zahlungsunfähigkeit ist hiernach ein Finanzplan, der **alle fälligen** und nicht nur die ernsthaft eingeforderten Verbindlichkeiten umfasst. Ist aus dem Finanzplan ersichtlich, dass das Unternehmen aktuell fälligen finanziellen Verpflichtungen nicht innerhalb eines Monats nachkommen kann, ist bereits Zahlungsunfähigkeit eingetreten. Die Zahlungsunfähigkeit droht, wenn mit überwiegender Wahrscheinlichkeit damit zu rechnen ist, dass gewichtige Liquiditätslücken entstehen werden.

Nach dem **IDW S 11** fußt der zu erstellende Finanzplan auf einem **Finanzstatus**. Hie- 1174
rin stehen die verfügbaren Finanzmittel den fälligen Verbindlichkeiten entsprechend ihrem Liquiditätsgrad bzw. der Fälligkeit ggü. Einzuarbeiten sind ebenfalls realistische Erweiterungsmöglichkeiten, wie sie sich aus einer Darlehensaufnahme, einer Einlage oder aus dem Verkauf von Anlagevermögen ergeben können.

Der sich anschließende **Finanzplan** zeigt dann die zukünftigen Zahlungsverpflichtun- 1175
gen und -eingänge sowie hinreichend gesicherte Finanzierungsmaßnahmen innerhalb des Planungszeitraums. Bei bereits eingetretener Liquiditätslücke ist der Zeitraum zur Beurteilung der Zahlungsunfähigkeit auf bis zu drei, längstens sechs Monate auszudehnen. Im Fall der Beurteilung drohender Zahlungsunfähigkeit bestimmt die Fälligkeit der bestehenden Verbindlichkeiten den Planungszeitraum.

Des Weiteren zeigt der Prüfungsstandard Kriterien für die Prüfung eingetretener und 1176
drohender Zahlungsunfähigkeit auf. So wird sich der Gutachter intensiv mit dem Begriff der »Fälligkeit von Verbindlichkeiten« auseinandersetzen, da deren Umfang

maßgeblich für die Einschätzung ist, die der Gutachter aus dem Finanzplan ableitet. Dasselbe gilt für den Umfang und die Dauer der im Finanzplan erkennbaren Liquiditätsunterdeckung. Der IDW S 11 legt zur Abgrenzung von Zahlungsunfähigkeit und Zahlungsstockung die Rechtsprechung des BGH zugrunde. In seinem Urt. v. 24.05.2005[1352] geht der BGH mittlerweile von einer Zahlungsstockung aus, wenn die benötigten Mittel nicht innerhalb von drei Wochen beschafft werden können. Bezieht sich der Liquiditätsengpass auf bis zu 10 % der Gesamtverbindlichkeiten kann eine geringfügige Unterdeckung und damit Zahlungsfähigkeit des Unternehmens angenommen werden. So der Grundsatz. Den aktuell fälligen Verbindlichkeiten sind die kurzfristig liquiden Mittel gegenüberzustellen.

Lässt sich der Eintritt der Zahlungsunfähigkeit nicht eindeutig aus dem Finanzplan erkennen, reicht jedoch eine pauschale zeitliche Zuordnung der Liquiditätsunterdeckung nicht aus.

1177 Ebenfalls hilfreich ist das Studium folgender Aufsätze:

- Richter Dr. Andreas Schmidt[1353] und RA Dr. Jan Roth, Frankfurt am Main *»Die Bewertung von streitigen Verbindlichkeiten bei der Ermittlung der Insolvenzeröffnungsgründe«,*[1354]
- Dipl. Betriebswirt Dr. Michael Harz/Dipl. Betriebswirt Uwe Baumgartner und Dipl. Betriebswirt Günter Conrad *»Kriterien der Zahlungsunfähigkeit und der Überschuldung – Stand und Sichtweisen nach knapp sieben Jahren InsO«,*[1355]
- Professor Dr. Wilhelm Uhlenbruck *»Zahlungsunfähigkeit wegen vorläufig vollstreckbarer Zahlungstitel?«.*[1356]

dd) Empfehlungen zur Überschuldungsprüfung bei Unternehmen

1178 Betroffen und gemeint ist die Beurteilung der **insolvenzrechtlichen Überschuldung** eines Unternehmens (§ 19 InsO). Der **IDW S 11** (vormals IDW FAR 1/96) beschäftigt sich leitlinienmäßig neben dem Inhalt und der Durchführung der Überschuldungsprüfung auch mit den Ansatz- und Bewertungsgrundsätzen im aufzustellenden Überschuldungsstatus.

Bei der Überschuldungsprüfung ist einerseits stichtagsbezogen zu betrachten, ob das Vermögen des Schuldners die bestehenden Verbindlichkeiten nicht mehr deckt, andererseits aber auch eine Prognose für die nahe Zukunft abzugeben, ob evtl. die Verbindlichkeiten dennoch fristgerecht bedient werden können.

Die Vorgehensweise bei der Überschuldungsprüfung ist zu dokumentieren. Sie vollzieht sich in zwei Stufen: Zunächst ist über die **Fortführungsprognose** zu

1352 BGH, Urt. v. 24.05.2005 – IX ZR 123/04.

1353 Richter am AG Hamburg; Herausgeber des Hamburger Kommentars zum Insolvenzrecht, Carl Heymanns Verlag.

1354 Schmidt/Roth, ZInsO 2006, 236 ff.

1355 Harz/Baumgartner/Conrad, ZInsO 2005, 1304 ff.

1356 Uhlenbruck, ZInsO 2006, 338 ff.

entscheiden[1357] – auf der Basis eines Finanzplans, der auf dem Unternehmenskonzept beruht.[1358] Auf der Grundlage der positiven oder negativen Fortführungsprognose ist im zweiten Schritt der **Überschuldungsstatus** unter entsprechender Bewertung der Vermögensgegenstände aufzustellen. Hierin stehen sich stichtagsbezogen das Vermögen und die Schulden des Unternehmens ggü. Der IDW S 11 gibt Hinweise, wann eine Fortbestehensprognose entbehrlich sein kann.

Die zweite Stufe ist im zeitlichen Geltungsbereich des Überschuldungsbegriffes i. d. F. des **Finanzmarktstabilisierungsgesetzes (FMStG) entbehrlich, soweit dem Unternehmen bereits in der ersten Prüfungsstufe eine positive Fortbestehensprognose bescheinigt werden kann.**

Nach dem **IDW S 11** ist die Fortbestehensprognose »das qualitative, wertende Gesamt- 1179
urteil über die Lebensfähigkeit des Unternehmens in der vorhersehbaren Zukunft bzw. über dessen Verwertungsaussichten«.[1359]

Zur Beurteilung der Fortbestehensprognose ist zunächst das Unternehmenskonzept zu beleuchten. Es soll das Vorhaben des Unternehmens, seine Ziele und Strategien beschreiben und damit den möglichen, gedachten, aber auch realistischen Weg aus der Krise darstellen. Auf der Basis des Unternehmenskonzepts ist der Finanzplan aufzustellen, der wiederum zeigt, ob das Konzept geeignet ist, das Überleben des Unternehmens zu sichern. Er ist die Basis für die Fortbestehensprognose und umfasst je nach Unternehmen einen Zeitraum von zwölf Monaten.[1360]

Eine positive Fortbestehensprognose ist nach aktueller Rechtslage geeignet, eine Überschuldung zu beseitigen. I. d. F. des Überschuldungsbegriffes bis zum 17.10.2008 war das Ergebnis der Fortbestehensprognose Bewertungsdeterminante für den Überschuldungsstatus.

In diesem Fall ist bei einer negativen Fortführungsprognose das Vermögen am dargelegten Unternehmenskonzept auszurichten und unter non-going-concern-Gesichtspunkten mit Zerschlagungswerten zu bewerten. Der IDW S 11 betont ausdrücklich, dass handelsrechtliche Ansatz- und Bewertungsgrundsätze in diesem Zusammenhang nicht maßgeblich sind,[1361] selbst wenn die Handelsbilanz als Basis für den Überschuldungsstatus dienlich ist. Darüber hinaus sind jedoch zwingend Korrekturen vorzunehmen – evtl. Forderungen und Verbindlichkeiten auszuweisen, die handelsrechtlich einem Ansatzverbot unterliegen.

Der IDW S 11 stellt beispielhaft die Ansatz- und Bewertungsgrundsätze dar. So ist z. B. i. R. d. Bewertung auch zu beachten, in welchem Zeitraum das Unternehmen saniert oder liquidiert wird.

1357 Vgl. hierzu IDW PS 270.

1358 Auf den FAR 1/1991 »Anforderungen an Sanierungskonzepte« wird verwiesen.

1359 s. IDW S 11.

1360 Zum Finanzplan s. IDW S 11.

1361 IDW S 11, Rn. 69.

1180 Abschließend hat der Gutachter anhand des Überschuldungsstatus zu beurteilen, ob Überschuldung im insolvenzrechtlichen Sinne vorliegt. Sie kann sich nicht nur bei negativer Fortführungsprognose ergeben:
- ein negatives Reinvermögen bedeutet unabhängig von der Art der Fortführungsprognose stets Überschuldung,
- ein positives Reinvermögen bei negativer Fortführungsprognose bedeutet drohende Überschuldung,
- ein positives Reinvermögen bei positiver Fortführungsprognose weist keine Überschuldung aus.

Die Beurteilung des Vorliegens einer Überschuldung ist selbstverständlich für einen Dritten, insb. für den Adressaten des Gutachtens, nachvollziehbar darzustellen und zu kommentieren. Und das nicht zuletzt aus Haftungsgründen.

Literaturempfehlungen:
- Dr. Siegfried Merz und Alexander-Leon Hübner »*Aktivierung von Sicherheiten Dritter und Behandlung rangrückgetretener Forderungen im Überschuldungsstatus gem. § 19 Abs. 2 InsO*«[1362]
- Dr. Carsten Jungmann, LL.M. (Yale) »*Zur bilanziellen Behandlung und summenmäßigen Begrenzung von Ansprüchen aus § 31 GmbHG*«[1363]

e) Überschuldungsstatus

1181 An dieser Stelle des Gutachtens bietet es sich an, den Überschuldungsstatus einzufügen. Es handelt sich um eine wertmäßige zusammenfassende Darstellung der bewerteten Vermögensgegenstände und Schulden. Der Überschuldungsstatus kann auch in die Anlagen genommen werden.

f) Maßnahmen zur Sicherung/Zukunftsprognose

1182 In diesem Abschnitt stehen die Darstellung der Risiken und Chancen, möglicherweise resultierend aus den (geänderten) Unternehmenszielen und -strategien, die Marktentwicklung(-stendenzen) und Anpassungsmöglichkeiten im Vordergrund.

Zentral sind hier Erwägungen, die im Zusammenhang mit der Frage der Sanierungsmöglichkeiten des Unternehmens stehen.

g) Sanierungskonzepte

1183 Die Verlautbarungen des IDW Fachausschusses Sanierung und Insolvenz (**FAS**) **im IDW Standard S 6 Anforderungen an die Erstellung von Sanierungskonzepten** können hilfreich sein.[1364] Soll und kann das krisengeschüttelte Unternehmen nicht

1362 Merz/Hübner, DStR 2005, 802 ff.

1363 Jungmann, DStR 2004, 688 ff. (Der Aufsatz beschäftigt sich ebenfalls mit dem Ausweis der Ansprüche nach § 31 GmbHG im Überschuldungsstatus.).

1364 Der IDW S 6 ersetzt den bisherigen FAR 1/1991.

zerschlagen, sondern saniert werden, ist die Aufstellung eines Sanierungskonzeptes erforderlich. Das Sanierungskonzept ist so aufzubauen, dass es dem externen Leser dazu dient, die Sanierungsfähigkeit zu beurteilen und eine Entscheidung zu treffen. Der IDW S 6 bietet eine Anleitung für die Erarbeitung, Darstellung und erforderliche Dokumentation des Konzepts.

Kernbestandteile eines Sanierungskonzeptes i. s. dieses IDW Standards sind:
- die Beschreibung von Auftragsgegenstand und -umfang
- die Darstellung der wirtschaftlichen Ausgangslage
- die Analyse von Krisenstadium und -ursachen
- die Darstellung des Leitbilds des sanierten Unternehmens
- die Maßnahmen zur Bewältigung der Unternehmenskrise
- ein integrierter Unternehmensplan.

Nach der Definition des IDW S 6 ist ein Unternehmen dann sanierungsfähig, wenn
a) zunächst die Annahme der Unternehmensfortführung i. S. d. § 252 Abs. 1 Nr. 2 HGB bejaht werden kann und somit keine rechtlichen oder tatsächlichen Gegebenheiten der Fortführung der Unternehmenstätigkeit entgegenstehen.
b) Darüber hinaus sind durch geeignete Maßnahmen – in einem ggf. entsprechend verlängerten Prognosezeitraum – auch nachhaltig sowohl die Wettbewerbsfähigkeit als auch die Renditefähigkeit wieder zu erlangen (nachhaltige Fortführungsfähigkeit).[1365]

▶ Wichtig:

In der Zeit bis zur Fertigstellung des Sanierungskonzeptes müssen offenkundige Insolvenzantragspflichten wegen eingetretener Zahlungsunfähigkeit bzw. Überschuldung auszuschließen sein.

Im Fall einer Insolvenzgefahr hat das Sanierungskonzept in einer

1. Stufe

Maßnahmen zur Herbeiführung bzw. Sicherstellung der Fortführungsfähigkeit i. s. einer positiven Fortführungsprognose vorzusehen, mit denen sich die Bestandsgefährdung des Unternehmens, also insb. die Gefahr des Eintritts von Zahlungsunfähigkeit oder Überschuldung, mindestens für das laufende und das folgende Jahr abwenden oder beheben lässt.

2. Stufe

In einer nächsten Stufe muss im Sanierungskonzept dargelegt werden, wie das zu sanierende Unternehmen diese Fortführungsfähigkeit nachhaltig erreichen kann. Dies setzt voraus, dass das Unternehmen auf seinem relevanten Markt über Wettbewerbsfähigkeit verfügt oder sich mit überwiegender Wahrscheinlichkeit diese Fähigkeit erarbeiten kann.[1366]

1365 Vgl. IDW S 6.
1366 Vgl. IDW S 6.

▶ Wichtig:

Ein vollständiges Sanierungskonzept liegt nur dann vor, wenn darin zugleich die Probleme aller bereits durchlaufenen Krisenstadien aufgearbeitet werden. Werden auftragsgemäß nur einzelne Teile eines Sanierungskonzeptes bearbeitet, ist auf die nicht behandelten Problembereiche (z. B. fehlendes Strategie- oder Stakeholderkonzept) ausdrücklich hinzuweisen. Beispielsweise kann zunächst isoliert eine Fortbestehensprognose erstellt werden, um den Insolvenzgrund der Überschuldung auszuschließen. Das Konzept untersucht in diesem Fall nur, ob das Unternehmen in der Lage ist, die innerhalb des Prognosezeitraumes die jeweils fälligen Verbindlichkeiten zu erfüllen.

Es ist dringend zu empfehlen, dass bereits zu Beginn des Gutachtens der Auftragsinhalt genau dargestellt wird. Bei Vereinbarung der Auftragsbedingungen sollte der Ersteller ebenso festlegen,

a) unter welchen Voraussetzungen er mit einer Überlassung seines Arbeitsergebnisses an Dritte einverstanden ist und
b) welche Haftung dann gegenüber den Dritten gelten soll. Dies gilt insb. dann, wenn der Ersteller seinen Mandanten zu Gesprächen mit Dritten über die Lage des Unternehmens, die erforderlichen Sanierungsmaßnahmen und deren Erfolgsaussichten begleitet.[1367]

Zur ordnungsgemäßen Erfüllung des Auftrags ist ein ungehinderter Zugang zu den erforderlichen Informationen erforderlich. Folgende Punkte sollten deshalb in einem Auftrag fest vereinbart werden:[1368]

- unbeschränkter Zugang zu Geschäftsunterlagen
- umfassendes Auskunftsrecht gegenüber der Gesellschaft
- ggf. können die Mitwirkungspflichten des Auftraggebers vereinbart werden
- Vertraglich vereinbarter Anspruch auf eine Vollständigkeitserklärung
- Vereinbarung, dass Konzept nur als Ganzes, ggf. nach vorherigem schriftlichem Einverständnis herausgegeben werden darf.

Sowohl bei einer Fortbestehensprognose, als auch bei einem umfassenden Sanierungskonzept ist es unerlässlich, zunächst das Unternehmen mit allen wesentlichen Eckdaten darzustellen. Der IDW S 6 zeigt sehr ausführlich beispielhaft Punkte auf, über die zu berichten ist, damit sich der Leser ein Bild über die Situation des Unternehmens machen kann. Die Anlage kann als Checkliste und Gliederung des Sanierungskonzeptes verwendet werden. Die Eckdaten sollten belegbar dokumentiert und um eine Vollständigkeitserklärung der (bisherigen) Geschäftsführung ergänzt, die Informationsquellen offengelegt werden. Erforderlichenfalls sind die Unterlagen dem Konzept beizufügen.

1184 Auf die Beschreibung des Unternehmens folgt dessen Analyse. In Abhängigkeit der eigenen Kenntnisse und Fähigkeiten und der zur Verfügung stehenden Zeit ist die Analysemethode auszuwählen, zu benennen und ggf. zu begründen. Die Auswahl steht im

1367 Vgl. IDW S 6.
1368 Vgl. IDW S 6.

pflichtgemäßen Ermessen des Erstellers. Zu analysieren sind das Umfeld des Unternehmens, die Branchenentwicklung und die internen Unternehmensverhältnisse.

Die Feststellung und Benennung des eingetretenen Krisenstadiums unter Berücksichtigung der Krisenentwicklung und der verlaufsrelevanten Krisenursachen ist ein Neuerungsschwerpunkt des IDW S 6.

Als charakteristische Arten einer Krise lassen sich die
- Stakeholder-,
- Strategie-,
- Produkt- und Absatzkrise sowie die
- Erfolgs- und die
- Liquiditätskrise bis hin zu einer
- Insolvenzlage

unterscheiden. Das Sanierungskonzept hat Aussagen zu den einzelnen Krisenstadien zu treffen. Das jeweilige Krisenstadium bestimmt die Inhalte und den jeweils gebotenen Detaillierungsgrad eines Sanierungskonzepts.

Die Krisenursachen sind entsprechend den Krisenstadien systematisch zu analysieren und zu dokumentieren. Zu unterscheiden sind generell externe Krisenursachen und interne Ursachen. Aus der **Krisenursachenanalyse** soll ersichtlich werden, welche oft vielfältigen und miteinander verstrickten Faktoren in welcher Art und Weise zur Schieflage des Unternehmens geführt haben. In der **Lagebeurteilung** machen die Wechselwirkungen und Abhängigkeiten innerhalb des Unternehmens sowie zwischen dem Unternehmen und dessen geschäftlichen Umfeld deutlich, welche Faktoren die Unternehmenstätigkeit und -strategie beeinflussen. So sind neben der Darstellung der Stärken und Schwächen auch gesamtwirtschaftliche Betrachtungen und mögliche Entwicklungspotenziale Thema.

Aufbauend auf die Benennung des Krisenstadiums hat das Sanierungsgutachten zur Frage einer eingetretenen Zahlungsunfähigkeit, zur Überschuldung und zur Annahme der Fortführung der Unternehmenstätigkeit i. S. d. § 252 Abs. 1 Nr. 2 HGB Stellung zu nehmen.

Die Ergebnisse der vorgenannten Betrachtungen münden in ein **Leitbild des sanierten Unternehmens**. Das Leitbild umschreibt die Konturen eines Unternehmens, das in wirtschaftlicher Hinsicht mindestens eine nachhaltige durchschnittliche branchenübliche Umsatzrendite und Eigenkapitalquote aufweist. Es erschöpft sich nicht in einer Beschreibung gegenwärtiger Verhältnisse, sondern zeichnet das Bild eines zukünftigen Unternehmens, das wieder attraktiv für Eigen- und Fremdkapitalgeber geworden ist. Das Leitbild schließt ein realisierbares, zukunftsfähiges Geschäftsmodell ein, dessen Eckdaten im Sanierungskonzept zu beschreiben sind. 1185

Nun schließen sich die stadiengerechten Sanierungsmaßnahmen an, die erforderlich und geeignet sind, das beschriebene Ziel zu erreichen. Das jeweilige Krisenstadium bestimmt Inhalte und Maßnahmen des Sanierungskonzeptes. Die Sanierungsmaßnahmen zielen entsprechend der Dringlichkeit 1186

- zunächst auf die Beseitigung von Insolvenzgründen (Zahlungsunfähigkeit und Überschuldung), d. h. auf die Sicherstellung der Zahlungsfähigkeit des Unternehmens (Liquiditätssicherungsprogramm) und auf die vermögensmäßige Schuldendeckung,
- dann auf das Erreichen der Gewinnzone durch ein effizientes Kostensenkungs- und Effizienzsteigerungsprogramm und schließlich
- auf die strategische (Neu-) Ausrichtung des Unternehmens, ggf. bis hin zu den jeweils maßgeblichen Stakeholdern, um zur Stärkung der Wettbewerbsfähigkeit Erfolgspotenziale und dadurch Wachstumspotenziale zu erschließen.

Der IDW S 6 listet stadiengerechte ausführliche Einzelmaßnahmen zur Bewältigung des jeweiligen Krisenstadiums auf.

Die **Planverprobungsrechnung** macht den Sanierungsverlauf rechnerisch deutlich. Das Sanierungskonzept enthält in zusammengefasster Form eine zahlenmäßige Planung des Sanierungsablaufs. Durch die rechnerische Verprobung wird zugleich die Finanzierbarkeit der beabsichtigten Sanierungsmaßnahmen nachgewiesen.

Ausgehend von der Ist-Lage und den identifizierten Problem- und Verlustbereichen sind die Maßnahmeneffekte zu quantifizieren und in einem integrierten Unternehmensplan zusammenzuführen. Darüber hinaus ist die Tragfähigkeit und Stimmigkeit des Sanierungskonzeptes auch anhand der Entwicklung geeigneter Kennzahlen im Planungszeitraum zu plausibilisieren. Auch hier gibt der IDW S 6 weitere Hinweise zum Aufbau der Planungsrechnungen. In der Planungsrechnung dürfen die Kosten für die Entwicklung des Sanierungskonzeptes und die beratende Betreuung nicht fehlen. Die integrierte Planung ist insb. um solche Kennzahlen zu ergänzen, die das Urteil zur Sanierungsfähigkeit stützen.

1187 Der Ersteller hat über die Durchführung des Auftrags zur Erstellung eines Sanierungskonzeptes schriftlich zu berichten. Abhängig vom Auftragsumfang folgen Gliederung und Inhalt dieser Berichterstattung den in diesem IDW Standard dargelegten Grundsätzen.

Der Bericht über die Erstellung eines Sanierungskonzeptes kann mit einer zusammenfassenden Schlussbemerkung abschließen, die eine Beurteilung darüber enthält, ob das Unternehmen voraussichtlich sanierungsfähig ist und die auch auf die kritischen Faktoren und Annahmen eingeht, die für die Sanierungsfähigkeit von besonderer Bedeutung sind.

▶ Wichtig:

Sind nur einzelne Teilbereiche eines umfassenden Sanierungskonzeptes Gegenstand des Auftrags, folgt daraus eine entsprechende Beschränkung der Berichterstattung und einer zusammenfassenden Schlussbemerkung.

Wird eine zusammenfassende Schlussbemerkung erstellt, darf diese nur zusammen mit dem Erstellungsbericht an Dritte weitergegeben werden, um Missverständnisse über Art und Umfang der Tätigkeit des Erstellers und die Tragweite seiner Erklärung zu vermeiden.

In den IDW S 6 ist ein Muster einer abschließenden Schlussbemerkung aufgenommen.

In der Rechtsprechung wurden die Anforderungen an Sanierungskonzepte bzw. Fortbestehensprognosen wie folgt definiert:[1369]

BGH, Beschl. v. 09.10.2006 – II ZR 303/05

»Aus dem Gesetzeswortlaut des § 19 Abs. 2 Satz 2 InsO folgt außerdem zweifelsfrei, dass eine günstige Fortführungsprognose sowohl den Fortführungswillen des Schuldners bzw. seiner Organe als auch die objektive – grundsätzlich aus einem aussagekräftigen Unternehmenskonzept (sog. Ertrags- und Finanzplan) herzuleitende – Überlebensfähigkeit des Unternehmens voraussetzt«.

OLG Stuttgart, Urt. v. 18.01.2006 – 4 U 189/05

»Für die Fortbestehensprognose ist darauf abzustellen, ob die Finanzkraft des Unternehmens objektiv mit überwiegender Wahrscheinlichkeit zur Fortführung zumindest mittelfristig ausreicht (BGHZ 119, 201). Es handelt sich damit zwar um eine Zahlungsfähigkeitsprognose (MK/InsO-Drukarczyk/Schüler, § 19, Rn. 53; Bork, Wie erstellt man eine Fortbestehensprognose?, ZIP 2000, 1709/1710). Dies gibt aber lediglich den Gegenstand der Prognose wieder. Um insoweit eine positive Prognose abgeben zu können, sind ein Fortführungswille und die Fortführungsmöglichkeit erforderlich (HK-InsO/Kirchhof, a. a. O., § 19, Rn. 9 und 10; FK-InsO/Schmerbach, a.a.O, § 19, Rn. 20 a und 21).

(1) Zur Konkretisierung ist die Fortbestehensprognose in drei Stufen aufzustellen: Zunächst muss ein aussagekräftiges und plausibles Unternehmenskonzept erstellt werden. Sodann ist einem zweiten Schritt auf der Grundlage des Unternehmenskonzepts ein Finanzplan aufzustellen, in dem die finanzielle Entwicklung des Unternehmens für den Prognosezeitraum dargestellt wird. Auf der dritten Stufe ist aus dem Ergebnis des Finanzplans die Fortbestehensprognose abzuleiten (Empfehlungen des Fachausschusses Recht des Instituts deutscher Wirtschaftsprüfer [FAR/IDW], WPg 1997, 22 ff.; Uhlenbruck, a. a. O., § 19, Rn. 28; Bork, a. a. O., S. 1709/1711).

(2) Den Prognosezeitraum konkretisiert die herrschende Auffassung in der Literatur dahin, dass sich die Fortbestehensprognose und damit die Finanzplanung auf die Zeit bis zum Ablauf des nächsten Geschäftsjahres zu erstrecken hat (Uhlenbruck, a. a. O., § 19, Rn. 30 m. w. N.; MK/InsO-Drukarczyk/Schüler, § 19, Rn. 56; Bork, a. a. O., S. 1709/1710).

bb) Damit erschöpft sich die Prognose entgegen der Auffassung der Berufung nicht in einer Kostendeckungsrechnung, diese ist lediglich Teil der Prognose. (...) Erforderlich ist auch ein aussagekräftiges und tragfähiges Unternehmenskonzept. Insbesondere ist darzulegen, welcher Gestaltungsrahmen besteht, welche Zielvorstellungen und Strategien verfolgt werden und wie der Soll-Verlauf des Unternehmens geplant ist (Bork, ZIP 2000, S. 1709/1711)«.

1369 Aufgeführte Urteile sind nicht abschließend.

OLG Celle, Urt. v. 09.03.2005 – 9 U 180/04

»Eine solche (Fortbestehensprognose) ist dann anzunehmen, wenn die überwiegende Wahrscheinlichkeit ergibt, dass die Gesellschaft mittelfristig über die erforderliche Liquidität verfügen wird, um einen Einnahmeüberschuss zu erzielen, aus dem die gegenwärtigen und künftigen Verbindlichkeiten gedeckt werden können. (...) Zudem ist Voraussetzung für eine Fortbestehensprognose, dass ein dokumentierter Finanz- und Ertragsplan vorgelegt wird, aus dem sich nachvollziehbar ergibt, auf welche Art und Weise das Unternehmen trotz rechnerischer Überschuldung weitergeführt werden kann. Die Erstellung eines solchen Konzepts ist Sache des Geschäftsführers, der die Umstände darlegen und ggf. beweisen muss, die es aus seiner Sicht rechtfertigen, das Unternehmen trotz rechnerischer Überschuldung fortzuführen«.

OLG Dresden, Urt. v. 21.09.2004 – 2 U 1441/04

»Gegen die Inanspruchnahme nach § 64 Abs. 2 GmbH kann der betroffene Geschäftsführer nicht einwenden, aufgrund der optimistischen Angaben eines in der Krise des Unternehmens hinzugezogenen Unternehmensberaters habe er von einer positiven Fortbestehensprognose ausgehen dürfen, wenn sich diese auf ein substanzloses Sanierungskonzept stützt, das nur allgemein gehaltene Empfehlungen von Selbstverständlichkeiten enthält«.

OLG Sachsen-Anhalt, Urt. v. 20.8.2003 – 5 U 67/03

»Eine Fortbestehensprognose setzt grundsätzlich die Aufstellung eines dokumentierten Ertrags- und Finanzplanes voraus (Baumbach/Hueck-Schulze-Osterloh, a. A. O. m. w. N.). Die Prognose ist positiv, wenn sich die überwiegende Wahrscheinlichkeit ergibt, dass die Gesellschaft mittelfristig Einnahmenüberschüsse erzielen wird, aus denen die gegenwärtigen und künftigen Verbindlichkeiten gedeckt werden können (Baumbach/Hueck-Schulze-Osterloh, a. A. O., Rn. 12 zu § 64). Der Planungszeitraum wird aus praktischen Gründen zwar oft auf ein bis zwei Jahre beschränkt (Baumbach/Hueck-Schulze-Osterloh, a. A. O., Rn. 10 zu § 64). Entscheidend ist insoweit jedoch der im Einzelfall betriebswirtschaftlich überschaubare Zeitraum (Scholz-Karsten Schmidt, GmbHG, Rn. 12 zu § 63).

(...)

Stellt er bei der ihm obliegenden laufenden Überprüfung der wirtschaftlichen Lage des Unternehmens fest, dass dieses in die Krise geraten ist, muss er prüfen, ob sich für das Unternehmen eine positive Fortbestehensprognose stellt. Er darf das Unternehmen nur weiter betreiben, wenn er begründete Anhaltspunkte hierfür findet. Dabei kommt ihm ein gewisser Beurteilungsspielraum zu, wobei es nicht auf nachträgliche Erkenntnisse, sondern auf die damalige Sicht eines ordentlichen Geschäftsleiters ankommt. Notfalls muss er sich fachkundig beraten lassen.«

OLG Köln, Urt. v. 24.09.2009 – 18 U 134/05

Nach den überzeugenden Darlegungen des Sachverständigen L setzt ein Sanierungskonzept im wesentlichen folgendes voraus:
- Beschreibung des Unternehmens
- Analyse des Unternehmens
- Krisenursachenanalyse
- Lagebeurteilung
- Leitbild des sanierten Unternehmens
- Maßnahmen zur Sanierung des Unternehmens
- Planverprobungsrechnungen

Dies entspricht den Anforderungen, die der Dachausschuss Recht des Instituts der Wirtschaftsprüfer 1991 an ein Sanierungsgutachten gestellt hat (vgl. Gutachten L, S. 23) und das in dieser Form auch im Schrifttum dargestellt wird (Maus, in: Schmidt/Uhlenbruck, Die GmbH in Krise, Sanierung und Insolvenz, 2. Aufl., 1999, S. 238).

h) Insolvenzplan

Der 6. Teil der InsO (InsO) regelt in den §§ 217 bis 269 InsO das Insolvenzplanverfahren. 1188

Nach **§ 217 InsO** gilt der Grundsatz, dass die Befriedigung der absonderungsberechtigten Gläubiger und der Insolvenzgläubiger, die Verwertung der Insolvenzmasse und deren Verteilung an die Beteiligten sowie die Haftung des Schuldners nach der Beendigung des Insolvenzverfahrens in einem Insolvenzplan abweichend von den Vorschriften der InsO geregelt werden können. Das Insolvenzplanverfahren ist eine Möglichkeit zur Sanierung des Unternehmens. Es kann aber bspw. auch zum Inhalt haben, den Abwicklungszeitraum zu verlängern oder ausgewählte Teile des Betriebes zu sanieren. Zu beachten ist insb. die Maxime, dass die Gläubiger durch den Insolvenzplan nicht schlechter gestellt werden dürfen als bei einer insolvenzrechtlichen Regelabwicklung.[1370]

Der **IDW S 2 Anforderungen an Insolvenzpläne** stellt die Empfehlungen des Berufsstandes der Wirtschaftsprüfer für den Aufbau und die typischen Inhalte eines Insolvenzplanes dar. Aufbau und Inhalt richten sich nach dem angestrebten Ziel. So kann im Fall der gemeinschaftlichen Sanierung der Aufbau des Insolvenzplanes dem Aufbau eines Sanierungskonzeptes wie es der IDW S 6 vorsieht, gleichen.

Der Insolvenzplan ist die Entscheidungsgrundlage für die Gläubiger, einer Liquidation oder Sanierung des Unternehmens außerhalb des Regelverfahrens zuzustimmen. Weiterer Adressat ist das Insolvenzgericht, das über die Zulassung des Insolvenzplans[1371] entscheidet und ihn nach §§ 248 ff. InsO bestätigt, bevor er rechtsverbindlich wird. Deshalb muss er entsprechend klar strukturiert und nachvollziehbar sein sowie die erforderlichen Informationen vollständig und umfassend enthalten. In Anbetracht des großen und vielschichtigen Adressatenkreises ist es daher von großer Bedeutung, den Plan in einer verständlichen Sprache und hinreichend ausführlich abzufassen.

Als **Grundlagen des Insolvenzplans** für Information, Auswertung und Analyse nennt der **IDW S 2** die geschäftlichen Basis-Verträge, Jahresabschlüsse und Lageberichte im Mehrjahresvergleich, das Unternehmenskonzept i. S. d. IDW S 6, den Überschuldungsstatus i. S. d. FAR 1/1996 und eine aktuelle Finanz- und Liquiditätsplanung. Für Insolvenzpläne, die nach Insolvenzeröffnung erstellt werden, kommen zusätzlich das Masseverzeichnis (§ 151 InsO), das Gläubigerverzeichnis (§ 152 InsO) und die Vermögensübersicht (§ 153 InsO) hinzu. Die Grundlagen sind ermessensgerecht offenzulegen. 1189

1370 §§ 245 Abs. 1 Nr. 1, 251 Abs. 1 Nr. 2 InsO.

1371 § 231 InsO.

Entsprechend den Regelungen der §§ 219 ff. InsO ist der Insolvenzplan formal in einen darstellenden und einen rechtlich verbindlichen gestaltenden Teil zu gliedern. Beizufügen sind die Vermögensübersicht, ein Ergebnis- und Finanzplan (§ 229 InsO) sowie weitere in § 230 InsO genannte Anlagen und Erklärungen. Nicht fehlen dürfen die zustimmende Erklärung nach § 226 InsO und ein Gläubigerverzeichnis mit Gruppenzugehörigkeit.

1190 Der Insolvenzplan als Entscheidungsgrundlage für die Gläubiger soll im **darstellenden Teil** gem. § 220 InsO die Grundlagen, Maßnahmen und Auswirkungen beschreiben, die für die geplante Gestaltung der Rechte der Beteiligten erforderlich sind. Die Maßnahmen – wie z. B. die Bildung von Gläubigergruppen – sind zu begründen.

Das IDW empfiehlt zum besseren Verständnis eine Zusammenfassung der erforderlichen Maßnahmen und Auswirkungen für die Gläubiger bei Annahme des Insolvenzplans als gesonderten Gliederungspunkt. Außerdem enthält der IDW S 2 im Abschnitt 4.5. eine Musterformulierung der Gläubiger auf Antrag zur Abstimmung über den vom Insolvenzgericht zu bestätigenden Insolvenzplan.

1191 Der **gestaltende Teil** weist die Rechtsstellung der Beteiligten aus, wie sie der (bestätigte) Insolvenzplan verbindlich regelt.[1372] Die Bildung von Gläubigergruppen sollte begründet und in einer differenzierten Gläubigerliste dargestellt werden. Im gestaltenden Teil finden sich ebenfalls ergänzende Maßnahmen und Regelungen.

Unerlässlich ist die Angabe des Zeitpunkts, zu dem der Insolvenzplan in Kraft treten soll.

Das IDW weist in Abschnitt 5.5. zu Recht darauf hin, dass im Hinblick auf die Wiederauflebensklausel des § 255 InsO schlussendlich noch der Begriff »erheblicher Rückstand« definiert werden sollte. Des Weiteren sind für den Fall der Planüberwachung Angaben zu §§ 260 ff. InsO zu machen. Der IDW S 2 enthält ebenfalls hilfreiche Hinweise zu den Anlagen, die dem Insolvenzplan beizufügen sind. Als Anlage ist dem IDW-Schreiben ein Gliederungsmuster beigefügt.

Ein Musterinsolvenzplan findet sich im Formularbuch Insolvenzrecht.[1373]

i) Zusammenfassende Schlussbemerkung und Ergebnis des Gutachtens

1192 Die Kernaussagen des Gutachtens können kurz zusammengefasst werden. Der Leser wird so zur Stellungnahme des Gutachters – dem Ergebnis – hingeführt. Die Gutachtenfrage muss eindeutig und konkret beantwortet werden.

1372 §§ 221 ff. InsO.

1373 C. Nickert, in: Haarmeyer/Pape/Stephan/Nickert, Formularbuch Insolvenzrecht, Bd. I, S. 714 ff.

▶ Beispiel:

»In Beantwortung der Gutachtenfrage teile ich mit, dass die XY GmbH bereits zum 31.12.2006 i. S. d. § 19 InsO überschuldet war. Die **Überschuldung** belief sich auf über **120.000,00 €** und damit auf über **30 % der Bilanzsumme.** Dabei ist zu berücksichtigen, dass aufgrund der dürftigen Unterlagen die Aktiva zugunsten des Schuldners eher zu hoch und die Passiva eher zu niedrig bewertet wurden, sodass die tatsächliche Überschuldung den angegebenen Betrag übersteigen dürfte.«

aa) Kostendeckung gem. § 54 InsO

Es bietet sich an, die Beantwortung der Frage, ob eine die Kosten des Verfahrens deckende Masse vorhanden ist, an dieser Stelle vorzunehmen. Hierfür gilt es, die Kosten des Insolvenzverfahrens gem. § 54 InsO zu untersuchen. Die sonstigen Masseverbindlichkeiten i. S. d. § 55 InsO bleiben bei der Beurteilung außer Betracht, soweit es sich nicht um sog. unausweichliche Masseverbindlichkeiten handelt.[1374] 1193

Die voraussichtlichen Kosten sind aufzulisten und von der im Schätzungsweg ermittelten Teilungsmasse abzusetzen.

Es sind dies:
- Verfahrenskosten,
- Kosten für das Sachverständigengutachten,
- Vergütung und Auslagen des vorläufigen Insolvenzverwalters,
- Vergütung und Auslagen des Insolvenzverwalters,
- Vergütung und Auslagen des Gläubigerausschusses.

An dieser Stelle sind auch Angaben zur Höhe des Gerichtskostenvorschusses zu machen.

▶ Formulierungsbeispiel: 1194

»Die Gegenüberstellung der für die Eröffnung des Insolvenzverfahrens zur Verfügung stehenden Masse und der vorstehend erläuterten Frage der Verfahrenskosten zeigt, dass die Masse für eine Abwicklung des Insolvenzverfahrens ausreichen wird.

Ich rege daher an, das Insolvenzverfahren am 01.06.2007 zu eröffnen.

Die Eröffnung sollte an diesem Tag erfolgen, weil an diesem Tag der Insolvenzgeldzeitraum ausläuft. Die Sanierungsfunktion des Insolvenzgelds gebietet die volle Ausschöpfung des Insolvenzgeldzeitraums. I. Ü. würde die Verfahrenseröffnung innerhalb des Monats zu Abgrenzungsschwierigkeiten bei der Personalarbeit führen.«

bb) Voraussichtliche Masseverbindlichkeiten gem. § 55 InsO

Soll auch eine Aussage zur Höhe der Masseverbindlichkeiten getätigt werden, sind diese im Schätzwege zu ermitteln und aufzuführen: 1195

1374 HK/Landfermann, § 207 Rn. 5.

Es sind dies z. B.:
- Aufwendungen für die Aufarbeitung der Buchführung, Lohnbuchführung und Erstellung der handelsrechtlichen Schlussbilanz,
- Aufwendungen i.R.v. Dauerschuldverhältnissen (Miete, Leasing),
- Aufräum- und Entsorgungskosten,
- Kosten der Aktenarchivierung,
- Kosten der Auslauflöhne.

cc) Erklärung des Gutachters

1196 Der Gutachter versichert, dass er das Gutachten nach bestem Wissen und Gewissen auf der Grundlage der ihm zur Verfügung gestellten Unterlagen und Informationen erstellt hat.

Ergänzend kann zur Vermeidung von Missverständnissen noch darauf hingewiesen werden, dass das Gutachten ausschließlich für den Auftraggeber zur Beurteilung der aufgeworfenen Frage erstellt wurde.

Das Gutachten ist vom Ersteller unter Angabe von Ort, Datum, Name und Berufsbezeichnung mit eigenhändiger Unterschrift zu unterzeichnen.

dd) Vollständigkeitserklärung des Schuldners

1197 Das Gutachten beinhaltet eine umfassende Versicherung des Schuldners über die Vollständigkeit der erteilten Erklärungen und Nachweise. Sie ist zeitnah abzugeben und eigenhändig zu unterzeichnen. Sie stellt jedoch keinen Ersatz für die umfassende Beschaffungs- und Prüfungspflicht des Gutachters dar.[1375]

Wie bereits weiter oben erwähnt, findet sich eine Musterformulierung im Formularbuch Insolvenzrecht.[1376] In diesem Zusammenhang ist auch die **Anlage 4 im FAR 1/91 Anforderungen an Sanierungskonzepte** hilfreich.

C. Nickert weist im Formularbuch Insolvenzrecht[1377] darauf hin, dass, sofern sich der Schuldner weigert, eine Vollständigkeitserklärung abzugeben, hinsichtlich des Vermögensverzeichnisses eine eidesstattliche Versicherung gem. § 153 Abs. 2 Satz 1 InsO beantragt werden sollte.

1375 Vgl. hierzu auch IDW PS 303: Erklärungen der gesetzlichen Vertreter ggü. dem Abschlussprüfer.

1376 C. Nickert, in: Haarmeyer/Pape/Stephan/Nickert, Formularbuch Insolvenzrecht, Bd. I, S. 135.

1377 C. Nickert, in: Haarmeyer/Pape/Stephan/Nickert, Formularbuch Insolvenzrecht, Bd. I, S. 111.

j) Anlagen

Zu den Anlagen zählen insb.: 1198

- Gesellschaftsverträge,
- Nachweise über die Veränderungen in der Zusammensetzung der Geschäftsleitung,
- Jahresabschluss,
- Zeitreihenvergleiche,
- betriebswirtschaftliche Auswertungen,
- Überschuldungsstatus, Gegenüberstellung von Handelsbilanz und Überschuldungsstatus,
- Darlehensverträge,
- langfristige Verträge,
- Treuhandverhältnisse,
- Aufstellungen über schwebende Aktiv/Passivprozesse,
- Erläuterungen steuerlicher Verhältnisse z. B. Organschaft, Außenprüfungen.

Die Anlagen sollten nummeriert sein.

4. Zusammenfassung

Der Gutachter sollte dem Zeitdruck trotzen und sein Werk in einer verständlichen 1199
Sprache abfassen und übersichtlich aufbauen. Es ist seine Visitenkarte. Äußerst wichtig ist, dem Grundsatz der Wesentlichkeit Folge zu leisten und den Inhalt des Gutachtens darauf zu beschränken, was ausschlaggebend für die Entscheidungsfindung ist. Außerdem sollte es eine eindeutige Antwort auf die dem Gutachter gestellte Frage – den Auftrag – enthalten.

Diverse Verlautbarungen des IDW können beim Aufbau und der Abfassung des Gut- 1200
achtens hilfreich sein. Sie sind jedoch auf den Einzelfall abzustimmen. Die Informationsbeschaffung kann am besten und schnellsten mit Checklisten bewältigt werden.

Der vom Insolvenzgericht bestellte Gutachter ist der Aufsicht des Gerichts unterstellt, 1201
übt seine Tätigkeit jedoch unabhängig und eigenverantwortlich aus. Die entscheidungserheblichen Sachverhalte, die zur Krise des Unternehmens geführt haben, sind im Gutachten darzustellen und fachkundig auszuwerten. Ebenfalls sind zukünftige Entwicklungen mit einzubeziehen.

Basis für die wirtschaftliche Analyse des Unternehmens ist dessen Rechnungslegung, 1202
die kritisch zu betrachten und im Mehrjahresvergleich zu würdigen ist. Das übergebene Zahlenmaterial ist Grundlage für den Überschuldungsstatus. Die Überlebensfähigkeit des zu beurteilenden Unternehmens hängt aber auch von den bestehenden und möglicherweise veränderbaren inneren Strukturen ab. Auch diese sind – wie die Branchenverhältnisse und zukünftige Entwicklungen – zu beleuchten. Nachweise zu den Entscheidungsgrundlagen und Erklärungen der Auskunft erteilenden Personen sind dem Gutachten als Anlagen beizufügen.

1203 Problematische rechtliche Grund- oder Sachlagen müssen dann Bestandteil des Gutachtens sein, wenn sie relevant für die Entscheidungsfindung sind.

1204 Die Bewertung im insolvenzrechtlichen Überschuldungsstatus – als Gegenüberstellung von Vermögenswerten und Schulden – richtet sich danach, ob für das Unternehmen von einer positiven oder negativen Fortführungsprognose auszugehen ist.

1205 Die Darstellung und die Beurteilung der Insolvenzgründe sollten im Mittelpunkt des Gutachtens stehen. Es kann erforderlich sein, zur Einschätzung der Fortführungsprognose ein Unternehmenskonzept und einen Finanzplan über zwölf Monate zu erstellen.

Ist ein Sanierungskonzept oder ein Insolvenzplan Inhalt des Gutachtens, ist darauf zu achten, dass die Eckdaten ausführlich dargestellt und dokumentiert sind.

1206 Zum Schluss des Gutachtens ist die Gutachtenfrage konkret und eindeutig zu beantworten.

Nicht fehlen dürfen die Versicherung des Gutachters, das Gutachten nach bestem Wissen und Gewissen erstellt zu haben und die Vollständigkeitserklärung des Schuldners.

Dem Gutachten sind die nummerierten Anlagen beizufügen. Es ist darauf zu achten, dass es dem Gericht in einer ausreichenden Anzahl vorliegt.

1207 Weiterführende Literatur zum Thema Grundlagen und Aufbau eines Gutachtens:
- Berndt Zuschlag: »*Das Gutachten des Sachverständigen – Rechtsgrundlagen, Fragestellungen, Gliederung, Rationalisierung*«, 2. überarbeitete und ergänzte Auflage; Hogrefe 2002
- Bayerlein: »*Praxishandbuch Sachverständigenrecht*«, 5. Auflage; Verlag C.H. Beck 2015;

Checkliste »Erstellung eines Gutachtens« 1208

Checkliste „Erstellung eines Gutachtens"

Int.Nr. xxx Stand 08.01.2007 Verantwortlich: bm

Mandant		Jahr	Bearbeiter		überlassen	geprüft	
Nr.	Name		Name	Zeichen	am	am	durch

A. Vorbereitungsphase	ja	nein
Vermerk des Auftragseingangs und Verdeutliche der Gutachtenfrage	☐	☐
Überprüfung von Art und Umfang sowie zeitlichen Vorgaben des Auftrags	☐	☐
Prüfung von Befangenheitsgründen und evtl. Ablehnung der Bestellung zum Gutachter	☐	☐
Prüfung der zeitlichen und personellen Ressourcen	☐	☐
Detaillierte Planung der Auftragsbearbeitung und konkretes Zeitmanagement	☐	☐
Anforderung der bzw. Einblick in die Gerichtsakten – und unverzügliche Rückgabe	☐	☐
Sicherstellung der Vollständigkeit der zu erlangenden Informationen	☐	☐
Terminierung und Organisation einer Inventur	☐	☐
Soweit erforderlich: zeitnahe Beauftragung von Sachverständigen (z.B. zur Inventarisierung und Bewertung der Gegenstände von Anlage- und Umlaufvermögen)	☐	☐
B. Hauptphase		
Organisation und Überwachung von delegierbaren Arbeiten	☐	☐
Festlegen der **wesentlichen** Inhalte	☐	☐
Durchführung einer Inventur	☐	☐
Sachverhaltsermittlung durch sachdienliche Befragungen und Dokumentation	☐	☐
Sachverhaltsermittlung durch analytische Prüfungshandlungen und Dokumentation	☐	☐
Auswertung der laufenden Buchführung und Jahresabschlüsse der letzten 3-5 Jahre	☐	☐
Betriebswirtschaftliche Analyse und anschauliche Darstellung der wirtschaftlichen und finanziellen Situation des Schuldners	☐	☐
Herausarbeiten der Ursachen für die Krise des Unternehmens	☐	☐
Darstellung der Insolvenzgründe (Mittelpunkt des Gutachtens)	☐	☐
Erstellen eines Liquiditätsstatus	☐	☐
Erstellen einer Fortbestehensprognose	☐	☐
Erstellen eines Überschuldungsstatus	☐	☐
Möglicherweise: Darlegung eines Sanierungskonzeptes nach IDW S6	☐	☐
Abfassen des Gutachtens in einer objektiven, verständlichen Sprache unter Verwertung der wesentlichen Informationen	☐	☐
Sofern erforderlich: Anregung einer vorläufigen Insolvenzverwaltung	☐	☐
C. Nachbereitungen		
Entscheidung über die beizufügenden Anlagen	☐	☐
Einholen der Vollständigkeitserklärung des Schuldners		
Aufmerksame Prüfung des Schriftsatzes auf inhaltliche Fehler (z.B. bei der Verwendung von Textbausteinen)	☐	☐
Rechtschreibprüfung	☐	☐
Persönliche Unterzeichnung des Gutachtens	☐	☐
Fertigstellen des Gutachtens	☐	☐
Einreichen des Gutachtens bei Gericht mit einer ausreichenden Anzahl an Ausfertigungen	☐	☐
D. Gutachten-Check (Bewertungsmaßstäbe)		
Verwendet der Gutachter eine verständliche Sprache?	☐	☐
Versteht sich der Gutachter als Helfer des Gerichts?	☐	☐
Ist das Gutachten unparteiisch und unvoreingenommen formuliert oder scheint der Gutachter befangen?	☐	☐
Geht aus dem Gutachten der Auftrag klar hervor?	☐	☐
Sind Stichtag und Zeitraum und erforderlichenfalls besondere Umstände der Auftragsbearbeitung im Gutachten aufgeführt?	☐	☐
Ist das Gutachten übersichtlich aufgebaut?	☐	☐
Ist das Gutachten in sich stichhaltig und schlüssig?	☐	☐
Wurde auf spezielle rechtliche Problembereiche hingewiesen?	☐	☐
Lässt sich eindeutig erkennen, ob und in welchem Umfang sich der Gutachter zulässigerweise eines Sachverständigen bedient hat?	☐	☐
Gibt das Gutachten Aufschluss über die angewandten Methoden zur Sachverhaltsermittlung?	☐	☐
Macht das Gutachten die Situation des zu beurteilenden Unternehmens deutlich?	☐	☐
Ist die Bewertung der Vermögenspositionen nachvollziehbar?		
Stellt das Gutachten sichere oder mögliche Entwicklungen nach dem Erstellungsdatum ein und werden diese in die Beurteilung mit einbezogen?	☐	☐
Sind aus dem Gutachten die Gründe für die Entscheidungsfindung unschwer nachvollziehbar?	☐	☐
Beantwortet das Gutachten die Gutachtenfrage?	☐	☐
Wie hoch ist der Anteil an „Überflüssigem", was das Gutachten unnötig aufbläht?	☐	☐
Lässt das Gutachten Fragen unbeantwortet?	☐	☐
Bedarf das Gutachten einer Nachbesserung?	☐	☐

Anhang

A. Wichtige IDW-Standards zur Insolvenzreifeprüfung

Standard	Bezeichnung
IDW S 11	Neuer Standard zur Beurteilung der Insolvenzreife
IDW S 6	Anforderungen an die Erstellung von Sanierungskonzepten
IDW S 2	Anforderungen an Insolvenzpläne
IDW RH HFA 1/010	Bestandsaufnahme im Insolvenzverfahren
IDW ERS HFA 17	Auswirkungen einer Abkehr von der Going-Concern-Prämisse auf den handelsrechtlichen Jahresabschluss
IDW S 230	Kenntnisse über die Geschäftstätigkeit sowie das wirtschaftliche und rechtliche Umfeld des zu prüfenden Unternehmens im Rahmen der Abschlussprüfung
IDW PS 270	Die Beurteilung der Fortführung der Unternehmenstätigkeit im Rahmen der Abschlussprüfung
IDW PS 450	Grundsätze ordnungsmäßiger Berichterstattung bei Abschlussprüfungen
IDW S 1	Grundsätze zur Durchführung von Unternehmensbewertungen
IDW S 5	Grundsätze zur Bewertung immaterieller Vermögenswerte
IDW PS 322	Verwertung der Arbeit von Sachverständigen

B. Gesetze

§§ 13 –19 InsO

§ 13 InsO Eröffnungsantrag

(1) [1]Das Insolvenzverfahren wird nur auf schriftlichen Antrag eröffnet. [2]Antragsberechtigt sind die Gläubiger und der Schuldner. [3]Dem Antrag des Schuldners ist ein Verzeichnis der Gläubiger und ihrer Forderungen beizufügen. [4]Wenn der Schuldner einen Geschäftsbetrieb hat, der nicht eingestellt ist, sollen in dem Verzeichnis besonders kenntlich gemacht werden

1. die höchsten Forderungen,
2. die höchsten gesicherten Forderungen,
3. die Forderungen der Finanzverwaltung,
4. die Forderungen der Sozialversicherungsträger sowie
5. die Forderungen aus betrieblicher Altersversorgung.

[5]Der Schuldner hat in diesem Fall auch Angaben zur Bilanzsumme, zu den Umsatzerlösen und zur durchschnittlichen Zahl der Arbeitnehmer des vorangegangenen Geschäftsjahres zu machen. [6]Die Angaben nach Satz 4 sind verpflichtend, wenn

1. der Schuldner Eigenverwaltung beantragt,

2. der Schuldner die Merkmale des § 22a Absatz 1 erfüllt oder

3. die Einsetzung eines vorläufigen Gläubigerausschusses beantragt wurde.

[7]Dem Verzeichnis nach Satz 3 und den Angaben nach den Sätzen 4 und 5 ist die Erklärung beizufügen, dass die enthaltenen Angaben richtig und vollständig sind.

(2) Der Antrag kann zurückgenommen werden, bis das Insolvenzverfahren eröffnet oder der Antrag rechtskräftig abgewiesen ist.

(3) [1]Das Bundesministerium der Justiz wird ermächtigt, durch Rechtsverordnung mit Zustimmung des Bundesrates für die Antragstellung durch den Schuldner ein Formular einzuführen. [2]Soweit nach Satz 1 ein Formular eingeführt ist, muss der Schuldner dieses benutzen. [3]Für Verfahren, die von den Gerichten maschinell bearbeitet, und für solche, die nicht maschinell bearbeitet werden, können unterschiedliche Formulare eingeführt werden.

§ 14 InsO Antrag eines Gläubigers

(1) [1]Der Antrag eines Gläubigers ist zulässig, wenn der Gläubiger ein rechtliches Interesse an der Eröffnung des Insolvenzverfahrens hat und seine Forderung und den Eröffnungsgrund glaubhaft macht. [2]War in einem Zeitraum von zwei Jahren vor der Antragstellung bereits ein Antrag auf Eröffnung eines Insolvenzverfahrens über das Vermögen des Schuldners gestellt worden, so wird der Antrag nicht allein dadurch unzulässig, dass die Forderung erfüllt wird. [3]In diesem Fall hat der Gläubiger auch die vorherige Antragstellung glaubhaft zu machen.

(2) Ist der Antrag zulässig, so hat das Insolvenzgericht den Schuldner zu hören.

(3) Wird die Forderung des Gläubigers nach Antragstellung erfüllt, so hat der Schuldner die Kosten des Verfahrens zu tragen, wenn der Antrag als unbegründet abgewiesen wird.

§ 15 InsO Antragsrecht bei juristischen Personen und Gesellschaften ohne Rechtspersönlichkeit

(1) Zum Antrag auf Eröffnung eines Insolvenzverfahrens über das Vermögen einer juristischen Person oder einer Gesellschaft ohne Rechtspersönlichkeit ist außer den Gläubigern jedes Mitglied des Vertretungsorgans, bei einer Gesellschaft ohne Rechtspersönlichkeit oder bei einer Kommanditgesellschaft auf Aktien jeder persönlich haftende Gesellschafter, sowie jeder Abwickler berechtigt. Bei einer juristischen Person ist im Fall der Führungslosigkeit auch jeder Gesellschafter, bei einer Aktiengesellschaft oder einer Genossenschaft zudem auch jedes Mitglied des Aufsichtsrats zur Antragstellung berechtigt.

(2) Wird der Antrag nicht von allen Mitgliedern des Vertretungsorgans, allen persönlich haftenden Gesellschaftern, allen Gesellschaftern der juristischen Person, allen Mitgliedern des Aufsichtsrats oder allen Abwicklern gestellt, so ist er zulässig, wenn der Eröffnungsgrund glaubhaft gemacht wird. Zusätzlich ist bei Antragstellung durch Gesellschafter einer juristischen Person oder Mitglieder des Aufsichtsrats auch die Führungslosigkeit glaubhaft zu machen. Das Insolvenzgericht hat die übrigen Mitglieder des Vertretungsorgans, persönlich haftenden Gesellschafter, Gesellschafter der juristischen Person, Mitglieder des Aufsichtsrats oder Abwickler zu hören.

(3) Ist bei einer Gesellschaft ohne Rechtspersönlichkeit kein persönlich haftender Gesellschafter eine natürliche Person, so gelten die Absätze 1 und 2 entsprechend für die organschaftlichen Vertreter und die Abwickler der zur Vertretung der Gesellschaft ermächtigten

Gesellschafter. Entsprechendes gilt, wenn sich die Verbindung von Gesellschaften in dieser Art fortsetzt.

§ 15a InsO Antragspflicht bei juristischen Personen und Gesellschaften ohne Rechtspersönlichkeit

(1) [1]Wird eine juristische Person zahlungsunfähig oder überschuldet, haben die Mitglieder des Vertretungsorgans oder die Abwickler ohne schuldhaftes Zögern, spätestens aber drei Wochen nach Eintritt der Zahlungsunfähigkeit oder Überschuldung, einen Eröffnungsantrag zu stellen. [2]Das Gleiche gilt für die organschaftlichen Vertreter der zur Vertretung der Gesellschaft ermächtigten Gesellschafter oder die Abwickler bei einer Gesellschaft ohne Rechtspersönlichkeit, bei der kein persönlich haftender Gesellschafter eine natürliche Person ist; dies gilt nicht, wenn zu den persönlich haftenden Gesellschaftern eine andere Gesellschaft gehört, bei der ein persönlich haftender Gesellschafter eine natürliche Person ist.

(2) Bei einer Gesellschaft im Sinne des Absatzes 1 Satz 2 gilt Absatz 1 sinngemäß, wenn die organschaftlichen Vertreter der zur Vertretung der Gesellschaft ermächtigten Gesellschafter ihrerseits Gesellschaften sind, bei denen kein persönlich haftender Gesellschafter eine natürliche Person ist, oder sich die Verbindung von Gesellschaften in dieser Art fortsetzt.

(3) Im Fall der Führungslosigkeit einer Gesellschaft mit beschränkter Haftung ist auch jeder Gesellschafter, im Fall der Führungslosigkeit einer Aktiengesellschaft oder einer Genossenschaft ist auch jedes Mitglied des Aufsichtsrats zur Stellung des Antrags verpflichtet, es sei denn, diese Person hat von der Zahlungsunfähigkeit und der Überschuldung oder der Führungslosigkeit keine Kenntnis.

(4) Mit Freiheitsstrafe bis zu drei Jahren oder mit Geldstrafe wird bestraft, wer entgegen Absatz 1 Satz 1, auch in Verbindung mit Satz 2 oder Absatz 2 oder Absatz 3, einen Eröffnungsantrag nicht, nicht richtig oder nicht rechtzeitig stellt.

(5) Handelt der Täter in den Fällen des Absatzes 4 fahrlässig, ist die Strafe Freiheitsstrafe bis zu einem Jahr oder Geldstrafe.

(6) Auf Vereine und Stiftungen, für die § 42 Absatz 2 des Bürgerlichen Gesetzbuchs gilt, sind die Absätze 1 bis 5 nicht anzuwenden.

§ 16 InsO Eröffnungsgrund

Die Eröffnung des Insolvenzverfahrens setzt voraus, daß ein Eröffnungsgrund gegeben ist.

§ 17 InsO Zahlungsunfähigkeit

(1) Allgemeiner Eröffnungsgrund ist die Zahlungsunfähigkeit.

(2) Der Schuldner ist zahlungsunfähig, wenn er nicht in der Lage ist, die fälligen Zahlungspflichten zu erfüllen. Zahlungsunfähigkeit ist in der Regel anzunehmen, wenn der Schuldner seine Zahlungen eingestellt hat.

§ 18 InsO Drohende Zahlungsunfähigkeit

(1) Beantragt der Schuldner die Eröffnung des Insolvenzverfahrens, so ist auch die drohende Zahlungsunfähigkeit Eröffnungsgrund.

(2) Der Schuldner droht zahlungsunfähig zu werden, wenn er voraussichtlich nicht in der Lage sein wird, die bestehenden Zahlungspflichten im Zeitpunkt der Fälligkeit zu erfüllen.

(3) Wird bei einer juristischen Person oder einer Gesellschaft ohne Rechtspersönlichkeit der Antrag nicht von allen Mitgliedern des Vertretungsorgans, allen persönlich haftenden

Gesellschaftern oder allen Abwicklern gestellt, so ist Absatz 1 nur anzuwenden, wenn der oder die Antragsteller zur Vertretung der juristischen Person oder der Gesellschaft berechtigt sind.

§ 19 InsO Überschuldung

(1) Bei einer juristischen Person ist auch die Überschuldung Eröffnungsgrund.

(2) Überschuldung liegt vor, wenn das Vermögen des Schuldners die bestehenden Verbindlichkeiten nicht mehr deckt, es sei denn, die Fortführung des Unternehmens ist nach den Umständen überwiegend wahrscheinlich. Forderungen auf Rückgewähr von Gesellschafterdarlehen oder aus Rechtshandlungen, die einem solchen Darlehen wirtschaftlich entsprechen, für die gemäß § 39 Abs. 2 zwischen Gläubiger und Schuldner der Nachrang im Insolvenzverfahren hinter den in § 39 Abs. 1 Nr. 1 bis 5 bezeichneten Forderungen vereinbart worden ist, sind nicht bei den Verbindlichkeiten nach Satz 1 zu berücksichtigen.

(3) Ist bei einer Gesellschaft ohne Rechtspersönlichkeit kein persönlich haftender Gesellschafter eine natürliche Person, so gelten die Absätze 1 und 2 entsprechend. Dies gilt nicht, wenn zu den persönlich haftenden Gesellschaftern eine andere Gesellschaft gehört, bei der ein persönlich haftender Gesellschafter eine natürliche Person ist.

§§ 252, 266 HGB

§ 252 HGB Allgemeine Bewertungsgrundsätze

(1) Bei der Bewertung der im Jahresabschluß ausgewiesenen Vermögensgegenstände und Schulden gilt insbesondere folgendes:

1. Die Wertansätze in der Eröffnungsbilanz des Geschäftsjahrs müssen mit denen der Schlußbilanz des vorhergehenden Geschäftsjahrs übereinstimmen.

2. Bei der Bewertung ist von der Fortführung der Unternehmenstätigkeit auszugehen, sofern dem nicht tatsächliche oder rechtliche Gegebenheiten entgegenstehen.

3. Die Vermögensgegenstände und Schulden sind zum Abschlußstichtag einzeln zu bewerten.

4. Es ist vorsichtig zu bewerten, namentlich sind alle vorhersehbaren Risiken und Verluste, die bis zum Abschlußstichtag entstanden sind, zu berücksichtigen, selbst wenn diese erst zwischen dem Abschlußstichtag und dem Tag der Aufstellung des Jahresabschlusses bekanntgeworden sind; Gewinne sind nur zu berücksichtigen, wenn sie am Abschlußstichtag realisiert sind.

5. Aufwendungen und Erträge des Geschäftsjahrs sind unabhängig von den Zeitpunkten der entsprechenden Zahlungen im Jahresabschluß zu berücksichtigen.

6. Die auf den vorhergehenden Jahresabschluss angewandten Bewertungsmethoden sind beizubehalten.

(2) Von den Grundsätzen des Absatzes 1 darf nur in begründeten Ausnahmefällen abgewichen werden.

§ 266 HGB Gliederung der Bilanz

(1) [1]Die Bilanz ist in Kontoform aufzustellen. [2]Dabei haben mittelgroße und große Kapitalgesellschaften (§ 267 Absatz 2 und 3) auf der Aktivseite die in Absatz 2 und auf der Passivseite die in Absatz 3 bezeichneten Posten gesondert und in der vorgeschriebenen Reihenfolge auszuweisen. [3]Kleine Kapitalgesellschaften (§ 267 Abs. 1) brauchen nur eine verkürzte Bilanz aufzustellen, in die nur die in den Absätzen 2 und 3 mit Buchstaben und römischen Zahlen

bezeichneten Posten gesondert und in der vorgeschriebenen Reihenfolge aufgenommen werden. [4]Kleinstkapitalgesellschaften (§ 267a) brauchen nur eine verkürzte Bilanz aufzustellen, in die nur die in den Absätzen 2 und 3 mit Buchstaben bezeichneten Posten gesondert und in der vorgeschriebenen Reihenfolge aufgenommen werden.

(2) Aktivseite

A. Anlagevermögen:

I. Immaterielle Vermögensgegenstände:

1. Selbst geschaffene gewerbliche Schutzrechte und ähnliche Rechte und Werte;
2. entgeltlich erworbene Konzessionen, gewerbliche Schutzrechte und ähnliche Rechte und Werte sowie Lizenzen an solchen Rechten und Werten;
3. Geschäfts- oder Firmenwert;
4. geleistete Anzahlungen;

II. Sachanlagen:

1. Grundstücke, grundstücksgleiche Rechte und Bauten einschließlich der Bauten auf fremden Grundstücken;
2. technische Anlagen und Maschinen;
3. andere Anlagen, Betriebs- und Geschäftsausstattung;
4. geleistete Anzahlungen und Anlagen im Bau;

III. Finanzanlagen:

1. Anteile an verbundenen Unternehmen;
2. Ausleihungen an verbundene Unternehmen;
3. Beteiligungen;
4. Ausleihungen an Unternehmen, mit denen ein Beteiligungsverhältnis besteht;
5. Wertpapiere des Anlagevermögens;
6. sonstige Ausleihungen.

B. Umlaufvermögen:

I. Vorräte:

1. Roh-, Hilfs- und Betriebsstoffe;
2. unfertige Erzeugnisse, unfertige Leistungen;
3. fertige Erzeugnisse und Waren;
4. geleistete Anzahlungen;

II. Forderungen und sonstige Vermögensgegenstände:

1. Forderungen aus Lieferungen und Leistungen;
2. Forderungen gegen verbundene Unternehmen;

3. Forderungen gegen Unternehmen, mit denen ein Beteiligungsverhältnis besteht;
4. sonstige Vermögensgegenstände;

III. Wertpapiere:

1. Anteile an verbundenen Unternehmen;
2. sonstige Wertpapiere;

IV. Kassenbestand, Bundesbankguthaben, Guthaben bei Kreditinstituten und Schecks.

C. Rechnungsabgrenzungsposten.

D. Aktive latente Steuern.

E. Aktiver Unterschiedsbetrag aus der Vermögensverrechnung.

(3) Passivseite

A. Eigenkapital:

I. Gezeichnetes Kapital;

II. Kapitalrücklage;

III. Gewinnrücklagen:

1. gesetzliche Rücklage;
2. Rücklage für Anteile an einem herrschenden oder mehrheitlich beteiligten Unternehmen;
3. satzungsmäßige Rücklagen;
4. andere Gewinnrücklagen;

IV. Gewinnvortrag/Verlustvortrag;

V. Jahresüberschuß/Jahresfehlbetrag.

B. Rückstellungen:

1. Rückstellungen für Pensionen und ähnliche Verpflichtungen;
2. Steuerrückstellungen;
3. sonstige Rückstellungen.

C. Verbindlichkeiten:

1. Anleihen davon konvertibel;
2. Verbindlichkeiten gegenüber Kreditinstituten;
3. erhaltene Anzahlungen auf Bestellungen;
4. Verbindlichkeiten aus Lieferungen und Leistungen;
5. Verbindlichkeiten aus der Annahme gezogener Wechsel und der Ausstellung eigener Wechsel;
6. Verbindlichkeiten gegenüber verbundenen Unternehmen;

7. Verbindlichkeiten gegenüber Unternehmen, mit denen ein Beteiligungsverhältnis besteht;
8. sonstige Verbindlichkeiten, davon aus Steuern, davon im Rahmen der sozialen Sicherheit.

D. Rechnungsabgrenzungsposten.

E. Passive latente Steuern.

Stichwortverzeichnis

Die Zahlen verweisen auf die Randnummern.